Andrea Len | Melissa Manzel |
Lydia Tomaschowski | Björn Redmann |
Peter Schruth (Hrsg.)

Ombudschaft in der Kinder- und Jugendhilfe

Grundlagen – Praxis – Recht

BELTZ JUVENTA

MIX
Papier aus verantwortungsvollen Quellen
FSC® C089473

Dieses Buch ist erhältlich als:
ISBN 978-3-7799-7088-0 Print
ISBN 978-3-7799-7089-7 E-Book (PDF)

1. Auflage 2022

in der Verlagsgruppe Beltz · Weinheim Basel
Werderstraße 10, 69469 Weinheim

Herstellung: Myriam Frericks
Satz: Datagrafix, Berlin
Druck und Bindung: Beltz Grafische Betriebe, Bad Langensalza
Beltz Grafische Betriebe ist ein klimaneutrales Unternehmen (ID 15985-2104-100)
Printed in Germany

Weitere Informationen zu unseren Autor_innen und Titeln finden Sie unter: www.beltz.de

Inhaltsverzeichnis

Vorwort

Mit dem Kinder- und Jugendstärkungsgesetz (KJSG), das am 10. Juni 2021 in Kraft getreten ist, wird die ombudschaftliche Beratung erstmals in den bundesgesetzlichen Grundlagen der Kinder- und Jugendhilfe verankert. Die Sicherstellung einer bedarfsgerechten Infrastruktur an Ombudsstellen in den Ländern ist mit der neu in das Achte Buch Sozialgesetzbuch – Kinder- und Jugendhilfe (SGB VIII) – eingefügten Vorschrift des § 9a zur Pflicht geworden.

Diese gesetzliche Regelung ist das Ergebnis einer langjährigen Fachdebatte, die im Kontext der in den letzten 15-20 Jahren ins Leben gerufenen Initiativen ombudschaftlicher Beratung geführt wurde. Insbesondere auf der Grundlage der Erfahrungen dieser Initiativen ist die Fachwelt – zuletzt auch in dem vom Bundesministerium für Familie, Senioren, Frauen und Jugend 2018/2019 durchgeführten Beteiligungsprozess „Mitreden-Mitgestalten: Die Zukunft der Kinder- und Jugendhilfe" – zu der Überzeugung gekommen, dass zur wirksameren Sicherung der Rechte von jungen Menschen und ihren Familien unterstützende Strukturen ombudschaftlicher Beratung in der Kinder- und Jugendhilfe notwendig sind.

Die Notwendigkeit ergibt sich nicht zuletzt aus der Subjektstellung der Adressatinnen und Adressaten der Kinder- und Jugendhilfe, dem zentralen Paradigma des SGB VIII. Dessen Umsetzung bedeutet, dass die Kinder- und Jugendhilfe nicht nur Rechtsansprüche von Leistungsberechtigten zu erfüllen, objektiv-rechtlichen Verpflichtungen gegenüber ihren Adressatinnen und Adressaten nachzukommen sowie Verfahrensrechte von Beteiligten einzulösen hat. Sie muss auch bei all ihren Aufgaben – von der Leistungsgewährung bis hin zur Abwehr von Kindeswohlgefährdungen – junge Menschen und Eltern bei der Wahrnehmung ihrer eigenen Subjektstellung unterstützen bzw. sie dazu befähigen. Dazu gehört auch, sicherzustellen, dass diese ihre Rechte kennen und auch verwirklichen können. Gerade aber, wenn im Kontext der Leistungsgewährung, der Wahrnehmung des Schutzauftrags, des fachlichen Handelns oder der Kommunikationsprozesse Konflikte zwischen Leistungsträgern und Leistungsberechtigten bzw. -empfängern entstehen, steht eine strukturelle Machtasymmetrie zwischen professionellen Akteuren auf der einen Seite und den jungen Menschen und ihren Familien auf der anderen Seite der Wahrnehmung der Subjektstellung entgegen. Leistungsberechtigte und -empfänger können ihre Rechte häufig nicht oder nicht umfassend verwirklichen – entweder, weil sie diese Rechte nicht kennen oder sich aus unterschiedlichen Gründen nicht in der Lage sehen, dies anhand der vorhandenen Strukturen des Rechtsstaates einzufordern.

Zur Vermittlung und Klärung von Konflikten muss es nunmehr mit Inkrafttreten des KJSG sowohl im Hinblick auf den Gesamtbestand als auch die jeweilige Ausstattung ausreichend Ombudsstellen als Anlaufstellen für junge Menschen und ihre Familien in den Ländern geben. Das Gesetz gibt vor, dass diese unabhängig arbeiten und fachlich nicht weisungsgebunden sind. Da Konflikte in verschiedenen Kontexten und sämtlichen Handlungsfeldern der Kinder- und Jugendhilfe auftreten können, bei denen jungen Menschen und ihre Familien, aber auch öffentliche und freie Träger der Jugendhilfe der Unterstützung zur Sicherung der Rechte der Betroffenen bedürfen, bezieht sich die im KJSG vorgesehene ombudschaftliche Beratung auf alle Aufgabenbereiche der Kinder- und Jugendhilfe.

Mit der gesetzlichen Verankerung ombudschaftlicher Beratung im SGB VIII werden Kinder, Jugendliche, junge Volljährige, Eltern und Familien deutlich gestärkt. In der praktischen Umsetzung gilt es nun, den erfolgreichen Weg der Ombudschaft weiterzugehen. Die vorliegenden „Grundlagen" beleuchten diesen Weg umfassend und weisen damit auch die Richtung hin zu einer bundesweit bedarfsgerechten Infrastruktur ombudschaftlicher Beratung, die auf hohem fachlichen Niveau die Adressatinnen und Adressaten der Kinder- und Jugendhilfe, aber auch öffentliche und freie Träger bei Konflikten unterstützt und damit maßgeblich zur Sicherung der Rechte von jungen Menschen und ihren Familien beiträgt.

Ein besonderer Dank gilt allen, die an diesem Buch mitgewirkt haben, vor allem der Bundeskoordinierungsstelle Ombudschaft in der Kinder- und Jugendhilfe, die nicht zuletzt als Koordinatorin des Bundesnetzwerks Ombudschaft die Fachexpertise in diesem Bereich systematisiert und bündelt und damit einen ganz wesentlichen Beitrag zur Weiterentwicklung der Ombudschaft in der Kinder- und Jugendhilfe leistet.

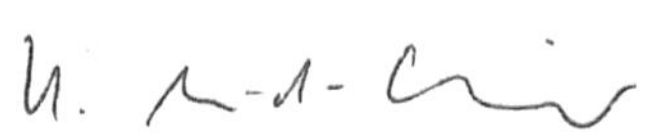

Dr. Heike Schmid-Obkirchner
Bundesministerium für Familie, Senioren, Frauen und Jugend

Einführung

Andrea Len, Melissa Manzel, Björn Redmann, Peter Schruth, Lydia Tomaschowski

> „Unsere Aufgaben müssen durchgesetzt werden gegenüber einer Politik, die Stärke fördert und Schwäche ausgrenzt [...]. Sie müssen durchgesetzt werden als Recht auf Bildung und Erziehung für alle gegenüber einer Moralisierung, die die Probleme nur bei den Einzelnen sieht und darüber die notwendigen strukturellen und institutionellen Hilfen vernachlässigt."
> (Hans Thiersch 2012, S. 10)

Es ist gelungen! Ombudschaft in der Kinder- und Jugendhilfe wurde im Sommer 2021 mit dem Kinder- und Jugendstärkungsgesetz (KJSG) gesetzlich verankert – das ist bemerkenswert. Es ist als besonderer Moment und als Erfolg zivilgesellschaftlichen Engagements einer 20-jährigen ombudschaftlichen Praxis zu betrachten, die die Beratung und Beschwerdebearbeitung von jungen Menschen und ihren Familien bei Konflikten mit der Jugendhilfe entwickelt und etabliert hat. Diese langjährige, von vielen ehrenamtlich aktiven Fachkräften getragene und insbesondere von Aktion Mensch durch diverse Projektförderungen wesentlich unterstützte Praxis hat der Fachpolitik überzeugend aufgezeigt, dass unabhängige Ombudschaft notwendig ist. Die angewendeten Konzepte in den verschiedenen Ombudsstellen, die als unabhängige Beratungs- und Beschwerdestellen im Bundesgebiet bestehen, haben sich somit bewährt.

Die gesetzliche Verankerung bietet nun viele Chancen. Um diese Chancen zu nutzen, braucht es aber mehr als gut gemeintes Engagement und die Vergrößerung des Arbeitsfeldes. Es braucht die fach- und gesellschaftspolitische Verortung der ombudschaftlichen Initiativen und Projekte: Wie wollen wir Ombudschaft begreifen und leben? Welchen Beitrag zur Demokratisierung der Kinder- und Jugendhilfe wollen wir leisten? Wie stark wollen wir Stachel im Fleisch der Jugendhilfe sein? Wie verstehen wir Unabhängigkeit? Wie kultivieren wir den Konflikt? Und wie stark wollen wir uns kritisierend und im Sinne einer kritischen Gesellschaftsanalyse einmischen?

In der Fachdebatte zur bundesgesetzlichen Verankerung von Ombudsstellen wurde diskutiert, dass, bei aller Notwendigkeit von ombudschaftlicher Beratung und Beschwerdebearbeitung bei machtasymmetrischen Konflikten in der Jugendhilfe, Ombudschaft nicht als Legitimationsfolie für bestehende Mängel des Jugendhilferechts und dessen praktischer Umsetzung benutzt werden darf – nach dem Motto: Hauptsache, es gibt die Möglichkeit der Beratung und

Beschwerde im Einzelfall, ansonsten bleibt es bei den dafür verantwortlichen jugendhilfebezogenen Verursachungen. Denn dass es Ombudschaft gibt, ist auch Ausdruck einer teilweise skandalösen Praxis der Kinder- und Jugendhilfe, die sich sowohl in Form der Missachtung einer gesetzeskonformen Leistungsgewährung als auch in Praxen der Missachtung von Rechten junger Menschen in der Leistungserbringung zeigt und auch in den Strukturen der Kinder- und Jugendhilfe begründet ist. Ombudschaft kann aber nicht alle strukturellen Mängel der Kinder- und Jugendhilfe lösen. Letztendlich müssen hierfür Lösungen vor Ort bzw. in den Institutionen selbst gefunden werden. Trotzdem wird es strukturell bedingt stets machtasymmetrische Konflikte geben, durch die junge Menschen und ihre Familien in der Kinder- und Jugendhilfe in Bedrängnis und Bedrückung geraten werden.

Wenn die Kinder- und Jugendhilfe nicht hält, was sie verspricht, wenn Jugendhilfeleistungen nicht bedarfs- und fachgerecht gewährt und umgesetzt werden, kann das für die Biografie der betroffenen jungen Menschen und ihre Familien nachhaltige Verletzungen und Beeinträchtigungen mit sich bringen. Es ist deshalb auch Aufgabe der Ombudschaft in der Jugendhilfe, die Erfahrungen der Beratungs- und Beschwerdepraxis gewissermaßen als Seismograph für die über den Einzelfall hinausweisenden strukturellen Bedingungen zu sehen, auszuwerten und fachpolitisch zu veröffentlichen.

Ombudschaft ist ein spezifisches Konzept im Umgang mit Konflikten und Beschwerden, bei dem die Interessen der strukturell unterlegenen Partei besondere Beachtung finden. Ombudsstellen der Kinder- und Jugendhilfe richten sich an junge Menschen und ihre Familien als im jugendhilferechtlichen Dreiecksverhältnis strukturell unterlegene Parteien. Diese erhalten unabhängige Information, Beratung und ggf. Unterstützung auf der Grundlage bestehender Rechte und Rechtsansprüche. Die Errichtung von Ombudsstellen in der Jugendhilfe trägt damit auch dazu bei, dass Rechte von Kindern und Jugendlichen umfassender beachtet werden. Zugleich sind Ombudsstellen nach § 9a SGB VIII aber keine allgemeinen Beteiligungs- und Beratungsplattformen für die Verwirklichung von Kinderrechten, sondern auf die spezifischen Strukturen der Jugendhilfe ausgerichtet.

In diesem Band wird das Arbeitsfeld Ombudschaft in der Kinder- und Jugendhilfe erstmals umfassend dargestellt. Hierzu werden fachliche Grundlagen, praktische Erfahrungswerte, zentrale Diskussionslinien und juristische Aspekte des Themengebietes beleuchtet. Den Ausgangspunkt der Betrachtung von Ombudschaft in der Kinder- und Jugendhilfe bilden zentrale Versprechen, die die Kinder- und Jugendhilfe ihren Adressat*innen, aber auch der Gesellschaft und Politik auf der Grundlage des Kinder- und Jugendhilferechts macht: Das 1990/91 in Kraft getretene Kinder- und Jugendhilferecht ist nicht (wie zuvor) als obrigkeitsstaatliches Fürsorgerecht konzipiert, sondern als Leistungsrecht, welches Adressat*innen als Subjekte mit eigenen Rechtsansprüchen betrachtet und bedarfsgerechte Hilfen, Beteiligung und Aushandlung als zentrale Prinzipien vorhält. (Kapitel I)

Es gibt jedoch vielfältige Konflikte, die der Umsetzung der in Kapitel I beschriebenen Versprechen entgegenwirken bzw. diese erschweren. Es handelt sich um Konflikte, die die Praxis der Kinder- und Jugendhilfe durchziehen und gleichzeitig wesentliche Ausgangpunkte der ombudschaftlichen Arbeit darstellen. Es geht um grundsätzliche Fragen nach dem gesellschaftlichen Umgang mit Randgruppen, der Verteilung von Ressourcen, von Zuständigkeiten oder von unterschiedlichen Zielrichtungen. Gleichermaßen handelt es sich aber auch um Konflikte, die die Kinder- und Jugendhilfe selbst auslöst – manchmal unbeabsichtigt und gedankenlos; und manchmal auch ganz vorsätzlich oder gar mit vorgeschobenen pädagogischen Argumenten. Das betrifft zum Beispiel Fragen der Umsetzung von Hilfeplanung, in denen sich Menschen nicht gehört oder beachtet fühlen oder junge Menschen, für die sich die Kinder- und Jugendhilfe nach dem 18. Lebensjahr für unzuständig erklärt. Im Bereich des Kinderschutzes treten die Konfliktlinien mit besonderer Deutlichkeit zutage. Hinzu kommen problematische Praxen schwarzer oder so genannter konfrontativer Pädagogik, wie sie in der Heimerziehung bis heute noch immer anzutreffen sind. (Kapitel II)

Die Widersprüche zwischen den Versprechen der Kinder- und Jugendhilfe und der teilweise weit dahinter zurückbleibenden Praxis, die sich in Form der dargestellten Konflikte zeigen, führten zur Entstehung von Ombudschaft als Form der Konfliktbearbeitung in der Jugendhilfe: So mündete die Empörung von Fachkräften über eine Sparpolitik in der Jugendhilfe, die den Abbau von jugendhilferechtlichen Leistungsansprüchen zur Folge hatte, in Berlin in der Gründung der ersten Ombudsstelle in Form zivilgesellschaftlichen Engagements. Auch in anderen Bundesländern schafften Fachkräfte unabhängige Beratungs- und Beschwerdestellen mit dem Ziel, jungen Menschen und ihren Familien zur Durchsetzung ihrer Rechte zu verhelfen, wenn die Jugendhilfe nicht hielt, was sie versprach. Aus der Arbeit dieser, teilweise sehr unterschiedlich ausgestalteten, Initiativen entstand das zunächst sehr heterogene Arbeitsfeld Ombudschaft in der Jugendhilfe, welches sich weiterentwickelte, professionalisierte und schließlich fachpolitisch Anerkennung fand. Trotz der Etablierung von Ombudschaft in der Jugendhilfe sind das Konzept und Angebot ombudschaftlicher Beratung bei weitem noch nicht allen jungen Menschen und Familien bekannt. Hier besteht (nicht nur) aus Adressat*innen-Perspektive „Luft nach oben". (Kapitel III)

Als Konzept, das insbesondere in Konfliktsituationen die Perspektiven und Sichtweisen junger Menschen und ihrer Familien gegenüber den Fachkräften bzw. Institutionen stärken möchte, um auf diese Weise strukturelle Machtasymmetrien auszugleichen, beeinflusst Ombudschaft das Gefüge im leistungsrechtlichen Dreiecksverhältnis. Gleichzeitig tritt Ombudschaft im

Kontext von Zivilgesellschaft und Fachöffentlichkeit auf, wenn – ausgehend vom Einzelfall bzw. dessen Skandalisierung – strukturelle Umsetzungsdefizite der Kinder- und Jugendhilfe öffentlich gemacht und Änderungen im Sinne von Rechtsverwirklichung sowie der Stärkung von Adressat*innenrechten eingefordert werden. Es bestehen Anknüpfungspunkte zu unterschiedlichen Themen und Diskursen, sodass Ombudschaft in Bezug auf verschiedene Diskursstränge betrachtet wird: Im Kontext der Debatte der ehemaligen Heimkinder um unabhängige Beschwerderechte in Jugendhilfeeinrichtungen; mit Blick auf Machtfragen in institutionellen Beziehungen; ausgehend von Fragen der ombudschaftlichen Methodik bzw. konzeptioneller Rationalität; aus wohlfahrtsstaatssoziologischer Perspektive; im Kontext der Kinderrechte-Debatte sowie als Potenzial zum Zusammendenken mit Selbstorganisation. (Kapitel IV)

Auf der Grundlage langjähriger ombudschaftlicher Beratungserfahrungen im Bereich der erzieherischen Hilfen hat sich trotz unterschiedlicher Entstehungskontexte (Kapitel III), fachlicher Bezüge (Kapitel IV) und den daraus gebildeten heterogenen Strukturen ein spezifisches Arbeitsfeld mit einheitlichen Qualitätskriterien der ombudschaftlichen Tätigkeit entwickelt – selbst wenn sich in der Einzelfallarbeit der Ombudsstellen wiederholt zeigt, dass die Fallverläufe sich so unterschiedlich gestalten wie die Bedarfe der Adressat*innen. Mit dem 2021 neu eingeführten § 9a SGB VIII hat der Gesetzgeber die Aufgabenbeschreibung von Ombudsstellen bezugnehmend auf diese langjährige Praxis definiert, aber auch erweitert. Ombudschaft, als relativ junges Konzept in der Kinder- und Jugendhilfe, steht angesichts der Aufgabenerweiterung, wachsender Strukturen und vielfältigen Möglichkeiten der organisationalen Ausgestaltung vor der Herausforderung, fachliche Standards und Qualitätskriterien der ombudschaftlichen Beratung auf Bundesebene zu gewährleisten und einer Verwässerung des Begriffs und des Konzeptes vorzubeugen. Die Sicherstellung von Unabhängigkeit und Niedrigschwelligkeit von Ombudsstellen bildet für die Praxis eine besondere Herausforderung. (Kapitel V)

Ombudschaftliche Beratung basiert wesentlich auf den Rahmenbedingungen des Jugendhilfe- sowie des Verfahrensrechts und will sozial- und rechtsstaatliche Anspruchsbedingungen der Rechtsordnung zu mehr bedarfsbezogener Einzelfallgerechtigkeit in der Anwendung miteinander verknüpfen. Hierbei ist zwar die rechtmäßige Anwendung des einschlägigen materiellen und prozessualen Rechts im Einzelfall relevant, aber mehr noch sind kommunikative Besonderheiten des Verfahrens in der ombudschaftlichen Beratung handlungsleitend. Auf besondere Weise werden „Recht haben" und „Recht bekommen" mit den Mitteln der Aufklärung, der Beteiligung, des sich Beschwerens und kritischen Widersprechens beratungsmethodisch verbunden und damit sowohl die Stärkung der Handlungsfähigkeiten der Ratsuchenden als auch Qualitätsverbesserungen für die Praxis und das Recht der Jugendhilfe fachpolitisch angestrebt (s. Kapitel V).

Hierbei spielen insbesondere Fragen der Einordnung der Rechtsdurchsetzung, zum Stellenwert von Ombudschaft im Sozialrecht, zur rechtspolitisch angestrebten Inklusion im Jugendhilferecht sowie Fragen nach den rechtlichen Möglichkeiten der (ombudschaftlichen) Durchsetzung von jugendhilfebezogenen Anspruchsberechtigungen eine Rolle. (Kapitel VI)

Mit diesem Sammelband möchten wir dazu beitragen, dass Ombudschaft in der Jugendhilfe für alle Adressat*innen der Kinder- und Jugendhilfe zugänglich wird und die in dem Buch dargestellten Aspekte bei der Weiterentwicklung des Arbeitsfeldes aufgegriffen werden. Denn es braucht eine ombudschaftliche Kultur – eine Kultur des Widerspruchs und eine Kultivierung von Konflikten – um eine bedarfsgerechte, menschenwürdige und offensive Jugendhilfe zu erreichen.

Wir möchten uns herzlich bei allen mitwirkenden Autor*innen bedanken. Ohne die vielfältigen Perspektiven auf das Feld Ombudschaft wäre die Erstellung eines solchen Sammelbands nicht möglich gewesen.[1]

Wir freuen uns über Rückmeldungen, Kritik und Anregungen.

Berlin, im April 2022
Andrea Len, Melissa Manzel, Björn Redmann, Prof. Dr. Peter Schruth und Lydia Tomaschowski

Literatur

Thiersch, H. (2012). Erziehungshilfen im Spiegel der Geschichte – wo stehen wir heute? – Vortragsskizze. Forum Erziehungshilfen, 2012 (H. 1) S. 4-12.

1 Ein weiterer herzlicher Dank gilt Dagmar Huber für die Unterstützung bei den Korrekturen des Manuskripts.

Kapitel I:
Zentrale Versprechen der Kinder- und Jugendhilfe – Prinzipien im Wandel

Zentrale Versprechen der Kinder- und Jugendhilfe

Reinhard Wiesner

*Unter diesem Titel wird in dem Beitrag der Blick auf die Strukturprinzipien der Kinder- und Jugendhilfe gelenkt, wie sie in den Grundlagen des SGB VIII und den einzelnen Vorschriften des Gesetzes zum Ausdruck kommen bzw. zuletzt durch das Kinder- und Jugendstärkungsgesetz weiterentwickelt worden sind. Gleichzeitig richtet sich der Blick auf die Umsetzung des Gesetzes in den 559 Jugendämtern. Dabei werden nicht nur erhebliche Diskrepanzen zwischen den Standards in den einzelnen Jugendämtern, sondern auch sogenannte Vollzugsdefizite – also Diskrepanzen zwischen den rechtlichen Grundlagen und deren Umsetzung in der Praxis deutlich. Dazu zählen sowohl faktische Vollzugsdefizite (z. B.: Schlechtleistung aus Kostengründen, Personalmangel), aber auch strukturelle Vollzugsdefizite, die mit der Gewährung und Erbringung personenbezogener sozialer Dienstleistungen verbunden sind, also insbesondere die Art und Weise der Beteiligung der Leistungsadressat*innen an der Bestimmung des Hilfebedarfs und der Erreichung der Hilfeziele. Dabei wird die zentrale Rolle der Ombudschaften für die Einlösung der Versprechen deutlich.*

Strukturprinzipien des Kinder- und Jugendhilferechts

Beginnen wir mit einer kurzen historischen Rückblende: Der Verabschiedung des SGB VIII im Rahmen des KJHG im Jahre 1990 ging ein 30-jähriger Diskussionsprozess um die Reform der Kinder- und Jugendhilfe voraus, der stark politisch ideologisch geprägt war und sich mit Fragen befasste, die bis heute aktuell sind:

- der Aufgabenverteilung zwischen Eltern und Staat bei der Erziehung der Kinder
- der Zusammenarbeit von öffentlichen und freien Trägern und
- der Bereitstellung der notwendigen öffentlichen Mittel zur Umsetzung der gesetzlichen Vorgaben vor dem Hintergrund der Finanzverfassung des Grundgesetzes

Mehrere Gesetzgebungsinitiativen in den 70er und 80er Jahren des vergangenen Jahrhunderts scheiterten, bis am Ende das KJHG im Sommer 1990 verabschiedet wurde und am 1. Januar 1991 in Kraft getreten ist (Wiesner 1990). Den kommunalen Gebietskörperschaften in den neuen Ländern wurde keine solche lange Vorbereitungszeit eingeräumt. Sie mussten im Rahmen eines Stufenkonzepts das im Westen diskutierte neue Gesetz bereits mit dem Inkrafttreten des Einigungsvertrags am 3. Oktober 1990 umsetzen.

Perspektivenwechsel: Von der Gefahrenabwehr zur Förderung der Entwicklung junger Menschen

Dem SGB VIII liegt ein gegenüber dem Jugendwohlfahrtsgesetz (und der Jugendhilfeverordnung der DDR), die beide mit dem KJHG abgelöst worden sind, *verändertes Verständnis von Kinder- und Jugendhilfe* zugrunde: Nicht mehr die (reaktive) Aufrechterhaltung der öffentlichen Sicherheit und Ordnung, die Ausgrenzung verwahrloster Jugendlicher durch geschlossene Unterbringung und Arbeitserziehung oder die Rettung von Kindern vor dem gefährdenden Einfluss ihrer Eltern sind der zentrale Auftrag der Kinder- und Jugendhilfe, sondern die – proaktive, auf das Eltern-Kind-System bezogene Förderung der Entwicklung junger Menschen und ihre Teilhabe am Leben in der Gesellschaft durch allgemeine Förderungsangebote und Leistungen in unterschiedlichen Lebenssituationen. Mittlerweile ist die Kinder- und Jugendhilfe in der Mitte der Gesellschaft angekommen (so eines der Leitmotive des 14. Kinder- und Jugendberichts, Bundestagsdrucksache 17/12200, 2013, S. 251). Der Perspektivenwechsel wird (nicht nur) bei der Förderung von Kindern in Tageseinrichtungen und in Tagespflege deutlich, die von einem Aufbewahrungsort für Kinder in sozialen Notlagen zum Infrastrukturangebot für alle Kinder geworden ist und immer noch zum Leistungsspektrum der Kinder- und Jugendhilfe nach dem SGB VIII unter der Gesamtverantwortung des Jugendamtes gehört.

Das weite Verständnis der Kinder- und Jugendhilfe: Kinder- und Jugendhilfe als Anwalt für die Interessen aller jungen Menschen

Dabei geht das SGB VIII von einem weiten Verständnis der Kinder- und Jugendhilfe aus, indem es die Trennung der klassischen Teilfelder „Jugendarbeit" und „Jugendfürsorge" überwindet (sog. Einheit der Jugendhilfe), die Förderung der Entwicklung junger Menschen, den Abbau von Benachteiligungen und den Beitrag der Kinder- und Jugendhilfe zur Herstellung positiver Lebensbedingungen in den Mittelpunkt rückt (§ 1 Abs. 3) und dafür ein breites Leistungsspektrum vorsieht (§§ 11-41a), das von sog. infrastrukturellen Leistungen für alle Kinder bzw. alle Eltern bis hin zu Leistungen in spezifischen bzw. belastenden Lebenssituationen reicht und dabei auch das Potential sozialräumlicher niedrigschwelliger Angebote nutzt. Bei der Umsetzung des Schutzauftrages bleibt sie weiterhin mit dem Spannungsfeld zwischen Hilfe und Kontrolle konfrontiert (Schone 2019).

Die plurale Angebotsstruktur in der Kinder- und Jugendhilfe als Voraussetzung für die Geltendmachung des Wunsch- und Wahlrechts

Vor dem Hintergrund eines jahrhundertelangen Engagements von Kirchen und karitativen Verbänden hält das SGB VIII an der pluralen Angebotsstruktur in der Kinder- und Jugendhilfe – als Voraussetzung für die Geltendmachung des Wunsch- und Wahlrechts (§ 5) – fest und sichert deshalb die *partnerschaftliche Zusammenarbeit* zwischen der öffentlichen und der freien Jugendhilfe (§§ 3, 4). Diese umfasst nach dem Verständnis des Gesetzes nicht nur die klassischen Jugend- und Wohlfahrtsverbände, sondern auch örtliche Initiativen und Selbsthilfegruppen (§ 4a) sowie privat-gewerbliche Träger. Letztere sind allerdings noch nicht in jeder Hinsicht den freigemeinnützigen Trägern gleichgestellt, was nicht zuletzt unter wettbewerbsrechtlichen Aspekten zunehmend diskutiert wird (Schweigler 2019; Münder, Meysen & Trenczek 2019, § 3 Rn.8).

Ausgangspunkt für die Gestaltung der örtlichen Angebotsstruktur und damit für die Jugendhilfeplanung sind – so jedenfalls das Versprechen des Gesetzgebers – nicht die Interessen der Leistungsanbieter oder ein abstraktes Rangverhältnis öffentlicher und freier Jugendhilfe, sondern die Interessen der jungen Menschen und ihrer Eltern in der jeweiligen Region. Jugendhilfeplanung hat damit nicht nur eine quantitative Komponente, sondern ist ein Instrument der Kommunikation und der Kooperation zur Ermittlung der zu deckenden Bedarfe und der Präferenzen für bestimmte Leistungsanbieter (Merchel 2016).

Jugendhilfe als Aufgabe kommunaler Selbstverwaltung: ein Gesetz – 559 Realitäten?

Schließlich liegt dem Gesetz – ohne dass dies einer bundesrechtlichen Regelung zugänglich wäre – weiterhin ein politischer Konsens über die Wahrnehmung der Kinder- und Jugendhilfe als Aufgabe kommunaler Selbstverwaltung zugrunde. Die Folge dieser den Ländern obliegenden Entscheidung über die Aufgabenzuweisung (BVerfG v. 18.7.1967 Rn. 92 ff.; NJW 1967, 1795) ist die primäre Finanzierungslast der Kommunen sowie die Beschränkung der staatlichen Aufsicht über die Tätigkeit der Jugendämter auf die sogenannte

Rechtsaufsicht des jeweiligen Bundeslandes. Die Folge dieser Aufgabenzuweisung ist auch die primäre Finanzierungslast bei den kommunalen Gebietskörperschaften, die durch den sogenannten Mehrbelastungsausgleich seitens der Länder ergänzt wird (Konnexitätsprinzip). Ob diese historisch begründete Aufgabenzuweisung angesichts der Ausgestaltung des Kinder- und Jugendhilferechts als Sozialleistungsrecht im Dreieck von Eltern – Kind – Staat heute noch sachgerecht ist, erscheint durchaus zweifelhaft. Allerdings garantiert das Grundgesetz den Kommunen einen Kernbereich der Selbstverwaltung (Art. 28 GG). Damit dürfte angesichts der zentralen Bedeutung der Kinder- und Jugendhilfe für die kommunalen Gebietskörperschaften eine Änderung der Aufgabenzuweisung (Aufgabenwahrnehmung im übertragenen Wirkungskreis anstatt im eigenen Wirkungskreis) wohl nicht zulässig sein. Folge dieser Aufgabenzuweisung ist aber, dass die bundeseinheitliche Rechtsgrundlage, das SGB VIII, in den 559 Jugendämtern aus finanziellen Gründen unterschiedlich umgesetzt wird – eine Konsequenz, die nicht tolerabel ist.

Die Aufgaben der Kinder- und Jugendhilfe im verfassungsrechtlichen Kontext

Die Basis für die Aufgabenbestimmung bildet das Dreieck Eltern – Kind – Staat und die damit verbundene Aufgabenverteilung zwischen Eltern und Staat im Hinblick auf die Erziehung/Förderung und den Schutz von Kindern (Art. 2, 6 GG) sowie das Sozialstaatsgebot (Art. 20 GG).

Das Kinder- und Jugendhilferecht ist im wesentlichen Sozialleistungsrecht und deshalb in das Sozialgesetzbuch eingegliedert worden, was in der Entstehungszeit nicht unumstritten war. Infolgedessen steht es in einem verfassungsrechtlichen Zusammenhang mit dem *Sozialstaatsprinzip* (Art. 20 Abs. 1 GG). Allerdings liegt diesem Verfassungsprinzip eine gewisse Wirkungsschwäche zugrunde. So lässt sich aus diesem Prinzip „regelmäßig kein Gebot entnehmen, soziale Leistungen in einem bestimmten Umfang zu gewähren“ (Jarass & Pieroth 2020, Art. 20 GG Rn. 154 unter Verweis auf BVerfGE 110, 412, 445). Insbesondere besteht kein Anspruch auf bestimmte soziale Regelungen. Damit kann das Sozialstaatsgebot nicht als Maßstab für die Ausgestaltung des Leistungsspektrums der Kinder- und Jugendhilfe herangezogen werden.

Den verfassungsrechtlichen Rahmen bilden daher in erster Linie die *Grundrechte der Kinder und ihrer Eltern*, die sich zum einen unmittelbar aus dem Text des Grundrechtekatalogs ergeben, zum anderen aber in der Rechtsprechung des Bundesverfassungsgerichts der letzten Jahrzehnte entwickelt worden sind (dazu Britz 2014 und 2016 sowie zuletzt BVerfG NJW 2022, 167, wo das Bundesverfassungsgericht ein Grundrecht des Kindes auf schulische Bildung entwickelt hat).

Jugendhilfe im Dreieck Eltern – Kind – Staat: Leistungen für junge Menschen im Kontext ihrer Familien

Die Kinder- und Jugendhilfe hat nach der Eingangsformel im SGB VIII (§ 1 Abs.3 SGB VIII) die Entwicklung junger Menschen zu fördern und Kinder und Jugendliche vor Gefahren für ihr Wohl zu schützen. Sie erreicht dieses Ziel:

- über Leistungen, die sich an alle jungen Menschen richten, sowie solche, die sich an junge Menschen in besonderen Lebenssituationen richten
- über die Unterstützung der Eltern zur Förderung der Eltern-Kind/Jugendlichen-Beziehung
- durch ein breites Spektrum von Leistungen, das von allgemeinen Angeboten der Eltern- und Familienbildung bis hin zu Hilfen in speziellen Lebenssituationen reicht
- über den Schutz von Kindern und Jugendlichen vor Gefahren
- durch Inobhutnahme und Einschaltung des Familiengerichts
- durch Maßnahmen zum Schutz von Kindern in Einrichtungen und in Pflegefamilien.

Das Kinder- und Jugendhilferecht folgt damit den Vorgaben des Grundgesetzes sowie der UN-Kinderrechtskonvention zur Aufgabenverteilung zwischen Eltern und Staat und zum Recht des Kindes auf Förderung, Beteiligung und Schutz – mit dem Ziel, Kinder und Jugendliche zur Selbstbestimmung und Selbstverantwortung zu führen. Das Wohl des Kindes oder Jugendlichen, das bis zur Grenze der Kindeswohlgefährdung von den Eltern selbst – ggf. mit staatlicher Unterstützung – gewährleistet wird, bildet dabei die Grundlage und das Ziel der Leistungen. Dabei begreift das Gesetz Kinder und Jugendliche als Rechtsubjekte und weist ihnen auch Rechtsansprüche auf Leistungen zu, bleibt aber der zentralen Aussage von Art. 6 Abs. 2 GG verpflichtet, wonach den Eltern die primäre Erziehungsverantwortung (als Recht und Pflicht) obliegt, über die weder sie selbst, noch Kinder und Jugendliche disponieren können.

Mit der Gewährung von Leistungen der Jugendhilfe übernimmt der Staat – anders als in der Schule – keinen eigenständigen Erziehungsauftrag. Dies wird auch dadurch unterstrichen, dass die Leistungen der Kinder- und Jugendhilfe in Deutschland in der Zusammenarbeit mit freien Trägern erbracht werden, die den Anspruch erheben, nicht als Auftragnehmer des Staates (des Jugendamts) aufzutreten, sondern als Vertragspartner der Eltern bzw. der Kinder oder Jugendlichen vertreten durch die Eltern. Die Praxis sieht häufig anders aus.

Partnerschaftliche Zusammenarbeit und Finanzierung freier Träger als Grundlage für verlässliche und kontinuierliche Hilfen

Ausgehend von der Grundentscheidung des Gesetzgebers, die Kinder- und Jugendhilfe in Deutschland nicht zu verstaatlichen, sondern zur Gewährleistung eines pluralen Angebots im Bereich der Erziehung ein breites Angebotsspektrum zur Verfügung zu stellen, gehört die Zusammenarbeit zwischen der öffentlichen und der freien Jugendhilfe zu den Strukturprinzipien der Kinder- und Jugendhilfe in Deutschland und ist eine der tragenden Säulen des deutschen Kinder – und Jugendhilferechts.

In dem Zeitraum seit der Verabschiedung des KJHG im Jahre 1990 haben aber verschiedene Faktoren Einfluss auf die Ausgestaltung des Verhältnisses zwischen öffentlicher und freier Jugendhilfe genommen. Genannt seien hier:

- die Verrechtlichung der Zusammenarbeit durch den Ausbau des sozialrechtlichen Dreiecksverhältnisses (§§ 77, 78a ff);
- Tendenzen zur Auslagerung der Steuerungsverantwortung durch Formen des „Outsourcing“ an bestimmte Leistungsanbieter zum Teil auch über das Instrument der Vergabe
- die Entwicklung eines „Markts der Kinder- und Jugendhilfe“.

Radikal geändert hat sich mit dieser Entwicklung „vom Korporatismus zum Markt“ (Münder, Meysen & Trenczek 2019, § 4 Rn.8) auch der Blick auf die freien Träger: Sie werden nicht mehr als humanitäre Organisationen, sondern als Wirtschaftsunternehmen betrachtet, die Gewinne erzielen dürfen, gleichzeitig aber auch das Risiko mangelnder Auslastung tragen. Die meisten von ihnen verstehen sich zwar weiterhin als Vertreter der Interessen der von ihnen betreuten hilfebedürftigen Personen. Sie müssen aber gleichzeitig ihre Interessen als Arbeitgeber in der Konkurrenz mit anderen Leistungsanbietern im Blick haben.

Da personenbezogene soziale Dienstleistungen auf eine längerfristig angelegte Interaktion zwischen den beteiligten Personen angelegt sind, liegt ein wesentliches Element für ihren Erfolg in der Qualität und Kontinuität dieser Interaktion. Noch immer werden – aus unterschiedlichen Gründen – viele Leistungen (zur Unzeit) abgebrochen. So wird bei der Heimerziehung nicht einmal jede zweite Hilfe nach Plan beendet (Autorengruppe Kinder- und Jugendhilfestatistik 2019, S. 77). Freie Träger haben auch das Recht, von sich aus einen Hilfeprozess zu beenden oder abzubrechen, wenn sie zum Ergebnis kommen, ihre Möglichkeiten seien erschöpft. Der Maßstab, den freie Träger hier an ihr fachliches Potenzial und dessen Grenzen anlegen, ist offensichtlich sehr unterschiedlich und mag auch durch fiskalische Erwägungen (positiv oder negativ) beeinflusst sein. Jedenfalls haben „Verlegen und Abschieben“ eine lange Tradition (Freigang 1986) und manche jungen Menschen, von denen einige (am Ende) in einer geschlossenen Unterbringung landen, haben eine solche Jugendhilfekarriere hinter sich. Der Film „Systemsprenger" (Regie: Nora Fingscheidt 2019) dokumentiert das vielseitige Versagen des Systems Kinder- und Jugendhilfe und der handelnden Personen auf eindrucksvolle Weise.

Vor dem Hintergrund der zu bewältigenden Aufgaben bedeutet dies, dass die Kriterien für die Zulassung freier Träger zum „Markt der Anbieter", aber auch die Anforderungen an Einrichtungen für die Bewältigung von Problemen „schwieriger junger Menschen" deutlich verschärft werden müssen, wozu auch eine qualifizierte Fallsteuerung durch das zuständige Jugendamt gehört. „Abschieben und Verlegen" wird damit nicht grundsätzlich ausgeschlossen werden können, muss aber deutlich reduziert werden. Damit sind erhöhte Anforderungen an das fachliche Potenzial in den Einrichtungen verbunden, was auch bei der Finanzierung berücksichtigt werden muss. Gegebenenfalls bedarf es neuer Formen von Mischfinanzierung, bei denen die Vorteile einer fallunabhängigen Finanzierung mit den Vorteilen einer fallspezifischen Finanzierung verbunden werden.

Gleichzeitig muss bei der Bereitstellung finanzieller Mittel viel stärker ins Bewusstsein gelangen, dass es sich dabei nicht um kurzfristige Ausgaben bezogen auf das jeweilige Haushaltsjahr, sondern um langfristige Investitionen in die Zukunft junger Menschen handelt – ein Aspekt, der bei der Fixierung auf jährliche Budgets bzw. auf Haushaltsstellen schnell aus dem Blick gerät.

Ein Dauerthema sind die *Formen der Finanzierung freier Träger*. Bis heute kommen Modelle der Zuwendungsfinanzierung, der Entgeltfinanzierung und einer Mischfinanzierung zur Anwendung. Für bestimmte Leistungen sieht das SGB VIII zwingend die Entgeltfinanzierung vor, überlässt aber bei der Finanzierung der Tageseinrichtungen für Kinder die Wahl der Finanzierungsform den Ländern (§ 74a SGB VIII). Dies führt dazu, dass in vielen Bundesländern die Finanzierung noch immer mit Eigenanteilen der freien Träger verbunden ist – eine Praxis, die seit der Ausgestaltung der Förderung in Kitas als Rechtsanspruch nicht mehr nachvollziehbar ist, von der Rechtsprechung aber weiterhin toleriert wird (zuletzt OVG Bremen ZKJ 2021, 380). Hinzu kommt die landesrechtlich und örtlich unterschiedliche Praxis der Elternbeiträge. Von einer Gleichheit der Lebensverhältnisse sind wir noch weit entfernt.

Hilfe zur Erziehung – wie ist sie eigentlich gedacht?

Hilfe zur Erziehung als Hilfetypus (§§ 27 bis 35 SGB VIII) zeichnet sich dadurch aus, dass sie die beiden Akteure im Erziehungsprozess, nämlich Eltern und Kinder/Jugendliche in den Blick nimmt und zu Adressat*innen der Leistung macht. Primärer Ansatzpunkt für die Hilfe zur Erziehung ist nach dem Willen des Gesetzgebers des KJHG die Verbesserung der Erziehungskompetenz der Eltern mit dem Ziel, die Eltern möglichst wieder in den Stand zu versetzen, dass sie der verfassungsrechtlich ihnen zugewiesenen Erziehungsverantwortung (Art. 6 Abs.2 Satz 1 GG) wieder ohne diese Hilfe gerecht werden können und damit gleichzeitig der Prozess der Verselbstständigung junger Menschen von diesen und den Eltern gemeinsam gemeistert werden kann. Damit unterscheidet sich die Hilfe zur Erziehung im SGB VIII vom Konzept seines Vorgängers, des Jugendwohlfahrtsgesetzes, das auf Gefahrenabwehr fixiert war und (sogleich) auf staatliche Ausfallbürgschaft und staatliche Ersatzerziehung des Kindes bzw. Jugendlichen setzte, die aber erst bei „drohender Verwahrlosung des Kindes" aktiviert wurde und eine ausschließlich kompensatorische Funktion hatte. Das Konzept der Hilfe zur Erziehung im SGB VIII als Unterstützung und Verbesserung der Eltern-Kind-Beziehung trägt damit nicht nur der aktuellen Rechtsprechung des Bundesverfassungsgerichts, sondern insbesondere auch dem Gebot von Art. 18 Abs. 2 der UN-Kinderrechtskonvention Rechnung, der die Vertragsstaaten verpflichtet, die Eltern in „angemessener Weise bei der Erfüllung ihrer Aufgabe, das Kind zu erziehen, zu unterstützen".

Mit der in § 27 Abs.1 SGB VIII normierten Voraussetzung, dass „eine dem Wohl des Kindes oder des Jugendlichen entsprechende Erziehung nicht gewährleistet" ist, wird eine Lebenssituation des Kindes angesprochen, die dadurch gekennzeichnet ist, dass die zur Verfügung stehende Erziehungsleistung (der Eltern) nicht ausreicht, das Ziel der Erziehung zu erreichen. Der Zielsetzung der Hilfe entsprechend entsteht der Anspruch deutlich unterhalb der Schwelle einer Kindeswohlgefährdung (Wapler in Wiesner &Wapler 2022 § 27 Rn. 23; wohl auch Kunkel, Kepert & Pattar 2021, SGB VIII § 27 Rn. 5 und 6). Der zu deckende „erzieherische Bedarf" ist daher nicht nur im Hinblick auf das Kind, sondern auch im Hinblick auf die (Wieder)Befähigung der Eltern zu bestimmen, ihre Erziehungsverantwortung wahrzunehmen. Worin der Hilfebedarf besteht, kann nicht abstrakt, sondern nur einzelfallbezogen gemeinsam mit den Eltern unter Beteiligung des Kindes oder Jugendlichen mit der für die Hilfe verantwortlichen Fachkraft festgestellt werden und muss immer wieder nachjustiert werden. Die Hilfestellung ist damit auf den Erziehungs- und Interaktionsprozess zwischen Eltern und Kind bzw. Jugendlichen und damit weder alleine auf das Kind/den*die Jugendliche*n als Individuum, noch auf die Eltern(teile) als Individuen konzentriert, sondern knüpft an der Erziehungs- und Lebensgemeinschaft von Eltern und Kind/Jugendliche*r, am „System" Familie an, sie ist also zugleich kind- und elternorientiert – mit unterschiedlicher Schwerpunktsetzung entsprechend dem unterschiedlichen „erzieherischen Bedarf" im Einzelfall: Ziel ist in jedem Fall die Verbesserung des Erziehungsprozesses, der Interaktion und Kommunikation zwischen Eltern und Kindern bzw. Jugendlichen.

Bedingungslose Jugendhilfe

In diesem Zusammenhang ist auch die Forderung nach einer „bedingungslosen Jugendhilfe“ zu verstehen, wie sie in jüngerer Zeit von fachwissenschaftlicher Seite erhoben wird (Schrödter, Thalheim & Freres 2022). Ausgehend von der Feststellung, dass die Inanspruchnahme von Sozialer Arbeit immer stigmatisierend sei, weil die Hilfe nicht als primärer Normalbedarf vorgesehen ist, sondern ihre Inanspruchnahme einen abweichenden Sonderbedarf markiere, wird gefordert, erzieherische Hilfen nicht mehr an die Prüfung eines erzieherischen Bedarfs zu binden, sondern als Sozialleistungen allen Eltern und ihren Kindern zugänglich zu machen (Schrödter, Thalheim & Freres 2022). Unabhängig von der rechtspolitischen Frage, ob solch eine Änderung der Rechtsgrundlage sinnvoll oder realisierbar erscheint, können Jugendämter und ihre Fachkräfte aber bereits jetzt durch ihre Öffentlichkeitsarbeit, ihre Handlungskonzepte und nicht zuletzt durch die persönliche Haltung der Fachkräfte einen wesentlichen Beitrag dazu leisten, dass Eltern sich mit ihren Problemen verstanden fühlen und es zu einer für die Erreichung der Hilfeziele notwendigen Beteiligung auf Augenhöhe kommt. Zudem wird bei der Gewährung und Erbringung von personenbezogenen Dienstleistungen immer die Klärung des individuellen Bedarfs notwendig sein.

Beteiligung als Fundament des Hilfeprozesses

Beteiligung ist bei personenbezogenen sozialen Dienstleistungen, die das Proprium der meisten Aufgaben der Kinder- und Jugendhilfe darstellen, ein zentrales Element der Aufgabenerfüllung bzw. der Zielerreichung bei der Leistungsgewährung.

Das Prinzip der Beteiligung erfährt im Bereich der individuellen Hilfen (zur Erziehung) wegen deren Bezogenheit auf das einzelne Eltern-Kind-System und die Dynamik der Interaktion im Hinblick auf den Erziehungsprozess eine besondere Ausprägung. Die Leistungsadressat*innen (Eltern und Kinder bzw. Jugendliche) sind deshalb nicht nur anzuhörende Verfahrensbeteiligte. Vielmehr sind der Leistungsträger, also das Jugendamt, aber auch der ausgewählte Leistungserbringer auf die Mitwirkung der Leistungsadressat*innen am Hilfeprozess während der gesamten Dauer des Leistungsverhältnisses angewiesen, wenn die Leistung Erfolg haben soll (zur Instrumentalisierung angeblicher Mitwirkungspflichten in der Kinder- und Jugendhilfe siehe Schruth 2020).

Das Spezifikum personenbezogener Dienstleistungen ist, dass Mitarbeiter*innen in den Einrichtungen und Diensten der Kinder- und Jugendhilfe und die Adressat*innen der Leistung durch die Art ihres Zusammenwirkens (pädagogische Interaktion, Aushandlungsprozess) gemeinsam den

Leistungserfolg herbeiführen (müssen). Die Mitwirkung der Leistungsadressat*innen hat deshalb in der Kinder- und Jugendhilfe nicht nur verfahrensrechtliche, sondern vor allem materiellrechtliche Bedeutung. Die Rede ist von der Koproduktion bei der Leistungserbringung, was zur Folge hat, dass die Qualität der Leistungen nicht allein von den Qualitätsstandards des Leistungsanbieters abhängt, sondern auch und vor allem von der Mitwirkungsbereitschaft bzw. -fähigkeit der Adressat*innen. Dabei gehört es zu den fachlichen Anforderungen, diese Mitwirkungsbereitschaft zu wecken und zu fördern und für eine entsprechende Kommunikationskultur Sorge zu tragen. Dies setzt natürlich auch eine entsprechend sensible Haltung bei den Fachkräften voraus, die es Eltern erleichtert, sich zu öffnen und eine vertrauensvolle Beziehung zu den Fachkräften aufzubauen in einer Situation, in der sie den Anforderungen, die Staat und Gesellschaft an die Erziehung von Kindern richten, nicht gerecht geworden sind.

Im Hinblick auf die *Beteiligung von Kindern und Jugendlichen* kommt diesen Rechten noch eine weitere spezielle Bedeutung zu: Entscheidungen, die Eltern oder staatliche Institutionen für Kinder oder Jugendliche treffen, sind verfassungsrechtlich nur zu rechtfertigen, wenn sie im Interesse der betroffenen Person liegen bzw. zu ihrem Wohl getroffen werden. In diesem Sinne dient die Beteiligung von Kindern oder Jugendlichen nicht nur dem Anliegen, Informationen über das Kind oder den*die Jugendliche*n zu gewinnen, sondern auch dazu, seiner*ihrer wachsenden Autonomie Raum zu geben. Dennoch wird das Jugendamt nicht zum Anwalt des Kindes oder Jugendlichen, gegen den die Eltern sich in Stellung bringen müssen, sondern es behält sowohl die Perspektive der Eltern als auch die des Kindes im Blick und agiert gegebenenfalls als Moderator. Das Thema „Beteiligung“ war auch einer der Schwerpunkte des Kinder- und Jugendstärkungsgesetzes (Bundestagsdrucksache 19/26107, 2021, S. 52) und findet in einer Vielzahl gesetzlicher Änderungen seinen Ausdruck.

Die aktive Beteiligung von Eltern, Kindern und Jugendlichen in der Praxis angemessen auszugestalten, bleibt aber eine große fachliche und organisatorische Herausforderung. Die Erkenntnisse aus dem Projekt „Jugendhilfe und sozialer Wandel – Leistungen und Strukturen“ vermitteln dazu ein zwiespältiges Bild (Gadow, Peucker, Pluto & Seckinger 2011; siehe auch die Beiträge in Faltermeier, Knuth & Stork 2022).

Bedarfsgerechte Hilfe

Zu den Strukturprinzipien der Kinder- und Jugendhilfe gehört auch das Bedarfsdeckungsprinzip. Dieses entfaltet seine Wirkung vor allem bei den Einzelfallhilfen. So heißt es in § 27 Abs.2 SGB VIII: „Art und Umfang der Hilfe richten sich nach dem erzieherischen Bedarf im Einzelfall." Dieser Bedarf kann nur *individuell und partizipativ* bestimmt werden. In einer grundrechtsgebundenen Rechtsordnung, in der u.a. die Individuen ein Recht auf die freie Entfaltung ihrer Persönlichkeit (Art. 2 Abs. 1 GG) und Eltern ein Recht auf die Erziehung ihrer Kinder nach den eigenen Vorstellungen (Art. 6 Abs. 2 S. 1 GG) haben, kommt es zwangsläufig – und gewollt – zu einer Vielfalt an familiären Lebensformen, Erziehungsvorstellungen und Erziehungsmethoden. Eine „Normalität" des Aufwachsens, an der die einzelnen Kinder, Jugendlichen und Eltern gemessen werden könnten, gibt es in einer pluralistischen Gesellschaft nicht (Wapler in Wiesner & Wapler 2022, SGB VIII § 27 Rn. 24).

Ausgangspunkt der Ermittlung der Anspruchsvoraussetzungen kann daher nur der einzelne (junge) Mensch in seiner konkreten Lebenssituation sein und die Frage, ob im Hinblick auf das Ziel der Erziehung – die Entwicklung zu einer selbstbestimmten, eigenverantwortlichen und gemeinschaftsfähigen Persönlichkeit (§ 1 Abs. 1 SGB VIII) – Mangellagen bestehen. Daraus folgt die zwingende Notwendigkeit, die betroffenen Kinder, Jugendlichen und ihre Personensorgeberechtigten an der Bedarfsermittlung zu beteiligen (§ 36 Abs. 1, Abs. 2 S. 2), sich auf ihren Standpunkt einzulassen und neben erkennbaren Problemen auch Ressourcen und Stärken wahrzunehmen.

Die richtige Balance zwischen fachlicher Einschätzung „von außen" und der subjektiven Perspektive der Betroffenen zu finden, ist Aufgabe sozialpädagogischer Fachlichkeit, die rechtlich nur begrenzt geregelt werden kann (Wapler in Wiesner & Wapler 2022, SGB VIII § 27 Rn. 25). Für die Hilfe zur Erziehung hat sich der Gesetzgeber nachvollziehbar für eine unbestimmte Tatbestandsformulierung entschieden, die der fachlichen Einschätzung im Einzelfall Raum lässt. Flankiert wird sie durch Verfahrensvoraussetzungen (§ 36), die ein fachlich begründetes und kooperatives Vorgehen sicherstellen (sollen).

Aufgrund des interaktiven Prozesses und der gemeinsamen Entscheidungsfindung wird in diesem Zusammenhang vielfach der Begriff der „*Aushandlung*" genutzt. Unter Aushandlung wird im sozialpädagogischen Bereich das Vermitteln und Zusammenführen unterschiedlicher Situationsdefinitionen und Handlungsvorstellungen sowie eine aus den unterschiedlichen Sichtweisen der Beteiligten erfolgende Bewertung des Hilfeverlaufs verstanden (Merchel 1994, S. 54). Vor dem Hintergrund, dass letztlich doch das Jugendamt die Entscheidung über die Gewährung von Hilfen zur Erziehung trifft, die Bewilligung der Leistungen in der Form des Verwaltungsakts verfügt und die Steuerungsverantwortung für ein bedarfsgerechte Hilfe trägt, hat sich in rechtlicher Perspektive der Begriff der „Aushandlung" als missverständlich herausgestellt (Gallep in Wiesner & Wapler 2022, SGB VIII § 36 Rn.11 mwN).

Mit der Bestimmung des „erzieherischen Bedarfs" zur Richtschnur für die Art und den Umfang der Hilfe kommt gleichzeitig zum Ausdruck, dass die *Berücksichtigung finanzieller Aspekte* sachwidrig ist. Die Ablehnung einer gebotenen Hilfe zur Erziehung oder die Einstellung einer solchen Hilfe wegen fehlender Haushaltsmittel ist deshalb rechtswidrig (so schon VG Hamburg v. 8.12.1999-13 VG 4549/99 und 13 VG 4683/99 zu einer Verfügung des zuständigen Bezirksjugendamtes). Entsprechendes gilt für pauschale Vorgaben für den Umfang der zu bewilligenden Fachleistungsstunden. Zwar gibt es auf Grund der Einzelfallorientierung keinen Rechtsanspruch auf eine bestimmte Anzahl von Fachleistungsstunden, ebenso wenig kann es aber eine pauschale Begrenzung auf eine bestimmte Stundenzahl geben, weil damit der Grundsatz der Bedarfsorientierung missachtet wird. Entsprechendes gilt auch für pauschale Vorgaben der Leistungsdauer von stationären Hilfen zur Erziehung.

Ombudschaften als wichtiges Instrument für die Einlösung der Versprechen

Das Kinder- und Jugendhilferecht enthält eine Vielzahl von Versprechen, die aber im Einzelfall nur bedingt eingelöst werden. Die Steuerung durch Recht wird durch verschiedene Faktoren, nicht zuletzt die gesetzlichen Handlungsspielräume, die auch fiskalisch genutzt oder – besser – missbraucht werden können, relativiert. So erhebt das Recht den Anspruch, sich am Bedarf der jungen Menschen und ihrer Familien zu orientieren, löst diesen Anspruch in der Praxis aber – aus vielen Gründen – nicht immer ein. Umso wichtiger ist es deshalb, dass die Subjektstellung, die das Recht jungen Menschen und ihren Eltern einräumt, auch tatsächlich wirksam wird. Ein zentrales Thema ist dabei die Kenntnis der Leistungsadressat*innen von ihren Rechten und deren Geltendmachung bzw. Durchsetzung. Im Bereich der Hilfen zur Erziehung sind es überproportional Familien in prekären Lebensverhältnissen, die Hilfen in Anspruch nehmen (müssen). Dabei tritt die Machtasymmetrie zwischen Eltern und Fachkräften offen zu Tage (Hansbauer 2022). Ombudschaften können einen wichtigen Beitrag dazu leisten, solche Asymmetrien zu beseitigen oder wenigstens zu entschärfen. Sie sind ein wichtiges Instrument für die Verwirklichung der Ziele des Kinder- und Jugendhilferechts und die Durchsetzung der Rechte der Leistungsadressat*innen im Einzelfall. Mit ihrer Hilfe werden die Versprechen des Gesetzgebers im wirklichen Leben auch eingehalten.

Literatur

Autorengruppe Kinder- und Jugendhilfestatistik (2019). Kinder- und Jugendhilfereport 2018. Eine kennzahlenbasierte Analyse. Opladen/Berlin/Toronto: Barbara Budrich.

Britz, G. (2014). Das Grundrecht des Kindes auf staatliche Gewährleistung elterlicher Pflege und Erziehung – jüngere Rechtsprechung des Bundesverfassungsgerichts, Juristenzeitung 69 (22), S. 1069-1076.

Britz, G. (2016). Kindesschutz- aktuelle verfassungsrechtliche Leitlinien, Neue Zeitschrift für Familienrecht 3 (24), S. 1113-1118.

Bundestagsdrucksache 19/26107 (2021). Entwurf eines Gesetzes zur Stärkung von Kindern und Jugendlichen (Kinder- und Jugendstärkungsgesetz – KJSG), Deutscher Bundestag, Berlin.

Bundestagsdrucksache 17/12200 (2013). Bericht über die Lebenssituation junger Menschen und die Leistungen der Kinder- und Jugendhilfe in Deutschland – 14. Kinder- und Jugendbericht und Stellungnahme der Bundesregierung. Deutscher Bundestag, Berlin.

Faltermeier, J., Knuth, N., & Stork, R. (Hrsg.) (2021). Handbuch Eltern in den Hilfen zur Erziehung. Weinheim Basel: Beltz/Juventa.

Fingscheidt, N. (2019). Systemsprenger, deutsches Filmdrama, seit dem 19.9.2019 in den Kinos.

Freigang, W. (1986). Verlegen und Abschieben: zur Erziehungspraxis im Heim. Weinheim Basel: Beltz/Juventa.

Gadow, T., Peucker, Ch., Pluto, L. & Seckinger, M. (2011). Recht auf Hilfe – Hilfe zum Recht. Partizipation in den Hilfen zur Erziehung, Forum Erziehungshilfen (17) 3, S. 157-160.

Hansbauer P. (2022). Eltern zwischen Selbstbehauptung und Unterwerfung – Machtverhältnisse in der Kinder- und Jugendhilfe am Beispiel der Hilfeplanung. In: Faltermeier, J., Knuth, N. & Stork, R. (Hrsg.). Handbuch Eltern in den Hilfen zur Erziehung (S. 58-71). Weinheim/Basel: Beltz Juventa.

Jarass, H. & Pieroth, B (2020). Grundgesetz für die Bundesrepublik Deutschland. Kommentar (16. Aufl.). München: C. H. Beck.

Kunkel, P., Kepert, J. & Pattar K. (2021). Sozialgesetzbuch VIII Kinder- und Jugendhilfe, (8. Aufl.). Baden-Baden: Nomos.

Merchel, J. (2016). Jugendhilfeplanung. München/Basel: Ernst Reinhardt Verlag.

Merchel, J. (1994). Von der psychosozialen Diagnose zur Hilfeplanung – Aspekte eines Perspektivenwechsels und der Erziehungshilfe. In Jordan, E. & Schrapper, Chr. (1994). Hilfeplanung und Betroffenenbeteiligung (S. 44-63). Münster: Votum.

Münder, J., Meysen, T. & Trenczek T. (2019). Frankfurter Kommentar SGB VIII (8. Aufl.) Baden-Baden: Nomos.

Schone, R. (2019): Ist Hilfe immer gleich Schutz? Zur Funktion von Schutzkonzepten in den Hilfen zur Erziehung. www.dgfpi.de/files/was-wir-tun/fachtagungen/Fachtagungen%20 2019/Tagungsdokumentationen/Jubilaeumsfachtagung%2023.%20-%2024.05.2019/ Vortraege/2019-05-23_Vortrag_Schone_%20Ist_Hilfe_immer_gleich_Schutz.pdf [08.04.2022]

Schrödter, M., Thalheim, V. & Freres, K. (2022). Bedingungslose Jugendhilfe – vom Stigmamanagement zur Destigmatisierung von Eltern. In: Faltermeier, J., Knuth, N. & Stork, R. (Hrsg.), Handbuch Eltern in den Hilfen zur Erziehung (S. 88-105). Weinheim Basel: Beltz/Juventa.

Schweigler, D. (2019). SGB VIII und Vergaberecht: Noch immer ein schillerndes Verhältnis. Jugendamt 92 (6), 290-294.

Schruth, P. (2020). Über die Instrumentalisierung angeblicher Mitwirkungspflichten. In: Forum Erziehungshilfen 26 (5), S. 311-314.

Wiesner, R. (1990). Der mühsame Weg zum KJHG, 38 (2), 112-125.

Wiesner, R. & Wapler, F. (2022). SGB VIII Kinder- und Jugendhilfe, Kommentar (6. Aufl.) München: C. H. Beck.

Kapitel II:
Konflikte in der Praxis der Kinder- und Jugendhilfe

Typische Konflikte in der Leistungsgewährung: Hilfeplanverfahren und die Gewährung von Hilfen für junge Volljährige und Careleaver*innen

Nicole Rosenbauer

*Der Beitrag beschreibt typische Konflikte und Problematiken, die für junge Menschen und Familien im Zugang zum Hilfesystem und im Hilfegewährungsprozess entstehen können. Die Beschreibung orientiert sich am zeitlichen Ablauf einer (potentiellen) Inanspruchnahme: Hilfebegehren und scheiternde Zugänge zu Unterstützung (I), Verlauf der Inanspruchnahme und unzureichende Partizipation (II) sowie eine forcierte Beendigung von Hilfen (III). Der dritte Abschnitt fokussiert die Hilfegewährung für ältere Jugendliche/junge Volljährige und Careleaver*innen. Als Auslöser für typische Konflikte und Problematiken thematisiert werden insbesondere hochschwelliges Verwaltungshandeln, die Missachtung von Beteiligungsrechten, beschämende und entwürdigende Umgangsweisen, misslingende Vertrauensverhältnisse sowie Kosten- und Finanzierungsaspekte als Hintergrund einer Begrenzung der Gewährung von Leistungen, auf die junge Menschen und Eltern einen Rechtsanspruch haben.*

Das Hilfeplanverfahren gemäß § 36 SGB VIII ist der zentrale Schlüsselprozess für den Zugang zu Leistungen und für die Vereinbarung, Begründung und Gestaltung von Hilfen zur Erziehung in Verantwortung des öffentlichen Trägers Jugendamt. In diesem Verfahren müssen die Fachkräfte des öffentlichen Trägers unterschiedliche Funktionen und Legitimationsanforderungen bearbeiten und austarieren; es sollen rechtliche Ansprüche konkretisiert und verwaltungstechnische Prinzipien eingehalten werden. Gleichzeitig haben sie dabei durchgängig das sozialrechtliche partizipative Grundprinzip des SGB VIII zu beachten und die Mitwirkung von jungen Menschen und Eltern sicherzustellen. Die Kommunikations- und Interaktionsprozesse zwischen den Vertreter*innen des Jugendamts und jungen Menschen und Familien vollziehen sich in der Praxis in einem strukturell machtasymmetrischen Verhältnis (vgl. Urban-Stahl 2011, S. 9); auch hierdurch ist das Hilfeplanverfahren ein komplexes, anforderungsreiches und durchaus konfliktbehaftetes Verfahren: Konflikte und Anliegen, die im Rahmen der Hilfe- und Leistungsgewährung entstehen, bilden bislang den größten Beratungsbereich in Ombudsstellen; in Berlin bspw. 86,3 % (vgl. IPP 2020, S. 42) und in Sachsen je nach Kategorisierung zwischen 67,9 % und 81,2 % (vgl. KJRV 2019, S. 33)[1]. Diese Anliegen haben zwei Schwerpunkte: Der erste materiell-rechtliche Schwerpunkt sind Konflikte um die Ablehnung von nachgefragten bzw. beantragten Jugendhilfeleistungen, um die Fortführung von Hilfen und die Beendigung von Hilfen gegen den Willen des jungen Menschen und/oder dessen Eltern. Anliegen im zweiten, prozessualen Schwerpunkt beziehen sich auf eine als unzureichend wahrgenommene Beteiligung – in Bezug auf das Wunsch- und Wahlrecht, den Hilfeplanprozess und die Hilfeplangespräche.[2]

Um Konflikte und Problematiken verstehen und einordnen zu können, die im Zugang zum Hilfesystem und im Gewährungsprozess für junge Menschen und Familien entstehen, können die „Prinzipien guter Verwaltung" als Heuristik herangezogen werden. Deren Hauptaspekte sind Unparteilichkeit, Gerechtigkeit, Angemessenheit der Verfahrensdauer und Recht auf Gehör, Recht auf Akteneinsicht und Begründungspflicht. Diesen Prinzipien widersprechen bspw. auch unhöfliche Behandlung, repressives und diskriminierendes Verhalten oder mangelnde Hilfsbereitschaft (vgl. Kucsko-Stadlmayer 2008, S. 35 f.)[3]. Wenden sich Ratsuchende an Ombudsstellen, dann thematisieren sie im Kontext ihrer Anliegen in der Regel Aspekte, die als Verletzungen dieser „Prinzipien guter Verwaltung" verstanden werden können.

Die folgende Konkretisierung typischer Konflikte und Problematiken im Hilfegewährungsprozess orientiert sich am zeitlichen Ablauf einer (potentiellen) Inanspruchnahme: Hilfebegehren und scheiternde Zugänge zu Unterstützung, Verlauf der Inanspruchnahme und unzureichende Partizipation, insbesondere im Hilfeplangespräch sowie eine forcierte Beendigung von Hilfen. Der dritte Abschnitt legt den Fokus auf die Hilfegewährung für ältere Jugendliche/junge Volljährige und Careleaver*innen[4].

1 Hierzu gehören bspw. – exemplarisch aus der Fallstatistik Sachsen von 2013 bis 2018 – die Kategorien: Hilfegestaltung, Hilfegewährung, Streitigkeiten im Hilfeplanverfahren, Umgang mit dem Jugendamt, Hilfen Ü 18, unbegleitete minderjährige Flüchtlinge, Pflegeverhältnisse und § 35a SGB VIII (insg. 67,9 %); erweitert je nach Perspektive um Inobhutnahme, Kindeswohlgefährdung, Probleme mit Vormund*innen und Sorgerechtsentzug (insg. 81,2 %) (vgl. KJRV 2019, S. 33).

2 Ulli Schiller vom Berliner Rechtshilfefonds Jugendhilfe (BRJ) sei sehr herzlich für den konstruktiven Austausch zum Beitrag und die hilfreichen Anmerkungen gedankt.

3 Das Recht auf eine gute Verwaltung ist im Artikel 41 der Charta der Grundrechte der Europäischen Union normiert. Vergleichbare Gewährleistungen in Deutschland finden sich im Rechtsstaatsgebot des Art. 20 Abs. 3 GG und einfachgesetzlich in den Verwaltungsverfahrensgesetzen des Bundes und der Länder (vgl. Kucsko-Stadlmayer 2008, S. 33 f.; Plohmann 2013).

4 „Als Care Leaver werden junge Menschen bezeichnet, die sich in öffentlicher stationärer Erziehungshilfe (Wohngruppen, Erziehungsstellen, Pflegefamilien oder anderen Betreuungsformen) befinden und deren Übergang in ein eigenständiges Leben unmittelbar bevorsteht. Der Begriff umfasst auch Jugendliche oder junge Erwachsene, die diese Hilfe-

Hilfebegehren und scheiternde Zugänge zu Unterstützung

Scheiternde Zugänge von jungen Menschen und Familien zu Hilfen zur Erziehung und abgelehnte Jugendhilfeleistungen werden im Fachdiskurs kaum thematisiert. In der Berliner Ombudsstelle bspw. sind Konflikte über die Nicht-Gewährung einer neuen Hilfe zur Erziehung das häufigste Anliegen (vgl. IPP 2020, S. 44). Das heißt konkret, um Unterstützung beim Jugendamt ersuchenden Eltern oder jungen Menschen gelingt mit ihrem Hilfebegehren zunächst kein Zugang zum Hilfesystem – sie werden wieder ‚weggeschickt'. Betrachtet man kursorisch verschiedene Fallstatistiken der Ombudsstellen, handelt es sich hierbei um ein quantitativ durchaus bedeutsames Phänomen: Bei mindestens einem Drittel aller Anfragen geht es um unbefriedigte Hilfebedarfe, sprich: um nicht gewährte Hilfen zur Erziehung und angrenzende Leistungen wie Hilfen für junge Volljährige.[5]

Scheiternde Zugänge zum Hilfesystem und zu begehrter Unterstützung können aus zwar nicht dezidiert rechtswidrigem, gleichwohl „hochschwelligem Verwaltungshandeln" resultieren (vgl. BRJ 2018, S. 12 ff.). Im Zugang zum Hilfesystem ergeben sich typische Konflikte und Problematiken dadurch, dass (a) den hilfesuchenden jungen Menschen und Familien nicht klar ist, dass sie selbst einen Leistungsanspruch geltend machen können und wie sich der Weg der Beantragung vollzieht (Hilfebegehren und Antragsweg). Konkret geht es hier um den *Umgang mit Anträgen* von jungen Menschen oder Eltern und eine *Nichtachtung von Antragstellung*, wenn Jugendämter bspw. ein mündlich geäußertes Ersuchen um Unterstützung nicht als ‚Antrag' werten und keinen Anlass sehen, im Sinne einer angemessenen Bedarfsprüfung tätig zu werden – obwohl das SGB VIII weder eine Antragspflicht noch eine Beantragungsform vorsieht für den Anspruch auf Hilfen zur Erziehung oder Hilfe für junge Volljährige. Werden Hilfebegehren und ‚Anträge' in Gesprächen abgelehnt, erhalten junge Menschen und Eltern teilweise – wie die ombudschaftlichen Erfahrungen zeigen – keine für sie verständlichen und nachvollziehbaren Begründungen für diese Ablehnungen (vgl. BRJ 2018, S. 13 ff.; Aspekt „Begründungspflicht").[6]

---

settings bereits verlassen haben und ohne Unterstützung der Kinder- und Jugendhilfe leben." (Sievers/Thomas/Zeller 2015, S. 9)

5 Diese Gruppe erweitert sich noch um jene Menschen, die sich – bspw. aus Unkenntnis über deren Existenz – nicht an Ombudsstellen wenden (können), sowie bspw. Menschen, die sich mit einem Hilfegesuch schon aus prinzipieller Schwellenangst nicht an ein Jugendamt wenden (BMFSFJ 2020, S. 112).

6 Entsprechend wäre sowohl die schriftliche Antragstellung als auch das Einfordern eines schriftlichen Ablehnungsbescheids aus Beweisgründen für junge Menschen und Eltern empfehlenswert (vgl. Papenheim et al. 2015, S. 316; BRJ 2018, S. 13 ff.), beides ist jedoch sowohl sehr lebensweltfremd als auch realitätsfern.

Der Zugang zum Hilfesystem wird des Weiteren erschwert, wenn (b) Jugendämter die in Gesprächen oder Mitteilungen bekannt gemachten Hilfebegehren und Bedarfe nicht oder nur mit deutlicher Verzögerung bearbeiten (zeitlicher Umgang mit Hilfebegehren; Aspekt *„Angemessenheit der Verfahrensdauer“*). Ein nicht zeitnahes Bearbeiten von Anträgen, ein *langes Nichtreagieren, das Ausschöpfen oder gar Überschreiten von rechtlich zulässigen Reaktionszeiten* haben für Menschen, die sich in einer als schwierig oder krisenhaft empfundenen Lebenssituation befinden, zusätzlich belastende und auch demotivierende Effekte für das Ersuchen um Unterstützung. Hinzu treten *Probleme der Erreichbarkeit*: Mitarbeiter*innen der Jugendämter sind für junge Menschen und Eltern auf unterschiedlichen Kommunikationswegen teilweise schlecht bis gar nicht erreichbar (vgl. BRJ 2018, S. 15 ff.).[7]

Schwellen für eine Inanspruchnahme entstehen schließlich dadurch, dass (c) als erforderlich mitgeteilte Schritte zur Hilfeeinleitung so angelegt sein können, dass sie nicht oder nur schwer zu bewältigen sind. Eltern wird teilweise auferlegt, zunächst Beratungsstellen in Anspruch zu nehmen und/oder ‚beweiskräftige‘ Unterlagen oder Gutachten für die als schwierig geschilderte Lebenssituation beizubringen. Für ältere Jugendliche oder bereits schon volljährige junge Menschen gestaltet sich der *Zugang in eine erste Hilfe zur Erziehung (‚Neuhilfe‘)* regelmäßig äußerst schwierig bzw. gelingt kaum; jungen Selbstmelder*innen wird bspw. mitgeteilt, dass eine Erstantragstellung mit Volljährigkeit gar nicht mehr möglich sei – entgegen den Gesetzesgrundlagen – oder wenn, dann ohne Erfolgsaussicht sei (vgl. Rosenbauer & Schiller 2016). Manches Mal wird auf die Hinzuziehung der Kindseltern bestanden. Teilweise wird rechtswidrig zu den Eltern junger Volljähriger Kontakt aufgenommen, um deren ‚Kooperationsbereitschaft‘ zur Vermeidung von Hilfen zu eruieren. Weigern sich junge Menschen, den Einbezug der (oftmals das Hilfegesuch auslösenden) Eltern zu akzeptieren, kann dies zur Drohung oder Realisierung der Nichtannahme des Antrags führen. Mit einem solchen Vorgehen werden die jungen Menschen rechtswidrig behandelt und *nicht als eigenständige Anspruchsinhaber*innen (an)erkannt.*

Verlauf der Inanspruchnahme und unzureichende Partizipation

Gelingt der Zugang ins Hilfesystem und werden Leistungen gewährt, können bei der Einleitung von Hilfen und bei Fragen zur Gestaltung der Hilfe weitere

7 Nach dem Beschleunigungsgebot und der Hinwirkungspflicht ist von der Verwaltung dafür Sorge zu tragen, dass Berechtigte die ihnen zustehenden Sozialleistungen in zeitgemäßer Weise, zügig, das heißt ohne jede vermeidbare Verzögerung und umfassend erhalten (vgl. Papenheim et al. 2015, S. 318).

typische Konflikte entstehen. In Ombudsstellen nimmt die Begleitung zu Hilfeplan- und Vermittlungsgesprächen einen erheblichen Zeitaufwand ein. Konflikte entstehen häufig dann, wenn jungen Menschen oder Eltern in Hilfeplangesprächen (HPGs) über geeignete Hilfen bspw. Hilfen ‚angeboten' werden, die ihren jeweiligen Lebenswelten und subjektiven Hilfe-Vorstellungen sehr fernliegen, etwa im Hinblick auf die Intensität von Hilfen oder die sozialräumliche Lokalisation von stationären Hilfen weit weg vom bisherigen Wohnort (vgl. BRJ 2018, S. 9).[8] Solche ‚Angebote' werden ihnen teilweise als *Konstruktionen von Alternativlosigkeit* kommuniziert („es gibt nur diese Wohngruppe oder keine"). In der Praxis erscheinen *Einschränkungen des Wunsch- und Wahlrechts* – über das Ratsuchende sich zudem nur selten dezidiert aufgeklärt zeigen – weniger als Ausnahme, denn als Regel. Darf zwischen Angeboten und Diensten gewählt werden, dann meist aus einer vorab durch das Jugendamt beschränkten, eingegrenzten Auswahl (vgl. KJRV 2019, S. 53). Aus Sicht von Eltern, deren Kinder fremduntergebracht sind, hat zumeist das Jugendamt sowohl die Unterbringungsentscheidung getroffen als auch die Einrichtung bestimmt (vgl. Knuth 2020, S. 11). Sogenannte „subjektive Hilfepläne" (vgl. Schefold u. a. 1998), also die eigenen Vorstellungen von jungen Menschen und Eltern davon, mithilfe welcher Unterstützung sie ihre problematische Lebenssituation bewältigen könnten, bleiben für Entscheidungen teilweise beharrlich unberücksichtigt (vgl. BRJ 2018, S. 9).

Konflikte entstehen des Weiteren dadurch, dass die *Gewährung von Hilfen zur Erziehung an Bedingungen* geknüpft wird. Bei Kindern und Jugendlichen wird die Gewährung stationärer Hilfen bspw. oft geknüpft an Bedingungen wie Kontaktbeschränkungen zu bisher wichtigen Personen (Eltern, Peers etc.), einem nun zu realisierenden regelmäßigen Schulbesuch und/oder Drogenfreiheit. Damit werden Schwellen aufgebaut, die partiell an der Grenze zur rechtlichen Zulässigkeit liegen und Konflikte evozieren: Zum einen handelt es sich bei den „Bedingungen" oft nicht um notwendige Voraussetzungen für eine gelingende Hilfe, sondern um Hilfeziele selbst wie bspw. Schulbesuch (vgl. BRJ 2018, S. 26). Zum anderen kann mit solchen Bedingungen eine soziale und emotionale Überforderung der Kinder und Jugendlichen bereits angelegt sein, wie bspw. durch Kontaktverbote. Hilfeziele müssen dem jeweiligen Einzelfall angepasst und angemessen sein, und dürfen weder zu hoch noch zu pauschal festgelegt werden. Mit Blick auf die Gestaltung von Hilfen zeigen sich Ratsuchende auch unzufrieden mit den Entscheidungen des Jugendamts über die *Form der Hilfe und die Intensität des Hilfesettings* – bspw. wollen sie lieber

8 Das Kriterium der Wohnortnähe bei der Unterbringung von Kindern und Jugendlichen zu beachten ist bis in die heutige Zeit eine zentrale, jedoch oftmals eben nicht realisierte Anforderung an stationäre Unterbringungen (vgl. jüngst Knuth 2020, S. 23) – mit allen Konsequenzen, die daraus für Kinder, Jugendliche und die Eltern resultieren.

ambulant als stationär. Sie erfahren die Hilfe dann als *‚nicht passend‘* für ihr Hilfebegehren und ihre Lebenswirklichkeit. In der Praxis spielen hier auch *fehlende Infrastrukturen und Kapazitäten* von Hilfeformen und -settings vor Ort eine zentrale Rolle[9], bspw. das Fehlen (schulbezogener) Tagesgruppenplätze, intensiverer ambulanter Settings, aufsuchender Familientherapien etc. Dies erzeugt insbesondere Konflikte, wenn es für Familien um die Vermeidung sehr eingreifender Hilfen geht.

Eine *unzureichende Beteiligung im Hilfeplanverfahren* ist das zweithäufigste Anliegen, mit dem sich junge Menschen und Familien an die Ombudsstellen in Berlin und Sachsen wenden. Konflikte entstehen für die jungen Menschen und Familien dann, wenn sie sich mit ihren Vorstellungen und Perspektiven in den HPGs als nicht ‚gehört‘ und ernstgenommen erfahren (Aspekt „Recht auf Gehör“); dies wird wahrscheinlicher, wenn ihre Vorstellungen den Interessen und Standpunkten der anwesenden Fachkräfte zuwiderlaufen (vgl. auch Messmer 2018, S. 117). Teilweise werden *Gutachten, Empfehlungen oder Stellungnahmen*, die die Perspektive und die Vorstellungen der Eltern oder der jungen Menschen unterstützen und bestätigen, nicht oder nur unzureichend im Hilfeplanverfahren beachtet (BRJ 2018, S. 16; Aspekt „Unparteilichkeit“). Im Fall divergierender Interessen oder Ziele kann die Expertise anderer Fachkräfte angezweifelt und können Fakten oder Gutachten als nicht relevant definiert werden, so dass sie kein Gewicht für Entscheidungen erhalten. Auch die Forschung resümiert, dass in HPGs eine Fallwirklichkeit erzeugt wird, „die sich unter Umständen selbst immunisiert und von außen nur schwer zu durchbrechen ist.“ (Messmer 2018, S. 119) Eltern selbst sehen bei Nichteinhaltung ihrer Beteiligungsrechte kaum Möglichkeiten, sich zur Wehr zu setzen (Knuth 2020, S. 11). Die Wahrnehmung von Ratsuchenden, oftmals *keine nachvollziehbare Erläuterung getroffener Entscheidungen* zu erhalten (KVJR 2019, S. 54), wird ebenfalls durch die Forschung gestützt: Strukturell erscheinen HPGs dominiert durch „implizite oder undurchsichtige Entscheidungsprozesse“, und die Prozesse der Entscheidungsfindung würden den Adressat*innen in der Regel nicht transparent gemacht (Messmer/Hitzler 2011, S. 59). Fehlende Transparenz und in der Folge Misstrauen entstehen immer wieder auch durch die *Ablehnung des Wunsches bzw. der Bitten junger Menschen und von Eltern auf Akteneinsicht* (Aspekt „Recht auf Akteneinsicht“).

Fehlende oder misslingende Vertrauensverhältnisse zwischen Fachkräften und Adressat*innen erweisen sich als eine zentrale systematische Quelle für die Erzeugung von Konflikten (vgl. BRJ 2018, S. 18 ff.). Eltern und junge Menschen erleben teilweise *eine hohe personelle Fluktuation bei Zuständigkeitsfragen*, was

9 In Ballungsgebieten führen angespannte Wohnungsmärkte zunehmend zu einem Mangel an Wohnungen für junge Menschen, die im Rahmen der Hilfen zur Erziehung (weiter-)betreut werden soll(t)en.

ihnen den Aufbau von Vertrauensbeziehungen erheblich erschwert; ebenso erleben sie häufige Terminverschiebungen von HPGs (vgl. Knuth 2020, S. 28). Selbst wenn sich die Beziehung zueinander sehr problembehaftet darstellt, sich die Beteiligten gegenseitig misstrauen, die Adressat*innen nicht mit den für sie Zuständigen ‚können', mit diesen schlechte oder verletzende Erfahrungen gemacht haben, wird ihnen oft keine Option zum Wechsel der zuständigen Fachkraft des Jugendamts eingeräumt (vgl. KJRV 2019, S. 50). Auch werden sie – so die ombudschaftlichen Erfahrungen – scheinbar kaum proaktiv zu ihrem Recht auf Beistand aufgeklärt (§ 13 SGB X). Auch *dysfunktionale Arbeitsstrukturen vor Ort* tragen zu Misstrauen und Rückzug bei, etwa wenn es *Konflikte oder Uneinigkeiten zwischen den beteiligten Fachkräften* des öffentlichen und freien Trägers gibt, durch die sich die Bedürfnisse von jungen Menschen und Eltern in den Aufmerksamkeitshintergrund schieben. Auf der anderen Seite gibt es Konstellationen, in denen beide Träger den Adressat*innen *„im Schulterschluss" als eine Koalition* entgegentreten, gegen die sie dann erst recht machtlos sind. Teilweise wurden dann im Vorfeld von HPGs zwischen den Fachkräften bspw. bereits Absprachen zu Hilfeform und Gestaltung getroffen; teilweise liegen in HPGs bereits vorausgefüllte Formulare bereit (vgl. KJRV 2019, S. 48; BRJ 2018, S. 20).

In der Praxis wird Widerstand gegen Entscheidungen oder Vorgehensweisen durchaus auch mit *„Hinweisen" auf „Konsequenzen"* beantwortet, was Ratsuchende zurecht als *Drohungen* wahrnehmen; diese „Hinweise" reichen von Einstellung der Hilfe, der Überleitung in ‚intensivere' Hilfen bis hin zur Anrufung des Familiengerichts (vgl. KJRV 2019, S. 50). Entstehen konflikthafte Beziehungen, werden die Gründe häufig auf die jungen Menschen oder Eltern selbst zurückgeführt und nicht (mehr) auf das Wechselverhältnis zwischen zwei beteiligten Parteien. Es entstehen Schuldzuweisungen, und junge Menschen und Eltern können sehr *verletzende, entwürdigende Kommunikation und auch Prozesse der Beschämung erleben* (vgl. BRJ 2018, S. 24 ff.). Manche Eltern erleben einen vorwürflichen, abwertenden Umgang und erfahren in HPGs kaum Wertschätzung für ihre Erziehungsleistungen (vgl. KJRV 2019, S. 50). Junge Menschen und Eltern erleben, dass ihre *Glaubwürdigkeit angezweifelt* oder ihnen *‚fehlende Mitwirkungsbereitschaft'* zugeschrieben wird. Eine Zuschreibung von *stigmatisierenden und diskriminierenden Attributen* (vgl. Oelerich u. a. 2019; Knuth 2020, S. 12) kann erheblichen Einfluss auf die weitere Planung und Ausgestaltung von Hilfen nehmen und diese prägen. Vertrauensvolle Verhältnisse entstehen kaum, wenn sich Fachkräfte wenig bereit zeigen, in Dialog zu gehen, ihre bisherigen Bewertungen und Sichtweisen erneut zu überprüfen oder auch zu korrigieren; junge Menschen und Eltern fühlen sich dann der Macht und der Willkür der Fachkräfte ausgesetzt (vgl. BRJ 2018, S. 18 ff.).

Forcierte Beendigung von Hilfen und misslingende Übergänge – Gewährung von Hilfen für junge Volljährige und Careleaver*innen

In der Inanspruchnahme führt schließlich die forcierte Beendigung von Hilfen gegen den erklärten Willen der Betroffenen zu Konflikten um die Fortführung von Hilfen. Dies betrifft natürlich nicht nur, aber insbesondere ältere Jugendliche an der Schwelle zur Volljährigkeit und junge Volljährige. Seit Beginn sind sie in den Ombudsstellen eine Gruppe, die besonders in den Blick gerät.[10] Hilfen werden überproportional häufig mit Erreichen der Volljährigkeit beendet, obwohl mit den Hilfen für Junge Volljährige (§ 41 SGB VIII) ein eigener Leistungstatbestand im SGB VIII existiert und sozialpädagogisch begleitete schul- und ausbildungsbezogene Hilfen in dieser Altersgruppe besonders bedeutsam sind. Kurz: „Erzwungene Careleaver“ (BMFSFJ 2020, S. 82) sind ein eigenes und spezifisches Phänomen im Kontext der Hilfegewährung.

Ältere Jugendliche und junge Volljährige spüren häufig eine *Ungeduld der Fachkräfte* des Jugendamts über eine ‚immer noch nicht‘ erlangte Selbstständigkeit. Es wird Druck ausgeübt, dass bei erneutem Ausbildungsabbruch oder mangelhaftem Schulbesuch die Hilfe zwangsläufig beendet werden müsse. Aus einem ‚noch nicht Können‘ wird ein ‚nicht Wollen‘ gemacht; junge Menschen an der Schwelle zur Volljährigkeit sehen sich oftmals mit der Unterstellung *mangelnder Mitwirkung* konfrontiert[11]; selbst wenn Bezugsbetreuer*innen oder Pflegeeltern dem Jugendamt mehrfach mitteilen, dass die jungen Menschen noch sozialpädagogische Unterstützung brauchen. Als ‚Beweise‘ werden noch nicht gelungene Alltagsbewältigung, schulische Fehltage oder ‚Fehlverhalten‘ wie bspw. ‚inadäquates‘ Freizeitverhalten wie ‚Freunde treffen, Alkohol trinken‘ angeführt.[12] Es gibt zudem eine Gruppe von Jugendlichen, die längere Zeit bspw. im betreuten

10 Eine Auswertung der Fallstatistik nach 10 Jahren Berliner Ombudschaft zeigte bspw., dass die Gruppe der 17- und 18-Jährigen mit Abstand die am stärksten vertretene Altersgruppe ausmachte und die 18-Jährigen mit Abstand am stärksten vertreten waren – ein Hinweis, dass junge Menschen an der Schwelle zur Volljährigkeit besonders stark auf ombudschaftliche Beratung angewiesen sind (vgl. BRJ 2012, S. 13).

11 Entgegen einer weit verbreiteten Meinung sieht der Gesetzgeber keine konkrete Mitwirkungs*pflicht* der jungen Menschen auf der Grundlage des SGB VIII vor. Die Mitwirkungspflichten gem. §§ 60 ff. SGB I beziehen sich ausschließlich auf Verfahrenshandlungen. Ausreichend für die Hilfegewährung ist hingegen zunächst, dass ein gewisser Veränderungswunsch besteht und eine grundsätzliche Bereitschaft des jungen Menschen, an der Erreichung der Hilfeziele mitzuwirken.

12 Gänzlich hilflos stehen junge Menschen mit nicht gelungenen Arbeitsbeziehungen dieser Situation gegenüber, wenn ihre eigenen Betreuer*innen bspw. dem Jugendamt vermitteln, der junge Mensch sei ‚faul und phlegmatisch‘, erfülle die an ihn gestellten Erwartungen nicht bzw. wolle dies einfach nicht.

Wohnen untergebracht sind, jedoch nicht ausreichende sozialpädagogische individuelle Unterstützung erfahren; auch um auf das Hilfeende angemessen vorbereitet zu sein. Sie erzeugen keine ‚Probleme' und werden in der Betreuung nicht ‚auffällig' oder ‚störend', so dass man sich sozialpädagogisch intensiver mit ihnen beschäftigen würde. Sie können die drohende Beendigung aufgrund des *formalen Kriteriums Volljährigkeit* äußerst krisenhaft erleben, da sie dann gewahr werden, dass sie sozial oder emotional in der Persönlichkeitsentwicklung noch Unterstützung bräuchten (vgl. BRJ 2018, S. 11).

Dem Druck in den Hilfen zur Erziehung fühlen sich junge Menschen oftmals nicht gewachsen. Sie legen häufig keinen Widerspruch gegen Beendigungen oder Ablehnungen ein; besonders betroffen sind dabei auch junge Menschen mit einer (drohenden) seelischen Behinderung (§ 35 a SGB VIII). Die Unsicherheit über die Fortführung der Hilfe an der Schwelle zur Volljährigkeit löst bei einigen jungen Menschen eine hohe psychische Belastung bis hin zu psychischen Krisen und Ängsten vor erneuter Destabilisierung und auch vor Vereinsamung aus – dies auch paradoxerweise in Hilfen, die ‚gut' und ‚erfolgreich' laufen, da die jungen Menschen sich gerade wegen der sozialpädagogischen Unterstützung als stabil in ihrer Lebensbewältigung erleben. Durch den Druck zur frühen ‚Verselbständigung/Selbständigkeit' erleben junge Menschen in den Hilfen zur Erziehung deutliche Benachteiligungen gegenüber den Gleichaltrigen: 2019 liegt das Auszugsalter junger Menschen in Deutschland bei durchschnittlich 23,7 Jahren; von den 25-Jährigen wohnt noch mehr als ein Viertel (28 %) im Haushalt der Eltern. Söhne lassen sich mit dem Auszug etwas mehr Zeit: Im Alter von 25 Jahren lebten noch knapp 34 % bei den Eltern.[13] Carereceiver- und Careleaver*innen verfügen in der Regel jedoch über weit weniger stabile private Netzwerke, geringere soziale und materielle Ressourcen als Gleichaltrige, die in ihren Elternhäusern aufgewachsen sind. Sie unterliegen einem erhöhten Armutsrisiko und sind eher von Wohnungslosigkeit bedroht (vgl. BT-Drs. 19/26107 2021, S. 45).

Die Jugendphase stellt sich den jungen Menschen in den Hilfen zur Erziehung im Gegensatz zu vielen Gleichaltrigen als eine „Rush Hour der Verselbständigung" dar (Weber 2019, S. 149); für Mädchen und junge Frauen führt dies nochmal spezifisch zu Benachteiligungen, da sie sich bspw. eher später von ihrer Herkunftsfamilie lösen (vgl. ebd., S. 152). Insgesamt fühlt sich nur etwa jede*r Fünfte*r nach Hilfeende gut auf das weitere Leben vorbereitet (BMFSFJ 2020, S. 106). Die jungen Menschen kehren dann ggfs. in den entwicklungsungünstigen elterlichen Haushalt zurück, werden mit gerade 18 Jahren gänzlich ungeeignet in Gemeinschaftseinrichtungen der Wohnungslosenhilfe oder für Geflüchtete untergebracht oder gehen in Zuständigkeitsfragen zwischen Sozialleistungssystemen verloren (vgl. BRJ 2018, S. 32 ff.).

---

13 https://www.destatis.de/DE/Presse/Pressemitteilungen/2020/08/PD20_N045_122.html

Entscheidend für Konflikte und Problematiken in der Leistungsgewährung sind schließlich *Kosten- und Finanzierungsgesichtspunkte* (BRJ 2018, S. 28 ff.) und damit Widersprüche unterschiedlicher Interessen in der Verwaltung. Bereits die regionalen Disparitäten der Gewährungspraxis der Hilfen für junge Volljährige und für Careleaver*innen legen nahe, dass vielerorts eine rechtswidrige Gewährungspraxis existiert. Teilweise werden Kosten explizit als Ausschlussgrund kommuniziert: In Gesprächen oder am Telefon wird jungen Menschen gesagt „die Hilfe ist zu teuer, die geht nicht“ oder „die bekommen wir hier nicht durch“. Seit ihrer Gründung wurden Ombudsstellen immer wieder jugendamtsinterne Vorgaben und Dienstanweisungen bekannt, die Maßnahmen mit hohen Kosten unter Vorbehalte stellen; eine gesetzeswidrige Realität im Kontext individueller Rechtsansprüche und unvereinbar mit den Grundsätzen der Hilfeplanung.[14] Die Studie von Beckmann u. a. zeigt, dass für 38 % der befragten Fachkräfte auch das finanzielle Budget ein Kriterium für die Entscheidung über die Art und Dauer der Hilfe ist, und dass bei gut 20 % der Befragten die wirtschaftliche Jugendhilfe „dabei buchstäblich mit am Tisch“ sitzt (ebd. 2018, S. 132). Hilfen für junge Volljährige werden, wie Beratungserfahrungen zeigen, mit Reglements belegt, bspw.: Bewilligung nur möglich in Rücksprache mit der Leitung des ASD, ASD-Leitung entscheidet allein über Gewährung oder jede Weiterbewilligung muss durch eine Fallteam-Beratung. Nicht zuletzt können Kostenerwägungen auch zu mangelnder oder fehlender Qualität bei der Ausgestaltung von Hilfen führen: Wenige Fachleistungsstunden auf drei Monate ermöglichen kaum eine ‚adäquate Nachbetreuung‘[15]. Auch sozialpädagogische Leistungen der Jugendberufshilfe für ältere Jugendliche werden von Jugendämtern als nicht notwendig oder nicht finanzierbar angesehen; Zuständigkeit wird abgewehrt und an Angebote anderer Sozialleistungssysteme verwiesen (vgl. BRJ 2018, S. 32 ff.).

Barrieren der Inanspruchnahme, Verantwortung und Verständigung

Hochschwelliges Verwaltungshandeln, die Missachtung von Beteiligungsrechten, beschämende und entwürdigende Umgangsweisen, misslingende

14 Zwar gibt es gewisse Einschränkungen, aber: Die Verwaltung darf sich bei ihren Entscheidungen nicht von sachfremden Überlegungen leiten lassen; Kostengesichtspunkte dürfen die erforderliche Maßnahme nicht ausschließen (vgl. Papenheim et al. 2015, S. 134).

15 Die Nachbetreuung soll dann bspw. lediglich bei der Wohnungssuche unterstützen oder ‚ein wenig Kontakt halten‘ und wird mit einigen Fachleistungsstunden in der Regel für 3 bis ‚höchstens‘ 6 Monate gewährt. Gelingende Übergänge aus stationären Settings sind für junge Menschen so äußerst schwierig zu bewältigen.

Vertrauensverhältnisse und ökonomisch motivierte Begrenzungen in der Gewährung von Leistungen, auf die junge Menschen und Eltern einen Rechtsanspruch haben, wirken als potentielle Schwellen und Barrieren der Inanspruchnahme, die durch die Jugendhilfe selbst miterzeugt werden (vgl. Rosenbauer 2020). In ihrer Konsequenz können sie zu scheiternden Zugängen ins Hilfesystem, zu misslingenden Aneignungsprozessen von Hilfen und zu Schädigungen junger Menschen im Kontext der Inanspruchnahme von Hilfen zur Erziehung führen (vgl. Gundrum/Oelerich 2021).

Es liegt in der Verantwortung der Praxis, Partizipation und Beteiligung in einem Maße zu realisieren, wie es Fachdiskurs und Jugendhilferecht einfordern. Je schlechter Information und Aufklärung, Beteiligung und Mitwirkung und die Passung des Hilfearrangements von den jungen Menschen und Familien eingeschätzt wird, umso wahrscheinlicher werden auch Konflikte im Hilfegewährungsprozess. Das KJSG hat die Beteiligungs- und Beratungsrechte für junge Menschen und Eltern vor diesem Hintergrund plausiblerweise erneut deutlich gestärkt. Aus ombudschaftlicher Perspektive erscheinen sie in gewissem Sinne als notwendige „Verteidigungsrechte" der jungen Menschen und Familien im institutionellen machtasymmetrischen Kontext der Jugendhilfe (Plohmann 2013, S. 2). Gegenüber jungen Volljährigen und Careleaver*innen wird die Jugendhilfe ihrer Verantwortung bis dato unzureichend gerecht. Das KJSG erhöht nochmals den Verbindlichkeitsgrad der Gewährung von Hilfe für junge Volljährige, beinhaltet eine Rückkehroption, einen Rechtsanspruch auf Nachbetreuung und eine Übergangsplanung – jedoch bleiben rechtswidrige Gewährungspraxen weiterhin zu befürchten, wenn sich die Haltung gegenüber den jungen Menschen nicht grundlegend ändert: Die Lebensphase der jungen Erwachsenen ist heute für alle jungen Menschen eine Schlüsselphase der Identitätsbildung, der sozialen Integration und gleichzeitig auch eine besonders kritische Lebensphase für die weitere Lebensbewältigung.

Das Interesse ratsuchender Menschen in Ombudsstellen ist in der Regel nicht, Konflikte weiterzuführen oder eskalieren zu lassen; im Gegenteil: Sie erleben die Konflikte als äußerst belastend und suchen nach Lösungen.[16] Zum fachlichen Kern einer guten und prozessorientierten Hilfeplanung gehört neben der Einhaltung grundlegender fachlicher Prinzipien insbesondere Verständigung. Für Verständigung sind jenseits aller gesetzlichen Regulierungen genügend Zeit, Aufmerksamkeit und insbesondere der Willen der Fachkräfte notwendig.

16 Auch mit ombudschaftlicher Unterstützung fühlen sich manche Ratsuchende den emotionalen und alltagsweltlichen Belastungen, die mit Konflikten und Auseinandersetzungen einhergehen, manchmal nicht (weiter) gewachsen. Zwischen 2014 und 2017 erfolgte bspw. in der Berliner Ombudsstelle in fast jedem zehnten Fall (9,1 %) ein Kontaktabbruch oder Betroffene haben, trotz teilweise hoher Erfolgsaussichten, von ihren Anliegen Abstand genommen (vgl. IPP 2020, S. 61 ff.).

Literatur

Beckmann, K., Ehlting, T. & Klaes, S. (2018). Berufliche Realität im Jugendamt: der ASD in strukturellen Zwängen, Freiburg.

BMFSFJ (2020). Abschlussbericht Mitreden – Mitgestalten: Die Zukunft der Kinder- und Jugendhilfe, Berlin.

BRJ/Berliner Rechtshilfefonds Jugendhilfe e. V. (2018). Zuständig sein und zuständig bleiben! Stolpersteine und Hürden auf dem Weg junger Menschen hin zu einer bedarfsgerechten Unterstützung durch die Jugendhilfe. Eine Fallanalyse aus ombudschaftlicher Sicht, Berlin.

Bundestagsdrucksache 19/26107 (2021). Entwurf eines Gesetzes zur Stärkung von Kindern und Jugendlichen (Kinder- und Jugendstärkungsgesetz – KJSG), Deutscher Bundestag, Berlin.

Gundrum, K. & Oelerich, G. (2021). Beteiligung und Schädigung im Rahmen der Inanspruchnahme Sozialer Arbeit, in: Österreichisches Jahrbuch für Soziale Arbeit, S. 155-180.

IPP/Institut für Praxisforschung und Projektberatung (2020). Evaluation der Berliner Beratungs- und Ombudsstelle Jugendhilfe. Endbericht.

KJRV/Kinder- und Jugendhilferechtsverein e. V. (2019). Fallstatistik 2013-2018, Dresden.

Knuth, N. (2020). Dokumentation und Auswertung der Beteiligungswerkstatt mit Eltern und Fachkräften im Rahmen des Projekts „Zukunftsforum Heimerziehung", Frankfurt a. M.

Kucsko-Stadlmayer, G. (2008). Europäische Ombudsman-Institutionen. Eine rechtsvergleichende Untersuchung zur vielfältigen Umsetzung einer Idee, Wien/New York.

Messmer H. & Hitzler S. (2011). Interaktion und Kommunikation in der Sozialen Arbeit. Fallstudien zum Hilfeplangespräch, in: Oelerich G./Otto H.-U. (Hg.). Empirische Forschung und Soziale Arbeit. Wiesbaden, S. 51-64.

Messmer, H. (2018). Barrieren von Partizipation: Der Beitrag empirischer Forschung für ein realistisches Partizipationsverständnis in der Sozialen Arbeit, in: Dobslaw, G. (Hg.). Partizipation – Teilhabe – Mitgestaltung: Interdisziplinäre Zugänge. Leverkusen, S. 109-127.

Oelerich, G. u. a. (2019). Barrieren der Inanspruchnahme sozialer Dienstleistungen, Düsseldorf.

Papenheim, H.-G. u. a. (2015). Verwaltungsrecht für die soziale Praxis. Ein Handbuch für Sozialberufe, 25. Auflage. Frankfurt a. M.

Plohmann, M. (2013). Das Recht auf eine gute Verwaltung gemäß Art. 41 der Charta der Grundrechte der Europäischen Union, WHI – PAPER 01/2014, Berlin.

Rosenbauer, N. (2020). Das Risiko des Scheiterns hat System – Strukturelle Barrieren und Schwellen der Inanspruchnahme von Hilfen zur Erziehung, in: Forum Erziehungshilfen, Heft 5, S. 269-274.

Rosenbauer, N. & Schiller, U. (2016). Jugendhilfe für junge Volljährige – Einblicke in die Praxis des Paragraphen 41 SGB VIII im Dreieck von Bedarf, Hilfegewährung und Schwierigkeiten der Durchsetzung, in: „jugendsozialarbeit aktuell", Nr. 143, S. 1-4.

Schefold, W. u. a. (1998). Hilfeplanverfahren und Elternbeteiligung, Frankfurt a. M.

Sievers, B., Thomas, S. & Zeller, M. (2015). Jugendhilfe – und dann? Zur Gestaltung der Übergänge junger Erwachsener aus stationären Erziehungshilfen – Ein Arbeitsbuch, Frankfurt a. M.

Urban-Stahl, U. (2011). Ombuds- und Beschwerdestellen in der Kinder- und Jugendhilfe in Deutschland. Köln.

Weber, M. (2019). Ent-deckt! Genderperspektiven auf die Übergangsphase Leaving Care, in: Forum Erziehungshilfen, Heft 3, S. 148-154.

Konflikte in der Leistungserbringung

Elsa Thurm, Björn Redmann & Ulrike von Wölfel

In diesem Beitrag soll anhand von drei Leistungsbereichen der Hilfen zur Erziehung (Heimerziehung, Vollzeitpflege und ambulante Hilfen) sowie einer aktuellen querliegenden Entwicklungslinie (Formen repressiver Pädagogik) auf Konflikte eingegangen werden, die in der Kinder- und Jugendhilfe vorherrschend sind. Abschließend soll diskutiert werden, ob auf den Neuregelungen durch das Kinder- und Jugendstärkungsgesetz (KJSG) von 2021 Hoffnungen aufgebaut werden können, dass wesentliche Konfliktfelder in der Leistungserbringung aufgelöst werden. Zweifel sind naheliegend.

„Leistungen für Familien" – der Anspruch des KJHG

In der Geschichte der Erziehungshilfe waren Kinder, Jugendliche und ihre Familien seit der Gründung des Deutschen Reiches über die Weimarer Republik, den Nationalsozialismus und die BRD die längste Zeit Objekte staatlicher „Fürsorge" und waren Angebote erzieherischer Hilfen auf Aufsicht und Kontrolle beschränkt und begrenzt. Dies änderte sich grundlegend, jedenfalls in nachgeholter rechtlicher Absicherung verbreiteter progressiver Praxis, politischer Absicht und semantischer Darreichung, mit der Einführung des Kinder- und Jugendhilfegesetzes (KJHG) 1990. Reinhard Wiesner (Kapitel I, i. d. B.) betont ein „verändertes Verständnis von Kinder- und Jugendhilfe" durch das SGB VIII. Die öffentliche Jugendhilfe wurde „ganz in den Dienst der Familie" (Sachße 2018, S. 12) gestellt. Das KJHG ist ein Leistungsgesetz mit einem „breiten Angebot" (Behnisch et al. 2017, S. 23), das sich seit seiner Einführung immer weiter ausdifferenzierte. Vom Rechtsanspruch auf einen Kita-Platz über die Hilfen zur Erziehung bis zum Kinderschutz (vgl. Heynen 2018, S. 62). Mehr noch: Jugendhilfe ist Aushandlung und Partizipation (Behnisch et al. 2017, S. 23). Junge Menschen und Familien erhalten „Leistungs- und Verfahrensrechte, die ihnen als Subjekten Mitsprache und teilweise auch Entscheidungen über die Inanspruchnahme und Ausgestaltung von Leistungen" (Urban-Stahl 2018, S. 20) einräumen. Soweit jedenfalls der Anspruch. Eine lange Tradition in der Kinder- und Jugendhilfe hat die Nichtverwirklichung des Rechts: „Darüber hinaus wird zwingendes Recht teilweise bewusst, aber auch unbewusst in der Praxis gar nicht angewendet" (Eschelbach 2018, S. 54). Das gilt für das Handeln von Jugendämtern genauso wie für das Wirken von

Einrichtungen und Diensten. Britta Tammen bezeichnet bestimmte Vorgehensweisen, hier das Vorenthalten von Hilfen für junge Volljährige, als „rechtswidrige Praxis“ (Tammen in: Münder et al., Frankfurter Kommentar zum SGB VIII, §41, RN 25), die sich nicht rechtfertigen lässt. Nicht nur, aber auch aus dem Auseinanderfallen (vgl. ebd., S. 56) von Recht und Gesetz auf der einen Seite und Umsetzung in der Praxis auf der anderen Seite entstehen Konflikte. Verschärft werden diese Konflikte durch die „strukturelle Machtasymmetrie“ (Urban-Stahl, Kapitel IV, i. d. B.), die zwischen Fachkräften und Hilfesuchenden (und -empfangenden) besteht. Um die Gefahr von Machtmissbrauch zu mindern, brauche es auf Seiten der Fachkräfte einen „verantwortungsvolle[n] Umgang mit Macht“ (ebd.), der sich darin zeigen würde, dass Fachkräfte sich (1.) ihrer Macht bewusst sind, sie (2.) transparent ausüben, sich (3.) kontrollieren und kritisieren lassen und (4.) aktiven Machtverzicht üben. Diese Forderungen sind allerdings in der aktuellen Situation kaum umzusetzen, in der u. a. ASD-Fachkräfte „zu wenig Zeit für immer mehr Kinder und deren Familien haben“ (Beckmann 2019, S. 106, vgl. dazu auch Conen 2012), aber auch Fachkräfte in den Erzieherischen Hilfen bei freien Trägern stark belastet sind. Hans Thiersch nennt die Situation in den Hilfen zur Erziehung „zutiefst bedrückend“ (Thiersch 2012, S. 11) und macht hier beispielhaft Personalprobleme, Ausbildungsdefizite, mangelndes Gehalt und häufige Stellenwechsel als Probleme aus. Keine guten Voraussetzungen für akzeptable und passgenaue Hilfen. Konflikte sind vorprogrammiert.

Konflikte in der Heimerziehung

In der Heimerziehung[1] (§ 34 SGB VIII/KJHG) waren im Jahr 2019 insgesamt 143.316 junge Menschen untergebracht (vgl. Fendrich et al. 2021, S. 86). Sie ist die teuerste (ebd., S. 10) und am stärksten in das Leben der Menschen eingreifende Hilfeform (vgl. Pluto et al. 2020, S. 6). Folglich müsste sie die überzeugendsten Wirkungen haben, denn: Geld dafür ist (reichlich) vorhanden und die jungen Menschen sind vollständig in professionell-sozialpädagogischer Begleitung. Christian Schrapper hält hingegen für die Heimerziehung rahmengebend fest: (1.) Heimerziehung wird häufig als Kriseneingriff eingesetzt, weil vorab keine ausreichenden Hilfen zur Verfügung gestellt wurden. Ob die Kinder- und Jugendlichen ins Heim kommen, hängt davon ab, wo in Deutschland sie leben. Es gibt also (2.) erhebliche regionale Disparitäten. Die Qualität der Heimerziehung steht (3.) in Frage, wenn rund die Hälfte der Hilfen unplanmäßig enden. Unter dem Dach der Heimerziehung finden (4.) zunehmend

1 Zur Problematisierung des belasteten Begriffs „Heimerziehung“ siehe Pluto et al. 2020, S. 6 sowie Feist-Ortmanns & Macsenaere 2020, S. 34.

mehr freiheitsentziehende und freiheitsbeschränkende Maßnahmen gegen den Willen der Kinder und Jugendlichen statt. Und letztlich durchleben (5.) viele Kinder und Jugendliche mehrere Hilfeinstitutionen hintereinander mit entsprechenden Orts- und Betreuungswechseln (vgl. Schrapper 2020, S. 175-176). Das allein schon verweist auf große qualitative Probleme, die von den Hilfesuchenden als Konflikte erlebt werden.

Diese Probleme, die in Konflikten münden, beginnen schon in den ersten Tagen der Heimunterbringung. In vielen Einrichtungen wird die erste Zeit der Heimunterbringung quasi als Eingewöhnung auf Kosten von Freiheitsrechten und in Form von (i. d. R. ungesetzlichen) Freiheitsbeschränkungen (siehe dazu: Lindenberg & Prieß 2014, S. 9; vgl. Wölfel, Redmann, Löffler 2016, S. 119) gestaltet: In 15,5 % der untersuchten Einrichtungen werden in der „Eingangsphase" (bis zu 8 Wochen) Kontaktverbote (u. a. zu Eltern) verhängt, in 12,1 % der Einrichtungen gibt es das auch nach der Eingangsphase, wie aus einer großen Anfrage in der Hamburger Bürgerschaft deutlich wurde (Bürgerschaft der Freien und Hansestadt Hamburg 2015). In anderen Regionen Deutschlands dürfte es kaum besser aussehen.

Insgesamt spielen die Eltern kaum eine Rolle, wenn einmal eine Heimerziehung eingerichtet wurde: „Eltern erleben den Beginn der Heimerziehung fremdgesteuert, ohne die Möglichkeit ihr Wunsch- und Wahlrecht auszuüben. Eltern sehen kaum Möglichkeiten sich zur Wehr zu setzen, wenn sie erleben, dass Beteiligungsrechte nicht eingehalten werden" (Knuth 2020, S. 9). „Eltern, deren Kinder außerfamiliär untergebracht wurden, berichten oft von Schwierigkeiten bei der Einleitung der Hilfen, speziell mit Blick auf die Information über die relevanten Verfahrensschritte und ihre Rechte darin" (BMFSFJ 2020, S. 97). „Des Weiteren wird die Beteiligung von Eltern sowie der jungen Menschen selbst im Rahmen der Inobhutnahme zum Teil als defizitär angesehen" (ebd., S. 34).

Auch im Kontext der Hilfeplanung herrscht große Unzufriedenheit: „So gibt nicht einmal die Hälfte der befragten jungen Menschen und Eltern an, dass sie ausreichend und verständlich über den Sinn der Hilfe informiert wurden, und nur knapp 38 % sind der Ansicht, dass sie bei der Hilfeplanung mitentscheiden konnten" (ebd., S. 117). „Ebenso fühlen sich Betroffene fast durchgängig nicht ausreichend beteiligt (junge Menschen 95 %, Eltern 96 %, weitere Familienangehörige 100 %). Fachkräfte der öffentlichen Kinder- und Jugendhilfe schätzen die Beteiligung der Betroffenen im Fallverlauf hingegen zumeist gut ein (86 %)" (ebd., S. 117). Es gibt einen „Eklatante[n] Mangel an Information und Beteiligung, den viele Adressatinnen und Adressaten der Kinder und Jugendhilfe ihrem Empfinden nach erfahren" (ebd., S. 107).

Für Hilfeplangespräche gilt, dass hier die Adressat*innen kaum Einflussmöglichkeiten sehen: Die Partizipation bzw. der aktive Einbezug der Klient*innen findet zumeist nur an der Oberfläche statt und bezieht sich nicht explizit auf die Entscheidung selbst. Für Betroffene bleibt der Prozess zumeist intransparent. So werden Beteiligungsmöglichkeiten entsprechend erschwert. Bei konfliktreichen Themen, d. h. solchen, die vermutlich auf Widerstand oder Widerspruch bei den Klient*innen stoßen, ist lediglich eine Reinszenierung eines unter Ausschluss der Klient*innen und bereits vorab erfolgten Entscheidungsprozesses durch Professionelle zu beobachten. Es ist davon auszugehen, dass in der Regel die Entscheidungsfindung nicht transparent gemacht wird, sondern „implizite oder undurchsichtige Entscheidungsprozesse" (Messmer/Hitzler 2011, S. 59) das Hilfeplangespräch strukturell dominieren. Nicht umsonst stellte Hans-Uwe Otto auf dem Jugendhilfetag 2011 die Frage, ob Hilfeplangespräche ein Ausdruck einer Demokratisierung oder ein Ausdruck von Tyrannei gegenüber Menschen seien (vgl. Conen 2012).

Weitere Befunde zur Heimerziehung weisen in eine ähnlich problematische Richtung. Einige Beispiele: „Junge Menschen kritisieren mangelnde Transparenz und Selbstbestimmung in Bezug auf ihr Taschengeld in den Einrichtungen. […] Taschengeld wird in Einrichtungen nicht selten als pädagogisches Mittel eingesetzt." (van Driesten et al. 2020, S. 10). „Darüber hinaus orientieren sich Fachkräfte mitunter weniger an rechtlichen Vorgaben, sondern an eigenen Erfahrungen oder persönlichen Haltungen, sodass Entscheidungen schwer nachvollziehbar sind und willkürlich erscheinen können. […] So werden zum Beispiel generelle Übernachtungsverbote von Freund*innen, Handyverbote und eingeschränkte Ausgehzeiten ausgesprochen. Diese Einschränkungen verhindern psychosoziale Entwicklung und sind rechtlich fragwürdig" (ebd., S. 13). „Von Seiten der jungen Menschen selbst wird häufig kritisiert, dass höhere Bildungsabschlüsse nicht gefördert werden würden. […] Schließlich fehlt Einrichtungen vielfach das Geld, um zusätzliche Nachhilfestunden zu finanzieren, weitergehendes Lernmaterial und digitale Ausstattung zu beschaffen" (ebd., S. 17).

Aus diesen Befunden (und weitere könnten hinzugefügt werden) wird deutlich: verbriefte Rechtsansprüche, Freiheitsrechte, Beteiligungsrechte und Förderrechte werden in der Heimerziehung in vielen Fällen nicht gewährt oder vereitelt. Und fraglich bleibt letztlich auch, welchen Einfluss Wissenschaft und Forschung auf die Heimerziehung nehmen können, wenn Liane Pluto, Christian Schrapper und Wolfgang Schröer im Jahr 2020 festhalten: „Weniger erkennbar sind allerdings der Einfluss und die Bedeutung dieser Arbeiten auf die Entwicklung der pädagogischen Praxis sowie der Organisation der Heimerziehung." (Pluto & Schrapper & Schröer 2020, S. 19). Das darf, bezogen auf das Thema Konflikte, skeptisch stimmen.

Konflikte im Bereich Vollzeitpflege

In der Vollzeitpflege (§ 33 SGB VIII/KJSG) waren im Jahr 2020 statistisch erfasst insgesamt 89.736 (vgl. Statistisches Bundesamt 2021) Kinder und junge

Menschen untergebracht. Darüber hinaus gibt es auch inoffizielle und damit von der Statistik nicht erfasste Pflegeverhältnisse. Auf der Grundlage von Daten aus dem Mikrozensus[2] werden die gesamten Pflegeverhältnisse auf 1:1,7 geschätzt (vgl. Kindler et al. 2011, S. 130). Damit leben geschätzt knapp 188.000 minderjährige Kinder und junge Menschen in einem Pflegeverhältnis (vgl. Statistisches Bundesamt 2021).

Schon die Eingewöhnung in eine neue Familie ist meist herausfordernd und konfliktreich. Mit der Ankunft in einer neuen Familie sind auch neue Alltagsstrukturen und Familienkulturen verbunden (vgl. Werner, 2019, S. 119) und so sehr sich Pflegeeltern gegenüber ihren Pflegekindern auch bemühen und versuchen, ihnen das Einleben so einfach wie möglich zu machen, sind sie den Pflegekindern erst einmal fremd (vgl. Rohrmann, 2005, S. 333). Denn in der Pflegefamilie existieren unbekannte Abläufe, andere Regeln und Gewohnheiten, was von den Kindern gerade in der Anfangsphase enorme „Orientierungs- und Anpassungsleistungen verlangt“ (Werner, 2019, S. 119). Herausfordernd ist auch der Aufbau einer Beziehung zu den Pflegeeltern. Das ist auch darum so anspruchsvoll, „weil das Pflegekind aufgrund seiner bisherigen Bindungs- und Beziehungserfahrung möglicherweise Schwierigkeiten hat, sich schnell und vertieft auf Beziehungsangebote und -anforderungen einzulassen“ (ebd. 2019, S. 119/120). Die Unterbringung in einer Pflegefamilie kann außerdem verschiedene Diskontinuitätserfahrungen zur Folge haben, die für die Pflegekinder ein hohes Belastungspotenzial haben. Sie werden durch die Unterbringung von ihren Herkunftseltern und ihren leiblichen Geschwistern getrennt, wechseln vielleicht die Schule und werden aus ihrem bisherigen sozialen Umfeld genommen (vgl. ebd. 2019, S. 193).

Häufig gehen einer Unterbringung in einem Pflegeverhältnis belastende Erfahrungen und Ereignisse in der Herkunftsfamilie voraus (vgl. ebd., S. 178). Pflegekinder erleben regelmäßig, „dass ihre Herkunftsfamilie nicht den gesellschaftlichen Vorstellungen und Erwartungen von Familie entspricht“ (Gabriel et al. 2021, S. 144). Bei vielen jungen Menschen erweckt das den Wunsch nach einer „normalen“ Familie, verbunden mit der Hoffnung, ein „normales“ Kind zu sein. Besonders herausfordernd wird die Situation dann, wenn es in der Pflegefamilie nicht gelingt, eine dauerhafte Normalität und Zugehörigkeit zu entwickeln (vgl. ebd.).

Ein Pflegekind zu sein, entspricht nicht der gesellschaftlichen Normalität und ist immer wieder Anderen gegenüber erklärungsbedürftig (vgl. Werner 2019, S. 220). Pflegekinder haben gesellschaftlich oft den Status, das

---

2 Jährlich werden Daten von 1 % aller Haushalte für den Mikrozensus erhoben. Die in inoffiziellen Pflegeverhältnissen lebenden Kinder und jungen Menschen sind nicht unmittelbar herauslesbar, sie werden anhand der Verwandtschaftsverhältnisse geschätzt (vgl. Was ist der Mikrozensus? – Statistisches Bundesamt (destatis.de)).

Kind „gescheiterter Eltern zu sein“ (Gassmann 2010, S. 74). Eine besonders herausfordernde Situation, da die Verbindung zu den Herkunftseltern i. d. R. nie völlig abbricht, sich häufig sogar in Sorge um die leiblichen Eltern und die Geschwister umwandelt (vgl. Werner 2019, S. 215). Diese Umkehr der generationalisierten Sorge wird von Pflegekindern als besonders belastend und mit einem Gefühl der Perspektivlosigkeit und der Ohnmacht erlebt (vgl. ebd., S. 216). Erschwerend ist, anders als in der Heimerziehung nach § 34 SGB VIII/ KJSG, dass nur wenige Pflegekinder mit anderen Pflegekindern vernetzt sind. So fehlen Austausch und Peer-to-Peer Unterstützungsmöglichkeiten (vgl. Lütz 2021, S. 15).

Auch Hilfeplangespräche sind aus Sicht der Pflegekinder konfliktbelastet. Häufig wird das Hilfeplangespräch als unkonstruktiv, anstrengend und nicht beteiligungsorientiert wahrgenommen. Pflegekinder berichten, dass diese Gespräche für sie „bestenfalls langweilig, schlimmstenfalls als purer Stress empfunden“ (ebd., S. 14) werden. Sowohl Herkunftseltern als auch Pflegekinder fühlen sich oft nicht in ausreichendem Maße informiert. So wissen sie nicht, was sie erwartet und wo sie ihre Wünsche und Bedürfnisse einbringen können. Außerdem werden die Hilfeplangespräche in Pflegeverhältnissen häufig gar nicht oder in sehr großen Abständen durchgeführt, was zu einer großen Verunsicherung und Misstrauen führen kann. Finden die Gespräche statt, dann hat die Sichtweise der Pflegeeltern mehr Gewicht, Herkunftseltern und Pflegekinder fühlen sich nicht ausreichend wahrgenommen. Umgekehrt haben Pflegeeltern oft den Eindruck, dass die Herkunftseltern bevorzugt behandelt werden und ihr Bemühen um das Pflegekind nicht ausreichend wertgeschätzt wird (vgl. Helming et al. 2011, S. 536). „Das Jugendamt wird [im Hilfeplangespräch insgesamt] als parteiisch erlebt und nicht als Vermittlungsinstanz“ (ebd., S. 536).

Im Jahr 2020 wurden knapp 72 % der dauerhaften Pflegeverhältnisse vor dem 18. Lebensjahr beendet (vgl. Statistisches Bundesamt 2021), etwa die Hälfte davon sind ungeplante, vom Hilfeplan abweichende Abbrüche (vgl. Santen, E. v., Pluto, L., Peucker, C. 2019, S. 56). Nicht selten wird der Abbruch der Hilfe durch das Jugendamt veranlasst (vgl. ebd. 2019, S. 56). Auch Pflegeeltern sehen sich durch schwieriges Verhalten der jungen Menschen, durch „Einmischen der leiblichen Eltern oder wegen mangelnder Unterstützung des Jugendamtes gezwungen“ (Van Santen 2019, S. 56), die Hilfe zu beenden. Eher selten beenden die jungen Menschen die Hilfe ungeplant und vor dem 18. Lebensjahr (vgl. ebd., S. 58). Hier rückt die Herkunftsfamilie wieder in den Fokus. Denn obwohl die Jugendämter für nur sechs Prozent aller Pflegeverhältnisse eine Rückführung zur Herkunftsfamilie anstreben (vgl. ebd. S. 61), sind es doch rund 31 Prozent aller Pflegekinder, die nach Beendigung des Pflegeverhältnisses wieder zu ihrer Herkunftsfamilie ziehen. Das verdeutlicht die Wichtigkeit und Notwendigkeit der Arbeit mit den Herkunftsfamilien (vgl. ebd., S. 211). „Dass Fachkräfte des ASD jedoch in fachlich erforderlichem Ausmaß intensivere Beratungsprozesse von Herkunftseltern im Sinne einer genuinen Herkunftselternarbeit leisten können, mag bezweifelt werden" (Helming et al. 2011, S. 526). Die Hilfsbedürftigkeit von Herkunftsfamilien wird durchaus erkannt, „doch kann die notwendige Unterstützung aus Mangel an Ressourcen nicht angeboten werden" (ebd., S. 527), auch wird häufig trotz realer Machtlosigkeit der Herkunftsfamilie eine aktive Zusammenarbeit eingefordert, die diese durch fehlende Informationen und Ressourcen gar nicht erbringen können (vgl. ebd.).

Der Kontakt zu den Fachkräften des Jugendamtes stellt sich auch aus Sicht der Pflegekinder als ambivalent heraus. Zum einen werden die Fachkräfte als unterstützend wahrgenommen, andererseits sind sie „immer wieder Quelle von Enttäuschung, Ablehnung und Anerkennungsverweigerung" (ebd., S. 165). Pflegekinder erleben den Kontakt zu den Fachkräften des Jugendamtes meistens nur indirekt über ihre Pflegeeltern, wobei sie sich einen direkten Kontakt wünschen (vgl. Ehlke 2020, S. 186). Außerdem werden die „Besuche nicht selten als Pflichtaufgabe der Fachkräfte gesehen" (ebd.).

Konflikte in den ambulanten Hilfen am Beispiel der Sozialpädagogischen Familienhilfe

Unter den im Kinder- und Jugendhilfegesetz (SGB VIII) aufgeführten ambulanten Hilfen zur Erziehung ist die Sozialpädagogische Familienhilfe (SPFH) gem. § 31 SGB VIII die seit vielen Jahren am zweithäufigsten gewährte Unterstützungsleistung. Auch im Jahr 2020 wurde die SPFH zahlenmäßig nur noch von der Erziehungsberatung übertroffen (vgl. Statistisches Bundesamt 2020). Aus diesem Grund wird es in diesem Abschnitt beispielhaft um auftretende Konflikte in der Leistungserbringung Sozialpädagogischer Familienhilfe gehen.

Das Forschungsprojekt „Sozialpädagogische Familienhilfe in der Bundesrepublik Deutschland" (1994-1997) kann als erste bundesweite empirische Ausleuchtung dieser Hilfeform bezeichnet werden. Die umfangreichen qualitativen und quantitativen Erhebungen und Analysen sollten einen konzeptionellen Rahmen für diese erst mit dem Kinder- und Jugendhilfegesetz im Jahr 1990/1991 eingeführte Hilfeform bestimmen und „einen grundlegenden Beitrag zur Sicherung der fachlich-methodischen Standards" leisten (BMFSFJ 1998, S. 1). Das aus dieser Studie entwickelte „Handbuch Sozialpädagogische Familienhilfe" hält fest: Sozialpädagogische Familienhilfe (SPFH) ist ein Angebot an Familien, die in mehreren Lebensbereichen erheblich belastet sind und deren eigene Ressourcen nicht ausreichen, um ihren Kindern ein kindeswohlorientiertes Aufwachsen zu ermöglichen. Ihr Entstehungshintergrund wird aus dem Kontext des Reformdiskurses innerhalb der Sozialen Arbeit am

Ende der 1960er Jahre und aus der „Forderung der Reduzierung von Fremdplatzierungen von Kindern und der damaligen Kritik am etablierten Heimwesen“ (ebd., S. 7) heraus abgeleitet. „Eine Form intensiver und direkter Betreuung von Familien schien vor allem für die Kinder eine bessere Lösung – bei wesentlich geringeren Kosten“ (ebd., S. 7).

Die im Handbuch benannten konzeptionellen Rahmenbedingungen aus den 1990er Jahren haben sich bis heute weitgehend erhalten, wie man mit dem Blick in die Kommentarliteratur zum SGB VIII feststellen darf: Die SPFH wird nach wie vor bezeichnet als „eine pädagogische Dienstleistung, die durch eine gezielte Verbindung von *pädagogischen und alltagspraktischen Hilfen* die Selbsthilfekompetenzen der Familie zu stärken sucht. [...] Sie sei in der Regel eine ambulante Hilfe“ (Struck 2019, S. 396), die sich auf die *gesamte Familie richtet*. Es besteht die Erwartung, dass die Familie durch die Betreuung und die Begleitung die Fähigkeit zur „*Problemlösung und Alltagsbewältigung* (wieder) gewinnt. In den meisten Fällen bedarf es hierzu einer längeren Zeitspanne“ (ebd.). Die SPFH ist so angelegt, dass die Fachkräfte die Familien in ihren Wohnungen aufsuchen, oftmals mehrmals in der Woche über einige Stunden. Durch diese Verortung in der Alltagswelt der Familie erfordert ihr Gelingen in jedem Fall die Mitarbeit der Familie und stellt hohe fachliche Anforderungen an die erbringenden Sozialarbeiter*innen. Die konkrete Ausgestaltung der Hilfe muss sich daher in der Zusammenarbeit zwischen der Familie und den Fachkräften entwickeln. Ihr konzeptioneller Ausgangspunkt ist damit eine gemeinsame Entwicklung der Hilfeziele und der Schritte, um diese zu erreichen. SPFH geht dabei vom Prinzip des Empowerments aus (vgl. ebd., vgl. Wapler 2022, S. 555, 557, 559, vgl. BMFSFJ 1998, S. 7-8).

Eben diese Verortung in der Alltagswelt der Familien ist jedoch auch als der größte potentielle Konflikt der Sozialpädagogischen Familienhilfe zu bezeichnen. Durch die regelmäßige Anwesenheit der mit der Hilfeleistung beauftragten Sozialarbeiter*innen in der Lebenswelt der Familien entstehen einerseits sehr enge Arbeitsbündnisse mit einem großen Entwicklungspotential für die Familie, andererseits können eben diese ständige Anwesenheit und der dadurch gegebene Zugriff auf die Intimsphäre einer Familie als sehr restriktiv und kontrollierend empfunden werden.

Auf diese Problematik weist beispielweise Friedhelm Peters hin, indem er festhält, dass die regelmäßige Anwesenheit der Pädagog*innen und ihre notwendigerweise auch bewertende und beobachtende Rolle in den Familien schon immer auch sozialdisziplinierende Absichten hatte (vgl. Peters 2012, 282). Reinhold Schone unterstellte der SPFH in diesem Zusammenhang schon vor einigen Jahren zunehmend autoritäre Absichten: „*Vieles spricht dafür, dass berufliche Handlungsmodelle und Selbstverständnisse in Bewegung geraten und das Verständnis der SPFH sich von der partnerschaftlichen Zusammenarbeit von Familie und Fachkräften (Erziehungshilfe als Koproduktion) wieder mehr einem* *einseitigeren Verständnis der mehr oder weniger autoritären Beeinflussung von Erziehungsverhalten durch die Fachkräfte zuneigt*" (Schone 2012, S. 262).

Die in der SPFH zunehmend eingesetzten sogenannten Schutz- und Kontrollkonzepte werden zudem von Reinhold Schone als wenig fachlich abgesichert bezeichnet. Die SPFH rücke damit in die Nähe einer repressiveren Jugendhilfepraxis, wie sie von einigen Autor*innen bereits seit Beginn der 2000er Jahre, noch deutlicher aber mit der Einführung des § 8a SGB VIII bemerkt wird (vgl. ebd., S. 261-262). Ähnliches wurde bereits 2008 von Peter Frings festgestellt, der die Ausweitung der Kontrollaspekte in der SPFH als rechtlich unzulässig bezeichnet, da diese außerhalb der gesetzlichen Rahmenbedingungen des § 31 SGB VIII liegen würde (vgl. Frings 2008, S. 465). „*Geheime Kontrollaufträge*" innerhalb der Leistungserbringung der SPFH konstatiert auch Urban-Stahl (Urban-Stahl 2012b, S. 268). Bestätigend äußerte sich jüngst auch Marie-Luise Conen auf der digitalen Fachtagung „Ist den ambulanten Erziehungshilfen noch zu helfen?": Familienhelfer*innen fänden sich immer häufiger in der Rolle, den Familien Auflagen und Weisungen zu erteilen und deren Einhaltung dann kontrollieren zu müssen (vgl. Conen 2022).

Gegenüber diesen als problematisch zu bezeichnenden Entwicklungen lässt sich bei einem Blick in die Zahlen eine massive Expansion der Sozialpädagogischen Familienhilfe in den vergangenen 20 Jahren feststellen. Im Jahr 1994 wurde die SPFH noch in knapp 25.000 Familien erbracht (vgl. Statistisches Bundesamt 2005). Knapp 10 Jahre später hatte sich die Anzahl der erbrachten SPFH mit 41.900 Familien bereits fast verdoppelt. Im Jahr 2009 lag die Zahl bei 93.000. Ein letzter Höchstwert für diese Hilfeform ist mit 133.000 erbrachten Hilfen für 2019 zu verzeichnen, bevor es im Jahr 2020 zu einem leichten Rückgang dieser Hilfen kam (vgl. Statistisches Bundesamt 2022, vgl. AKJStat 2021).

Während die Fallzahlen und damit die Ausgaben der Kinder- und Jugendhilfe für die SPFH in den letzten Jahren also massiv anstiegen, verkürzten und verringerten sich bundesweit gleichzeitig ihre zeitlichen Ressourcen pro Fall. Mittlerweile werden 69 % aller SPFH mit weniger als 5,75 Stunden pro Woche gewährt (vgl. AKJStat 2014, S. 31). Über die Hälfte enden vor Ablauf des ersten Jahres (vgl. AKJStat 2012). Hierzu meint Marie-Luise Conen ganz grundsätzlich: „Eine Finanzierung nach Fachleistungsstunden widerspricht der Logik flexibel gestaltbarer Hilfen, die auf die Person und ihre Probleme bezogen sind" (Conen 2022). Ein nach wie vor sehr hoher Anteil an Teilzeitbeschäftigten in der Familienhilfe und der vielfache Einsatz von Berufsanfänger*innen auch in hochbelasteten Familien bringe hier weitere Probleme mit sich (vgl. ebd.).

Familienhilfe wird also häufig unter Druck erbracht: seitens der Sozialarbeiter*innen bei den leistungserbringenden Trägern ist es der Druck befürchteter oder wahrgenommener Gefährdungen von Kindern und Jugendlichen in ihrer Herkunftsfamilie; seitens der Familien ist es der Druck, unter ständiger Beobachtung zu stehen und damit rechnen zu müssen, dass regelmäßig über sie berichtet und womöglich auch *ge*richtet werden kann. Die konzeptionellen Prämissen einer gemeinsamen Entwicklung von Zielen und Hilfeplanschritten und des Aufbaus einer vertrauensvollen Arbeitsbeziehung zu den Helfer*innen, die fachlich geboten ist (siehe weiter oben), ist damit oftmals schon vor Beginn der Hilfe gefährdet.

Vor dem Hintergrund dieser Darstellungen muss davon ausgegangen werden, dass sich die Konfliktfelder im Handlungsfeld der SPFH in den vergangenen Jahren eher verschärft als gemildert haben. Es drängt sich der Eindruck auf, dass sie sich immer weiter von den Rahmenbedingungen entfernt hat, die sie sich für eine qualitativ gute pädagogische Arbeit einmal selbst gegeben hatte und die fachlich geboten sind. Marie-Luise Conen stellt fest, dass diese strukturellen und fachlichen Missverhältnisse zu einer individualisierenden und damit verkürzenden Fokussierung auf die Defizite der Familien führen und somit den Blick auf die Entwicklungsmöglichkeiten von Familien verhindern. Sie fordert ein grundlegendes konzeptionelles Umdenken nicht nur für die SPFH, sondern für die ambulanten aufsuchenden Erziehungshilfen im Allgemeinen (vgl. Conen 2022).

Problematische Praxen repressiver Pädagogik

Die Kinder- und Jugendhilfe ist seit Einführung des SGB VIII verpflichtet, Entwicklungen innerhalb der Kinder- und Jugendhilfe in Gang zu bringen, die junge Menschen ermächtigen und befähigen, eigenverantwortlich und gemeinschaftsfähig zu handeln: So ist die Zwecksetzung in § 1 deutlich formuliert: Junge Menschen sollen in ihrer Entwicklung „zu einer eigenverantwortlichen und gemeinschaftsfähigen Persönlichkeit“ (SGB VIII, § 1, Abs. 1) durch Erziehung gefördert werden und Jugendhilfe soll „dazu beitragen, Benachteiligungen zu vermeiden oder abzubauen“ (SGB VIII, § 1, Abs. 3, Nr. 1), insbesondere durch die Unterstützung von Erziehungsberechtigten, durch Schutz vor „Gefahren für ihr Wohl“ (SGB VIII, § 1, Abs. 3, Nr. 3) und über die strukturelle Gestaltung der Lebensbedingungen. Dieser Ansatz lässt sich als Ermächtigung und Befähigung kennzeichnen.

Angesichts der in den vorherigen Abschnitten beschriebenen Entwicklungen stellt sich die Frage, ob Jugendhilfe insgesamt diesen Zwecksetzungen noch entspricht. Insbesondere der Umgang der Fachkräfte mit den Ambivalenzen (z. B. employability[3] und Bildungsbenachteiligung) und dem Druck (z. B. Kinderschutz, Kostendämpfungen, Ansetzen an individuellem Verhalten statt an den Verhältnissen) sind von entscheidender Bedeutung für die Frage, ob Jugendhilfe

3 Beschäftigungsfähigkeit

ermächtigend oder repressiv vorgeht. Tilman Lutz und Holger Ziegler gehen diesen Fragen in verschiedenen Studien nach.

Tilman Lutz sieht eine zunehmend durch Repression und Kontrolle gekennzeichnete Jugendhilfe vorherrschend und stellt dies umfassend in seiner Studie am Beispiel der Stadt Hamburg vor (vgl. Lutz 2010). Während bis in die 2000er Jahre die Hamburger Jugendhilfe parteilich, ermächtigend und lebensweltorientiert aufgestellt war, nahm ab 1991 der Druck auf das System und deren Motive zu: seit Mitte der 1990er Jahre über die Einführung betriebswirtschaftlicher Steuerungslogiken und -techniken, über die verstärkte Thematisierung von Devianz und Kriminalität, eine ordnungspolitische Fokussierung der Jugendhilfe seit dem Einzug der Schill-Partei in die Bürgerschaft bis hin zur Wiedereinführung der geschlossenen Unterbringung. Diese Entwicklungen (die bundesweit mit regionalen Disparitäten, aber dennoch ähnlich, überall zu finden sind) führten zu einer „Veränderung der Werte (von sozialen Werten zu ‚Produkten') und des Menschenbildes (von ‚Klienten' zu ‚Kunden')" (Lutz 2010, S. 277.). Trotz differenzierter Ergebnisse kommt Lutz am Ende zu folgender Wertung: „[I]n dieser Studie [wird] deutlich, dass die Transformation vom Wohlfahrtsstaat zum Postwohlfahrtsstaat auf allen Ebenen der Sozialen Arbeit, auch bei den Akteuren und ihren professionellen Selbstkonzepten, Wirkungen und Relevanzen entfaltet" (ebd.). Das heißt mediale Diskurse, sozialpolitische Debatten und Vorgaben verändern die Jugendhilfe.

Wie verschieben sich die Pole Interessenvertretung, Kontrolle und Leistung? Oder anders gefragt: Ist Jugendhilfe stärker Disziplinierungsagentur (vgl. Brake & Deller 2012, S. 157) oder Befähigungsinstanz (vgl. Ziegler 2012, S. 666)? Folgt man den Ergebnissen einer Befragung von Simon Mohr und Holger Ziegler, so zeichnet sich ein bemerkenswertes Bild. Insgesamt sind 730 Fachkräfte aus mehr als 20 verschiedenen Einrichtungen im Rahmen des Projekts „Zukunft Personalentwicklung in der Kinder- und Jugendhilfe" zu unterschiedlichen Themen befragt worden. Mehr als vierzig Prozent der Befragten stimmen der „Ansicht voll oder eher zu, dass die Ursache der Probleme ihrer KlientInnen darin bestehe, dass diese einfach keine Lust mehr haben, Verantwortung für ihr Leben zu übernehmen" (Mohr & Ziegler 2012, S. 24). Ebenso viele meinen, die Unterstützungsleistungen würden dazu führen, dass die Adressat*innen weniger bereit seien, Verantwortung zu übernehmen. „Etwa ein Drittel plädiert dafür, dass Sozialpädagogen ihre KlientInnen stärker dazu erziehen sollten, sich anständig zu benehmen" (ebd.). Disziplin und Ordnung sollten durch die Soziale Arbeit wieder stärker betont werden. Mohr und Ziegler schlussfolgern: „Wir können vor diesem Hintergrund also längst nicht mehr davon ausgehen, dass in der Kinder- und Jugendhilfe Deutungsmuster vorherrschen, die ‚helfende Kontrollmuster' nahelegen" (ebd.). Sie sprechen von einem „Wandel der Deutungsmuster" (ebd.), insbesondere weil ältere Fachkräfte geringere Zustimmungsraten vorweisen.

Es kann also angenommen werden, dass die in der Jugendhilfe Tätigen, ebenso wie die öffentlichen und freien Träger der Jugendhilfe ihre Motive, Praktiken und Programmatiken in Richtung einer stärker kontrollierenden (vgl. Lutz 2010) bzw. repressiven (vgl. Mohr & Ziegler 2012) Jugendhilfe verschieben. Die sozialpolitischen Diskurse sind Ausgangspunkt und Legitimation dieser Wert-Neuorientierungen. Damit sehen die Forschenden jedenfalls den Beleg geliefert, dass von einer Jugendhilfe gesprochen werden kann, die die Tendenz hat, einen repressiven Charakter anzunehmen.

Dazu kommen weitere Befunde und Stimmen: Ulrike Urban-Stahl sieht massives Eingriffshandeln der Jugendhilfe und zeigt dies z.B. am Anstieg der Inobhutnahmen (Urban-Stahl 2012a, S. 76, vgl. Schone, Kapitel II, i. d. B.). Reinhold Schone sieht zunehmend mehr Kontrolle und Eingriff und „eine merkliche Verschiebung in Richtung interventionistischer Überlegungen und in Richtung auf ein stärker kontrollierendes und eingreifendes Jugendhilfeverständnis" (Schone 2012, S. 265). Sven Heuer sieht paternalistische Disziplinierung als erzieherisches Mittel in der Praxis angekommen (Heuer 2012). Dorothee Bittscheid und Timm Kunstreich fragen, ob die Jugendhilfe und die Fachkräfte den Jugendlichen Probleme machen, die sie dann mittels Geschlossener Unterbringung lösen wollen (Bittscheid & Kunstreich 2013, S. 5) - wir uns die Probleme also quasi selbst schaffen.

Herausforderungen an die Praxis durch das KJSG

Aus den vorangegangenen Ausführungen ergeben sich - ohne einen Anspruch auf Vollständigkeit zu erheben - zahlreiche Konfliktfelder, die für die Leitungserbringung in der Jugendhilfe genannt werden können. Durch unzureichende personelle und finanzielle Ausstattung in der Kinder- und Jugendhilfe entstehen folgende Konflikte:

- Fachkräfte haben zu wenig Zeit für die Familien
- Kaum Ressourcen für Supervision/Intervision für Fachkräfte
- Hohe Rate unplanmäßiger Beendigungen von Hilfen
- Erhebliche regionale Disparitäten
- Vorenthalten von Hilfen für junge Volljährige

Durch mangelnde Fachkompetenz oder den Nichteinsatz fachlicher Qualifikationen entstehen folgende Konflikte:

- Herkunftseltern spielen in der Heimerziehung und in Pflegeverhältnissen kaum eine Rolle
- Viele hintereinander folgende Hilfen mit vielen Beziehungsabbrüchen

- Kaum Bildungserfolge durch das Wirken von Hilfen zur Erziehung
- Forschungsergebnisse kommen in der Praxis kaum an
- Fehlende fachliche Unterstützung bei der Eingewöhnung von Pflegekindern in Pflegefamilien
- Trennung von der Herkunftsfamilie, Geschwistern, sozialem Umfeld durch Fremdunterbringung
- Fehlende fachliche Arbeit mit Herkunftsfamilien

Weiterhin spielt das Vorenthalten von Informationen eine Rolle:

- Kaum Informationen über Rechtsansprüche
- Eklatanter Mangel an Information und Beteiligung
- Fehlende Beschwerdemöglichkeiten, insbesondere für Pflegekinder

Schließlich lässt sich auch eine Zunahme kontrollierender und repressiver Praktiken in der Kinder- und Jugendhilfe nicht leugnen:

- Nicht gesehene und damit nicht bearbeitete strukturelle Machtasymmetrie
- Zunehmend mehr freiheitsentziehende und freiheitsbegrenzende Maßnahmen gegen den Willen der Kinder und Jugendlichen
- Individualisierung und Pathologisierung von Problemlagen, Problematisierung gesellschaftlicher Ungerechtigkeitsverhältnisse immer weniger im Fokus
- Einschränkungen des Wunsch- und Wahlrechts
- Heimerziehung wird häufig als Kriseneingriff eingesetzt

Im Juni 2021 ist das Kinder- und Jugendstärkungsgesetz mit weitreichenden Änderungen u. a. des SGB VIII/KJHG in Kraft getreten. Die Reform ist getragen von einer kritischen Sicht (vgl. Redmann 2021, S. 51-54) des Gesetzgebers auf die Kinder- und Jugendhilfe, auf deren Praxis und insbesondere auch auf das Agieren der Jugendämter. So ist bspw. an insgesamt sechs Stellen im Gesetz davon die Rede, dass Beratung von Adressat*innen „in einer für sie verständlichen, nachvollziehbaren und wahrnehmbaren Form" stattfinden muss. Das bedeutet, dass der Gesetzgeber hier die Notwendigkeit sieht, etwas gesetzlich zu regeln, das eigentlich schon vor der Reform ein Standard hätte sein sollen. Darüber hinaus sind Jugendämter zukünftig verpflichtet, ihre personelle Ausstattung auf einer nachvollziehbaren Basis zu ermitteln, was sich auch auf die Leistungserbringung und die dort verorteten Konflikte auswirken dürfte. Außerdem sollen Selbstvertretungsstrukturen angeregt und gefördert, sowie Beteiligungsmöglichkeiten und Beschwerderechte deutlich gestärkt werden. Des Weiteren werden Kontrollmöglichkeiten für die Aufsichtsbehörden über stationäre Einrichtungen erweitert. Der nun eingeführte uneingeschränkte Beratungsanspruch für Kinder und Jugendliche stärkt ebenfalls deren Rechte. Und letztlich: Die Einrichtung von unabhängigen Ombudsstellen für die Klärung von Konflikten und für die Durchsetzung von Rechtsansprüchen stärkt die Position derer, die im Konflikt mit der Kinder- und Jugendhilfe stehen.

Bei aller positiven Bewertung ist allerdings eher nicht davon auszugehen, dass sich wesentliche Konfliktfelder in der Leistungserbringung durch diese Neuregelungen auflösen lassen. Wenig spricht dafür, dass in Hilfen zukünftig mehr Zeit zur Verfügung steht, sich die hohe Rate unplanmäßiger Beendigungen reduziert, regionale Disparitäten abnehmen oder junge Menschen mit Jugendhilfeerfahrung im Bildungsbereich erfolgreicher werden. Auch wird wohl der Wiederkehr kontrollierender und repressiver Praktiken in der Kinder- und Jugendhilfe kaum Einhalt geboten, vielleicht etwas mit der Einschränkung von Auslandsmaßnahmen. Verbesserungen in Bezug auf die dargestellten Konfliktfelder kann es bei Hilfen für junge Volljährige, Elterneinbindung, Beratung von Pflegeeltern, Informationen über Rechtsansprüche, Beteiligung und Beschwerde geben. Anhand der Umsetzung wird sich zeigen, ob diese nicht vollständig aufgezählten Veränderungen des SGB VIII durch die jüngste Reform sich tatsächlich als geeignet dafür erweisen werden, um die in diesem Band fokussierten Konfliktfelder innerhalb der Leistungserbringung positiv zu beeinflussen.

Literatur

Beckmann, K. (2019). Berufliche Realität im ASD: Die Herausforderung sozialpädagogischer Arbeit heute. In: Körner, W. & Hörmann, G. (Hrsg.): Staatliche Kindeswohlgefährdung? (S. 102-118).

Behnisch, M., Gintzel, U., Hensen, G., Maykus, S., Müller, H., Redmann, B., Schone, R. & Stuckstätte, E.C. (2017). Kinder- und Jugendhilfe 2030 – Kritische Impulse für eine Jugendhilfe mit Zukunft als Aufforderung zu einer fachöffentlichen Debatte. In: Bathke, S.A., Fiegenbaum, D., Hilke, M., Jasper, C.M., Pfeifer, R., Plafky, C.S., Pudelko, J. & Schröer, S. (Hrsg.): ISA-Jahrbuch zur Sozialen Arbeit Schwerpunkt: Das Kind im Mittelpunkt (S. 21-33). Münster, New York: Waxmann.

Bittscheid, D. & Kunstreich, T. (2013). Die öffentliche Delegitimierung der GU ist noch nicht in Sicht. Ein Gespräch zwischen Timm Kunstreich und Dorothee Bittscheidt. FORUM für Kinder und Jugendarbeit, 2013 (H. 3) S. 4-9.

BMFSFJ, Bundesministerium für Familie, Senioren Frauen und Jugend (Hrsg.). (1998). Handbuch Sozialpädagogische Familienhilfe, 2., überarb. Aufl., Stand April 1998, Stuttgart: Kohlhammer. www.bmfsfj.de/resource/blob/95350/956842b20540cd9b89cf5c8bea32200e/sr-band-182-sozialpaedagogische-fh-data.pdf [21.03.2022]

BMFSFJ, Bundesministerium für Familie, Senioren, Frauen und Jugend (2020). Abschlussbericht Mitreden – Mitgestalten: Die Zukunft der Kinder- und Jugendhilfe. Berlin.

Brake, R.; Deller, U. (2012): Soziale Arbeit. Grundlagen für Theorie und Praxis. 1. Aufl. Stuttgart: UTB.

Bürgerschaft der Freien und Hansestadt Hamburg (2015): Große Anfrage DRS 21/2013, unter: www.buergerschaft-hh.de/ParlDok/dokument/50260/ausw%C3%A4rtige-unterbringung-bei-den-hilfen-zur-erziehung.pdf [05.03.2022]

Conen, M.-L. (2012). Was ist los in den Jugendämtern? Eine kurze Betrachtung. Forum Erziehungshilfen, 2012 (H. 3), S. 174-178.

Conen, M.-L. (2022). Wir könnten, wenn man wollte – Notwendige Konzeptbestandteile ambulanter Hilfen. Vortrag auf der Fachtagung: Ist den ambulanten Erziehungshilfen noch zu helfen?, Deutsche Gesellschaft für Systemische Therapie, Beratung und Familientherapie e. V., digital, 07. März 2022. Vortrag abrufbar unter: www.s-inn.net/veranstaltungen/ist-den-ambulanten-erziehungshilfen-noch-zu-helfen [25.03.2022]

Driesten, A., Friedrich, T., Gallep, S., Neupert, André, Redlich, Tanja & Wolff, M. (2020). Unveräußerliche Rechte junger Menschen in den stationären Hilfen zur Erziehung anerkennen und sichern! Im Rahmen des Zukunftsforum Heimerziehung. Frankfurt am Main: IGfH-Eigenverlag.

Ehlke, C. (2020): Care Leaver aus Pflegefamilien. Die Bewältigung des Übergangs aus der Vollzeitpflege in ein eigenverantwortliches Leben aus Sicht der jungen Menschen. Weinheim, Basel: Beltz Juventa.

Eschelbach, D. (2018). Das Gesetz – Hilfe, die ankommt? Wie (ob) Recht in der Praxis wirkt – einige Erfahrungen mit Idee und Wirklichkeit –. In: Katzenstein, H., Lohse, K., Schindler, G. & Schönecker, L. (Hrsg.): Das Recht als Partner der Fachlichkeit in der Kinder- und Jugendhilfe. Liber amicorum für Thomas Meysen (S. 53-59). Baden-Baden: Nomos.

Feist-Ortmanns, M. & Macsenaere, M. (2020). Ergebnisbericht der wissenschaftlichen Begleitung. Mitreden – Mitgestalten: Die Zukunft der Kinder- und Jugendhilfe. Berlin.

Fendrich, S., Pothmann, J. & Tabel, A. (2021). Monitor Hilfen zur Erziehung 2018. Dortmund: Eigenverlag Forschungsverbund DJI/TU Dortmund an der Fakultät 12 der Technischen Universität Dortmund.

Frings, P. (2008). „Kontrollaufträge“ in der Jugendhilfe oder das Ende des Hilfegedankens im SGB VIII? Eine Auseinandersetzung am Beispiel der Sozialpädagogischen Familienhilfe nach § 31 SGB VIII. Das Jugendamt, Heft 10, 461-467.

Gabriel, T., Stohler, R. (Hrsg.) (2021): Abbrüche von Pflegeverhältnissen im Kinder- und Jugendalter. Perspektiven und Herausforderungen für die Soziale Arbeit. Weinheim, Basel: Beltz Juventa.

Gassmann, Y. (2010). Pflegeeltern und ihre Kinder. Empirische Analysen von Entwicklungsverläufen und Ressourcen im Beziehungsgeflecht. Münster: Waxmann.

Helming, E., Wiemann, I., RisIn, E. (2011): Die Arbeit mit der Herkunftsfamilie. In: Kindler, H., Helming, E., Meysen, T., Jurczyk, K. (Hg.) (2011): Handbuch Pflegekinderhilfe, S. 524-559, unter: handbuch-pflegekinderhilfe-dji-data.pdf (bmfsfj.de) [06.03.2022]

Heuer, S. (2012). Die Macht der Konfrontativen Pädagogik – zur Kritik punitiver Trends in der Professionsbestimmung Sozialer Arbeit. Forum Erziehungshilfen, 2012 (H. 4) S. 245-248.

Heynen, S. (2018). Erwartungen an die Jugendhilfe – ohne Maß? Ein Essay. In: Katzenstein, H., Lohse, K., Schindler, G. & Schönecker, L. (Hrsg.): Das Recht als Partner der Fachlichkeit in der Kinder- und Jugendhilfe. Liber amicorum für Thomas Meysen (S. 61-75). Baden-Baden: Nomos.

Kindler, H., Scheuerer-Englisch, H., Gabler, S., Köckeritz, C. (2011): Pflegekinder: Situation, Bindungen, Bedürfnisse und Entwicklungsverläufe. In: Kindler, H., Helming, E., Meysen, T., Jurczyk, K. (Hg.) (2011): Handbuch Pflegekinderhilfe, S. 128-223, unter: handbuch-pflegekinderhilfe-dji-data.pdf (bmfsfj.de) [06.03.2022]

Knuth, N. (2020). Dokumentation und Auswertung der Beteiligungswerkstatt mit Eltern und Fachkräften: im Rahmen des Projekts „Zukunftsforum Heimerziehung“. Frankfurt am Main: Internationale Gesellschaft für erzieherische Hilfen.

Lindenberg, M. & Prieß, R. (2014). Die Jugendhilfeeinrichtung „Schönhof“ in Mecklenburg-Vorpommern und ihre Parallelen zu „Haasenburg“. FORUM für Kinder und Jugendarbeit, 2014 (H. 3) S. 4-10.

Lütz, K. (2021): Leaving Care. Übergänge für junge Menschen aus Pflegefamilien gestalten. Familien Bande, 2021 (H. 1/2021), S. 13-17.

Lutz, T. (2012). Verordnete Beteiligung im aktivierenden Staat – Bearbeitungsweisen und Deutungen von Professionellen. In: Widersprüche- Redaktionskollektiv (Hrsg.): Einspruch! Partizipation und Rechtsansprüche in Politik, Gesellschaft und sozialer Arbeit (S. 41-56). Münster: Westfälisches Dampfboot.

Messmer, H. & Hitzler, S. (2011). Interaktion und Kommunikation in der Sozialen Arbeit. Fallstudien zum Hilfeplangespräch. In: Oelrich, G. & Otto, H.-U. (Hrsg.): Empirische Forschung und Soziale Arbeit. Ein Studienbuch (S. 51-64). Wiesbaden: VS Verlag für Sozialwissenschaften.

Mohr, S. & Ziegler, H. (2012). Professionelle Haltungen, sozialpädagogische Praxis und Organisationskultur. EREV Schriftenreihe, 2012 (H. 2) S. 20-30.

Münder, J., Meysen, T. & Trenczek, T. (Hrsg.) (2019). Frankfurter Kommentar zum SGB VIII. Kinder- und Jugendhilfe (8. Auflage). Baden-Baden: Nomos.

Peters, F. (2012). Erleben wir wirklich ein neues Kontrollmuster oder kommt die SPFH zu sich selbst? Forum Erziehungshilfen, 2012 (H. 5) S. 281-285.

Pluto, L., Schrapper, C. & Schröer, W. (2020). Was bewegt die Forschung zur Heimerziehung? Stand und Perspektiven. Ein Positionspapier erstellt im Rahmen der Initiative „Zukunftsforum Heimerziehung“. Frankfurt am Main: IGfH-Eigenverlag.

Redmann, B. (2021). Eigentlich verzichtbar – dennoch dringend nötig – aber nicht ausreichend! Neuregelungen rund um die Themen Beteiligung und Beschwerde in der SGB-VIII-Reform. In: Hagen, B. (Hrsg.): Blitzlichter auf das Kinder- und Jugendstärkungsgesetz (S. 51-57). Dähre: Schöneworth Verlag.

Rohrmann, E. (2005). Wanderer zwischen den Welten. Zur Situation von Pflegekindern in multinuklearen Familiensystemen. Unsere Jugend, 57, S. 332-340.

Sachße, C. (2018). Die Erziehung und ihr Recht. Vergesellschaftung und Verrechtlichung von Erziehung in Deutschland 1870-1990 (1. Auflage). Weinheim, Basel: Beltz Juventa.

Santen, E. v., Pluto, L., Peucker, C. (2019). Pflegekinderhilfe – Situation und Perspektiven. Empirische Befunde und Strukturen, Aufgabenwahrnehmung sowie Inanspruchnahme. Weinheim, Basel: Beltz Juventa.

Schone, R. (2012). Erziehungshilfe im Wandel? Schutz- und Kontrollkonzepte in der Sozialpädagogischen Familienhilfe. Forum Erziehungshilfen, 2012 (H. 5) S. 260-266.

Schrapper, C. (2020). Zum Stand der Realisierung der Kinderrechte in der Heimerziehung in Deutschland. In: Degener, L., Kunstreich, T., Lutz, T., Mielich, S., Muhl, F. & Rosenkötter, W. (Hrsg.): Dressur zur Mündigkeit? Über die Verletzung von Kinderrechten in der Heimerziehung (S. 172-181). Weinheim, Basel: Beltz Juventa.

Seithe, M. (2007). Hilfen zur Erziehung. In: Ecarius, J. (Hrsg.): Handbuch Familie (S. 568-592). Wiesbaden: VS Verlag für Sozialwissenschaften.

Statistisches Bundesamt (Destatis) (2005). Zahl der sozialpädagogischen Familienhilfen seit 1994 mehr als verdoppelt. Pressemeldung https://bildungsklick.de/bildung-und-gesellschaft/detail/zahl-der-sozialpaedagogischen-familienhilfen-seit-1994-mehr-als-verdoppelt [25.03.2022].

Statistisches Bundesamt (Destatis) (2020). www.destatis.de/DE/Presse/Pressemitteilungen/2020/11/PD20_456_225.html [22.03.2022].

Statistisches Bundesamt (Destatis) (2021). Statistiken der Kinder- und Jugendhilfe. unter: Erzieherische Hilfe, Eingliederungshilfe für seelisch behinderte junge Menschen, Hilfe für junge Volljährige – 2020 (destatis.de) [06.03.2022]

Statistisches Bundesamt (Destatis) (2022). Haushalt und Familie. Was ist der Mikrozensus? unter: Was ist der Mikrozensus? – Statistisches Bundesamt (destatis.de) [06.03.2022]

Struck, N. (2019). § 31 Sozialpädagogische Familienhilfe. In: Münder, J., Meysen, Th. & Trenczek (Hrsg.), Frankfurter Kommentar SGB VIII, (S. 396-401), 8. Auflage: Nomos.

Thiersch, H. (2012). Erziehungshilfen im Spiegel der Geschichte – wo stehen wir heute? – Vortragsskizze. Forum Erziehungshilfen, 2012 (H. 1) S. 4-12.

Urban-Stahl, U. (2012a). Der Widerspruch wird hoffähig?!? Ombuds- und Beschwerdestellen in der Jugendhilfe. In: Widersprüche- Redaktionskollektiv (Hrsg.): Einspruch! Partizipation und Rechtsansprüche in Politik, Gesellschaft und sozialer Arbeit (S. 69-82). Münster: Westfälisches Dampfboot.

Urban-Stahl, U. (2012b). Was ist sozialpädagogische Fachlichkeit? Forum Erziehungshilfen, 2012 (H. 5), S. 267-271.

Urban-Stahl, U. (2018). Recht und Sozialpädagogik im Dialog. In: Katzenstein, H., Lohse, K., Schindler, G. & Schönecker, L. (Hrsg.): Das Recht als Partner der Fachlichkeit in der Kinder- und Jugendhilfe. Liber amicorum für Thomas Meysen (S. 19-30). Baden-Baden: Nomos.

Wapler, F. (2022). § 31 Sozialpädagogische Familienhilfe. In: Wiesner, Rh., Wapler, F. (Hrsg.), SGB VIII Kinder- und Jugendhilfe. Kommentar (S. 506-611), 6. Aufl.: C. H. Beck.

Werner, K. (2019): Leben als Pflegekind. Die Perspektive jugendlicher Pflegekinder auf ihre Lebenssituation. Weinheim, Basel: Beltz Juventa.

Wölfel, U. v., Redmann, B. & Löffler, C. (2016). Von der geschlossenen Unterbringung zu Geschlossenheit in den Hilfen zur Erziehung? Gedanken zu aktuellen Entwicklungen. Forum Erziehungshilfen, 2016 (H. 2) S. 117-120.

Ziegler, H. (2012). Wirkungsevaluation in der Sozialen Arbeit mit straffälligen jungen Menschen. ZJJ – Zeitschrift für Jugendkriminalrecht und Jugendhilfe, 2012 (H. 1) S. 17-23.

Konflikte im Kinderschutz – Gefährdungsmeldungen, Inobhutnahmen, Mitwirkung vor dem Familiengericht

Reinhold Schone

Interventionen im Kinderschutz gehören mit zu den schärfsten Schwertern der Kinder- und Jugendhilfe. Hier geht es nicht (nur) um Leistungen der Kinder- und Jugendhilfe, sondern um hoheitliche Tätigkeiten des Staates zum Schutz von Kindern und Jugendlichen vor Gefahren. Ob es darum geht, Kinder und Jugendliche durch angebotene und z. T. gerichtlich erzwungene Hilfen, durch Inobhutnahmen oder gar durch Sorgerechtseingriffe zu schützen, immer stehen spannungsgeladene Konflikte im Hintergrund, die es gilt unter dem Aspekt der Schutzes der Kinder vor Gefahren zu bearbeiten und im besten Fall zu lösen – das Ganze unter gleichberechtigter Berücksichtigung der Rechte der Kinder und Jugendlichen und des verfassungsmäßigen Elternrechtes auf eigenständige Pflege und Erziehung ihrer Kinder.

Kinderschutz ist ein Begriff mit vielen Facetten. Die zentrale Frage, um die die Diskussion zum Kinderschutz kreist, ist die Unterscheidung nach förderlichen, also das Kindeswohl gewährleistenden, sowie nach belastenden und gefährdenden Lebenslagen von Kindern. Das Recht liefert allenfalls grobe normative Bezugspunkte, die für die Bestimmung des Kindeswohls herangezogen werden können. Zu nennen sind vor allem das im Grundgesetz verankerte Gebot der Achtung der Menschenwürde (Art. 1 Abs. 1 GG) und das Recht auf Leben und körperliche Unversehrtheit sowie das Recht auf freie Entfaltung der Persönlichkeit (Art. 2 GG). Beide Artikel können als oberste Maßgabe für den Auftrag des Staates herangezogen werden, das Wohl von Kindern und Jugendlichen sicherzustellen und es ggf. vor Gefahren zu schützen.

Auch wenn es sich bei dem Begriff des Kindeswohls um einen unbestimmten Rechtsbegriff handelt, dient er gleichwohl als sachlicher und fachlich begründeter Maßstab für (präventives und intervenierendes) öffentliches Handeln und stellt damit gleichzeitig eine wichtige Legitimationsfunktion für eben dieses Handeln dar (vgl. Schone & Struck 2015).

Kinderschutz ist also allein strukturell ein sehr spannungsgeladenes und damit auch konfliktträchtiges Aufgabenfeld in der Kinder- und Jugendhilfe. Dies bezieht sich sowohl auf den Inhalt des Kinderschutzes als normative, aber rechtlich unbestimmte Handlungsgrundlage, als auch auf die Verfahrenswege zur Definition einer Kindeswohlgefährdung und mehr noch zur Bestimmung angemessener Strategien zur Abwendung der Gefahren. Die in diesem Rahmen getroffenen Entscheidungen sind – ohne Übertreibung – zumeist schicksalsbestimmend für die zukünftige Lebensgestaltung der jungen Menschen und ihrer Familien.

Die hier angesprochenen konfliktträchtigen Spannungsfelder treten in unterschiedlichen Phasen des Schutzauftrages und damit der Gefährdungsabwehr auf: von der ersten Gefährdungseinschätzung nach § 8a SGB VIII über die Strategie, Gefährdungen durch spezifische Hilfen zur Erziehung nach den §§ 27 oder 35a SGB VIII zu entschärfen, bzw. zu beenden, über die kurzfristige Sicherung des Kinderschutzes im Rahmen von Inobhutnahmen bis hin zur Mitwirkung in gerichtlichen Verfahren.

In kaum einem Arbeitsfeld treten strukturelle Machtasymmetrien zwischen den Adressat*innen der Kinder- und Jugendhilfe (junge Menschen und Familien) als Privatpersonen auf der einen Seite und den Institutionen der freien und öffentlichen Jugendhilfe auf der anderen Seite so wirkmächtig zu Tage. Nirgends ist die Angst vor dem Jugendamt als „Eingriffsbehörde“ größer als in diesem Feld und nirgends sind die Gefahren der Übergriffigkeit von Fachkräften insbesondere des öffentlichen Trägers in private Lebensbezüge gravierender. Mit anderen Worten: Nirgends scheint es so überfällig, mit entsprechenden Ombudsleuten eine Instanz zu haben, die bei Streitfragen strukturelle Machthierarchien ausgleichen kann, um aus der Sicht aller Beteiligten gerechte, für alle nachvollziehbare Entscheidungen zu erzielen.

Umgang mit Gefährdungsmeldungen – Gefährdungseinschätzungen

In Deutschland gab es im Jahr 2020 194.475 Gefährdungsmeldungen an die örtlichen Jugendämter, die daraufhin ein Verfahren nach § 8a SGB VIII (Schutzauftrag bei Kindeswohlgefährdung) einleiten mussten. Die Zahl solcher Gefährdungsmeldungen aus verschiedenen gesellschaftlichen Bereichen (Polizei, Schule, Gesundheitswesen, aber auch aus Bereichen der Jugendhilfe selbst wie z. B. Kindertageseinrichtungen, Jugendarbeit) steigt stetig: seit 2015 um ca. ein Drittel (von 129.485 auf 194.475) und allein von 2019 auf 2020 um 12,4 %. Von den 194.475 Meldungen wurden 29.690 (13,7 %) als akut und 30.861 (15,9 %) als latent gefährdet von den zuständigen Fachkräften der Jugendämter (in der Regel der Allgemeine Soziale Dienst (ASD) eingeschätzt. Bei 66.557 Kindern/Jugendlichen (34,2 %) wurde eine Gefährdung zwar ausgeschlossen, aber ein Bedarf an Hilfen zur Erziehung aufgrund einer das Kindeswohl nicht gewährleistenden Erziehung konstatiert. In 67.367 Fällen (34,6 %) wurde weder eine Gefährdung noch eine sonstige

Beeinträchtigung des Kindeswohls festgestellt. (vgl. Statistisches Bundesamt 2021a)

In nur 7,4 % der Fälle kommen die Meldungen von Eltern oder anderen Personensorgeberechtigten und in nur 1,8 % von den Kindern/Jugendlichen selbst. Das bedeutet, dass in über 90 % aller Gefährdungseinschätzungsfälle die Initiative von außen kommt. Dabei ist nicht davon auszugehen, dass in allen Fällen die vorbehaltlose Bereitschaft bei den Eltern oder auch bei den Kindern/Jugendlichen besteht, solche Gefährdungsanalysen von Seiten des Jugendamtes zuzulassen, bzw. sogar daran mitzuwirken, wie es in § 8a Abs. 1 SGB VIII gefordert wird. Der dort formulierte Beteiligungsanspruch an der Gefährdungseinschätzung enthält aus Sicht mancher Familienmitglieder sogar etwas Perfides, wenn sie beteiligt werden sollen an Prozessen, die sie möglicherweise gar nicht über sich ergehen lassen möchten.

Allein diese Situation markiert ein spannungsgeladenes Verhältnis zwischen öffentlicher Jugendhilfe und den Adressat*innen solcher Gefährdungseinschätzungen. Nicht selten fühlen sich Eltern (unabhängig vom Ergebnis der Gefährdungseinschätzung) vom Jugendamt kontrolliert (was ja auch dessen Aufgabe ist!) oder gar drangsaliert. Der Schutzauftrag des Jugendamtes lässt es aber nicht zu, dass dessen Fachkräfte ohne Ergebnisse bezogen auf die Frage des Vorliegens einer Gefährdung bleiben.

Damit institutionalisiert sich bereits ein erstes Konfliktfeld zwischen Eltern und Jugendamt. Neben möglichen unterschiedlichen Meinungen zur Relevanz und zum Inhalt der Gefährdungseinschätzungen beziehen sich solche Konfliktmöglichkeiten auch auf die Art der Aufgabenwahrnehmung der Jugendamtsfachkräfte. Die Formen, wie und auf welcher Grundlage die Einschätzungen vorgenommen werden (unangemeldete Hausbesuche, allein oder zu zweit, persönliche Beobachtungen, Gespräche mit den Eltern und Kindern, Gespräche mit den meldenden Personen, Anwendung von Checklisten und Gefährdungseinschätzungsinstrumenten, kollegiale Beratungsprozesse im Amt (ohne Eltern und Kinder) etc.), variieren erheblich. Die Eltern und Kinder sind hier der Macht der Verfahrensregeln des jeweiligen Jugendamtes und deren individueller Umsetzung durch dessen einzelne Fachkräfte ausgesetzt, die sie einerseits nicht beeinflussen können, der sich die Fachkräfte des Jugendamtes andererseits aber auch nicht entziehen können.

An dieser Stelle wird ein professionell zu bearbeitendes Spannungsfeld mit erheblichem Konfliktpotenzial deutlich. Die sozialpädagogischen Fachkräfte sollen entschlossen handeln, um Kindeswohlgefährdungen kompetent einschätzen und Gefahrensituation – möglichst mit, aber ggf. auch gegen die Zustimmung der Eltern – zuverlässig beenden zu können. Die Eltern können diesem Ansinnen nicht entweichen, werden aber gleichzeitig zur Mitwirkung an der Gefährdungseinschätzung aufgefordert. Bei den Fachkräften des ASD erfordert dies neben hoher Fachkompetenz sehr viel Fingerspitzengefühl – angesichts einer auch sie oft belastenden Situation. Gleichzeitig ist diese Situation aber auch ein potenzielles Einfallstor für autoritär restriktive Handlungsmuster, zumal wenn die normativen Orientierungen und Lebensweisen der Familie und der Fachkräfte weit auseinandergehen, oder wenn die Fachkräfte der Ansicht sind, unmittelbar, z. B. durch eine Inobhutnahme, tätig werden zu müssen.

Hinzu kommen die neuen Regelungen des KJSG zur Wahrnehmung des Schutzauftrages (vgl. Struck 2021). Bezogen auf gefährdungsmeldende Berufsgeheimnisträger*innen (Ärzte/Ärztinnen, Psycholog*innen, Lehrer*innen etc.) wird im § 8a Abs. 1 SGB VIII nunmehr gefordert, dass diese in die Gefährdungseinschätzung mit einbezogen werden sollen. „Vollkommen unklar ist, was genau die ‚Beteiligung' von Berufsgeheimnisträger*innen an der Gefährdungseinschätzung denn meint und wie sich diese zu den Beteiligungsrechten der Kinder, Jugendlichen und Eltern verhält" (Averbeck 2021, S. 267). Zur ebenfalls in § 4 Abs. 4 KKG neu normierten Rückmeldeverpflichtung des Jugendamtes gegenüber Berufsgeheimnisträger*innen bemerkt Averbeck: „Grundsätzlich wird mit dieser Regelung die Kooperationsbeziehung zwischen dem Jugendamt und den Informanten stärker gewichtet, als das Vertrauensverhältnis zu den Kindern und Eltern. In Wechselwirkung dazu können Familien den Umgang mit ihnen eher als machtvoll kontrollierend erleben und ablehnen, denn als tatsächliche Hilfe verstehen." (Averbeck 2021, S. 267)

Gefährdungsabwehr durch Hilfen zur Erziehung – Schutzkonzepte

Führt das gerade beschriebene „8a-Verfahren" zu der Einschätzung, dass eine latente oder akute Gefährdung vorliegt, ist das Jugendamt zum Handeln verpflichtet.

Der in der statistischen Erfassung verwendete Begriff der latenten Kindeswohlgefährdung ist nur sehr unzulänglich definiert. Das Statistische Bundesamt (2021a, S. 3) definiert: „Kann die Frage nach der tatsächlich bestehenden Gefahr nicht eindeutig beantwortet werden, besteht aber der Verdacht auf eine Kindeswohlgefährdung oder kann diese nicht ausgeschlossen werden, spricht man von der ‚latenten Kindeswohlgefährdung'". Damit werden Grenzfälle charakterisiert, in denen sich die zuständigen Sozialarbeiter*innen nicht sicher sind, wie sie eine sehr schwierige Situation bewerten sollen oder wo eine defizitäre Erziehungssituation nach ihrer Einschätzung noch nicht akut gefährdend ist, aber schnell in eine solche akute Lage umschlagen kann. Ein Erziehungshilfebedarf ist hier auf jeden Fall gegeben. Nehmen Eltern aber eine solche Hilfe nicht an, hat das Jugendamt die Situation der Kinder immer im Auge zu behalten, damit die Situation nicht in eine akute Gefährdung umschlägt. Es besteht in diesen Fällen ein hoher Kontrollimpuls bei den

Fachkräften verbunden mit hohem Kontrolldruck auf die Familie (vgl. Schone & Struck 2015).

Im Falle einer akut eingeschätzten Kindeswohlgefährdung muss der ASD indes aufgrund seines gesetzlichen Schutzauftrages unverzüglich eingreifen und die Gefährdung abwehren. Für die hierzu erforderlichen Maßnahmen müssen Eltern gewonnen werden; die Maßnahmen basieren dabei nicht mehr allein auf Freiwilligkeit, sondern werden in einem Zwangskontext realisiert. Die in diesem Zusammenhang konzipierten Hilfen müssen von den Adressat*innen angenommen werden, wenn sie vermeiden wollen, dass das Jugendamt das Gericht gemäß § 8a Abs. 2 SGB VIII anruft oder – im Akutfall – das Kind sofort in Obhut nimmt.

Sollen Kinder mit Angeboten der Erziehungshilfe vor Gefahren für ihr Wohl geschützt werden, werden daher sehr oft gemeinsam mit den Eltern und dem leistungserbringenden Jugendhilfeträger sogenannte „Schutzkonzepte" vereinbart, die den bestehenden Gefährdungsrisiken entgegenwirken sollen (vgl. Schone 2019).

An die Eltern werden dann ganz konkrete Anforderungen gestellt, die im Schutzplan als verpflichtend formuliert werden und als eine Mindestanforderung zur Gefährdungsabwehr gelten. Beispielsweise wird von Eltern verlangt, dass sie den Fachkräften des Jugendamtes und des hilfeerbringenden Jugendhilfeträgers das Recht einräumen, Kontrollfunktionen zu übernehmen, indem sie z. B. mit substanzabhängigen Eltern vereinbaren, dass sie ihre Substitutions-Ärzt*innen von der Schweigepflicht entbinden oder indem unangemeldete Kontrollbesuche vereinbart werden.

Die Eltern werden regelmäßig auf die Einhaltung der im Schutzplan angeführten Auflagen hin überprüft. Solche Kontrollen – die in der Gesetzessystematik der Hilfen zur Erziehung im SGB VIII so nicht vorgesehen sind – können je nach Einschätzung des Gefährdungsrisikos sehr engmaschig ausfallen. Zeigen sich für die betroffenen Minderjährigen trotz Schutzkonzept weiterhin Gefährdungsmomente und weigern sich die Eltern, die Auflagen einzuhalten oder sind sie nicht in der Lage, die Gefahr abzuwehren, bleibt dem Jugendamt nur, das Gericht gemäß § 8a Abs.2 SGB VIII anzurufen.

Die hier nur kurz skizzierte Form der Schaffung von Zwangskontexten im Rahmen formell freiwilliger Erziehungshilfen wurde intensiver untersucht von Lenkenhoff u. a. (2013) (vgl. auch Schone 2019). Dabei konnten eine Vielzahl von Übergriffigkeiten seitens der Fachkräfte des ASD und der freien Träger beobachtet werden.

Nur ein Teil der untersuchten Schutzkonzepte beinhaltete klare Verhaltenserwartungen (Aufträge, Auflagen, Direktiven) an die Eltern. Von diesen wurden spezifische Handlungen erwartet, die sie zur Vermeidung oder zur Abwendung von Gefahren zu leisten haben. Diese bezogen sich z. B. auf die Sicherstellung der Versorgung, den Schutz vor Gefahren in der Wohnung, den Verzicht auf

Drogenkonsum. Andererseits gab es aber viele Schutzkonzepte, die eher zu charakterisieren sind als „Erwartungen“ seitens der Fachkräfte, was nun zum Wohl des Kindes zu tun sei. Dabei wurde deutlich, dass das Schutzkonzept oft nicht auf eine definierte Gefährdung des Kindes aufgebaut ist, sondern dass es darum geht, die Eltern zu einem anderen Verhalten zu bewegen. Beobachtbar war, dass Sozialarbeiter*innen dabei Auflagen „überziehen“, d.h. dass sie zum Mittel der Auflage aus dem Kontext des Schutzkonzeptes greifen, um auch deutlich unterhalb der Gefährdungsgrenze Eltern zu bewegen, die Lebenssituation ihres Kindes zu verbessern – wohl wissend oder vermutend, dass Verstöße gegen die Auflagen familiengerichtlich ohne Relevanz wären.

Als Fazit ließ sich festhalten, dass die breite Verwendung des Begriffes Schutzkonzept und vermeintlich dahinter liegender fachlicher Konzepte in einem eklatanten Missverhältnis zu dessen kaum stattfindender theoretischer Diskussion in der Fachliteratur steht. Es haben sich in der Praxis ganz unterschiedliche, zumeist implizite Verständnisse zu diesem Begriff herausgebildet, die aber einem öffentlichen Diskurs bislang kaum zugänglich sind.

Das alles schafft erhebliche Graubereiche, in denen die Rechte von Eltern und Kindern unterminiert werden können. In all diesen Fällen sind nicht nur die Eltern und Kinder unter Druck, sondern auch die Sozialarbeiter*innen des ASD stehen im Konflikt zwischen Hilfsangeboten und Schutzmaßnahmen (ggf. auch gegen den Willen der Eltern) auszutarieren, um in ihrer Stellung als „staatliches Wächteramt“ keine Pflichtverletzungen zu begehen. Diese Situation ist ein Einfallstor für unangemessen restriktive, autoritäre und ggf. repressive Strategien von Jugendamt und hilfeerbringenden Trägern. (vgl. Lenkenhoff u.a. 2013; Schone 2019) Die in diesem Kontext bestehenden Machtasymmetrien in der Gestaltung von Hilfen zur Erziehung sind unübersehbar.

Inobhutnahmen bei Gefährdung des Kindeswohls

Die Inobhutnahme ist eine rechtlich fixierte Form staatlicher Krisenintervention in Notsituationen von Kindern und Jugendlichen, die Gefahr laufen erhebliche Schädigungen zu erfahren. Es geht darum, Kindern und Jugendlichen in Gefährdungssituationen Schutz und eine sichere Unterbringung (Obhut) zu gewähren (§ 42 SGB VIII). Dies betrifft sowohl den Schutz vor Gefahren, die von Dritten ausgehen und wo Eltern den Schutz allein nicht sicherstellen können, als auch vor solchen, die von der eigenen Familie des*der Schutzbedürftigen ausgehen. Dabei können Kinder und Jugendliche selbst um Schutz und Unterbringung bitten (sog. Selbstmelder*innen), wenn sie sich bedroht fühlen. Der weitaus größere Teil der Inobhutnahmen erfolgt jedoch durch staatliche Initiative der öffentlichen Jugendhilfe, und zwar dann, wenn sie

Kinder und Jugendliche in Gefahr wähnt und diese (aufgrund des Alters oder ihrer Einsichtsfähigkeit) nicht in der Lage sind, selbstständig Hilfe und Schutz für sich zu organisieren (diese aber augenscheinlich dringend benötigen). Der Gesetzgeber spricht dann davon, dass „eine dringende Gefahr für das Wohl des Kindes oder des Jugendlichen die Inobhutnahme erfordert" (§ 42 Abs. 1 Nr. 2 SGB VIII). Die dritte mögliche Konstellation zur Inobhutnahme besteht darin, dass ein ausländisches Kind oder ein ausländischer Jugendlicher unbegleitet nach Deutschland kommt und sich weder Personensorge- noch Erziehungsberechtigte im Inland aufhalten. In all diesen drei Fallkonstellationen ist das Jugendamt nicht nur berechtigt, sondern sogar verpflichtet, die Kinder und Jugendlichen in Obhut zu nehmen. Sie liefern die rechtliche Legitimierung für staatliches Eingriffshandeln, die es dem Jugendamt erlaubt, einen jungen, nicht volljährigen Menschen auch ohne Wissen und ggf. sogar gegen den Willen der Eltern zu dessen Schutz vorläufig unterzubringen. Diese Unterbringungen erfolgen in der Regel in eigens dafür ausgerichteten professionellen Settings (institutionelle Inobhutnahme-Stellen, Heimgruppen) oder im Rahmen von sog. Bereitschaftspflegefamilien, die einzelne Kinder in Krisen aufnehmen und die hierzu entsprechend geschult wurden und während der Durchführung der Inobhutnahme professionell begleitet werden.

Die Eltern (oder andere Personensorge- oder Erziehungsberechtigten) sind allerdings unverzüglich über die Inobhutnahme ihres Kindes zu unterrichten. Wenn sie der Inobhutnahme widersprechen und vom Jugendamt keine Gefährdung festgestellt wird, ist ihnen das Kind oder der*die Jugendliche wieder zu übergeben; sollte jedoch eine Gefahr für das Wohl der*des Minderjährigen von Seiten des Jugendamtes angenommen werden, bleibt die Inobhutnahme zunächst bestehen. Das Jugendamt hat in diesem Fall unverzüglich das Familiengericht zu informieren und eine familiengerichtliche Entscheidung „über die erforderlichen Maßnahmen zum Wohl des Kindes oder des Jugendlichen" herbeizuführen (§ 42 Abs. 3 Nr. 2 SGB VIII).

Im Jahr 2020 wurden 45.444 Kinder und Jugendliche regulär (ohne vorläufige Inobhutnahme nach unbegleiteter Einreise gemäß § 42a SGB VIII) in Obhut genommen. Dies waren in 30.324 Fällen (66,7 %) Inobhutnahmen aufgrund von dringenden Kindeswohlgefährdungen (gemäß § 42 Abs. 1 Nr. 2 SGB VIII). In 7.557 Fällen erfolgte die Inobhutnahme auf Bitte der betroffenen jungen Menschen (gemäß § 42 Abs. 1 Nr. 1 SGB VIII). Bei weiteren 7.563 Jugendlichen handelte es sich um Überleitungen von unbegleiteten minderjährigen Ausländer*innen aus der vorläufigen in die reguläre Inobhutnahme (gemäß § 42 Abs. 1 Nr. 3 SGB VIII) (vgl. Statistisches Bundesamt 2021b).

Inobhutnahmen von Kindern und Jugendlichen sind aber nicht nur als mögliche Zwangsmaßnahmen gegen den Willen der Eltern möglich. Sehr oft kommt es vor, dass insbesondere ältere Kinder und Jugendliche auch gegen deren Willen in Obhut genommen werden, z. B. wenn sie an einem „jugendgefährdenden Ort“ aufgegriffen werden (2020: 7.786 Kinder und Jugendliche). (ebd. S. 19) Auch Herausnahmen aus der Familie erfolgen nicht selten gegen den Willen des*der jeweiligen Kindes/Jugendlichen. Bei Gefahr für Leib und Leben räumt § 42 Abs. 5 SGB VIII zudem die Möglichkeit freiheitsentziehender Maßnahmen für die jungen Menschen ein. (vgl. Clark & Ziegler 2020, S. 410 ff.)

Inobhutnahmen dienen der Konflikt- und Krisenklärung und sollen den Beteiligten (Kindern, Jugendlichen, Eltern oder sonstigen Erziehungsberechtigten) gangbare Wege zur Überwindung dieser Krisen aufzeigen. Konflikte und Krisen sind also in der Regel Bestandteil einer jeden Inobhutnahme – ob diese nun wegen einer vom Jugendamt festgestellten Gefährdung oder auf Wunsch der jungen Menschen stattfindet. Diese Krisenklärung ist – auch wenn die Minderjährigen selbst um Inobhutnahme bitten – nicht den „Leistungen“ der Kinder- und Jugendhilfe zugeordnet, sondern den anderen, hoheitlichen Aufgaben mit ihren entsprechenden Eingriffsrechten und -pflichten der öffentlichen Jugendhilfe.

Für 15.087 Kinder/Jugendliche (33,2 %) endete die Inobhutnahme – nach hinreichender Krisenklärung – mit einer Rückkehr zu den Personensorgeberechtigten (bei ca. einem Fünftel davon ergänzt mit einer ambulanten Erziehungshilfe (n=3.353)), für 1.610 (3,5 %) mit einer Rückkehr an den vorherigen außerfamiliären Lebensort (Heim, Pflegefamilie). Bei 17.238 Kindern/Jugendlichen (37,9 %) erfolgte eine stationäre Unterbring in Heimen oder Pflegefamilien. So oder so: In jedem Fall werden durch die Inobhutnahme Lebenswege der jungen Menschen entscheidend mitgeprägt.

Da die Inobhutnahme der Konfliktbewältigung in der Familie und der Perspektiventwicklung für den*die Minderjährige*n dient, ist dessen*deren Beteiligung am Prozess zentral. Im Gesetz wird daher zunächst explizit festgehalten, dass es die Aufgabe des Jugendamtes ist, „… die Situation, die zur Inobhutnahme geführt hat, zusammen mit dem Kind oder dem Jugendlichen zu klären und Möglichkeiten der Hilfe und Unterstützung aufzuzeigen. Dem Kind oder dem Jugendlichen ist unverzüglich Gelegenheit zu geben, eine Person seines Vertrauens zu benachrichtigen.“ (§ 42, Abs 2 SGB VIII). Zum Anderen hat das Jugendamt die Erziehungsberechtigten unverzüglich von der Inobhutnahme zu unterrichten, sie in einer verständlichen, nachvollziehbaren und wahrnehmbaren Form umfassend über diese Maßnahme aufzuklären und mit ihnen das Gefährdungsrisiko abzuschätzen (§ 42 Abs.3 SGB VIII). Die starken Beteiligungsrechte von Eltern und Minderjährigen bleiben also auch im Rahmen der Inobhutnahme uneingeschränkt bestehen. (vgl. Abels 2020) Wo bezüglich der Einschätzung einer Gefährdung ein Dissens zwischen Eltern und Fachkräften nicht auflösbar erscheint, hat das Jugendamt das Familiengericht einzuschalten und eine gerichtliche Klärung herbeizuführen. (§ 42 Abs. 3 SGB VIII).

Mitwirkung in Verfahren vor dem Familiengericht

Wenn das Jugendamt mit den Eltern keinen Konsens hinsichtlich der Einschätzung einer Kindeswohlgefährdung erzielen kann und die Eltern sich weigern, gefährdungsabwendende Hilfen in Anspruch zu nehmen (Eltern zeigen sich nicht bereit oder in der Lage, die Gefährdung abzuwenden) ruft das Jugendamt in der Regel das Familiengericht an, welches diesbezüglich eine rechtliche Prüfung durchführen und eine Entscheidung (über einen Eingriff in das Sorgerecht) treffen muss.

Im Jahr 2018 gab es insgesamt 31.504 Eingriffe in die elterliche Sorge. Neben 7.512 vollständigen Übertragungen der elterlichen Sorge auf einen Vormund und 8.523 teilweise Übertragungen elterlicher Sorge auf Vormund*innen/Pfleger*innen gab es 9.081 Gebote an Eltern, öffentliche Hilfen in Anspruch zu nehmen. Die weiteren 5.388 Fälle beinhalteten andere Gebote oder Verbote oder Ersetzungen von Erklärungen der elterlichen Sorge (vgl. Statistisches Jahrbuch 2019). Auch solche Gebote stellen insofern Eingriffe in das Elternrecht dar, als die Eltern in ihrer freien Entscheidung eingeschränkt werden, Hilfen anzunehmen oder nicht.

Diese Zahlen der Eingriffe ins Elternrecht steigen seit über zehn Jahren kontinuierlich an und markieren heute das höchste ordnungsrechtliche Interventionsniveau seit Einführung des Kinder- und Jugendhilfegesetzes vor 30 Jahren.

Eine rechtstatsächliche Untersuchung von Münder u. a. (2017) zu Kindeswohlgefährdungsfällen vor Gericht ergab u. a., dass in familiengerichtlichen Verfahren

- Eltern nur etwa zur Hälfte anwaltlich vertreten waren;
- nur in 73 % der Fälle (n=318) ein nach § 158 FamFG verpflichtend zu bestellender Verfahrensbeistand für das Kind/den*die Jugendliche*n bestellt wurde;
- Kinder über sieben Jahren nur zu 61 % von dem*der Richter*in nach § 159 FamFG angehört wurden.

Im Rahmen dieses Beitrags soll hier nicht weiter auf die Rolle der Familiengerichte bezüglich dieser durchaus bedenklichen Befunde eingegangen werden. Bezogen auf das Jugendamt aber ist festzustellen, dass es sich dabei um einen zentralen Akteur in diesen Verfahren handelt, welcher sowohl vor, während und nach dem Verfahren wichtige Weichenstellungen beeinflusst.

Im Vorfeld ist es immer noch in erster Linie das Jugendamt, welches das Familiengericht bei unauflösbaren Gefährdungsfällen nach § 8a Abs. 2 SGB VIII anruft. Zunehmend wird hierbei auch von frühen Erörterungen nach § 157 FamFG Gebrauch gemacht, um Eltern frühzeitig das Eingriffspotential des

Gerichtes vorzuführen. Das „Druck machen“ durch solche frühe Anrufung des Familiengerichts wird zu einem immer weiter um sich greifenden Instrument, um Eltern zu bewegen ungewollte Hilfen zu akzeptieren. (vgl. Schone 2017; vgl. Münder u. a. 2017, S. 445)

Im Verfahren selbst ist die Mitwirkung des Jugendamtes gesetzlich vorgeschrieben (§ 50 SGB VIII; § 162 FamFG). Insbesondere geschieht dies durch gutachtliche Stellungnahmen. Nach dem Verfahren, unabhängig davon, ob es Sorgerechtseingriffe gegeben hat oder nicht, ist das Jugendamt – zumeist die gleiche Fachkraft des Bezirkssozialdienstes (ASD) – weiter zuständig für die sich anschließenden Hilfeprozesse für das Kind/den*die Jugendliche*n. Wenn es zu Sorgerechtseingriffen kommt, kommt eine weitere Fachkraft des Jugendamtes hinzu. Zumeist werden entzogene Sorgerechte auf Amtsvormund*innen oder Amtspfleger*innen übertragen, die nun in die Rolle des*der Personensorgeberechtigten schlüpfen.

Gerade solche Situationen sind für die Familienmitglieder (Eltern wie Kinder) oft extrem unübersichtlich. Sie sind – wie Befragungen zeigen – oft nicht in der Lage, das Geflecht der Helfer*innen und Eingriffssituationen um sie herum zu verstehen. Nicht selten geht diese Situation mit einem starken Gefühl der Ohnmacht einher. (vgl. Lampe 2017; Berghaus 2021)

Fazit

Alle Phasen der Wahrnehmung des Schutzauftrages bei Kindeswohlgefährdung sind – dem Wesen dieses staatlichen Auftrages entsprechend – von erheblichen Konfliktpotenzialen begleitet. Dieses Konfliktpotenzial liegt darin begründet, dass der Schutzauftrag als „staatliches Wächteramt“ konzipiert ist und ein Tätigwerden der Jugendhilfe auch ohne Zustimmung oder gar gegen den erklärten Willen der Adressat*innen dieses Auftrags (Eltern und Kinder) erzwingt. Zwar sind ihre Beteiligungsrechte in den einschlägigen auf diesen Auftrag bezogenen Gesetzesnormen (§§ 8a SGB VIII; § 42 SGB VIII; FamFG) jeweils explizit definiert, jedoch scheinen die in der Praxis eingeräumten Spielräume der Beteiligung angesichts des Schutzauftrages des öffentlichen Trägers eher gering. Angesichts eines sich eindeutig auch statistisch abbildenden Anstiegs einer Eingriffsorientierung in diesem Bereich geraten Eltern wie Kinder/Jugendliche immer stärker in die Defensive. Dass dabei deren Beteiligungsrechte mitunter als Kollateralschaden des staatlichen Schutzsystems „unter die Räder“ kommen, ist erkennbar. Ein wirkungsvolles System von Ombudschaften, welches ein Gegengewicht zur staatlicher Interpretations- und Handlungsmacht der Jugendämter darstellen kann und welches für diese Personen auch niedrigschwellig zu erreichen ist, ist schon länger überfällig.

Literatur

Abels, I. (2020). Beteiligung: Ein Kinderrecht in der Inobhutnahme. In: Fachgruppe Inobhutnahme (Hrsg.), S. 206-222.

Averbeck, B. (2021). Besserer Kinder- und Jugendschutz? – Über Versprechungen und Realitäten im KJSG. In Forum Erziehungshilfe, Heft 5/2021, S. 265-268.

Berghaus, M. (2021). Erleben und Bewältigen von Verfahren zur Abwendung einer Kindeswohlgefährdung aus Sicht der betroffenen Eltern. Beltz/Juventa, Weinheim/Basel

Clark, Z. & Ziegler, H. (2020). Inobhutnahme zwischen Zwang und Freiwilligkeit. In: Fachgruppe Inobhutnahme (Hrsg.), S. 409-424.

Fachgruppe Inobhutnahme (Hrsg.) (2020). Handbuch Inobhutnahme – Grundlagen, Praxis und Methoden, Spannungsfelder, IGfH-Eigenverlag, Frankfurt/M.

Lampe, W. (2017). Kindeswohlverfahren im Erleben der betroffenen Eltern, Kinder und Jugendlichen. In: Münder, J. (Hrsg.), S. 355-422.

Lenkenhoff, M. & Adams, Ch./Knapp, H./Schone, R. (2013). Schutzkonzepte in der Hilfeplanung – eine qualitative Untersuchung zur Funktion und zur Wirkungsweise von Schutzkonzepten im Rahmen ambulanter Erziehungshilfen, Münster, LWL-Eigenverlag 2013 (Ideen und Konzepte).

Münder, J. (Hrsg.) (2017). Kindeswohl zwischen Jugendhilfe und Justiz – Zur Entwicklung von Entscheidungsgrundlagen und Verfahren zur Sicherung des Kindeswohls zwischen Jugendämtern und Familiengerichten, Beltz/Juventa, Weinheim/Basel.

Schone, R. (2017). „Druck machen …" – zum neuen Miteinander von Jugendämtern und Familiengerichten bei der Abwendung von Kindeswohlgefährdung. In: Kindesmisshandlung und -vernachlässigung – Interdisziplinäre Fachzeitschrift für Prävention und Intervention, Heft 1/2017.

Schone, R. (2019). Chancen und Grenzen von Schutzkonzepten. – Wie gelingt es uns, unsere Schutzkonzepte wirksamer zu operationalisieren? Wen und was braucht es dazu? Wie gehen wir um mit Grenzen der Kontrollierbarkeit? Expertise im Auftrag des Deutschen Jugendinstituts, unveröffentlicht.

Schone, R. & Struck, N. (2015). Kinderschutz. – In: Otto, Hans-Uwe/Thiersch, Hans (Hrsg.). Handbuch Soziale Arbeit. 4. Aufl., München/Basel: Reinhardt 2015, S. 791-814.

Statistisches Bundesamt (Destatis) (2019) Statistiken der Kinder- und Jugendhilfe – Pflegschaften, Vormundschaften, Beistandschaften, Pflegeerlaubnis, Sorgerechtsentzug, Sorgeerklärungen 2018. Wiesbaden.

Statistisches Bundesamt (Destatis) (2021a). Statistiken der Kinder- und Jugendhilfe – Gefährdungseinschätzungen nach § 8a Absatz 1 SGB VIII 2020. Wiesbaden

Statistisches Bundesamt (Destatis) (2021b). Statistiken der Kinder- und Jugendhilfe – Vorläufige Schutzmaßnahmen 2020. Wiesbaden.

Struck, N. (2021). Das Kinder- und Jugendstärkungsgesetz – Ein Überblick. In Forum Erziehungshilfe, Heft 5/2021, S. 260-264.

Jugendhilfe aus der Sicht von Jugendlichen und Eltern

Jessica Böttger, Kathleen Emmrich & Jasmin Sachse

Wie nehmen Jugendliche und Eltern die Jugendhilfe wahr? Wir drei haben viele Erfahrungen in der Kinder- und Jugendhilfe als Jugendliche (Jessica Böttger und Jasmin Sachse) und Eltern (Kathleen Emmrich) gemacht. Wir haben uns getroffen und ein Wochenende lang miteinander diskutiert. Dabei haben wir auch die Sichtweisen vieler anderer mit einbezogen, mit denen wir in den vergangenen Jahren gesprochen haben. Es muss sich einiges in der Kinder- und Jugendhilfe ändern, da sind wir uns einig. Hier sind unsere Geschichten.

Knapp daneben ist auch vorbei – Vom plötzlichen Hilfeende, Scheinpartizipation und mangelnder Flexibilität in der Hilfe zur Erziehung (HzE)

Jessica Böttger

Mein Name ist Jessica Böttger, ich bin heute 22 Jahre jung und habe über drei Jahre in der stationären Jugendhilfe verbracht. Zu Beginn der Hilfe habe ich in einer Jugendwohngruppe im Kinderheim gelebt, danach durfte ich ins Betreute Einzelwohnen ziehen, wo in der Regel meine Betreuerin regelmäßig vorbeikommen sollte – was jedoch nur spärlich der Fall war. Heute bin ich Careleaverin und engagiere mich im Kinder- und Jugendhilferechtsverein e. V.

Mir liegen die Themen vom plötzlichen Hilfeende, Scheinpartizipation und mangelnder Flexibilität am Herzen, weil diese mich zu damaliger Zeit und im Nachhinein sehr geprägt haben. Ich denke heute, dass Vieles hätte anders laufen können und müssen. Durch viele Gespräche mit anderen Careleaver*innen bin ich zu der Erkenntnis gekommen, dass für diese Themen an vielen Stellen und bei vielen Fachkräften die Sensibilität sowie Kenntnisse zum Umgang damit fehlen.

Begonnen hat die Geschichte, die ich nun berichten werde, knapp ein halbes Jahr, nachdem ich in die Wohngruppe gezogen bin. Ich habe angefangen, mich selbst am Arm zu verletzen, um den inneren emotionalen Druck loszuwerden. Schritt für Schritt ist dieses Verhalten immer mehr zu einem Ventil für mich geworden. Anfangs habe ich die Wunden versteckt, weil ich die Betreuer*innen und Mitbewohner*innen nicht belasten oder gar triggern wollte. Auch hatte ich

Angst vor der Reaktion der Betreuer*innen. Anvertraut habe ich mich schon zu Beginn der Phase niemandem. Nach einiger Zeit hat eine Betreuerin meinen Arm gesehen und meinte zu mir, dass ich dieses Verhalten doch nur aufzeige, weil ich Aufmerksamkeit möchte. *So ein Quatsch!* Diese Aussage hat mich nachhaltig beschäftigt, sodass ich noch weniger Vertrauen in diese Personen hatte. Ab diesem Punkt hatte ich das Gefühl, auf mich allein gestellt zu sein, und dass meine Probleme, welche ich bis dato noch nicht einmal angesprochen hatte, nicht ernst genommen werden. Ich hatte viele Momente, in denen ich mich von meiner Vergangenheit, die ich zu dieser Zeit noch nicht aufgearbeitet hatte, überrollt gefühlt habe. Es sind während meinen Beurlaubungen Dinge geschehen, die mich belastet haben. In der Wohngruppe gab es Erlebnisse, über die ich gern mit jemandem gesprochen hätte, der*die sich in mich hineinversetzen kann, jemanden, der*die mir sagt, dass es okay ist so zu fühlen, und dass mich das nicht zu einem schlechten oder gar weniger wertvollem Menschen macht. Doch genau so habe ich mich damals sehr oft gefühlt: klein, wertlos und einfach nicht richtig.

So vergingen die Monate. Es gab solche und solche Tage. Mal lief es gut, mal lief es schlecht. So habe ich meinen Schulabschluss absolviert und bin schließlich ins betreute Einzelwohnen gezogen. Anfangs lief auch hier alles gut, bis ich auch dort an den Punkt gekommen bin, wo ich wieder überrollt wurde, von Dingen, die gerade eben oder vor Jahren schon geschehen sind. Großartiges Vertrauen in meine Betreuerin dort hatte ich nicht. Wir hatten auch gar nicht die Möglichkeit, uns näher kennenzulernen, also eher ich sie. Die Dame kannte meine Akte, alles was bisher vorgefallen war und hat wahrscheinlich auch mit meiner Bezugsbetreuerin aus der Wohngruppe gesprochen. Ich kannte ihren Namen, wusste wie ihr Auto aussah und ihr Gesicht. Das war's. In Gesprächen sind wir nie in die Tiefe gegangen. Sie hat oberflächlich gefragt wie es mir geht und meine Antwort war natürlich immer „gut", denn ich wollte nicht als unselbstständig dastehen. Ich wollte nicht zurück in die Wohngruppe, denn dort habe ich mich zum Schluss nicht wohl gefühlt. Wegen dem ganzen Setting. Wegen den Mitbewohner*innen und den Betreuer*innen. Ich hätte mich dort nicht gut aufgehoben gefühlt. Irgendwann habe ich mich dazu entschieden, in den Sommerferien eine Tagesklinik zu besuchen. Geholfen wurde mir dort schlussendlich nicht, aber ich hatte immerhin eine gute Zeit, habe neue Menschen kennengelernt und am Ende meine Diagnosen, unter anderem Depressionen, schwarz auf weiß. Auch nach der Klinik hat sich nichts verändert. Die Betreuerin kannte meine Diagnosen, hat aber ihr Verhalten mir gegenüber nicht verändert. Wahrscheinlich hat sie versucht, einen Draht zu mir aufzubauen, wir haben auch mal Späße gemacht, aber Vertrauen war hier nie vorhanden. Wieder diese oberflächlichen Fragen ihrerseits. Wieder diese oberflächlichen Antworten meinerseits. Anfang des nächsten Jahres hat sich alles zugespitzt. Mir ging es sehr schlecht. Psychisch. Ich habe mich gefühlt, als sei ich für jede einzelne Person in meinem Leben eine unglaubliche Last. Ich bin in eine Lebenskrise gerutscht, habe einen weiteren massiven Übergriff durchleben müssen und wollte schlussendlich nicht mehr leben. Irgendwann bin ich im Krankenhaus aufgewacht. Meine Mutter und ihr Partner haben mir erzählt was passiert war. Sie hat geahnt, dass etwas nicht stimmt, hat versucht mich zu erreichen, erfolglos. Schließlich sind die beiden zu meiner damaligen Wohnung gefahren. Dort hat auf das Klingeln niemand reagiert, woraufhin meine Mutter meine Betreuerin informiert hat, sie müsse in die Wohnung, um nachzusehen, was mit mir ist. Die Betreuerin ist also mit dem Schlüssel gekommen und wusste nicht, wie sie auf die Situation reagieren soll. Nachdem ich einige Tage im Krankenhaus war und die Aufnahme zur stationären Therapie verweigert hatte, bin ich vorerst ein paar Tage bei meiner Mutter untergekommen, sie wollte mich ungern wieder alleine lassen, wofür ich ihr heute sehr dankbar bin. Wir hatten gemeinsam mit meiner Betreuerin, der ehemaligen Bezugsbetreuerin, der Chefin der Einrichtung und mit der für mich zuständigen ASD-Mitarbeiterin ein Gespräch, in dem der weitere Weg besprochen werden sollte. Das Ganze fand knapp eine Woche nach dem Ereignis statt.

An diesem Punkt musste ich im Schreibprozess eine Pause machen, alles sacken lassen und mich aussprechen. Denn alles immer wieder im Groben zu erzählen, um für dieses Thema sämtliche Personengruppen zu sensibilisieren, ist etwas ganz anderes, als alles niederzuschreiben. Man durchlebt all das Geschehene auf eine ganz andere Art und Weise. Bei dem oben erwähnten Gespräch sollte ich von jetzt auf gleich entscheiden, ob ich zurück in die Wohngruppe oder gänzlich aus der Hilfe austreten und zurück zu meiner Mutter und ihrem Partner ziehen möchte. Wie im oberen auch schon berichtet, habe ich mich von niemandem in der WG verstanden, gehört oder gar ernst genommen gefühlt. Zurück zu meiner Mutter zu ziehen, schien für mich eigentlich auch keine Option zu sein, denn wir haben uns zwar gut verstanden, aber es war klar, dass, wenn ich zurückkehre und wir keine räumliche Trennung mehr haben, es früher oder später wieder eskaliert. Meine Mutter und ich haben versucht, verschiedene Lösungsansätze einzubringen, zum Beispiel, dass sie einen Schlüssel für meine Wohnung bekommt, damit sie öfter mal vorbeischauen und nach dem Rechten sehen kann oder auch, dass ich mehr Leistungsstunden mit meiner Betreuerin bekomme oder diese vielleicht sogar einfach wechsle. Jede Variante wurde abgewunken. Es sei nicht nötig oder nicht machbar. So habe ich mich also im Gespräch ziemlich vor den Kopf gestoßen gefühlt. Ich befand mich offensichtlich in einer heftigen emotionalen und persönlichen Krise, stand kurz vor den Prüfungen in meiner Ausbildung und musste mich in dieser Situation entscheiden. Beide Optionen schienen nicht wirklich das Beste für mich zu sein, allerdings hatte ich das Gefühl, dass mich meine Mutter besser verstanden hat als alle Mitarbeiter*innen der Einrichtung. So habe ich schließlich die Hilfe kurz vor meinem 18 Lebensjahr beendet. Komplett. Innerhalb von ca. 2 Wochen sollte ich die Wohnung komplett räumen, ganz allein. Weder beim Packen der Kisten, noch bei der Reinigung der Wohnung oder dem Transport der Kisten zur Wohnung meiner Mutter wurde ich unterstützt. Es gab keine Nachbetreuung oder anderweitige Unterstützung. Ein halbes Jahr habe ich bei meiner Mutter gelebt, bis ich schließlich weggezogen bin. Aus der Wohnung, aus der Gegend, aus der Stadt. Ich wollte einen Neuanfang wagen, was bisher eine der besten Entscheidungen meines Lebens war.

Nun, zum Schluss nach dieser langen und intensiven Vorrede. Ich möchte mich inständig an alle Fachkräfte da draußen wenden und sagen: Hört zu! Seid da! Geht sensibel mit den jungen Menschen um und vor allem: verurteilt sie nicht!

Wir alle, die wir aus der öffentlichen Erziehung kommen, haben unsere eigene Geschichte und meist nicht nur ein Päckchen, sondern mehrere schwere Pakete zu tragen. Dazu kommt noch das fehlende Netzwerk an Menschen, an die wir uns wie in oben beschriebenen und anderen Situationen wenden können. Wir haben oft keine Familie, Eltern, Freunde, die uns auf die Art und Weise unterstützen können, wie wir es brauchen. Wir möchten zu jungen Menschen heranwachsen, die nach Hilfe fragen und diese auch annehmen können, weil wir wissen, dass wir in unseren Bedürfnissen, Problemen und Krisen ernst- und wahrgenommen werden, und nicht verlassen werden, wenn's mal schwierig wird.

Hierfür suchen wir euch: kompetente, menschliche Fachkräfte!

Jugendhilfe als Glücksspiel

Kathleen Emmrich

Mein Name ist Kathleen, ich bin 36 Jahre alt und ich bin Mutter zweier wundervoller Kinder. Ich habe schon einige Erfahrungen in der Jugendhilfe durchleben und mitmachen müssen durch meine Suchterkrankung (chronische Erkrankung). Deswegen möchte ich einiges dazu erzählen und berichten was ich erlebt habe. Ich habe die Jugendhilfe als Glücksspiel kennengelernt, quasi als ein System von zwei Gesichtern. Die „zwei Gesichter" sind einerseits Drohungen, Unwissenheit und gebrochene Versprechen, andererseits geprägt von freundlichen Gesprächen, davon, Lösungen zu finden, Empathie und Gehörtwerden.

Mein Erstkontakt zu einer Mitarbeiterin des Jugendamts war bei beiden Kindern immer sehr freundlich und positiv. Es wurde mir klar gemacht, dass ich keine Angst zu haben brauche, dass mir die Kinder weggenommen werden. Ich sollte nur ehrlich sein. Als mein erster Sohn geboren wurde, war ich schon suchtkrank, es kam mein erstes Hilfeplangespräch zustande. Dort wurde mir auch eine Familienhilfe zugeteilt und gesagt, dass ich eine Schweigepflichtentbindung unterschreiben sollte, damit sie mit meinem Arzt sprechen konnte. Heute weiß ich, dass ich das gar nicht hätte machen müssen. Als ich in dem Gespräch dann ehrlich war und sagte, dass ich einen Rückfall hatte, ging alles los: Sie haben hinter meinem Rücken mit meinem Arzt telefoniert und mit meiner Familienhilfe gesprochen. Als ich dann einen Termin zu einem Gespräch bekommen hatte, sollte ich zur Weihnachtszeit aufschreiben, wo ich mit meinem Sohn wann bin. Würde ich davon abweichen und man hätte es mitbekommen, wäre mein Sohn in eine Notunterbringung geschafft worden.

Ich hatte dann für mich entschieden, freiwillig, dass ich mit meinem Sohn zu einer stationären Langzeittherapie gehen wollte. Nach Ende der Therapie bin ich mit meinem Kind umgezogen. Ich habe die Stadt gewechselt. Und es hat sich nach der Therapie keiner weiter vom Jugendamt über meinen Sohn oder mich informiert, niemand hat Kontakt aufgenommen zu mir. Dort, in meiner neuen Wohnung bin ich dann zum zweiten Mal schwanger geworden. Da ich das schon kannte, bin ich vorsorglich wieder vor der Geburt zum Jugendamt gegangen. Ich hatte da schon ein sehr schlechtes und negatives Gefühl und vor allem Angst! Dort wurde mir dann wieder gesagt: „Frau Emmrich, wir nehmen Ihnen die Kinder nicht weg. Da muss es schon erhebliche Gründe geben." Ich dachte mir: Naja, vielleicht wird es ja wirklich anders diesmal. Ich hatte ja auch schon Erfahrungen von anderen Eltern gehört, die mit dem Jugendamt zu tun hatten. Diese Erfahrungen waren eher gut. Als meine Tochter dann geboren war, sollte ich wieder eine Familienhilfe bekommen. Klingt ja alles noch sehr gut und es lief auch eine Zeit lang gut. Bis ich leider durch extreme private Probleme wieder konsumiert habe. Ab da an ging es nur noch bergab. Anstatt mir zu helfen, zu reden, gemeinsam Lösungen zu finden, wurde vieles wieder hinter meinem Rücken abgesprochen und nicht mit mir. Heute weiß ich, dass das so nicht sein darf.

Und dann kam es anders: Es fing damit an, dass ich an einem Tag krank wurde mit Fieber etc. Es wurde mir nicht geglaubt, dass ich krank bin. So kam es dazu, dass die Kinder zu ihren beiden Vätern kamen. Die Kinder wurden mir also weggenommen. Und am nächsten Tag sollte ich zum Jugendamt kommen. Ich bin dahin gegangen, obwohl es mir nicht gut ging. Ein Schreiben vom Krankenhaus, dass ich wirklich krank war, hatte ich mitgenommen. Mein Problem an diesem Tag war, dass ich ehrlich gesagt habe, dass es mir auch nicht gut ging und ich jetzt dringend Hilfe brauche. Die nächsten Schritte waren, dass ich mich dafür entschieden hatte, in eine Entzugsklink zu gehen. Und die Kinder sollten solange bei den Vätern bleiben. Allerdings durfte ich meine Kinder auch nicht mehr alleine sehen. Das hatte die Mitarbeiterin vom Jugendamt so entschieden. Heute weiß ich, dass das nur ein Familiengericht so entscheiden darf.

Bevor ich in die Klinik ging, gab es ein großes Hilfeplangespräch, wo entschieden wurde, dass die Kinder nach der Entzugsklink wieder schrittweise zu mir zurückkommen durften; was alle Teilnehmer dieses Gespräches auch unterschrieben haben. Zudem sollte ich eine Vollmacht unterschreiben für die Väter, dass sie in meiner Abwesenheit alleine Entscheidungen treffen konnten. Was ich dann auch tat. Das Komische nur war, dass der Vater von meinem Sohn schon einen Vordruck dafür hatte. Er war also scheinbar vorbereitet worden darauf. Ich nicht. Ich wollte es erst gar nicht unterschreiben, aber alle im Hilfeplangespräch und auch das Jugendamt haben auf mich eingeredet, dass der Vater das brauchen würde, falls etwas passieren sollte. Ich unterschrieb diesen Vordruck nun also unter Druck, aber mit einem mulmigen Gefühl. Zudem rief ich danach auch noch mal meinen Familienhelfer an und sagte ihm, dass ich ein komisches Gefühl hatte, weil der Vater nach meiner Unterschrift ein Lächeln im Gesicht hatte, was mein Gefühl bestärkte! Und mein Gefühl sollte mich nicht enttäuschen – dazu später mehr. Mein Familienhelfer hat die ganze Sache wohl nicht so schlimm gesehen. Er hat nichts getan. Auch sonst spielte er die Drohungen von meinem Ex-Freund und aus meinem privaten Bereich runter. Ich hatte bei ihm das Gefühl, dass er mich nicht wirklich wahrnimmt, nicht zuhört, sondern versucht, mir seine Meinung aufzudrängen. Kurz gesagt: ich fühlte mich in seiner Gegenwart unsicher und nicht gerade wohl.

Ich bin dann am nächsten Tag zur Entzugsklinik gefahren. Dort konnte ich endlich auch mal für mich sein und nachdenken. Ich schreibe sehr gern Gedichte und male gern. Sozusagen taten mir die Therapien dort sehr gut! Ich war auch schon mal vor der Zeit meiner Kinder in dieser Entzugsklink gewesen. Diesmal sagten sogar die Pfleger*innen, Ärzte und die Chefpsychologin, dass ich mich um 180° gedreht habe! Dies ging so weit, dass ich sogar in die Außen-WG gehen konnte; dort hat man mehr Freiheiten und ein eigenes Zimmer. Wie eben eine Wohnung, die man sich mit noch einer Patientin teilt.

In der Zeit des Aufenthalts habe ich mit einer Betreuerin von der Entzugsklinik versucht, das Jugendamt zu kontaktieren. Das war nicht gerade einfach. Nachdem wir meine eigentliche ASD-Bearbeiterin erreicht haben, wurde uns mitgeteilt, dass ich jetzt eine andere Mitarbeiterin zugeteilt bekomme. Wir haben dann wieder versucht, die neue ASD-Bearbeiterin zu erreichen, was wir dann auch irgendwann geschafft haben. Ich muss dazu noch erzählen, dass mir die Betreuerin von der Entzugsklink gleich geholfen hat, als ich ihr das erzählt habe mit der Vollmacht der Väter. Sie hat gleich zwei Schreiben aufgesetzt mit mir, in denen beschrieben war, was die Väter in meiner Abwesenheit machen dürfen und wie lange die Vollmacht gelten sollte. Sie fand die Art und Weise bis dahin durch das Jugendamt auch nicht in Ordnung! Aber was ist, kann auch noch schlimmer werden!

In der Zeit, in der wir häufig vergeblich versucht hatten, meine neue ASD-Mitarbeiterin vom Jugendamt zu erreichen, bewahrheitete sich mein Gefühl wegen dem Vater meines Sohnes. Ein Brief wurde an mich weitergeleitet, in dem stand, dass der Kitaplatz gekündigt sei. Was ich nicht verstand. Somit rief ich die Kitaleiterin an und sie erklärte mir, dass der Vater gekommen ist und meinen Sohn aus der Kita mitgenommen hat und den Platz auch gleich gekündigt hat. Ich rief den Vater meines Kindes an, der mir dann erklärte, dass er jetzt unseren Sohn bei sich behält und auch schon das Kindergeld beantragt habe. Auch einen neuen Kitaplatz habe er schon und außerdem, dass die Ummeldung auch schon stattgefunden habe. Ich meinte dann, dass er das nicht machen kann, weil wir was anderes ausgemacht haben und war auch nicht gerade freundlich. Nun ja, wie soll man sein, wenn man gerade im Krankenhaus ist, Kilometer weit weg, um gesund zu werden und der Exfreund das gemeinsame Kind einfach mal wegnimmt, ohne dass man was machen kann! Zumal unser Sohn die ganze Zeit bei mir war! Sagte der Vater zu mir: „Frag doch mal das Jugendamt!“ Ich wusste, dass er auch einen Drogentest machen musste. Dieser wurde aber erst 6 Wochen später durchgeführt. Also war er natürlich negativ!

Zurück zu meiner neuen ASD-Mitarbeiterin. Nach dem Telefonat mit dem Vater meines Sohnes hatte ich einen Nervenzusammenbruch. Trotzdem versuchte ich weiter, die ASD-Mitarbeiterin zu erreichen. Endlich erreichte ich sie. Ich sprach sie an, was passiert sei; welche Schritte der Vater eingeleitet habe und dass dies ja so nicht ausgemacht war. Es war ausgemacht, dass die Kinder schrittweise nach der Entgiftung zu mir zurückkommen sollten. Die neue ASD-Mitarbeiterin sagte auf einmal: „Nein, Frau Emmrich, wir haben das besprochen und die Kinder werden nicht zu Ihnen zurückkommen.“ Ich wusste nicht mehr, wo links und rechts war. Hat man mir gerade, während ich im Krankenhaus bin, meine Kinder weggenommen? So boshaft, schrecklich, hinterhältig, nicht in Worten zu beschreiben! Meine Kinder, die neun Monate in mir waren. Wo ich jede Bewegung gespürt habe. Wenn ich diese Zeilen schreibe als Mutter und darüber nachdenke, bin ich so unendlich enttäuscht und traurig, es tut immer noch so weh, dass mir der Atem wegbleibt, es mir den Hals zuschnürt und mir das Schreiben schwerfällt, weil die Tränen den Monitor verschwimmen lassen!

Ich habe dann eine Anwältin angerufen, die mich vertreten sollte. Und ich habe weiter versucht, beim Jugendamt anzurufen. Ich wurde dann immer vertröstet. Selbst das Personal und die Chefpsychologin aus der Klinik fanden, dass das, was das Jugendamt gemacht hat, gar nicht ginge.

Als ich dann endlich nach Hause kam, die Wohnung öffnete, war alles leer, ohne Lachen und Liebe. Ohne die Stimmen meiner Kinder, vom Spielen. Und die Zimmer fühlten sich unendlich kalt und verlassen an. Ich war unfassbar traurig und hilflos.

Das Leben muss trotzdem weiter gehen! Nachdem ich einfach nicht mehr weiterwusste, und meine Eltern auch nicht, hat mein damaliger Familienhelfer mal etwas gesagt, das mir geholfen hat: Ruf doch mal beim Kinder- und Jugendhilferechtsverein (einer Ombudsstelle in Sachsen) an! Wenn du das machst, sag nicht, dass du die Info von mir hast! Das Jugendamt sieht das nicht gerne! Weil sie dir sagen, was deine Rechte sind und dich unterstützen im Umgang mit dem Jugendamt!

Es hat ein paar Tage gedauert ehe ich angerufen habe, da ich mir nicht sicher war, ob ich das machen sollte. Ich hatte Angst, dass ich dann meine Kinder gar nicht mehr sehe, wenn ich noch mehr „Öl ins Feuer gieße". Aber was sollte noch passieren? Meinen Sohn hatte ich schon seit vielen Wochen nicht mehr gesehen und meine Tochter sah ich mit Hilfe des Vaters wenigstens ein paarmal.

Also was sollte noch passieren? Ich rufe also im Verein an und endlich hört mir jemand zu, mir als Mensch, als Mutter, der die Kinder weggenommen wurden. Wir machten ein Termin aus und trafen uns dann im Verein. Meine Eltern konnten auch mitkommen. Eben so, dass ich mich wohl fühlte! Und zum ersten Mal nach den vielen Jahren Angst, Drohungen, Unwissenheit, Enttäuschung konnte ich mit meiner Ehrlichkeit keinen Fehler machen. Mir wurde zugehört, einfach mal zugehört!!! Und zu hören, dass ich nicht die Einzige bin, der es so geht mit dem Jugendamt, man gab mir endlich das Gefühl und die Gewissheit zurück, dass ich mir das wirklich nicht einbilde! Und auch durch ein Gespräch mit einer Mitarbeiterin vom Verein habe ich mich auf ein Hilfeplangespräch beim Jugendamt gut vorbereiten können.

Es lief noch ein Gerichtsverfahren wegen meinem Sohn. Zu diesem Zeitpunkt war ich weiterhin nach der Entgiftung clean, hatte Arbeit, war bei einer Therapeutin und hatte ein sehr gutes Helfernetzwerk. Also alles war völlig in Ordnung! Deswegen werde ich in diesem Verfahren nicht vergessen, was die Aussage von der Jugendamtsmitarbeiterin war: „Ich kenne mich damit (Suchterkrankung) zwar nicht aus, aber das reicht uns (Verfahrensbeistand fürs Kind) nicht." Den Satz werde ich nie vergessen. Was sollte ich denn noch machen. Ich bin stolz auf mich, dass ich nach dem Ganzem immer noch clean bin!!!

Meine Tochter habe ich dann wieder schrittweise zurückbekommen. Auf einmal meldete sich dann niemand mehr aus dem Jugendamt. Und später kam es doch „zum Glück" wieder zu einem Wechsel im Jugendamt. Ich bekam also wieder eine neue ASD-Mitarbeiterin. Das war mein Glück. Diese Person konnte mir zuhören, war emphatisch und hat mich wie einen Menschen behandelt. Ich bin zwar sehr vorsichtig, aber ich fange an, sie zu mögen. Ich habe dazu auch eine neue Familienhelferin bekommen. Sie ist auch das komplette Gegenteil zu meinem damaligen Familienhelfer. Denn sie hört mir zu, unterstützt mich bei Erziehungsfragen, gibt mir Tipps, usw. und sagt auch mal, wenn was nicht so ok war. Und vor allem zeigt sie mir die Protokolle, die ich unterschreibe, die sie ans Jugendamt schickt. Und achtet auf meine Rechte und Pflichten. Bei ihr weiß ich, dass ich so sein kann, wie ich bin! Und mich nicht verstellen muss, weil ich Angst habe, etwas falsch zu machen und deswegen meine Kinder verlieren könnte.

Heute ist meine Tochter bei mir, alle zwei Wochen für sieben Tage. Mein Sohn lebt weiterhin überwiegend bei seinem Vater, ihn sehe ich alle zwei Wochen für ein Wochenende. Ich würde mir natürlich mehr Kontakt wünschen, das sehen auch andere Fachkräfte so. Das versuche ich gerade mit dem Vater zu verhandeln.

Als es so dramatisch war in meiner Geschichte wog ich nur noch 50 kg bei einer Größe von 1,76 cm. Das zeigt, wie stark mich das belastet hat. Auch gesundheitlich. Man hätte einige Alarmzeichen erkennen können, dass es mir nicht gut ging. Zum Beispiel: Dass ich bei jedem Grinsen oder bei jedem Anlass oder anderen Dingen immer gedacht habe, alle wären einfach nur gegen mich, wenn es um meine Kinder ging oder wenn ich im Gespräch beim Jugendamt sagte, dass mir im privaten Bereich gedroht wird. Es ist schade, dass es so lange gedauert hat, bis ich endlich die richtige Hilfe bekam. Jugendhilfe darf kein Glücksspiel sein! Denn hier geht es um Menschen, die Hilfe brauchen!!!

Deswegen möchte ich anderen Eltern sagen, die auch schon viel durch machen mussten mit dem Jugendamt: Ihr habt Rechte, lasst euch nicht unterkriegen und sucht euch Hilfe – ihr seid nicht allein! Ich hoffe, dass ich euch mit meiner Geschichte irgendwie helfen und zeigen kann, dass es anders geht! Nimm meine Zeilen in die Hand. Du bist nicht perfekt, aber das ist gut so, du bist mit deinen Gefühlen Mensch, so wie du bist, und das ist perfekt! Such dir Hilfe, egal was andere sagen und vertrau dir selbst! Lass dir nichts einreden! Geht es dir gut, geht es deinen Kindern gut!

In größter Not dann doch alleine – Ein Tag von vielen in einer Inobhutnahmeeinrichtung

Jasmin Sachse

Mein Name ist Jasmin, ich bin 21 Jahre jung und habe 2011 das erste Mal Erfahrungen mit der Kinder- und Jugendhilfe gemacht. Diese reichen sowohl vom Kinder- und Jugendnotdienst bis hin zur Verselbstständigung. Mit den ersten Schritten in ein eigenständiges Leben bin ich 2018 zu einer Seminarreihe dazugestoßen und fand heraus, dass ich eine Careleaver*in[1] bin. Dort wurde ich auch zum ersten Mal über meine Rechte aufgeklärt und habe viele

1 Careleaver*innen sind (junge) Menschen, die einen Teil ihrer Kindheit oder Jugend in der Jugendhilfe gelebt haben; in Heimen, Wohngruppen oder bei Pflegefamilien und die den Übergang in ein selbstbestimmtes Leben entweder schon realisiert haben oder kurz davor stehen.

andere junge Menschen kennen gelernt, die ähnliche oder sogar die gleichen Erfahrungen gemacht haben wie ich. Dabei fand ich es sehr erschreckend, wie viele Kinder, Jugendliche und/oder junge Erwachsene davon betroffen waren oder sogar noch sind. Dort habe ich mir zum ersten Mal die Frage gestellt: Wie kann das bloß sein?

Deswegen liegt mir dieses Thema auch sehr am Herzen, da es so viele Careleaver*innen gibt, welche rechtsbrüchige Erfahrungen gemacht haben und sich nicht als Mensch oder Individuum behandelt gefühlt haben, sondern vielmehr als ein Objekt, und das darf so nicht sein!

Wenn ich an die Zeit im Kinder- und Jugendnotdienst zurückdenke, durchwachsen mich gemischte Gefühle von Wut, Trauer und Verzweiflung, wo mir auch schon wieder die Tränen kommen.

Im Kinder- und Jugendnotdienst konnte ich mich nicht wie zu Hause fühlen. Es gab auf einmal Regeln und ein strikter Tagesablauf hat mich begleitet. Am Morgen wurde ich von lautem Geschrei und Getobe der anderen Kinder und Jugendlichen schon vor den Betreuer*innen geweckt. Wenn die Betreuer*innen in mein Zimmer kamen, um mich zu wecken, blieb die Zimmertür danach fast immer offen, so dass das Licht des Flures in mein Zimmer schien. Nachdem ich mich aus meinem Bett gequält und angezogen hatte, setzte ich mich an den Frühstückstisch. Für mich war das eine vollkommen neue Situation, da ich erstens eigentlich gar nicht frühstücke und zweitens auf einmal nicht mehr alleine war. Während ich die Auswahl an Essen, das vor mir auf dem Tisch stand, betrachtete, wurde ich gleichzeitig gefragt, was ich denn auf meine Schulschnitten haben möchte. Diese Frage hatte mich zuerst etwas verwirrt, da ich es von zu Hause gewohnt war, immer das gleiche mit in die Schule zu bekommen. Nachdem ich meinen Wunsch mitgeteilt hatte, wollte ich aufstehen und Zähne putzen, jedoch sollte ich vorher wenigstens noch etwas Kleines essen. Als ich daraufhin meinte, dass ich keinen Hunger habe, wurde dennoch darauf bestanden, wenigstens eine halbe Schnitte oder eine kleine Schüssel Cornflakes zu essen. So zwängte ich mir eine Kleinigkeit hinter, damit ich endlich Zähne putzen gehen konnte. Mit einem kurzen Blick auf die Uhr merkte ich, dass ich viel zu spät dran war und schon die ersten zwei Stunden verpasst hatte. Also nahm ich mir meine Schultasche und wollte schon los machen, als der Ruf meines Namens mich davon abhielt. Ich fragte mich, was denn jetzt noch wichtiger sein könnte als dass ich nicht noch später in die Schule gehe. Da wurde mir erklärt, dass ich in die Schule gefahren werde. So wurde ich dann von meinem aktuellen Betreuer in die Schule gebracht und dieser hat mich sogar noch mit in die Schule begleitet. Das war mir äußerst unangenehm, denn ich bin nicht nur mitten in den Unterricht geplatzt, sondern der Betreuer hat meine Lehrerin aus dem Unterricht herausgeholt, um mit ihr zu sprechen. In diesem Moment dachte ich mir nur „hängt mir doch am besten gleich ein Schild um den Hals, auf dem steht: die Polizei war heute Nacht bei mir und hat mich mitgenommen, da meine Mama sich nicht mehr um mich kümmern konnte“. Als die Lehrerin zusammen mit meinem Betreuer wieder reinkam, sagte er zu mir, dass ich heute wieder abgeholt werde und verabschiedete sich von mir. An dieser Stelle fühlte ich mich zum einen beschämt und zum anderen auch traurig, da ich mir erhofft hatte, wieder ganz normal nach Hause gehen zu können. Dennoch versuchte ich mich auf den Unterricht zu konzentrieren, da ich wenigstens einen Teil meiner Normalität wieder haben wollte.

Nach der Schule wollte ich einfach nur in mein Zimmer und meine Ruhe haben. Allerdings kommt man ohne den Schlüssel der Betreuer*innen nicht in sein Zimmer. Also gehe ich ins Büro und frage, ob diese mein Zimmer aufschließen können. Jedoch finde ich des Öfteren einen leeren Raum vor und suche die Betreuer im ganzen Haus. Wenn ich sie nicht finden konnte, setzte ich mich mit meinem Schulrucksack vor meine verschlossene Zimmertür und wartete bis ein*e Betreuer*in kam, um sie aufzuschließen. Wenn endlich einer da war, ging es mit dem strikten Ablaufprogramm weiter, obwohl ich nicht mal in meinem Zimmer war („Hallo, wie war die Schule, hast du Hausaufgaben? Zeig uns bitte dein Hausaufgabenheft!" …). Anstatt also in Ruhe anzukommen und mich erst einmal in meinem Zimmer auszuruhen, war das Hausaufgabenheft in dem Moment wichtiger als ich. Genauso verhielt es sich auch mit den Pausen der Betreuer*innen, welche wichtiger waren, als mir kurz die Tür zu öffnen, damit ich meinen Bus rechtzeitig schaffe. Wie ich später herausfinden sollte, gab es diese Momente nicht nur im Kinder- und Jugendnotdienst, sondern auch während meiner gesamten Jugendhilfe.

Nachdem ich meine Hausaufgaben erledigt hatte, gab es die Möglichkeit, entweder was im gemeinsamem Gruppenraum zu machen oder den Spielplatz mit den verschiedenen Fahrzeugen und Klettermöglichkeiten zu nutzen. Nach etwas längerer Zeit, die ich dort verbracht habe, bestand auch die Möglichkeit, mir eine Fahrkarte im Büro abzuholen, um beispielsweise auch in die Stadt oder irgendwo anders hinzufahren. Wenn ich allerdings zu meiner Mama oder Freunden fahren wollte, musste das vorher immer abgesprochen werden, war auf eine, wie ich finde, ziemlich kurze Zeit begrenzt und am Anfang gar nicht möglich. Übernachtungen wurden auch nicht erlaubt, beispielweise wollte ich an Silvester die Nacht bei meiner Mama verbringen, doch das durfte ich nicht, sondern musste um 23 Uhr wieder im Kinder- und Jugendnotdienst sein. Das war auch das erste Mal, dass ich nicht mit meiner Mama gemeinsam in das neue Jahr starten durfte.

Meistens konnte ich nachts auch nicht wirklich schlafen, wenn die anderen Mitbewohner*innen ziemlich laut waren oder nachts noch ein akuter Fall in den Kinder- und Jugendnotdienst kam. Durch die Türen, welche eigentlich ziemlich dick aussahen, hörte man einiges leider doch stärker durch als man dachte. Mit manchen Mitbewohnern konnte ich mich ziemlich gut verstehen und war dann ziemlich traurig, wenn ich erfuhr, dass sie bald aus dem Kinder- und Jugendnotdienst ausziehen. Jedoch gab es da auch viele Mitbewohner*innen, die deutlich älter waren als ich und auch anfingen mich zu mobben. Dies ging sogar soweit, dass mir körperliche Verletzungen angedroht wurden, wenn ich einem der Betreuer*innen etwas davon sagen würde. Deswegen hoffte ich, dass die Betreuer*innen vielleicht merken, dass etwas nicht stimmt, doch dies hat leider etwas länger gedauert als ich dachte.

Und das war mein erster Tag im Kinder- und Jugendnotdienst, als auch der Beginn meiner Jugendhilfe.

Diese Zeiten haben mich sehr stark geprägt und mir deutlich gemacht, dass ich in großer Not letztendlich dann doch wieder alleine dastehe.

Fazit

Jessica Böttger, Kathleen Emmrich & Jasmin Sachse

Es war für uns nicht einfach, uns gegenseitig diese Geschichten zu erzählen und dann aufzuschreiben. Erfahrungen mit der Jugendhilfe, ob positiv oder negativ, beeinflussen uns das ganze weitere Leben und das Leben derer, mit denen wir in nahen Beziehungen leben.

Aus unseren Geschichten lässt sich ablesen:

- Es ist leider Zufall, ob man an eine gute oder schlechte Fachkraft im Jugendamt oder bei freien Trägern gerät. Das sollte aber nicht sein.
- Jugendhilfe hilft häufig gerade nicht, sondern macht manches sogar noch schlimmer. Obwohl es doch eine Hilfe sein soll.
- Den Ratsuchenden ist häufig nicht klar, welche Möglichkeiten und Rechte sie haben. Dabei sollte das doch transparent sein. Und darauf gibt es auch ein Recht.
- Viel zu selten wird den Hilfesuchenden wirklich zugehört und sie werden selten ernst genommen. Dabei geht eine gute Hilfe doch nur zusammen.
- Voraussetzungen für eine gute Jugendhilfe sind Empathie und Menschlichkeit.
- Es braucht eine Jugendhilfe, die auch hilft, bei anderen Ämtern oder bei Gerichten ernst genommen zu werden. Dabei lehnt sich die Jugendhilfe auch zu häufig einfach zurück.
- Es darf nicht sein, dass Hilfesuchenden gedroht wird. Diese Berichte gibt es aber zuhauf in der Jugendhilfe.
- Nicht alles kann die Jugendhilfe lösen. Aber sie sollte sich im Interesse von Kindern und Eltern politisch und gesellschaftlich stärker einmischen!
- Der Jugendhilfe sollte endlich klar werden, welchen Einfluss sie auf die Lebensverhältnisse von jungen Menschen und ihren Familien hat. Vieles wirkt ein Leben lang weiter.

Nötig wäre eine Jugendhilfe, die auch tatsächlich hilft!

Kapitel III:
Konflikte als Ausgangspunkt – zur Entstehung ombudschaftlicher Arbeit

Von der Empörung zum Widerspruch und weiter zum Korporatismus? Ombudschaft als zivilgesellschaftlicher Impuls in der Sozialen Arbeit

Peter Schruth & Björn Redmann

*Der über 20jährige Prozess von einem Bündnis empörter Fachkräfte in der Jugendhilfe bis zur bundesgesetzlichen Anerkennung der ombudschaftlichen Beratung mit dem 2021 neu geschaffenen § 9a SGB VIII wurde durch impulsgebende zivilgesellschaftliche Wurzeln in Gang gesetzt, die die Entscheidungsträger*innen in den Fachverbänden, in den Jugendämtern, zuständigen Ministerien und der Politik der Länder und des Bundes erreicht und überzeugt haben. Die Autoren ordnen ein, inwiefern die Anfänge der ombudschaftlichen Bewegung anhand ausgewählter sozialwissenschaftlicher Theorien des anwaltlichen Handelns einzuordnen sind. Sie stellen dar, was die maßgeblichen zivilgesellschaftlichen Ziele der jugendhilfebezogenen Herausforderung sind und was den Prozess in der weiteren Entwicklung bewegt: ausgehend von Initiativen der Empörung über mehr oder weniger bewusste Phasen der Transformation ins „System der Jugendhilfe" hin zu dieser in der Jugendhilfe besonderen, gesetzlich manifestierten Innovation.*

Die Anfänge der ombudschaftlichen Bewegung

In den Anfängen dieser Bewegung (2002) war es die Empörung von engagierten Berliner Fachkräften, die sich nach Dienstschluss privat trafen und überlegten, was sie dem ungenierten rechtswidrigen Abbau von jugendhilferechtlichen Leistungsansprüchen (insbesondere in den Erziehungshilfen) entgegensetzen könnten. Es war der Beginn einer sich formierenden Graswurzelbewegung mit der Gründung des Vereins Berliner Rechtshilfefonds Jugendhilfe (BRJ), der Anmietung einer Ladenwohnung, der Schaltung einer Telefonhotline und Beratung von Einzelfallbeschwerden über die fragwürdigen Zurückweisungen der Jugendämter im Prozess der Leistungsgewährung. In den vielen Jahren zuvor äußerte sich der Protest gegenüber unzulänglichen, unausfinanzierten, in Einzelfällen sich nicht bedarfs- und gesetzeskonform zeigenden Jugendhilfestrukturen stets im Muster übergreifender Fachveranstaltungen, Tagungen und Workshops mit moderierten kritischen Redebeiträgen: Im Regelfall ohne praktische Folgen. So jedenfalls die Analyse der Kolleg*innen des BRJ damals.

Der nun aufgestaute Protest suchte eine andere Antwort auf die Empörung der gegenüber jungen Menschen und ihren Familien rücksichtlosen Berliner Einsparpolitik in der Jugendhilfe: Den konsequenten Beistand im Einzelfall. Es sollte insbesondere dem Einzelfall im Falle fehlender bedarfsgerechter Jugendhilfegewährung in der Durchsetzung berechtigter Leistungsansprüche auf Erziehungshilfen Beistand geleistet werden. Und es sollten den gängigen allgemeinen Aufklärungsangeboten und Partizipationsversprechungen die effektive Ausübung der Beschwerde, die Entwicklung einer tragfähigen Kultur des Widersprechens in der Jugendhilfe hinzugefügt werden – alles selbstorganisiert und ehrenamtlich. Hierzu entwickelte die Fachkräftegruppe des BRJ ein Drei-Schritte-Konzept in der Einzelfallberatung der Leistungsgewährung: Sachverhaltsaufklärung – Prüfung der Handlungsschritte im Umgang mit den Fachkräften der verantwortlichen Jugendämter – ggfs. Einlegung von Widersprüchen bzw. Klage beim Verwaltungsgericht. Diesen Anfängen folgten weitere zunächst ehrenamtliche Initiativen in verschiedenen Bundesländern (s. Tomaschowski, Kapitel III, i. d. B.), die sich zu einem Bundesnetzwerk Ombudschaft in der Jugendhilfe zusammengeschlossen haben.

Der sozialpolitische Hintergrund und fachöffentliche Kritik

Die ombudschaftliche Bewegung in ihren Anfängen ist eine direkte Antwort auf sozialpolitische Entscheidungen herrschender (Sozial-)Politik der Jahre 1990 bis 2013. Neben den sozialpolitischen sind auch fachpolitische Entwicklungen zu sehen, die sich als Phase der Ökonomisierung Sozialer Arbeit (Kessl 2002, S. 117) neoliberalen Charakters (vgl. Wohlfahrt 2006, S. 2) fassen lassen. In diese Zeit fielen u. a. folgende Entwicklungen und Entscheidungen: Die Einführung der sogenannten „Neuen Steuerung“ in den Kommunalverwaltungen (vgl. Sozialistisches Büro 2003), 1995 die Einführung der Pflegeversicherung (vgl. Trube 2000), die Novellierung des Bundessozialhilfegesetzes (BSHG) im Jahr 1996, die Einführung der Stunden- und Tageskostensätze ins KJHG im Jahre 1998, das Schröder-Blair-Papier 1999 (Schröder 1999), die Agenda 2010 mit Hartz I 2003 (Ausweitung der Leiharbeit und Einführung der Personalserviceagenturen), Hartz II 2003 (Einführung von Mini- und Midijobs sowie der Ich-AG), Hartz III 2004 (umfassender Umbau der Arbeitsämter, später: „Bundesagentur für Arbeit“ sowie Job-Center) und Hartz IV 2005 (Zusammenlegung von Arbeitslosenhilfe und Sozialhilfe und Ausweitung der Mitwirkungspflichten sowie die Einführung von „Zielvereinbarungen“ in der Leistungsgewährung). In der Folge dieser Entscheidungen und Diskurse wurden die Verwaltungsstrukturen der Sozialen Sicherungssysteme umgebaut und Kosteneinsparungen zum Ziel erklärt. Außerdem gab es verbale Entgleisungen gegenüber Hilfesuchenden, z. B. das Bild der „sozialen

Hängematte", die nicht mehr aufgespannt sein könne, wenn Menschen sich vermeintlich nicht ausreichend „anstrengen" würden. Dazu kamen, spätestens seit 2000, öffentliche Debatten um eine vermeintliche Krise der öffentlichen Haushalte als Resultat auf Veränderungen im Steuerrecht zugunsten von Unternehmen. Außerdem wurden Ängste durch die Globalisierung, Abwanderung von Unternehmen ins Ausland und Kosten des Sozialstaats insgesamt geschürt. Durch Privatisierung, Kostendruck und Ökonomisierung stand der Sozialstaat auf der Kippe (vgl. Seithe 2010, S. 77), mindestens aber fand sich die Soziale Arbeit und insbesondere die Jugendhilfe und dort im Speziellen die Hilfen zur Erziehung schleichend, aber deutlich erkennbar vor massiven Herausforderungen stehend, ihre Legitimität und ihre Vorgehensweisen zu rechtfertigen (vgl. Lutz 2010, S. 240).

Wie reagierte die Soziale Arbeit auf diese massiven Veränderungen? Zuerst einmal lässt sich feststellen, dass die diskursiven Veränderungen und sozialpolitischen Entscheidungen auf mindestens zwei Ebenen Auswirkungen hatten: a) Ausgrenzung und Kontrolle der Klient*innen und b) deutliche Belastungen für die Sozialarbeitenden.

a) Gegenüber den Ratsuchenden nahmen Ausgrenzungen, Disziplinierungen und Ausschlüsse zu (Winkler 2005, S. 107), die in der Folge zu Leistungsreduzierungen und Leistungsverweigerungen führten. Die Berichte von Bedarfen, die nicht gedeckt wurden, wurden vielfältiger. Es lässt sich bis heute sehen, dass sich Hilfen zur Erziehung verkürzen und verringern: Mittlerweile werden 70 % aller sozialpädagogischen Erziehungshilfen (SPFH) mit weniger als 5,75 Stunden pro Woche gewährt (vgl. AKJStat 2021, S. 32). Die durchschnittliche Hilfedauer sinkt: im Bereich der Vollzeitpflege von 50 auf 42 Monate innerhalb von zwölf Jahren (2004-2016), im Bereich der Heimerziehung von 27 auf 19 Monate im selben Zeitraum (vgl. AKJStat 2021, S. 86.). Damit stehen Leistungsgerechtigkeit und die Wirksamkeit von Hilfen in jedem Einzelfall in Frage. Eine doppelte Belastung für eine an Bedarfsgerechtigkeit orientierte Jugendhilfe.
b) Die Prozesse der Ökonomisierung gehen nicht spurlos an den Praktiker*innen, den Professionellen vorbei, die Diskurse der vergangenen Jahre zeigen Wirkung. So reicht ein Blick in das Inhaltsverzeichnis des Schwarzbuch Soziale Arbeit (Seithe 2010, S. 8): „Qualifizierte Soziale Arbeit wird als Luxus angesehen, [...] FachmitarbeiterInnen haben Effizienzschere im Kopf, [...] Keine Zeit für intensive und nachhaltige Soziale Arbeit, [...] Prozesse bleiben oberflächlich und eher wirkungslos, für pädagogische Arbeit reicht die Zeit nicht, [...] Burnout als Folge von Arbeitsverdichtung und Effizienzdruck, [...] Effizienzauftrag dominiert fachliche Entscheidungen" usw. Rosemarie Karges hat 2010 eine Online-Befragung mit

über 700 Sozialarbeitenden durchgeführt (Karges 2011). Aus dieser wird deutlich: Sozialarbeitende führen ihren Beruf zwar gern aus (92,1 % gern oder sehr gern); aber 84,1 % der Befragten sehen ihren Träger in Konkurrenz zu anderen Trägern; 73,9 % sehen fachliche Entscheidungen beeinflusst durch Vorgaben des Kostenträgers; 53,1 % sehen ihre Arbeitsbedingungen als nicht optimal an, 60,5 % sehen ihre eigenen fachlichen Entscheidungen durch wirtschaftliche Aspekte beeinflusst. Für professionelle Beziehungen und ausführliche Gespräche fehlen 45,1 % der Befragten die Zeit, 53,2 % der Befragten sehen, dass manchmal aus wirtschaftlichen Gründen bedarfsgerechte Hilfen für ein menschenwürdiges Leben nicht bewilligt werden. Folgerichtig kennen 81 % der Kolleg*innen beim öffentlichen Träger und 71,1 % bei freien Trägern in ihrem eigenen beruflichen Umfeld Burnout von Kolleg*innen.

Während sich viele der Kolleg*innen (teils murrend und unzufrieden) in den Strukturen neu eingerichtet hatten und den Druck an die Ratsuchenden weitergaben durch eine Jugendhilfe als eine Art Disziplinierungsagentur (vgl. Brake & Deller 2012, S. 157), sammelten sich Kolleg*innen in „Arbeitskreisen Kritischer Sozialer Arbeit" (AKS). Zwischenzeitlich gab es zwölf selbstorganisierte AKS-Gruppen im Bundesgebiet, in denen sich hunderte Sozialarbeitende versammelten und organisierten. Am Beispiel des AKS Dresden lässt sich nachverfolgen, was Arbeitskreise Kritischer Sozialer Arbeit in Veranstaltungsreihen damals thematisiert haben: Soziale Arbeit und das System (2009/2010); Die Haltung der Sozialen Arbeit in der Krise (2010); Aufstehen und Wi(e)dersetzen (2010/2011); wi(e)derSTANDgewinnen! Recht(e) behalten! (2011); Soziale Arbeit Macht Menschenrechte (2011/2012); Rahmenbedingungen für eine bürger*innengerechte Soziale Arbeit (2012/2013); Jugendhilfe zwischen Förderung junger Menschen – Kinderschutz und Sozialhygiene! (2013); Repression in der Jugendhilfe. Ausdruck einer neuen Kultur oder von Hilflosigkeit? (2013/2014). Und so wurde auch im Jahr 2011 in einer AKS-Veranstaltung Ombudschaft thematisiert unter dem Titel „Rechte erstreiten – Betroffene stärken". Unter anderem in Folge dieser Veranstaltung ist die Ombudsstelle in Sachsen entstanden.

Ombudsstellen wurden in den 2010er Jahren z. T. als praktische Versuche aufgebaut, an den sozialpolitischen Verhältnissen, die Hilfesuchende unter Druck setzten, konkret etwas zu tun. Und außerdem ermöglichten sie kritischen Sozialarbeitenden, Ombudsstellen als einen Ort der Bearbeitung problematischer Verhältnisse wahrzunehmen – auch dies ein Grund für die unter Ombudsstellen bis heute weit verbreitete Ehrenamtlichkeit. Es bleibt zu untersuchen, wie sich diese zwei Perspektiven über die Zeit der letzten zehn Jahre verändert haben und wie die nun wirkende gesetzliche

Normierung von Ombudsstellen Auswirkungen auf die Bewegung und deren Gründungimpulse hat.

Ideengeschichtliche Bezüge der ombudschaftlichen Bewegung

Auf welche Diskurslinien bezieht sich das neue Arbeitsfeld Ombudschaftliche Arbeit? Die aus Empörung gestartete ombudschaftliche Bewegung (in der Jugendhilfe) ist ideengeschichtlich in ihrem im weiten Sinne, anwaltlichen Fungieren für benachteiligte und in Not befindliche Menschen, nicht neu in der Sozialen Arbeit. Anknüpfungspunkte und Bezüge lassen sich in der Theorie des Empowerment-Ansatzes, im Thiersch'schen Parteilichkeitsbegriff und in der advokatorischen Ethik nach Brumlik finden.

Der Empowerment-Ansatz oder die Frage, was Ombudschaft sein könnte

Richtet sich der Empowermentansatz gemeinhin „als Fokus der sozialen Arbeit auf die Ressourcen der Klienten, die diese zur positiven Veränderung ihrer als negativ wahrgenommenen Lebenssituation einsetzen sollen" (Beck 2003, S. 86), so sollen hier die Fachkräfte mit ihrem Empower-Impuls für die ombudschaftliche Bewegung in der Jugendhilfe betrachtet werden (s. Sandermann, Kapitel IV, 5. i. d. B.). Der Zugang zum Empowermentbegriff aus politischer Sicht erfolgt über den konflikthaften Prozess bei der Umverteilung politischer Macht, „in dessen Verlauf Menschen oder Gruppen von Menschen aus einer Position relativer Machtunterlegenheit austreten und sich ein mehr an demokratischem Partizipationsvermögen und politischer Entscheidungsmacht aneignen" (Herriger 2002, S. 12). Bei den daraus entstehenden Emanzipationen geht es darum, sich als Fachkräfte der Jugendhilfe im Falle der ombudschaftlichen Bewegung nicht länger mit fachlichem Protest auf Fachtagungen und Fachzeitschriften zufrieden zu geben. Vielmehr sollte die Bildung eines Bündnisses zur Bestärkung der Betroffenen von zu Unrecht zurückgewiesenen bedarfsgerechten Jugendhilfeleistungen beitragen. Und als Resultat dessen eine engagierte Parteilichkeit bewirken, welches zur Grundlage für eine „Bemächtigung der Ohnmächtigen" (Herriger, ebd.) wird und klassische Machtstrukturen versucht umzuverteilen. Solche emanzipatorischen Prozesse von in diesem Fall Fachkräften der Jugendhilfe werden über den „Wert selbsterarbeiteter Lösungen schätzen zu lernen" (Keupp 1996, S. 164) tragfähig und können zu solidarischen Formen der Selbstorganisation beitragen. Als solche Formen der Solidarisierung gründeten sich einige Vereine, um die ehrenamtliche Arbeit der ombudschaftlichen Beratung zu starten und unterstützend zu erhalten.

Der Parteilichkeitsbegriff von Thiersch oder die Frage, was Ombudschaft mindestens sein muss

Neben der „Selbstbemächtigung" von Fachkräften stellt sich die Frage, auf welche grundsätzlichen Inhalte und Haltungen diese mit der Initiierung von Ombudschaft in der Jugendhilfe gerichtet waren. Mit dem lebensweltlich bezogenen Begriff der Parteilichkeit von Thiersch lassen sich Übereinstimmungen beschreiben.

Thiersch hält einen gelingenderen Alltag für die Klient*innen der Sozialen Arbeit nur dann für erreichbar, wenn sich Soziale Arbeit und ihre Träger in die politischen, gesellschaftlichen und sozialen Angelegenheiten im Interesse ihrer Klientel einmischen und nicht zulassen, dass die Ohnmacht regiert, die zur Verletzung der Menschenwürde und zur massiven Beschädigung von Lebenswelten führt. Er fordert dazu eine parteiliche (advokatorische) Einmischung, die methodisch geeignet ist, Menschen aus konflikthaften Verstrickungen und beschädigten alltäglichen Lebenswelten herauszuführen. Hierzu müssten sich Sozialarbeiter*innen und Institution auf den Alltag der Betroffenen einlassen, deren Kommunikations- und Traditionsmuster kennen- und verstehen lernen und in beratender Parteilichkeit auf eine Verbesserung der Lebenswelten hinwirken (Beck 2003, S. 103). Thiersch setzt für parteiliches Handeln im Sinne der Förderung eines „gelingenderen Alltags" voraus: Die Realisierung einer akzeptierenden Haltung (bestimmt durch die Hereinnahme der alltagsweltlichen Erfahrungen des*der Klient*in in die Beratung), die Stärkung der Handlungskompetenz des*der Klient*in (indem die Beratung Orientierungshilfen gibt und die Selbsthilfe vorrangig unterstützt) sowie eine partizipative Dimension (die in ihrer politischen Intention auf selbstbestimmte Subjekte setzt) (Thiersch 1986, S. 118 f.). Beratung sollte für Thiersch „parteinehmende Praxis sein, die (…) durch reflektierte Beziehungen und Erschließen von Hilfsquellen verschiedener Art das Unterworfensein von Menschen unter belastenden Situationen verändern will" (Thiersch 1986, S. 129). Die ombudschaftliche Bewegung hat weitgehend mit ihren Maximen der Unabhängigkeit, der Weisungsungebundenheit, der nichtbehördlichen Settings, der Beratungsstandards, der Bekämpfung struktureller Machtasymmetrien im Interesse der Ratsuchenden, der Stärkung der Handlungskompetenzen der Ratsuchenden sowie inhaltlichen und finanziellen Unterstützungen von Klageverfahren der Ratsuchenden gegenüber öffentlichen Jugendhilfeträgern eine parteilich-advokatorische Einmischung im Sinne von Thiersch konzipiert und implementiert.

Die advokatorische Ethik nach Brumlik oder die Frage, was Ombudschaft nicht sein darf

Der advokatorischen Ethik nach Brumlik geht es um ein Kümmern um die Ansprüche derer, die ihre Geltungsansprüche in den Diskurs aus irgendwelchen Gründen nicht (genügend) einbringen können (Brumlik 1992). So nahe eine solche advokatorische Ethik dem ombudschaftlichen Denken der Beschwerdeberatung von Ratsuchenden in der Jugendhilfe zu sein scheint, weil es ihr um den Ausgleich von strukturellen Machtasymmetrien, um den Ausgleich von vielfältigen Bedingungen der Unterlegenheit der auf Jugendhilfeleistungen Angewiesenen geht, so fern ist dieser Brumlik'sche Ethikansatz den Implikationen ombudschaftlicher Beratungsarbeit grundsätzlich. Advokatorisch nennt Brumlik eine Ethik nämlich dann, „wenn sie die Gültigkeit ihrer Normierungsvorschläge nicht an die Zustimmung oder Ablehnung der von diesen Normierungsvorschlägen betroffenen Individuen bindet. Demnach ist die Richtigkeit von Empfehlungen und Imperativen bezüglich des Handelns bestimmter Personen nicht von deren faktischer Einsicht, sondern von der Wahrheit des entsprechenden ethischen Systems abhängig" (Brumlik 1992, S. 110). Damit verlässt Brumlik mit diesem Ethikansatz die für die Ombudschaft wesentlichen Grundlagen des Diskurses, der für die Suche nach Ausgleich von Machtasymmetrien stets dem Aushandeln unter Achtung der Partizipation und Selbstbestimmung der Beschwerdeführer*innen Vorrang gibt. Die Diskrepanz wird verständlich, wenn man den Ausgangspunkt von Brumlik beachtet: es geht ihm um eine Ethik für die Interessenvertretung derjenigen in der Sozialen Arbeit, die dies für sich selbst nicht wahrnehmen können.

Die ombudschaftliche Bewegung als zivilgesellschaftliches „Agenda Setting"

Die somit von Empowerment der Fachkräfte und von Thiersch'scher Parteilichkeit getragenen Prozesse der ombudschaftlichen Bewegung lassen sich in ihrer Entwicklung der fachpolitischen Auseinandersetzungen von der Empörung einzelner Fachkräfte bis hin zur Diskussion durch politische Entscheidungsträger*innen anhand des zivilgesellschaftlichen „Agenda Settings" nachvollziehen.

Beschwerden im Einzelfall

Die Konzentration der ombudschaftlichen Beratung auf die jugendhilfebezogenen Beschwerden im Einzelfall sind einerseits berechtigt, denn im

Einzelfall entscheidet sich, ob Jugendhilfe das ist, was es im Ganzen betrachtet als vorbildliches sozialstaatliches Gesetz persönlicher und sozialer Unterstützungen für Kinder, Jugendliche und ihre Familien praktisch sein sollte. Auch entscheidet sich im Einzelfall, ob die Jugendhilfepraxis im Einzelfall interaktiv-kooperativ mit den Nachfragenden umgeht, ob sie letztlich bedarfsgerecht und rechtskonform ausgeübt wird. Andererseits stehen hinter den diversen Einzelfällen institutionelle, fiskalische, politische Strukturen, die sich oftmals fern der Erforderlichkeiten der jeweiligen Einzelfallgerechtigkeit verhalten und als vorgegebene, notwendigerweise zu akzeptierende Vorgaben legitimieren. Dies drückt sich aus in den ausgeübten Überlegenheiten von Fachkräften und Entscheidungsträger*innen gegenüber Leistungsberechtigten, im Ausnutzen von gesetzlichen Spielräumen unbestimmter Rechtsbegriffe, in entsprechenden nicht jugendhilfekonformen Verwaltungsvorschriften, im stigmatisierenden Labeln von Adressat*innen der Jugendhilfe von Vertreter*innen der Fachverbände und Parlamentsausschüsse. Erst als sich aus der Zivilgesellschaft heraus zivilgesellschaftliche Initiativen dem Versagen einer rechtskonformen Jugendhilfe im Einzelfall angenommen und dies mit dem Ziel verbunden haben, die Skandale im Einzelfall zu thematisieren, öffnete sich die Agenda der (Fach-) Politik zunächst mit Mitteln der Gegenwehr, der Verunglimpfung, der Zurückweisung des BRJ als anzuerkennender Träger der Jugendhilfe (§ 75 SGB VIII). Aber immerhin ist festzuhalten: Endlich gab es einen öffentlichen Diskurs, gab es Streit, reagierte etwas von der regelmäßig so unerreichbar und bewegungsresistent erscheinenden allgemeinen Jugendhilfepolitik.

Die Sphäre der Zivilgesellschaft

Dem Ergreifen und Funktionieren von zivilgesellschaftlichen Impulsen und Engagements scheint – wenn man die Graswurzelbewegung der Ombudschaft in der Jugendhilfe betrachtet – für die politische Beeinflussung von jugendhilfepolitischen Entscheidungsträger*innen eine maßgebliche Funktion zuzukommen.

„Zivilgesellschaft" scheint eine Sphäre innerhalb der Gesellschaft zu sein, die sich durch ihre Schutzfunktion gegenüber Bedrohungen des „Zivilen", der Rationalität, individuellen Freiheiten und unkritischem Gehorsam bspw. eines sich verselbständigenden Staatsapparats konstituiert. Diese Sphäre formiert sich unter Anderem, wenn rechtsstaatliche Defizite, vermeintlich „unzivile" Zustände, in die Öffentlichkeit gelangen, und wird durch Empörung der „zivilen" Gesellschaft wirksam, indem Themen in den engen Korridor der Themenpalette des politischen Systems gelangen, das seinerseits bis dato nicht in der Lage war, diese Bedrohungen zivilisatorischer, humanistischer Abmachungen einer Gesellschaft selbstständig zu thematisieren. Ähnlich argumentiert auch

Habermas in seiner Schrift „Faktizität und Geltung“: Das politische System müsse selbst die Artikulation von öffentlich relevanten Bedürfnissen, latenten Konflikten, verdrängten Problemen und nicht-organisationsfähigen Interessen übernehmen, sei aber nicht in der Lage, dies zu leisten. Das administrative System könne nur innerhalb eines extrem engen Handlungsspielraums operieren und scheine daher eher auf einen reaktiven Bewegungsmodus und weniger planende, als krisenvermeidende Politik festgelegt zu sein (Habermas 1992, S. 403 f.). An dieser Stelle tritt nun die „Zivilgesellschaft“ auf den Plan, die durch eigene Mechanismen relevante gesellschaftliche Themen in das administrative System hereinzutragen versucht. Grundsätzlich tut sie dies zum Beispiel durch eine Integration des Einzelfalls in die Öffentlichkeit als Solidarität gegenüber Opfern rechtsstaatlicher Defizite, deren Schicksal zivilisatorische Abmachungen bedrohen könnten. Zivilgesellschaft ist so gesehen per se kritisch, rational, mitunter irgendwie oppositionell; sie tritt gewissermaßen als Wächter persönlich-individueller Freiheiten in Erscheinung, die wiederum als Fundament zivilisatorischer Abmachungen gelten. So gedacht erfüllt die Zivilgesellschaft immer auch eine demokratische Funktion als ein Netzwerk bürgerlicher (bestehend aus „citoyens“), liberaler, rationaler, irgendwie deliberaler, kritischer und tendenziell oppositioneller Akteur*innen und Gruppen, die unsere heutige Gesellschaft vor nicht-zivilisatorischen Ausformungen zu bewahren zum Ziel hat. Zivilgesellschaft ist quasi ständig am „Reparieren“ potenzieller gesellschaftlicher Konflikte, bestehend aus Organisationen und Einzelpersonen, die ständig versuchen, dem „Unzivilen“ entgegenzuwirken (Schruth 2014, S. 180).

Das Agenda Setting

Die dabei zur Wirkung kommende Methode ist das zivilgesellschaftliche Agenda Setting als einem „Themensetz-Prozess“ zunächst im Einzelfall, dann in der Fachöffentlichkeit und über einflussreiche mediale Vermittlungen (z. B. Petitionen) in der Politik. Agenda Setting meint das Setzen von Themen auf die Agenda einer Gruppe oder eines Systems durch Externe von außen: Es muss also Akteur*innen geben, die „setzen“ und weitere, die das Gesetzte „pushen“. Mit Habermas lässt sich zur Frage der Erfolgsaussichten des zivilgesellschaftlichen Agenda Settings sagen, dass das empirische Gewicht des rechtsstaatlich vorgeschriebenen, insofern offiziellen Machtkreislaufes vor allem davon abhängt, „ob die Zivilgesellschaft über resonanzfähige und autonome Öffentlichkeiten derart vitale Impulse entwickelt, dass von der Peripherie her Konflikte in das politische System hereingetragen werden können“ (Habermas 1992, S. 400). Ob dies gelingt, hängt wiederum davon ab, wie stark, wie „vital“ die (agendasetzenden) Impulse autonomer Öffentlichkeiten sind.

Wenn in diesem Sinne Zivilgesellschaft ein gesellschaftlich einflussreicher Teilbereich ist, dann kann einerseits mit unterschiedlichen medialen Mitteln des Agenda Settings (Öffentlich erkennbare Initiativen, Zeitungsberichte, Vorträge, Ausschussanhörungen) versucht werden, vom Einzelfall ausgehend Einfluss auf wohlfahrtsstaatliche und staatliche Institutionen zu nehmen. Dies gewinnt andererseits über den Einzelfall dann nur im Agendasetting an Gewicht, wenn verschiedene Faktoren gleichzeitig gesellschaftlich hinzutreten. Im Falle der ombudschaftlichen Beratung in der Jugendhilfe waren dies zwei Prozesse:

a) Einflussreiche Fachkreise (z. B. Spiegel-Redakteur, Professor*innen, Fachreferent*innen der Wohlfahrtverbände) traten als Dritte in der Öffentlichkeit als Befürworter*innen der Kritik und den darauf gegebenen Antworten der ombudschaftlichen Beratung bei;
b) Parallele gesellschaftliche Prozesse standen als „certain issues" mit den zivilgesellschaftlichen Anliegen des Agenda Settings in Verbindung: der Runde Tisch Heimerziehung (s. Schruth, Kapitel IV, i. d. B.), das Bundeskinderschutzgesetz, die Debatte um Kinderrechte in der Verfassung sowie um fehlende Rechte junger Menschen und ihrer Familien auf Beteiligung, auf Beratung und insbesondere Beschwerde in der Jugendhilfe.

Zur jugendhilfekonformen Transformation

In dem zwanzigjährigen Entwicklungsprozess ombudschaftlicher Beschwerdeberatung in der Jugendhilfe in Deutschland hat sich die Empörung der beteiligten Fachkräfte über die Rechtswidrigkeiten im Einzelfall relativ schnell transformiert von einem anwaltlichen Auftreten gegenüber einer rechtwidrigen Gewährungspraxis in den Jugendämtern hin zu einer im besten Fall kommunikativen Verfahrenspraxis der kooperativen Fehlerreflexion und -vermeidung mit den Entscheider*innen über Jugendhilfeleistungen. Von der anfänglichen anwaltlichen Gegnerschaft zur Herstellung von Einzelfallgerechtigkeit ist die rechtsstaatliche Option auf den verwaltungsgerichtlichen Klageweg als ultima ratio geblieben („das lassen wir uns aber von den Geldgebern unserer Arbeit nicht nehmen …"). Nur, wie ist das als Transformation der ombudschaftlichen Bewegung einzuordnen?

Indem ombudschaftliche Beratung in der Jugendhilfe in diesem Transformationsprozess zur öffentlich anerkannten Institution wird, ist sie – wenn man einer grundsätzlichen Bewertung von Thiersch hier folgt – geprägt „durch den konstitutiven Widerspruch zwischen gegebener struktureller Gewalt und Sozialstaatsansprüchen, zwischen dem Auftrag, die bestehende Machtverteilung zu stützen und Konflikte und Schwierigkeiten unauffällig und unaufwendig zu befrieden, und der Vertretung der Lebensrechte aller, vor allem der Zu-Kurz-Gekommenen, Hilflosen, Unterprivilegierten und Schwachen." Das bedeutet – so Thiersch weiter – einen „strapaziösen Kampf, in dem Soziale Arbeit als Stachel im Fleisch bestehender Machtverhältnisse" agiert (Thiersch 1992, S. 43). Doch es ist nicht nur „strapaziöser Kampf", sondern zugleich eine aus dem Kritikbedürfnis gespeiste tragfähige Motivation der beteiligten Fachkräfte „in zwei Richtungen: zum einen zielt die konkrete Beratung und Begleitung auf eine bedarfsorientierte Einzelfallgerechtigkeit; zum anderen gehören auch fachpolitische Aktivitäten, Lobbyarbeit und Interessenvertretung für und mit jungen Menschen und ihren Familien zur ombudschaftlichen Bewegung. Damit steht diese Bewegung exemplarisch dafür, wie aus Empörung und ihrer Transformation in eine ‚reflektierte und begründete Stellungnahme' der Impuls für sozialadvokatorisches Handeln im Interesse der Adressat*innen im Praxisfeld selbst entstehen kann" (Rosenbauer 2020, S. 5).

Die Empörungen, das Widersprechen und Streiten, der Wille und der Aufwand zur Selbstorganisation, das Eintreten für Einzelfallgerechtigkeiten in der ombudschaftlichen Praxis der Jugendhilfe lassen sich im Verlauf des Transformationsprozesses der ombudschaftlichen Beschwerdeberatung nach dem Sozialwissenschaftler A. O. Hirschman (Hirschman 1970, S. 8 ff.) auch als eine „Reaktionsmöglichkeit auf einen Leistungsabfall von sozialen Organisationen" beschreiben: Entweder werden die Beziehungen zur Organisation aufgelöst (exit) oder es wird versucht, die Beziehung durch Beschwerde, Widerspruch, Änderungswünsche wieder zu konsolidieren (voice) oder man bleibt dennoch dabei, diese Organisation zu unterstützen (loyality). Hirschman (ebd.) beschreibt, dass die Menschen über gesellschaftliche Korrekturkräfte verfügen und zwar nicht nur als Möglichkeit des exit (des Abwanderns) bzw. der loyality (der Duldung), sondern gerade in Bezug auf öffentliche Güter als Möglichkeit des voice, des kollektiven Protests (Evers 2015, S. 101 ff.). Diese letztgenannte Möglichkeit des voice – wenn man so will: der Ombudschaft in der Jugendhilfe – würde – so Hirschman – zu einer graduellen Intensivierung der Beziehung zwischen den Vertreter*innen der kritisierten Organisation (er nennt dies: Prinzipal) und dessen Kritiker*innen (den Agents) führen. Der Widerspruch (voice) verleihe demonstrativ der Unzufriedenheit symbolisch Ausdruck. Bleibe die exit-Option anonym und indirekt und ohne gewollte Korrekturwirkung, so beruhe hingegen die voice-option auf einer persönlichen Auseinandersetzung, die ausdrücklich mit dem Ziel geführt werde, eine Korrektur bewirken zu wollen (Hirschman 1970, S. 15 f.). Allerdings würden die Korrekturmechanismen (exit und voice) nur dann die gewünschte Wirkung entfalten, wenn sie ein Signal setzen, welches das – als reformwillig unterstellte – System nicht nur über den Reformbedarf in Kenntnis setzt, sondern ihm auch genügend Zeit (und andere Ressourcen) belässt, um die für eine Qualitätsverbesserung erforderlichen Reformen tatsächlich einleiten und umsetzen zu können. Dies setzt aber nach Hirschman zugleich voraus, dass dem kritisierten System genügend Zeit zur Korrektur und notwendigen Reform eingeräumt wird und die kritisierte Organisation nicht zynisch auf die Verarbeitung des Widerspruchs reagiert und die offen ausgesprochenen Vorbehalte ignoriert.

Übertragen auf die ombudschaftlichen Transformationsprozesse in der Jugendhilfe könnte man nach den Kategorien von Hirschman sagen, dass die Möglichkeiten zur ombudschaftlichen Beschwerde der jungen Menschen und ihrer Familien nun besser in der Jugendhilfe verankert ist. Dies kommt zum Ausdruck in der Kodifizierung mit dem § 9a SGB VIII, im Aufwuchs bestehender und zu schaffender Beratungsstrukturen. Dadurch wurde insbesondere bewirkt:

- Die Verstärkung der Rechtewahrnehmung der auf Jugendhilfeleistungen angewiesenen jungen Menschen und ihrer Familien und
- die Verstärkung der Fachkräfte der Jugendhilfe, ungenügende Gelingensstrukturen über die voice-Option zu kritisieren und damit für Veränderungen zu öffnen.

Stimmen zur Einordnung des Transformationsprozesses

Die Autoren haben einige Kolleg*innen, die der Ombudschaft in unterschiedlichen Engagements, Funktionen und zu unterschiedlichen Zeiten nahestanden und immer noch nahestehen, gebeten, sich zu äußern mit ihrer Einschätzung des Transformationsweges von der Empörung zur gesetzlichen Implementierung, erst „gegen das System", dann „im System der Jugendhilfe angekommen". Diese Antworten sollen diesen Beitrag ausklingen lassen.

„‚Nur Erfolg, auch Risiko?' formuliert ihr; und ‚von der Empörung zur gesetzlichen Implementierung'. ‚Gegen das System'/‚im System angekommen' – ihr meint mit System die Kinder- und Jugendhilfe. Ich würde bezweifeln, dass die Akteur*innen der Ombudschaft je ‚außerhalb des Systems' Kinder- und Jugendhilfe standen. Der lateinische Ursprung von Empörung – ‚indignieren'/‚indignitas', die Unwürdigkeit (vgl. Henne 1980, S. 778 ff.) – bezieht sich auf Fragen von Unrecht und auf Würde. Auch gegen gesetzliche Implementierungen kann sich Empörung richten, sie ist nicht rein in zivilgesellschaftlichen Formationen verortet. Ich würde diese Fragen als querliegend beantworten. Die ombudschaftliche ist nicht als genuine soziale Bewegung zu verstehen (und insofern nicht gesellschaftspolitisch), weil in ihr Fachkräfte ehrenamtlich aktiv wurden und es keine breite zivilgesellschaftliche Bewegung ist (wie bspw. Frauenbewegung). Von einer Position innerhalb der Jugendhilfe ging es doch nicht darum (korrigiert mich gern), das gesamte Jugendhilfe-System abzuschaffen oder ‚zu sprengen' (wie es schon Kinder und Jugendliche nicht können, können das auch nicht ein paar radikale Fachkräfte), sondern es ging doch im Grunde um eine Transformation hin zu einer Qualifizierung des Systems; in eine spezifische Richtung im Interesse der Kinder und Jugendlichen innerhalb der Binnenlogik der Jugendhilfe (konkreter die Einhaltung von rechtlichen Vorgaben; Bedarfsgerechtigkeit); gegen Bedingungen, Praxisvollzüge und Routinen, die zentrale professionelle Kriterien und Standards missachten oder verletzen, und/oder zu einem entwürdigenden Umgang mit den Adressat*innen führen. Deshalb verstehe ich Empörung als zentralen professionsbezogenen Impuls – hier passiert ja das spannende und wichtige, dass Fachkräfte Widerstand leisten [dafür brauchen sie als Akteur*innen des Systems innere und äußere Unabhängigkeit] und das ist schon viel, weil sie gar keine genuin berufsständigen Strukturen haben, die sie dabei stützen. Also ungefähr so: ‚Erfolg': die ombudschaftliche Bewegung hat ohne jeden Zweifel Antrieb gegeben für ein sozialadvokatorisches Handeln im Interesse der Adressat*innen und zu einer gesetzlichen Implementierung geführt, die dieses in breitere Front tragen wird; ich verstehe sie gleichzeitig auch als Professionalisierungsprojekt der Jugendhilfe, wenn sie – im Reflexiv umfasst empören auch das ‚sich erheben' – zusätzlich zum Einsatz um würdiges Agieren auch zu einem ‚Motor der Politisierung' wird und Solidarisierung von Fachkräften schafft (Reinhardt 2013, S. 68) und zu kollektiv formiertem fachpolitischen Handeln führt. Das mag wenig erscheinen, wenn man das ‚System sprengen' im Kopf hat – wollte die Bewegung je Jugendämter, das SGB VIII etc. abschaffen? Wir unterstellen, dass Jugendhilfe würdig mit Kindern, Jugendlichen und Eltern handeln und agieren kann. Das ‚Risiko' zieht sich vielmehr quer durch das Feld, dass sie das nicht tut, und ist nicht allein der Ombudschaft aufzubürden. Die Ombudschaft legt aus meiner Sicht „Finger in die zentralen Wunden", und das ist aus meiner Sicht schon ein wahrer ‚Wums' mit ihrem Angriff auf immanente Machtverhältnisse etc. Gewisse radikale Sehnsüchte mögen damit aber nicht befriedigt sein – dann müsste man aber wohl wirklich Politik im gesellschaftsbezogenen genuinen Politikfeld – ‚gegen' welches System? Gegen die Jugendhilfe in ihrer gesamten bisherigen historisch-materialisierten Form? – machen." (Prof. Dr. N. Rosenbauer, Ev. Hochschule Dresden)

„Die Entstehung der Ombudschaften in der Kinder- und Jugendhilfe ist ein sehr gutes Beispiel, dass derartige Initiativen nur durch das gemeinsame Engagement und durchaus auch die Bereitschaft Konflikte einzugehen von Personen aus der Praxis, Wissenschaft und Zivilgesellschaft gelingen können. Es ist toll, dass es Euch mit diesem langen Atem gibt, die hier diesen Weg gegangen sind: DANKE Euch! Zudem sind die Ombudschaften in der Kinder- und Jugendhilfe in Deutschland einer der entschiedensten organisationalen Ausdrucksformen in der transnationalen Perspektive eines ‚rights-based-approach' im Kindes- und Jugendalter. Ohne diesen transnationalen Hintergrund wäre die Durchsetzung wohl noch schwerer geworden, darum ist es wichtig auch in und über die Ombudschaften die internationale Verankerung der Kinder- und Jugendhilfe zu stärken. Es geht letztlich um mehr als nur um die Rechtsdurchsetzung in der Kinder- und Jugendhilfe." (Prof. Dr. W. Schröer, Uni Hildesheim)

„Aus meiner Sicht (Jurist und Sozpäd./Sozwiss.) freue ich mich aus mehreren Gründen, dass die Ombudschaft ‚im System der Jugendhilfe' angekommen ist. Recht ist ja ein wesentlicher Schlüssel zur Emanzipation und Empowerment, weshalb es wichtig ist, dass auch junge Menschen (und ihre Familien) einen (niederschwelligen) Zugang zum Recht erhalten. Wir stecken in Deutschland freilich insoweit immer noch in den Kinderschuhen (was für eine passende Analogie), anders als z. B. in den Niederlanden, wo – ausgelöst durch die UN-KRK – der niederschwellige Zugang zum Recht durch die ‚kinderen en jongeren rechtswinkel' (s. https*//kjrw.eu/sowiewww.gratisrechtshulp.nl/vgl. Trenczek Forum Jugendhilfe 2005, 71 ff.,) schon seit Jahrzehnten organisiert ist. Wir haben es in Deutschland zwar bislang nicht geschafft, die Kinderrechte hinreichend in das Grundgesetz zu integrieren. Ich hoffe aber, dass durch das aufzubauende System der Ombudsstellen der UN-KRK mehr zur Geltung verholfen wird. Das ist ein Aspekt, der – insb. Art. 3 UN-KRK! – m. E. in der Regel zu kurz kommt, auch in der Arbeit der Ombudsstellen. Zudem könnten die Lücken im Rechtsschutzsystem der KJH (keine externe Fachaufsicht über die Kommunen als Selbstverwaltungsträger) zumindest teil-kompensiert werden. Allerdings geht es in der praktischen Arbeit der Ombudsstellen in der KJH nach meiner Erfahrung bislang weniger um die unmittelbare Unterstützung von jungen Menschen in konkreten Streitfällen mit den Jugendämtern, sondern bislang eher um die Fachberatung der Mitarbeiter*innen der Kinder- und Jugendhilfe. Zu einem großen Teil werden die Ombudsstellen immer noch nicht von den jungen Menschen selbst, sondern vor allem von (Pflege-)Eltern oder von Fachkräften der Kinder- und Jugendhilfe eingeschaltet (vgl. Münder/Trenczek 2020, Kap. 5.4). Risiken gibt es im Leben immer, gerade in diesem Feld sehe ich aber mehr Chancen und vor allem Notwendigkeiten. Junge Menschen haben in dieser Gesellschaft einen schweren Stand, ihre Interessen werden zumeist überhört. Die UN-KRK mahnt, es ist Zeit …" (Prof. Dr. Th. Trenczek, Hochschule Jena)

„Für mich ist der bis heute zurückgelegte Weg der Ombudsstellen ein Paradebeispiel für das widersprüchliche und zugleich konstitutive Verhältnis zwischen Staat und Zivilgesellschaft im deutschen Wohlfahrtssystem: Wie schon oftmals zuvor entstand hier aus zivilgesellschaftlichen Kräften heraus ein Korrektiv zum bestehenden System (neue Subsidiarität), das langsam aber sicher korporatistisch ins existierende System integriert wurde. Was kam und auch bleibt ist dabei im Unterschied zu vorherigen Subsidiaritätsschüben ein höheres Maß an organisationaler Reflexivität. Denn es ging hier von Anfang an nicht „nur" um Professionalisierung, sondern zugleich auch um eine machtreflexive Infragestellung der organisierten Jugendhilfe zwischen 1. Leistungsgewährung und Gesamtverantwortung der öffentlichen Jugendhilfe, 2. Leistungserbringung der (meist) freien Jugendhilfe und 3. Adressat*innen der Jugendhilfe." (Prof. Dr. Ph. Sandermann, Uni Lüneburg)

„Was die ombudschaftliche Bewegung erreicht hat, ist nichts weniger als eine zivilgesellschaftliche und demokratische Erweiterung der öffentlichen Kinder- und Jugendhilfe. Dass es Stellen gibt, an die sich Kinder, Jugendliche und Familien wenden können, wenn sie Fragen zu den sie betreffenden Verfahren und Entscheidungen haben, wenn sie nicht zufrieden sind, sich nicht gesehen oder ungerecht behandeln fühlen, verbessert Rechtsstellung und Rechtszugänge der Adressat*innen der Kinder- und Jugendhilfe, kompensiert ihre Nachteilsposition am schwächeren Ende einer Machtasymmetrie und versorgt zudem das Kinder- und Jugendhilfesystem mit wichtigen Feedbacks über das Was und Wie ihrer Auftragsumsetzung, aus den sie lernen kann. Die Geschichte der Ombudsstellen macht Mut, denn sie zeigt, dass Projekte zu einer ‚Demokratisierung der Demokratie' durchaus Chancen auf Erfolg haben." (Prof. Dr. Stefan Schnurr, FHNW Schweiz)

„In den ersten Jahren der Entwicklung von Ombudschaft für hilfeplananaloge Leistungen in der Kinder- und Jugendhilfe wurde von vielen Seiten ihre Berechtigung hinterfragt: Brauchen Menschen tatsächlich eine solche Unterstützung in Konflikten mit Fachkräften und Trägern der Kinder- und Jugendhilfe? Sind ihre Anliegen überhaupt berechtigt? § 9a SGB VIII stellt klar, dass sie nicht nur berechtigt, sondern notwendig ist – und dies nicht nur für hilfeplananaloge Leistungen, sondern für alle Leistungen und Aufgaben der Kinder- und Jugendhilfe. Dies ist Erfolg und Herausforderung zugleich: Ombudschaft in der Kinder- und Jugendhilfe muss sich öffnen für Anliegen, Konflikte und Menschen, mit denen sie sich bisher nicht konfrontierte." (Prof. Dr. Ulrike Urban-Stahl, FU Berlin)

„Die Verankerung der Ombudsstellen im Gesetz (§ 9a SGB VIII) und ihre Integration ins System der Kinder- und Jugendhilfe beraubt diese einerseits widerständiger Potenziale einer unabhängigen Bewegung, die eigenständig und – mächtig sprechfähig ist – primär angewiesen auf die Kraft des besseren Argumentes. Andererseits ist die Integration unabhängiger Instanzen in den strukturellen Machtasymmetrien der Kinder- und Jugendhilfe überfällig, auch um das „Hören" der Argumente und Rechte verbindlicher zu machen. Wie bei anderen aus sozialen Bewegungen und aktivistischen Initiativen hervorgegangenen Institutionalisierungen stellt sich die Frage, wie bitter (oder süß) die Früchte der Emanzipationspolitik schmecken.

Ein zentraler (und keinesfalls leicht zu bewältigender) Prüfstein für die Frage, „wie […] ein Teil des Systems die für das Einlegen von Widerspruch notwendige Distanz aufrechterhalten" (Urban-Stahl 2012, S. 78) kann, ist aus meiner Sicht, vor dem Hintergrund der Erfahrungen in Hamburg mit der Implementation einer Ombudsstelle aus dem System heraus (Lutz/Richter et al. 2018), die organisatorische und strukturelle Unabhängigkeit – für Haupt- wie für Ehrenamtliche. Eine zweite Gefahr, die ich in der Transformation sehe, ist die Überfrachtung der Ombudsstellen mit Erwartungen an deren Wirkungen mit Blick auf die Realisierung von Beteiligung und Kinderrechten, aber auch mit Blick auf den Kinderschutz." (Prof. Dr. T. Lutz, Uni Hamburg)

Literatur

Arbeitsstelle Kinder- und Jugendhilfestatistik (AKJStat) (Hrsg.) (2021). Monitor Hilfen zur Erziehung 2021. Dortmund: Eigenverlag Forschungsverbund DJI/TU Dortmund an der Fakultät 12 der Technischen Universität Dortmund.

Beck, C., (2003). Anwaltschaft. Begriff und ethischer Auftrag am Beispiel der Caritas Schuldnerberatung (1. Auflage). Freiburg im Breisgau: Lambertus.

Brake, R./Deller, U., (2012). Soziale Arbeit. Grundlagen für Theorie und Praxis (1. Auflage). Stuttgart: Verlag Barbara Budrich.

Brumlik, M. (1992). Advokatorische Ethik – Zur Legitimation pädagogischer Eingriffe, Bielefeld: Böllert KT-Verlag.

Evers, T., (2015). Überschreiten und Unterwandern – A. O. Hirschmans Odyssee durch das 20. Jahrhundert. Blätter für deutsche und internationale Politik, 60 (10), 101-110.

Habermas, J., (1992). Faktizität und Geltung – Beiträge zur Diskurstheorie des Rechts und des demokratischen Rechtsstaats. Frankfurt/M: Suhrkamp.

Henne, H., (1980). Lexikographie. In: Althaus, P., Henne, H & Wiegand, H. E.. (Hrsg.), Lexikon der Germanistischen Linguistik (S. 778-786). Tübingen: Max Niemeyer Verlag.

Herriger, N., (2002). Empowerment in der Sozialen Arbeit (2. Auflage). Stuttgart: Kohlhammer.

Hirschman, A. O., (1970). Exit, voice and loyality. Responses to decline in firms, organizations and states. Cambridge: Harvard University Press

Karges, R., (2011). Ergebnisse einer online-Befragung zur Beschäftigungssituation von Sozialarbeitenden. www.yumpu.com/de/document/read/7273252/vortrag-lesen-kritische-soziale-arbeit [04.12.2021]

Kessl, F. (2018). Ökonomisierung. In: Böllert, K. (Hrsg.) Kompendium Kinder- und Jugendhilfe (S. 1629-1643). Wiesbaden: Springer VS.

Keupp, H., (1996). Art. „Empowerment". In: D. Kreft/I. Mielenz (Hrsg.), Wörterbuch Soziale Arbeit (4. Auflage) Weinheim/Basel: Beltz Juventa.

Lutz, T., (2010). Soziale Arbeit im Kontrolldiskurs. Jugendhilfe und ihre Akteure in postwohlfahrtsstaatlichen Gesellschaften. Wiesbaden: VS Verlag für Sozialwissenschaften.

Lutz, T., Richter, J. (2018). Abschlussbericht Wissenschaftliche Begleitung der Implementation einer Ombudsstelle im Bezirksamt Hamburg-Mitte. https://ev-hochschule-hh.de/fileadmin/hochschule/Downloads/Forschung/Abgeschlossene_Forschungsprojekte/Abschlussbericht_Ombudsstelle.pdf [05.04.2022]

Münder, J., Trenczek, T., Boetticher, A. von, Tammen, B. (2020) Kinder- und Jugendhilferecht. Eine praxis- und auch sozialwissenschaftliche orientierte Darstellung des gesamten Kinder- und Jugendhilferechts (9. Auflage). Baden-Baden: Nomos Verlag.

Reinhardt, S., (2013). Politische Bildung durch Empörung? Werte und Institutionen gehören zusammen!: Das Dilemma der Beschneidung von Jungen als Beispiel. In: Syring, M./Flügge, E. (Hrsg.), Die Erstbegegnung mit dem Politischen. Erfahrungsorientierte politische Erstkontakte in Unterricht, Schule und Lebenswelt (S. 55-70). Immenhausen bei Kassel: Prolog Verlag.

Rosenbauer, N., (2020). „Das Kind können sie vergessen. Nehmen sie ihr die Schlüssel ab". Eine professionstheoretische Einordnung von Empörung als Impuls für Widerspruch in der Sozialen Arbeit – Perspektiven aus der Ombudschaft. Antrittsvorlesung an der Evangelischen Hochschule Dresden.

Seithe, M., (2010). Schwarzbuch Soziale Arbeit. Wiesbaden: VS Verlag für Sozialwissenschaften.

Schröder, G., (1999). Der Weg nach vorne für Europas Sozialdemokraten. www.glasnost.de/pol/schroederblair.html [04.12.2021]

Schruth, P., (2014). Perspektiven der gesellschaftlichen Wahrnehmung von Opferinteressen ehemaliger Heimkinder. neue praxis, 2014 (2), 176-192.

Sozialistisches Büro (2003). Noch auf Kurs? Zehn Jahre neue Steuerung in der Jugendhilfe. Bielefeld: Kleine Verlag.

Thiersch, H., (1977). Sozialpädagogische Beratung. In: Thiersch, H (Hrsg.), Kritik und Handeln – Interaktionistische Aspekte der Sozialpädagogik. Neuwied/Darmstadt: Luchterhand.

Thiersch, H., (1986). Die Erfahrung der Wirklichkeit – Perspektiven einer alltagsorientierten Sozialpädagogik. Weinheim/München: Beltz Juventa.

Thiersch, H., (1992). Lebensweltorientierte Soziale Arbeit – Aufgaben der Praxis im sozialen Wandel. Weinheim/München: Beltz Juventa.

Trube, A., (2000). Von der Bürokratie zur Merkatokratie? System- und Steuerungsprobleme eines ökonomischen Sozialsektors. In: Bössenecer, K.-H., Trube, A. & Wohlfahrt, N. (Hrsg.), Privatisierung im Sozialsektor (S. 18-38). Münster: Votum-Verlag.

Urban-Stahl, U. (2012). Der Widerspruch wird hoffähig?!? Ombuds- und Beschwerdestellen in der Jugendhilfe. Widersprüche: Zeitschrift für sozialistische Politik im Bildungs-, Gesundheits- und Sozialbereich, 32(123), S. 69-80.

Winkler, M., (2005). Formationen der Ausgrenzung – Skizzen für eine Theorie der diskursiven Ordnung. In: Anhorn, R. (Hrsg.), Sozialer Ausschluss und Soziale Arbeit. Wiesbaden: VS Verlag für Sozialwissenschaften.

Wohlfahrt, N., (2017). Ökonomisierung der sozialen Arbeit als Auslöser von QM-Strategien http://docplayer.org/26571527-Oekonomisierung-der-sozialen-arbeit-als-ausloeser-von-qm-strategien.html [04.12.2021]

Ombudsstellen in der Jugendhilfe – Entstehung und Etablierung eines neuen Arbeitsfeldes

Lydia Tomaschowski

Die ersten Ombudsstellen in der Jugendhilfe gründeten sich in Deutschland aufgrund von Konflikten, die entstanden waren, weil die Jugendhilfe nicht halten konnte, was sie versprach. In Form von zivilgesellschaftlichem Engagement schafften Fachkräfte unabhängige Beratungs- und Beschwerdestellen mit dem Ziel, jungen Menschen und ihren Familien zu der Durchsetzung ihrer Rechte zu verhelfen. Hieraus entwickelte sich das Konzept Ombudschaft in der Jugendhilfe. Die Autorin zeichnet die Entwicklung und Ausgestaltung des neuen Arbeitsfeldes nach, welches mittlerweile fachpolitisch anerkannt und gesetzlich verankert ist.

Die Entstehung der ersten Ombudsstellen ist vor dem Hintergrund des Inkrafttretens des neu geschaffenen Kinder- und Jugendhilfegesetzes 1990/91 zu sehen. Dieses versprach grundlegende Neuerungen, eine moderne Jugendhilfe und beinhaltete in seinen Regelungen – im Gegensatz zum vorherigen Jugendwohlfahrtsgesetz in der BRD und jugendhilfegesetzlichen Regelungen in der DDR – weitgehende Beteiligungsrechte und dem individuellen Bedarf entsprechend Hilfeleistungen, die partizipativ unter Wahrung der Rechte der Adressat*innen gestaltet werden sollten. Jugendhilfeleistungen sollten nicht mehr im Sinne einer obrigkeitsstaatlich konzipierten Fürsorge angeordnet werden, sondern individuelle Hilfen als Ergebnis eines partizipativen Hilfeplanprozesses, unter Einhaltung des Wunsch- und Wahlrechtes und auf der Grundlage eines individuellen Rechtsanspruchs geleistet werden (Urban-Stahl 2020, S. 4).

Widersprüchlichkeiten im Kinder- und Jugendhilferecht

Die Umsetzung des Rechts in die Praxis erwies sich allerdings teilweise als schwierig. Fachkräfte mussten ihre Haltung und Praktiken ändern; und es zeigten sich Widersprüchlichkeiten innerhalb der Strukturen: Dass Partizipationsrechte und individuelle Rechtsansprüche auf Seiten der Adressat*innen bestehen, bringt nicht automatisch mit sich, dass diese in jedem Fall umgesetzt werden (Urban-Stahl 2020, S. 4). Die Ausrichtung auf die (richtigerweise) individuelle Feststellung von Bedarfslagen und dementsprechende Konzeption von Hilfeleistungen bedeutet im Umkehrschluss, dass Fachkräfte über große Handlungs- und Ermessensspielräume und somit eine große Deutungsmacht verfügen. Dies hat zur Folge, dass die Rechtsposition junger Menschen und ihrer Familien strukturell gesehen schwach ist, was durch das komplexe sozialrechtliche Dreiecksverhältnis und die unterschiedlichen Rechtsbeziehungen der Adressat*innen mit öffentlichen Leistungsträgern und zumeist freien Leistungserbringern verschärft wird (Richter & Lutz 2021, S. 346). Denn junge Menschen und Familien sind auf die Gewährung von (passender) Hilfe angewiesen, während Fachkräfte genau hierüber machtvolle Entscheidungen treffen – die Position der Adressat*innen „erweist sich trotz aller Programmatik als prekär und defizitär" (Thiersch 2012, S. 2).

Hinzu kommt, dass die jungen Menschen und Familien sich häufig in einer schwierigen, oft schambehafteten Situation befinden und gleichzeitig die komplizierten Jugendhilfe- und verfahrensrechtlichen Regelungen, sowie die Möglichkeiten und Strukturen der Jugendhilfe kaum durchschauen. Auch im Kontext von Leistungserbringung sind junge Menschen strukturell dem machtvollen Handeln von Fachkräften unterlegen. Wenn Fachkräfte (aus unterschiedlichen Gründen) nicht rechtmäßig handeln, Vorgaben des Verwaltungs- und Verfahrensrechts und Partizipationsrechte nicht einhalten, sind die Adressat*innen somit in der Regel nicht ohne Weiteres in der Lage, diese ohne Unterstützung einzufordern (Urban-Stahl 2020, S. 4). Für dieses ungleiche Verhältnis der Adressat*innen gegenüber den Fachkräften hat Ulrike Urban-Stahl den Begriff „strukturelle Machtasymmetrien" geprägt (Urban-Stahl 2011, S. 9 f.; vgl. Urban-Stahl, Kap. IV, i. d. B.).

Die unterlegene Position der Adressat*innen liegt somit in der Struktur der Jugendhilfe begründet, verschärfte sich aber durch die sozialpolitischen Entwicklungen insbesondere seit Anfang der 2000er Jahre, im Zuge von Neoliberalismus, der Dethematisierung sozialer Probleme und der Betonung von Eigenverantwortung, die die Maxime mit sich brachte, dass jede*r sich nach seinen Fähigkeiten beweisen müsse, und Empfänger*innen von Hilfeleistungen als „mitschuldig an ihrer eigenen Situation" betrachtet wurden (Thiersch 2012, S. 2). Jugendämter gerieten unter allgemeine Sparzwänge und zunehmende Arbeitsüberlastungen, Erledigungs- und Leistungsvorgaben, die häufig betriebswirtschaftlich motiviert und strukturiert waren (ebd., S. 3) – als Ziel wurde auch formuliert, möglichst kostengünstige Hilfen zu gewähren.

In der Folge wurden eine zunehmend restriktive Jugendhilfepraxis beobachtet, die rechtswidrige Vorenthaltung, frühzeitige Beendigung oder Nicht-Gewährung von Jugendhilfeleistungen festgestellt, die Nicht-Einhaltung von Beteiligungsrechten registriert – während die Adressat*innen meist nicht in der Lage waren, die Umsetzung ihrer Rechte bzw. Rechtsansprüche einzufordern, und in manchen Fällen gar nicht davon wussten, dass sie diese besitzen. Auch konnten die Rechte von jungen Menschen, die in öffentlicher Verantwortung aufwachsen, nicht immer sichergestellt werden (Thiersch 2012, S. 2).

Entstehung der ersten Ombudsstellen als zivilgesellschaftlicher Akt

Die geschilderten Entwicklungen riefen Proteste, Empörung und umfangreiche fachpolitische Öffentlichkeitsarbeit durch kritische Sozialarbeitende hervor. Da dies aber keine wirkliche Änderung der Situation bewirkte (Schruth und Redmann, Kap. III, i. d. B.), entstanden zivilgesellschaftliche Initiativen, die zum Ziel hatten, junge Menschen und Familien durch konsequenten Beistand im Einzelfall zu der Durchsetzung der ihnen zustehenden Rechte zu verhelfen. Im Juni 2002 gründete sich als erste Ombudsstelle in der Jugendhilfe der Berliner Rechtshilfefonds Jugendhilfe (BRJ). Es taten sich Einzelpersonen und freie Träger zusammen, um eine unabhängige, ehrenamtlich getragene Anlaufstelle zu schaffen, an die sich junge Menschen und ihre Familien bei Konflikten mit dem Jugendamt wenden könnten. Denn: Nur eine Ombudsstelle könne – anders als die direkt in den Konflikt involvierten Parteien – den individuellen Fall aus unabhängiger Perspektive ordnen und die betroffenen Menschen dabei unterstützen, den Konflikt auf Augenhöhe einzuschätzen (BRJ e. V. 2012, S. 4).

Das bis dato in der Jugendhilfe noch weitgehend unbekannte Konzept Ombudschaft bezeichnet „eine auf Verfahrensgerechtigkeit abzielende Vorgehensweise bei Streitfragen, in der die Interessen der strukturell unterlegenen Partei durch die Ombudsperson besondere Beachtung finden, um strukturelle Machtasymmetrien auszugleichen" (Urban-Stahl 2020, S. 5). Das Konzept des „Ombudsman" war in seiner Entstehung Anfang des 19. Jahrhunderts im skandinavischen Raum ein rechtsstaatliches Konzept zur Vermittlung zwischen Bürger*innen und Staat und zur Verhinderung von Missständen in der Verwaltung; neben der Unterstützung einzelner Bürger*innen zielte es auch auf die Nutzbarmachung der Arbeit für Politik und Verwaltung ab (ebd.). Auf die Jugendhilfe bezogen geht es um Information, Beratung und Vermittlung von jungen Menschen und ihren Familien im Falle von Konflikten mit dem öffentlichen oder freien Jugendhilfeträger (Len & Tomaschowski 2020, S. 10). Ombudsstellen in der Kinder- und Jugendhilfe sind unabhängige Beratungs- und Beschwerdestellen, die nach dem Konzept Ombudschaft arbeiten. Sie zeichnen sich dementsprechend durch ein spezifisches Aufgabenprofil aus, welches darauf ausgerichtet ist, junge Menschen und ihre Familien dabei zu unterstützen, von bestehenden Rechten und Möglichkeiten Gebrauch zu machen und somit zum Ausgleich der strukturellen Machtasymmetrien beizutragen (Len, Manzel und Tomaschowski, Kap. V, i. d. B.).

Konkret hieß dies, im Falle von rechtswidrig vorenthaltenen Leistungen oder Rechtsverletzungen junge Menschen und Familien über rechtliche Regelungen und Strukturen der Jugendhilfe zu informieren, sie beim Vorbringen der eigenen Sichtweise auf die (Bedarfs-)Lage gegenüber den Fachkräften der Jugendämter zu unterstützen, sie gegebenenfalls beim Einlegen von Widersprüchen zu unterstützen, notfalls auch Klagen vor dem Verwaltungsgericht zu begleiten und anhand des Einzelfalls die Zustände in der (Fach-)Öffentlichkeit zu skandalisieren (vgl. ausführlich Schruth und Redmann, Kap. III, i. d. B.).

Fast zeitgleich mit Gründung des BRJ wurde 2002 vom Caritasverband für die Diözese Münster eine Lobbystelle eingerichtet, die sich an junge Menschen und Familien in Caritas-Einrichtungen richtete, zur Durchsetzung rechtlicher Ansprüche auf Weitergewährung von Hilfe. Der Verein Schutzgemeinschaft Kinder- und Jugendhilfe e. V. (SKJ) gründete sich 2003 in Passau, 2005 folgte die Lobbystelle HzE in München. Nach der Gründung dieser ersten Ombudsstellen in der „Pionierphase" der Jahre 2002-2005 folgte eine zweite Gründungswelle im Zeitraum 2007-2012, in der zwölf weitere ombudschaftliche Initiativen in verschiedenen Bundesländern ins Leben gerufen wurden (Urban-Stahl 2014, S. 13). Die meisten dieser Initiativen sind entweder als eigenständige Vereine oder als Projekte von Wohlfahrtsverbänden entstanden, in jedem Fall aber waren es engagierte Fachkräfte, die Ombudsstellen für notwendig befanden, Mitstreiter*innen suchten und oft unter hohem ehrenamtlichen Einsatz das neue Beratungs- und Beschwerdeangebot auf die Beine stellten. Die in den ersten zehn Jahren entstandenen Ombudsstellen trugen maßgeblich dazu bei, das Konzept Ombudschaft in der Jugendhilfe zu legitimieren, weiterzuentwickeln und zu etablieren.

Entwicklung des bundesweiten Feldes Ombudschaft in der Jugendhilfe

Rückblickend lässt sich feststellen, dass von den in den ersten zehn Jahren entstandenen Ombudsstellen etwas weniger als die Hälfte heute in der gegründeten Form weiterhin bestehen (Berliner Rechtshilfefonds Jugendhilfe e. V., Kinder haben Rechte e. V. in Reutlingen/Tübingen, Bremer Beratungsbüro für Erziehungshilfen, Ombudschaft Jugendhilfe NRW e. V., Beratungs- und Ombudsstelle Kinder- und Jugendhilfe Brandenburg e. V. und Kinder- und Jugendhilferechtsverein e. V. in Sachsen), im Übrigen mit Ausnahme der Bremer Ombudsstelle[1] alles eigenständige Vereine. Von den restlichen

1 das Bremer Beratungsbüro für Erziehungshilfen befindet sich in Trägerschaft des Deutscher Paritätischen Wohlfahrtsverbands, Landesverband Bremen e. V.

Initiativen haben sich einige zu anderen Ombudsstellen weiterentwickelt bzw. sind in diese übergegangen (zum Beispiel, wenn sich aus Projekten von Wohlfahrtsverbänden heraus eigenständige Vereine gründeten wie die Ombudsstelle für Kinder- und Jugendrechte in Hessen e. V.); andere konnten ihre Arbeit nicht verstetigen und lösten sich nach einigen Jahren wieder auf.

2008 schlossen sich die bestehenden Ombudsstellen und -initiativen zum „Bundesnetzwerk Ombudschaft in der Kinder- und Jugendhilfe" zusammen; vorangegangen war das Projekt „Netzwerkstelle Ombudschaft" des BRJ. Das Bundesnetzwerk dient dem Fachaustausch, der Weiterentwicklung, Bekanntmachung und Etablierung des Konzeptes Ombudschaft in der Jugendhilfe sowie der fachpolitischen Lobbyarbeit für eine Stärkung der Betroffenenrechte von jungen Menschen und ihren Familien. 2016 verabschiedete das Bundesnetzwerk in Form eines Selbstverständnisses Qualitätskriterien der ombudschaftlichen Tätigkeit in der Jugendhilfe (BNO 2021b). Seit 2018 existiert zudem mit der Bundeskoordinierungsstelle Ombudschaft eine hauptamtliche Koordinierung bzw. Geschäftsstelle des Bundesnetzwerks.

Insgesamt erfuhr das Konzept Ombudschaft öffentliche Anerkennung: 2006 gewann der BRJ eine Auszeichnung der Arbeitsgemeinschaft Kinder- und Jugendhilfe (AGJ) im Rahmen des Kinder- und Jugendhilfepreises „Hermine Albers". Nach zehn Jahren Bestehen war die erste Ombudsstelle in der Jugendhilfe fachlich weit über Berlin hinaus anerkannt und fungierte darüber hinaus als führende Ansprechpartnerin bei der Gründung ähnlicher ombudschaftlicher Initiativen in der gesamten Bundesrepublik (BRJ e. V. 2012, S. 4). Vor allem aber zeigte sich, dass der Bedarf an ombudschaftlicher Beratung hoch ist und dort, wo Ombudsstellen existieren, diese sehr gut angenommen werden (Len & Tomaschowski 2020, S. 13).

Mit Stand 2022 bestehen bundesweit 18 Ombudsstellen in 14 Bundesländern, die dem Bundesnetzwerk angeschlossen sind oder eng mit ihm kooperieren. Hiervon sind zehn eigenständige Vereine, vier bei einem Wohlfahrts- oder Fachverband angegliedert[2], zwei bei den Bürgerbeauftragten der jeweiligen Länder und eine ist in Trägerschaft eines Landesjugendamtes.[3] In Mecklenburg-Vorpommern und im Saarland gibt es mit Stand April 2022 noch keine Ombudsstellen – in beiden Ländern existieren aber Initiativen, die den Aufbau einer Ombudsstelle forcieren.

2 Die in Hamburg von einem Fachverband betriebene Ombudsstelle stellt einen Sonderfall dar: Diese Stelle koordiniert sieben Ombudsstellen der Hamburger Bezirke, die jeweils an den Jugendhilfeausschuss angegliedert sind.

3 vgl. https://ombudschaft-jugendhilfe.de/ombudsstellen/, abgerufen am 27.02.2022; eine aktuelle Übersicht findet sich unter https://ombudschaft-jugendhilfe.de/informationen-zu-ombudschaftlichen-strukturen-im-bundesgebiet/

Die heutige Struktur und Verfasstheit des Arbeitsfeldes ist auf die (teils unterschiedlichen) Entstehungskontexte der ombudschaftlichen Initiativen zurückzuführen bzw. baut auf diesen auf.

Inhaltliche Zuständigkeiten und konzeptionelle Schwerpunktsetzungen mit Blick auf Entstehungskontexte

Entsprechend der Entstehungsgeschichte erklärten sich die meisten Ombudsstellen für Konflikte mit Bezug auf Jugendhilfeleistungen zuständig, über die im Hilfeplanverfahren oder in hilfeplananalogen Verfahren entschieden wird (Urban-Stahl 2014, S. 16).[4] Alle hier dargestellten Ombudsstellen richten sich an junge Menschen und an ihre Familien, wobei unter letzterem sorgeberechtigte und nicht sorgeberechtigte Elternteile, Pflegeeltern sowie weitere Familienangehörige gefasst werden. Auch sind alle Ombudsstellen bei Konflikten mit dem öffentlichen und mit dem freien Träger beratend tätig, d. h. sowohl im Kontext der (Nicht-)Gewährung von Jugendhilfeleistungen und der Hilfeplanung als auch im Kontext der Durchführung der Hilfeleistungen. In der Anfangszeit bestanden auch Projekte, die ausschließlich in Bezug auf Konflikte mit dem öffentlichen Träger berieten (z. B. Projekt Fidelis in Bayern) und eines, dass nur im Kontext der Leistungserbringung tätig war (Projekt geRECHT in NRW). Eine Ombudsstelle (Initiative „Salomon" des Instituts für Vollzeitpflege und Adoption e. V. in Hessen) war zudem in der Vergangenheit schwerpunktmäßig im Bereich Pflegekinderwesen tätig (Urban-Stahl 2014, S. 17). Insgesamt machen Konflikte im Rahmen der Leistungsgewährung seit Bestehen der Ombudsstellen den größeren Anteil der Beratungsanfragen aus (ebd.). Die Anteile der Beratungsanfragen in Bezug auf unterschiedliche Hilfeformen, Leistungsgewährung oder -erbringung und von Seiten junger Menschen (im Vergleich zu Sorgeberechtigten/Elternteilen) variieren je nach Ombudsstelle teilweise erheblich (Len & Tomaschowski 2020, S. 11). Dies ist darauf zurückzuführen, dass die einzelnen Ombudsstellen zwar alle aufgrund der eingangs geschilderten Problematiken bei der Umsetzung des Jugendhilferechts gegründet worden sind – die konkreten Entstehungskontexte, die die konzeptionellen Ausgestaltungen und Schwerpunkte der einzelnen Ombudsstellen prägen, waren aber teilweise unterschiedlich gelagert und lassen sich in drei Entwicklungslinien innerhalb der Kinder- und Jugendhilfe fassen (Richter & Lutz 2021, S. 345).

4 Dies wird sich mit Umsetzung der 2021 in Kraft getretenen gesetzlichen Verankerung von Ombudschaft in § 9a SGB VIII ändern, die Ombudschaft grundsätzlich auf alle Aufgaben der Kinder- und Jugendhilfe nach § 2 bezieht.

Der größere Anteil der in den ersten zehn Jahren entstandenen Ombudsstellen und auch der BRJ als erste und prägende Ombudsstelle gründete sich vor dem Hintergrund des seit den 2000er Jahren verstärkt stattfindenden Strukturwandels innerhalb der Jugendhilfe, im Zuge dessen vor allem in den Jugendämtern „eine sozialarbeiterische Fachlichkeit in die Defensive" (Richter & Lutz 2021, S. 345) geriet und an die Stelle von „intersubjektiven Verstehens-, Aushandlungs- und Reflexionsprozessen" zunehmend ein „technisch-expertokratisches Steuerungsverständnis" (ebd.) trat. Dieses zielte auf Kostensenkungen ab, verringerte Ermessensspielräume, betonte Mitwirkungspflichten von Jugendlichen und Eltern und richtete Effizienz- und Qualitätsaspekte an wirtschaftsunternehmerischen Management-Philosophien aus (ebd., vgl. ausführlicher: Schruth und Redmann, Kap. IV, i. d. B.)[5]. Das Ziel, diesen Entwicklungen durch die ombudschaftliche Tätigkeit entgegenzuwirken, implizierte einen Fokus auf Fragen der Gewährung von Leistungen und der Durchsetzung von individuellen Rechtsansprüchen.

Die Aufarbeitung von Gewalt und Machtmissbrauch in der Kinder- und Jugendhilfe in den 1950er bis 1980er Jahren im Zuge der „Runde-Tische-Diskurse" zeigte auf, dass Persönlichkeitsrechte, Schutz und Kindeswohl von in öffentlicher Verantwortung aufwachsenden jungen Menschen nicht gewährleistet werden konnten und auch bis heute nicht immer gewährleistet werden können. Die Forderungen der ehemaligen Heimkinder in diesem Kontext beinhalteten auch einrichtungsexterne Beschwerde- und Ombudsstellen, an die sich junge Menschen wenden können sollen, die in Jugendhilfeeinrichtungen leben (vgl. Schruth, i. d. B.). Vor dem Hintergrund dieses Diskurses wurden manche Ombudsstellen wie z. B. die Initiative Habakuk in Baden-Württemberg und die Ombudschaft Jugendhilfe NRW von vornherein (auch) als externe, unabhängige Beschwerdestellen im Kontext von Leistungserbringung konzipiert. Dies beinhaltet u. a. einen stärkeren Fokus auf die Zielgruppe junger Menschen in Jugendhilfeeinrichtungen, wenngleich Praxiserfahrungen zeigen, dass Konflikte in Bezug auf Leistungserbringung und -gewährung nicht immer

5 Ein besonders eindrucksvoller Fall des Versuches der Kostensenkung stellt in diesem Zusammenhang die Anweisung des Jugendamtsleiters in Halle 2007 dar, das Ziel zu verfolgen, innerhalb von 27 Tagen alle 314 sich in der Heimerziehung befindenden jungen Menschen aus Halle zu den Eltern zurückzuführen (Herwig-Lempp 2007, S. 312 f.), was zur Gründung der Ombudsstelle Lotse e. V. führte. Auch in jüngerer Vergangenheit finden sich Beispiele für den Versuch von Kostensenkungen, etwa in einem Landkreis durch die Einführung eines Buchungsportals, mit dem ASD-Mitarbeitende die kostengünstigsten HzE-Plätze für den vermuteten Bedarf finden können, oder durch die Besetzung der ASD-Leitung mit einem Mitarbeiter ohne sozialpädagogische Erfahrung, der aber zuvor jahrelang in einem Inkassounternehmen tätig war (beides 2018 in Mecklenburg-Vorpommern) (vgl. Freigang 2018, S. 131).

trennscharf voneinander abgegrenzt werden können (vgl. Grapentin, Kap. VI, i. d. B.).

Die dritte Diskurslinie lässt sich in einem gestiegenen Bewusstsein für die in der 2010 von Deutschland vollumfänglich ratifizierten UN-Kinderrechtskonvention (UN-KRK) festgehaltenen Schutz-, Förderungs- und Beteiligungsrechte von Kindern und Jugendlichen beschreiben (Richter & Lutz 2021, S. 345). Damit einher geht eine Debatte um die Umsetzung dieser Rechte, die bis heute nicht zufriedenstellend erfolgt und insbesondere im Kontext des „Rechts auf Gehör" werden Beschwerdestellen für Kinder und Jugendliche gefordert (vgl. Kittel, Kap. IV, i. d. B.). Einige Ombudsstellen wie die Ombudsstelle für Kinder- und Jugendrechte in Hessen e. V. formulierten als Ziel, zur Umsetzung der Kinderrechte im Kontext der Kinder- und Jugendhilfe beizutragen.

Struktur- und Organisationsfragen unabhängiger Ombudsstellen

Damit das ombudschaftliche Handeln sich allein auf die fachliche und rechtliche Einschätzung der Situation, in der sich Adressat*innen befinden und auf die Stärkung der Sichtweisen und Rechte der Adressat*innen im Sinne des Ausgleichs struktureller Machtasymmetrien ausrichtet, darf es nicht von Interessen freier und öffentlicher Träger, auf die sich die Konflikte und Beschwerden der Ratsuchenden potenziell beziehen können, beeinflusst werden. Daher arbeiten Ombudsstellen unabhängig und weisungsfrei von selbigen. Hierdurch unterscheiden sie sich von einrichtungsinternen Beschwerdeverfahren freier Träger sowie von jugendamtsinternen Beschwerdeverfahren. Was das aber konkret bedeutet und woran sich eine ausreichende Unabhängigkeit von Ombudsstellen misst, war und ist Gegenstand von Debatten (vgl. Manzel, Kap. VI, i. d. B.). Die unstrittige Notwendigkeit der Unabhängigkeit in Form von möglichst organisatorischer Externalität von Jugendhilfeträgern gepaart mit in der Anfangszeit der ombudschaftlichen Bewegung nicht geklärter (und häufig nicht vorhandener) Finanzierung hatte zur Folge, dass die Frage der Organisationsform von Ombudsstellen die Debatte um Ombudschaft von Beginn an prägte und diesbezüglich unterschiedliche Varianten entstanden. Seit Beginn der ombudschaftlichen Bewegung haben sich insbesondere zwei Organisationsformen herauskristallisiert, nämlich eigenständige Vereine, deren Zweck auf Ombudschaft in der Kinder- und Jugendhilfe ausgerichtet ist, und Ombudsstellen in Trägerschaft von (Wohlfahrts-)Verbänden (vgl. Urban-Stahl 2014, S. 16). Jüngstens sind weitere Modelle hinzugekommen, etwa bei Bürgerbeauftragten des Landes angegliederte Ombudsstellen (in Schleswig-Holstein und in Rheinland-Pfalz) sowie an Jugendhilfeausschüsse angegliederte Ombudsstellen (in Hamburg) und eine bei einem Kommunalverband angesiedelte Ombudsstelle (in Baden-Württemberg) (vgl. zu den

Organisationsformen von Ombudsstellen ausführlich Urban-Stahl und Meysen, Kap. V, i.d.B.). Die meisten Ombudsstellen sind als ehrenamtlich getragene Initiativen entstanden und können mittlerweile über Projekt- oder Landesmittel hauptamtliche Fachkräfte beschäftigen, wobei die gleichzeitige Tätigkeit ehrenamtlicher Fachkräfte ein wichtiges Qualitätsmerkmal darstellt. Einige Ombudsstellen arbeiten bis heute rein ehrenamtlich (Len & Tomaschowski 2020, S. 12). Die meisten Ombudsstellen haben sich bei ihrer Entstehung zuständig für Anfragen aus einem Bundesland erklärt, wobei sich in einigen Flächenländern Regionalstellen gebildet haben oder Modellregionen, die nach Etablierung der Ombudsstelle auf weitere Regionen ausgeweitet werden sollten (Urban-Stahl 2014, S. 17). Des Weiteren gab und gibt es Ombudsstellen, die Anfragen aus dem gesamten (Flächen-)Land entgegennehmen, aber faktisch zu klein sind, um im gesamten Bundesland bekannt zu sein und genutzt zu werden. Eine Ombudsstelle ist kommunal ausgerichtet und erklärt sich für einen Landkreis zuständig (in Hildesheim), in einem Fall koordiniert eine landesweite Fachstelle Ombudschaft die an die jeweiligen Jugendhilfeausschüsse angegliederten Ombudsstellen (Hamburg).

Die Fragen von Organisationsform, Finanzierung und niedrigschwelliger Erreichbarkeit, für die jede Ombudsstelle eine Lösung finden muss, können sich in einem Spannungsverhältnis zueinander befinden: Kann eine gut ausgestattete und von einem Wohlfahrtsverband betriebene Ombudsstelle ihre Aktivitäten tatsächlich an dem Ziel ausrichten, die Position der Adressat*innen zu stärken, etwa durch die Begleitung von Klagen vor dem Verwaltungsgericht oder durch die öffentliche Skandalisierung von Missständen in der Jugendhilfe? Kann ein eigenständiger, unabhängiger Verein, der nicht oder nicht dauerhaft finanziell gefördert wird, genügend junge Menschen und Familien erreichen und adäquat unterstützen? Kann eine kommunale Ombudsstelle, die vor Ort erreichbar und mit kommunalen Mitteln finanziert ist, ausreichend unabhängig agieren und finden sich genügend (unabhängige) Ehrenamtliche? Kann eine „top down" durch ein Ministerium eingerichtete Ombudsstelle die gleiche Schlagkraft entwickeln wie ein durch zivilgesellschaftlich engagierte Fachkräfte als „Graswurzelbewegung" ins Leben gerufener Verein?

Von der Legitimierung der ombudschaftlichen Tätigkeit zur verpflichtenden Einrichtung von Ombudsstellen

Braucht es Ombudsstellen in der Kinder- und Jugendhilfe? Diese Frage kann mittlerweile fachpolitisch unstrittig mit „ja" beantwortet werden. Das war nicht immer so. Im Gegenteil, in den Anfangsjahren der ombudschaftlichen Bewegung äußerten Träger der öffentlichen Jugendhilfe die Haltung, Ombudschaft sei überflüssig, da das Jugendamt die maßgebliche sozialpädagogische Fachbehörde für eine gesetzeskonforme Umsetzung von Jugendhilfeleistungen sei. Jugendämter befürchteten zudem, dass die Tätigkeit von Ombudsstellen, z. B. das Auftreten von Ombudspersonen als Beistände von jungen Menschen und Familien in Hilfeplanprozessen, eine „verdeckte, rechtlich nicht vorgesehene (übergeordnete) Fachaufsicht" oder eine Art „Ersatzjugendämter" bedeuten könnte (Schruth 2020, S. 19). Ombudschaft sei zudem keine auf Sozialpädagogik bezogene Jugendhilfe, sondern unzulässige Rechtsberatung (Urban-Stahl 2014, S. 11). Letztere Argumentation wurde nach langem Rechtsstreit des BRJ mit dem Berliner Verwaltungsgericht durch ein Gutachten von Reinhard Wiesner abgewiesen, welches die Anerkennung des BRJ als Träger der Jugendhilfe gemäß §75 SGB VIII zum Ergebnis hatte (BRJ e. V. 2012, S. 7). In der Folge wurden auch die in anderen Bundesländern tätigen Ombudsstellen als freie Träger der Jugendhilfe anerkannt. Es war ebenfalls der BRJ, der seit 2014 als erste Ombudsstelle öffentlich durch Landesmittel gefördert wurde: Im November 2013 teilte die Berliner Senatsverwaltung dem Abgeordnetenhaus mit, dass nach öffentlicher Ausschreibung der BRJ e. V. mit der Durchführung des Modellprojektes „Berliner Beratungs- und Ombudsstelle Jugendhilfe (BBO)" beauftragt worden war[6]. Sieben Jahre später finanzierten sich bereits neun von 18 Ombudsstellen mit Hilfe von Landesmitteln (BNO 2021a).

Insgesamt hat sich das Konzept der Ombudschaft in der Jugendhilfe bewährt: Die Notwendigkeit der unabhängigen Beratungs- und Beschwerdestellen zeigt sich allem voran darin, dass das neue Angebot sehr gut angenommen wird (die meisten Ombudsstellen sind sehr gut ausgelastet bis überlastet) und dass auf eine hohe Anzahl an Konflikten verwiesen werden kann, die sich unter Umsetzung der Rechte und Rechtsansprüche der Adressat*innen lösen ließen. Neuere Formen wie die Einbeziehung von Selbstvertretungsorganisationen junger Menschen und ihrer Familien in die Arbeit von Ombudsstellen (Wölfel & Redmann 2020) beinhalten ein hohes Potenzial, die Position und Perspektiven von Adressat*innen in einer weiteren Form zu stärken (s. auch Redmann und Wölfel, Kap. IV, i. d. B.).

Fachpolitisch etablierte sich Ombudschaft, indem das Thema zunehmend von Seiten der Fachöffentlichkeit aufgegriffen und diskutiert wurde. Ombudschaft fand im 14. und 15. Kinder- und Jugendbericht Erwähnung (Deutscher Bundestag 2013, S. 379 f.; Deutscher Bundestag 2017, S. 103). Im Zuge der Evaluation des Bundeskinderschutzgesetzes 2015 wurde die Notwendigkeit von einrichtungsexternen Beschwerdestellen bzw. Ombudsstellen für junge Menschen in stationären Jugendhilfe-Einrichtungen benannt

---

6 vgl. Drucksache 17/1777 vom 28.07.2014. Der Förderung vorangegangen war ein vom Senat einberufener „Fachdiskurs ombudschaftliche Verfahren", im Zuge dessen 2012-2013 zahlreiche Beteiligte der Berliner Jugendhilfe ein Konzept zur modellhaften Erprobung einer unabhängigen Ombudsstelle in der Berliner Jugendhilfe erarbeiteten.

(BMFSFJ 2015, S. 22). Schließlich fand das Thema Eingang in die seit 2016 stattfindenden Diskussionen um eine Reform des SGB VIII, die 2021 in die Verabschiedung des Kinder- und Jugendstärkungsgesetzes mündete. Seitdem ist Ombudschaft in der Kinder- und Jugendhilfe gesetzlich verankert, und zwar in Form der in § 9a SGB VIII geregelten Verpflichtung der Länder, unabhängige Ombudsstellen einzurichten, an die sich junge Menschen und ihre Familien bei Konflikten mit öffentlichen oder freien Trägern der Jugendhilfe in Bezug auf Aufgaben der Jugendhilfe wenden können, wobei das Landesrecht dies näher regelt (vgl. Schruth, Kap. VI, i. d. B.). Mit dieser Regelung bleibt das spezifische Profil der ombudschaftlichen Bearbeitung von Konflikten und Beschwerden erhalten, während die inhaltliche Zuständigkeit eine Ausweitung auf alle Bereiche der Kinder- und Jugendhilfe erfährt.

Und nun? Ambivalente Etablierungsprozesse

Das Konzept Ombudschaft, das vor 20 Jahren im beschriebenen Sinne in der Jugendhilfe ins Leben gerufen wurde, hat somit eine „Erfolgsstory" (Urban-Stahl 2020, S. 7) durchlaufen, ist mittlerweile „en vogue geworden und in aller (fachpolitischer) Munde" (Schruth 2020, S. 16): In den Diskussionen im Vorfeld der Neuerungen im Kinder- und Jugendhilferecht 2021 war die gesetzliche Verankerung von Ombudschaft eines der wenigen Themen, über die fachpolitische Einigkeit bestand (Smessaert 2019). Der vor 20 Jahren in der Kinder- und Jugendhilfe noch weitgehend unbekannte Begriff „Ombudschaft" wird heute häufig und in diversen Kontexten verwendet. Allerdings werden unterschiedliche Dinge darunter gefasst bzw. das Konzept Ombudschaft unterschiedlich gedeutet, bspw. wenn sich dahinter ein Verständnis verbirgt, bei dem es eher allgemein darum geht, gegen Ungerechtigkeiten vorzugehen. Um das spezifische Konzept und fachliche Anliegen zu erhalten, muss der drohenden Aushöhlung oder Verwässerung des Begriffs entgegengetreten werden, denn: „Das Ringen um die Deutungshoheit [...] hat gerade erst begonnen" (Sandermann & Urban-Stahl 2017, S. 51).

Mit Blick auf die Umsetzung des § 9a SGB VIII durch die Länder gilt es darauf hinzuwirken, dass auf die bestehenden Strukturen und Erfahrungen aufgebaut und diese in die anstehenden Entwicklungen einbezogen werden. Das Feld wird eine starke Verbreiterung und Erweiterung erfahren: Eine flächendeckende und bedarfsgerechte Versorgung mit unabhängigen Ombudsstellen können die bisherigen Strukturen nicht gewährleisten. Es braucht mehr, größere und besser ausgestattete Ombudsstellen in allen Regionen. Zudem sind die Länder verpflichtet eine Ombudsstruktur zu errichten, die ombudschaftliche Beratung und Beschwerdebearbeitung bei Konflikten in Bezug auf *alle* Aufgaben der Kinder- und Jugendhilfe anbietet, so dass sich das Feld inhaltlich über den Bereich hilfeplan(analog)gesteuerter Leistungen hinaus ausweiten wird. Diesbezüglich werden die bestehenden Verfahren und Methoden unter Beibehaltung des spezifischen Aufgabenprofils erweitert werden müssen (Len, Manzel und Tomaschowski, Kap. V, i. d. B.).

Die geschilderte Entwicklung ist unbestritten ein großer Erfolg, geht aber mit Ambivalenzen einher: Insbesondere, wenn die ombudschaftlichen Strukturen aufgrund der gesetzlichen Implementierung nun in verhältnismäßig kurzer Zeit verbreitert und ausgebaut werden, braucht es den Austausch zu Qualitätsstandards unter den Ombudsstellen (Smessaert 2019, S. 30f.). Hier gilt es, den hohen Kompetenzanspruch von Ombudschaft in der Jugendhilfe und die auf Einzelfallgerechtigkeit ausgerichteten qualitativen Standards (Schruth 2020, S. 19) beizubehalten bzw. zu verteidigen.

Die anstehenden und notwendigen Prozesse der weiteren Verberuflichung und Institutionalisierung von Ombudschaft lassen vermuten, dass zunehmend andere Organisationslogiken, Interessen und Akteur*innen das Feld prägen werden als in der Entstehungszeit von Ombudschaft als zivilgesellschaftliche Graswurzelbewegung (Rosenbauer & Schruth 2019, S. 154). Es bleibt zu hoffen und zu forcieren, dass hierbei der „Geist der Entstehungszeit", die Empörung über Missstände und das Nicht-Hinnehmen von Entwicklungen in der Jugendhilfe, die zu Lasten der Adressat*innen-Rechte gehen, weiterhin die ombudschaftliche Bewegung prägen. Mit Blick auf die weitere Entwicklung des Arbeitsfeldes ist es daher zentral, den Anspruch von Ombudschaft, die Position der strukturell unterlegenen Adressat*innen sowohl im Einzelfall als auch durch fachpolitische Lobbyarbeit zu stärken und kompromisslos auf die Umsetzung bestehender Rechte hinzuwirken, in der Zukunft nicht aufzuweichen. Dafür braucht es weiterhin eine widerständige Praxis ombudschaftlichen Handelns und die „Kultivierung eines fachpolitischen und auch fachöffentlich wirksamen Widerspruchs" (Rosenbauer & Schruth 2019, S. 151). Fragwürdige Praktiken der Jugendhilfe, wie die Integrität und Würde junger Menschen verletzende verhaltenstherapeutische Stufenpläne mancher Einrichtungen (Magyar-Haas 2019, S. 210), Geschlossene Unterbringung und das (uneingeschränkt geltende) Recht auf gewaltfreie Erziehung (Häbel 2019) missachtende Methoden müssen weiterhin kritisiert und skandalisiert werden. Fragwürdige Entwicklungen im Bereich der Leistungsgewährung, wie z. B. die Vorenthaltung vollumfänglicher Jugendhilfeleistungen gegenüber jungen Geflüchteten[7], oder restriktive Handlungsmuster im Kontext Kinderschutz, die

7 bspw. wurde in Berlin 2021 ein Pilotprojekt geplant, dass für ehemals unbegleitete minderjährige Geflüchtete ab dem 18. Lebensjahr die Unterbringung in Wohneinheiten innerhalb von Gemeinschaftsunterkünften bei (nur noch) ambulanter Jugendhilfe vorsieht. Die diesbezügliche gemeinsame Pressemitteilung vom Flüchtlingsrat Berlin, BBZ, Jugendliche ohne Grenzen und BumF ist abzurufen unter http://www.fluechtlingsrat-berlin.de/pm_jugendhilfe_light

unter dem Deckmantel von Schutzkonzepten das Zurückfallen in autoritär geprägte Kinder- und Familienfürsorge befürchten lassen (Schone 2018, S. 188) ebenso.

Damit es gelingen kann, dass die ombudschaftliche Bewegung den Blick auf ihre Entstehungsgeschichte und den Sinn und Zweck von Ombudschaft nicht verliert, sollten Ombudsstellen selber möglichst demokratisch, nichthierarchisch und beteiligungsorientiert ausgestaltet sein.

Literatur

BMFSFJ (2015). Bericht der Bundesregierung – Evaluation des Bundeskinderschutzgesetzes (Stand: Dezember 2015, 1. Auflage). Berlin: Bundesministerium für Familie, Senioren, Frauen und Jugend, Referat Öffentlichkeitsarbeit.

BNO (2021a). Ombudschaft in der Kinder- und Jugendhilfe. https://ombudschaft-jugendhilfe.de/wp-content/uploads/Informationen_zu_ombudschaftlichen_Strukturen_2021.pdf [21.03.2021].

BNO (2021b). Selbstverständnis. https://ombudschaft-jugendhilfe.de/wp-content/uploads/BNO_Selbstverstaendnis_2021_09_23.pdf [11.01.2022].

BRJ e.V. (2012). 10 Jahre Ombudschaft in der Berliner Jugendhilfe. Berlin: Eigenverlag.

Deutscher Bundestag (2013). 14. Kinder- und Jugendbericht. Bericht über die Lebenssituation junger Menschen und die Leistungen der Kinder- und Jugendhilfe in Deutschland; und Stellungnahme der Bundesregierung; zugeleitet mit Schreiben des Bundesministeriums für Familie, Senioren, Frauen und Jugend. Köln: Bundesanzeiger Verlag.

Deutscher Bundestag (2017). 15. Kinder- und Jugendbericht Bericht über die Lebenssituation junger Menschen und die Leistungen der Kinder- und Jugendhilfe in Deutschland (1. Auflage). Berlin: Bundesministerium für Familie Senioren Frauen und Jugend.

Freigang, W. (2018). belegung.vp – Digitalisierung & Inkasso im Nordosten. Forum Erziehungshilfen, 2018 (H. 3) S. 131.

Häbel, H. (2019). Das Recht des Kindes auf gewaltfreie Erziehung – und was das mit Zwang in erzieherischen Hilfen zu tun hat. Forum Erziehungshilfen, 2019 (H. 4) S. 219-222.

Herwig-Lempp, J. (2007). Der hallesche (Irr-)Weg: Fachkonzept und Dienstanweisung Nr. 93. Forum Erziehungshilfen, 2007 (H. 5) S. 311-315.

Len, A. & Tomaschowski, L. (2020). Wie funktioniert Ombudschaft? Einblicke in ein heterogenes Feld. Forum Erziehungshilfen, 2020 (H. 1) S. 10-15.

Magyar-Haas, V. (2019). Beschämende Aspekte verhaltenstherapeutischer Stufenpläne. Forum Erziehungshilfen, 2019 (H. 4) S. 208-212.

Richter, J. & Lutz, T. (2021). Was soll und kann Ombudschaft in der Jugendhilfe leisten? Sozial Extra, 2021 (H. 5) S. 344-348.

Rosenbauer, N. & Schruth, P. (2019). Ombudschaft als Mittel der Durchsetzung von Rechten junger Menschen und ihrer Familien in der Kinder- und Jugendhilfe. Auf den Spuren notwendiger Unabhängigkeit einer Praxis des Widerspruchs. In: zur Gathen, M. von, Meysen, T. & Koch, J. (Hrsg.): Vorwärts, aber nicht vergessen! Entwicklungslinien und Perspektiven in der Kinder- und Jugendhilfe; Zukunftsimpulse für Praxis und Fachpolitik aus Anlass des 65. Geburtstages von Norbert Struck (S. 146-156). Weinheim: Beltz Juventa.

Sandermann, P. & Urban-Stahl, U. (2017). Beschwerde, Ombudschaft und die Kinder- und Jugendhilfe. Begriffliche, konzeptuelle, organisationale und diskursive Differenzierungen. In: Equit, C., Flößer, G. & Witzel, M. (Hrsg.): Beteiligung und Beschwerde in der Heimerziehung. Grundlagen, Anforderungen und Perspektiven (S. 27-55).

Schone, R. (2018). Wenn Schutzkonzepte aus dem Ruder laufen … Forum Erziehungshilfen, 2018 (H. 3) S. 186-188.

Schruth, P. (2020). Ombudschaft in der Jugendhilfe: Streitpunkte in der Fachdebatte. Forum Erziehungshilfen, 2020 (H. 1) S. 16-21.

Smessaert, A. (2019). Fast angekommen im System? Was eine gesetzliche Regelung zur ombudschaftlichen Beratung bedeuten und bewirken kann. Das Jugendamt, 2019 (H. 1) S. 2-6.

Thiersch, H. (2012). Zur Bedeutung von Ombudschaft in der Jugendhilfe. In: Berliner Rechtshilfefonds Jugendhilfe e. V.: 10 Jahre Ombudschaft in der Berliner Jugendhilfe (S. 2-4). Berlin: Eigenverlag.

Urban-Stahl, U. (2011). Expertise: Ombuds- und Beschwerdestellen in der Kinder- und Jugendhilfe in Deutschland. In: Nationales Zentrum frühe Hilfen (Hrsg.): Beiträge zur Qualitätsentwicklung im Kinderschutz. Köln.

Urban-Stahl, U. (2014). Unabhängige Ombudsstellen – Neuland in der Kinder- und Jugendhilfe. Zeitschrift für Sozialpädagogik, 2014 (H. 1) S. 11-31.

Urban-Stahl, U. (2020). Die mögliche Verankerung von Ombudschaft in der Kinder- und Jugendhilfe: Überlegungen zu Folgen und Nebenwirkungen. Forum Erziehungshilfen, 2020 (H. 1) S. 4-9.

Wölfel, U. von & Redmann, B. (2020). Ombudschaftliche Arbeit und Empowerment. Von der individuellen Information zur gemeinsamen politischen Aktion. In: Wölfel, U. von & Redmann, B. (Hrsg.): Bildung am Rande. Warum nur gemeinsam mit Adressat_innen in der Jugendhilfe Bemächtigungsprozesse initiiert werden können (S. 107-127). Weinheim, Basel: Beltz Juventa.

„Eine gute Ombudsstelle ist eine Ombudsstelle, die man kennt." – Verständnisse von Ombudschaft aus der Perspektive von Adressat*innen

Robin Loh & Jamie Uffelmann

*Robin Loh und Jamie Uffelmann werten die Ergebnisse einer Online-Umfrage sowie einer Gruppendiskussion aus, die mit einigen Adressat*innen ombudschaftlicher Beratung durchgeführt wurde. Die Themen waren unter anderem ihr jeweiliges persönliches Verständnis von Ombudschaft sowie ihre Einschätzung zu nach wie vor bestehenden Missständen in der Kinder- und Jugendhilfe. Es wird zudem diskutiert, welche Möglichkeiten und Angebote Ombudschaft nach der SGB VIII-Reform anbieten sollte. Wichtig sind aus Sicht der Autor*innen und der Teilnehmenden vor allem eine stärkere Verbreitung von Informationen über Ombudschaft und Kinder- und Jugendrechte, Niedrigschwelligkeit sowie die Einbindung von Bezugspersonen betroffener Kinder und Jugendlicher bei ombudschaftlicher Beratung. Abschließend erläutern die Autor*innen, wie wichtig die Beteiligung von Interessenvertretungen auch bei strukturellen Entscheidungen (z. B. dem Aufbau einer Ombudsstelle) ist.*

<u>**Online-Umfrage**</u>

Durchführung:

September bis Oktober 2021, verbreitet in verschiedenen Netzwerken wie dem Bundesnetzwerk Ombudschaft in der Kinder- und Jugendhilfe, dem Bundesnetzwerk Care Leaver-Initiativen und der Fachzeitschrift des PFAD Bundesverband der Pflege- und Adoptivfamilien

Zielgruppe:

Adressat*innen von Ombudschaft gemäß § 9a SGB VIII (junge Menschen und ihre Familien), Care Leaver, Pflegeeltern und Fachkräfte

Anzahl der Teilnehmenden:

54 Personen überwiegend aus Brandenburg und Hessen, davon 7 Kinder, 8 Jugendliche, 9 junge Volljährige und 30 Erwachsene im Alter von 28-60 Jahren. Die jüngste teilnehmende Person war 8 Jahre alt.

Verhältnis der Teilnehmenden in Prozent:

44,4 % Fachkräfte, 42,6 % junge Menschen, 13 % (Pflege-) Eltern, 0 % sonstige Familienangehörige

Anzahl der Fragen und Antwortmöglichkeiten:

11 Fragen: 6 offene Fragen, 3 geschlossene Fragen (ja oder nein), 2 Multiple Choice

Online-Gruppendiskussion
Durchführung:
19.09.2021
Dauer:
140 Minuten im Plenum/ Breakout-Sessions
Anzahl der Teilnehmenden:
10 Personen
Zusammensetzung der Teilnehmenden:
4 Mitglieder des Careleaver e.V., davon drei ehemalige Mitglieder im Landesheimrat Hessen und eine im Landesheimrat Bayern, 2 Vertreter*innen der Interessenvertretung Jugend vertritt Jugend Nordrhein-Westfalen, eine Vertreterin des Landesheimrates Bayern, ein Vertreter des Landesheimrates Hessen und ein Vertreter des Landesjugendhilferates Rheinland-Pfalz

Der folgende Beitrag soll den Lesenden näherbringen, wie Adressat*innen der Kinder- und Jugendhilfe Ombudschaft verstehen und ob und wenn ja, welche Erfahrungen sie mit Ombudsstellen gemacht haben. Durch ihr ehrenamtliches Engagement konnten Jamie Uffelmann (Landesheimrat Hessen) und Robin Loh (Careleaver e.V.) bereits einige junge Menschen und ihre Erziehungs- und Personensorgeberechtigten an Ombudsstellen vermitteln und von ersten Erfahrungsberichten der Adressat*innen profitieren. Da es sich aber nur um einzelne Erfahrungsberichte handelt, haben sich die Autor*innen entschieden, eine Umfrage und eine Gruppendiskussion durchzuführen, um in diesem Beitrag weitere Perspektiven zu berücksichtigen.

Die Ergebnisse der Umfrage und der Gruppendiskussion werden im Folgenden in zwei Themenbereiche untergliedert: Erfahrungen innerhalb der Kinder- und Jugendhilfe und Erwartungen an Ombudschaft.

Neben aller Kritik sei angemerkt, dass Care Receiver und Care Leaver im Landesheimrat Hessen und im Careleaver e.V. immer wieder berichten, dass sie auch durchaus positive Erfahrungen innerhalb der Jugendhilfe machen und die Pflegefamilie oder Wohngruppe ihre Familie und ihr Zuhause darstellen, insbesondere dann, wenn sie Bezugspersonen in der Jugendhilfe haben, die ihnen längerfristig und bedingungslos zur Seite stehen. Wer an positiven Erfahrungsberichten von Care Receivern und Care Leavern interessiert ist, von denen Jugendhilfe genauso viel lernen kann, wie von den folgenden Kritikpunkten, ist herzlich eingeladen, sich das Video „Deine Rechte als Careleaver“[1] anzuschauen, an dem sich auch ein Mitglied aus dem Landesheimrat Hessen und ein Mitglied von Jugend vertritt Jugend Nordrhein-Westfalen beteiligten.

1 https://www.careleaver.de/filme-von-und-fuer-careleaver/

Erfahrungen innerhalb der Kinder- und Jugendhilfe

Mit dem Kinder- und Jugendstärkungsgesetz wurde Ombudschaft 2021 im SGB VIII verankert. Junge Menschen und ihre Familien sollen zur Beratung sowie Vermittlung und Klärung von Konflikten im Zusammenhang mit Aufgaben der Kinder- und Jugendhilfe nach § 2 SGB VIII die Möglichkeit bekommen, sich ombudschaftlich beraten zu lassen. Mit Blick auf § 2 SGB VIII zeigt sich, wie vielfältig der Zuständigkeitsbereich von zukünftigen Ombudsstellen sein wird, weshalb in der Umfrage zu Beginn gefragt wurde, welche Erfahrungen die Teilnehmenden mit den unterschiedlichsten Institutionen der Kinder- und Jugendhilfe gemacht haben.

29,6 % der Teilnehmenden gaben an, dass sie noch kein Problem mit der Schule, der Kindertagesstätte, dem Jugendamt, einer Einrichtung der Kinder- und Jugendhilfe oder einem Träger der offenen Kinder- und Jugendarbeit hatten. Die meisten Probleme traten mit dem Jugendamt auf (33,3 %), gefolgt von der Schule (16,7 %) und Einrichtungen der Kinder- und Jugendhilfe (14,8 %). Die Umfrage wurde jedoch in Personenkreisen beworben, die den Hilfen zur Erziehung zuzuordnen sind, weshalb es nicht verwundert, dass die Mehrheit der Teilnehmenden Probleme mit dem Jugendamt und Einrichtungen der Kinder- und Jugendhilfe angaben.

Bezugspersonen nehmen eine wichtige Rolle bei der Problemlösung ein!

Bei der Frage, ob und wo die Teilnehmenden in Konfliktsituationen Hilfe erhalten haben, fällt positiv auf, dass nur wenige Personen keine Unterstützung fanden. Zudem fällt auf, dass die Teilnehmenden vorrangig Unterstützung durch einzelne Personen und nicht durch Institutionen erhielten. Die Fachkräfte gaben häufig an, dass ihre Vorgesetzten oder ihre Kolleg*innen sie unterstützten. Eine Pflegemutter schrieb, dass die Vormund*innen ihrer Pflegekinder sowie der Anwalt und der Verfahrensbeistand ihres Pflegesohnes eine große Unterstützung darstellten. Die jungen Menschen gaben in der Regel Personen an, die sich in ihrem sozialen Umfeld befinden, zum Beispiel Erzieher*innen, Lehrer*innen und Familienangehörige. Die Erzieher*innen wurden jedoch am häufigsten genannt. In einzelnen Fällen konnten auch Institutionen wie die Einrichtungsaufsicht, eine Ombudsstelle, der Deutsche Kinderschutzbund (DKSB) und der PFAD Bundesverband für Pflege- und Adoptivfamilien helfen. Eine teilnehmende Person schrieb zudem, dass das Hilfeersuchen an sich als problematisch wahrgenommen wurde und das Jugendamt sich persönlich angegriffen fühlte. Eine Pflegemutter meldete sich telefonisch bei den Autor*innen, nachdem sie von der Umfrage erfuhr, und berichtete, dass sie sich bei einer Ombudsstelle Unterstützung erhoffte, diese aber über längere Zeit nicht erreichbar gewesen sei.

Bestimmte (Erziehungs-)Maßnahmen des Jugendamtes und der Einrichtung müssen kritisch hinterfragt werden!

Die Teilnehmenden der Gruppendiskussion berichteten von Problemsituationen innerhalb der Jugendhilfeeinrichtung oder im Kontakt mit ihrem zuständigen Jugendamt. Mehrmals genannt wurde zum Beispiel der Fall, dass das zuständige Jugendamt die Vorgaben zur Berechnung der Kostenheranziehung missachtet. So sei von einzelnen Teilnehmenden mehr Geld herangezogen worden als, insbesondere vor der SGB VIII-Reform, gesetzlich vorgeschrieben gewesen ist.

Die Teilnehmenden der Gruppendiskussion berichteten zudem, dass bei Unordnung im Zimmer ihr Eigentum durch Fachkräfte entwendet werde. Oft werde auch das Handy als Druckmittel weggenommen, ohne dass nachvollziehbar sei, was die Wegnahme des Handys mit der Unordnung im Zimmer zu tun habe. Jeder junge Mensch in einer Jugendhilfeeinrichtung solle einen guten Zugang zum Internet sowie zu den nötigen Endgeräten haben. Zumindest ab 14 Jahren solle Jugendlichen der Besitz eines Handys erlaubt sein. Handy und Internet seien mittlerweile ein wichtiges Kommunikationsmittel und Medium gesellschaftlicher Teilhabe geworden, insbesondere in der Pandemie.

Besonders erschütternd zu hören waren ein Bericht über sexuelle Belästigung und Body Shaming sowie Erfahrungen von körperlicher Gewalt durch Fachkräfte, in dem zum Beispiel Jugendliche durch die Wohngruppe „befördert" wurden. Ein Teilnehmer berichtete, dass er zum Auszug aus seiner Wohngruppe gezwungen worden sei, weil er seine Einrichtung über eine Gewalterfahrung informierte, dabei aber die Art der Gewalterfahrung nicht genauso wiedergab, wie sie passiert sei und ihm unterstellt wurde, dass er den Sachverhalt falsch dargestellt hätte. Sanktionen für die betreffende Fachkraft habe es wiederum keine gegeben.

Ebenfalls häufig käme in der Jugendhilfe vor, dass die Jugendhilfemaßnahme vorzeitig beendet wird – häufig bei Erreichen der Volljährigkeit. Diese Erfahrung haben mehrere Teilnehmende gemacht, bei ehemaligen Mitbewohner*innen haben sie diese Situation auch mehrfach wahrgenommen.

Junge Menschen sollten aus Sicht der Autor*innen selbst bestimmen dürfen, wie sie ihr zukünftiges Leben gestalten und in Bezug auf ihren gewünschten Werdegang auch Unterstützung erfahren. Umso erfreulicher ist, dass der*die Gesetzgeber*in im SGB VIII den Begriff der Selbstbestimmung mit aufgenommen hat. Jeder junge Mensch hat ein Recht auf Förderung seiner

Entwicklung und auf Erziehung zu einer *selbstbestimmten*, eigenverantwortlichen und gemeinschaftsfähigen Persönlichkeit (§ 1 Abs. 1 SGB VIII).

Ein sensibler Umgang mit der sozialen Herkunft ist gefordert, auch in der Hilfeplanung!

Innerhalb der Gruppendiskussion sprachen die Teilnehmenden längere Zeit über ihre Erfahrungen mit Stigmatisierungen in und außerhalb der Jugendhilfe. Dies ist aus Sicht der Autor*innen ein wichtiges Thema für Ombudsstellen, wenn es darum geht, fachpolitisch für die Interessen junger Menschen zu sensibilisieren und auch über die Jugendhilfe (hinaus) aufzuklären. Die Teilnehmenden der Gruppendiskussion stellten fest, dass sowohl Care Receiver als auch Care Leaver häufig mit Vorurteilen und Diskriminierungserfahrungen konfrontiert sind. Gleich mehrere Teilnehmende berichteten, dass sie negative Reaktionen von ihrer Schule oder Ausbildungsstätte erfahren hätten, als bekannt wurde, dass sie in einer Jugendhilfeeinrichtung leben oder gelebt haben. Häufig hätten die Institutionen anhand der Wohnanschrift der jungen Menschen erkannt, dass sie in einer Jugendhilfeeinrichtung leben. Dem Careleaver e. V. wird auch häufig zurückgemeldet, dass Schulen von der Jugendhilfe erfahren, weil die Schule in die Hilfeplanung mit einbezogen wird, ohne dass die Jugendlichen gefragt werden, ob sie damit einverstanden sind. Es scheint eine übliche Praxis zu sein, die selten kritisch hinterfragt wird. In Einzelfällen macht es sicherlich Sinn, die Schule zu beteiligen, aber ob und in welcher Form sollte mit dem jungen Menschen besprochen und abgestimmt werden, um § 8 Abs. 1 S. 1 SGB VIII an dieser Stelle gerecht zu werden.

In Gesprächen innerhalb des Landesheimrats Hessen und im Careleaver e. V. zeigt sich häufig, dass junge Menschen in den Hilfen zur Erziehung in unterschiedlichsten Lebensbereichen von Stigmatisierung und Diskriminierung betroffen sind. Begriffe wie *Heim- und Pflegekind, Hilfeempfänger*in, Klient*in, Systemsprenger*in, Mündel, Flüchtling* und Zuschreibungen wie *verhaltensauffällig, vulnerabel* und *nicht haltbar* werden von jungen Menschen aus der Kinder- und Jugendhilfe häufig als schwierig erachtet, auch weil sie außerhalb der Kinder- und Jugendhilfe oft negativ besetzt sind und einem das Gefühl geben, nicht „normal“ zu sein. Gleichzeitig stellt sich die Frage, ob es immer sinnvoll ist, diese Begriffe aus dem eigenen Wortschatz zu streichen. Ein Mitglied im Careleaver e. V. berichtete einst, dass es nicht schlimm sei, ein Pflegekind zu sein. Das Problem liege darin, dass außerhalb der Kinder- und Jugendhilfe nicht ersichtlich sei, dass es auch ein Aufwachsen in öffentlicher Verantwortung gibt. Das Leben in einer Pflegefamilie oder Einrichtung werde durchaus als normal empfunden und die Pflegefamilie könne die eigene Familie und die Einrichtung das eigene Zuhause sein. Es gäbe zwar (Kinder-)Bücher, in denen Patchwork-Familien und gleichgeschlechtliche Lebenspartnerschaften zunehmend repräsentiert seien, aber Pflegefamilien und Kinder und Jugendliche in Einrichtungen seien nicht selbstverständlich in (Kinder-)Literatur wiederzufinden. Dies wiederum beeinflusse die Sicht anderer auf einen selbst und man sei als junger Mensch aus der Jugendhilfe immer wieder mit Vorurteilen konfrontiert. Ombudschaft kann neben ombudschaftlicher Beratung auch einen Beitrag dazu leisten, dass über die Kinder- und Jugendhilfe hinaus für solche Stigmatisierungsprozesse sensibilisiert wird und diese abgebaut werden, auch zum Beispiel, indem sie Selbstvertretungsorganisationen nach § 4a SGB VIII fördert, unterstützt und mit diesen zusammenarbeitet.

Erwartungen an Ombudschaft

In der Umfrage und in der Gruppendiskussion wurde nach den Erfahrungen mit Ombudsstellen und Erwartungen an Ombudschaft gefragt. Deutlich wurde, dass es weiterhin mehr kinder- und jugendgerechte Informationen zum Thema Ombudschaft braucht, die Zugänge zur ombudschaftlichen Beratung niederschwelliger gestaltet werden müssen und Bezugspersonen, aber auch Selbstvertretungsorganisationen von jungen Menschen, eine wichtige Rolle bei der Informationsweitergabe und Vermittlung an Ombudsstellen spielen können.

Es braucht mehr Informationen über Ombudschaft!

In der Umfrage meldeten 66,4 % der Teilnehmenden zurück, dass sie bereits von Ombudschaft bzw. von Ombudsstellen in der Kinder- und Jugendhilfe gehört haben. Und 37,7 % aller Teilnehmenden gaben an, dass sie bereits in Kontakt mit einer Ombudsstelle standen. Insgesamt bejahten 86,5 % die Frage, ob sie sich bei Problemen an eine Ombudsstelle wenden würden. Die 13,5 %, die mit Nein antworteten, meldeten zurück, dass sie das nicht beurteilen könnten, weil sie sich bisher mit Ombudschaft und Ombudsstellen zu wenig auskennen. Zwei Personen schrieben, dass sie sich bei Problemen an keine Ombudsstellen wenden würden, weil laut der einen teilnehmenden Person die Einwirkungsmöglichkeiten einer Ombudsstelle zu gering seien und für die andere teilnehmende Person die Ombudsstelle nicht „greifbar“ sei.

In der Gruppendiskussion gaben mehrere Teilnehmende an, dass sie nur wenige oder sogar überhaupt keine Informationen zur Ombudschaft hätten. Das Wort Ombudsstelle sei einigen gar nicht bekannt. Nachdem alle

Teilnehmenden über das Thema Ombudschaft aufgeklärt wurden, waren sie sich allerdings einig über die Wichtigkeit, dass jeder junge Mensch wissen sollte, was eine Ombudsstelle ist, was sie macht, und wie man mit ihr Kontakt aufnehmen kann. In manchen Konfliktsituationen hätte eine Ombudsstelle laut einigen Teilnehmenden möglicherweise helfen können. Sie sei allerdings nicht aufgesucht worden, weil es an Informationen fehlte. Die Teilnehmenden äußerten deutlich ihren Wunsch, dass jungen Menschen mehr Informationen über Ombudsstellen weitergegeben werden sollten – auch zu ihren Rechten. Innerhalb der Jugendhilfe solle diese Informationsweitergabe vor allem durch die Fachkräfte erfolgen, aber auch Gruppensprecher*innen und weitere Bezugspersonen sowie Interessenvertretungen von Care Receivern, Care Leavern und jungen Menschen im Allgemeinen sollten ihr Wissen verbreiten. Zur Kontaktaufnahme solle eine Ombudsstelle die Möglichkeit eines persönlichen Kontaktes bieten, um eine Beziehung zum Gegenüber herzustellen. Es solle aber auch eine anonyme Kontaktaufnahme möglich sein, falls die Hemmschwelle zu groß ist, sich als junger Mensch persönlich an eine Ombudsstelle zu wenden. Des Weiteren sollten sich die Mitarbeitenden einer Ombudsstelle der Probleme und Defizite bewusst sein, die immer noch innerhalb der Jugendhilfe bestehen.

Die Rückmeldungen aus der Umfrage bestätigen dies. Für junge Menschen ist es wichtig, einen niedrigschwelligen Zugang zu Unterstützung zu haben. Insbesondere Bezugspersonen wie zum Beispiel Erzieher*innen, Pflegeeltern und Vormund*innen seien wichtig, wenn es darum geht, an Ombudsstellen zu vermitteln. Sie müssen mitgedacht werden, wenn es darum geht, den jungen Menschen ombudschaftliche Beratung zugänglich zu machen. Berichten von jungen Menschen zufolge haben nicht alle jungen Menschen einen ausreichend guten Internetzugang. Und Broschüren, die an Einrichtungen weitergeleitet werden, erreichen die jungen Menschen nicht immer. Es reiche nicht aus, nur einen Internetauftritt und unterschiedliche Materialien vorzuhalten. Die jungen Menschen brauchen den direkten Kontakt oder Bezugspersonen, die über die Ombudsstelle Bescheid wissen.

Die Berichte der Teilnehmenden der Gruppendiskussion lassen jedoch vermuten, dass in der Realität noch weitaus weniger Adressat*innen Informationen zum Thema Ombudschaft besitzen als die 33,3 %, die aus den Ergebnissen der Online-Umfrage hervorgegangen sind. Das mag daran liegen, dass die Autor*innen die Umfrage in erster Linie in Netzwerken streuten, in denen Menschen vertreten sind, die sich in der Kinder- und Jugendhilfe engagieren und somit nicht dem Durchschnitt der Adressat*innen von Ombudschaft entsprechen. Zudem war ein Großteil derjenigen, die an der Umfrage teilnahmen, Fachkräfte der Kinder- und Jugendhilfe und man sollte voraussetzen, dass diese über Ombudschaft Bescheid wissen.

Ombudsstellen müssen gut erreichbar sein, einem zuhören und einen ernstnehmen!

In der Umfrage wurde auch gefragt, was sich die Teilnehmenden von einer unabhängigen Ombudsstelle wünschen und was in der Kinder- und Jugendhilfe, in der Schulsozialarbeit und in der offenen Kinder- und Jugendarbeit besser laufen sollte. Mit am häufigsten wurde der Wunsch geäußert, dass die Ombudsstellen parteilich im Interesse der jungen Menschen handeln sollten. Zudem wurde genannt, dass die Ombudsstelle auch räumlich unabhängig und für junge Menschen und ihre Familien niedrigschwellig sein sollte. Unter Niedrigschwelligkeit wurden zum Beispiel eine für die Zielgruppe ansprechende Öffentlichkeitsarbeit, eine zeitnahe Kontaktaufnahme und mehr Präsenzzeit genannt. Ein Satz, der häufiger fiel, lautete: „Dass sie mir zuhören und mich ernstnehmen". Eine teilnehmende Person schrieb, dass eine Ombudsstelle einen über die eigenen Rechte informieren und einem das Gefühl von Ohnmacht nehmen sollte. Zudem wurde häufiger der Wunsch geäußert, mithilfe der Ombudsstelle Handlungsstrategien zu entwickeln, wie mit Konflikten und Problemen gut umzugehen ist, zum Beispiel mit „Hilfe verhindernden Jugendamtsstrukturen". Ähnlich äußerten sich die Teilnehmenden der Gruppendiskussion. Eindrücklich war die Metapher eines Teilnehmenden, der die Kinder- und Jugendhilfe mit dem Symbol der Göttin Justitia verglich. Mit Blick auf das Bild der römischen Göttin, die typischerweise mit verbundenen Augen eine Waagschale in der Hand hält, sollte eine Ombudsstelle gegen Machtmissbräuche ankämpfen und unvoreingenommen den jungen Menschen gegenübertreten und voll und ganz im Sinne der Gerechtigkeit und im Interesse der jungen Menschen handeln.

Mit Blick auf die unterschiedlichen Lebensbereiche, in denen sich junge Menschen und ihre Familien aufhalten, wurde der Wunsch geäußert, dass Ombudschaft in allen Lebensbereichen präsenter sein sollte. Die regional unterschiedliche Jugendhilfepraxis und Ermessensspielräume für Jugendämter, die diese befördern, sollten aufgelöst werden und Hilfen sollten zukünftig dem Hilfebedarf entsprechend zur Verfügung stehen und nicht von (finanziellen) Ressourcen abhängen. Des Weiteren wünschen sich die Teilnehmenden mehr Beteiligungsmöglichkeiten für junge Menschen, auch für diejenigen, die sich nicht so gut artikulieren können oder psychisch erkrankt sind. Eine teilnehmende Person meldete zurück, dass er*sie erlebe, dass Jugendliche, die psychisch erkrankt sind, gänzlich abgesprochen werde, beurteilen zu können, was ihnen guttue und was nicht.

Wie sowohl die Ergebnisse der Umfrage als auch die der Gruppendiskussion zeigen, lassen sich viele Konflikte in der Kinder- und Jugendhilfe darauf zurückführen, dass junge Menschen und ihre Familien überfordert sind, sich nicht gehört und ernst genommen fühlen und dass das, was (mit ihnen) passiert, ihnen nicht ausreichend erklärt wird. Es ist zu begrüßen, dass der*die Gesetzgeber*in diesen Missstand erkannt hat und an vielen Stellen im SGB VIII darauf hinweist, dass Unterstützung, Beratung und Beteiligung in einer für Adressat*innen verständlichen, nachvollziehbaren und wahrnehmbaren Form zu erfolgen haben (§§ 8, 10a, 36, 41a, 42 SGB VIII).

Exkurs zum Beteiligungs- und Entstehungsprozess „Ombudschaft in Hessen“

Strukturelle Beteiligung von Selbstvertretungsorganisationen kann zu einer guten Zusammenarbeit mit Ombudsstellen und zu einem besseren Zugang zu jungen Menschen führen!

Mit Blick auf die vorangegangenen Punkte wird deutlich, wie wichtig es ist, junge Menschen zu beteiligen, sie zu Wort kommen zu lassen, ihnen zu zuhören, sie ernst zu nehmen und sie bei wichtigen Entscheidungen, auch über den Einzelfall hinaus, einzubeziehen. Es werden zukünftig eventuell mehrere selbstorganisierte Zusammenschlüsse zur Selbstvertretung von Adressat*innen der Kinder- und Jugendhilfe (§ 4a SGB VIII) entstehen, die im besten Fall auch beratend in Jugendhilfeausschüssen sitzen werden (§ 71 Abs. 2 SGB VIII). Ombudschaft kann diese Entwicklung fachpolitisch fördern, täte aber mit Blick auf die eigenen Strukturen auch gut daran, diese Selbstvertretungsorganisationen an internen Prozessen zu beteiligen, weshalb die Autor*innen an dieser Stelle auf den Beteiligungs- und Entstehungsprozess „Ombudschaft in Hessen“ beispielhaft eingehen möchten, im Zuge dessen in Hessen ombudschaftliche Strukturen entsprechend des § 9a SGB VIII entwickelt werden.

Die Autor*innen Jamie Uffelmann und Robin Loh nehmen seit April 2021 an diesem Beteiligungs- und Entstehungsprozess teil und vertreten im Rahmen dieses Prozesses gemeinsam mit ihren Kolleg*innen den Landesheimrat Hessen bzw. den Careleaver e. V.. Zu diesem Prozess lud im Februar 2021 die Hessische Landesbeauftragte für Kinder- und Jugendrechte ein. Der aktuell noch laufende Prozess (Stand April 2022) wird begleitet von:

- der freien und öffentlichen Kinder- und Jugendhilfe
- dem Hessischen Landkreis- und Städtetag
- dem Hessischen Ministerium für Soziales und Integration
- dem Deutschen Kinderschutzbund Landesverband Hessen
- der aktuellen Ombudsstelle für Kinder- und Jugendrechte in Hessen e. V.
- dem Verein Berater Kinder- und Jugendvertretung Hessen
- und den Selbstvertretungsorganisationen Landesschüler*innenvertretung Hessen, Landesheimrat Hessen und Careleaver e. V.

Im Rahmen dieses Prozesses fanden im April und Mai 2021 in großer Runde drei Online-Sitzungen statt, woraufhin sich eine Expert*innengruppe bildete, die ein Expert*innen-Hearing plante und sich zur Konzeptentwicklung einer zukünftigen Ombudsstelle an drei Tagen persönlich traf. Derzeit (Stand April 2022) wird das Konzept weiter ausgearbeitet, bevor es voraussichtlich 2022 zur Umsetzung kommt.

Im gesamten Prozess wurden junge Menschen und Care Leaver beteiligt und konnten sich bei der Konzeptentwicklung einbringen. Zusätzlich haben sich die Vertreter*innen vom Landesheimrat und der Landesschüler*innenvertretung mit dem Berater KiJuV Hessen und die Regionalgruppen Rhein-Main und Kassel vom Careleaver e.V. mit dem Arbeitskreis für Care Leaver Hessen getroffen, eigene Ideen erarbeitet und wieder in den Beteiligungsprozess fließen lassen. Die Regionalgruppen und der Arbeitskreis für Care Leaver Hessen haben hierzu auch ein Positionspapier veröffentlicht (s. Careleaver e.V. 2021). Durch die Moderation der Landesbeauftragten für Kinder- und Jugendrechte wurde darauf geachtet, dass der Prozess jugendgerecht gestaltet ist und sowohl die Themenschwerpunkte als auch die Methodenauswahl dem Interesse der jungen Menschen entsprach. Neben den Methoden, den Themenschwerpunkten und dem Aufbau der Moderation war aber vor allem die explizit und implizit eingeforderte Kultur des Umgangs miteinander maßgeblich für eine gelingende Beteiligung der jungen Menschen. Dabei ging es darum, dass alle sich als Expert*innen für ihr Thema fühlten, sich mit der Gruppe identifizierten, eine wertschätzende Kommunikation und eine positive Perspektive auf die Vielfalt der Gruppe entwickelten. Erst dadurch konnte für alle eine Atmosphäre des Vertrauens und Miteinanders realisiert werden, die spürbar wurde und auffordernden Charakter hatte. Durch die Teilnahme junger Menschen konnten auf direktem Wege Forderungen und Wünsche der Adressat*innen von Ombudschaft eingebracht und berücksichtigt werden. Es wurde sich gleichberechtigt darüber ausgetauscht, wie junge Menschen mithilfe von Öffentlichkeitsarbeit gut zu erreichen sind und welche Voraussetzungen es braucht, um Selbstvertretungen von jungen Menschen sowohl innerhalb einer Ombudsstelle als auch in der ombudschaftlichen Beratung mit einzubeziehen (z.B. in Form eines Jugendbeirates und als Wegbegleiter*in für junge Menschen hin zur Ombudsstelle). Es wurde sich aber auch zu praktischen Fragestellungen ausgetauscht, wie beispielsweise der Frage, welcher Name einer zukünftigen Ombudsstelle für junge Menschen ansprechend ist.

Aus Sicht der Autor*innen ist diese Form der Beteiligung eher selten vorzufinden. Erfahrungsgemäß sind es Fachkräfte, die strukturelle und konzeptionelle Entscheidungen treffen. Dies mag daran liegen, dass jungen Menschen die Teilnahme an solchen Prozessen – auch oft alters- und entwicklungsbedingt – nicht zugetraut wird oder den Fachkräften möglicherweise die nötigen Methoden fehlen, um junge Menschen an solchen

Prozessen angemessen zu beteiligen, oder sie die Haltung vertreten, dass bestimmte Entscheidungen von Erwachsenen zu treffen sind. Beteiligung an strukturellen Fragen bezüglich Ombudsstellen muss aber auch für junge Menschen möglich gemacht werden. Ombudschaft zeichnet sich nicht nur durch Einzelfallberatung und Konfliktlösung aus. Ombudschaft hat auch die (politische) Teilhabe von jungen Menschen zu fördern, z. B. in Form von Selbstvertretungsorganisationen (vgl. Rosenbauer & Schruth 2019). Durch die Beteiligung von Selbstvertretungsorganisationen, auch an strukturellen Prozessen innerhalb der Ombudsstelle, kann im besten Fall der Bekanntheitsgrad der Ombudsstelle bei jungen Menschen erhöht werden und Jugendliche und junge Volljährige weisen im Sinne ihrer Multiplikator*innenfunktion in ihrem sozialen Umfeld auf die Möglichkeit der ombudschaftlichen Beratung hin. Zudem können Selbstvertretungsorganisationen durch Netzwerkarbeit mit Ombudsstellen eine Schnittstelle bilden, die dazu beiträgt, dass die Interessen der Adressat*innen gewahrt werden. Junge Menschen erfahren durch Jugendliche, die in einer Selbstvertretungsorganisation tätig sind, von der Möglichkeit, sich ombudschaftlich beraten zu lassen, und im Falle einer guten Zusammenarbeit motivieren die Jugendlichen andere Jugendliche, den Schritt hin zu einer Ombudsstelle (gemeinsam) zu gehen.

Literatur

Careleaver e. V. (2021). Zusammenfassung: Ombudschaft in Hessen – Sicht der Careleaver. www.careleaver.de/wp-content/uploads/2021/10/Zusammenfassung_Ombudschaft-in-Hessen_Sicht-der-Careleaver.pdf [16.03.2022]

Rosenbauer, N. & Schruth, P. (2019). Ombudschaft als Mittel der Durchsetzung von Rechten junger Menschen und Familien in der Kinder- und Jugendhilfe. In: M. von zur Gathen, T. Meysen & J. Koch (Hrsg.): Vorwärts, aber nicht vergessen! Entwicklungslinien und Perspektiven in der Kinder- und Jugendhilfe (S. 146-156). Weinheim Basel: Beltz Juventa.

Kapitel IV: Fachliche Verortungen, theoretische Bezüge und Begriffe ombudschaftlicher Arbeit

Impulse des Runden Tisches Heimerziehung für die ombudschaftliche Beratung in der Jugendhilfe

Peter Schruth

Der Runde-Tisch-Diskurs Heimerziehung und die öffentliche Skandalisierung der schutzlosen Auslieferung junger Menschen in einem System erzieherischen Unrechts in der (stationären) Jugendhilfe verstärkte eindringlich die öffentliche Wahrnehmung und Verantwortung zur Schaffung abgesicherter unabhängiger Beschwerderechte junger Menschen. Die zu ihrer Interessenvertretung am Runden Tisch Heimerziehung beteiligten ehemaligen Heimkinder haben unabhängige Beschwerdestellen in der Jugendhilfe gefordert und dies hat Eingang gefunden in den Abschlussbericht des Runden Tisches und seinen Empfehlungen an den Deutschen Bundestag. Dass überhaupt eine Opfergruppe[1] *der Jugendhilfe öffentlich wahrnehmbar Forderungen stellen konnte, war auch das Ergebnis ombudschaftlicher Unterstützung von unabhängigen Dritten. Damit die (von ehemaligen Heimkindern erlebten) Hemmschwellen zugunsten eines „Anvertrauens im Gespräch" überwunden werden können, braucht es für die heutigen ombudschaftlichen Beschwerdestellen unabhängige, niedrigschwellige und von sensibler Aufmerksamkeit geprägte besondere Angebote der Beratung. Der Autor hat die Opfergruppe am Runden Tisch Heimerziehung in Fragen der Aufarbeitung und Rehabilitierung der ehemaligen Heimerziehung und in den Folgejahren in ihrer Interessenvertretung hinsichtlich der Umsetzung der getroffenen Beschlüsse des Bundes, der Länder und Kirchen intensiv von 2010-2016 als Ombudsperson begleitet.*

1 Als „Opfergruppe" verstehe ich in diesem Zusammenhang diejenigen Personen, die in ihrer Lebensgeschichte durch eine Straftat oder ein Ereignis erhebliches, von staatlichen, kirchlichen und sonstigen (stationären) Trägern zu verantwortendem erzieherischem Unrecht erleiden mussten und dadurch unmittelbar oder mittelbar physisch, psychisch und/oder materiell geschädigt wurden. Die Kriminologie verbindet mit dem Status des „Opfer-Sein" Passivität, Fremdbestimmung, Abhängigkeit, Ohnmacht und Hilflosigkeit, ordnet diesen Status dem gesellschaftlichen Bereich zu und sieht im Opfer-Sein einen Ausdruck von sozialen Machtverhältnissen (vgl. T. Feltes/H.-J. Kerner, Kriminologie Lexikon Online, Stichwort: Opfer, www.krimlex.de).

Der Runde Tisch Heimerziehung (RTH)

Erstmalig in seiner Geschichte beschloss der Bundestag 2008 entsprechend den Empfehlungen des Petitionsausschusses des Bundestages einstimmig die Einrichtung eines Runden Tisches zur Aufarbeitung des den ehemaligen Heimkindern in den stationären Einrichtungen der Jugendhilfe in Deutschland zugefügten erzieherischen Unrechts und Leids und zur Erarbeitung von Beschlussempfehlungen des Bundestages zur Rehabilitation. Der RTH konstituierte sich 2009 für seine zweijährige Arbeit[2] und befasste sich zunächst lediglich mit der Aufarbeitung des erzieherischen Unrechts in den westlichen Jugendhilfeeinrichtungen der BRD, im Anschluss wurde die Aufarbeitung der Unrechtsfolgen der Heimerziehung in der DDR nachgeholt.

Die Dimensionen des in Deutschland nach dem Ende der Naziherrschaft fortgesetzten erzieherischen Unrechts sind gewaltig (s. AGJ 2010, S. 4): Im Westen lebten in der Zeit von 1949 bis 1975 etwa 700.000 bis 800.000 Kinder und Jugendliche in Säuglings-, Kinder- bzw. Erziehungsheimen, auch Fürsorgeheime genannt. Ca. 70 % dieser Heime waren in kirchlicher Hand. Die Verantwortung für die Einweisung und Unterbringung der Kinder und Jugendlichen – zumeist wegen „drohender Verwahrlosung“ oder weil die Kinder „unehelich“ waren – lag regelmäßig bei den Jugend- und Landesjugendämtern. Häufig ging dem – ohne Infragestellung des Unterbringungsvorschlags dieser Behörden – eine Entscheidung des Vormundschaftsgerichts voraus, die eigentlich vorläufig war, aber in unzähligen Fällen bis zur Volljährigkeit der Untergebrachten nicht mehr überprüft wurde. Parallel dazu waren bis Ende 1989 viele tausende Kinder und Jugendliche in über 700 Heimen der DDR eingesperrt – im Vergleich in den schädigenden Folgen für die Persönlichkeitsentwicklung der betroffenen Kinder und Jugendlichen nicht anders als im Westen, nur spezieller im System (der DDR) verankert und begründet (Düring 2021, S. 74 ff.). So nahm z. B. der größte Jugendwerkhof in Burg bei Magdeburg bis zu 360 Jugendliche auf (insgesamt gab es in der DDR ca. 32 Jugendwerkhöfe mit 3400 Plätzen). Am bekanntesten ist der geschlossene Jugendwerkhof in Torgau in Sachsen geworden, der für Jugendliche als abschreckende Endstation haftmäßig, folternd und sexuell missbrauchend organisiert war und maximal – sogar auch offiziell – für nur ein halbes Jahr für aushaltbar gehalten wurde (Schruth 2014, S. 176 ff.).

2 BT-Plenarprotokoll 16/193, S. 20733A

Wege ins Heim

Der von Manfred Kappeler im Zusammenhang mit dem systematischen Erziehungsunrecht der ehemaligen Heimerziehung in Deutschland geprägte Begriff „Wege ins Heim“ beschreibt den gemeinsamen Kontext der zwangsweisen Wege von Kindern und Jugendlichen in die kirchlichen und staatlichen Heime sowie die Lebensbedingungen und gewaltsamen Erziehungspraxen in den Heimen in der BRD und DDR (Kappeler 2011). Kappeler beschreibt die heimliche Messlatte des Bildes von den „normalen Verhältnissen“ und die daran geknüpfte normative Erwartung der Gesellschaft, in welchen Formen Erwachsene und Kinder entsprechend dem Kontext ihrer gesellschaftlichen Schicht bzw. Klasse zu leben haben. Die Normabweichung in „Unterschichtfamilien“ und bei ihren Kindern wurde im Begriff „Verwahrlosung“ zusammengefasst. Die Normabweichung „Verwahrlosung“ wurde regelmäßig als Label der aufgezwungenen und unüberprüfbaren Begründung für die Heimeinweisungen im Einzelfall verwendet. Der bis heute im Grundgesetz in Art. 6 Abs. 3 aufrecht gehaltene, diskriminierende und die Betroffenen ausgrenzende Begriff der „Verwahrlosung“ wurde zur „rechtlich legitimierten“ Fremdunterbringung in der Ausübung von Vormündern, Behörden, Gerichten und kirchlichen Vertreter*innen bis in die 70er Jahre des vorigen Jahrhunderts benutzt. Er diente diesem geschlossenen strukturellen Unterwerfungsbündnis zur rechtlosen Unterwerfung von Kindern und Jugendlichen – deshalb war es systematisches Unrecht (Schruth 2009, S. 23ff.). Der Begriff „Verwahrlosung“ ist aufgrund seiner funktionalen Geschichte somit endlich aus dem Grundgesetz zu streichen und durch einen positiven Begriff des Schutzes von Kinderrechten zu ersetzen.

Das heutige Jugendhilferecht und seine Leistungsgewährungspraxis unterscheiden sich zwar wesentlich vom damaligen polizei- und ordnungsrechtlichen Eingriffsdenken der Jugendhilfe, welche sich seit 1990 mit dem SGB VIII gewandelt hat. Wenn auch eine zumindest formal mögliche rechtsstaatliche Abwehr von rechtswidrigen Verwaltungsakten in der Jugendhilfe gesichert ist, so sind dennoch in der Leistungsgewährung Schutzlosigkeiten erhalten geblieben (z. B. Nichtbeachtung des Wunsch- und Wahlrechts nach § 5 SGB VIII, Beendigung der Hilfeerbringung mit dem Erreichen der Volljährigkeit unabhängig vom bestehenden Hilfebedarf, Eingrenzungen der gesetzlich möglichen Leistungsumfänge nach fiskalischen Vorgaben, s. Rosenbauer, Kap. II, i. d. B.). Deshalb haben ehemalige Heimkinder am RTH für die heutige Jugendhilfepraxis die unabhängige Überprüfbarkeit von Verwaltungsentscheidungen der Jugendämter gefordert.

Waren Kinder und Jugendliche eilfertig und schutzlos in den damaligen Heimen untergebracht, also in der Leistungserbringung der Jugendhilfe, erlebten sie viele Gesichter erzieherisch begründeter Gewalt. Beispiele für Erniedrigung, Missbräuchlichkeit und Terrorisierung durch Drohungen und

Isolation gehören zu den häufigsten Berichten von Betroffenen: Arrest, Essensentzug, stundenlanges Stehen oder Schlafentzug bis hin zu körperlicher und sexueller Gewalt waren eher Regel denn Ausnahme. Dabei bestanden wenige Möglichkeiten, sich dagegen zu äußern, zu beschweren oder sich gar zur Wehr zu setzen. Einige ehemalige Heimkinder haben – so meine damaligen Eindrücke – angefangen zu sprechen über ihre Kindheit und Jugend, ihre erlebten Demütigungen, ihre hilflose Wut und die Härte und Brutalität, denen sie ausgeliefert waren. Die mangelnde Zuwendung sowie die Zuschreibung von Diagnosen wie z. B. „schwer erziehbar", „aggressiv" oder auch „schwachsinnig" haben bei vielen von ihnen zu bleibenden starken Verunsicherungen und Selbstzweifeln, zu Depressionen, zu Gefühlen von Ohnmacht und Angst oder auch zu Wut und Hass geführt. Sie hatten kaum eine Möglichkeit, ein stabiles Selbstwertgefühl aufzubauen, Misstrauen und Entfremdung, aber auch ein mangelndes Gefühl für Grenzen sind – so mein Eindruck – häufige Folgen. Und das nicht nachlassende Gefühl der Ohnmacht hat seinen Ursprung in aller Regel in der Zeit im Heim. Viele von ihnen empfinden noch heute innere Leere und Einsamkeit. Insbesondere auf diese erlebten erzieherischen Gewalterfahrungen in den Heimen beziehen sich die Forderungen der ehemaligen Heimkinder nach wirksamen unabhängigen Schutz- und Beschwerdekonzepten (s. Schruth 2011, S. 280). Das gerade in Kraft getretene Kinder- und Jugendstärkungsgesetz greift diese Forderung in § 45 Abs. 2 Nr. 4 SGB VIII auf und verlangt für die Erteilung von Betriebserlaubnissen für Träger stationärer Jugendhilfeeinrichtungen nicht nur innerbetriebliche effektive Schutz- und Beschwerdekonzepte, sondern auch die Sicherstellung von Gehör im Beschwerdefall außerhalb der Einrichtung für die in ihren Einrichtungen untergebrachten jungen Menschen.

Möglichkeiten der (politischen) Beteiligung

Der Auftrag der Beteiligung ehemaliger Heimkinder an einem RTH durch den Bundestag war weitgehend: Er wurde nicht nur als Mitwirkung von Opfern als Zeitzeugen der damaligen Fürsorgeerziehung verstanden, sondern als umfassende Teilhabe an der Aufarbeitung und Gestaltung der Folgerungen aus dem durch den Heimaufenthalt zugefügten Leid und Unrecht. Im Abschlussbericht des RTH heißt es: „Auch der Mitwirkung der ehemaligen Heimkinder am Runden Tisch kommt eine besondere Bedeutung zu. Sie haben den Forderungen der Betroffenen eine unüberhörbare Stimme gegeben." (AGJ 2010, S. 6) War das erfahrene Leid und Unrecht der ehemaligen Heimkinder Ausdruck einer autoritären schwarzen Pädagogik (Kuhlmann 2021, S. 83), mit der die Beteiligung der in den Einrichtungen des Staates und der Kirchen Untergebrachten undenkbar und unvereinbar war, so sollte mit dem RTH, mit der Aufarbeitung der ehemaligen Heimerziehung und der Beteiligung der betroffenen ehemaligen Heimkinder der grundsätzliche Wandel der Jugendhilfe und dessen Partizipationsanspruch (vgl. § 8 SGB VIII) mit dem Jugendhilferecht des seit den 1990er Jahren geltenden SGB VIII unterstrichen werden.

Wichtiger als Beteiligung von Interessenvertreter*innen einer Opfergruppe zu wollen, ist die besondere Schwierigkeit, diese im Umgang mit den ministeriellen und politischen Institutionsvertreter*innen zu realisieren. Für die Möglichkeiten der Beteiligung von Betroffenen einer Opfergruppe an Prozessen gesellschaftlicher Aufarbeitung sind nach meiner Erfahrung als Ombudsperson dieser Opfergruppe zwei Voraussetzungen relevant: Zum einen das Verhältnis der Betroffenen zur eigenen Heimbiographie, zur eigenen Leidensgeschichte; und zum anderen die Einbeziehung unabhängiger Dritter im öffentlich zu machenden Diskurs. Und „Beteiligung" bekommt in diesem Kontext eine spezifische Besonderheit, aufgrund des erfahrenen Unrechts und Leids lebenslang mit der eigenen Heimgeschichte, ihren Biographien der menschenverachtenden Heimerfahrungen verbunden zu bleiben: an ihren unternommenen Verarbeitungsversuchen, im Stillen, im Verschweigen, im Vermeiden von Erinnerungen, in Lebensversuchen der Einlassung auf Beziehungen, auf eigene Kinder, auf beruflichen Wegen, im Schreiben, vielleicht depressiv, vielleicht aggressiv. Über diesen höchstpersönlichen Prozess des Umgangs mit der eigenen Heimgeschichte hinaus haben sich viele Betroffene getraut, ihre Geschichte öffentlich zu machen, davon zu erzählen bzw. zu schreiben, sich zu verbünden mit Mitbetroffenen, sich in den politischen Diskurs einzumischen und damit dafür zu sorgen, dass die eigenen Interessen wie die der Opfergruppe insgesamt nach Anerkennung des erlittenen Unrechts sowie der Rehabilitierung dessen in den gesellschaftlichen Aufarbeitungsprozess eingebracht wurden. Damit zugleich kam das von ehemaligen Heimkindern erlebte Ausgeliefertsein einer Schutzlosigkeit in (stationärer) Jugendhilfe auf die öffentliche politische Tagesordnung.

Zu dem öffentlich wahrgenommenen Beschwerdeprotest der ehemaligen Heimkinder gehörte ganz wesentlich auch die Einbeziehung unabhängiger Dritter. Aus eigenen Kräften haben es die Betroffenen im Anfangsprozess der Skandalisierung der ehemaligen Heimerziehungsgeschichte nicht geschafft, auf die gesellschaftliche Agenda öffentlicher Befassung zu kommen. Denkbare Gründe fehlender Eigenkräfte sind die Scham ehemaliger Heimkinder, nicht über die Schrecken und Traumatisierungen des erlebten erzieherischen Unrechts sprechen zu können/zu wollen, sind Befürchtungen, erneut öffentlich Stigmatisierungen ausgesetzt zu werden („Die gehörten doch zu Recht ins Heim"), sind Befürchtungen, dass man ihnen als Opfer nicht abnimmt, nicht nur für die eigenen Interessen zu sprechen, und der Verdacht, dass wegen des systematischen Unrechts unter der Geltung des Rechtsstaatsprinzips des Grundgesetzes eher ein Verdrängungs- als ein Aufklärungsbedarf politisch besteht. Den Dritten kam auch die Funktion zu, ehemaligen Heimkindern Unterstützungen in der Selbstorganisation und in den Gesprächsabläufen zu geben, um den beteiligten engagierten ehemaligen Heimkindern in den vielen Fällen der Zumutungen im öffentlichen Diskurs und den wechselseitigen Vorbehalten Handlungsfähigkeiten zu erhalten und deren sachdienliche Vorträge in den Entscheidungsgremien zu befördern.

In diesem Zusammenhang entstand für die am politischen Aufarbeitungsprozess beteiligten ehemaligen Heimkindern auch der Bezug zu den ombudschaftlichen Entwicklungen in der Jugendhilfepraxis, dem zu dieser Zeit geltenden Jugendhilferecht, dessen gesetzlichen Leistungsangebote elementar basieren auf Beteiligung junger Menschen und ihrer Familien, auf Achtung ihrer selbstbestimmten Subjektstellung, also der jugendhilfebezogenen Akzeptanz ihrer Problembeschreibungen und Unterstützungswünsche.

Ableitungen für heutige ombudschaftliche Beratungsaufgaben

Eine wesentliche Erkenntnis des RTH war, dass Beteiligungen von Betroffenen im Beschwerde-Diskurs nicht mit allgemeinen Partizipationsangeboten (im Sinne von Mitsprechen-dürfen) durch die Vertreter*innen der öffentlichen (Fach-)Politik abgetan werden dürfen, sondern in verbindlicher, gesetzlich abgesicherter Weise dreierlei bedarf: Beteiligung, Beratung und unabhängige Beschwerdemöglichkeiten. Damit war von den ehemaligen Heimkindern der Versuch des gleichberechtigten Austauschs miteinander gemeint, zuzulassen, dass junge Menschen und ihre Familien in der Jugendhilfe den herrschenden Vorstellungen der Fachkräfte und Entscheidungsträgern wirksam widersprechen können. Dies schließt nicht nur Mitsprache bei der Lösungsfindung, sondern maßgebliche Mitentscheidung bei deren Findung und Umsetzung von jugendhilfebezogenen Leistungsentscheidungen und deren Durchführung ein. Nur so könne für die Praxis der Jugendhilfe bei den auf Jugendhilfeleistungen Angewiesenen erneut aufkommenden Gefühlen der Enttäuschung, des (erzieherischen) Leids und Unrechts bis hin zu (Re-)Traumatisierungen relevant begegnet werden. In diesem Sinne haben die beteiligten ehemaligen Heimkinder des RTH gefordert: „Die ergänzende Errichtung unabhängiger Beschwerdeinstanzen („Ombudsstellen") für die Kinder und Jugendlichen ist zu befürworten." (AGJ 2010, S. 40) Mit dieser Forderung nach ombudschaftlichen „Schutzräumen" waren zwei zu beachtende Aspekte verbunden: Zum einen die Beachtung von Niedrigschwelligkeit (siehe Len, Kap. V, i. d. B.) im Zugang und die Beachtung eines von sensibler Aufmerksamkeit geprägten besonderen Beratungsangebotes, um die Hemmschwellen des „Anvertrauens im Gespräch" – insbesondere unter Umständen von hochemotionalisierten Vorerfahrungen mit Fachkräften in Jugendämtern sowie ambulanten/stationären

Jugendhilfeeinrichtungen – zu überwinden. Zum anderen kommt es für die Stärkung des Empowerments von beschwerdewilligen jungen Menschen und ihren Familien sowie für die Durchsetzbarkeit von berechtigten Jugendhilfeansprüchen und dem Hinwirken auf eine würdevolle Erziehung auf die Beteiligung von Dritten an. Hier ist die Rolle der Dritten ähnlich dem Diskurs um die Unterstützungen ehemaliger Heimkinder: Auch den Ratsuchenden in den ombudschaftlichen Beschwerdestellen gelingt es regelmäßig nicht – aufgrund vielfältiger eigener und zugeschriebener Vorbehalte, insbesondere der eigenen problembelasteten Lebenslage und kaum zu überwindenden Machtasymmetrien im Umgang mit den Fachkräften der öffentlichen und freien Jugendhilfe –, sich mit den Mitteln der Eigenkräfte für ihre Interessen und Überzeugungen einzusetzen. Unabhängige Dritte der ombudschaftlichen Beschwerdestellen haben konzeptionell deshalb den Auftrag zur Sachverhaltsaufklärung, zur Bestärkung der Eigenkräfte der Ratsuchenden, ihre Interessen wahrzunehmen, und – wo dies nicht gelingt – als Dritte mit den Mitteln der Begleitung, des Beistands Durchsetzungshilfen zu geben.

Nun haben ombudschaftliche Beteiligungsprozesse – wie sie sich aktuell 2021 in der Beratungspraxis und mit dem neuen § 9a SGB VIII entwickelt haben – nicht die politische Beteiligung, Aufarbeitung und Rehabilitierung einer durch die Praxis der Jugendhilfe verursachten Opfergruppe zum Ziel. Und doch lässt sich aus den Beteiligungserfahrungen einer Opfergruppe wie den ehemaligen Heimkindern am RTH für die heutige ombudschaftliche Beschwerdeberatung von jungen Menschen und ihren Familien in machtasymmetrischen Konfliktbegegnungen lernen, was an durchaus schwierigen Bedingungen für Betroffene zu bewältigen ist, wenn sie sich über ihre Erfahrungen mit der Jugendhilfepraxis beschweren wollen:

- wie kann nicht nur der Zugang zur Beratung ohne Barrieren gelingen, sondern gerade das erforderliche Vertrauen hergestellt werden, um auch seelisch hochbelastete Erfahrungen aussprechen zu wollen/können,
- welche Bedeutung kommt der Überwindung des für Ratsuchende unverständlichen sozialpädagogischen/juristischen Sprachduktus der Fachkräfte zu und wie lassen sich daraus entstehende kommunikative Barrieren überwinden,
- wie lässt sich im ombudschaftlichen Beratungsprozess mit traumatisierten Ratsuchenden umgehen, die durch eine Aussage, ein Bild, ein Ereignis, ein Wort oder ein Verhalten eines anderen stark emotional, also „getriggert“ reagieren,
- betrifft es mehrere Beschwerdeführer*innen mit gleichen anklagenden Erfahrungen in einer Einrichtung der Jugendhilfe wie z. B. der geschlossenen Einrichtung Haasenburg in Brandenburg, dann stellt sich die Frage, wie daraus ein von gemeinsamen Interessen getragenes öffentliches Vorgehen

gestaltet werden kann und welche vertretbare Aufgabe den sie unterstützenden Dritten zukommt.

- Darüber hinaus lassen sich konzeptionell und rechtspolitisch aus dem Bezug auf die geschilderten Erfahrungen um Beteiligungen und Forderungen ehemaliger Heimkinder am RTH grundsätzliche Anforderungen ableiten:
- gerade wegen des schutzlos erlebten großen erzieherischen Unrechts und Leids der ehemaligen Heimkinder braucht es unabhängige Beteiligungs- und Beschwerdestrukturen für junge Menschen und ihre Familien in der Jugendhilfepraxis,
- oft unentbehrlich sind ferner für die gesicherte Wahrnehmung von Beschwerden junger Menschen und ihrer Familien unabhängige (professionelle) Dritte, die nicht in institutionellen bzw. behördlichen Strukturen eingebunden sind, und dadurch in der Lage sind, mit den Mitteln der Beratung/Begleitung wirksamen Beistand in der Beachtung von Beschwerden zu geben,
- der diskriminierende Begriff „Verwahrlosung" ist aus Art. 6 Abs. 3 GG zu streichen und durch einen positiven Begriff des Schutzes von Kinderrechten zu ersetzen,
- die damaligen Wege ins Unrecht der Heimerziehung verlangen zum einen unabhängige Überprüfbarkeiten von Verwaltungsverfahren und -entscheidungen der Jugendämter und zum anderen erreichbare unabhängige Beschwerdestellen außerhalb der stationären Einrichtungen für Kinder und Jugendliche ergänzend zu den innerinstitutionellen Beschwerdemöglichkeiten nach § 45 Abs. 2 Nr. 3 SGB VIII.

Literatur

AGJ – Arbeitsgemeinschaft für Kinder- und Jugendhilfe (Hrsg.) (2010). Abschlussbericht des Runden Tisches „Heimerziehung in den 50er und 60er Jahren" www.fonds-heimerziehung.de/fileadmin/de.fonds-heimerziehung/content.de/dokumente/RTH_Abschlussbericht.pdf [17.03.2022].

Düring, D. (2021). Umerziehung zur Sozialistischen Persönlichkeit im System der DDR-Spezialheimerziehung. Forum Erziehungshilfen, Heft 2, 74-78.

Kappeler, M. (2011). Die Wege ins Heim. Zeitschrift für Jugendkriminalrecht und Jugendhilfe, (3)2011, 282-289.

Kuhlmann, C. (2021). Biographische Erinnerungen an die frühere Heimerziehung aus Perspektive Betroffener, von Mitarbeiter*innen und Leitungskräften. Forum Erziehungshilfen (2)2021, 83-86.

Schruth, P. (2009). Erlittenes Unrecht ehemaliger Heimkinder im Lichte eines Beschlusses des Bundesverfassungsgerichts vom Mai 2009, in: Dialog Erziehungshilfe (AFET), 1/2-2010, 22-27.

Schruth, P. (2011). Ausblicke auf mehr unabhängige Ombudschaft in der Jugendhilfe. Forum Erziehungshilfen, Heft 5, 279-282.

Schruth, P. (2014) Perspektiven der gesellschaftlichen Wahrnehmung von Opferinteressen ehemaliger Heimkinder. Neue Praxis, (2)2014, 176-192.

Macht(asymmetrien) in institutionellen Beziehungen

Ulrike Urban-Stahl

*Machtprozesse können mit Elias als gegenseitige Abhängigkeiten in zwischenmenschlichen Beziehungen beschrieben werden. Macht stellt demnach eine Struktureigentümlichkeit aller menschlichen Beziehungen dar und existiert nicht in der Dualität zwischen Macht und Ohnmacht, sondern als Machtbalancen. Unterschiedliche Machtquellen können allerdings zu einer strukturellen Machtasymmetrie in Beziehungen führen. In der Kinder- und Jugendhilfe ist dies auf mehreren Ebenen der Fall: Im Verhältnis zwischen Kindern und Jugendlichen auf der einen und Erwachsenen auf der anderen Seite, im Verhältnis zwischen Laien und Fachkräften und zwischen Klient*innen und Helfer*innen, aber auch im Verhältnis zwischen Bürger*innen und Verwaltung. Die Idee der Ombudschaft richtet sich im Kern auf den Ausgleich solcher strukturellen Machtasymmetrien und stellt einen Beitrag zum Schutz vor willkürlicher Behandlung, zur Durchsetzung individueller Rechte, zur Demokratisierung und zum Erhalt der Öffentlichkeit dar.*

Der Bezug auf Machtasymmetrien spielt seit der Entwicklung von Ombudsstellen in der Kinder- und Jugendhilfe in Deutschland eine zentrale Rolle in deren Selbstdefinition (vgl. Urban-Stahl 2010 und 2011). Bis heute stehen sie im Zentrum des Selbstverständnisses: „Ombudschaftliche Aktivitäten sind eine Form des Machtausgleichs in der stark asymmetrischen Struktur der Jugendhilfe, insbesondere in Konfliktkonstellationen." (BNO 2021, S. 4)

Um dies zu erklären, wird zunächst der Frage nachgegangen, welches Verständnis von Macht dem Begriff ‚strukturelle Machtasymmetrie' zugrunde liegt und inwiefern er für die Analyse der Beziehung zwischen Kindern bzw. Jugendlichen und Erwachsenen, zwischen Klient*innen und Fachkräften in der Kinder- und Jugendhilfe sinnvoll ist. Im zweiten Schritt wird das Konzept von Ombudschaft als ein möglicher Umgang mit dieser strukturellen Machtasymmetrie dargestellt.

Was ist Macht?

Im allgemeinen Sprachgebrauch wird Macht häufig in einem Verständnis gebraucht, das der klassischen Definition von Max Weber entspricht. Er formulierte: „Macht bedeutet jede Chance, innerhalb einer sozialen Beziehung den eigenen Willen auch gegen Widerstreben durchzusetzen, gleichviel worauf diese Chance beruht.“ (Weber 1980, S. 28) Weber beschreibt damit ein einseitiges Verständnis von Macht. Er ging davon aus, dass es einen Mächtigen gibt, der seinen Willen gegen den Machtlosen durchsetzen kann.

In der Auseinandersetzung mit Macht als Element von Erziehungs-, Unterstützungs- und Entscheidungsprozessen in der Kinder- und Jugendhilfe rückt demgegenüber Macht als ein Element sozialer Beziehungen in den Mittelpunkt. In sozialen Beziehungen ist nicht eine Seite aktiv und die andere passiv, sondern Menschen beeinflussen sich gegenseitig. Sie üben wechselseitig Macht und Einfluss aus – der eine vielleicht stärker als der andere, aber der Einfluss geht doch immer in beide Richtungen. Dieses Verständnis von Machtprozessen als gegenseitige Abhängigkeiten in zwischenmenschlichen Beziehungen beschreibt Norbert Elias: „Insofern als wir mehr von anderen abhängen als sie von uns, mehr auf andere angewiesen sind als sie auf uns, haben sie Macht über uns, ob wir nun durch nackte Gewalt von ihnen abhängig geworden sind oder durch unsere Liebe oder durch unser Bedürfnis, geliebt zu werden, durch unser Bedürfnis nach Geld, Gesundung, Status, Karriere und Abwechslung.“ (Elias 1986, S. 97)

Macht ist nach Elias also eine Struktureigentümlichkeit aller menschlichen Beziehungen (vgl. Elias 1986, S. 77). Sie kann stärker oder schwächer ausgeprägt sein, je nachdem, wie die jeweilige Angewiesenheit gestaltet ist. In diesem Verständnis gibt es nicht Macht und Ohnmacht, sondern Mächtigere und Mindermächtige. Elias spricht daher von *Machtbalancen*. Es gilt also nicht „Wer hat die Macht?“ sondern „wie sehr und in welcher Weise ist dieser abhängig von jenem oder diesem?“ (Wolf 2007, S. 106). Ist sich der oder die Mindermächtige allerdings seiner – vielleicht wirklich nur geringen – Macht nicht bewusst, verschiebt sich die Machtbalance nochmals zu seinen Ungunsten. Daher kommt Wissen und Information in Machtbalancen eine entscheidende Bedeutung zu.

Die Verteilung von Macht ist entsprechend nicht statisch, sondern stetig in Entwicklung und Veränderung begriffen. Machtbalancen sind keine Zustände, sondern Momentaufnahmen in einem kontinuierlichen Veränderungsprozess (vgl. Elias 2004, S. 98 sowie Wolf 2007, S. 107). Eine Veränderung von Machtbalancen kann zum einen langsam durch gesellschaftliche Entwicklungen erfolgen. Die Betrachtung des Kindes als Subjekt, dessen Willen zu berücksichtigen ist, ist in zeitgeschichtlicher Perspektive beispielsweise eine relativ neue gesellschaftliche Entwicklung und hat deutlichen Einfluss auf alle Bereiche der Kinder- und Jugendhilfe, sei es Kindertagesbetreuung, Jugendarbeit oder Heimerziehung. Aber auch individuelle Entwicklungen, z. B. die altersgemäße Entwicklung und Lernprozesse von Kindern und Jugendlichen, beeinflussen Machtbalancen ebenso wie konkrete Ereignisse, etwa eine neue Information oder das Hinzutreten von Unterstützer*innen.

Machtasymmetrie in der Erziehung und in der Helfer-Klient-Beziehung

Machtbalancen sind zwar eine Struktureigentümlichkeit sozialer Beziehungen, werden jedoch nicht im freien Raum individuell verhandelt und gestaltet, sondern existieren eingebettet in gesellschaftliche und institutionelle Strukturen. Ihre Gestaltung und Gestaltbarkeit ist an Ressourcen gebunden, die Elias als Machtquellen (vgl. Elias 1986, S. 97) bezeichnet. Eine ungleiche Verteilung von Machtquellen stellt die Basis für Macht- und Statusunterschiede dar, die als strukturelle Machtasymmetrie bezeichnet werden können. Zugleich unterliegen Verteilung und Bedeutung von Machtmitteln kontinuierlichen Veränderungsprozessen, so dass auch Machtbalancen nicht statisch, sondern dynamisch sind. Elias beschreibt daher vielfältige Machtprozesse (vgl. Elias 1986, S. 75 ff.).

Hans Thiersch lokalisierte Macht in der Erziehung auf drei Ebenen: Auf der Ebene der Interaktion, der Ebene der Institutionen und der Ebene der Gesellschaft (vgl. Thiersch 1995, S. 29-32). Auf allen drei Ebenen sind Strukturen zu identifizieren, aus denen Machtquellen von erwachsenen Bezugspersonen in der Beziehung zu Kindern und Jugendlichen resultieren. In seiner Forschungsarbeit zu Machtprozessen in der Heimerziehung identifiziert Wolf (1999, S. 129 ff.) die Machtquellen materielle Leistungen und Versorgung, Zuwendung und Zuwendungsentzug, Sinnkonstruktion und Sinnentzug, Orientierungsmittel, körperliche Stärke und gesellschaftliche Deutungsmuster. Hinzu kommen Machtquellen, die mit der Funktion der Heimerziehung als Teil des staatlichen Erziehungs- und Sanktionssystems zusammenhängen. Auf allen genannten Ebenen sind Kinder und Jugendliche in der Heimerziehung auf ihre erwachsenen Bezugspersonen angewiesen: Sie sind angewiesen auf ausreichende Verpflegung, Kleidung und Versorgung; auf emotionale Zuwendung, Bestätigung und Unterstützung; auf die Entwicklung eines biographischen Sinnes ihres Handelns, ihrer Entwicklung und ihres Alltags; auf Information und Beratung; auf Schutz als körperlich (lange Zeit) Unterlegene und in vielfältiger Weise vulnerable Gruppe; auf die verantwortungsbewusste Erfüllung der im Sinne des Kindes als Subjekt zu interpretierenden gesellschaftlichen Integrationsfunktion von Erziehung in stationären Einrichtungen.

Die Analyse von Wolf wurde im Rahmen von Heimerziehung durchgeführt. Entsprechende Analysen wären jedoch ebenso in anderen Bereichen der Kinder- und Jugendhilfe möglich, sowohl bezogen auf die Beziehung zwischen jungen Menschen und Erwachsenen, als auch auf die Beziehung zwischen Fachkräften und erwachsenen Adressat*innen: In professionellen sozialen Beziehungen führen unterschiedliche Machtquellen zu einer strukturellen Machtasymmetrie zu Ungunsten der nicht-professionellen Seite. So kennen sich beispielsweise Kinder und Jugendliche ebenso wie junge Erwachsene und

Eltern, die Angebote der Kinder- und Jugendhilfe in Anspruch nehmen, mit den fachlichen und rechtlichen Regeln des Systems meist weniger aus als Fachkräfte. Sie haben weniger Wissen über die Möglichkeiten und Grenzen von Mitarbeiter*innen, über rechtliche Grundlagen, über Abläufe in den Institutionen, über Verfahren und ihre persönlichen Rechte. Während die institutionellen Rahmenbedingungen für Fachkräfte ein ‚Heimspiel' darstellen, können die meisten Betroffenen über die Befugnisse, Möglichkeiten und Grenzen der Institutionen und der darin tätigen Fachkräfte nur spekulieren (Urban-Stahl 2010).

Besonders deutlich wird dies im Bereich der individuellen Hilfen. Fachkräfte verfügen über den Status der Profession. Damit verbunden sind neben Fachwissen und Definitionsmacht auch ein Vorsprung an Orientierung, Information und Rollensicherheit. Sie entscheiden über die Verteilung von Ressourcen, können den Klient*innen zu Leistungen verhelfen oder ihnen diese vorenthalten. Und während sich Klient*innen in einer psychosozialen Belastungssituation befinden, die den Inhalt der Interaktion mit den Fachkräften darstellt, agieren Fachkräfte in ihrer beruflichen Rolle, in der ihre Persönlichkeit, ihre Probleme, Unzulänglichkeiten etc. nicht thematisiert werden.

Das Zusammenspiel unterschiedlicher Machtquellen

Einzelne Machtquellen sind konkret darstellbar und in ihrer aktuellen Ausprägung, d.h. Stärke und Richtung, analysierbar. In der Verbindung und Gleichzeitigkeit und schließlich im Zusammenspiel unterschiedlicher Machtquellen jedoch werden Prozesse von Machtbalancen komplex. Machtprozesse sind nicht lineare Prozesse, sondern „Netze von Interdependenzen" (vgl. Wolf 2007, S. 126). Über Machtquellen zu verfügen heißt daher nicht zwangsläufig auch einen (bleibenden) Machtüberhang. Die Angewiesenheit hinsichtlich einzelner Machtquellen kann sich jederzeit verändern. Handlungen von Fachkräften werden von den Klient*innen zudem individuell verarbeitet und beantwortet, so dass keineswegs nur die intendierten Effekte und Wirkungen zu erwarten sind. Gerade bei starken Machtdifferentialen sind „die Machtüberlegenen" jedoch „verführt, die Eigenaktivitäten der Machtunterlegenen zu unterschätzen und sie ausschließlich als Adressaten ihrer machtvollen Aktionen zu sehen." (Wolf 2007, S. 127). Handeln diese dann in einer anderen als der erwarteten Form und nutzen die ihnen verfügbaren Spielräume, sind viele Fachkräfte konsterniert.

Auch wenn in der Helfer-Klient-Beziehung eine strukturelle Machtasymmetrie zugunsten der Fachkräfte besteht, stellt dies nicht in Frage, dass auch junge Menschen und ihre Familien über Machtpotenziale im Helfer*innen-Klient*innen-Verhältnis verfügen und Fachkräfte sich im Alltag manchmal eher ohnmächtig als mächtig erleben. Das Bild der Machtbalancen betont ja gerade, dass in Interaktionsbeziehungen stets eine beidseitige Abhängigkeit besteht, die jedoch unterschiedlich stark sein und sich auf jeweils andere Aspekte beziehen kann. So könnten auch für die Betroffenen durchaus potenzielle Machtquellen in der Helfer-Klient-Beziehung benannt werden. Allerdings sind diese eher personell oder situativ begründet. Strukturell gesehen ist die Fachkraft in der Hilfeplanung gegenüber den Betroffenen in einer mächtigeren Position.

Die konkrete Beziehung zwischen jungen Menschen oder ihren Familienangehörigen und den Fachkräften darf in der Interpretation alltäglichen Geschehens nicht isoliert betrachtet werden. Fachkräfte (ebenso wie die beteiligten Familienmitglieder) stehen in unterschiedlichen Beziehungen, in denen wiederum unterschiedliche Machtbalancen existieren. So gibt es beispielsweise inhaltliche und finanzielle Vorgaben durch Vorgesetzte sowie Aufträge und Erwartungen der Öffentlichkeit und der Politik, durch die die fachliche Expertise anderen Zielen untergeordnet wird. Fachkräfte erleben sich gegenüber politischen oder fachvorgesetzten Entscheidungsträgern häufig in einer mindermächtigen Position und geraten damit in einen Konflikt zwischen professioneller Einschätzung und als ‚Grenzen des Machbaren' empfundenen Rahmenbedingungen. Dies hat Auswirkungen auf ihr alltägliches Handeln. Für junge Menschen und ihre Familien ist allerdings schwer erkennbar, welche Handlungen und Entscheidungen auf fachliche Überzeugungen zurückzuführen sind und welche auf äußere Rahmenbedingungen. In dem Bemühen die eigene Fachlichkeit zu verteidigen können Fachkräfte dazu tendieren, die Grenzen zwischen beiden Ebenen zu verwischen und die Entscheidung in den gegebenen Grenzen einseitig aus fachlicher Perspektive zu begründen.

Umgang mit dem Machtüberhang durch Fachkräfte der Kinder- und Jugendhilfe

In Anbetracht der strukturellen Machtasymmetrie zwischen Fachkräften der Kinder- und Jugendhilfe und ihren Klient*innen stellt sich daher nicht die Frage, ob Fachkräfte in der Jugendhilfe Macht haben, sondern welche Macht sie haben und wie sie mit ihr umgehen: Sehen Fachkräfte Macht als ihr ‚gutes Recht', dessen sie sich selbstverständlich bedienen dürfen und hierfür nicht kritisiert werden wollen, oder hinterfragen sie die Legitimität ihres Handelns? Gibt Macht das pauschale Recht, den Umgang mit Grenzen und Selbstbestimmungsrechten anderer Menschen nach eigenen Ansichten zu gestalten, oder wird das Handeln von Fachkräften einer Kontrolle durch Dritte unterzogen? Ein verantwortungsvoller Umgang mit Macht setzt voraus, sich der Macht bewusst zu sein, sie transparent auszuüben, sich darin kontrollieren und kritisieren zu lassen und bereit zu sein zu aktivem Machtverzicht. Wer verdeckt mit Macht agiert oder sie leugnet, hindert das Gegenüber daran, die Einflussnahme zu thematisieren und erhöht damit die Gefahr des Machtmissbrauchs.

Recht und professionelle Selbstverpflichtung: Lösungsversuche und ihre Grenzen

Der strukturellen Machtasymmetrie wurde in der Kinder- und Jugendhilfe bis Anfang der 2000er Jahre auf zwei Ebenen begegnet: gesetzlich und professionell. Der Gesetzgeber verankerte im Jugendhilfe- und Verfahrensrecht Vorgaben, die dazu beitragen sollen, die Machtasymmetrie zwischen Bürger*innen und Verwaltung sowie Leistungserbringern auszugleichen. So wird die Verwaltung gebunden an die Verpflichtung zur Beratung, Aufklärung und Beteiligung der Betroffenen an Entscheidungen, zur Transparenz im Verfahren und zur Beachtung fachlicher Regeln. Auf der professionellen Ebene sind Fachkräfte zur Reflexion der Helfer-Klient-Beziehung und ihrer eigenen Rolle darin verpflichtet. Die Struktur der ungleichen Machtbalance zwischen Helfer*in und Klient*in in der Jugendhilfe ist dadurch zwar nicht auflösbar, aber durchaus zugunsten der Betroffenen veränderbar. So muss beispielsweise die Begründung von Entscheidungen und fachlichem Handeln, sei es in Konzeptionen oder in der Beschreibung von Hilfebedarfen, zwar auf fachlicher Ebene erfolgen. Die Sichtweise der Betroffenen muss jedoch einbezogen und beispielsweise in Hilfeplänen angemessen und wertneutral wiedergegeben werden. Und es liegt zwar in der Natur der Sache, dass Fachkräfte sich in den Institutionen der Jugendhilfe geübter bewegen als Betroffene. Fachkräfte können jedoch darauf achten, die Institutionen adressatenfreundlich zu gestalten und Informationen transparent zu handhaben.

Alle diese Handlungsmöglichkeiten setzen voraus, dass Fachkräfte zu einem aktiven Machtverzicht bereit sind und damit die Machtbalance im Hilfeprozess zu ihren eigenen Ungunsten verschieben. Was aber passiert, wenn sich Fachkräfte an diese Vorgaben nicht halten? Wenn das Vorgehen und die Entscheidung in der Hilfeplanung beispielsweise stärker durch finanziellen Druck oder zeitliche Arbeitsbelastung bestimmt wird als durch die individuellen Bedarfe des Einzelfalls, oder Fachkräfte in Einrichtungen ihre Position ausnutzen und Rechte der Kinder, Jugendlichen und ihrer Sorgeberechtigten unberechtigt beschneiden?

Nach den Regeln des Rechtsstaats haben Betroffene sowohl beim freien als auch beim öffentlichen Träger die Möglichkeit, sich über Fachkräfte zu beschweren und gegen Verfahrensfehler und behördliche Entscheidungen auch gerichtlich vorzugehen. Dies müsste jedoch durch die Betroffenen erfolgen, denen zumeist das notwendige Wissen fehlt um einschätzen zu können, ob überhaupt ein unberechtigtes oder fehlerhaftes Handeln vorliegt. Wie bereits ausgeführt verfügen sie in der Regel weder über die notwendigen Fachkenntnisse, noch über die finanziellen Mittel und emotionale Stabilität, um einen solchen fundamentalen Konflikt auszutragen oder gar die Instrumente des Rechtsstaats in der Auseinandersetzung mit der öffentlichen Verwaltung nutzen zu können (vgl. Urban-Stahl 2010). In der Praxis kommt es daher nur selten, und wenn, dann vor allem bei Klient*innen aus der gehobenen Bildungsschicht, zu Beschwerden und gerichtlichen Klagen gegen freie Träger oder Jugendämter (vgl. Schruth, Kap. VI, i. d. B.).

Noch schwieriger ist das Vorgehen gegen als unberechtigt empfundenes Handeln von Fachkräften in der alltäglichen Interaktion, wenn es nicht um Verwaltungsentscheidungen geht, sondern um die Art der Kommunikation, die Möglichkeiten des Gehörfindens und des Einflusses auf den Alltag in Einrichtungen und Angeboten der Kinder- und Jugendhilfe, in Beratungskontexten. Hier geht es nicht um einen Verwaltungsakt, der argumentativ in Frage gestellt werden kann, sondern um alltägliches Handeln von Fachkräften, für das es keine detaillierten Vorschriften oder formelle Kontrolle geben kann und das in der konkreten Situation, in der Interaktion erfolgt und wahrgenommen wird. Welche Möglichkeiten haben Kinder und Jugendliche, junge Erwachsene und ihre Familien, hierzu Rückmeldung zu geben und ihre Rechte auf Angebote und Leistungen, aber auch auf einen wertschätzenden Umgang und eine qualifizierte Umsetzung der Angebote, einzufordern?

Als Reaktion auf diese Fragen entstanden seit Anfang der 2000er Jahre Beschwerdestellen außerhalb von Einrichtungen der Kinder- und Jugendhilfe, die sich als Ombudsstellen bezeichnen. Sie berufen sich damit auf das Modell des Ombudsman, das im Verlauf des 20. Jahrhunderts in Europa, aber auch weit darüber hinaus Verbreitung fand (vgl. Hansen 1972; Franke 1998; Kucsko-Stadlmayer 2008).

Die Ombudsman-Idee als Umgangsweise mit Machtasymmetrien zwischen Bürger*innen und Verwaltung

Hintergrund der Verbreitung dieser Idee ist die im 20. Jahrhundert erfolgte Ausdehnung der staatlichen Verwaltungstätigkeit und damit verbunden eine wachsende Abhängigkeit des Einzelnen von der Verwaltung (vgl. Hansen 1972, S. 46, sowie Franke 1998, S. 21.). Hansen spitzt die damit verbundene Ambivalenz folgendermaßen zu: „Für die überwiegende Zahl der Bürger bedeutet eine stärkere Intervention des Staates größere Sicherheit gegen die vielfältigen Risiken des Lebens. Sie nehmen es auf sich, mit den Einrichtungen des Wohlfahrtsstaates zu leben, die sie als Segnungen der Zivilisation ansehen, zumindest aber in Kauf nehmen. Andererseits ruft die objektive Abhängigkeit von staatlichen Leistungen aller Art bei einzelnen mitunter das Gefühl hervor, dem Fachwissen, dem Arbeitsrhythmus und der Eigengesetzlichkeit der Verwaltung hilflos ausgeliefert zu sein. Diese subjektive Seite der Abhängigkeit ist für das staatsbürgerliche Bewusstsein von erheblicher Bedeutung. Aus dem Zwiespalt zwischen der Einsicht in die Notwendigkeit des Verwaltungsstaates und einem Gefühl der Unterlegenheit ihm gegenüber können ernste Konflikte entstehen." (Hansen 1972, S. 46-47)

Die Ombudsman-Idee basiert also auf der Analyse des Verhältnisses zwischen Bürger*innen und Staat bzw. zwischen Bürger*innen und Verwaltung als asymmetrische Machtbeziehung. Ombudschaft soll als Möglichkeit der Verwaltungskontrolle und -kritik zur Verbesserung des Individualrechtsschutzes, des Schutzes vor willkürlicher Behandlung, zur Demokratisierung der Verwaltung und zum Erhalt der Öffentlichkeit beitragen. Ombudspersonen beraten Bürger*innen in Konflikten mit den staatlichen Behörden und haben hierzu unterschiedliche Einsichts- und Anhörungsrechte. Über die Unterstützung im Einzelfall hinaus identifizieren sie die in den Beratungsfällen sichtbar werdenden strukturellen Probleme und berichten diese gegenüber dem Parlament, um so zu Verbesserungen beizutragen (vgl. Urban-Stahl 2021). Dies soll helfen das Vertrauen in die öffentliche Verwaltung zu stärken und Bürger*innen ein Gefühl der Sicherheit im Verhältnis zur Verwaltung zu geben. Was genau jedoch Kontrolle heißt, wie entsprechende Stellen und Personen institutionalisiert werden, welche Kompetenzen sie erhalten und wie Kontrolle der Verwaltung umgesetzt wird, darin unterscheiden sich Ombudsman-Einrichtungen in unterschiedlichen Ländern und Bereichen (vgl. Hansen 1972, S. 52-62 sowie Kucsko-Stadlmayer 2008).

Die Ombudschafts-Idee in der Kinder- und Jugendhilfe

Anfang der 2000er Jahre entwickelten Initiativen in Deutschland ein Konzept zur Unterstützung von jungen Menschen und ihren Familien in Konflikten mit Fachkräften der Kinder- und Jugendhilfe, zunächst insbesondere der Jugendämter. Ziel war es Betroffene in die Lage zu versetzen, die ihnen zustehenden Rechte auch tatsächlich in Anspruch zu nehmen. Dieser Anspruch, einen Ausgleich für strukturelle Machtasymmetrien zwischen Klient*innen und Fachkräften zu erreichen, in Verbindung mit der notwendigen Unabhängigkeit der Berater*innen, bildete den Anknüpfungspunkt an das Konzept des Ombudsman. Sprachlich wurden dafür als geschlechtsneutrale Varianten die Begriffe ‚Ombudsstelle' und ‚Ombudschaft' geprägt.

Ombudsstellen in der Kinder- und Jugendhilfe unterstützen junge Menschen und deren Familien in Konflikten mit Fachkräften der Kinder- und Jugendhilfe, die sie alleine nicht lösen können. Sie bieten zunächst einmal als von den Interessen freier und öffentlicher Träger unabhängige Stelle

Informationen und Aufklärung über Strukturen der Kinder- und Jugendhilfe sowie Beteiligungs- und Leistungsrechte, Regeln fachlichen Handelns und Regeln der Leistungsgewährung und -erbringung. Das Wissen um Regeln und Rechte ist die Voraussetzung dafür, diese in Anspruch nehmen zu können. Information und Aufklärung stellen daher mit Wolf (1999) gesprochen Elemente der Machtquelle Orientierungswissen dar. Oft ist dieses Wissen und die damit verbundene Vergewisserung für Betroffene bereits ausreichend, um ihre Rechte in Konflikten mit Fachkräften selbst einfordern zu können. Ist dies nicht der Fall, so bieten Ombudsstellen in der Kinder- und Jugendhilfe auch fachliche Expertise und persönlichen Beistand in Konfliktgesprächen sowie den kostenfreien Zugang zu rechtlicher Beratung. Nach Einzelfallprüfung kann darüber hinaus die finanzielle und fachliche Unterstützung des Klagewegs in Verwaltungs- und Gerichtsverfahren erfolgen (vgl. Schruth, Kap. VI, i. d. B.). Das Ziel aller dieser Handlungsoptionen ist es Kinder, Jugendliche, junge Volljährige und ihre Familien als im sozialrechtlichen Leistungsdreieck in der Regel unterlegene Parteien in die Lage zu versetzen, die ihnen zustehenden Rechte tatsächlich in Anspruch zu nehmen.

Auch in der ombuschaftlichen Beratung wirkt die strukturelle Machtasymmetrie zwischen Fachkräften und Ratsuchenden, die in der Regel fachliche Laien sind, jedoch fort. Um damit verantwortlich umzugehen ist es erforderlich, dies transparent zu handhaben und Berater*innen durch klare Regeln in ihrer Macht zu begrenzen. Das Bundesnetzwerk Ombudschaft formuliert in seinem Selbstverständnis diese Regeln unter dem Stichwort ‚Arbeitsweise': „Ombudschaftliche Beratung verstehen die Mitglieder des Bundesnetzwerkes als einen gemeinsamen dialogischen Prozess mit den Ratsuchenden, bei dem die individuelle Selbstbestimmung besondere Beachtung findet. Ziel ist es, Verständigung über die Problemlage zu erreichen und die Ratsuchenden dabei zu ermächtigen, in Kenntnis ihrer Rechte eigenständig zu handeln. Ombudsstellen unterstützen im Bedarfsfall die Ratsuchenden aktiv bei der Durchsetzung ihrer Rechte und Rechtsansprüche. Die dem Bundesnetzwerk angehörenden Ombudsstellen handeln im Beratungsprozess stets in Absprache mit den Ratsuchenden. Für die Beratung und Vermittlung notwendige Kontakte zu Dritten werden ausschließlich auf Wunsch und mit Bevollmächtigung der Ratsuchenden vorgenommen." (BNO 2021)

Beratungs- und Unterstützungsarbeit ist zudem nur ein Tätigkeitsbereich von Ombudsstellen. Entscheidend für die Erfüllung ihrer Aufgabe ist es, dass Ombudsstellen sich auch übergreifend für die Rechte von jungen Menschen und ihren Familien in der Kinder- und Jugendhilfe einsetzen, diese bekannt machen und zu ihrer Akzeptanz beitragen. Die Beratungsarbeit wird ausgewertet, um darin sichtbar werdende strukturelle Probleme zu identifizieren und durch Veröffentlichungen, Fachveranstaltungen und Fortbildungen in den Fachdiskurs sowie den politischen Diskurs einzubringen.

Ausblick

In den Anfängen von Ombudschaft in der Kinder- und Jugendhilfe ging es primär um Konflikte über Verwaltungshandeln im engeren Sinne, insbesondere um Entscheidungen des Jugendamts im Kontext individueller Hilfeplanung nach § 36 SGB VIII. Schon bald wurde jedoch deutlich, dass Machtasymmetrien und Probleme der Umsetzung von Rechten für junge Menschen und ihre Familien ebenso im Verhältnis zu Fachkräften von freien Trägern als Leistungserbringer Unterstützung erforderlich machen. Während das Konzept schon bald in Hinsicht auf mögliche Konfliktpartner*innen erweitert wurde, wurde eine Ausweitung der Aufgaben- und Leistungsbereiche, aus denen Konflikte beraten werden, in Ombudsstellen zunächst skeptisch betrachtet. Hintergrund hierfür bildete zum einen die über Jahre hinweg prekäre Ausstattung der Ombudsstellen als meist ehrenamtliche Initiativen und die daraus resultierende Begrenzung verfügbarer Arbeitskapazität. Zum anderen verfügten die Akteure der Ombudsstellen im Bereich hilfeplan(analog)gesteuerter Leistungen über besondere Expertise. Eine Rolle für die Fokussierung spielte darüber hinaus die Deutlichkeit, mit der in der individuellen Hilfeplanung Machtasymmetrien und Rechtsverletzungen zu Tage treten und die die Dringlichkeit einer ombudschaftlichen Unterstützung offensichtlich werden ließ.

Mit dem § 9a SGB VIII ist nun sowohl die strukturelle Absicherung von Ombudsstellen vorgesehen als auch die Ausweitung der Zuständigkeit auf alle Aufgaben und Leistungen der Kinder- und Jugendhilfe. Auf dieser Grundlage ist es möglich sich damit auseinanderzusetzen, wie sich Machtasymmetrien in anderen Aufgaben- und Leistungsbereichen konstituieren und zeigen, welche Konflikte sich daraus ergeben und wie Ombudschaft junge Menschen und ihre Familien dabei unterstützen kann, die ihnen zustehenden Rechte einzufordern. Welche konzeptionellen oder sogar organisationalen Anpassungen dies erforderlich macht, ist in den nächsten Jahren sorgfältig zu eruieren.

Literatur

BNO (2021). Selbstverständnis. https://ombudschaft-jugendhilfe.de/wp-content/uploads/BNO_Selbstverstaendnis_2021_09_23.pdf [01.03.2022].

Elias, Norbert (1986) [1970]: Was ist Soziologie? Weinheim: München.

Franke. M. (1998): Ein Ombudsmann für Deutschland? Frankfurt am Main; Berlin; Bern; New York; Paris; Wien: Lang.

Hansen, J. (1972): Die Institution des Ombudsman. Frankfurt am Main: Athenäum Verlag.

Kucsko-Stadlmayer, G. (Hrsg.) (2008): Europäische Ombudsman-Institutionen. Eine rechtsvergleichende Untersuchung zur vielfältigen Umsetzung einer Idee. Wien; New York: Springer.

Thiersch, H. (1995): Angst, Abwehr, Hilflosigkeit, Takt und Notwendigkeiten – Fragen zum pädagogischen Umgang mit Macht. In: G. Klosinski (Hrsg.). Macht, Machtmissbrauch und Machtverzicht im Umgang mit Kindern und Jugendlichen (S. 29-42). Bern; Göttingen; Toronto; Seattle: Verlag Hans Huber.

Urban-Stahl, U. (2010): Weil manchmal ist, was nicht sein darf. Ombuds- und Beschwerdestellen in der Jugendhilfe. In: Gemeinsames Sonderheft Das Jugendamt/Zeitschrift für Kindschaftsrecht und Jugendhilfe zum 65. Geburtstag von Reinhard Wiesner, S. 24-28.

Urban-Stahl, U. (2011): Expertise: Ombuds- und Beschwerdestellen in der Kinder- und Jugendhilfe in Deutschland. In: Nationales Zentrum frühe Hilfen (Hrsg.): Beiträge zur Qualitätsentwicklung im Kinderschutz, Bd. 1. Köln (1).

Urban-Stahl, U. (2021): Ombudschaft. In: R.-C. Amthor, B. Goldberg, P. Hansbauer, B. Landes, T. Wintergerst (Hrsg.): Kreft/Mielenz Wörterbuch Soziale Arbeit (S. 617-620). Weinheim: Beltz Juventa.

Weber, M. (1980) [1921]: Wirtschaft und Gesellschaft. Grundriss der verstehenden Soziologie. Tübingen: Mohr.

Wolf, K. (1999): Machtprozesse in der Heimerziehung. Eine qualitative Studie über ein Setting klassischer Heimerziehung. Münster: Votum.

Wolf, K. (2007): Zur Notwendigkeit des Machtüberhangs in der Erziehung. In: B. Kraus, W. Krieger (Hrsg.): Macht in der Sozialen Arbeit. Interaktionsverhältnisse zwischen Kontrolle, Partizipation und Freisetzung (S. 103-141). Lage: Lippe-Verlag.

Die ombudschaftliche Methodik: Zur Rationalität ombudschaftlichen Handelns

Manuel Arnegger

Der Autor argumentiert für eine ombudschaftliche Methodik, mittels derer Konflikte, die durch strukturell asymmetrische (Macht-)Konstellationen gerahmt sind und die den unbestrittenen Hauptgegenstand ombudschaftlichen Handelns darstellen, wohlfundiert und rational begründet bearbeitet werden. Hierzu ist die Entwicklung konzeptioneller Rationalität vonnöten, wozu dieser Artikel einen Beitrag leistet. Er beleuchtet die Aufgabe von Ombudspersonen, Konflikte und Machtquellen des jeweiligen einzigartigen Falls zu analysieren und die Ratsuchenden bei der Realisierung existierender Rechte zu unterstützen, mit Blick auf konzeptionell-rationale Handlungsimplikationen. So darf den Ratsuchenden die Unterstützung nicht bzgl. bestimmter Rechte (z. B. Widerspruchs- oder Klageverfahren) grundsätzlich vorenthalten werden. Zudem sollte ombudschaftliches Handeln sich nicht nur auf juridische Rechte beziehen, sondern ein moralisches Rechtsverständnis innehaben, wobei Menschenrechte als normative Grundlage dienen können.

Die ombudschaftliche Methodik: Zur Rationalität und menschenrechtlichen Begründbarkeit ombudschaftlichen Handelns[1]

Gibt es so etwas wie eine eigenständige ombudschaftliche Methodik? Eine spezifische, von anderen Formen der Beratung, Konfliktbearbeitung oder anwaltschaftlichen Unterstützung klar abgrenzbare Vorgehensweise? Ich möchte mit den folgenden Ausführungen für eine solche Sichtweise argumentieren.

Dazu gilt es zunächst, das was ich hier als die ombudschaftliche Methodik bezeichne, innerhalb einer sehr allgemeinen Vorstellung von Professionalität zu verorten, um präziser identifizieren zu können, in welche weiteren Rationalitätskonzepte ein derartiges methodisches Konzept eingebunden ist – und wo entsprechend die Grenzen dessen liegen, was sich mittels der begrenzten Reichweite von Texten überhaupt einigermaßen sinnvoll behandeln lässt. In dieser Weise kontextualisiert lassen sich dann zwei zentrale und weithin anerkannte

1 Mein Dank geht an das Redaktionsteam des vorliegenden Bandes sowie an Roland Rosenow und Beate Blank für wertvolle Anmerkungen und Hinweise zu einer früheren Version dieses Beitrages.

Gegenstandsbereiche von Ombudschaft in der Kinder- und Jugendhilfe identifizieren. Das sind zum einen *Konflikte* und zum anderen der Begriff der *Machtasymmetrie*. Ombudschaftlich tätige Akteur*innen sollen sich definitionsgemäß mit Konflikten einer besonderen Art, nämlich solchen, die sich in ihrer Ausgangslage als grundsätzlich asymmetrisch darstellen, auseinandersetzen. Und sie sollen in adäquater Weise aktiv werden. Die ombudschaftliche Methodik leistet dazu einen wichtigen aber gleichwohl begrenzten Beitrag: Sie muss sich dadurch auszeichnen, dass sie konkretes Handeln dahingehend ausrichten kann, dass es sich als konzeptionell wohlbegründetes Handeln darstellt. Konzeptionell wohlbegründet ist es dann, wenn im Handeln die handlungsrelevanten Implikationen von asymmetrischen Konfliktkonstellationen Berücksichtigung finden, indem dieser Typus von Konflikten konzeptionell adäquat erfasst wird. Insgesamt wohlbegründet ist es, wenn es nicht nur konzeptionell rational sondern auch pragmatisch rational und noch dazu anschlussfähig an die stets einmalige Situation der Menschen ist, die die Unterstützung der Ombudspersonen in Anspruch nehmen.

Rationalität, Rationalitätskonzepte und Handeln

Rationalität ist ein mehrdeutiger und vielschichtiger Begriff, mit dessen Hilfe jedoch präziser unterschieden werden kann, um was genau es geht, wenn hier von der ombudschaftlichen Methodik die Rede sein soll.

Eine erste Annäherung an das, was unter Rationalität verstanden werden kann, liefert eine abstrakte Definition des Begriffs aus der *Enzyklopädie Philosophie und Wissenschaftstheorie*:

> „Bezeichnung für die Fähigkeit, Verfahren diskursiver Einlösung von Geltungsansprüchen zu entwickeln, ihnen zu folgen und über sie zu verfügen. Nennt man verfahrensgemäß eingelöste Geltungsansprüche ‚fundiert', läßt sich Rationalität kurz als die Fähigkeit zur Erzeugung von Wohlfundiertheit bezeichnen." (Gethmann 2004, S. 468)

Diese erste Begriffsbestimmung verdeutlicht zunächst, dass eine so verstandene Rationalität nicht als plumper Gegenpart zu allem Emotionalen herhalten kann. Im Gegenteil: Auch Gefühle können mit Hilfe von Rationalitätskonzepten betrachtet werden und sich dadurch als mehr oder weniger fundiert erweisen (De Sousa 2009).

Übertragen auf den hier behandelten Gegenstand bedeutet dieser erste Ausgangspunkt: Wenn es einerseits gelingt, die Entwicklung einer ombudschaftlichen Methodik auf eine im Fachdiskurs anerkannte Grundlage zu stellen und auf diese Weise immer wieder neu zu fundieren, so besteht

Rationalität in der Fähigkeit, durch das Befolgen von aus dieser Methodik abgeleiteten Handlungsanweisungen Wohlfundiertheit zu erzeugen. Das klingt immer noch komplex, kann aber mit Hilfe einer Differenzierung unterschiedlicher Rationalitätskonzepte weiter erläutert werden.

Der Wissenschaftsphilosoph Mario Bunge unterscheidet insgesamt elf solcher Rationalitätskonzepte (Bunge 2003, S. 240 f.). Für unsere Zwecke relevant ist hierbei die Einteilung in zwei übergreifende Kategorien, in (a) die konzeptionelle Rationalität und (b) die pragmatische Rationalität. Sie sollen hier so interpretiert werden, dass sich unter konzeptioneller Rationalität solche Bestandteile subsumieren lassen, die notwendig sind, damit ein Konzept als wohlfundiert gelten kann. Das sind u. a. semantische, logische, methodologische und erkenntnistheoretische Aspekte. Eine konzeptionelle Betrachtungsweise des Feldes *Ombudschaft in der Kinder- und Jugendhilfe* sollte entsprechend möglichst eindeutig definierte Begriffe zugrundelegen, nachvollziehbare Schlüsse beinhalten, wohlbegründete und erfolgversprechende Vorgehensweisen beschreiben sowie auf den aktuellen Stand des für dieses Feld relevanten Wissens rekurrieren. Die pragmatische Rationalität dagegen ist auf den Handlungsvollzug ausgerichtet. Hierunter lassen sich bewertende, moralische und praktische Rationalitätskonzepte subsumieren. Handeln, das sich vor diesem Hintergrund als wohlfundiert erweisen soll, muss sich entsprechend als ein Handeln ausweisen, das erstrebenswerte Ziele verfolgt, sich dabei als moralisch integer und praktisch wirksam erweist.

Die konzeptionelle und die pragmatische Rationalität bilden damit zwei Bündel von Begründungsmöglichkeiten, die für professionelles Handeln im Allgemeinen Relevanz beanspruchen. Eine Besonderheit, durch die sich Handeln im Kontext der Sozialen Arbeit auszeichnet und in besonderer Weise auch professionelles Handeln als ombudschaftliches Handeln, ist seine Eingebundenheit in kooperative und koproduktive Zusammenhänge. Das bedeutet: In den allermeisten Fällen ist professionelles Handeln nur ein Beitrag zum eigentlichen Zweck, der erreicht werden soll. Erst die Aneignung durch die Adressat*innen dieses Handelns und deren eigenbestimmte Aktivitäten ermöglichen die angestrebte Verbesserung der Situation. Dieser Sachverhalt führt zu einem weiteren Rationalitätskonzept, nämlich dem der (c) Anschlussfähigkeit. Darunter können auf der einen Seite solche Aspekte gefasst werden, die sich aus der Perspektive der Fachkräfte als Anschlüsse des Verstehens und auf der anderen Seite solche, die sich als Anschlüsse des Erklärens bezeichnen lassen. In beiden Fällen geht es um die Notwendigkeit der Berücksichtigung der Einzigartigkeit des Falles, was wiederum Kommunikation, Beziehung und Vertrauen voraussetzt (vgl. Gregusch 2013, S. 200).

Ombudschaftliches Handeln bezieht seine Begründetheit aus allen drei Rationalitätskonzepten. Vollständig rationales Handeln ist entsprechend konzeptionell begründet, pragmatisch gerechtfertigt und anschlussfähig. Das bedeutet nicht, dass jede einzelne Handlung immer gleichzeitig allen drei Rationalitätsanforderungen gerecht werden muss. Das ist weder notwendig, noch ist es möglich. Es bedeutet aber, dass wenn einer der drei Anforderungen in der Gesamtbetrachtung eines ombudschaftlichen Unterstützungsprozesses überhaupt nicht entsprochen wird, etwas fehlt. Deutlich wird dabei auch, was mittels Texten wie dem vorliegenden bearbeitet wird: Es ist lediglich die konzeptionelle Rationalität, die hier behandelt wird. Eine Einschätzung zur pragmatischen Rationalität lässt sich nur in der Analyse des realen Vollzugs professionellen Handelns treffen, genauso wie gehaltvolle Aussagen mit Bezug zur Anschlussfähigkeit nur im realen Vollzug und unter Einbezug der Adressat*innen professionellen Handelns möglich sind.

Dieses einfache Rationalitätsmodell dient hier lediglich dazu, die folgenden Ausführungen zu kontextualisieren und darauf hinzuweisen, in welche komplexen Anforderungen professionelles Handeln im Allgemeinen und hier am Beispiel von Ombudschaft im Besonderen eingebunden ist. Und es soll verdeutlichen, dass ombudschaftliches Handeln immer Handeln von Menschen ist, das dadurch zu wohlbegründetem und professionellem Handeln wird, dass diese Menschen in ihrer Funktion als professionelle Akteur*innen mit ausreichend individuellen und strukturell bereitgestellten Ressourcen ausgestattet sind, um (a) sich ihre konzeptionellen Grundlagen zu erarbeiten, (b) ihr eigenes Handeln zu reflektieren und (c) adäquat-professionelle Beziehungsarbeit leisten zu können.

Bezüge ombudschaftlichen Handelns

Vielleicht ist der eine oder die andere Leser*in im letzten Satz des vorigen Abschnitts darüber gestolpert, dass sich professionelle Akteur*innen im Feld der Ombudschaft ihre (eigenen) konzeptionellen Grundlagen erarbeiten sollen, weil er oder sie darin einen Widerspruch erkennt zu dem Anspruch, doch möglichst allgemeingültige konzeptionelle Standards für alle zu entwickeln. Um zu zeigen, dass individuelle Aneignung und Allgemeingültigkeit beanspruchende Standards nicht grundsätzlich im Widerspruch zueinander stehen, sondern sich gegenseitig ergänzen und sogar bedingen, bedarf es einiger Erläuterungen: Damit sich so etwas wie konzeptionelle Rationalität entfalten kann, müssen professionelle Akteur*innen auf ein System von begrifflich-mentalen Repräsentationen zurückgreifen können. Dabei handelt es sich um abstrakte, durch Reflexion gewonnene, transempirische Begriffe. Diese sind eng verbunden mit mentalen Repräsentationen, die unmittelbar durch Wahrnehmungsprozesse entstanden sind (empirische Begriffe). Beide Begriffssysteme stehen in wechselseitiger Abhängigkeit, z. B. indem neue Wahrnehmungen neue Begriffe erzeugen oder durch Reflexion neu angeeignete transempirische Begriffe zu empirischen Begriffen führen, die wiederum neue Wahrnehmungen ermöglichen (vgl. Abb. 1).

Abbildung 1: Begriffssysteme und Wahrnehmungen (eigene Darstellung in Anlehnung an Bunge 1983, S. 162)

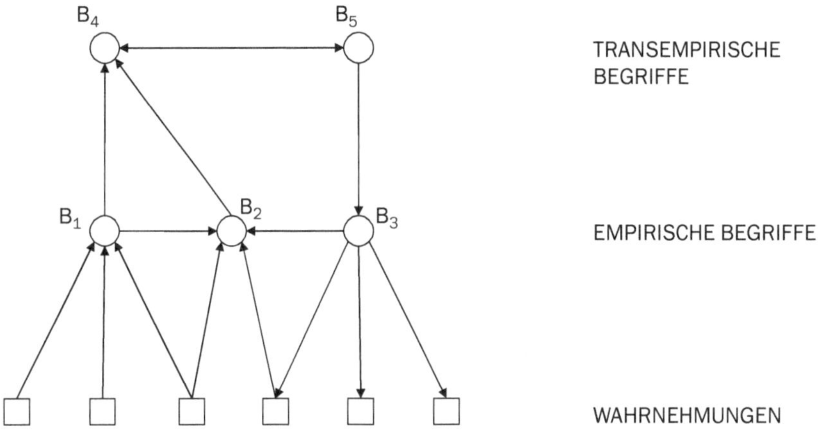

Dazu ein Beispiel: Der Begriff Machtasymmetrie ist ein solcher transempirischer Begriff. Machtasymmetrie lässt sich nicht unmittelbar beobachten sondern ist ein begriffliches Konstrukt, das wiederum empirische Begriffe voraussetzt. Die Wahrnehmung, dass bei einem Gespräch im Jugendamt oder beim freien Träger einem jungen Menschen drei Fachkräfte gegenübersitzen, letztere zeitlich den weitaus größeren Anteil am Gespräch haben und zudem über Dinge reden, die der junge Mensch nicht versteht, kann sehr unterschiedlich rezipiert werden. Transempirische Begriffe wie Organisationsmacht, Artikulationsmacht und Wissen als Machtquelle ermöglichen es, Wahrnehmungen mit Bezug auf die Gesprächssituation, die Redezeit und die Inhalte der Redebeiträge als Ausdruck einer Machtasymmetrie zu erfassen.

Anhand dieser Ausführungen sollte deutlich gemacht werden, wie wichtig es einerseits ist, dass abstrakte, mit einer hohen Reichweite verbundene und daher Allgemeingültigkeit beanspruchende begriffliche Repräsentationen zur Verfügung stehen, dass diese aber andererseits nur wahrnehmungs- und handlungsleitend werden können, wenn sie in die bestehenden Begriffssysteme professioneller Akteur*innen integriert werden. Das wiederum bedeutet, dass sie auf der einen Seite nicht in einem unauflösbaren Widerspruch zu den empirischen Erfahrungen stehen dürfen und auf der anderen Seite durch Reflexion dieser Erfahrungen ausgebildet und weiterentwickelt werden können und müssen. Konzeptionelle Rationalität setzt vor diesem Hintergrund sowohl individuelle und wahrnehmungsbasierte als auch allgemeingültige und abstrakte Anteile voraus, die sich gegenseitig bedingen. Professionalisierte

Ombudschaft benötigt folgerichtig sowohl den Raum zur individuellen Aneignung und Reflexion als auch den fachlich-übergreifenden Diskurs.[2]

Hier kommen nun der Konflikt-Begriff und der Machtasymmetrie-Begriff in den Blick, als zwei Begriffe, die sich im Rahmen eines solchen Diskurses als offensichtlich treffende Begriffe zur Beschreibung zumindest eines Teils dessen herausgestellt haben, was Ombudschaft ausmacht. Die Historie der Verknüpfung dieser beiden Begriffe mit dem Begriff Ombudschaft kann und soll hier nicht nachgezeichnet werden, aber zumindest bis zur Einführung des § 9a SGB VIII kann davon ausgegangen werden, dass diese Begriffe in einem gewissen Grad empirisch-wahrnehmungsbezogen und konzeptionell fundiert sind. Für ersteres spricht ihre zentrale Stellung im Selbstverständnis des Bundesnetzwerks Ombudschaft in der Kinder- und Jugendhilfe (Bundesnetzwerk Ombudschaft 2016), das in einem etwa zweijährigen Prozess unter Beteiligung aller zu diesem Zeitpunkt im Bundesnetzwerk vertretenen Ombudsstellen entstanden ist (zum Entstehungsprozess vgl. Arnegger et al. 2019, S. 7 f.).[3] Für das Vorhandensein einer theoretisch-konzeptionellen Fundierung spricht, dass diese Begriffe in der Mehrheit der aktuellen Veröffentlichungen zum Thema Ombudschaft verwendet werden und – in unterschiedlicher Weise und Ausführlichkeit – Anschlüsse zu existierenden theoretisch-konzeptionellen Begriffssystemen hergestellt sind (vgl. Urban-Stahl 2011, S. 10; Arnegger 2016, S. 154 ff.).[4]

Auf diesen Annahmen aufbauend können Konflikte einer besonderen Art, nämlich solche, die sich durch eine strukturell bedingte asymmetrische Konstellation auszeichnen, als ein oder sogar als der Hauptgegenstand ombudschaftlichen Handelns bezeichnet werden. Wenn dem so ist, kann nach Antworten auf die folgende Frage gesucht werden: Was müsste ombudschaftliches Handeln kennzeichnen, um diesem Gegenstand methodisch gerecht zu werden?

---

2 Hier gibt es meines Erachtens interessante Anschlussmöglichkeiten an das, was bei Philipp Sandermann und Ulrike Urban-Stahl mit Bezug auf Andreas Reckwitz als Praxis/Diskurs-Komplex „Beschwerde und Ombudschaft in der Kinder- und Jugendhilfe" (Sandermann/Urban-Stahl 2017) untersucht wurde: Sowohl Reckwitz (2008) als auch Bunge setzen einen allgemeineren Rahmen, in dem die hier skizzierten Mechanismen verortet werden können. Als Einstieg in die Philosophie Bunges, der im Februar 2020 im Alter von 100 Jahren verstorben ist, bieten sich an: Bunge/Mahner 2004 und Droste 2015.

3 Eine leicht überarbeitete, vor allem hinsichtlich des Tätigkeitsbereichs auf die Formulierung des § 9a SGB VIII angepasste Fassung des Selbstverständnisses ist seit 2021 verfügbar: https://ombudschaft-jugendhilfe.de/wp-content/uploads/BNO_Selbstverstaendnis_2021_09_23.pdf

4 In den offiziellen Dokumenten zur Einführung des § 9a SGB VIII – der Beschlussempfehlung und der Gesetzesbegründung – haben der Konflikt-Begriff und der Begriff Machtasymmetrie ebenfalls eine zentrale Stellung (Deutscher Bundestag 2021a, S. 9; Deutscher Bundestag 2021b, S. 48).

Konflikte als Kerngegenstand von Ombudschaft

Ausgangspunkt sollte eine möglichst präzise Definition des Begriffs *Konflikt* sein. Zum einen, um über eine Grundlage für die Zuständigkeitsklärung zu verfügen, zum anderen aber auch um unter Nutzung konzeptioneller Entwicklungsfenster überprüfen zu können, ob begrifflich-konzeptionelle Festlegungen im Allgemeinen und der Konfliktbegriff im Besonderen (immer noch) ombudschaftliches Handeln, wie es sich unter Realbedingungen darstellt, adäquat erfassen können.

Die oben vorgenommene Differenzierung unterschiedlicher Rationalitätskonzepte sollte deutlich werden lassen, dass die Berücksichtigung semantischer, logischer, methodologischer und erkenntnistheoretischer Aspekte zur Entwicklung einer konzeptionellen Rationalität bezogen auf den Hauptgegenstand *Konflikt* ein wichtiges Element ombudschaftlicher Professionalität darstellt, aber gleichzeitig keinesfalls zu Handlungsanweisungen führen kann: Die Reichweite solcher konzeptionellen Überlegungen ist begrenzt – sie bezieht sich lediglich auf eines von drei Elementen einer vollständigen Rationalität, verstanden als Wohlfundiertheit ombudschaftlichen Handelns.

Zur genaueren Beschreibung der ombudschaftlichen Methodik können nun exemplarisch allgemeine Eigenschaften von Konflikten auf ihre konzeptionell-rationalen Handlungsimplikationen untersucht werden.

Die *semantische* Dimension konzeptioneller Rationalität wurde bereits erwähnt: Eine genaue Begriffsbestimmung ist notwendig, um beobachtbare Phänomene als Konflikte zu erkennen und unter den Zuständigkeitsbereich von Ombudschaft zu subsumieren. Nimmt man beispielsweise die von Friedrich Glasl vorgeschlagene Definition (Glasl 2013, S. 17), dann können Kriterien abgeleitet werden, die Bestandteil einer Zuständigkeitsklärung werden. Ein Element dieser Definition ist, dass ein Konflikt Unvereinbarkeiten *und* Realisierungshandeln umfasst. Das grenzt Ombudschaft von einer allgemeinen Form der Beratung im Kontext der Kinder- und Jugendhilfe ab, die auch dann stattfindet, wenn es bislang keine Unvereinbarkeiten und kein Realisierungshandeln gab. In einer engen Betrachtungsweise führt das dazu, dass ombudschaftliche Unterstützung erst dann einsetzen kann, wenn es bereits konflikthafte Kontakte zwischen Adressat*innen und Fachkräften der Kinder- und Jugendhilfe gab.[5]

Eine unter vielen möglichen *logischen* Ableitungen führt zu einer weniger engen Betrachtungsweise: So kann Ombudschaft nicht nur die Unterstützung

5 Auf diese notwendige Abgrenzung ombudschaftlicher Tätigkeiten von allgemeiner, nicht auf Konflikte bezogenen Beratung weißt auch der Bundesrat hin (Walhalla Fachredaktion 2021, S. 48). Die Abgrenzung erscheint genauso wichtig wie im Einzelfall schwierig vorzunehmen, vor allem dann, wenn – wie in der Gesetzesbegründung zum § 10a SGB VIII Beratung – ein weites Beratungsverständnis zugrunde gelegt wird.

in Konflikten, sondern bereits die Prävention derselben umfassen – der Gegenstand bleibt gleich, aber der Fokus wird weiter gefasst. Das ermöglicht die Unterstützung von Ratsuchenden im Vorfeld von Kontaktaufnahmen mit Vertreter*innen der freien oder öffentlichen Jugendhilfe, mit dem klar definierten Ziel, das Risiko des Auftretens einer bestimmten Art von Konflikten zu vermeiden, und zwar solcher, die aufgrund von Voreingenommenheiten entstehen können. Der logische Zusammenhang stellt sich wie folgt dar: Es gibt Konflikte im Kontext der Kinder- und Jugendhilfe, die dadurch entstehen oder zusätzlich befeuert werden, weil Adressat*innen der Kinder- und Jugendhilfe schon vor der ersten Begegnung erwarten, dass es Unvereinbarkeiten geben wird. Gelingt es im Vorfeld des ersten Kontaktes solche Negativerwartungen abzubauen, dann wird dadurch eine spezifische Form von Konfliktpotenzial reduziert, was wiederum das Auftreten von Konflikten reduziert.

Warum diese präventive Ausrichtung wichtig sein kann, wird deutlicher, wenn die Art von Konflikten genauer betrachtet wird, die bisher als zentrales Tätigkeitsfeld von Ombudschaft beschrieben wurde (Bundesnetzwerk Ombudschaft 2016, S. 7) und anhand deren Beschaffenheit ein wesentliches Element der Spezifik der ombudschaftlichen Methodik verdeutlicht werden kann. Es geht dabei im weitesten Sinne um das, was Johannes Münder einmal als harten Anspruch auf weiche Leistungen bezeichnet hat. So beinhaltet bereits die Feststellung eines erzieherischen Bedarfs im Sinne des § 27 SGB VIII die Berücksichtigung einer subjektiven Dimension der Anspruchsberechtigten. Wird ein solcher Bedarf festgestellt, dann folgt daraus ein „harter" Rechtsanspruch. Wodurch genau dieser Rechtsanspruch verwirklicht werden kann, steht mit der Feststellung des Anspruchs nicht fest und ist deshalb „weich", weil wesentliche Inhalte der Hilfe gemeinsam festgelegt werden sollen. Bei den Konflikten, die bei der Beschreibung des Tätigkeitsfeldes im Selbstverständnis des Bundesnetzwerks im Zentrum standen, handelt es sich um Konflikte, in denen sowohl der anspruchsbegründende Bedarf als auch die weichen Leistungen verhandelt werden. Hart ist der Anspruch deshalb, weil er sehr klar im Gesetz formuliert ist. Das Weiche bezeichnet das, was keine Seite der Konfliktparteien allein festlegen kann: Den anspruchsbegründenden Bedarf mit seiner subjektiven Dimension und worauf genau dieser Anspruch besteht, was also Inhalt dessen ist, was den Leistungsberechtigten zusteht. Dieses Spezifikum subjektiv-bedarfsorientierter öffentlicher Leistungen setzt also einen Aushandlungsprozess als kooperativen Einigungsprozess voraus. Die ombudschaftliche Methodik muss folgerichtig darin wirksam sein, Aushandlungs- und Einigungsprozesse zu fördern (vgl. Arnegger 2018, S. 14 f.). Entsprechend kommen alle Handlungsweisen in Betracht, die in dieser Hinsicht hilfreich sind – auch schon vor der ersten Kontaktaufnahme mit Fachkräften von Jugendämtern und/oder Trägern der freien Jugendhilfe.

Asymmetrische Konfliktkonstellationen als Rahmung

Das bestimmten Bereichen der Kinder- und Jugendhilfe inhärente Konstruktionsprinzip der Aushandlung setzt in spezifischen Anteilen das Prinzip der Augenhöhe voraus. Dieser Sachverhalt ist aber nicht immer gegeben. Die Hauptverantwortung für die Gestaltung von Hilfeprozessen liegt bei den Fachkräften. Entsprechend liegt auch hier die Verantwortung, in den für den kooperativen Einigungsprozess notwendigen Bereichen für ein Höchstmaß der Verwirklichung des Prinzips der Augenhöhe zu sorgen. Die Tatsache, dass es große Unterschiede dahingehend gibt, mit welchen individuellen und strukturellen Möglichkeiten Kinder, Jugendliche und Erwachsene als Adressat*innen der Kinder- und Jugendhilfe im Vergleich zu den Fachkräften grundsätzlich ausgestattet sind, wird mit dem Begriff *Machtasymmetrie* gekennzeichnet.

Wichtig erscheinen in diesem Kontext weitere Differenzierungen: Zunächst einmal muss zwischen Machtasymmetrie als Strukturmerkmal und dem Einsatz von Machtquellen in Interaktionen unterschieden werden. Dazu braucht es eine begriffliche Differenzierung, die unterschiedliche Machtquellen aufzeigt und dadurch eine genauere Einschätzung zulässt, welche Machtasymmetrien als Strukturmerkmale notwendig sind (z. B. in Form von Entscheidungsbefugnissen oder pädagogischen Gestaltungsmöglichkeiten), und in welchen Dimensionen das Prinzip Augenhöhe angestrebt werden muss (z. B. Äußerungs- bzw. Artikulationsmöglichkeiten, situationsrelevantes Wissen). Zudem braucht es eine begriffliche Differenzierung, die zwischen legitimem und illegitimem Einsatz von strukturell und individuell verfügbaren Machtquellen unterscheidet.

Diese begrifflich-konzeptionellen Grundlagen habe ich an anderer Stelle ausführlicher beschrieben (vgl. Arnegger 2016, S. 154 ff.). Hier geht es mir vor allem darum, deutlich zu machen, was sich aus einer solchen Differenzierung ableiten lässt. Auch hier wieder nur exemplarisch: Wenn in bestimmten Bereichen so etwas wie Augenhöhe notwendige Grundlage für einen gelingenden Einigungsprozess ist, diese Grundlage aber nicht gegeben ist, dann sollte es das Ziel ombudschaftlichen Handelns sein, zu einem Ausgleich beizutragen. Das kann bedeuten, bestimmte Machtquellen der Rat- und Hilfesuchenden zu erweitern, z. B. durch Information und Aufklärung oder Begleitung zu Gesprächen. Es kann aber auch bedeuten, darauf hinzuwirken, einen illegitimen Einsatz von Machtquellen seitens der Fachkräfte zu begrenzen.

Hier sind es vor allem zwei Möglichkeiten, die der Ombudsperson zur Verfügung stehen. Das eine ist die Kraft des überzeugenden Arguments, die mittels der Ombudsperson, die ihre Machtquellen (vor allem Wissen als Machtquelle und Artikulationsmacht) einsetzt, im Konflikt wirksam werden kann. Das andere sind die Rechte der Anspruchs- und Leistungsberechtigten.

Moralisches Rechtsverständnis als normativer Horizont

Mit der Funktion *Ombudsperson* sind keine allein Ombudspersonen zukommenden Rechte verknüpft. Ombudspersonen können keine Schiedssprüche treffen, und es gibt kein formal geregeltes ombudschaftliches Verfahren, das die daran Beteiligten grundsätzlich und unabhängig vom Einzelfall zu irgendetwas verpflichtet. Aber es gibt eine Vielzahl von Rechten, die die Ratsuchenden geltend machen können und die es ihnen ermöglichen sollen, im Verhältnis Bürger-Staat das zu erhalten, was allen im jeweiligen Geltungsbereich dieser Rechte lebenden Menschen zusteht. Meine Einschätzung ist: Weil wir ein ausdifferenziertes System von Rechten und Normen entwickelt haben, das sich über unterschiedliche Niveaus hinweg erstreckt (international gültige Menschenrechte, Sozialgesetze, Verwaltungsvorschriften, Ethikkodizes usw.) und weil deutlich wurde, dass bestimmte Gruppen von Menschen (hier: Adressat*innen der Kinder- und Jugendhilfe) in bestimmten Situationen (Konflikte im Kontext der Leistungsgewährung und der Leistungserbringung) in vielen Fällen ihre Rechte ohne unabhängige Unterstützung nicht realisieren können, ist Ombudschaft als das entstanden, was es ist: Als Unterstützung zur Realisierung existierender Rechte.

Das bedeutet einerseits: Menschen, die sich für ombudschaftliche Unterstützung entscheiden, bringen ein ganzes Bündel an Rechten in den Unterstützungsprozess mit ein, von denen ihnen ein Teil vielleicht bekannt ist, andere möglicherweise auch nicht. Mir scheint es von besonderer Bedeutung zu sein, dass die Inanspruchnahme ombudschaftlicher Unterstützung nicht grundsätzlich dazu führen darf, dass die Ratsuchenden einen Teil dieser ihnen bekannten oder nicht bekannten Rechte vor dem Eintritt in einen solchen Prozess abgeben müssen. Das wäre z. B. der Fall, wenn Ombudspersonen grundsätzlich keine Widerspruchs- oder Klageverfahren unterstützen und begleiten würden und diesbezüglich auch nicht mit Anwält*innen kooperieren würden. Es wäre absurd, wenn der Preis einer institutionalisierten Ombudschaft der wäre, dass Ratsuchende im ombudschaftlichen Unterstützungsprozess gemeinsam mit Ombudspersonen auf ein wichtiges, wesentliches und unter bestimmten Voraussetzungen auch wirkungsvolles Mittel zur Realisierung von Rechten verzichten müssten.[6]

Die Formulierung „Unterstützung zur Realisierung existierender Rechte“ wirft andererseits die Frage auf, welche existierenden Rechte denn gemeint sein könnten. Handelt es sich ausschließlich um das, was im SGB VIII steht? Oder wird das gesamte Sozialgesetzbuch mit einbezogen? Vielleicht sollte

6 Eine weitergehende Erörterung von Fragen zur rechtlichen Funktion von Klageverfahren, ihren Chancen und Grenzen im Kontext von Ombudschaft, ist an andere Stelle zu finden (Arnegger 2020).

der Kreis aber noch weiter gezogen werden, indem auch Menschenrechte und Kinderrechte berücksichtigt werden? Ich sehe zwei grundsätzlich unterschiedliche Herangehensweisen an diese Frage: Eine Möglichkeit besteht darin, ombudschaftliche Unterstützung daran auszurichten, was die einschlägigen, d.h. die den jeweiligen Gegenstand des Konflikts spezifisch regelnden Rechte an Realisierungsmöglichkeiten bieten. Ronald Dworkin bezeichnet diese Art von Rechten als juridische Rechte, die dadurch gekennzeichnet sind, dass sie ohne weitere gesetzgeberische Akte durchsetzbar sind (Dworkin 2012, S. 676ff.). Gibt es keine entsprechenden Rechte, gibt es auch keine Möglichkeiten oder Anlässe für ombudschaftliche Unterstützungsaktivitäten. Eine derartige Ausrichtung der Beratung impliziert eine positivistische Rechtsauffassung, die zwischen Recht und Moral eine klare Grenze zieht und letztlich zu dem Schluss kommen muss, dass es kein unmoralisches Recht geben kann, weil Recht nicht mit moralischen Maßstäben gemessen wird.

Die andere Herangehensweise zieht keine solch klare Grenze zwischen Recht und Moral. Sie betrachtet den Einzelfall mit einem anderen, moralischen Verständnis von Recht. Dieses Rechtsverständnis bezieht sich auch auf Rechte, die nicht oder nicht ohne Weiteres durchsetzbar oder noch gar nicht als Rechte formuliert sind. Ombudschaft ist in diesem Verständnis auch ein Instrument, das in einem spezifischen Bereich zur stetigen Weiterentwicklung des Rechts beiträgt (vgl. Rosenow 2013) und zwar ausgerichtet auf das Ziel einer menschengerechte(re)n Gesellschaft. Silvia Staub-Bernasconi bezeichnet einen solchen Prozess als Vergesellschaftung und Institutionalisierung von Werten (Staub-Bernasconi 1998, S. 35) und integriert entsprechend ausgerichtete Interventionen in ein Gesamtkonzept *Problembezogener Arbeitsweisen* im Kontext Sozialer Arbeit (Staub-Bernasconi 1998, S. 54ff.; 2018, S. 249ff.). Im Gegensatz zu einem rechtspositivistischen Verständnis, das sich in seiner Handlungsbegründung auf das Vorhandensein von juridischen Rechten berufen kann, benötigt ein moralisch ausgerichtetes Verständnis von Recht eine erweiterte Handlungsbegründung mit der Bezugnahme auf so etwas wie anerkannte Werte oder weniger konkret formulierte Rechte. Es ist offensichtlich, dass eine moralisch argumentierende Begründung voraussetzungsvoll ist (vgl. Arnegger 2016, S. 171ff.).

Die ombudschaftliche Methodik als konzeptionell-rational begründetes Handeln

Als *methodologische* Aspekte einer konzeptionellen Rationalität ergeben sich aus den drei hier betrachteten Perspektiven die folgenden Ansprüche. Wichtig hierbei zu beachten ist, dass der Schwerpunkt auf konzeptioneller Rationalität liegt. Das bedeutet, dass die drei skizzierten Aspekte in Verbindung mit den anderen beiden Rationalitätskriterien betrachtet werden müssen, indem weitere Fragen zu beantworten sind wie z. B. *„Mit welchen konkreten Arbeitsinstrumenten lassen sich diese konzeptionellen Ansprüche im Arbeitsalltag realisieren?"* oder *„Wie können wir diese konzeptionellen Ansprüche in ein kooperativ-dialogisches Vorgehen integrieren, das es ermöglicht, die Ratsuchenden in ihrer Funktion als aktive Verfechter*innen zur Realisierung ihrer Rechte zu stärken?"*

(1) *Konflikte als Kerngegenstand von Ombudschaft* führen zur Notwendigkeit einer *Konfliktanalyse* im Einzelfall. Das beinhaltet zunächst die Einschätzung, ob eine Anfrage oder ein Anliegen, das an die Ombudsstelle herangetragen wird, mit der ombudschaftlichen Methodik auch adäquat bearbeitet werden kann. Ist das der Fall, müssen die Ombudspersonen ein möglichst präzises Bild des Konfliktes erzeugen, indem Gegenstand, Verlauf, Beteiligte usw. erfasst werden (Glasl 2013, S. 105 ff.). Auch wenn bestimmte Konstellationen immer wieder auftreten mögen, ist es doch unerlässlich, das Spezifische jeden Einzelfalls zu erfassen – nicht zuletzt um durch den Dialog mit Ratsuchenden einen Eindruck davon zu bekommen, welche Folgen eine Eskalation des Konfliktes durch die Anwendung ombudschaftlicher Handlungsmöglichkeiten hätte, und welche Konfliktlösungsmöglichkeiten durch eine solche vielleicht auch erschwert oder verhindert werden würden.
(2) *Asymmetrische Konfliktkonstellationen als Rahmung* führen zur Notwendigkeit einer *Machtquellenanalyse* und zur Ausrichtung ombudschaftlicher Aktivitäten auf *Machtausgleich*. Notwendig ist eine möglichst differenzierte Analyse des Konflikts hinsichtlich dessen, was den Beteiligten an Machtquellen zur Verfügung steht und wie sie diese Machtquellen einsetzen. Das setzt wiederum ein explizit formuliertes Verständnis von Macht und entsprechend differenziertes begriffliches Instrumentarium unterschiedlicher Machtquellen voraus. Verfügt die Ombudsperson über ein solchermaßen qualifiziertes Bild des Konflikts existiert eine Grundlage dafür, genauer ermitteln zu können, welche Interventionen im Sinne eines Machtausgleichs zielführend sind, um vorhandene Asymmetrien auszugleichen.
Sie sollte nur dort gegenüber Dritten aktiv werden, wo es notwendig ist. Machtausgleich erhält auf diese Weise eine Ausrichtung als Ermächtigung und begründet-parteiliches Handeln.[7]
(3) Ein *moralisches Rechtsverständnis als normative Grundlage* führt zur Notwendigkeit von *Werturteilen*. Im jeweiligen Einzelfall ist eine Einschätzung

7 Zum Versuch, ombudschaftliche Aktivitäten für die statistische Auswertung konsequent als Machtausgleich zu erfassen, siehe die Dokumentationen des *Projekts Ombudschaft Jugendhilfe Baden-Württemberg* (Wlassow/Wurzel 2019; Arnegger 2020, S. 158 ff.).

zu treffen, welche grundlegenden Werte, allgemein formulierten oder juridischen Rechte für den Fall relevant sind, und welchen Handlungsbedarf sie auslösen. Menschenrechte können hier als normative Grundlage dienen, und zwar einerseits in einem weiteren Verständnis als mit weniger Durchsetzungskraft ausgestattete moralische Bezugspunkte und andererseits als juridische Rechte, die mittels ihres Rangs als einfachgesetzliche Regelungen (vgl. Rosenow 2015) oder mit Hilfe vorhandener Menschenrechtsinstrumentarien durchgesetzt werden können.

Allen drei Aspekten gemeinsam ist, dass sie auf den jeweiligen Einzelfall bezogenes Wissen voraussetzen. Die drei konzeptionell-methodologischen Vorgaben gehen einher mit begrifflichen Differenzierungen, die die Wahrnehmung im Einzelfall leiten. Eine *erkenntnistheoretisch* fundierte konzeptionelle Vorgabe beinhaltet den Anspruch, Wahrnehmungen und ihre Weiterverarbeitung zu fallrelevantem Wissen in bestmöglicher Weise zu objektivieren. Im Kontext von Ombudschaft können darunter vor allem das Vier-Augen-Prinzip, aber auch fallbezogener Austausch im Team und regelmäßige Supervision gefasst werden.

Ein Konzept von Ombudschaft, das die hier skizzierten semantischen, methodologischen und erkenntnistheoretischen Aspekte beinhaltet, bietet ombudschaftlichen Akteur*innen die Chance, ihr Handeln als konzeptionell-wohlfundiertes Handeln auszuweisen.

Literatur

Arnegger, M. (2016). Ombuds- und Beschwerdestellen in der Kinder- und Jugendhilfe im Lichte des systemtheoretischen Paradigmas der Sozialen Arbeit. In: Leideritz, M.; Vlecken, S. (Hrsg.): Professionelles Handeln in der Sozialen Arbeit – Schwerpunkt Menschenrechte: ein Lese- und Lehrbuch (1. Auflage). Leverkusen: Budrich, Barbara, S. 146-197.

Arnegger, M. (2018). Wozu braucht es Ombudschaft in der Kinder und Jugendhilfe? Chancen professionalisierter ombudschaftlicher Interventionen. In: Das Jugendamt, S. 12-15.

Arnegger, M. (2020). Ombudschaft als eine Möglichkeit der Konfliktlösung jenseits rechtlicher Auseinandersetzung. In: Prasad, N.; Muckenfuß, K.; Foitzik, A. (Hrsg.): Recht vor Gnade. Bedeutung von Menschenrechtsurteilen für die diskriminierungskritische Soziale Arbeit. Beltz Juventa, S. 156-164.

Arnegger, M.; Berner, A.; Eichhorn, A.; Jacob, J.; Krauter, S.; Loh, R.; Peylo, E.; Schneider, M.; Seyboldt, R.; Spielmann, M.; Staimer, M.; Thormann, B.; Wlassow, N.; Wurzel, M. (2019). Machtausgleich im Dialog: aushandeln statt aushalten. Freiburg im Breisgau: Liga der freien Wohlfahrtspflege in Baden-Württemberg e. V. www.ev-akademie-boll.de/fileadmin/user_upload/06_Service/02_Online-Dokumente/360719_12_Bericht_Ombudschaft_BW_WEB.pdf [7.11.2021].

Bundesnetzwerk Ombudschaft (2016). Selbstverständnis. Berlin: Bundesnetzwerk Ombudschaft Kinder- und Jugendhilfe. https://ombudschaft-jugendhilfe.de/wp-content/uploads/BNW_Brosch%C3%BCre_Selbstverst%C3%A4ndnis_FINAL.pdf [9.11.2021].

Bunge, M. (1983). Treatise on Basic Philosophy Volume 5: Epistemology & Methodology I: Exploring the World. Dordrecht: Reidel.

Bunge, M. (2003). Philosophical dictionary (Enlarged edition). Amherst, N.Y: Prometheus Books.

Bunge, M.; Mahner, M. (2004). Über die Natur der Dinge. Materialismus und Wissenschaft. Stuttgart: Hirzel.

De Sousa, R. (2009). Die Rationalität des Gefühls. Frankfurt am Main: Suhrkamp.

Deutscher Bundestag (2021a). Beschlussempfehlung und Bericht des Ausschusses für Familie, Senioren, Frauen und Jugend (13. Ausschuss). https://dserver.bundestag.de/btd/19/288/1928870.pdf [12.11.2021].

Deutscher Bundestag (2021b). Gesetzentwurf der Bundesregierung. Entwurf eines Gesetzes zur Stärkung von Kindern und Jugendlichen (Kinder- und Jugendstärkungsgesetz – KJSG). https://dserver.bundestag.de/btd/19/261/1926107.pdf [12.11.2021].

Droste, H.-W. (2015). Turn of the Tide – Gezeitenwechsel: Einführung in Mario Bunges exakte Philosophie (1. Auflage). Alibri: Aschaffenburg.

Dworkin, R. (2012). Gerechtigkeit für Igel (1. Auflage). Berlin: Suhrkamp.

Gethmann, C.F. (2004). Rationalität. In: Mittelstraß, J. (Hrsg.). Enzyklopädie Philosophie und Wissenschaftstheorie. Stuttgart: Metzler, S. 468-481.

Glasl, F. (2013). Konfliktmanagement: ein Handbuch für Führungskräfte, Beraterinnen und Berater (11., aktualisierte Auflage). Bern: Haupt.

Gregusch, P. (2013). Auf dem Weg zu einem Selbstverständnis von Beratung in der Sozialen Arbeit. Beratung als transprofessionelle und sozialarbeitsspezifische Methode. Bonn: Socialnet GmbH. www.socialnet.de/materialien/154.php [22.11.2021].

Reckwitz, A. (2008). Praktiken und Diskurse. Eine sozialtheoretische und methodologische Relation. In: Kalthoff, H.; Hirschauer, S.; Lindemann, G. (Hrsg.). Theoretische Empirie. Zur Relevanz qualitativer Forschung (1. Auflage). Frankfurt am Main: Suhrkamp, S. 188-209.

Rosenow, R. (2015). Die UN-BRK in der anwaltlichen Praxis. In: Anwalt/Anwältin im Sozialrecht, S. 93-98. https://sozialrecht-rosenow.de/files/alle/Veroeffentlichungen_bis_2015/Rosenow_ASR_03-2005.pdf [15.02.2022].

Rosenow, R. (2013). Kooperation von Ombudsstellen und Anwälten zur Durchsetzung von Ansprüchen nach dem SGB VIII. Beitrag zum 10. bundesweiten Treffen des Netzwerks Ombudschaft. 10./11.10.2013 in Freiburg. Freiburg im Breisgau. https://sozialrecht-rosenow.de/files/alle/Downloads/5efbb_28._rosenow_kooperation_ombudsstellen.pdf [14.02.2022].

Sandermann, P.; Urban-Stahl, U. (2017). Beschwerde, Ombudschaft und die Kinder- und Jugendhilfe. Begriffliche, konzeptuelle, organisationale und diskursive Differenzierungen. In: Equit, C.; Gaby, F.; Marc, W. (Hrsg.). Beteiligung und Beschwerde in der Heimerziehung: Grundlagen, Anforderungen und Perspektiven. Frankfurt/Main: IGFH-Eigenverlag, S. 27-55.

Staub-Bernasconi, S. (1998). Soziale Probleme – Soziale Berufe – Soziale Praxis. In: Heiner, M.; Meinhold, M; Spiegel, Hildrut von; Staub-Bernasconi, S. Methodisches Handeln in der Sozialen Arbeit (4. erweiterte Auflage). Freiburg im Breisgau: Lambertus, S. 11-137.

Staub-Bernasconi, S. (2018). Soziale Arbeit als Handlungswissenschaft. Soziale Arbeit auf dem Weg zu kritischer Professionalität (2., vollständig überarbeitete u. aktualisierte Ausgabe). Opladen Toronto: Verlag Barbara Budrich.

Urban-Stahl, U. (2011). Ombuds- und Beschwerdestellen in der Kinder- und Jugendhilfe in Deutschland. Eine Bestandsaufnahme unter besonderer Berücksichtigung des möglichen Beitrags zum „Lernen aus Fehlern im Kinderschutz“, Beiträge zur Qualitätsentwicklung im Kinderschutz, Band 1. Nationales Zentrum Frühe Hilfen Köln.

Walhalla Fachredaktion (2021). Kinder- und Jugendstärkungsgesetz. Weiterentwicklung des SGB VIII. Gesetzesmaterialien und Erläuterungen. Regensburg: Walhalla Fachverlag.

Wlassow, N.; Wurzel, M. (2019). Ombudschaftliche Beratung als Machtausgleich. In: Machtausgleich im Dialog: aushandeln statt aushalten. Freiburg im Breisgau: Liga der freien Wohlfahrtspflege in Baden-Württemberg e. V., S. 61-65.

Jugendhilfe-Ombudsstellen aus wohlfahrtsstaatssoziologischer Perspektive

Philipp Sandermann

Der Beitrag fragt nach der Funktion von Jugendhilfe-Ombudsstellen aus wohlfahrtsstaatssoziologischer Perspektive. Dafür werden fünf prominente wohlfahrtsstaatssoziologische Ansätze in Bezug zur Entwicklung der Ombudsstellen gesetzt. Es werden Schlussfolgerungen für ein besseres Verständnis von Jugendhilfe-Ombudsstellen gezogen.

Normativ betrachtet gibt es viele gute Argumente für Jugendhilfe-Ombudsstellen. Zahlreiche Engagierte haben in den letzten Jahrzehnten viel Arbeit darauf verwendet, sie in den Fachdiskurs zur Kinder- und Jugendhilfe einzubringen. Die jüngst erfolgte bundesgesetzliche Verankerung im § 9a SGB VIII und darauffolgende Länderinitiativen zur Absicherung von Ombudsstellen in der Leistungspalette der Kinder- und Jugendhilfe zeugen vom Erfolg dieser Arbeit.

Dieser Beitrag folgt einer anderen Logik. Unabhängig vom jahrelangen persönlichen Engagement des Autors in der ombudschaftlichen Arbeit wird hier danach gefragt, wie sich der gegenwärtige Erfolg von Jugendhilfe-Ombudsstellen unter Rückgriff auf wohlfahrtsstaatssoziologische Ansätze erklären lässt.

Um die damit gestellte Frage zu beantworten, werde ich in drei Schritten vorgehen. Zunächst werden einige organisationale Unterschiede und Gemeinsamkeiten bestehender Jugendhilfe-Ombudsstellen erläutert, um sich dem Phänomen anzunähern. Wie man die Etablierung der Stellen genauer versteht, hängt jedoch entscheidend davon ab, was man in den Fokus der Beobachtung rückt. Dies sichtbar zu machen, ist Aufgabe des zweiten Abschnittes. Dabei wird der Blick mithilfe verschiedener wohlfahrtsstaatssoziologischer Erklärungsansätze geweitet. Im dritten Schritt werden Hinweise aus den vorher gesichteten Ansätzen zusammengeführt, um zu skizzieren, wie eine geschlossene wohlfahrtsstaatssoziologische Antwort auf die Frage nach dem „Warum?“ von Jugendhilfe-Ombudsstellen aussehen könnte.

Einrichtungsexterne Jugendhilfe-Ombudsstellen – erste Annäherung an das Phänomen

Jugendhilfe-Ombudsstellen wurden in Deutschland seit Beginn der 2000er Jahre gegründet. Stand 2021[1] existieren bundesweit 15 Stellen, welche in einem entsprechenden Bundesnetzwerk zusammengeschlossen sind. Zwei weitere Stellen befinden sich im Aufbau.

Wie die Stellen arbeiten, variiert (vgl. Urban-Stahl 2014), wobei anfängliche Unterschiede in Organisationsformen, Konzeptualisierungen und Arbeitsweisen infolge der 2016 vom Bundesnetzwerk Ombudschaft Kinder- und Jugendhilfe für eine Mitgliedschaft verbindlich gemachten Qualitätsstandards[2] tendenziell zurückgegangen sein dürften (vgl. dazu auch Kapitel V i. d. B.).

Was die Ombudsstellen darüber hinaus von Beginn an einte, ist ihre organisationale Stellung im Gesamtgefüge der Kinder- und Jugendhilfe (vgl. Sandermann 2014, S. 65): Alle Stellen agieren organisational in einem Spannungsfeld zwischen Rechtsbeistand und sozialpädagogischer Beratung bei gleichzeitiger inhaltlicher Ausrichtung auf Kinder- und Jugendhilfeangelegenheiten. Sie alle konzentrieren sich in ihrer Beratungsarbeit tendenziell auf individuelle Leistungen. Und alle Stellen vertreten fachpolitisch eine notwendige Stärkung von Adressat*innenrechten in *der Kinder- und Jugendhilfe selbst.* Damit wird Kinder- und Jugendhilfe als gesellschaftliche Praxis begriffen, die nicht per se als Mittlerin von Kindern, Jugendlichen und Familien *in die Gesellschaft hinein* funktioniert, sondern selbst als ein exklusiver und damit im Einzelfall sogar potenziell exkludierender, soziale Ungleichheiten reproduzierender oder verschärfender Gesellschaftsbereich zu reflektieren ist, der über die ombudschaftliche Arbeit inklusiver gestaltet werden soll.

Will man nun jedoch nicht *nur* die kritische Sicht von Ombudsstellen auf die (restliche) Kinder- und Jugendhilfe und ihren konzeptionellen Anspruch an sich selbst reproduzieren, sondern Ombudsstellen in ihrer komplexen Beziehung zur restlichen Kinder- und Jugendhilfelandschaft breiter reflektieren, bietet es sich an, sie aus wohlfahrtsstaatssoziologischer Perspektive genauer in den Blick zu nehmen und auf ihre *Funktion* für die Kinder- und Jugendhilfe hin zu beleuchten.

---

1 Zum aktuellen Stand siehe: https://ombudschaft-jugendhilfe.de/informationen-zu-ombudschaftlichen-strukturen-im-bundesgebiet/

2 https://ombudschaft-jugendhilfe.de/verein-bundesnetzwerk/

Eine Auswahl wohlfahrtsstaatssoziologischer Erklärungsansätze zur Einordnung der Entwicklung

Im Folgenden werden fünf gängige wohlfahrtsstaatssoziologische Erklärungsansätze für das Phänomen von Jugendhilfe-Ombudsstellen nutzbar gemacht. Sie alle entstammen breiteren sozialwissenschaftlichen Denktraditionen und wurden nicht nur, aber auch für das Verständnis moderner Wohlfahrtsstaaten entwickelt. Ich werde die Ansätze jeweils kurz skizzieren und zeigen, welche Rolle Jugendhilfe-Ombudsstellen zukommt, wenn man sie im Lichte des jeweiligen Ansatzes betrachtet.

Social Citizenship-Ansatz

Ein klassisches Interpretationsmodell zur Erklärung wohlfahrtsstaatlicher Entwicklung ist der Social Citizenship-Ansatz (vgl. Marshall 1963, 1981). Die Grundannahme dabei lautet, dass sich der moderne Mensch durch die Erlangung ziviler und politischer Freiheitsrechte zum*r *Staatsbürger*in* entwickelte, womit sich zugleich eine wohlfahrtsstaatlich organisierte Gesellschaft etablierte, die den (Selbst-)Anspruch auf Teilhabe in den Mittelpunkt ihres Funktionierens stellt (vgl. Dwyer 2004, S. 40). Dabei ist jeder wohlfahrtsstaatliche Entwicklungsschub abhängig von einer breiten Interessenskoalition von Bürger*innen (vgl. Marshall 1963, S. 127), die von diesem Entwicklungsschub profitiert. So vollziehen sich Entwicklungsschübe immer dann, wenn gesellschaftliche Teilhabeproblematiken – real oder zumindest real vorstellbar – die gesellschaftliche Mittelschicht erreichen (vgl. ebd., S. 122).

Bemüht man den Social Citizenship-Ansatz, so lassen sich Jugendhilfe-Ombudsstellen als Demokratisierungsschub wohlfahrtsstaatlicher Entwicklung deuten. Entscheidend ist dabei ihre Ausrichtung an geltenden subjektiven Rechtsansprüchen. Diese Rechtsansprüche können als soziale Teilhaberechte, die offen und dienstleistungsorientiert formuliert sind, für jede*n Bürger*in relevant werden. Erst hierdurch und die damit verbundene potenzielle Relevanz von Jugendhilfe-Ombudsstellen für die gesellschaftliche Mittelschicht – so lässt sich mithilfe des Ansatzes argumentieren – erlangt deren Vorgehen wohlfahrtsstaatliche Bedeutsamkeit und sichert ihnen eine mittelfristige Etablierung.

Neo-marxistischer Ansatz

Dem neo-marxistischen Ansatz gilt der Klassenkonflikt zwischen besitzenden und arbeitenden Bevölkerungsteilen als maßgebliche Ursache für die

Entstehung und Fortentwicklung von Wohlfahrtsstaaten (vgl. Conrad 2003, S. 59). Dabei wird davon ausgegangen, dass der wohlfahrtsstaatliche Apparat politische Argumente der für mehr Gleichheit kämpfenden Bevölkerungsteile (mindestens vorerst) ausschaltet (vgl. Müller & Neusüß 1970; Lenhardt & Offe 1977). Konkret – so die Analyse – geschehe dies, indem das Verhältnis von Staat, Gesellschaft und bürgerlichem Individuum auf Dauer gestellt wird, anstatt Gesellschaft als Kampfschauplatz zwischen Klassenangehörigen zu begreifen. Dabei wird angenommen, dass sozialpolitische Programme stets nur in dem Maße (fort-)entwickelt werden, wie es zur Stabilisierung des bürgerlich-kapitalistischen Systems und zur Zerstreuung des Protests unterprivilegierter Gruppen notwendig ist (vgl. Piven & Cloward 1971). Besonders eindrücklich ist dies für die Erbringung von Fürsorgeleistungen gezeigt worden. So konnte Leibfried (1976) am Beispiel der Sozialhilfe illustrieren, wie von Armut betroffene Menschen in Westdeutschland erst nach Durchschreiten eines langen Prozesses unterschiedlicher „Filterung“ ihres Anspruchs auf Sozialhilfe zu tatsächlichen Hilfeempfänger*innen werden. Dabei fällt zunächst die bis heute bestehende Zweiteilung des deutschen Wohlfahrtsstaats in soziale Sicherungsleistungen und Fürsorgeleistungen auf (vgl. a. a. O., S. 382). Im Falle von Fürsorgeleistungen, wozu auch die Kinder- und Jugendhilfe zählt, wird qua individueller Bedürfnisprüfung attestiert, dass Menschen in „besondere Situationen“ geraten sind (ebd.), wie bspw. die auch heute noch im SGB XII vorgenommene Ausweisung von „besonderen Lebenslagen“ verdeutlicht. Damit etikettiert der Wohlfahrtsstaat aus neo-marxistischer Perspektive einige strukturelle Probleme des Kapitalismus gezielt als individuelle Probleme. Dass dies v. a. bei subjektiven Leistungsansprüchen passiert, verdeutlicht Leibfried unter dem Label der „passiven Institutionalisierung“, was „bedeutet, daß die Verwaltung ‚ihre‘ gesellschaftlichen Probleme nicht aufspürt und ausnahmslos bearbeitet – aktive Institutionalisierung – sondern darauf wartet, daß […] die Bedürftigen sich melden und ihre Ansprüche mit Nachdruck geltend machen“ (a. a. O., S. 383). Dies nennt Leibfried auch eine „strukturelle administrative Schwelle“ (ebd.), wohingegen sich eine „manifest administrative Schwelle“ (a. a. O., S. 385) in Fragen von Erreichbarkeit, Antragstellung und Verfahren zeigt.

Jugendhilfe-Ombudsstellen lassen sich im Lichte des neo-marxistischen Ansatzes in zweierlei Weise verstehen. Entweder man begreift sie als eine kritische Opposition gegen gängige Praktiken der Sozialverwaltung (Stichworte: „passive Institutionalisierung“ und „manifest administrative Schwelle“). (Selbst-)Deutungen dieser Art sind für kritische Sozialarbeitsinstitutionen nicht unüblich. Oder man liest die Entstehung von Jugendhilfe-Ombudsstellen als weiteren Schritt in Richtung einer Verdeckung des herrschenden Klassenkonflikts durch den Wohlfahrtsstaat. Eine solche Interpretation begreift Ombudsstellen als neuen, innovativen Teil der Kinder- und Jugendhilfe selbst.

Diese Interpretation erscheint insbesondere deswegen als stringente Anwendung des neo-marxistischen Blicks, weil Ombudsstellen im Zuge ihres Agierens bei bereits getroffenen Fallentscheidungen des Jugendamts ansetzen, was voraussetzt, dass bereits zwei wesentliche „Filter" seitens der betroffenen Individuen durchlaufen wurden: der Filter der (Selbst-)Stigmatisierung durch den Entschluss, sich an eine Fürsorgebehörde zu wenden, sowie der Filter der passiven Institutionalisierung. Unabhängig vom erfolgreichen oder nicht erfolgreichen Durchdringen des dritten Filters – der manifest administrativen Schwelle von Antragstellung und Verfahren, bei welcher Jugendhilfe-Ombudsstellen dann unterstützen – sind beim Aktivwerden von Ombudsstellen also bereits zwei wesentliche Filter der wohlfahrtsstaatlichen Verzerrung des klassenpolitischen Konflikts (vgl. Offe 1984, S. 333-334) durchlaufen worden.

Historisch-institutionalistischer Ansatz

Im Mittelpunkt dieses Ansatzes steht die These, dass sich der Wohlfahrtsstaat als selbsterhaltendes Gebilde etabliert hat (vgl. Rieger 1992). Dabei werden handfeste Machtinteressen politischer Akteur*innen oder gesellschaftliche Umwälzungsprozesse durchaus historisch berücksichtigt, jedoch um eine spezifische Prozessperspektive ergänzt: Es wird davon ausgegangen, dass gesellschaftliche Strukturveränderungen und politische Akteur*innen immer nur innerhalb begrenzter Zeitfenster (sog. „critical junctures"; dt. in etwa: „kritische Weggabelung"), während derer genügend Außenwirkungen und Initiativen zusammenkommen, Einfluss auf die wohlfahrtsstaatliche Fortentwicklung haben. Ist das Zeitfenster überschritten, werden wieder alle Versuche der Einflussnahme auf die institutionell vorgezeichneten Bahnen umgelenkt (vgl. Pierson 1993; Esping-Andersen 1996). Prominent wird diese theoretische Annahme als „path dependence" (dt.: „Pfadabhängigkeit") (vgl. Mahoney 2000) bezeichnet. Der Historische Institutionalismus erzeugt damit zugleich ein nüchternes Verständnis dafür, dass gesellschaftliche „Akteure eher in der Lage [sind], ihre Interessen in die [bereits bestehenden] institutionellen Programmierungen des Sozialstaats einzuschreiben" (Lessenich 2012, S. 87), als ihre Interessen in reinen Gegenprogrammatiken zu vertreten.

Interessant für die Entstehung von Jugendhilfe-Ombudsstellen könnte in diesem Zusammenhang sein, dass sie sich insbesondere an existierenden subjektiven Rechtsansprüchen und deren verfahrensrechtlicher Umsetzung orientieren und diese Rechtslage erst seit der 1990/91 erfolgten Gesetzesreform zum Sozialgesetzbuch VIII in dieser Klarheit besteht. So lassen sich Ombudsstellen als eine konsequente Folge der in den letzten Jahrzehnten getroffenen Weichenstellungen für mehr individuelle Leistungserbringung (und -finanzierung) in der Kinder- und Jugendhilfe lesen. Damit ist ihre Entstehung als ein folgerichtiger, weil den geschaffenen Strukturen angepasster Versuch politischer Einflussnahme interpretierbar, der gute Aussichten auf einen zugleich deutlichen, sowie eng innerhalb der bestehenden institutionellen Bahnen verbleibenden Erfolg, hat.

Systemtheoretischer Ansatz

Systemtheoretisch lässt sich der oftmals formulierte Eigenanspruch des Wohlfahrtsstaats, *soziale Gerechtigkeit, soziale Sicherheit, soziale Integration* etc. herzustellen, als eine Reflexionstheorie des Wohlfahrtsstaats selbst, nicht jedoch als Ansatz für dessen angemessenes Verständnis lesen (vgl. Kieserling 2003, S. 24-25). Dafür ist es aus systemtheoretischer Perspektive notwendig, auch die Funktionslogik des Wohlfahrtsstaats innerhalb des gesellschaftlichen Gesamtsystems zu rekonstruieren (vgl. Nassehi 2008).

Die Systemtheorie geht davon aus, dass die moderne Gesellschaft in unterschiedliche Systeme differenziert ist, die jeweils operativ geschlossen funktionieren und dabei den jeweils eigenen teilsystemischen Leitdifferenzen folgen. Das heißt zugleich, dass die moderne Gesellschaft keiner gesamtgesellschaftlichen Leitdifferenz mehr außer derjenigen gesellschaftlicher Differenzierung folgt. Somit bleibt jede von einem Teilsystem vorgenommene Beschreibung vor allem eine Selbstbeschreibung des jeweiligen Systems. Teilsysteme reflektieren dies jedoch (notwendigerweise) nicht, um ihre Selbstreferenzialität beim Blick auf die Welt aufrecht zu erhalten (a. a. O., S. 46).

Dies gilt auch für den Wohlfahrtsstaat (Luhmann 1981).[3] Dessen Funktion liegt nun darin, Probleme teilgesellschaftlicher Inklusion/Exklusion kommunikativ zu bearbeiten, indem sie unter Bezugnahme auf Wertideen wie *soziale Gerechtigkeit, soziale Sicherheit, soziale Integration* etc., aber auch auf die Semantik von *Fall, Hilfeleistung, Maßnahmenziel* etc. laufend thematisiert werden (vgl. Fuchs 2004, S. 25; allgemein auch Luhmann 1973, S. 179-181). Die Funktionslogik des Systems entspricht also der konstanten kommunikativen Bearbeitung teilgesellschaftlicher Inklusion/Exklusion in Kombination mit institutionalisierten Maßnahmen, deren inklusionsfördernde Effekte jedoch nicht allgemein gesellschaftlich nachverfolgt werden (können). Trotzdem lassen sich auch aus systemtheoretischer Perspektive kommunikative Wandlungsprozesse beobachten (vgl. z. B. Sandermann 2009; Husen 2017). Diese werden möglich, sobald eine „Transformation systemexterner Irritationen, die vom System nur als Rauschen wahrgenommen werden, in systemintern anschlussfähige, codebezogene Informationen" (Kuchler 2006, S. 6) beginnt. Davon

3 Er wird dementsprechend inzwischen auch vermehrt als „Wohlfahrtssystem" theoretisiert (vgl. Kuchler 2006, S. 13-14; Sandermann 2009).

nicht unabhängig, aber auf einer anderen Ebene angesiedelt, findet Wandel in systemtheoretischer Lesart auch noch in einer zweiten Form statt: durch die fortlaufende Ausdifferenzierung aller Systeme. Diese liegt in der mit zunehmender Kommunikationsdauer steigenden Komplexität eines Problemzusammenhangs begründet.

Ombudsstellen lassen sich als Beispiel für beide dieser Momente deuten. Erstens schließen sie in ihrem Anspruch, Folgeprobleme kinder- und jugendhilfespezifischen Handelns aufzudecken, direkt an die Kommunikation des Wohlfahrtssystems an und sind somit für dieses klar als relevante Information erkennbar. Das geschieht in Form von expliziten kommunikativen Bezugnahmen der Ombudsstellen auf relevante Semantiken des Systems (subjektiver Rechtsanspruch, Lebensweltorientierung, Partizipation etc.). Genauso wichtig ist jedoch, dass Jugendhilfe-Ombudsstellen problemlösend an die kommunikative Struktur des Wohlfahrtssystems anschließen und sich somit bereits in ein Muster ausdifferenzierter, institutioneller Problemlösung einfügen. Qua Systembeschreibung von außen ließe sich dieser Ausdifferenzierungsprozess wie folgt umreißen: im Zuge einer steigenden Reflexion der Komplexität (teil-) gesellschaftlicher Desintegration kam es zu einer steigenden Ausdifferenzierung des Wohlfahrtssystems. Diese ist beobachtbar anhand eines ausdifferenzierten Leistungsapparats an Fürsorgeleistungen allgemein, aber auch innerhalb des Teilsystems der Kinder- und Jugendhilfe (vgl. Husen 2017). Hier wiederum zeigt sich eine weitere Differenzierungsebene im zunehmend expliziter gewordenen Einzelfallbezug jugendhilfespezifischer Kommunikation. Diese vollzog sich in immer offeneren Orientierungen am *Einzelfall* auf Ebene aller wesentlichen Steuerungsmedien der Kinder- und Jugendhilfe: Recht, Geld und Professionalität (vgl. ebd.). Mit steigender Reflexion der Komplexität der einzelfallorientierten Problembearbeitung kam es im nächsten Schritt zur weiteren Ausdifferenzierung der Kinder- und Jugendhilfe im Sinne einer (wiederum einzelfallorientierten) Überprüfung einzelfallorientierter Problembearbeitungen. Die entstandenen Ombudsstellen sind organisationaler Ausdruck dieser ausdifferenzierten, systemspezifischen Kommunikationslogik.

Gouvernementalitätsansatz

Der in seinen Ursprüngen durch Michel Foucault begründete Gouvernementalitätsansatz (vgl. Foucault 1991) ist inzwischen vielfach weiterentwickelt worden. Dies gilt gerade auch für die Wohlfahrtstaats- und Sozialarbeitsforschung (vgl. exemplarisch etwa Cruikshank 1994; Chambon, Irving & Epstein 1999; Rose 1999; Kessl 2005). Mit dem Begriff der Gouvernementalität wird dabei ein historisches, zutiefst *modernes* Regierungsmuster aus. Das, was Foucault als „liberale Gouvernementalität“ (Foucault 2000, S. 70) beschreibt, entspricht der Abwendung vom Modell eines bis dato vor allem auf Souveränität durch Disziplinarmacht bauenden Staates. Dabei entstand ein neues soziales Konstrukt: die *Bevölkerung*. Diese wurde zur Zielgröße allen staatlichen Handelns durch *Bevölkerungspolitik*.

Damit ist der moderne Staat laut Foucault von Beginn an eine Art Wohlfahrtsstaat (Foucault 1991, S. 100). Dieser funktioniert als Regierungskunst, als ein Macht-Ensemble von Institutionen, Prozessen, Analysen, Reflexionen, Rechenweisen und Taktiken, welches regulativ auf das Konstrukt der Bevölkerung zielt, und dieses mithilfe moderner Ideen der politischen Ökonomie sowie mithilfe von Sicherheitsdispositiven zu steuern versucht (vgl. Foucault 1991, S. 102-103). Der Gouvernementalitätsansatz betrachtet den Wohlfahrtsstaat also nicht nur als ein Sammelsurium von Gesetzen und Erlässen, sondern bezieht auch deren Ausführungslogik in die Analyse ein. Die Regierungskunst des Wohlfahrtsstaats findet sich so maßgeblich in den Praktiken der regierten und sich im gleichen Zuge selbst regierenden Bevölkerung wieder (vgl. ebd.).

Das konkrete Programm der aktuell in westlichen Gesellschaften vorzufindenden Gouvernementalität wird von Vertreter*innen des Gouvernementalitätsansatzes gemeinhin als „Neo-Liberalismus" chiffriert, worunter eine explizit auf ökonomische Logik fokussierte Form der Politikgestaltung verstanden wird (vgl. Lemke, Krasmann & Bröckling 2000, S. 26). Besonders interessant für unseren Zusammenhang erscheint dabei der Neo-Liberalismus bundesdeutscher Prägung. Als dessen vorrangige Politik beschreibt der Gouvernementalitätsansatz das Ziel, ein „echtes Marktgeschehen" herzustellen, das keineswegs natürlich gegeben sei. Vielmehr versuche der Neoliberalismus im Sinne einer „Vitalpolitik", die Lebensführung der einzelnen Subjekte stetig im Sinne eines marktkonformen Individualitätsverständnisses zu beeinflussen (Gordon 1991, S. 41).

Jugendhilfe-Ombudsstellen könnten sich nun im Sinne des Gouvernementalitätsansatzes als ein oppositionelles Gegenmoment zur fortschreitenden Ökonomisierung der Kinder- und Jugendhilfe und den damit einhergehenden Ausgrenzungsmechanismen gegenüber kinder- und jugendhilfeberechtigten Personen lesen lassen. Sieht man die Entwicklung der Ombudsstellen in einem etwas breiteren historischen Kontext, ermöglicht der Gouvernementalitätsansatz jedoch noch eine andere Lesart. Die Stellen passen dann geradezu vorbildlich in das neo-liberale Programm des Wohlfahrtsstaats, indem sie die neo-liberale Politik einer Kinder- und Jugendhilfe, welche stärker denn je auf individuelle Leistungsbewilligung und -finanzierung setzt, durch ihren politischen Einsatz noch unterstützen. Die politische Rationalität, an die die Ombudsstellen dabei anknüpfen, lautet: Individuelle Hilfen mit einzelfallbezogener Leistungsentgeltfinanzierung sind das, was zählbar, messbar, entsprechend organisierbar und individuell zuschreibbar ist, und damit ist es auch legitimierbar und erstreitbar. Eine marktkonforme (Selbst-)Definition der Subjekte innerhalb der deutschen Nachkriegsgesellschaft wird hierdurch noch auf den Leistungsapparat der Kinder- und Jugendhilfe hin ausgeweitet: Damit werden Adressat*innen zu autonomen Verantwortungsträger*innen im Sinne eines zugunsten des Marktgeschehens eingerichteten Regierungssystems erklärt (vgl. Rose 1999). Gerade weil Jugendhilfe-Ombudsstellen hierbei auf Empowerment abzielen, durch das die Subjekte zur Selbstführung – und zwar auch im Sinne eines marktkonformen/marktfähigen Individualismus – ermächtigt werden, setzen sie also aus gouvernementalitätstheoretischer Perspektive den vom deutschen Wohlfahrtsstaat eingeschlagenen Weg neoliberaler Gouvernementalität konsequent fort.

Warum gibt es einrichtungsexterne Jugendhilfe-Ombudsstellen? Erträge der Wohlfahrtsstaatssoziologie

Zum Schluss des Beitrags möchte ich versuchen, einige zentrale Argumente aus den vorgestellten Erklärungsansätzen zusammenzuführen: Jugendhilfe-Ombudsstellen – so zeigt der Social Citizenship-Ansatz – lassen sich als eine politökonomisch funktionale Struktur begreifen, welche der Sicherung von Teilhaberechten weiter Kreise der bundesdeutschen Bevölkerung dienen. Dabei können die Stellen mithilfe eines neomarxistischen Interpretationsansatzes als eine weiterentwickelte Strategie des wohlfahrtsstaatlichen Leistungsgefüges zur Befriedung von Klassenkonflikten verstanden werden. Dies geschieht durch eine weitergehende Verfachlichung von gesellschaftlichen Grundkonflikten. Worin diese besteht, lässt sich mithilfe des historisch-institutionalistischen Ansatzes zeigen: Jugendhilfe-Ombudsstellen betreten in ihrer Fokussierung auf *subjektive Rechtsansprüche* und *Verfahrensrechte* erfolgreich die in den letzten Jahrzehnten eingeschlagenen institutionellen Pfade für eine verstärkt individuelle Leistungserbringung (und -finanzierung) der Kinder- und Jugendhilfe. Damit greifen die Stellen – systemtheoretisch reflektiert – in ihrem Anspruch, Folgeproblematiken kinder- und jugendhilfespezifischen Handelns aufzudecken, zugleich problemlösend und aktiv komplexitätssteigernd in die Kommunikation des Wohlfahrtssystems ein. Sie tun dies im Sinne einer einzelfallorientierten Überprüfung einzelfallorientierter Problembearbeitung. So können Ombudsstellen in der Kinder- und Jugendhilfe zuletzt gouvernementalitätstheoretisch gelesen werden als Bestandteil der neo-liberalen Regierungskunst des bundesrepublikanischen Wohlfahrtsstaats. Dabei verstärken die Stellen mit ihrer Arbeit eine in der restlichen Kinder- und Jugendhilfepraxis im Grundsatz gewollte, aber oft misslingende Subjektivierung handlungsfähiger Antragsteller*innen auf Hilfeprodukte der Kinder- und Jugendhilfe. Dies entspricht zugleich einer Produktion von

Kinder- und Jugendhilfeadressat*innen als souverän-aufgeklärte, politisch[4] sowie ökonomisch handlungsfähige, moderne Subjekte.

Es zeigt sich: Abstrahiert man die im Beitrag genutzten wohlfahrtsstaatssoziologischen Ansätze auf ihren Minimalertrag hin, so ergibt sich eine recht zusammenhängende Begründungslinie für die Entstehung von einrichtungsexternen Jugendhilfe-Ombudsstellen. Nehmen wir das zum Prognosemaßstab für die weitere Entwicklung der Stellen, dann lässt sich vermuten, dass ihre Etablierung gerade erst begonnen hat. Zugleich bieten sich damit hinreichend Anknüpfungspunkte für (selbst-)kritische Debatten über Jugendhilfe-Ombudsstellen.

Literatur

Chambon, A.S., Irving, A. & Epstein, L. (Hrsg.) (1999). Reading Foucault for Social Work. New York: Columbia University Press.

Conrad, C. (2003). Die Sprachen des Wohlfahrtsstaates. In S. Lessenich (Hrsg.), Wohlfahrtsstaatliche Grundbegriffe. Historische und aktuelle Diskurse (S. 55-69). Frankfurt/New York: Campus Verlag.

Cruikshank, B. (1994). The Will to Empower. Technologies of Citizenship and the War on Poverty. Socialist Review, 23(4), 29-55.

Dwyer, P. (2004). Understanding Social Citizenship. Themes and Perspectives for Policy and Practice. Bristol: Policy Press.

Esping-Andersen, G. (1996). Welfare States in Transition. National Adaptations in Global Economies. London: SAGE Publications Inc.

Foucault, M. (1991). Governmentality. In G. Burchell, C. Gordon & P. Miller (Hrsg.), The Foucault Effect. Studies in Governmentality. With Two Lectures by and an Interview with Michel Foucault (S. 87-104). Chicago: University of Chicago Press.

Foucault, M. (2000). Staatsphobie. In U. Bröckling, S. Krasmann & T. Lemke (Hrsg.), Gouvernementalität der Gegenwart. Studien zur Ökonomisierung des Sozialen (S. 68-71). Frankfurt am Main: Suhrkamp Verlag.

Fuchs, P. (2004). Die Moral des Systems Sozialer Arbeit – systematisch. In R. Merten & A. Scherr (Hrsg.), Inklusion und Exklusion in der Sozialen Arbeit (S. 17-32). Wiesbaden: Springer VS.

Gordon, C. (1991). Governmental Rationality: An Introduction. In G. Burchell, C. Gordon & P. Miller (Hrsg.), The Foucault Effect. Studies in Governmentality. With Two Lectures by and an Interview with Michel Foucault (S. 1-51). Chicago: University of Chicago Press.

Husen, O. (2017). Die Thematisierung von „Kindern" in der Kinder- und Jugendhilfe. Eine systemtheoretische Analyse. Weinheim: Beltz Juventa.

Kessl, F. (2005). Der Gebrauch der eigenen Kräfte. Eine Gouvernementalität Sozialer Arbeit. Weinheim/München: Beltz Juventa.

Kieserling, A. (2003): Die Gesellschaft der Politik? Zum Politismus der Moderne. In S. Lessenich (Hrsg.), Wohlfahrtsstaatliche Grundbegriffe. Historische und aktuelle Diskurse (S. 23-40). Frankfurt am Main/New York: Campus Verlag.

4 Die Facette dezidiert politischer Subjektivierung von Jugendhilfeadressat*innen durch Jugendhilfe-Ombudsstellen zeigt sich eindrücklich etwa im Videoprojekt „Hört doch mal zu" (https://ombudschaft-jugendhilfe.de/hoert-doch-mal-zu/)

Kuchler, B. (2006). Bourdieu und Luhmann über den Wohlfahrtsstaat. Die Autonomie gesellschaftlicher Teilbereiche und die Asymmetrie der Gesellschaftstheorie. Zeitschrift für Soziologie, 35, 5-23.

Leibfried, S. (1976). Armutspotential und Sozialhilfe in der Bundesrepublik. Zum Prozess des Filterns von Ansprüchen auf Sozialhilfe. Kritische Justiz, 9, 375-393.

Lemke, T., Krasmann, S. & Bröckling, U. (2000). Gouvernementalität, Neo-Liberalismus und Selbsttechnologien. Eine Einleitung. In U. Bröckling, S. Krasmann & T. Lemke (Hrsg.), Gouvernementalität der Gegenwart. Studien zur Ökonomisierung des Sozialen (S. 7-40). Frankfurt am Main: Suhrkamp Verlag.

Lenhardt, G. & Offe, C. (1977). Staatstheorie und Sozialpolitik. Politisch-soziologische Erklärungsansätze für Funktionen und Innovationsprozesse der Sozialpolitik. In C. v. Ferber & F.-X. Kaufmann (Hrsg.), Kölner Zeitschrift für Soziologie und Sozialpsychologie, Sonderheft 32: Armut im modernen Wohlfahrtsstaat (S. 98-127). Opladen: Westdeutscher Verlag.

Lessenich, S. (2012). Theorien des Sozialstaats zur Einführung. Hamburg: Junius Verlag.

Luhmann, N. (1973). Zweckbegriff und Systemrationalität. Über die Funktion von Zwecken in sozialen Systemen (2. Auflage). Frankfurt am Main: Suhrkamp Verlag.

Luhmann, N. (1981). Politische Theorie im Wohlfahrtsstaat. München/Wien: Olzog Verlag.

Mahoney, J. (2000). Path Dependence in Historical Sociology. Theory and Society, 29, 507-548.

Marshall, T. H. (1963). Citizenship and Social Class. In T. H. Marshall, Sociology at the Crossroads and other Essays (S. 67-127). London: Heinemann.

Marshall, T. H. (1981). The Right to Welfare and other Essays. New York: Free Press.

Müller, W. & Neusüß, C. (1970). Die Sozialstaatsillusion und der Widerspruch von Lohnarbeit und Kapital. Sozialistische Politik, 2, Nr. 6/7, S. 4-67.

Nassehi, A. (2008). Exklusion als soziologischer oder sozialpolitischer Begriff? In H. Bude & A. Willisch (Hrsg.), Exklusion. Die Debatte über die Überflüssigen (S. 121-130). Frankfurt am Main: Suhrkamp Verlag.

Offe, C. (1984). Zu einigen Widersprüchen des modernen Sozialstaates. In C. Offe. „Arbeitsgesellschaft": Strukturprobleme und Zukunftsperspektiven (S. 323-339). Frankfurt am Main/New York: Campus Verlag.

Pierson, P. (1993). When Effect Becomes Cause. Policy feedback and political change. World Politics, 45, 595-628.

Piven, F. F. & Cloward, R. A. (1971). Regulating the Poor. The Functions of Public Welfare. New York: Pantheon.

Rieger, E. (1992): Die Institutionalisierung des Wohlfahrtsstaates. Opladen.

Rose, N. (1999). The Responsible Autonomous Family. In N. Rose, Governing the Soul. The Shaping of the Private Self (S. 205-213). Second Edition. London: Free Association Books.

Sandermann, P. (2009). Die neue Diskussion um Gemeinschaft. Ein Erklärungsansatz mit Blick auf die Reform des Wohlfahrtssystems. Bielefeld: transcript Verlag.

Sandermann, P. (2014). Warum gibt es einrichtungsexterne Ombudsstellen in der Kinder- und Jugendhilfe? Wohlfahrtsstaatssoziologische Erklärungsperspektiven. Zeitschrift für Sozialpädagogik, 12(1), 62-88.

Urban-Stahl, U. (2014). Unabhängige Ombudsstellen – Neuland in der Kinder-und Jugendhilfe. Zeitschrift für Sozialpädagogik, 12(1), 11-31.

Unabhängige Ombudschaft im Kontext der Kinderrechte-Debatte

Claudia Kittel

Unabhängige Ombudschaft wird im folgenden Beitrag in Bezug auf die Verwirklichung der in der UN-Kinderrechtskonvention dargelegten Kinderrechte diskutiert. Im Fokus steht dabei zunächst die Einrichtung einer „Ombudsperson for Children", die auf nationaler, Landes- oder kommunaler Ebene angesiedelt sein kann, und ihre Rolle hinsichtlich der Bearbeitung von Beschwerden von Kindern und Jugendlichen. Anschließend wird Ombudschaft als Teil der Verwirklichung des Rechts von Kindern und Jugendlichen auf Gehör und Berücksichtigung ihrer Meinung gemäß Artikel 12 UN-Kinderrechtskonvention diskutiert und die Rolle der Ombudsstellen der Kinder- und Jugendhilfe im Zuge der Verwirklichung dieser Beteiligungsrechte von Kindern und Jugendlichen eingeordnet. Zwei parallele Entwicklungen also, die es zur Verwirklichung und Sicherung der Kinderrechte beide mit Nachdruck auszubauen und zu stärken gilt, denn eine „Ombudsperson for Children" auf nationaler Ebene gibt es in Deutschland nicht und entsprechende Strukturen auf Landes- und kommunaler Ebene sind noch stark ausbaubedürftig.

Kinder haben Rechte. Dies leitet sich ab aus den Allgemeinen Menschenrechten, dem Grundgesetz und der UN-Kinderrechtskonvention (UN-KRK) vom 20. November 1989. In Deutschland ist die UN-Kinderrechtskonvention seit 1992 völkerrechtlich in Kraft und damit geltendes Recht, das mittels Zustimmungsgesetz gemäß Artikel 59 Absatz 2 GG normhierarchisch auf gleicher Ebene wie einfache Bundesgesetze steht (vgl. u. a. Cremer 2012, S. 7/Schmahl 2013, Rn.5 zur Geltung des Artikel 12/Wapler 2019, Fn. 1, 270 m. Nw.). Ihre Entstehung in Fortschreibung der Allgemeinen Erklärung der Menschenrechte ist in der Erkenntnis begründet, dass Kindern und Jugendlichen (eben allen Menschen, die gemäß Artikel 1 UN-KRK das 18. Lebensjahr noch nicht vollendet haben)[1] der Zugang zu ihren Rechten aufgrund ihres Kind-Seins bzw. Jugendliche*r-Seins erschwert ist. Die UN-Kinderrechtskonvention insgesamt verfolgt daher das

1 Begründet durch den englischen Begriff children, wird im kinderrechtlichen Kontext im deutschen Sprachraum meist auch nur das Wort Kinder in der deutschen Übersetzung verwendet. Im vorliegenden Beitrag wird jedoch von Kindern und Jugendlichen gesprochen, da gemäß Artikel 1 UN-KRK die Konvention alle Menschen umfasst, die das 18. Lebensjahr noch nicht vollendet haben. Auch wenn dementsprechend eigentlich von Kindern und minderjährigen Jugendlichen gesprochen werden müsste, wurde hier dennoch die Formulierung Kinder und Jugendliche gewählt.

Ziel einen besseren Zugang für alle Kinder und Jugendlichen herzustellen, insbesondere dann, wenn es darum geht, ihre Rechte gegenüber dem Staat „in Stellung" zu bringen. Dieser Grundsatz spiegelt sich insbesondere in Artikel 3 Absatz 1 UN-KRK mit dem Vorrang des Kindeswohls (best interests of the child) wider, mit dem die Berücksichtigung der Interessen von Kindern durch alle staatlichen Maßnahmen und in allen das Kind oder die*den Jugendlichen berührenden Angelegenheiten gewährleistet werden soll.

Im Folgenden wird Ombudschaft im Kontext von Kinderrechten diskutiert, wobei die UN-Kinderrechtskonvention sowie die vom UN-Ausschuss für die Rechte des Kindes[2] zur Auslegung und Interpretation der einzelnen Bestimmungen verfassten sogenannten Allgemeinen Bemerkungen (General Comments)[3] als Bezugspunkte herangezogen werden.

Um auf die Umsetzung der in der Konvention festgelegten Kinderrechte hinzuwirken, gibt es in vielen Staaten *Ombudspersons for Children* auf nationaler, Landes- und/oder kommunaler Ebene. Ihre Rolle und ihr Mandat werden im Folgenden beschrieben und abschließend der Versuch einer Einordnung im Abgleich mit den Ombudsstellen in der Kinder- und Jugendhilfe vorgenommen.

Die Rolle der *Ombudsperson for Children* gemäß UN-Kinderrechtskonvention

Schon wenige Jahre nach Verabschiedung des Übereinkommens der Vereinten Nationen über die Rechte des Kindes (im Folgenden: UN-Kinderrechtskonvention/kurz: UN-KRK), fand 1997 in Norwegen auf Einladung des Kinderhilfswerkes der Vereinten Nationen (UNICEF) ein erstes Treffen des heutigen *European Network of Ombudspersons für Children* (ENOC) statt.[4] Dabei handelte es sich um ein Treffen derjenigen Personen beziehungsweise

2 Der UN-Ausschuss für die Rechte des Kindes ist ein Gremium, das gemäß Artikel 43 UN-KRK aus 18 unabhängigen Expert*innen zusammengesetzt ist, die von den Vertragsstaaten der UN-Kinderrechtskonvention für eine Amtszeit von 4 Jahren gewählt werden und die Verwirklichung der UN-KRK in den Vertragsstaaten überwacht. Mehr Informationen unter: https://www.ohchr.org/en/hrbodies/crc/pages/crcindex.aspx

3 Bei den Allgemeinen Bemerkungen handelt es sich um Erläuterungen, die der Auslegung und Interpretation der Kinderrechtskonvention dienen – ähnlich wie es auch das deutsche Rechtswesen in Form von Kommentaren kennt. Seit November 2021 gibt es ein gemeinsames Web-Projekt der BAG Kinderintressen e. V. und des Deutschen Instituts für Menschenrechte, in dem alle deutschen Übersetzungen der derzeit 25 Allgemeinen Bemerkungen der Ausschusses für die Rechte des Kindes zusammengestellt werden: https://kinderrechtekommentare.de/

4 Mehr Informationen zu ENOC und seinen heutigen nahezu 50 Mitgliedern findet man unter: http://enoc.eu/

Institutionen/Stellen, die in Verbindung mit der Ratifizierung der UN-Kinderrechtskonvention in den jeweiligen Vertragsstaaten von den Regierungen auf nationaler Ebene eingesetzt wurden, um als unabhängige Stellen die Verwirklichung der Kinderrechte zu überwachen, zu fördern und zu schützen.

Fragt man also danach, wie der Begriff Ombudschaft im Kontext der Kinderrechte-Debatte diskutiert wird, dann muss man zunächst einordnen, dass der Begriff hier meist mit einer unabhängigen *Ombudsperson for Children* auf nationaler Ebene und deren Aufgaben in Verbindung gebracht wird, wie sie in den 1990er-Jahren in zahlreichen der Vertragsstaaten gegründet wurden.

„Es ist ihre Aufgabe, das Handeln von Regierungen und anderen Institutionen zu überwachen, die Umsetzung von Kinderrechten zu fördern, Beschwerden aufzunehmen, Abhilfe bei Verstößen zu leisten und einen Raum für einen Dialog über Kinder in der Gesellschaft sowie zwischen Kindern und dem Staat zu schaffen" (UNICEF 2012, S. 5). So fasst die weltweite Vergleichsstudie des UNICEF International Research Centers aus 2012 den Auftrag der *Ombudsperson for Children* zusammen. Damit umschreibt sie den Auftrag, den der UN-Ausschuss für die Rechte des Kindes bereits 2002 in seiner zweiten Allgemeine Bemerkung (General Comment) mit dem Titel „Die Rolle von unabhängigen nationalen Menschenrechtsinstitutionen bei der Förderung und dem Schutz der Rechte des Kindes" (UN-Ausschuss für die Rechte des Kindes 2002) ausformuliert hat.

Die Einrichtung von *Ombudspersons for Children* – bestenfalls innerhalb einer unabhängigen Menschenrechtsinstitution[5] – wurde kurz nach Verabschiedung der UN-Kinderrechtskonvention insbesondere in den 1990er-Jahren sehr gut angenommen. Mehr als 200 solcher „Kinderrechtsinstitutionen" (ob *Ombudsperson, Commissioner, défenseur* oder *procuraduría* genannt) in 70 Ländern und auf allen Kontinenten zählte die globale UNICEF-Studie 2012. In einer späteren Erhebung unter den Nationalen Menschenrechtsinstitutionen weltweit, die die Global Alliance of National Human Rights Institutions (GANHRI) gemeinsam mit UNICEF international 2017 durchgeführt hat, gaben rund 90 % der befragten Menschenrechtsinstitutionen an, explizit zum Schutz und der Förderung der Kinderrechte zu arbeiten (GANHR/UNICEF 2018, S. 10).

5 In mehr als 100 Staaten gibt es Nationale Menschenrechtsinstitutionen (NMRI) zur Förderung und zum Schutz der Menschenrechte. Die Vereinten Nationen proklamierten 1993 internationale Standards für ihre Rolle und Arbeitsweise. Kernelemente sind die Unabhängigkeit, ein alle Menschenrechte umfassendes Mandat, eine gesetzliche Grundlage zur Herstellung der politischen Legitimation und zur Wahrung der Unabhängigkeit sowie eine Infrastruktur und Finanzierung, die ein wirksames Funktionieren erlauben.

Was macht die Arbeit der *Ombudsperson for Children* effektiv?

Aus der eingangs zitierten weltweiten Vergleichsstudie von UNICEF (vgl. UNICEF 2012, S. 17 ff.) und der Allgemeinen Bemerkung Nr. 2 des UN-Ausschusses für die Rechte des Kindes (vgl. CRC 2002) lassen sich Merkmale entnehmen, die förderlich für ein effektives Wirken einer *Ombudsperson for Children* auf nationaler Ebene sind.

Unabhängigkeit:

Als zentrales Merkmal für ein wirkungsvolles Arbeiten der *Ombudsperson for Children* auf nationaler Ebene wird vom Ausschuss und der UNICEF-Studie gleich an erster Stelle deren Unabhängigkeit benannt (UNICEF 2012, S. 17/ CRC 2002, Ziffer 7). „Es kommt dem Ausschuss vor allem darauf an, dass die entsprechende Institution [...] in der Lage ist, die Rechte des Kindes unabhängig und effektiv zu überwachen, zu fördern und zu schützen." (ebd.)

Ihre Unabhängigkeit soll dabei auf einer „[...] vom Gesetzgeber geschaffenen Grundlage beruhen", der Aufgabenbereich „[...] so weit gehend wie möglich sein [...]" (ebd., Ziffer 8), die Stelle mit dem notwendigen Mandat und Befugnissen ausgestattet sein „[...] einschließlich der Befugnis, Personen anzuhören oder Informationen und Dokumente zu erhalten, die sie zur Untersuchung der in ihr Mandat fallenden Situationen benötigt" (ebd., Ziffer 9), [...] geographisch und physisch für Kinder zugänglich sein [...]" und sich „[...] aktiv an Kinder wenden, insbesondere an die besonders schutzbedürftigen und benachteiligten [...]." (ebd. Ziffer 15.) Und damit sind auch schon eine Reihe weiterer Merkmale benannt, die die Aufgaben einer *Ombudsperson for Children* auf nationaler Ebene genauer umschreiben, beginnend mit einem alle Kinderrechte umfassenden Zuständigkeitsbereich.

Weitgehende Zuständigkeit:

Der Zuständigkeitsbereich der unabhängig arbeitenden *Ombudsperson for Children* auf nationaler Ebene soll „[...] so weit gehend wie möglich sein [...]" (ebd., Ziffer 8) und die Rechte „[...] aller Kinder im Hoheitsgebiet des Vertragsstaates einschließen." (ebd., Ziffer 9) Dieses Merkmal ist ein schönes Beispiel für einen typischen kinderrechtlichen Blickwinkel. Denn auch, wenn aus Sicht von Erwachsenen sehr viele (!) Gründe für geregelte Zuständigkeitsbereiche sprechen, unterscheiden Kinder und Jugendliche in der Regel bei ihren Anliegen solche nicht. Ein kinderrechtlicher Blick fordert diese „Sortier-Aufgabe" dementsprechend nicht von den Kindern und Jugendlichen, sondern konzentriert sich zunächst darauf, einen Zugang zum Recht für alle Kinder zu schaffen. Alles andere kann dann später erfolgen – mittels Unterstützung durch und/oder stellvertretend durch die erwachsenen Akteur*innen.

Leichte Zugänglichkeit für alle Kinder und Jugendlichen:

Und damit ist indirekt auch schon ein weiteres Merkmal benannt: Zugänglichkeit. Die *Ombudsperson for Children* auf nationaler Ebene soll leicht zugänglich für alle Kinder und Jugendlichen sein (UNICEF 2012, S. 22/CRC 2002, Ziff. 15). Neben der örtlich gemeinten Zugänglichkeit i. S. v. möglichst barrierearmer Erreichbarkeit mit beispielsweise öffentlichen Verkehrsmitteln im nahen Lebensumfeld von Kindern ist hier auch der möglichst barrierearme Zugang für alle Kinder vor dem Hintergrund der Vorgaben aus Artikel 2 UN-KRK und dem darin verbrieften Recht auf Nichtdiskriminierung gemeint. Und dieser bringt mit dem kinderrechtlichen Blick mit sich, Kinder und Jugendliche als Träger*innen von Rechten zunächst einmal darüber zu informieren, welche Rechte sie haben und über die Existenz einer *Ombudsperson for Children* auf nationaler Ebene zu informieren. Und dies in einer kindgerechten Art und Weise, von der sich Kinder und Jugendliche im Sinne der Trägerschaft von eigenen Rechten als Adressat*innen beziehungsweise Nutzer*innen dieses Angebotes auch angesprochen fühlen. Der Ausschuss empfiehlt in diesem Zusammenhang konkret ein aktives Zugehen auf besonders schutzbedürftige Gruppen von Kindern und Jugendlichen, auch für auf nationaler Ebene arbeitende Stellen (CRC 2002, Ziffer 15/UNICEF 2002, S. 23).

Beschwerdemanagement:

Ein weiteres Merkmal der Arbeit der *Ombudsperson for Children* auf nationaler Ebene ist mit der Forderung nach ausreichenden Befugnissen und Mandat benannt: Die *Ombudsperson for Children* soll die Befugnis haben „[…] Individualbeschwerden und Petitionen anzunehmen und Ermittlungen durchzuführen einschließlich solcher, die direkt von Kindern oder in ihrem Namen beantragt werden." (CRC 2002, Ziffer 13/vgl. auch UNICEF 2012, S. 25 ff Kapitel 3.3.)

Auch hier gilt es dem Grundgedanken der Konvention zu folgen, die Sache explizit vom Kind bzw. der*dem Jugendlichen als Träger*in eigener Rechte aus zu betrachten. Auch aus diesem Grund kennt die UN-Kinderrechtskonvention selbst seit 2011 ein Individualbeschwerdeverfahren in Form des sogenannten dritten Fakultativprotokolls, das Kindern und Jugendlichen die Möglichkeit bietet, Beschwerden bei Verletzungen der Kinderrechte beim UN-Ausschuss für die Rechte des Kindes einzureichen.[6] Es gilt zudem darauf hinzuweisen, dass es bei den Beschwerden und Petitionen, die hier vom Ausschuss genannt werden, um alle Anliegen von Kindern und Jugendlichen geht, bei denen diese ihre Rechte verletzt sehen. Dies schließt ausdrücklich auch jede (!) Form einer Beschwerde (im englischen Original: *complaint* bzw. plural *complaints*) mit ein. Die Aufgabe der *Ombudsperson for Children* auf nationaler Ebene wird hinsichtlich *complaints* in der Form konkretisiert, dass sie auch befugt sein sollte, „[...] Kinder bei der Einleitung gerichtlicher Schritte zu unterstützen und (a) Fälle, die eine Verletzung der Rechte des Kindes darstellen, im Namen der Institution vor Gericht zu bringen und (b) zu intervenieren, um das Gericht in bestimmten Fällen über Menschenrechtsaspekte in Kenntnis zu setzen" (CRC 2002, Ziffer 14) sowie „[...] den Gerichten Fachwissen zur Verfügung zu stellen, als auch als amicus curiae oder Streithelfer [...]" aufzutreten (CRC 2002, Ziffer 19 Buchstabe r).

Einsatz für Kinderrechte: nicht nur eine Aufgabe der *Ombudsperson for Children*

Mit Blick auf bestehende Strukturen in Deutschland, die sich bereits für eine Verwirklichung der Kinderrechte stark machen, wie beispielsweise die Kinderkommission des Deutschen Bundestages oder zivilgesellschaftlichen Akteur*innen, wie beispielsweise das Netzwerk Kinderrechte oder Interessenvertretungen von Kindern und Jugendlichen, wie beispielsweise der Deutsche Bundesjugendring, soll die Aufgabe der *Ombudsperson for Children* darin bestehen, diese effektiv darin zu stärken, „[...] eine ausdrücklich an den Kindern orientierte Sichtweise in den traditionellen auf Erwachsenen ausgerichteten Regierungsprozessen [...]" einzubringen (UNICEF 2012, S. 5). Somit würde eine Einrichtung einer *Ombudsperson for Children* in Deutschland keine Aufgabendopplung mit bestehenden Strukturen bedeuten, sondern diese ergänzen.

Ombudspersons for Children auf Bundes- und Landesebene in Deutschland?

In Deutschland gibt es keine *Ombudsperson for Children* oder wie es in den Diskussionen meist lautet, kein Amt einer*eines Kinderrechtsbeauftragten auf

6 Das Fakultativprotokoll wurde von Deutschland 2012 ratifiziert. Mehr Informationen zum Individualbeschwerdeverfahren findet man im Toolkit auf den Internetseiten des Child Rights International Network (CRIN): https://archive.crin.org/en/guides/legal/crc-complaints-mechanism-toolkit/part-i-individual-complaints/what-crc-complaints.html

nationaler Ebene. Die Gründe und Widerstände gegenüber einem solchen Amt und Petitionen für ein solches Amt an dieser Stelle zu erläutern, würde den vorgegebenen Rahmen dieses Beitrages sprengen.[7]

Kinderbeauftragte auf Ebene der Bundesländer hingegen gab es bereits kurz nach Ratifizierung der UN-Kinderrechtskonvention schon einmal, wie beispielsweise das Amt der Kinderbeauftragten in Nordrhein-Westfalen[8] und aktuell wieder vermehrt. Erst im November 2021 wurden die Anzahl der Kinderbeauftragten in Deutschland von zwei auf vier verdoppelt, nachdem neben Sachsen-Anhalt und Hessen nun auch Sachsen und Brandenburg ein solches Amt eingeführt haben. Meist als weisungsunabhängige Stabsstelle im Landesministerium für Soziales angesiedelt, unterscheidet sich ihr Profil hinsichtlich Mandat und personeller und finanzieller Ressourcen erheblich.[9]

Ombudspersons for Children im kommunalen Raum?

Eine sehr viel kontinuierlichere Tradition haben Kinderbeauftragte und/oder Kinderbüros im kommunalen Raum, die sich bereits seit 2010 regelmäßig als Netzwerk treffen und 2016 die BAG Kinderinteressen e.V. gegründet haben. Zwar sind diese noch lange nicht in jeder Kommune vorhanden – der Staatenbericht Deutschlands zählte 2018 gerade einmal 138 Kinderbeauftragte und Kinderbüros bei rund 11.000 Gemeinden bzw. Gebietskörperschaften im gesamten Bundesgebiet – aber einige davon blicken bereits auf eine mehr als 20jährige Erfahrung zurück, wie beispielsweise die Kinderbeauftragten der Städte München und Stuttgart oder die Kinderbüros der Städte Frankfurt am Main und Weimar (vgl. BMFSFJ 2019, S. 140, Tabelle 10). Der BAG Kinderinteressen e.V. ist es geglückt, in ihren 2015 herausgegebenen Qualitätsstandards für kommunale Kinderinteressenvertretungen vier sogenannte Strukturelemente zu benennen, die die Rolle von Kinderbeauftragten entsprechend der Allgemeinen Bemerkung des UN-Ausschusses für die Rechte des Kindes sehr treffend differenzieren:

---

7 Es sei lediglich auf die kurz nach dem letzten Staatenberichtsverfahren Deutschlands vor den Vereinten Nationen durch die Deutsche Akademie für Kinder- und Jugendmedizin in 2015 initiierte Petition verwiesen: https://www.kinderbeauftragter-in-den-bundestag.de/petition/ sowie auf die Beschlussempfehlung des Petitionsausschusses des Deutschen Bundestages: https://www.kinderbeauftragter-in-den-bundestag.de/fileadmin/PDF/Beschluss_Petition_110718.pdf

8 Dr. Reinald Eichholz war hier von 1989-2002 Kinderbeauftragter der Landesregierung Nordrhein-Westfalen.

9 Eine Übersicht der Landesbeauftragten in den Bundesländern bietet das Webtool des Deutschen Instituts für Menschenrechte „Landkarte Kinderrechte“: https://landkarte-kinderrechte.de/kinderbeauftragte-auf-landesebene/

- Stabsstelle/Kinderbeauftragte, die die „best interests of the child" im kommunalen politisch-administrativen System vertritt, hauptamtlich eingesetzt ist und auf gesetzlicher Grundlage und mit einem unabhängigem Mandat arbeitet.
- Interessenvertretung von Kindern und Jugendlichen (Rat, Parlament, Gipfel, Beirat, Forum, etc.), die politisch legitimiert das Gehör und die Berücksichtigung der Meinung von Kindern an allen sie betreffenden Angelegenheiten garantiert, wie beispielsweise der Jugendhilfe, der Stadtentwicklung u. v. m. und die in ihrer Arbeit durch eine hauptamtliche Geschäftsstelle für Partizipation räumlich und mit eigenständig verfügbarem Budget für die Kinder und Jugendlichen unterstützt wird.
- Anlaufstelle für Kinder und Jugendliche, die zuständigkeitsübergreifend Kinder über ihre Rechte informiert und ihnen hilft, Fragen und Probleme zu klären (auch in Form von Mediation, Weiterverweis und Beratung).
- Unabhängige Ombudsstelle für Kinder und Jugendliche mit Beschwerdemanagement, die Kinder und Jugendliche im Konfliktfall vertritt und sie so bei der Durchsetzung ihrer Rechte unterstützt.

Die BAG sieht im Vorhandensein und geregeltem Zusammenspiel aller vier Strukturelemente die Verwirklichung einer Kinderpolitik im kommunalen Raum, die die besten Voraussetzungen für den Schutz und die Förderung der UN-Kinderrechtskonvention und deren Verwirklichung bietet. Von daher ist die BAG Kinderinteressen auch aktiv in die Arbeit des Programms „Kinderfreundliche Kommune" eingebunden, eine Initiative von UNICEF Deutschland und dem Deutschen Kinderhilfswerk e. V. im internationalen Programm Child friendly Cities.[10]

Exkurs: Achtung der Elternrechte

An dieser Stelle ist nun wohl auch der richtige Ort, um mit einem weit verbreiteten Missverständnis hinsichtlich der UN-Kinderrechtskonvention „aufzuräumen", das mit der Annahme von Beschwerden, die Kinder und Jugendliche direkt bei der *Ombudsperson for Children* auf nationaler oder kommunaler Ebene oder auf Ebene der Länder einbringen können sollen, unmittelbar verbunden ist: Die Verwirklichung der Kinderrechte entsprechend der UN-KRK kollidiert im Regelfall *nicht* mit Elternrechten. Vielmehr beinhaltet sie die Achtung der Elternrechte, wie es die zusätzlich in der deutschen amtlichen Übersetzung eingeführte Überschrift des Artikel 5 der UN-KRK so schön formuliert.

10 Mehr Informationen unter: https://www.kinderfreundliche-kommunen.de/deutsch/startseite/

Die UN-Kinderrechtskonvention betont ausdrücklich die Verantwortung der Eltern beziehungsweise von Vormündern, die in „erster Linie“ für die „Erziehung und Entwicklung des Kindes verantwortlich sind“ (vgl. Artikel 5 und Artikel 18 UN-KRK). Damit korrespondiert sie in ihrem Verständnis mit Artikel 6 Absatz 2 Grundgesetz, das vom Bundesverfassungsgericht wiederholt bekräftigt wurde und besagt, dass „in aller Regel Eltern das Wohl des Kindes mehr am Herzen liegt als irgendeiner anderen Person oder Institution“ (Bundesverfassungsgericht 1982, Rn. 64, in: Feige/Gerbig 2019, S. 4).

Maßstab elterlichen Handelns soll auch aus kinderrechtlicher Perspektive das Kindeswohl sein. Dabei gilt für Eltern, ebenso wie für staatliche Stellen, dass für die Ermittlung und Bestimmung des Kindeswohls das Gehör und die Berücksichtigung der Meinung von Kindern ein zwingender Bestandteil ist. Denn die UN-KRK definiert auch den Begriff des Kindeswohls (im englischen und damit verbindlichen Original *best interests of the child*) konsequent vom Kind beziehungsweise der*dem Jugendlichen aus. Dabei kommt, vor dem Hintergrund der Anerkennung von Kindern und Jugendlichen als Träger*innen von Rechten, der Berücksichtigung der sich entwickelnden Fähigkeiten des Kindes (evolving capacities) eine besondere Bedeutung zu: Mit zunehmenden Fähigkeiten des Kindes beziehungsweise des*der Jugendlichen soll die Leitung und Führung („appropriate direction and guidance“, Artikel 5 UN-KRK) der Eltern immer weiter in den Hintergrund treten (vgl. Feige/Gerbig 2019, S. 5). Auch dieser Ansatz korrespondiert mit der deutschen Rechtsprechung, wie sie im Bürgerlichen Gesetzbuch in § 1626 Absatz 2 zu finden ist, der besagt, dass Eltern bei der Pflege und Erziehung des Kindes „[…] die wachsenden Fähigkeiten und das wachsende Bedürfnis des Kindes zu selbständigem verantwortungsbewusstem Handeln […]“ berücksichtigen sollen und dementsprechend von den Eltern mit dem Kind Fragen der elterlichen Sorge besprochen und Einvernehmen angestrebt werden sollen. Klare Grenzen findet die elterliche Entscheidungsgewalt aus kinderrechtlicher Perspektive lediglich bei menschenrechtlichen Themen wie beispielsweise der geschlechtlichen oder sexuellen Identität eines Kindes (vgl. Feige/Gerbig 2019, S. 5).[11]

Ombudschaft und Artikel 12 UN-Kinderrechtskonvention

Einige der Merkmale, die sich für *Ombudspersons for Children* auf nationaler Ebene als hilfreich für deren effektives Arbeiten erwiesen haben, lassen sich sicherlich auch auf die Ombudsstellen in der Kinder- und Jugendhilfe übertragen. Dennoch gilt es m. E. noch einen anderen kinderrechtlichen Blickwinkel

11 Dies wurde zuletzt 2021 mit dem Gesetz zum Schutz von Kindern mit Varianten der Geschlechtsentwicklung (vgl. BGBl I [Jahrgang 2021], S. 1082-1084) bekräftigt.

an dieser Stelle aufzurufen: Die Verwirklichung der Vorgaben aus Artikel 12 UN-Kinderrechtskonvention mit dem darin formulierten Recht von Kindern und Jugendlichen auf Gehör und Berücksichtigung ihrer Meinung in allen sie berührenden Angelegenheiten.

Artikel 12 UN-Kinderrechtskonvention

> *„(1) Die Vertragsstaaten sichern dem Kind, das fähig ist, sich eine eigene Meinung zu bilden, das Recht zu, diese Meinung in allen das Kind berührenden Angelegenheiten frei zu äußern, und berücksichtigen die Meinung des Kindes angemessen und entsprechend seinem Alter und seiner Reife.*
> *(2) Zu diesem Zweck wird dem Kind insbesondere Gelegenheit gegeben, in allen das Kind berührenden Gerichts- oder Verwaltungsverfahren entweder unmittelbar oder durch einen Vertreter oder eine geeignete Stelle im Einklang mit den innerstaatlichen Verfahrensvorschriften gehört zu werden.“* (BMFSFJ 2018, S. 15)

Allgemeine Bemerkung Nr. 12 zum Recht des Kindes auf Gehör

Artikel 12 UN-KRK, so betont es der UN-Ausschuss für die Rechte des Kindes in seiner Allgemeinen Bemerkung Nr. 12, stärkt in besonderem Maße die Anerkennung des Kindes als Rechtssubjekt und damit nicht nur Rechte, die aus der Schutzbedürftigkeit oder den Förderrechten von Kindern und Jugendlichen in ihrer Abhängigkeit von Erwachsenen resultieren. Er spiegelt damit in besonderer Weise die hinter der Entstehung der Konvention steckende Grundhaltung wider, Kinder und Jugendliche von Anfang an als Träger*innen von eigenen Rechten ernst zu nehmen und zu respektieren und soll als eines der vier Grundprinzipien der UN-KRK für alle das Kind berührenden Angelegenheiten Anwendung finden.

Das Recht auf Gehör in allen das Kind berührenden Angelegenheiten

Artikel 12 UN-Kinderrechtskonvention ist sowohl als ein Recht eines einzelnen Kindes oder einer*eines einzelnen Jugendlichen zu verstehen, als auch als ein Recht einer Gruppe von Kindern und/oder Jugendlichen (CRC 2009, Ziffer 10).

Die Vertragsstaaten sind aufgefordert ein ermutigendes (*enabeling*) Umfeld zu schaffen, damit die so wichtigen Sichtweisen und Perspektiven von Kindern und Jugendlichen möglichst schon bei der Entwicklung von

Maßnahmen berücksichtigt werden könnten (ebd., Ziffer 12). Artikel 12 sichert allen Kindern und Jugendlichen im Vertragsstaat zu, dass ihre Meinung Gehör und Berücksichtigung erfährt (ebd., Ziffer 19). Die Formulierung „dass fähig ist, sich eine eigene Meinung zu bilden" soll dabei keineswegs als Einschränkung verstanden werden. Kein Kind oder kein*e Jugendliche*r soll daraus resultierend seine Fähigkeit nachweisen müssen. Erwachsene Entscheidungsträger*innen sollen dies vielmehr als eine Verpflichtung verstehen, diese Fähigkeiten des Kindes „[...] so hoch wie möglich einzuschätzen. [...]" (ebd., Ziffer 20). Hinzu kommt, dass der Ausschuss betont, dass dieses Recht von Kindern und Jugendlichen keine Altersgrenzen kennt und insbesondere mit Blick auf sehr junge Kinder die Achtung aller nicht-verbalen Kommunikationsformen fordert (ebd., Ziffer 22). Mit Blick auf die oben genannte kinderrechtliche Erläuterung der *complaints* (Beschwerden) ist die Beschwerde aus kinderrechtlicher Perspektive ein selbstverständlicher und auch nicht immer klar abgrenzbarer Teil der Verwirklichung des Gehörs der Meinung von Kindern und Jugendlichen. Und dies trifft besonders im Umgang mit Kleinkindern zu, wie es die Arbeitshilfe des Projektes „Kinder vor Diskriminierung schützen – KiDS" zu diskriminierungssensiblen Beschwerdeverfahren in der Kita so trefflich herausgearbeitet hat. „Anders gucken, wütend weinen oder ein stiller Rückzug bekommen meist weniger Aufmerksamkeit als die Beschwerden von Kindern, die explizit und eindeutig vorgebracht werden." (Backhaus/Wolter 2019, S. 8). Alle Formen von Beschwerde werden hier als Chance für Veränderung und Qualitätsentwicklung im Kinderschutz und der Verwirklichung der UN-Kinderrechtskonvention begriffen (ebd., S. 9). Für diese sowie für andere besonderes schutzbedürftige Gruppen von Kindern, wie beispielsweise Kinder und Jugendliche mit Behinderungen, gilt für die verantwortlichen Erwachsenen „[...] sie in die Lage zu versetzen, sich an sämtlichen Angelegenheiten, die sie berühren, in gleicher Weise wie alle anderen Kinder zu beteiligen." (CRC 2009, Ziffer 75)

Auch in der Formulierung „das Kind berührende Angelegenheiten" darf, so der Ausschuss, keine Einschränkung liegen. Er formuliert sogar den strikten Grundsatz: „Das Kind muss gehört werden, wenn die behandelte Angelegenheit das Kind betrifft." (UN-Ausschuss für die Rechte des Kindes 2009, Ziffer 26)

Der Ausschuss unterstützt dabei ausdrücklich eine weite Auslegung des Begriffes „Angelegenheiten die das Kind betreffen", die dieses Recht auch auf gesellschaftliche Fragen ausweitet, auch wenn bei der Formulierung dieses Artikels der UN-Kinderrechtskonvention ausdrücklich kein allgemeines politische Mandat vorgesehen war (ebd., Ziffer 27).

Hinsichtlich der Formulierung „angemessen und entsprechend seines Alters", betont der Ausschuss, dass bei „angemessen" sich das Adjektiv auf die

Fähigkeiten des Kindes bezieht. Hierin ist also eine Anforderung an die Art und Weise des Anhörungsprozesses formuliert, die dem Alter des Kindes angemessen sein muss, und keineswegs die Frage, ob die gehörten Ansichten von Kindern und Jugendlichen es wert sind Berücksichtigung zu erfahren oder nicht und die Erwachsenen ganz im Sinne des klassischen Adultismus etwa darüber befinden könnten (ebd., Ziffer 28).

Das Recht auf Gehör in Gerichts- und Verwaltungsverfahren

Der zweite Absatz des Artikel 12 UN-Kinderrechtskonvention betrifft alle (*any*) Gerichts- und Verwaltungsverfahren – auch wenn hier am Ende alternative Wege wie Mediations- oder Schiedsverfahren zum Einsatz kommen (ebd., Ziffer 32). Sie umfassen auch all jene Verfahren im Kontext von beispielsweise Kinder- und Jugendhilfe oder Schule, die vom Kind oder der*dem Jugendlichen „[...] selbst in Gang gesetzt" werden (ebd., Ziffer 33).

Für all diese werden vom Vertragsstaat geregelte Verfahren verlangt, die folgende Faktoren berücksichtigen:

- Bereitstellung und Vermittlung kindgerechter Information
- angemessene Unterstützung bei der Vertretung der eigenen Meinung
- entsprechend geschultes Personal
- Gestaltung des Settings (ebd., Ziffer 34).

Faktoren, die übrigens auch Eingang in die Leitlinien des Ministerkomitees des Europarates zur kindgerechten Justiz gefunden haben (vgl. Conucil of Europe 2010).

Ombudsstellen zur Verwirklichung von Kinderrechten in der Kinder- und Jugendhilfe?

In der Kinder- und Jugendhilfe gibt es seit 20 Jahren unabhängige Ombudsstellen, die junge Menschen und ihre Familien bei Konflikten mit den strukturell überlegenen Fachkräften öffentlicher und freier Jugendhilfeträger unterstützen (vgl. Tomaschowski, Kap. III, i. d. B.).

Sämtliche Maßnahmen der Kinder- und Jugendhilfe und insbesondere die von den Ombudsstellen in der Kinder- und Jugendhilfe laut Selbstverständnis zentralen Tätigkeitsfelder, angefangen bei den Hilfen zur Erziehung bis hin zur Jugendsozialarbeit (vgl. Bundesnetzwerk Ombudschaft Kinder- und Jugendhilfe 2021, S. 6), sind fraglos alle „das Kind berührende Angelegenheiten". Ihre

Verankerung in § 9a im Kinder- und Jugendstärkungsgesetz (KJSG)[12] kann man daher als einen weiteren Schritt nach vorn in der Verwirklichung der Staatenpflicht Deutschlands mit Blick auf die Vorgaben aus Artikel 12 UN-KRK zählen.

Denn zu den Kernforderungen an die Vertragsstaaten gehört es dabei, gesetzliche Grundlagen zu schaffen, die Kindern und Jugendlichen den Zugang zu

- Information
- Unterstützung
- Rückmeldung sowie
- Beschwerdemittel, Rechtsmittel und Abhilfe

sichern (UN-Ausschuss für die Rechte des Kindes 2009, Ziffer 48).

Ein Aufgabenspektrum, das m. E. dem Selbstverständnis der Ombudsstellen in der Kinder- und Jugendhilfe mit der darin formulierten „Information, Beratung und Begleitung im Konfliktfall" doch sehr nahe ist (vgl. Bundesnetzwerk Ombudschaft in der Jugendhilfe 2021, S. 4) und nach Auffassung des UN-Ausschusses auch verbindlich für alle Einrichtungen und Institutionen ist. Dahinter steht die Erkenntnis, dass die Verwirklichung der Vorgaben aus Artikel 12 UN-KRK in direktem Zusammenhang mit einem umfassenden Schutz von Kindern vor jeglicher Form von Gewalt und Diskriminierung verbunden ist – insbesondere mit Blick auf Einrichtungen, in denen Kinder und Jugendliche außerhalb ihrer Familien betreut werden. In Deutschland hat diese Erkenntnis nicht zuletzt durch die Aufarbeitung der Heimerziehung in den 1950er und 1960er Jahren in „Westdeutschland" und in den 1950er- bis 1980er Jahren in „Ostdeutschland" bereits 2012 zur Einführung des neuen Paragrafen 45 SGB VIII geführt, der das Vorweisen von Beteiligungs- und Beschwerdeverfahren in Einrichtungen der Kinder- und Jugendhilfe zur Bedingung für die Erteilung einer Betriebserlaubnis erklärt hat. Der damaligen Novellierung fehlte aus kinderrechtlicher Perspektive ein Aspekt, den der UN-Ausschuss für die Rechte des Kindes in seiner Allgemeinen Bemerkung für Kinder in Betreuung außerhalb der Familie schon als wesentlich für die Sicherung der Schutzrechte von Kindern benannt hat: die gesetzliche Verankerung der Etablierung repräsentativer Gremien von Kindern und Jugendlichen, die sich an der „[…] Entwicklung und Umsetzung der inhaltlichen Ausrichtung und der Regeln der Einrichtung […] beteiligten." (UN-Ausschuss für die Rechte des Kindes, Ziffer 97c). Ein Punkt der mit dem KJSG und dem neuen § 4a KJSG und dem darin formulierten Auftrag an die öffentliche

12 Vgl. Gesetz zur Stärkung von Kindern und Jugendlichen (BGBl I [Jahrgang 2021] Nr. 29, S. 1444-1464)

Jugendhilfe zur Förderung und partnerschaftlichen Zusammenarbeit mit selbstorganisierten Zusammenschlüssen, insbesondere bei Problemlösungen, nachgeholt wurde.

Ausblick: Zum Zusammenwirken von Ombudspersons for Children und Ombudsstellen der Kinder- und Jugendhilfe

Mit der Einrichtung von Ombudsstellen entsprechend des § 9a SGB VIII werden für den Bereich der Kinder- und Jugendhilfe alle Kriterien für die Verwirklichung der Vorgaben aus Artikel 12 UN- Kinderrechtskonvention erfüllt. Anders als beispielsweise die Bereiche Schule oder Gesundheitswesen, bietet die Kinder- und Jugendhilfe mit den Ombudsstellen ein unabhängiges, gesetzlich verankertes und transparentes Verfahren für Kinder, Jugendliche und deren Eltern bzw. Personensorgeberechtigte, dessen diskriminierungsfreie und umfängliche Verwirklichung aus kinderrechtlicher Perspektive von der Bundesregierung nun mit Nachdruck unterstützt und aktiv begleitet werden sollte.

Im Kontext der Kinderrechte-Debatte sind Ombudsstellen entsprechend des § 9a SGB VIII – so meine Schlussfolgerung – ein zwingender Bestandteil der Verwirklichung der Rechte von Kindern und Jugendlichen aus Artikel 12 UN-Kinderrechtskonvention und daher auch von den Diskussionen um eine*n Kinderbeauftragte*n auf Bundesebene abzugrenzen.

Es wird für uns als Monitoring-Stelle UN-Kinderrechtskonvention sehr spannend sein zu beobachten, wie es den Ombudsstellen der Kinder- und Jugendhilfe gelingen wird, aus einer kontinuierlichen Evaluation und Dokumentation ihrer Arbeit heraus strukturelle Problemlagen herausarbeiten zu können und so einen wichtigen Beitrag für eine verbesserte Verwirklichung der UN-Kinderrechtskonvention innerhalb der Kinder- und Jugendhilfe beitragen zu können. Es wäre daher sehr wünschenswert, wenn – wie es gerade in Hessen mittels eines gemeinsamen Prozesses mit der Landesbeauftragten für Kinder- und Jugendrechte (einer klassischen *Ombudsperson for Children*) gelungen ist – von Anfang an gemeinsam mit selbstorganisierten Zusammenschlüssen und Heimräten schon bei der Etablierung der Ombudschaft eine verbesserte Verwirklichung der Wahrnehmung der Perspektiven und Sichtweisen von Kindern und Jugendlichen bei allen sie betreffenden Angelegenheiten erreicht würde (vgl. Loh und Uffelmann, Kap. III, i. d. B.).

Sowohl die Ombudsstellen in der Kinder- und Jugendhilfe, die auf das spezifische Kinder- und Jugendhilferecht und -verfahren ausgerichtet sind, als auch *Ombudspersons for Children* auf nationaler, Landes- und kommunaler Ebene sind wichtige Maßnahmen für eine gelingende Verwirklichung der UN-Kinderrechtskonvention. Nicht zuletzt deswegen fragt der UN-Ausschuss in seinen *Guidelines* für die Berichterstattung der Vertragsstaaten gemäß Artikel 44 UN-KRK (vgl. Feige 2017) unter der Überschrift „*general measures of implementation*" sowohl nach einer *Ombudsperson for Children* und gesondert nach *complaints mechanism*. Denn erst im Zusammenspiel dieser steckt die Chance der umfassenden Verwirklichung der Kinderrechte.

Literatur

Backhaus, A. & Wolter, B. (2019). Wenn Diskriminierung nicht in den Kummerkasten passt. Eine Arbeitshilfe zur Einführung von diskriminierungssensiblen Beschwerdeverfahren in der Kita, herausgegeben von Kinder vor Diskriminierung schützen – KiDS! Fachstelle Kinderwelten für vorurteilsbewusste Erziehung/Institut für den Situationsansatz, Berlin. https://situationsansatz.de/publikationen/wenn-diskriminierung-nicht-in-den-kummerkasten-passt-eine-arbeitshilfe-zur-einfuehrung-von-diskriminierungssensiblen-beschwerdeverfahren-in-der-kita/

Bundesarbeitsgemeinschaft Kommunale Kinderinteressenvertretungen (2015). Qualitätsstandards für kommunale Kinderinteressenvertretungen. www.kinderinteressen.de/images/pdf/BAG_Qualitatsstandards_2015.pdf [25.03.2022].

Bundesministerium für Familie, Senioren, Frauen und Jugend – BMFSFJ (2018). Übereinkommen über die Rechte des Kindes. VN-Kinderrechtskonvention im Wortlaut mit Materialien. 6. Auflage. Berlin. www.bmfsfj.de/resource/blob/93140/78b9572c1bffdda3345d8d393acbbfe8/uebereinkommen-ueber-die-rechte-des-kindes-data.pdf

Bundesministerium für Familie, Senioren, Frauen und Jugend – BMFSFJ (2019). Fünfter und Sechster Staatenbericht der Bundesrepublik Deutschland zu dem Übereinkommen der Vereinten Nationen über die Rechte des Kindes. Berlin. www.bmfsfj.de/bmfsfj/service/publikationen/fuenfter-und-sechster-staatenbericht-der-bundesrepublik-deutschland-zu-dem-uebereinkommen-der-vereinten-nationen-ueber-die-rechte-des-kindes-141862

Bundesnetzwerk Ombudschaft in der Jugendhilfe e.V. (2021). Selbstverständnis. https://ombudschaft-jugendhilfe.de/wp-content/uploads/BNO_Selbstverstaendnis_2021_09_23.pdf [25.03.2022].

Bundesverfassungsgericht (1982). Urteil vom 09.02.1982, 1 BvR 845/79, Rn. 64 – juris.

Child Rights Committee – CRC (2002). Allgemeine Bemerkung Nr. 2 – Die Rolle von unabhängigen nationalen Menschenrechtsinstitutionen bei der Förderung und dem Schutz der Rechte des Kindes. In: Die „General Comments" zu den VN-Menschenrechtsverträgen, herausgegeben vom Deutschen Institut für Menschenrechte. Baden-Baden: Nomos Verlag. www.nomos-elibrary.de/10.5771/9783748909996/die-general-comments-zu-den-vn-menschenrechtsvertraegen

Child Rights Committee – CRC (2009). Deutsche Arbeitsübersetzungen der Allgemeinen Bemerkung Nr. 12 (2009) zum Recht des Kindes auf Gehör, CRC/C/CG/12. www.institut-fuer-menschenrechte.de/fileadmin/user_upload/Publikationen/Information/Information_GC12_barrierefrei_geschuetzt.pdf [25.03.2022].

Child Rights International Network – CRIN. The Concept of Ombudspersons. https://archive.crin.org/en/guides/un-international-system/national-mechanisms/childrens-rights-and-national-human-rights.html [30.12.2021].

Cremer, H. (2012). Die UN-Kinderrechtskonvention. Geltung und Anwendbarkeit in Deutschland nach Rücknahme der Vorbehalte. 2. Auflage. Berlin: Deutsches Institut für Menschenrechte. www.ssoar.info/ssoar/bitstream/handle/document/31794/ssoar-2012-cremer-Die_UN-Kinderrechtskonvention_Geltung_und_Anwendbarkeit.pdf?

isAllowed=y&lnkname=ssoar-2012-cremer-Die_UN-Kinderrechtskonvention_Geltung_und_Anwendbarkeit.pdf&sequence=1

Council of Europe/European Union (2010). Leitlinien des Ministerkomitees des Europarates zur kindgerechten Justiz. https://rm.coe.int/16806ad0c3 [25.03.2022].

Feige, J. (2017). Kinderrechte in Deutschland unter der Lupe, Das Berichtsverfahren zur Umsetzung der UN-Kinderrechtskonvention. www.institut-fuer-menschenrechte.de/fileadmin/Redaktion/Publikationen/Information_13_Kinderrechte_in_Deutschland_unter_der_Lupe.pdf [25.03.2022].

Feige, J. & Gerbig, S. (2019). Das Kindeswohl neu denken. Kinderrechtsbasierte Ermittlung und Bestimmung des Kindeswohls. www.institut-fuer-menschenrechte.de/fileadmin/Redaktion/Publikationen/Information_30_Kindeswohl_bf.pdf [25.03.2022].

GANHRI/UNICEF (2018). Children's Rights in National Human Rights Institutions. A Mapping Exercise, Geneva/New York. www.institut-fuer-menschenrechte.de/fileadmin/Redaktion/Publikationen/GANHRI_UNICEF_-_Children_s_Rights_in_National_Human_Rights_Institutions.pdf [25.03.2022].

Petitionsausschuss des Deutschen Bundestages (2018). Beschlussempfehlung des Petitionsausschuss (BT-Drucksache 19/2723). www.kinderbeauftragter-in-den-bundestag.de/fileadmin/PDF/Beschluss_Petition_110718.pdf

Schmahl, S. (2013). UN-Kinderrechtskonvention. Kommentar. 2. Auflage. Baden-Baden: Nomos.

UNICEF (2012). Einsatz für Kinderrechte. Eine globale Studie unabhängiger Kinderrechtsinstitutionen – Zusammenfassender Bericht. www.unicef.de/download/47784/13d9a71061ad3ea3aa25642c0de4f134/ar004-einsatz-fuer-kinderreche-pdf-data.pdf [25.03.2022].

Wapler, F. (2019). Umsetzung und Anwendung der Kinderrechtskonvention in Deutschland. In: Recht der Jugend und des Bildungswesens – RdJB, Jahrgang 69, Heft 3, S. 252-273.

Ombudschaftliche Arbeit statt „nur“ ombudschaftliche Beratung: von der Beratung des Einzelnen zur Selbstorganisation der Vielen

Björn Redmann & Ulrike von Wölfel

*Das Arbeitsfeld Ombudschaft in der Kinder- und Jugendhilfe in Deutschland steht aktuell vor einem massiven Bedeutungszuwachs. Die Autor*innen des Beitrags argumentieren dafür, dass die ombudschaftliche Tätigkeit auch die Entwicklung politischer Selbstvertretungen von Adressat*innen unterstützen und ermöglichen sollte. Sie leiten diese Aufgabe unmittelbar aus der Gründungsgeschichte und dem Selbstverständnis des Arbeitsfeldes ab sowie angesichts der uneingelösten Versprechen durch und den massiven Rechtsbrüchen innerhalb der Praxis der Kinder- und Jugendhilfe. Dabei werfen sie ebenso einen kritischen Blick auf die ombudschaftliche Praxis selbst. Eingangs erinnern sie dabei an die historisch für Soziale Arbeit wegweisenden Grundlagen jüdischer Wohlfahrtsethik und an die immer noch vielfach sichtbaren strukturellen Beschämungen von Adressat*innen der Kinder- und Jugendhilfe durch die Inanspruchnahme von Hilfen.*

Ombudschaft – Legitimation und Selbstverständnis

Die Soziale Arbeit in Deutschland wurde in ihren Anfängen wesentlich durch die Grundsätze jüdischer Wohlfahrtsethik mitgeprägt. Die ersten, vorrangig von Sozialreformer*innen jüdischer Herkunft entwickelten Konzepte professioneller Sozialer Arbeit orientierten sich an einer gesellschaftlichen Verpflichtungsethik des Einzelnen gegenüber Hilfesuchenden. Diese Ethik richtete sich dementsprechend nicht am Ableisten von Wohltätigkeit aus Motiven der Barmherzigkeit aus, sondern war an der Herstellung von Gerechtigkeit orientiert (vgl. Zeller 2009, S. 64). Eine ihrer wichtigen Handlungsmaximen kann daher so formuliert werden: Hilfebedürftigkeit hat nichts mit Schuld zu tun. Niemand sollte in die Situation geraten, sich durch den Erhalt von Hilfeleistungen erniedrigt zu fühlen. Die Beschämung von Hilfesuchenden muss unbedingt vermieden werden und als effektivste Form der Hilfe ist immer die Hilfe zur Selbsthilfe zu sehen (vgl. ebd.).

Nun soll hiermit nicht behauptet werden, die Soziale Arbeit habe sich allein aus der jüdischen Wohlfahrtsethik heraus entwickelt. Selbstredend gibt es weitere Wurzeln und Entstehungshintergründe, zu denen die christlich geprägten Auffassungen von Hilfe und Unterstützung ebenso gehören wie sozialistische und sozialdemokratische Ideen, wobei vor allem Letztere die Erklärung für die Notlagen Einzelner immer auch in der Existenz sozialer Ungerechtigkeiten gesucht und deren Bekämpfung demnach auch in der Veränderung gesellschaftlicher Zustände verortet haben. Es erscheint jedoch angebracht, gerade in einem Beitrag über das Arbeitsfeld Ombudschaft solche Grundprämissen wie die, dass Hilfesuchende nicht in die Situation der Beschämung gebracht werden sollten, einmal deutlich in Erinnerung zu rufen. Denn die Notwendigkeit der Existenz unabhängiger Ombudsstellen lässt sich genau dort verorten, wo Adressat*innen der Kinder- und Jugendhilfe von Situationen der Beschämung und der Ohnmacht in Hilfeprozessen berichten.

Ein Blick in aktuelle empirische Erkenntnisse verdeutlicht die hier angesprochene Problematik. Im Rahmen des Prozesses „Mitreden, Mitgestalten – die Zukunft der Kinder- und Jugendhilfe", der zwischen November 2018 und Dezember 2019 von der Bundesregierung im Zusammenhang mit der Reform des Kinder- und Jugendhilfegesetzes (SGB VIII) organisiert worden ist, berichten Eltern, deren Kinder außerfamiliär untergebracht wurden, von Schwierigkeiten bei der Einleitung der Hilfen, speziell mit Blick auf die Information über die relevanten Verfahrensschritte und ihre Rechte darin (vgl. BMFSFJ 2020, S. 97). Des Weiteren wird die Beteiligung von Eltern sowie der jungen Menschen selbst im Rahmen der Inobhutnahme zum Teil als defizitär angesehen (vgl. ebd., S. 34). Nicht einmal die Hälfte der befragten jungen Menschen und Eltern geben an, dass sie ausreichend und verständlich über den Sinn der Hilfe informiert wurden, und nur knapp 38 % sind der Ansicht, dass sie bei der Hilfeplanung mitentscheiden konnten (vgl. ebd., S. 117). Ebenso fühlen sich Betroffene fast durchgängig nicht ausreichend beteiligt (junge Menschen 95 %, Eltern 96 %, weitere Familienangehörige 100 %). Fachkräfte der öffentlichen Kinder- und Jugendhilfe schätzen die Beteiligung der Betroffenen im Fallverlauf demgegenüber zumeist als gut ein (86 %) (vgl. ebd., S. 117). Ähnliche Ergebnisse präsentieren Ackermann und Robin. In ihrem Bericht aus einer Beteiligungswerkstatt in Hamburg zeigen sie auf, dass sich Eltern in der Struktur der Kinder- und Jugendhilfe ziemlich allein und oftmals hilflos fühlen. Ihnen sei vor allem bei den ersten Kontakten mit dem Jugendamt nicht klar, was sie erwarte. Eltern berichten, sich nicht gut informiert gefühlt zu haben, was für große Unsicherheiten und Ängste gesorgt habe (vgl. Ackermann und Robin 2018, S. 23).

Auch in der bereits etwas älteren, aber in ihren Ergebnisdarstellungen sehr überzeugenden, ethnografisch angelegten Studie zu Hilfeplangesprächen von Messmer und Hitzler wurde deutlich, dass die Partizipation bzw. der aktive Einbezug der Klient*innen zumeist nur an der Oberfläche stattfindet und sich nicht explizit auf die Entscheidungen selbst bezieht. Für Betroffene bleibt der Prozess zumeist intransparent bzw. wird so empfunden. So werden Beteiligungsmöglichkeiten entsprechend erschwert (vgl. Messmer & Hitzler 2011, S. 51-52, vgl. zu dieser Thematik auch Rosenbauer, Kapitel II, i. d. B.).

Auch in der Arbeit der bundesweit existierenden Ombudsstellen werden immer wieder ähnliche Erfahrungen junger Menschen und Eltern deutlich: Sie berichten zum Beispiel davon, dass sie in Hilfeplangesprächen vielfach keine wertschätzende Atmosphäre vorfinden. Sie beschreiben das Gefühl, allein und unvorbereitet unter routiniert auftretenden Fachkräften zu sitzen, die Einschätzungen über sie abgeben, ihre Stärken und ihre Schwächen bewerten und Prognosen über ihre weitere Entwicklung formulieren. Sie beschreiben ein Gefühl der Ohnmacht in diesen Situationen, in denen sie oftmals keine Worte finden, um ihre eigenen Perspektiven einzubringen und auszudrücken und auch nicht erleben, dass ihnen ein „Raum“ zur Selbstäußerung eingeräumt würde. Vor allem Eltern berichten davon, dass sie darauf dann zum Teil sehr emotional reagieren, dass auch Wut und Aggressivität hierbei eine Rolle spielen und sie mitunter beleidigend gegenüber den Fachkräften auftreten. Solche destruktiven und eskalierenden Gesprächssituationen führten dann aus Sicht der Eltern dazu, dass Hilfeprozesse sich zuspitzen, dass Helfer*innen ihnen gegenüber weniger transparent agieren und ein größeres Kontrollbedürfnis (z. B. zum Schutz der Kinder) formulieren (vgl. hierzu Schone, Kapitel II, i. d. B.).

Junge Menschen berichten bspw. davon, dass ihnen in Hilfeplangesprächen oder in anderen Zusammenhängen im Hilfeprozess häufig Fragen gestellt werden, die aus ihrer Sicht unbeantwortbar sind und sie regelrecht schulterzuckend verstummen lassen, wie zum Beispiel: „Wo genau siehst Du denn Deinen Hilfebedarf? Was willst Du denn in zwei Jahren erreicht haben?“ Fehlende Antworten werden von den Fachkräften dann häufig nicht als erwartbarer Ausdruck der Entwicklungsphase Jugend gerahmt. Stattdessen werden sie schnell als Zeichen für eine „unzureichende Mitwirkung“ gewertet, obgleich festgehalten wurde, dass dies als Begründung beispielsweise für die Nichtgewährung oder -verlängerung einer Hilfe rechtlich unzulässig ist (vgl. Schruth 2020).

An dieser Stelle sei beispielhaft noch der Blick in den Widerspruchsbescheid eines jungen Mannes erlaubt, der von 2020 bis 2021 vom Kinder- und Jugendhilferechtsverein e. V. (KJRV) ombudschaftlich beraten worden ist. Soeben volljährig geworden, hatte er die Notwendigkeit einer Verlängerung seiner ambulanten Hilfe gem. § 30 SGB i. V. m. § 41 SGB VIII (Hilfe für junge Volljährige, Erziehungsbeistandschaft) in seinem Widerspruch gegenüber dem Jugendamt mit den Worten begründet, dass er sich einfach noch nicht so weit fühle, alles „allein hinzubekommen“. Die Widerspruchsstelle des zuständigen Jugendamtes schreibt ihm: *„Zur weiteren Prüfung der Sach- und Rechtslage bitte ich Sie, mir Ihre Bedarfe konkret zu benennen. Führen Sie dazu bitte genau* *aus, welche Hilfeziele im gewährten Stundenumfang erreicht werden können und welche Ziele nicht erreicht wurden bzw. erreicht werden können. […] Weiterhin ist aus Ihrem Widerspruch nicht erkennbar, welchen konkreten Hilfebedarf Sie nach Hilfeende ab 01.12.2020 weiterhin haben. Ihre allgemeine im Widerspruch getroffene Aussage, Sie fühlen sich unsicher, weil sie auf jeden Fall noch länger Hilfebedarf haben, reicht für eine erneute Bedarfsprüfung nicht aus." (Falldokument des KJRV[1])*

Die vorangegangenen Beispiele zeigen deutlich, dass viele junge Menschen und Eltern offenbar heute noch immer ein Gefühl der zweifachen Beschädigung davontragen, wenn sie während ihres Aufwachsens oder innerhalb ihrer Elternschaft Unterstützungsbedarf durch die Kinder- und Jugendhilfe haben. Diese liegt darin, einerseits in eine belastende bzw. gefährdete Lebenssituation oder in eine Krisensituation zu geraten oder dauerhaft in belasteten Lebenssituationen zu leben, bei denen ein Hilfeangebot oder auch ein Eingriff durch Kinder- und Jugendhilfe notwendig wird, und andererseits zu erfahren, dass die Unterstützungsangebote der Kinder- und Jugendhilfe nur um den Preis einer zumindest subjektiv empfundenen Selbstentwertung zu bekommen sind: „Wer nicht bereit ist, den Preis der beschädigten Identität zu zahlen, kann erzieherische Hilfen nicht nutzen" (Schrödter, Freres & Thalheim 2020, S. 3). Es scheint der Kinder- und Jugendhilfe in vielen Fällen nicht zu gelingen, Krisen und Notsituationen einerseits als etwas zu behandeln, was in jedem Leben möglich ist und grundsätzlich jeder Familie und jedem jungen Menschen widerfahren kann (auch den Fachkräften auf der sprichwörtlichen anderen Seite des Schreibtisches). Auch gelingt es offenbar (vielleicht genau deshalb) häufig nicht, zu vermitteln, dass Unterstützungsangebote in schwierigen Lebenslagen ein erwartbares Recht des Einzelnen sind, zu dessen Durchsetzung sich Fachkräfte verpflichtet fühlen.

Eine konstruktive und erfolgversprechende Hilfebeziehung zwischen Adressat*innen und helfenden Fachkräften ist nur dann möglich, wenn Situationen der Scham und der Ohnmacht ebenso wie die Stigmatisierung und die Etikettierung von Adressat*innen durch Fachkräfte oder durch Strukturen verringert oder sogar verhindert werden können. Diese Erkenntnis sollte (theoretisch) zu den Grundstandards Sozialer Arbeit gehören (vgl. hierzu Loh und Uffelmann, Kapitel III, i. d. B.).

Doch was, wenn das nicht gelingt? Neben notwendigen Verbesserungen der Ausgestaltung der Praxis von öffentlichen und freien Trägern der Jugendhilfe, die in den letzten Jahrzehnten immer wieder diskutiert und angestoßen

1 Das zitierte Schreiben kann in anonymisierter Form über den Kinder- und Jugendhilferechtsverein e. V. eingesehen werden. Interessierte können sich an die Autor:innen des Beitrags wenden.

wurden, existieren seit 2002 unabhängige Anlaufstellen in der Kinder- und Jugendhilfe, die sich selbst als Ombudsstellen bezeichnen.

Ombudsstellen legitimieren sich aus der Erkenntnis, dass es „im Konfliktfall zwischen professionellen Mitarbeitenden und anspruchsberechtigten bzw. betroffenen Personen im Rahmen der Kinder- und Jugendhilfe aufgrund der gegebenen Machtasymmetrie eine weitere, unabhängige Instanz" benötigt, „um hier bei Bedarf für einen Ausgleich zu sorgen und die individuellen Rechte von jungen Menschen und ihren Familien im Kontext von Leistungen des SGB VIII zu sichern" (BNO 2021). Diese Bezugnahme auf den Einzelfall hat dabei als klare Orientierungslinie, dass die eben genannten Konfliktfälle durch strukturelle Missstände und Schieflagen mitverursacht sind. Seit Inkrafttreten des reformierten Kinder- und Jugendhilfegesetzes im Juni 2021 arbeiten Ombudsstellen in der Kinder- und Jugendhilfe in Deutschland entsprechend des § 9a SGB VIII.

Mittlerweile gibt es in fast allen Bundesländern Ombudsstellen oder vergleichbare Anlaufstellen. 14 externe und unabhängige Ombudsstellen aus 14 Bundesländern haben sich im seit 2008 existierenden Bundesnetzwerk Ombudschaft Kinder- und Jugendhilfe (BNO)[2] zusammengeschlossen. Ihr Hauptanliegen ist es, durch vertrauliche und kostenfreie Einzelfallberatung dafür zu sorgen, dass Adressat*innen der Kinder- und Jugendhilfe über ihre Rechte und Möglichkeiten innerhalb des Kinder- und Jugendhilfegesetzes (und flankierender Gesetze) informiert sind und in die Lage versetzt werden, diese Rechte entsprechend gegenüber den öffentlichen und den freien Trägern geltend zu machen (vgl. für weitere Erläuterungen zum Arbeitsfeld Len, Manzel & Tomaschowski, Kapitel V, i. d. B.).

Die ehrenamtlichen und hauptamtlichen sozialpädagogischen und juristischen Fachkräfte der Ombudsstellen bringen sich, wenn der Einzelfall dies erfordert, an der Seite der Ratsuchenden ebenso im Sinne der Beistandschaft oder der Bevollmächtigung gem. 13 SGB X in das Sozialverwaltungsverfahren ein. Die Mitarbeiter*innen der Ombudsstellen begleiten Ratsuchende ggf. bis zur Klage um ihre Rechte durchzusetzen, wenn der Einzelfall dies notwendig macht. Ombudschaftliche Beratung ist grundsätzlich parteilich für die Ratsuchenden. Sie bleibt dabei dem Wohl der jungen Menschen verpflichtet und findet dementsprechend dort ihre Begrenzungen, wo dieses – ganz gleich von wem – beschädigt wird oder gefährdet ist. Ombudschaftliche Einzelfallberatung ist dem Recht des Einzelnen verpflichtet und will dazu beitragen, dass Adressat*innen ohne Beschämung zu empfinden und ohne in Ohnmachtssituationen zu geraten die ihnen zustehenden Rechte verwirklichen können.

2 Bundesnetzwerk Ombudschaft in der Kinder- & Jugendhilfe e. V. (www.ombudschaft-jugendhilfe.de)

Übrigens ist die Erkenntnis darüber, dass Menschen in Notsituationen unabhängige Anlaufstellen zur Verfügung stehen sollten, in denen sie sich über ihre Rechte informieren können, durchaus nicht neu. Im Jahr 1893 wurde in Berlin von der Deutschen Gesellschaft für ethische Kultur (DGEK) eine so genannte „Auskunftsstelle" gegründet. Diese Beratungsstelle sollte Not leidende Menschen über ihre Unterstützungsansprüche informieren und gemeinsam mit ihnen nach Lösungen suchen. In der Satzung heißt es dazu: […]„mündliche und schriftliche Auskunftserteilung an Personen, die Hülfe [sic!] suchen […] im besonderen [sic!] über öffentliche oder private Wohlfahrtseinrichtungen innerhalb Berlins" (Deutsches Zentralinstitut für soziale Fragen 2018, S. 31).

Insofern dürfen sich die Mitgestaltenden des Arbeitsfeldes Ombudschaft heute in guter Tradition derer sehen, die das ermächtigende Potential und damit die fundamentale Bedeutung von unabhängigen Beratungsstellen für eine demokratische und partizipative Gesellschaft bereits vor mehr als 100 Jahren erkannt haben.

Ombudschaft ist mehr als der Einzelfall: Vorschlag für ein Konzept „Ombudschaftlicher Arbeit" in Bezug zu Selbstvertretungsstrukturen von Adressat*innen

Ombudschaft ist schon immer mehr als der Einzelfall – aus mindestens vier Gründen

Erstens ist die Geschichte des Aufbaus von Ombudsstellen in Deutschland eine direkte Antwort auf sich zuspitzende Verhältnisse bei der Gewährung von Leistungen und der Behandlung von Menschen durch Fachkräfte in Jugendämtern: individuelle Rechtsansprüche, die nicht erfüllt werden; Menschen, die Hilfen nicht erhalten, obwohl sie einen Anspruch haben; Verstöße gegen die Regeln fachlichen Handelns; Verstöße gegen die Würde der Adressat*innen (Sandermann, Schruth & Urban-Stahl 2014). „Diese Umsetzungsprobleme stellen keine Einzelfallabweichung von einer Regelpraxis dar, welche ansonsten dem Anspruch des deutschen Sozialrechts genügen würden, sondern werden zunehmend als eine strukturell bedingte Diskrepanz reflektiert. Diese wird verschärft durch alltägliche Rahmenbedingungen fachlichen Handelns wie geringe personelle Ausstattung und finanziellen Druck" (ebd. S. 4). Nicole Rosenbauer und Peter Schruth sehen den Ausgangspunkt der ersten Ombudsstellen in einer „kleine[n] Graswurzel-Bewegung" (Rosenbauer & Schruth 2019, S. 147), die sich Anfang der 2000er Jahre „aus Empörung über rigide Sparprogramme der Kostenträger" gegründet haben. Um diese Verhältnisse zu bearbeiten, sind eine differenzierte strukturelle Analyse und entsprechende Interventionen unabdingbar.

Damit ist zweitens deutlich, dass die zu Tage tretenden, immer wiederkehrenden Probleme dazu auffordern, strukturelle Probleme in den Blick zu nehmen. Ombudschaftliche Arbeit kann kaum nachhaltig gelingen, ohne die über den Einzelfall hinausreichenden und in der Gesamtschau von Einzelfällen auffälligen Muster mindestens zu thematisieren. So sieht sich das Bundesnetzwerk Ombudschaft und dessen Mitglieder als „engagiert […] für die Stärkung der Betroffenenrechte von Kindern, Jugendlichen und ihren Personensorgeberechtigten, insbesondere im Bereich der erzieherischen Hilfen auf der Länder- und Bundesebene und agiert hierbei als gemeinsame fachpolitische Vertretung[…]“ (BNO 2021, S. 11). Das verweist im Anspruch auf eine deutliche überindividuelle Perspektive.

Drittens: Ombudschaftliche Beratung im Einzelfall gerät schnell an Grenzen. Änderungen von (Verwaltungs-)Handeln sind im Einzelfall durch Verweis auf das Recht und dessen Durchsetzungsmöglichkeiten zwar möglich und werden auch erreicht. Gemessen an den selbst formulierten Ansprüchen von Ombudsstellen[3] scheitern diese aber regelmäßig. Diese uneingelösten Versprechen ombudschaftlicher Beratung sind mindestens folgende: sie leitet kaum strukturelle Veränderungen ein, sie ermöglicht kaum nachhaltige Ermächtigungen, sie trägt wenig zu konflikthafter Zuspitzung bei (was nötig wäre), sie ist selbst permanent an der Kapazitätsgrenze. So sorgt sie häufig selbst für Enttäuschung, weil sie eben nicht in der Lage ist, strukturell Grundsätzliches zu ändern, und das trotz der Fachtagungen, Veröffentlichungen, Seminaren, Politikberatung etc., die alle Ombudsstellen neben der individuellen Beratung auch noch veranstalten. Daran wird voraussichtlich auch die gesetzliche Absicherung des Arbeitsfeldes durch das Kinder- und Jugendstärkungsgesetz (KJSG) wenig ändern.

Viertens gibt es durch die Reform des Kinder- und Jugendhilfegesetzes (2018-2021) mindestens zwei Ansatzpunkte die, zusammengedacht und aufeinander bezogen, im Interesse von Ratsuchenden zusammenwirken sollten: Ombudschaft ist gesetzlich verankert (§ 9a SGB VIII) und über Selbstvertretungsstrukturen sollen junge Menschen und Familien die Kinder- und Jugendhilfe quasi in Bewegung setzen (§§ 4a, 45, 71, 78 SGB VIII). Zuständig für die Etablierung von Selbstvertretungsstrukturen ist die gesamte Jugendhilfe, für ihre Förderung ist es der öffentliche Träger. Den meisten Kontakt zu unzufriedenen Nutzer*innen haben Ombudsstellen – daraus lässt sich

3 Bspw. Berliner Rechtshilfefonds Jugendhilfe e. V.: der Verein setze sich für eine „offensive, bedarfsgerechte und insbesondere gesetzmäßige Jugendhilfe“ ein; oder: Kinder haben Rechte e. V. in Reutlingen/Tübingen will die Öffentlichkeit über Rechte von Kindern und Jugendlichen aufklären; Kinder- und Jugendhilferechtsverein e. V. in Sachsen: Überwindung struktureller Defizite, Engagement für eine offensive, bedarfsgerechte Jugendhilfe (vgl. Wölfel, Redmann 2020, 111)

die Herausforderung ableiten: Ermutigen wir junge Menschen und Eltern – Schaffen wir mit ihnen zwei, drei, viele Selbstvertretungen.

Zusammengefasst: (I) Die fachliche Empörung über die Verhältnisse in der Jugendhilfe hat zur Gründung der ersten Ombudsstellen geführt. (II) Im Ergebnis vieler Einzelfallberatungen ergeben sich mannigfaltige Bilder struktureller Probleme. (III) Die ombudschaftliche Beratung im Einzelfall löst weder strukturelle Probleme noch erschöpft sich die ombudschaftliche Tätigkeit dahingehend. (IV) Die rechtliche Absicherung von Ombudschaft und die Ermöglichung von Selbstvertretungsstrukturen ergeben neue Möglichkeiten, die strukturellen Probleme anzugehen, und diese Möglichkeiten verpflichten (angesichts der Gründungsgeschichte(n) von Ombudsstellen) zur Nutzung derselben, will sich die Ombudschaftliche Arbeit selbst ernst nehmen.

Ombudschaftliche Arbeit ist auch Empowerment und die Ermöglichung politischen Handelns

Wie könnte sich etwas ändern lassen? Diese Frage scheint den Gesetzgeber bei der Entwicklung des KJSG auch umgetrieben zu haben. Warum sonst stärkt er die Betroffenenrechte massiv, schreibt er die Einrichtung von Ombudsstellen in allen Bundesländern vor, fordert er zum Aufbau von Selbstvertretungsstrukturen auf? Die beinahe schonungslose Kritik an der Praxis der Kinder- und Jugendhilfe im Rahmen des Dialogprozesses (BMFSFJ 2020) zur Entwicklung des KJSG, auch durch Betroffene selbst, und die darauf gerichtete Absicht des Gesetzgebers kann auch so verstanden werden: Lasst uns mit Ombudsstellen Möglichkeiten der Bearbeitung von Konflikten schaffen, damit die Jugendhilfe vor Ort in Bewegung kommt. Und lasst uns darüber Strukturen schaffen, die Betroffene in die Lage versetzen, der Jugendhilfe Veränderungen abzuringen. Sollte das so sein und es ergäbe sich ein Möglichkeitsfenster – wie wäre es zu nutzen?

Hier hilft ein (zugegebenermaßen sehr kurzer) Blick in die politische Theorie. Hannah Arendts Begriff des Politischen beispielsweise hat diesbezüglich Etwas zu bieten. Er geht davon aus, dass private Angelegenheiten (und Erziehungsherausforderungen sowie der damit einhergehende als problematisch empfundene Kontakt zu Behörden gehören ja dazu) nur dann zu politischen und damit zu öffentlichen und in diesem Sinne kritisierbaren Angelegenheiten werden können, wenn es zu einer Entprivatisierung und Entindividualisierung dieser Erfahrungen kommt. Dies passiert, wenn mittels Sprechen und Erzählen diese individuellen und damit zunächst unsichtbaren Erfahrungen Einzelner zu gemeinsam geteilten Sichtweisen werden. In diesem Prozess, in dem Menschen erkennen, dass sie vergleichbare Erfahrungen gemacht haben und in ihrem privaten Erleben übergreifende Muster entdecken, steckt nun die Chance, dass die scheinbar unsichtbaren Erfahrungen zu politischen Angelegenheiten werden (Arendt 2018, S. 63). Für diese Selbstenthüllung oder den Austritt aus dem Privaten bedarf es aber gewissermaßen einer Vermittlung. Es gibt Beispiele für solch ein politisches Verständnis und darauf aufbauendem Handeln: Die Empowerment-Bewegung entstand in den 1960er Jahren in den USA als Form der Solidarisierung von Menschen, die unter herabwürdigenden, ausgrenzenden und entrechteten Bedingungen lebten. Zu den Begründer*innen dieses Empowerment-Gedankens sind die Aktivist*innen der schwarzen Bürgerrechtsbewegung ebenso zu zählen wie die Frauenrechtsbewegung und der Zusammenschluss von Menschen mit Behinderungen für ein selbstbestimmtes Leben (vgl. Lenz 2011, S. 13; vgl. Herriger 2006, S. 22, S. 25, S. 27, S. 37). Sie schlossen sich zusammen und entwickelten Aktionen zivilen Ungehorsams und Aufklärungskampagnen. Die durch ausgrenzende und herabwürdigende Lebensumstände bestimmten „privaten" (im Sinne von unsichtbaren) Notlagen des Einzelnen konnten durch deren Verbindung und ihr organisiertes Auftreten politische Themen und Forderungen der Vielen werden; Konflikte wurden formuliert, Strukturen kritisiert, Veränderungsmöglichkeiten entwickelt und Mitsprache eingefordert. Die Empowerment-Bewegung war kein Zusammenschluss gutmeinender Professioneller, sondern ein Zusammenschluss von Menschen, die sich gerade in kritischer Distanzierung und argwöhnender Ablehnung gegenüber professionellen, staatlich organisierten Hilfesystemen artikulierten. Empowerment als Handlungskonzept Sozialer Arbeit ist die Übertragung des Gedankens, dass durch solidarisches gemeinschaftliches Handeln Betroffener Stärke erwächst, die aus der Ohnmacht Betroffener Autonomie und neue Kraft entstehen lässt (Herriger 2006, S. 67).

Die Fähigkeiten und Kompetenzen für ein selbstgestaltetes Leben sind in den Menschen angelegt, nur ggf. verschüttet, überformt, weggedrängt (vgl. Herriger 2006, S. 72). Diese gilt es zu entdecken oder zurückzugewinnen. Die Rolle von Professionellen ist es, Gelegenheiten zu Begegnung und Vernetzung zu schaffen, Wissenserarbeitung zu ermöglichen, Räume zu schaffen, Kontakte zu Politik und Verwaltung zu vermitteln (vgl. Lenz 2011, S. 30, S. 33). Aus den voran gegangen Ausführungen geht hervor, dass die Empowerment-Bewegung als Zusammenschluss Betroffener und auch der aus ihr hervorgegangene Empowerment – Ansatz als professionelles Handlungskonzept im Kontext Sozialer Arbeit über die Ebene der Unterstützung und Stärkung Einzelner hinausweist. Empowerment erhebt auch den Anspruch, Menschen zu politischem Handeln zu ermächtigen und es gemeinsam mit ihnen zu ermöglichen.

Von der ombudschaftlichen Beratung hin zur „Ombudschaftlichen Arbeit“

Die Kinder- und Jugendhilfe ist von zahlreichen Konflikten durchzogen. Insbesondere die Entwicklungen der letzten 30 Jahre ist gekennzeichnet durch ordnungspolitische Interessen, durch Sparzwänge und Arbeitsverdichtung, durch repressive Tendenzen und paternalistische Praxen (vgl. hierzu Schruth & Redmann, Kap. III, vgl. ebenfalls Thurm, Redmann & Wölfel, Kap. II, i. d. B.). Der Kinder- und Jugendhilfe gelingt es zunehmend weniger (trotz oder gar wegen zunehmender gesellschaftlicher Anerkennung), akzeptable Hilfen tatsächlich auch zur Verfügung zu stellen. Der Bundesgesetzgeber hat dies mutmaßlich erkannt und stärkt Ombudsstellen. Dafür allerdings braucht es, neben einer personellen Stärkung des Arbeitsfeldes, auch ein erweitertes Verständnis ombudschaftlicher Beratung. Es könnte ein Konzept „Ombudschaftlicher Arbeit“ entwickelt werden, in dem neben den klassischen Formen

- Information
- Beratung und Begleitung
- fachpolitische Lobbyarbeit/Öffentlichkeitsarbeit

eine weitere Dimension hinzugefügt werden würde:

- die Ermöglichung politischen Handelns
  (bereits vorgeschlagen von Wölfel & Redmann, vgl. Wölfel & Redmann 2020, S. 125).

Es würde einer solchen Ombudschaftlichen Arbeit neben der Beratung im Einzelfall und der fachpolitischen Öffentlichkeitsarbeit darum gehen, Räume und Orte zur Verfügung zu stellen, in denen betroffene Menschen Gemeinsamkeiten erkennen, Strukturen entdecken, Ressourcen nutzen und sich damit vergewissern, dass es nicht an ihnen allein liegt, wie und ob die Gestaltung von Erziehung gelingt. Es wären potentiell politische Orte, an denen zunächst das Erzählen möglich würde, wodurch die Erkenntnis wachsen könnte, dass die eigenen individuellen Erfahrungen auch die Erfahrungen anderer sind und insofern auf strukturelle Missstände rückschließen lassen[4]. An diesen Orten würden sich zum einen Selbsthilfeformen entwickeln und es könnte ebenso

4 Dieser Prozess des Heraustretens der Erfahrungen Einzelner aus der Unsichtbarkeit des „Privaten“ durch das Verfügbarmachen von Räumen konnte zum Beispiel in der Beteiligungswerkstatt Careleaver im Rahmen des Zukunftsforums Heimerziehung beobachtet werden (vgl. Merkel, Redmann, Thurm & Wölfel 2020).

die Vermittlung von Wissen über Strukturen angeboten werden. Daraus könnte politisches Handeln erwachsen, dass jene gestalten, die sich vormals noch als privat Betroffene verstanden haben. Die Rolle ombudschaftlicher Berater*innen würde also erweitert um die Ermöglichung gemeinsamen Handelns. Passend dazu hat der Gesetzgeber mit dem § 4a SGB VIII – Selbstorganisationen zur Selbstvertretung – die Schaffung neuer Strukturen ermöglicht. Der Rahmen des Handelns von Adressant*innen wurde sehr weit gefasst und ihnen darüber hinaus Mitbestimmungsmöglichkeiten eingeräumt.

Der Ombudschaftlichen Arbeit sollte der Auftrag zufallen, solche Selbstvertretungen anzuregen und zu fördern. Sie hat die strukturellen Kenntnisse, sie hat Kontakt zu bedrängten und benachteiligten Gruppen, sie hat ihren dazu passenden Gründungsmythos. Sie sollte es tun.

Wie kann eine solche Arbeit konkret aussehen?

Ombudsstellen arbeiten häufig vor allem regional und wirken damit vor Ort (vgl. hierzu Len, Kapitel V, i. d. B.). Es könnte die Aufgabe von Ombudsstellen sein, Räume zu schaffen für die Begegnung von Menschen mit ähnlichen Herausforderungen. Eltern, die eine Beratung in Anspruch nehmen auf der einen Seite und junge Menschen auf der anderen Seite könnte ein Angebot unterbreitet werden, an Treffen mit anderen Ratsuchenden teilzunehmen. Es könnte sinnvoll sein, auf der einen Seite themenspezifische Treffen (z. B. „Rechte im Hilfeplanverfahren“ oder „Umgang mit dem Jugendamt“ oder „Rechte in der Einrichtung“) anzubieten und aber auch regelmäßige Treffen anzuregen (z. B. Eltern – Stammtische, Careleaver- Treffs). An diesen Orten, die anfangs ombudschaftliche Berater*innen gestalten, könnten das Erzählen, die Vermittlung von Wissen oder das Entdecken des Gemeinsamen im Vordergrund stehen. Die bis dahin als individuelle, als private wahrgenommenen Probleme könnten sich so in öffentliche Angelegenheiten verwandeln. Daraus könnten sich Gruppen bilden. Der Kinder- und Jugendhilferechtsverein e. V. (Ombudsstelle in Sachsen) hat solche Formate entwickelt und erprobt. Daran, aber auch an anderen Konzepten von Selbstorganisation, könnte angeknüpft werden. Insbesondere hat sich als erfolgreich herausgestellt, mehrtägige Treffen zu veranstalten. Im günstigsten Fall entwickeln sich daraus stabile Gruppen von Eltern und/oder jungen Menschen, die bald vor der Frage stehen, was getan werden könnte, um nachhaltige Veränderungen einzuleiten. Hier könnte Ombudschaftliche Arbeit einen weiteren Schritt gehen und Verknüpfungen herstellen mit Vertreter*innen der Praxis erzieherischer Hilfen, Verantwortlichen in den Verwaltungen sowie politisch Verantwortlichen. Darüber hinaus könnten die Gruppen dabei unterstützt werden, politisch zu handeln, etwa indem sie öffentlich auf die gemeinsam geteilten Probleme hinweisen (z. B.

Podcast, Vermittlung an Presse) und auch öffentlichkeitswirksame Aktionen starten (z. B. Demonstrationen, Protestaktionen).

Fazit

Ombudschaft wird weiterhin auch einzelfallbezogene Beratung sein, und zwar im Sinne der Begleitung von einzelnen Ratsuchenden zur Herstellung von Einzelfallgerechtigkeit. Sie sollte und muss aber künftig auch die Ebene der politischen Aktion, des Heraustretens von Menschen aus dem Privaten in den öffentlichen Raum stärker einbeziehen. Damit wird aus ombudschaftlicher Beratung Ombudschaftliche Arbeit. Durch die Förderung politischen Handelns könnten Möglichkeitsräume entstehen, in denen Adressat*innen mit Unterstützung von Ombudsstellen selbst ihre Stimme erheben und in der Kinder- und Jugendhilfe Veränderungen anstoßen. Diese Förderung politischen Handelns sollte eine neue anspruchsvolle Aufgabe des Arbeitsfeldes Ombudschaft werden. Dafür ist es nötig, dass Menschen, die ombudschaftlich beraten, jeder ratsuchenden Person als einem potentiell politisch Aktiven begegnen und dabei davon ausgehen, dass jeder Mensch wirksam sein will und Ohnmacht überwinden kann.

Insofern sieht sich Ombudschaft zwar einerseits als Arbeitsfeld innerhalb und damit als Teilbereich der Kinder – und Jugendhilfe. Andererseits muss sie sich von ihr abgrenzen, da sie sich als unabhängiges Korrektiv ihrer Schwächen, Fehler und blinden Flecken versteht und entsprechend dieser Rolle auf eben diese beständig hinweisen muss. Dabei richtet Ombudschaftliche Arbeit den Blick immer auf die Verwirklichung der Idee, dass die Kinder – und Jugendhilfe es schaffen möge, nicht die Erfahrungen der Beschämung von Adressat*innen der Kinder- und Jugendhilfe zu vertiefen, sondern gemeinsam mit ihnen ihre Ermächtigung zu ermöglichen.

Literatur

Ackermann, T. & Robin, P. (2018). Die Perspektive von Kindern und Eltern in der Kinder- und Jugendhilfe. Zwischen Entmutigung und Wieder-Erstarken. Bericht über die Ergebnisse der Beteiligungswerkstatt für die Hamburger Enquete-Kommission „Kinderschutz und Kinderrechte weiter stärken". www.pedocs.de/volltexte/2019/17452/pdf/Ackermann_Robin_2018_Zwischen_Entmutigung_und_Wieder-Erstarken.pdf [20.02.2022].

Arendt, H. (2018). Vita activa oder Vom tätigen Leben (19. Auflage). München/Zürich: Piper.

BMFSFJ – Bundesministerium für Familie, Senioren, Frauen und Jugend (2020). Abschlussbericht Mitreden – Mitgestalten: Die Zukunft der Kinder- und Jugendhilfe. Berlin: BMFSFJ.

BNO – Bundesnetzwerk Ombudschaft in der Jugendhilfe e. V. (2021). Selbstverständnis. Bundesnetzwerk Ombudschaft in der Kinder- und Jugendhilfe. https://ombudschaft-jugendhilfe.

de/wp-content/uploads/BNW_Brosch%C3%BCre_Selbstverst%C3%A4ndnis_FINAL.pdf [26.01.2022].

Deutsches Zentralinstitut für soziale Fragen (Hrsg.) (2018). Von der Armenpflege zum Sozialstaat und zur Zivilgesellschaft. www.dzi.de/wp-content/uploads/2018/10/DZI-Anthologie-webDS.pdf [17.03.22].

Herriger, N. (2006). Empowerment in der Sozialen Arbeit. Eine Einführung. Stuttgart: Kohlhammer.

Lenz, A. (2011). Die Empowermentperspektive in der psychosozialen Praxis. In A. Lenz (Hrsg.) (2011). Empowerment. Handbuch für die ressourcenorientierte Praxis. Reihe Fortschritte der Gemeindepsychologie und Gesundheitsförderung, 22. Tübingen: dgvt Verlag.

Merkel, A; Redmann, B; Thurm, E; Wölfel, U. (2020). ...weil Jugendhilfe mehr kann! Beteiligungswerkstatt mit Careleavern im Rahmen der Initiative „Zukunftsforum Heimerziehung". https://igfh.de/sites/default/files/2021-02/Doku_Beteiligunswerkstatt_Careleaver.pdf. [27.01.2022]

Messmer, H.; Hitzler, S. (2011). Interaktion und Kommunikation in der Sozialen Arbeit. Fallstudien zum Hilfeplangespräch. In G. Oelerich & H.-U. Otto (Hrsg.). Empirische Forschung und Soziale Arbeit. Ein Studienbuch. Wiesbaden: VS Verlag für Sozialwissenschaften.

Rosenbauer, N.; Schruth, P. (2019). Ombudschaft als Mittel der Durchsetzung von Rechten junger Menschen und Familien in der Kinder- und Jugendhilfe. Auf den Spuren notwendiger Unabhängigkeit einer Praxis des Widerspruchs. In: M. von zur Gathen & T. Meysen (Hrsg.). Vorwärts, aber nicht vergessen! Entwicklungslinien und Perspektiven in der Kinder- und Jugendhilfe: Zukunftsimpulse für Praxis und Fachpolitik aus Anlass des 65. Geburtstages von Norbert Struck (S. 146-156). Weinheim: Beltz Juventa.

Sandermann, P., Schruth, P. & Urban-Stahl, U. (2014). Ombuds – und Beschwerdestellen in der Kinder- und Jugendhilfe. Einleitende Hinweise zum Themenschwerpunkt des vorliegenden Heftes. In: Zeitschrift für Sozialpädagogik ZfSp 12(1), 4-9.

Schrödter, M., Freres, K. & Thalheim, V. (2020). Bedingungslose Jugendhilfe. Von der selektiven Abhilfe defizitärer Elternschaft zur universalen Unterstützung von Erziehung. Wiesbaden: Springer Vieweg.

Schruth, P. (2020). Über die Instrumentalisierung angeblicher Mitwirkungspflichten. In Forum Erziehungshilfen, 5(26), 311-314.

Wölfel, U. & Redmann, B. (2020). Ombudschaftliche Arbeit und Empowerment. Von der individuellen Information zur gemeinsamen politischen Aktion. In U. von Wölfel & B. Redmann (Hrsg.). Bildung am Rande. Warum nur gemeinsam mit Adressat_innen in der Jugendhilfe Bemächtigungsprozesse initiiert werden können (S. 107-127). Weinheim/Basel: Beltz Juventa.

Zeller, S. (2009). Jüdische Ethik und ihr (unbeachteter) Zusammenhang mit dem Prozess der Professionalisierung der Sozialen Arbeit in Deutschland. In A. Feustel, I. Hansen-Schaberg & G. Knapp. Die Vertreibung des Sozialen. München: Boorberg Verlag.

Kapitel V:
Ombudschaftliche Praxis, Qualitätskriterien und Strukturen

Die ombudschaftliche Tätigkeit in der Jugendhilfe: Aufgaben und Profil

Andrea Len, Melissa Manzel & Lydia Tomaschowski

*Der Beitrag beschreibt das spezifische Aufgabenprofil des Konzeptes Ombudschaft in der Jugendhilfe. Dieses zielt darauf ab, bei Konflikten zwischen jungen Menschen und ihren Familien einerseits und Fachkräften der Kinder- und Jugendhilfe andererseits strukturelle Machtasymmetrien zwischen den beiden Parteien auszugleichen. Dabei grenzt sich Ombudschaft von anderen Verfahren der Konfliktbeilegung dahingehend ab, dass Ombudsstellen keine eigenen Befugnisse haben, sondern Ratsuchende dabei unterstützen, selbstbestimmt bestehende Rechte einzufordern. Hierfür sind eine hohe Fachlichkeit und spezifische Qualitätskriterien erforderlich. Die Stärkung der Position der Adressat*innen erfolgt zudem durch fachpolitische Lobbyarbeit, deren Umsetzung und Bedeutung die Autorinnen anhand einer Kampagne zum Thema Kostenheranziehung beschreiben.*

Das spezifische Konzept der Ombudschaft in der Jugendhilfe

Ombudsstellen in der Jugendhilfe verstehen sich als unabhängige und externe Beratungs- und Beschwerdestellen, an die sich junge Menschen und ihre Familien bei Konflikten mit öffentlichen oder freien Jugendhilfeträgern wenden können. Wenngleich heterogen in seinen Entstehungskontexten (vgl. Tomaschowski, Kapitel III, i. d. B.), seinen strukturellen Ausgestaltungsmöglichkeiten (vgl. Urban-Stahl & Meysen, Kapitel V, i. d. B.), sowie seiner fachlichen Bezüge (vgl. Kapitel IV, i. d. B.), kann Ombudschaft in der Jugendhilfe als spezifisches Konzept gefasst werden, nach dem Ombudsstellen arbeiten: Um die in der Jugendhilfe bestehenden strukturellen Machtasymmetrien zwischen Adressat*innen und Fachkräften auszugleichen, erhalten Ratsuchende mit Blick auf ihre Rechte und individuellen Rechtsansprüche Informationen, Beratung und ggf. Unterstützung in der Konfliktbewältigung (BNO 2021, S. 4).

Das Konzept Ombudschaft in der Jugendhilfe zielt in erster Linie darauf ab, junge Menschen und ihre Familien als im jugendhilferechtlichen Dreiecksverhältnis strukturell unterlegene Partei zu stärken und auf diese Weise zu einem Ausgleich der Machtungleichgewichte beizutragen: Die Ratsuchenden sollen befähigt und ermächtigt werden, in Kenntnis ihrer Rechte Entscheidungen zu treffen, sowie eigenständig zu handeln (BNO 2021, S. 8), um sich „als aufgeklärte und selbstwirksame Akteur*innen im weiteren Kontakt mit der Jugendhilfe erleben zu können" (Rosenbauer 2020, S. 5).

Ratsuchende werden hierzu im Rahmen der ombudschaftlichen Beratung über bestehende Rechte, Möglichkeiten und Verfahrensabläufe informiert, nachdem ihre Situation zunächst unabhängig, fachlich und rechtlich eingeschätzt wird. Sofern dies von den Ratsuchenden gewünscht wird, können Ombudsstellen auch dabei unterstützen, ihre Sichtweise gegenüber Fachkräften zu artikulieren und bestehende Rechte und Rechtsansprüche einzufordern. Dies kann durch die Sichtung und Besprechung von Unterlagen, durch die Unterstützung beim Schriftverkehr, durch die Begleitung zu (Hilfeplan-)Gesprächen bis hin zu Begleitung von Widerspruchs- und Klageverfahren geschehen (Len & Tomaschowski 2020, S. 12; zum konkreten Ablauf ombudschaftlicher Beratung: Dorsch-Irslinger, Häußermann & Schiller, Kapitel V, i. d. B.). Falls das Anliegen außerhalb des Aufgabenbereichs der Ombudsstelle liegt, also sich nicht auf Konflikte mit Fachkräften bzw. Trägern der Jugendhilfe bezieht, werden die Ratsuchenden im Rahmen der Lotsenfunktion von Ombudsstellen an eine andere Stelle weitergeleitet. Ein wesentliches Kennzeichen der ombudschaftlichen Beratungstätigkeit und Beschwerdebearbeitung besteht darin, dass Ombudsstellen keine hoheitliche Aufsichtsfunktion wahrnehmen, keine eigenen Rechte, etwa zur Teilnahme an Gesprächen oder zur Akteneinsicht und keine Entscheidungsbefugnis zur Konfliktklärung besitzen (Smessaert 2019, S. 3). Sondern sie unterstützen die bei ihnen Rat suchenden Menschen dabei, von deren Rechten und Möglichkeiten Gebrauch zu machen (ebd.). In diesem Zuge werden Ombudspersonen ggf. als Beistände oder Bevollmächtigte beauftragt (Schindler 2019).

Die Konflikte, Beschwerden und Anliegen, mit denen sich Ratsuchende an Ombudsstellen wenden, sind vielfältig und abhängig davon, wer sich an die Ombudsstelle wendet bzw. wen das Anliegen vorwiegend betrifft: Sie beziehen sich beispielsweise auf die (Nicht-)Gewährleistung von Hilfen, auf die Beteiligung bei der Hilfeplanung, auf die Alltagsgestaltung in Jugendhilfe-Einrichtungen oder auf Zuständigkeitsfragen. Hierbei ist festzustellen, dass Ratsuchende quer zu den konkreten rechtlichen Anliegen häufig den Eindruck schildern, von den Fachkräften nicht gehört bzw. nicht ernst genommen zu werden (Len & Tomaschowski 2020, S. 11). Die Beratungsanfragen lassen sich grob in Anliegen im Rahmen der Leistungsgewährung und Leistungserbringung unterteilen, wobei diese Ebenen auch miteinander verschränkt bzw. weitere Konfliktparteien (z. B. Vormund*innen, Personensorgeberechtigte, Pflegeeltern) betroffen sein können. Konflikte im Rahmen der Leistungsgewährung (vgl. Rosenbauer, Kapitel II, i. d. B.) machen seit Bestehen der Ombudsstellen den größeren Anteil aus (Urban-Stahl 2014, S. 17), was mit den Entstehungskontexten von Ombudschaft in der Jugendhilfe erklärt werden kann (vgl. Tomaschowski, Kapitel III, i. d. B.). Dennoch gab bzw. gibt es auch

Ombudsstellen mit einem konzeptionellen Fokus auf Leistungserbringung (vgl. Grapentin, Kapitel V, i. d. B.), die dementsprechend einen höheren Anteil von Anfragen in diesem Bereich verzeichnen; auch sprechen sie einen größeren Anteil betroffener junger Menschen an.

Ombudschaft in Abgrenzung zu anderen Verfahren und Beratungsansprüchen

Unter den Begrifflichkeiten „Ombudsstellen" und „Beschwerdestellen" werden im Fachdiskurs teilweise unterschiedliche Vorstellungen und Ebenen verstanden (Sandermann, Schruth & Urban-Stahl 2014, S. 5), was unter anderem auf die verschiedenen Diskursstränge zurückgeführt werden kann, in denen Ombudschaft verhandelt wird. Dies hat zur Folge, dass sowohl die Fachöffentlichkeit als auch die Ratsuchenden selbst differierende Auffassungen und Erwartungen hinsichtlich des Beratungsprofils, der Zuständigkeiten und der Befugnisse von Ombudsstellen haben. Zur Einordnung des ombudschaftlichen Auftrags sowie seiner konzeptionellen Arbeitsweise wird im Folgenden erläutert, wie sich das Feld Ombudschaft in der Jugendhilfe von anderen gesetzlich verankerten Beratungsansprüchen, von staatlichen Aufsichtsbehörden sowie von weiteren prominenten Verfahren der Konfliktbeilegung unterscheidet.

Mit dem 2021 neu eingeführten § 9a SGB VIII hat der Gesetzgeber Ombudsstellen in der Jugendhilfe nicht nur erstmals bundesgesetzlich verankert, sondern auch ihre Aufgabenbeschreibung definiert. Selbst wenn die konkrete organisationale Ausgestaltung der Ombudsstellen in den Ländern offengelassen wurde, so bekräftigt der § 9a in seinem Wortlaut den Fokus auf die Konfliktbearbeitung. Ferner grenzt die auf Initiative des Bundesrates erfolgte Einfügung des Wortes „in" nach „Beratung" die ombudschaftliche Beratung von allgemeinen Beratungs- und Informationsangeboten der öffentlichen und freien Jugendhilfe ab (Meysen et al. 2022, S. 61). In diesem Rahmen sind insbesondere die aus den §§ 8 Abs. 3 und 10a SGB VIII abzuleitenden Beratungsansprüche vom ombudschaftlichen Aufgabenprofil zu trennen. Der uneingeschränkte Beratungsanspruch für Kinder und Jugendliche nach § 8 Abs. 3 ist im Gegensatz zur ombudschaftlichen Beratung auf eine allgemeine Beratung ausgerichtet und kann sowohl von dem öffentlichen als auch von Trägern der freien Jugendhilfe erbracht werden. Der § 10a hingegen umfasst eine erweiterte Beratungsverpflichtung der Jugendämter gegenüber jungen Menschen, Eltern, Personensorge- und Erziehungsberechtigten mit Fokus auf Information und Aufklärung zu Leistungen und Verfahren der Jugendhilfe (Schruth 2021).

Neben dem spezifischen Aufgabenprofil sind auch die rechtlichen Handlungs- und Vertretungsbefugnisse von Ombudspersonen im Rahmen der ombudschaftlichen Begleitung ein viel diskutiertes Thema sowie wiederkehrender Anlass für Probleme bei der Rechtsdurchsetzung der Adressat*innen (Schindler 2019, S. 48 ff.). Festzuhalten ist, dass der § 9a SGB VIII die Ombudsstellen mit keinerlei eigenständigen Verfahrensrechten ausstattet, gewisse Verfahrensrechte (z. B. Anhörungsrecht, Akteneinsichtsrecht) sich jedoch aus dem Kontext der Beistandschaft bzw. Bevollmächtigung gemäß § 13 SGB X ergeben (Kunkel et al. 2022). Die Landesausführungsgesetze könnten zur Klarstellung der Befugnisse beitragen und auf entsprechende Regelungen verweisen (ebd.). Im Bereich der stationären Hilfen sind Ombudsstellen deutlich, sowohl organisational als auch inhaltlich, von den zuständigen Betriebserlaubnisbehörden abzugrenzen. Im Zuge der Debatten um Beteiligung und Beschwerde in stationären Jugendhilfeeinrichtungen werden Ombudsstellen jedoch auch als einrichtungsexterne Beschwerdemöglichkeiten diskutiert, welche mittlerweile mit dem § 45 Abs. 2 Nr. 4 von Einrichtungsträgern zur Erlangung einer Betriebserlaubnis vorgehalten werden müssen (vgl. Len & Tomaschowski 2021).

Eine weitere wichtige Abgrenzung von Ombudschaft ist die zu anderen Verfahren der Konfliktbeilegung. Insbesondere Verfahren im Sinne einer Mediation oder einer anwaltlichen Vertretung werden im allgemeinen Sprachgebrauch nicht immer trennscharf verwendet und können dadurch zu Missverständnissen bezüglich der o. g. konzeptionellen Ausgestaltung von Ombudschaft beitragen. In der Mediation werden konflikthafte Prozesse begleitet, in dem die Konfliktparteien dabei unterstützt werden, eigenverantwortlich Lösungsvorschläge zu entwickeln, wobei der*die Mediator*in eine allparteiliche Haltung einnimmt (Bundesverband MEDIATION e. V. 2022). Im Gegensatz zu Ombudspersonen, die den Ratsuchenden Handlungsoptionen aufzeigen und diese nach Bedarf bei der Umsetzung begleiten, besteht bei Mediator*innen Zurückhaltung hinsichtlich des Vorbringens inhaltlicher Lösungsvorschläge. Der Hauptunterschied der beiden Konzepte besteht aber in dem Verhältnis der beiden Konfliktparteien zueinander: „Mediation geht vom Idealfall aus, zwischen zwei PartnerInnen auf gleicher Augenhöhe zu vermitteln. Ombudschaft hat die Aufgabe, diese gemeinsame „Augenhöhe“ durch Unterstützung der unterlegenen Seite herzustellen.“ (Urban-Stahl 2018, S. 84). Ombudschaft agiert aus diesem Grund im Sinne einer fachlich fundierten Parteilichkeit für die Inanspruchnahme individueller Rechte und Rechtsansprüche junger Menschen und ihrer Familien (BNO 2021, S. 4). Sie stellt somit auch keine klassische anwaltliche Vertretung dar, auch wenn die ombudschaftliche Tätigkeit im Zweifelsfall die Begleitung von Klagen und somit die Ausschöpfung aller in Frage stehender Rechtsmittel beinhalten kann. Bei der ombudschaftlichen Begleitung geht es nicht um einen stellvertretenden Kampf für die Belange der Ratsuchenden, sondern um einen dialogischen Prozess unter besonderer Beachtung der Selbstbestimmung der Adressat*innen (Meysen et al. 2022, S. 63). Die fachlich fundierte Parteilichkeit bedeutet somit nicht, den Ratsuchenden unbedingt zu ihrem Willen zu verhelfen. Im Einzelfall müssen Anliegen auch „enttäuscht“ werden, beispielsweise dann, wenn konkrete Vorstellungen und Wünsche nicht mit den individuellen Rechtsansprüchen der Ratsuchenden vereinbar sind oder dem Kindeswohl entgegenstehen würden.

Damit das spezifische Konzept Ombudschaft seine angedachte Wirkung entfalten kann, ist neben dem Aufgabenprofil die Qualität der konkreten Beratung von Bedeutung.

Qualitätskriterien ombudschaftlicher Beratung

Die ombudschaftliche Beratung ist eine fachlich hoch anspruchsvolle Aufgabe. Um den o.g. Ansprüchen und Zielen der ombudschaftlichen Beratung gerecht werden und die Anliegen der Ratsuchenden adäquat beantworten zu können, müssen die ombudschaftlichen Berater*innen die Praxis und Strukturen der Kinder- und Jugendhilfe kennen und einordnen können. Notwendig sind fachliche Kompetenzen, zum Beispiel bzgl. Hilfeplanungsprozessen und sozialpädagogischem Fallverstehen, sowie fundiertes Wissen zu Leistungs- und Verfahrensrecht im SGB VIII, zu angrenzenden Rechtsgebieten und zu Persönlichkeits- bzw. Grundrechten (Smessaert 2019, S. 6). Gesprächsführungs- und methodische Kompetenzen werden benötigt, um insbesondere in verfahrenen und konflikthaften Situationen konstruktiv agieren zu können und eine vertrauensvolle Beziehung zu den Ratsuchenden herzustellen. Vor allem braucht es eine Beratung, die dem Ziel des Ausgleichs von strukturellen Machtasymmetrien und der Durchsetzung von Rechten und Rechtsansprüchen der Ratsuchenden dienlich ist. Die bestehenden und seit 2008 im „Bundesnetzwerk Ombudschaft in der Jugendhilfe“ (BNO) zusammengeschlossenen Ombudsstellen haben hierzu Qualitätskriterien entwickelt, die auf der teils langjährigen Erfahrung im Bereich der erzieherischen Hilfen und dem Fachaustausch beruhen, und diese in ihrem Selbstverständnis veröffentlicht (BNO 2021).

Von „essentieller Bedeutung“ für den Anspruch und das Profil von Ombudschaft ist deren Unabhängigkeit (Rosenbauer 2020, S. 4). Hierunter wird verstanden, dass Ombudsstellen frei von Interessen öffentlicher und freier Jugendhilfeträger agieren können und diese somit weder auf die ombudschaftliche Beratung noch auf sonstige Aktivitäten und Entscheidungen der Ombudsstellen Einfluss nehmen können. Um das für den Beratungsprozess notwendige Vertrauen auf Seiten der bei Ombudsstellen Rat suchenden jungen Menschen und Familien herstellen zu können, ist es von großer Bedeutung, diesen glaubhaft vermittelt zu können, dass die Ombudsstelle nicht mit dem Jugendamt oder einem leistungserbringenden Träger zusammenhängt. Die

Notwendigkeit der Sicherung der Unabhängigkeit von Ombudsstellen bedingt die strukturelle, organisatorische und konzeptionelle Ausgestaltung der Ombudsstellen (vgl. Manzel, Kapitel V, i. d. B.). Damit das ombudschaftliche Beratungsangebot angenommen wird, müssen Ombudsstellen gleichzeitig niedrigschwellig sein (vgl. Len, Kapitel V, i. d. B.).

Die ombudschaftliche Beratung ist notwendigerweise vertraulich, findet unter Einhaltung des Datenschutzes statt, wird dokumentiert und verläuft transparent nach einem bestimmten Verfahren. Dieses kann mit Blick auf strukturelle und organisationale Gegebenheiten sowie konzeptionellen Schwerpunktsetzungen variieren, unterliegt aber grundsätzlich dem gleichen Prinzip: Entsprechend des Konzeptes Ombudschaft, den Interessen der strukturell unterlegenen Partei besondere Beachtung zu schenken, findet die ombudschaftliche Beratung als dialogischer Prozess und unter besonderer Beachtung der individuellen Selbstbestimmung der bei ihnen Rat suchenden jungen Menschen und Familien statt (BNO 2021, S. 8). Konkrete Handlungsschritte durch die Ombudspersonen erfolgen immer entsprechend der fachlichen und rechtlichen Einschätzung der Situation und ausschließlich in Absprache und ggf. mit Bevollmächtigung der Ratsuchenden. Wenn Wünsche oder Ziele von Ratsuchenden als fachlich nicht geboten erscheinen, werden sie nicht umgesetzt. Umgekehrt werden Handlungsschritte, die als fachlich und rechtlich sinnvoll erachtet werden, die aber die Ratsuchenden nicht gehen wollen, ebenfalls nicht umgesetzt[1]. Handlungsleitend in Bezug auf die fachliche Einschätzung der teilweise komplexen Fallkonstellationen und die Erwägung möglicher Handlungsschritte ist stets das Kindeswohl bzw. „best interests of the child“ (Art. 3 UN-KRK; Arnegger 2018; vgl. Kittel, Kapitel IV, i. d. B.).

Um die fachlichen und rechtlichen Einschätzungen sowie die möglichen Handlungsschritte adäquat umzusetzen, erfolgt die ombudschaftliche Beratung im 4-Augen-Prinzip, wobei verschiedene Varianten der Umsetzung desselben bestehen: Zum Beispiel erfolgt die Beratung im Tandem durch zwei Berater*innen, oder eine Ombudsperson übernimmt die direkte Beratung, während Handlungsoptionen mit einer zweiten Ombudsperson als feste Ansprechperson rückbesprochen werden (Urban-Stahl 2014, S. 21).

Die ombudschaftliche Beratung erfolgt durch haupt- oder ehrenamtlich tätige Ombudspersonen, welche entsprechend den o. g. Anforderungen sozialpädagogisch oder juristisch ausgebildet und erfahren sein müssen und in der Ombudsstelle eingearbeitet und (weiter)qualifiziert werden. Neben der Vermittlung der fachlichen, rechtlichen und Gesprächsführungskompetenzen sind hierbei Supervision, Fallberatung und Rollenreflexion von großer Bedeutung. Der ombudschaftliche Auftrag ist anders gelagert als andere sozialpädagogische

1 Ausnahmen können bei akuter Kindeswohlgefährdung im Rahmen des § 8a SGB VIII vorliegen.

Beratungskontexte; dies betrifft den zeitlich und inhaltlich begrenzten Handlungsauftrag sowie die besondere Rolle von Ombudspersonen (Smessaert 2019, S. 6). Für die Weiterentwicklung von Konzepten und Verfahren können Dokumentationen und Evaluationen genutzt werden.

Auch der Fachaustausch, u. a. innerhalb des Bundesnetzwerks Ombudschaft, dient der Qualitätsentwicklung. Hiermit ist sowohl der Fachaustausch zu bestimmten Beratungskonstellationen als auch zu organisationalen, strukturellen, fachlichen oder rechtlichen Fragestellungen (z. B. durch Beauftragung von Rechtsgutachten) gemeint.

Festzuhalten ist, dass sich durch die ombudschaftliche Tätigkeit wichtige Erkenntnisse über die Funktionsweisen öffentlicher und freier Träger ergeben. Strukturelle Schieflagen, Qualifizierungsbedarfe sowie verbesserungsbedürftige Rahmenbedingungen können aufgedeckt und skandalisiert werden und Impulse für die Qualitätsentwicklung der Jugendhilfe liefern. Ombudsstellen sind zu diesem Zweck neben der Einzelfallberatung auch regelhaft fachpolitisch aktiv.

Fachpolitische Lobbyarbeit

Das Eintreten für Rechte von Adressat*innen und die Kritik an sozialpolitisch gerahmten Missständen in der Jugendhilfe waren wichtige Ausgangspunkte bei der Gründung der ersten Ombudsstellen bzw. gingen der Gründung der ersten Ombudsstellen voraus – die Wahrnehmung, dass fachpolitische Aktivitäten in Bezug auf rechtswidrig vorenthaltene Jugendhilfeleistungen keine Verbesserung herbeiführten, führte zu der Idee, es nicht bei fachpolitischen Aktivitäten zu belassen, sondern den Adressat*innen im Einzelfall bei der Durchsetzung ihrer Rechte beizustehen und ggf. anhand des Einzelfalls Rechtsbrüche zu skandalisieren (vgl. Schruth & Redmann; Tomaschowski, Kapitel III, i. d. B.); Rosenbauer bezeichnet fachpolitische Aktivitäten von Seiten der Ombudsstellen als einen Teil „der ombudschaftlichen Bewegung" (Rosenbauer 2020, S. 5). Die hohe Relevanz des Sich-Einmischens in die fachöffentlichen Debatten wird auch daran deutlich, dass fachpolitische Lobbyarbeit im Selbstverständnis von Ombudschaft in der Jugendhilfe konkret benannt und ausgeführt wird (BNO 2021, S. 6). Die Ombudsstellen bringen daher Erkenntnisse aus der Einzelfallberatung und -begleitung in die Fachöffentlichkeit ein, indem sie Fortbildungen anbieten, sich an Fachtagungen beteiligen, Informationsmaterial bereitstellen, Fachartikel veröffentlichen oder sich in verschiedenen Gremien engagieren. Das Ziel von Ombudschaft ist also nicht nur, im Rahmen von Einzelfallberatung und -begleitung an den Symptomen struktureller Defizite in der Kinder- und Jugendhilfe zu arbeiten, sondern diese in Form von fachpolitischen Aktivitäten aufzuzeigen und zu einer entsprechenden Veränderung und Weiterentwicklung der Kinder- und Jugendhilfe beizutragen.

Von Wölfel und Redmann erweitern dieses Verständnis von Ombudschaft in ihrem Konzept der „Ombudschaftlichen Arbeit“. Darunter verstehen sie, dass ombudschaftliches Handeln neben der Einzelfallberatung und -begleitung und fachpolitischer Lobbyarbeit „immer das Potential beinhalten muss, Ratsuchenden die Möglichkeit [des] solidarischen Zusammenschlusses im Sinne der Empowerment-Bewegung zu ermöglichen, also auf die Ebene politischen Handelns erweitert zu werden.“ (Wölfel & Redmann 2020, S. 107). Dies kann z. B. verwirklicht werden, indem durch Ombudschaftliche Arbeit Räume geschaffen werden, in denen Adressat*innen sich ermächtigen können, Selbsthilfestrukturen aufzubauen.

Ein Beispiel ombudschaftlichen Handelns für fachpolitische Lobbyarbeit in diesem Sinne ist eine Kampagne zur Kostenheranziehung, an der sich, insbesondere im Jahr 2021, mehrere Ombudsstellen im Bundesnetzwerk beteiligt haben.

Im Rahmen dieser Kampagne wurde ein Thema aufgegriffen, welches häufig Gegenstand ombudschaftlicher Beratung ist: die Kostenheranziehung junger Menschen nach dem SGB VIII. Die Erfahrungen aus der ombudschaftlichen Beratung lassen darauf schließen, dass einige Jugendämter in den vergangenen Jahren zu hohe Kostenbeiträge von jungen Menschen eingezogen haben (vgl. Urteil vom 11.12.2020 BVerwG 5 C 9.19). Viele junge Menschen wissen nicht, dass und wie sie prüfen können, ob ihr Bescheid rechtswidrig ist; geschweige denn, wie sich gegen falsche Bescheide vorgehen lässt und zu Unrecht geleistete Kostenbeiträge zurückverlangt werden können. Auch unter Fachkräften herrscht Aufklärungsbedarf zu einer gesetzeskonformen Berechnung des Kostenbeitrags.

Ziel der Kampagne war es daher, junge Menschen und Fachkräfte über das Thema Kostenheranziehung zu informieren und über die Möglichkeit, zu viel gezahlte Beiträge auch im Nachhinein zurückzuerhalten, aufzuklären. Letztlich sollte erreicht werden, dass möglichst viele junge Menschen von ihren Rechten Gebrauch machen und ggf. zu viel gezahltes Geld zurückerhalten. Um die Zielgruppe der Kampagne zu erreichen, wurden u. a. eine Infobroschüre in einfacher Sprache entwickelt, Infoposts über einen Instagram-Kanal (@bno_jugendhilfe) gestreut, Musterschreiben, Ausfüllhilfen und ein Kostenbeitragsrechner veröffentlicht[2].

In Kooperation mit Selbstvertretungsorganisationen (Careleaver e. V.) wurden Informationsveranstaltungen für junge Menschen organisiert und Materialien verbreitet. Auf diese Weise wurde gemeinsam erreicht, dass im Rahmen von digitalen Treffen Räume geschaffen wurden, in denen die von

2 Diese und weitere Materialien finden sich auf www.kostenheranziehung.info

rechtswidrigen Bescheiden Betroffenen sich austauschen, informieren und gegenseitig unterstützen konnten.

Leitungskräfte aus Jugendämtern wurden von Ombudsstellen kontaktiert, um auf das Thema aufmerksam zu machen. Das BNO hat zu diesem Zweck zwei Rechtsgutachten (Raabe 2019; Raabe 2021) mit dem Fokus auf der Beantwortung praxisrelevanter Fragen im Zusammenhang mit der Rückforderung von zu viel gezahlten Kostenbeiträgen veröffentlicht und bereitgestellt.

Durch die Kampagne wurden insbesondere junge Menschen erreicht, die sich sonst womöglich nicht mit ihren Kostenbescheiden beschäftigt hätten. Einige konnten auf diese Weise eine Rückzahlung zu Unrecht geleisteter Beiträge, teilweise im hohen vierstelligen Bereich, erzielen.[3] Zudem sind sie auf diese Weise mit Selbstvertretungsorganisationen und anderen jungen Menschen aus der stationären Jugendhilfe in Kontakt gekommen. In der Fachöffentlichkeit wurde die Thematisierung der rechtswidrigen Praxis im Zusammenhang mit der Kostenheranziehung gestärkt und die bis dato kaum diskutierte Möglichkeit, zu viel gezahlte Beiträge zurückzuerhalten, eingebracht. Insbesondere Vormund*innen und Fachkräfte bei freien Trägern der Jugendhilfe haben junge Menschen bei der Durchsetzung ihrer Rechte unterstützt. Zudem gab es bereits im Rahmen des Prozesses zur SGB VIII-Novellierung eine verstärkte Lobbyarbeit unterschiedlicher Akteur*innen, zu denen auch das Bundesnetzwerk Ombudschaft in der Jugendhilfe zählt, die sich für die Abschaffung der Kostenheranziehung eingesetzt haben (BNO 2020, S. 4). Dieses Ziel wurde noch nicht ganz erreicht, dennoch ist mit dem KJSG die maximal mögliche Heranziehung des Einkommens von 75 auf 25 Prozent gesenkt worden. Eine komplette Abschaffung der Heranziehung ist von der seit 2021 tätigen Bundesregierung geplant (SPD, Bündnis 90/Die Grünen & FDP 2021, S. 99).

Nicht nur dieses Beispiel, sondern auch andere Projekte[4] zeigen, dass Ombudsstellen nicht nur den Anspruch haben, fachpolitisch Einfluss zu nehmen, sondern Ombudschaft durchaus zur Qualitätsentwicklung der Kinder- und Jugendhilfe und der Ermächtigung von Adressat*innen beitragen kann. Dazu zählt auch, dass die fachpolitische Arbeit von Ombudschaft in der Jugendhilfe lange Zeit auch darin bestand, sich für die mittlerweile erfolgte gesetzliche Verankerung von Ombudsstellen einzusetzen.

3 siehe Newsletter „Kostenheranziehung" vom 01.02.2022 auf www.careleaver.de

4 siehe z. B.: www.freiheitsentzug.info, www.brj-berlin.de/wp-content/uploads/2021/03/BRJ_Fallanalyse_Broschuere.pdf, https://ombudschaft-jugendhilfe.de/hoert-doch-mal-zu/

Ausblick: Herausforderungen im Zuge der Umsetzung des gesetzlichen Auftrags von Ombudschaft

Die Entwicklung und konzeptionelle Schärfung des Arbeitsfeldes Ombudschaft in der Jugendhilfe durch die langjährige Fachpraxis sowie die Diskussion des Konzeptes in der Fachöffentlichkeit haben zu einer Etablierung des Arbeitsfeldes beigetragen, welche schließlich in der gesetzlichen Verankerung von Ombudsstellen mündete. Die Länder müssen eine bedarfsgerechte ombudschaftliche Infrastruktur sicherstellen und Näheres dazu im Landesrecht regeln. Die Herausforderung dabei wird sein, die Qualitätsstandards und -kriterien im Sinne einer unabhängigen und adressat*innenorientierten Ombudschaft zu sichern.

Wenn sich das Aufgabenfeld der Ombudsstellen im Zuge der Umsetzung des § 9a SGB VIII von einem Fokus auf hilfeplan(analog) gestaltete Leistungen auf alle Bereiche der Kinder- und Jugendhilfe erweitert, kann das bisherige Konzept nicht ohne weiteres auf jegliche anderen Bereiche der Kinder- und Jugendhilfe, z. B. Kita, übertragen werden (Smessaert 2019, S. 5). Die bestehenden Verfahren bedürfen einer Weiterentwicklung, ohne dabei den Kern und das Ziel des Konzeptes Ombudschaft zu verwässern.

Die Ausweitung und der Ausbau ombudschaftlicher Strukturen werden zu einer erhöhten Inanspruchnahme des Beratungsangebotes führen. Gleichzeitig kann die ombudschaftliche Beratung im Einzelfall nicht als Lösung für alle strukturellen Probleme der Kinder- und Jugendhilfe betrachtet werden. Klar ist, dass die strukturelle Machtasymmetrie nie ganz aufgelöst werden kann, es also wohl immer Bedarf für Ombudschaft geben wird. Die Gründe für eine Vielzahl von Konflikten, nämlich strukturelle Defizite wie z. B. Personalmangel in Jugendämtern oder die mangelnde Umsetzung geltenden Rechtes aufgrund von Sparmaßnahmen, müssen aber dennoch behoben werden. Im Sinne fachpolitischer Lobbyarbeit muss Ombudschaft also weiterhin und vielleicht sogar verstärkt auf diese Defizite aufmerksam machen. Sonst besteht die Gefahr, dass Fachkräfte der Jugendhilfe und politische Entscheidungsträger*innen sich darauf ausruhen, dass die Ombudsstellen nun Konflikte bearbeiten, und selbst nicht mehr für die Behebung struktureller Defizite streiten.

Es ist also an den Ombudsstellen, ihre durch den § 9a SGB VIII gesteigerte Legitimation für fachpolitische Lobbyarbeit zu nutzen; unter anderem, indem sie sich in jugendhilfepolitischen Gremien beteiligen. Um hier nicht zu einem „abgerundeten Stachel im System“ (Smessaert 2019, S. 6) zu werden, sondern sich weiterhin im Sinne Ombudschaftlicher Arbeit fachpolitisch für die Rechte von jungen Menschen und ihren Familien einzumischen, kommen der Zusammenarbeit mit Selbstvertretungsorganisationen und der Sicherung der Unabhängigkeit von Ombudsstellen (vgl. Manzel, Kapitel V, i. d. B.) eine besondere Rolle zu.

Letztlich muss bei der Umsetzung der gesetzlichen Verankerung von Ombudschaft berücksichtigt werden, dass Ombudspersonen ausreichend Zeit und Mittel zur Verfügung stehen, um die Qualitätskriterien umzusetzen und fachpolitische Lobbyarbeit zu leisten. Nur so können die Weichen für eine Ombudschaft gestellt werden, die im Sinne der Adressat*innen der Kinder- und Jugendhilfe aktiv ist.

Literatur

Arnegger, M. (2018). Wozu braucht es Ombudschaft in der Kinder- und Jugendhilfe? Chancen professionalisierter ombudschaftlicher Interventionen. Das Jugendamt, 2018 (1-2) S. 12-15.

BNO (Bundesnetzwerk Ombudschaft in der Jugendhilfe e.V.) (2020). Stellungnahme zum Referentenentwurf eines Gesetzes zur Stärkung von Kindern und Jugendlichen (Kinder- und Jugendstärkungsgesetz – KJSG). https://ombudschaft-jugendhilfe.de/wp-content/uploads/Stellungnahme_KJSG-RefE_BNWOmb_2020_10_22.pdf [04.01.2022].

BNO (2021). Selbstverständnis. https://ombudschaft-jugendhilfe.de/wp-content/uploads/BNO_Selbstverstaendnis_2021_09_23.pdf [11.01.2022].

Bundesverband MEDIATION e.V. (2022). Was ist Mediation? www.bmev.de/mediation/was-ist-mediation.html [25.01.2022].

Kunkel, P.-C., Kepert, J., Pattar, A.K., Berneiser, C., Böcherer, P. & Bringewat, P. (Hrsg.) (2022). Sozialgesetzbuch VIII. Kinder- und Jugendhilfe: Lehr- und Praxiskommentar (8. Auflage). Baden-Baden: Nomos.

Len, A. & Tomaschowski, L. (2020). Wie funktioniert Ombudschaft? Einblicke in ein heterogenes Feld. Forum Erziehungshilfen, 2020 (H. 1) S. 10-15.

Len, A. & Tomaschowski, L. (2021). Unabhängige externe Beschwerdestellen als fachlicher Standard und die Rolle der „Heimaufsicht". Forum Erziehungshilfen, 2021 (H. 1) S. 19-24.

Meysen, T., Lohse, K., Schönecker, L., Smessaert, A. & Achterfeld, S. (Hrsg.) (2022). Das neue Kinder- und Jugendstärkungsgesetz – KJSG (1. Auflage). Baden-Baden: Nomos.

Raabe, B. (2019). Kostenheranziehung junger Menschen nach dem SGB VIII – Materielle Rechtsfragen und Verfahren. BNO (Hrsg.). https://ombudschaft-jugendhilfe.de/wp-content/uploads/Kostenheranziehung-junger-Menschen-nach-dem-SGB-VIII_Raabe_BNW-Ombudschaft.pdf [31.03.2022].

Raabe, B. (2021). Kostenheranziehung junger Menschen nach dem SGB VIII – ein Rechtsgutachten zum Thema Wiederaufnahme des Verfahrens und Rücknahme eines bestandskräftigen rechtswidrigen Kostenbescheids. BNO (Hrsg.). https://ombudschaft-jugendhilfe.de/wp-content/uploads/BNO_Kostenheranziehung_junger_Menschen_nach_dem_SGB_VIII_Raabe_20210805.pdf [31.03.2022].

Rosenbauer, N. (2020). Ombudschaft braucht Unabhängigkeit. Wegmarker und Begründungslinien ombudschaftlicher Initiativen in der Jugendhilfe. FORUM für Kinder- und Jugendarbeit, 2020 (H. 1) S. 4-9.

Sandermann, P., Schruth, P. & Urban-Stahl, U. (2014). Ombuds- und Beschwerdestellen in der Kinder- und Jugendhilfe. Einleitende Hinweise zum Themenschwerpunkt des vorliegenden Heftes. Zeitschrift für Sozialpädagogik, 2014 (H. 1) S. 4-10.

Schindler, G. (2019). Rechtsgrundlagen der ombudschaftlichen Tätigkeit. – Handlungs- bzw. Vertretungsbefugnisse und ihre Grenzen. BNO (Hrsg.). https://ombudschaft-jugendhilfe.de/wp-content/uploads/OMBUD_Jugendhilfe_Gutachten_Druckversion.pdf [31.03.2022].

Schruth, P. (2021). Zur Stärkung von Beteiligung, Beratung und Beschwerde von jungen Menschen durch das KJSG. Jugendhilfe, 2021 (H. 5) S. 460-465.

Smessaert, A. (2019). Fast angekommen im System? Was eine gesetzliche Regelung zur ombudschaftlichen Beratung bedeuten und bewirken kann. Das Jugendamt, 2019 (H. 1) S. 2-6.

SPD, Bündnis 90/Die Grünen & FDP (2021). Mehr Fortschritt wagen. www.spd.de/fileadmin/Dokumente/Koalitionsvertrag/Koalitionsvertrag_2021-2025.pdf [13.01.2022].

Urban-Stahl, U. (2014). Unabhängige Ombudsstellen – Neuland in der Kinder- und Jugendhilfe. Zeitschrift für Sozialpädagogik, 2014 (H. 1) S. 11-31.

Urban-Stahl, U. (2018). Anwaltschaft. In: Otto, H.-U., Thiersch, H., Treptow, R. & Ziegler, H. (Hrsg.): Handbuch Soziale Arbeit. Grundlagen der Sozialarbeit und Sozialpädagogik (S. 78-87). München: Ernst Reinhardt Verlag.

Wölfel, U. von & Redmann, B. (2020). Ombudschaftliche Arbeit und Empowerment. Von der individuellen Information zur gemeinsamen politischen Aktion. In: Wölfel, U. von & Redmann, B. (Hrsg.): Bildung am Rande. Warum nur gemeinsam mit Adressat_innen in der Jugendhilfe Bemächtigungsprozesse initiiert werden können, S. 107-127. Weinheim, Basel: Beltz Juventa.

Aus der ombudschaftlichen Beratungspraxis: Drei Fallbeispiele

Frank Dorsch-Irslinger, Hans-Peter Häußermann &
Ulli Schiller

Der Verlauf einer ombudschaftlichen Beratung und Begleitung wird durch eine Vielzahl unterschiedlicher Faktoren beeinflusst: Handelt es sich um einen Konflikt im Rahmen der Leistungsgewährung oder Leistungserbringung? Welche Stellung hat die ratsuchende Person zum im Fallmittelpunkt stehenden jungen Menschen? Mit welchem konkreten Anliegen wendet sich die ratsuchende Person an die Ombudsstelle? Welche Hürden bestehen in der Zusammenarbeit mit den Fachkräften der Jugendhilfe? Welche durch die Ombudschaft aufgezeigten möglichen Handlungswege sind die ratsuchenden Personen bereit zu gehen?

Ergebnisse der externen Evaluation der Berliner Ombuds- und Beratungsstelle (BBO) Jugendhilfe lassen darauf deuten, dass es nicht *den* typischen ombudschaftlichen Beratungsfall gibt, sondern die Vielzahl der möglichen Konstellationen und individuellen Fallverläufe die Regel sind (IPP 2020, S. 45).

In drei Fallbeispielen[1] aus unabhängigen Ombudsstellen in Hessen, Baden-Württemberg und Berlin wird im Folgenden der Verlauf ombudschaftlicher Beratung und Begleitung exemplarisch und detailliert dargestellt.

Im ersten Fall geht es um Maik und seine Familie, die nach zweimaligem Umzug von ihrem neuen örtlichen Jugendamt aufgrund einer angeblichen Unzuständigkeit abgewiesen werden.

In dem Fallbeispiel aus Baden-Württemberg geht es um Kevin, einen Jungen, der die längste Zeit seines Lebens in Pflegefamilien, Inobhutnahmeeinrichtungen und in stationärer Jugendhilfe verbracht hat. In dem aufgezeigten Beispiel wird nur eine kleine Episode seiner leidvollen und konflikthaften Erfahrung mit Fachkräften der Jugendhilfe aufgezeigt.

In dem letzten Fallbeispiel werden dem jungen volljährigen Geflüchteten Nadir in Berlin ihm rechtlich zustehende Jugendhilfeleistungen wiederholt verweigert. Es kommt zur Klage.

---

1 Die jeweiligen Falldarstellungen sind namentlich anonymisiert und bzgl. äußerer Gegebenheiten verändert.

In allen drei Fallbeispielen wird deutlich, dass Ombudschaft nicht nur im Sinne eines Ausgleichs der Machtasymmetrie Partei für die Ratsuchenden ergreift (u. a. durch Aufklärung, Beistand, Widerspruch), sondern auch immer wieder den Fachkräften der öffentlichen und freien Jugendhilfe Informationen in Bezug auf die Gesetzeslage und ihre zulässige Auslegung geben muss. Ebenso wird deutlich, dass es für die Wirkung von Ombudschaft förderlich ist, wenn alle Beteiligten bereit sind, Ombudschaft als wirksame und notwendige Aufgabe der Jugendhilfe anzuerkennen.

Ungeklärte Zuständigkeitsfrage

Frank Dorsch-Irslinger

Ombudschaftliche Beratungen in Hessen werden seit 2012 durch den Verein Ombudsstelle für Kinder- und Jugendrechte in Hessen e. V. angeboten. Der Verein finanzierte sich zunächst ausschließlich durch Fördergelder von Aktion Mensch, Spenden und Mitgliedsbeiträgen und wird seit April 2022 durch Landesmittel, im Sinne einer Zwischenförderung, bis das Land Hessen ombudschaftliche Beratungsangebote zur Umsetzung des § 9a SGB VIII implementiert hat, gefördert. Konflikte bei Hilfen nach § 41, § 34 und § 33 SGB VIII bildeten bislang Beratungsschwerpunkte. Auch Konflikte zum Themenbereich ungeklärte Zuständigkeiten, wie im Fallbeispiel dargestellt, sind dabei immer wieder Gegenstand der Beratungen.

*Mit der Normierung des § 9a SGB VIII Ombudsstellen, wurde in Hessen unter der Moderation der hessischen Landesbeauftragten für Kinder- und Jugendrechte ein Konzeptvorschlag für die zukünftige Umsetzung des gesetzlichen Auftrages im Rahmen des § 9a erarbeitet. An diesem Prozess waren neben den wesentlichen Akteur*innen der Jugendhilfe auch die Ombudsstelle Hessen e. V. und junge Menschen aus der Jugendhilfe beteiligt.*

Erstes Beratungsgespräch mit der Mutter

Die Mutter von Maik (12 Jahre) meldete sich Anfang Januar 2020 telefonisch bei uns in der Ombudsstelle. Sie wisse nicht mehr weiter, da das nach einem Umzug neu zuständige Jugendamt sie nicht unterstütze und die Zuständigkeit ablehne. Ein erstes Beratungsgespräch mit der Mutter fand in den Geschäftsräumen der Ombudsstelle statt. Die Mutter machte einen sehr verzweifelten Eindruck. Die häuslichen Konflikte mit ihrem Sohn nähmen wieder zu, neu hinzugekommen sei nun, dass ihr Sohn auch die jüngere

Schwester drangsaliere. Es sei noch nicht zu handgreiflichen Auseinandersetzungen gegenüber seiner Schwester gekommen, sie rechne jedoch jederzeit damit. Maik kommuniziere ihr und seinem Stiefvater gegenüber nur noch mit Schreien und Handgreiflichkeiten. Auch hinzugekommen seien steigende Fehltage in der Schule, Maik gehe auch nicht mehr in den Sportverein. Die Mutter teilte unter Tränen mit, dass ein normales Familienleben nicht mehr möglich sei.

Von den Jugendämtern fühle sie sich im Stich gelassen und habe das Gefühl, dass man ihr dort nicht wirklich helfen möchte und sich hinter Zuständigkeiten verstecke, um nicht tätig werden zu müssen. Gleichzeitig mache sie sich sehr große Sorgen um ihren Sohn, denn sie sehe, wie er unter der Situation leide und in seiner weiteren Entwicklung gehemmt werde.

Die einzige Unterstützung erhalte die Familie aktuell vom Therapeuten der Kinder- und Jugendpsychiatrie. Dieser habe ihren Sohn Maik erneut auf die Warteliste für eine stationäre Aufnahme in der Kinder- und Jugendpsychiatrie gesetzt. Allerdings habe er auch formuliert, dass dies alles lediglich Kriseninterventionen seien und eine langfristige positive Veränderung nur mit Unterstützung einer geeigneten Jugendhilfemaßnahme zu erwarten sei. Die Kontaktaufnahmeversuche des Therapeuten zum Jugendamt im jetzigen Wohnort der Mutter waren bisher nicht erfolgreich, u. a. auch deshalb, weil es dort nun einen erneuten Wechsel der Sachbearbeiter*in gegeben habe. Die Mutter war sehr dankbar, dass er ihr zumindest den Rat geben konnte, sich an die Ombudsstelle zu wenden.

Zur Vorgeschichte

Maik hat eine dreijährige Halbschwester. Die Eltern von Maik haben sich getrennt, als Maik drei Jahre alt war. Es gibt keinen Kontakt zum leiblichen Vater. Maik und seine Mutter sind vor vier Jahren ins Rhein-Main-Gebiet in Hessen gezogen, vorher wohnten sie und ihr Sohn in einem anderen Bundesland. Dort war Maik fast drei Jahre lang in einer stationären Jugendhilfe, davor war ein stationärer Aufenthalt in der Kinder- und Jugendpsychiatrie erforderlich. Bei Maik wurde u. a. eine Impulskontrollstörung in Verbindung mit einer schwerwiegenden oppositionellen Verhaltensstörung diagnostiziert. In der stationären Jugendhilfe hat sich das Verhalten von Maik stark gebessert und es wurde darüber nachgedacht, eine Rückführung zur Mutter vorzunehmen. Die Mutter lernte dann ihren heutigen Ehemann kennen, beschloss nach Hessen zu ziehen und beendete die stationäre Jugendhilfe von Maik vorzeitig. Sie und ihr neuer Lebenspartner waren der Meinung, dass es in der neuen Familienkonstellation besser funktionieren könne mit Maik.

Ein Jahr nach dem Umzug nach Hessen wurde Maiks Halbschwester geboren. Da die Situation zuhause immer weiter eskalierte, wurde ein weiterer stationärer Aufenthalt in der Kinder- und Jugendpsychiatrie erforderlich und eine erneute stationäre Unterbringung in der Jugendhilfe empfohlen. Dies wurde auch in einer Hilfekonferenz der Kinder- und Jugendpsychiatrie, an der das damals zuständige Jugendamt teilnahm, festgehalten.

Nachfolgend wurde die Familie jedoch dahingehend beraten, erst einmal eine ambulante Familienhilfe in Anspruch zu nehmen. Nach 7 Monaten beendete die Mutter die Familienhilfe, da sie diese nicht als unterstützend und hilfreich empfand. Maiks Verhalten in der Familie wurde in dieser Zeit wieder konfliktträchtiger. Während der ganzen Zeit, in der die Familienhilfe installiert war, wurden Maik und seine Familie auch durch die Kinder- und Jugendpsychiatrie ambulant therapeutisch behandelt. Die Kommunikation zwischen dem Therapeuten und dem Jugendamt wird von der Mutter als schwierig beschrieben, da das Jugendamt kaum zu erreichen war und auf Rückrufbitten des Therapeuten nicht eingegangen wurde. Laut Schilderungen der Mutter konnte der Therapeut von Maik die Vorgehensweise des Jugendamtes nicht nachvollziehen, sprach sich gegenüber dem Jugendamt erneut für die Unterbringung in einer stationären Jugendhilfe aus. Vor dem Hintergrund der positiven Erfahrungen aus der ersten stationären Unterbringung von Maik, seien die Mutter und auch Maik immer offen für eine erneute stationäre Jugendhilfe gewesen.

Nach der Beendigung der Familienhilfe ist die Familie beruflich bedingt wieder umgezogen, wodurch sich die örtliche Zuständigkeit des Jugendamtes erneut änderte. Die Mutter nahm direkt nach dem Umzug im Oktober 2019 Kontakt mit dem Jugendamt am neuen Wohnort auf. In einem persönlichen Gespräch mit dem Sachbearbeiter schilderte die Mutter ihre aktuelle Situation und den bisherigen Verlauf in der Jugendhilfe. Im Nachgang zu dem Gespräch im Jugendamt erhielt die Mutter einen Anruf des Sachbearbeiters, in dem er ihr mitteilte, dass er noch nicht zuständig sei, da die Mutter erst ein Schreiben des bisher zuständigen Jugendamtes vorlege müsse, aus dem hervorgehe, dass die damals installierte Familienhilfe auch wirklich beendet sei. Sie solle sich dazu mit dem bisher zuständigen Jugendamt in Verbindung setzen. Die Mutter nahm Kontakt zum bisher zuständigen Jugendamt auf und bat um das Schreiben, dort sah man sich jedoch außerstande ein diesbezügliches Schreiben auszustellen und verwies an das zuständige Jugendamt am neuen Wohnort der Mutter.

Zu diesem Zeitpunkt (Januar 2020) erfolgte die Kontaktaufnahme zu unserer Ombudsstelle, nachdem die Mutter und auch der Therapeut der Kinder- und Jugendpsychiatrie mehrfach versucht hatten, mit den beiden Jugendämtern eine Klärung der Zuständigkeit herbeizuführen.

Beratung/Interventionen

Wir informierten die Mutter über die rechtlichen Voraussetzungen vor dem Hintergrund des § 86 SGB VIII und teilten ihr mit, dass nach unserer Einschätzung die Zuständigkeit beim Jugendamt des aktuellen Wohnortes liege, da die Jugendhilfe schon vor dem Umzug beendet wurde.

Da die Mutter bisher nicht schriftlich mit dem Jugendamt kommunizierte, empfahlen wir ihr, sich umgehend schriftlich an das Jugendamt zu wenden und unterstützen sie dabei, ein entsprechendes Schreiben zu formulieren. Inhalt des Schreibens waren eine Kurzzusammenfassung des bisherigen Kontakts zum örtlichen Jugendamt und eine Schilderung der aktuell eskalierenden Familiensituation, mit dem Hinweis auf die mittlerweile über 3 Monate andauernde ungeklärte Zuständigkeitsfrage. Im Schreiben verwies die Mutter auch darauf, dass sie sich zur Beratung an uns gewandt habe und bei den zukünftigen Beratungsgesprächen von uns als Beistand nach § 13 SGB X begleitet werden möchte. Ein weiterer Inhalt des Schreibens war ein Hinweis, dass davon auszugehen sei, dass es sich bei dem ersten Kontakt zum Jugendamt vor über 3 Monaten um einen Antrag auf Hilfen zur Erziehung gehandelt habe, welcher mündlich vorgetragen wurde. Sollte das zuständige Jugendamt vom vorhergehenden Jugendamt noch Unterlagen benötigen, solle sich der Sachbearbeiter bitte direkt mit diesem in Verbindung setzen und diese Unterlagen anfordern. Dem Schreiben waren die erforderlichen Vollmachten nach § 13 SGB X und eine Schweigepflichtentbindung beigefügt. Es wurde rechtsverbindlich per Fax zugestellt.

Innerhalb weniger Tage meldete sich der neue Sachbearbeiter bei der Mutter, entschuldigte sich für die lange Zeit der Untätigkeit und versprach, sich der Angelegenheit nun anzunehmen. Er habe für die darauffolgende Woche einen Termin mit seinen Vorgesetzten, in dem die Angelegenheit nochmals besprochen werden solle. Die Mutter verwies darauf, dass er ihr diese Information bitte schriftlich per Mail zukommen lassen oder er mit der Ombudsstelle direkt Kontakt aufnehmen solle. Diesem Anliegen kam der Sachbearbeiter nach und es gab einen einstündigen telefonischen fachlichen Austausch mit uns[2]. In diesem Gespräch erläuterten wir nach rechtlicher Prüfung unsere Einschätzung zur örtlichen Zuständigkeit und empfahlen, aufgrund der eskalierenden Familiensituation, dringend mit der Planung einer Hilfe zur Erziehung zu beginnen. Im Gespräch wurde deutlich, dass der Sachbearbeiter bemüht war, der Familie Unterstützung anzubieten, mit den entsprechenden Rechtsvorschriften zur örtlichen Zuständigkeit jedoch wenig

2 Im Erstgespräch hatten wir das Einverständnis der Mutter erhalten, mit dem Jugendamt auch stellvertretend für sie sprechen zu dürfen.

vertraut war und sich deshalb auf eine Auskunft der wirtschaftlichen Abteilung verlassen hatte. Hier machten wir darauf aufmerksam, dass die Mutter auf einen rechtsverbindlichen Ablehnungsbescheid mit entsprechender Begründung besteht, sollte das Jugendamt weiterhin seine Nichtzuständigkeit erklären. Wir vereinbarten, dass der Sachbearbeiter unmittelbar nach dem Gespräch mit seinen Vorgesetzen eine Rückmeldung an die Mutter und uns zu dem Ergebnis gibt, was wenige Tage später auch geschah. Das Jugendamt erklärte seine Zuständigkeit und hatte auch schon mit der Kinder- und Jugendpsychiatrie Kontakt aufgenommen (Maik war dort mittlerweile wieder zur stationären Behandlung), um einen runden Tisch zu terminieren. Wir bereiteten mit der Mutter den runden Tisch vor und auf unsere Empfehlung hin nahm sie eine Person aus ihrem Freundeskreis als Beistand mit zu dem Gespräch.

Am runden Tisch wurde eine stationäre Jugendhilfe nach § 34 SGB VIII für Maik besprochen und wenige Tage später bewilligt. Der Sachbearbeiter meldete sich im Nachgang bei uns, um mitzuteilen, dass er sehr froh war, dass sich die Mutter an die Ombudsstelle gewandt habe, denn so konnte für Maik und seine Familie eine schnelle Lösung gefunden werden, deren Umsetzung jetzt bevorstehe. Die Mutter meldete sich ca. 6 Wochen später, um uns mitzuteilen, dass Maik mittlerweile in einer stationären Jugendhilfeeinrichtung aufgenommen wurde und bedankte sich für unsere Unterstützung. Nach insgesamt 9 Wochen konnten wir die Beratungsanfrage beenden.

An diesem Fallbeispiel wird u. a. deutlich, was die vielzitierte Machtasymmetrie in der Jugendhilfe (vgl. Kapitel IV, Urban-Stahl, i. d. B.) in Familien für Auswirkungen haben kann. Die Mutter war aufgrund nicht vorhandener Kenntnisse über die örtliche Zuständigkeit darauf angewiesen, den Ausführungen des Jugendamtes zu vertrauen, fühlte sich dadurch jedoch gegenüber dem Jugendamt machtlos und nicht ernst genommen. Durch das Einschalten der Ombudsstelle veränderte sich der Umgang des Jugendamtes mit der Mutter zum Positiven. Für diese Veränderung war es von entscheidender Bedeutung, dass die Ombudsstelle der Mutter die entsprechenden fachlichen und verwaltungsrechtlichen Informationen zur örtlichen Zuständigkeit zur Verfügung stellen konnte und auch gegenüber dem zuständigen Jugendamt deutlich formulierte. Somit konnte das wochenlange „Zuständigkeitsgerangel“ mit Unterstützung der Ombudsstelle schnell beendet werden und der Jugendhilfebedarf des jungen Menschen rückte wieder in den Mittelpunkt des Interesses aller Akteur*innen.

Der Umgang mit Beschwerden ist beschwerlich

Hans-Peter Häußermann

Der Verein „Kinder haben Rechte Reutlingen/Tübingen e. V." wurde 1997 gegründet und bietet seit vielen Jahren ombudschaftliche Unterstützung bei Konflikten im Zusammenhang mit der Leistungsgewährung und Leistungserbringung. Im Verein sind ausschließlich ehrenamtlich engagierte Personen mit langjähriger Erfahrung als Fachkräfte in der Jugendhilfe aktiv. Der Verein finanziert sich ausschließlich über Mitgliedsbeiträge und Spenden, so dass keinerlei Abhängigkeit gegenüber öffentlichen oder freien Jugendhilfeträgern besteht. Dies garantiert eine hohe Unabhängigkeit. Der Verein ist als Träger der freien Jugendhilfe gemäß § 75 SGB VIII anerkannt.

Kevins Lebensweg

Kevin wurde 2008 als ältestes von drei Kindern einer alleinerziehenden Mutter geboren. Er lebte zuerst bei seiner Mutter, wurde über einen längeren Zeitraum aber auch von seiner Großmutter versorgt. Kevin erlebte dort gewaltsame Übergriffe der Großmutter auf seine Mutter mit. Schon als Kindergartenkind zeigte er aggressives Verhalten und war in therapeutischer Behandlung. Das Jugendamt war zu diesem Zeitpunkt bereits involviert.

2013 wandte sich die Mutter an das Jugendamt mit der Bitte um Unterbringung ihrer Kinder in einer Pflegefamilie, da sie eine stationäre Therapie anstrebte. Es kam stattdessen zu einer Inobhutnahme der Kinder, da die Mutter sich nicht an vorab getroffene Vereinbarungen gehalten hatte. Das Jugendamt entschied sich zunächst für eine Inkognito-Unterbringung in einer Pflegefamilie, danach wurde Kevin in einer stationären Jugendhilfeeinrichtung untergebracht. Gleichzeitig erfolgte der Sorgerechtsentzug und es gab nur noch kurze, begleitete Umgänge zusammen mit dem jüngeren Bruder.

In diesem Kontext wandte sich die Mutter erstmals an unsere Ombudsstelle mit der Bitte um Unterstützung. Sie wünschte andere Umgangsregelungen, die ihr u. a. mehr und unbegleitete Zeit mit ihren Kindern ermöglichen sollten. In dieser Zeit gab es viele Gespräche mit Jugendamt, Einrichtung und Vormundin. Auf ein Hilfeplangespräch soll hier kurz eingegangen werden: Am Tisch saßen zwei Mitarbeiter*innen des Jugendamts, vier Mitarbeiter*innen der Einrichtung, zwei Mitarbeiter*innen der Amtsvormundschaft, eine Praktikantin, sowie die junge Mutter und die Ombudsperson. Die Ohnmacht der Mutter ist schon durch das Zahlenverhältnis greifbar. Sie formulierte dies selbst auch mit der Bemerkung, sie käme sich vor „wie bei Gericht". Wir unterstützten die Mutter darin, Umgangsregelungen zu vereinbaren, die den Aufwand (Fahrzeit und Versorgung ihres neugeborenen dritten Kindes) und die gemeinsam mit den Kindern verbrachte Zeit in ein besseres Verhältnis bringen sollten. Parallel zu diesen Verhandlungen beantragte die Mutter über ihre Anwältin die Rückübertragung des Sorgerechts und die Rückführung ihrer beiden Kinder. Unsere Ombudsstelle unterstütze sie bei der Ausweitung der Umgänge, war jedoch bezüglich der Frage der Rückführung zurückhaltend. Ihr Antrag war erfolgreich und es erfolgte eine rasche Rückführung der Kinder zur Mutter, da die Einrichtung nach der gerichtlichen Entscheidung die Kinder schnellstmöglich entlassen wollte.

Trotz intensiver Bemühungen der Mutter konnte zunächst nur für den jüngeren Bruder eine Schule gefunden werden. Keine staatliche Schule war damals bereit, Kevin aufzunehmen. Mit Hilfe der Ombudsstelle gelang es nach einiger Zeit ohne Schulbesuch, ihn als „Inklusiv-Kind“ an einer freien Schule unterzubringen. Voraussetzung für die Aufnahme waren eine Schulbegleitung, sowie die Betreuung in einer Tagesgruppe. Kevin hatte Schwierigkeiten sich in seiner Klasse zu integrieren. In der Schule gab es aufgrund seiner mangelnden Impulskontrolle gravierende gewalttätige Vorfälle, die dazu führten, dass Kevin im darauffolgenden Jahr der Schule verwiesen wurde. Hinzu kamen massive psychische Probleme der Mutter, so dass die Kinder wieder in Obhut genommen werden mussten. Die Suche nach einer Einrichtung mit einer Schule gestaltete sich äußerst schwierig. Erst ein halbes Jahr später wurde eine Einrichtung gefunden, die bereit war, Kevin aufzunehmen.

Kevins Unterbringung in der Wohngruppe

Die Wohngruppe hatte als Konzept ein sogenanntes Stufenmodell. Am Anfang gibt es wenige Freiheiten, die Kinder müssen sich diese erst „verdienen“. So war der Aufenthalt im Gruppenwohnzimmer, auf dem Gelände etc. klar reglementiert. Kevin, welcher sich gerne in seine Bücher vergräbt, meinte zunächst, dass die Situation für ihn „aushaltbar“ sei. Er freute sich auf die Besuche der Mutter und die Heimfahrten, die nach anfänglicher Karenzzeit möglich waren. Bald wurden aber Spannungen auf der Erwachsenebene sichtbar. Im Hilfeplangespräch waren regelmäßige Elterngespräche zwischen der Mutter und den Gruppenmitarbeiter*innen vereinbart. Diese Gespräche kamen nach Auffassung der Mutter jedoch nicht richtig und zielführend in Gang. Schon bald gab es ständig Meinungsverschiedenheiten im Kontext der Besuche und der Heimfahrten. Der Mutter wurde von den Fachkräften der Einrichtung u. a. vorgeworfen, sie würde die Zeit der Besuche angeblich über den vereinbarten Rahmen ausdehnen oder ein Konzert mit Kevin besuchen, das nach Meinung der Einrichtung für ihn ungeeignet sei. Ein weiterer Streitpunkt war der Zeitpunkt der Durchführung einer Kur. Es kam außerdem zu einem Diebstahl eines dreistelligen Betrags aus der Geldbörse einer Mitarbeiter*in der Wohngruppe, an dem Kevin federführend beteiligt gewesen sein soll, dies aber nie eingeräumt hat. All dies führte zu einem äußerst angespannten Verhältnis zwischen Mutter und Einrichtung.

Kevin fühlte sich zu diesem Zeitpunkt, etwa ein halbes Jahr nach seinem Einzug, sehr unwohl in der Gruppe. Davon berichtete die Mutter unserer Ombudsstelle in einem Telefongespräch. Wir wiesen die Mutter darauf hin, dass Kevin sich ja selbst auch in der Einrichtung beschweren könne, da es – wie auf der Homepage beschrieben – eine*n Vertrauensmitarbeiter*in gibt. Die Ombudsstelle machte darüber hinaus den Vorschlag, dass Kevin einmal alles, was ihm missfalle und unter den Nägeln brenne, aufschreiben und mit der*dem Vertrauensmitarbeiter*in besprechen solle. Dies wollte Kevin jedoch nicht, da die*der Vertrauensmitarbeiter*in aus seiner Gruppe war.

Parallel wurde von der Ombudsstelle der direkte Kontakt zu Kevin hergestellt, da unklar war, was Kevins beziehungsweise die Meinung der Mutter war. In mehreren Telefongesprächen wurde Kevin erklärt, wie die Ombudsperson ihn unterstützen könne, wenn er sich beschweren möchte. Er war mit dem Vorschlag einverstanden, zusammen mit der Ombudsperson seine Beschwerde mit dem zuständigen Erziehungsleiter zu besprechen. Die Ombudsperson kündigte der Einrichtung diesen Wunsch per E-Mail an, was jedoch zu einer schriftlichen und telefonischen Diskussion führte, ob dies in dieser Form möglich sei. Üblicherweise würde die Einrichtung „ihre Kinder" nicht so ohne weiteres mit Fremden reden lassen. Die Mutter teilte daraufhin der Einrichtung mit, dass Kevin die Ombudsperson schon seit Beginn der ombudschaftlichen Begleitung aus verschiedenen Beratungs- bzw. Hilfeplangesprächen kenne. Die Einrichtung sagte dem Kontakt unter der Voraussetzung zu, dass die Ombudsperson sich, bevor sie allein mit Kevin spricht, beim Erziehungsleiter vorstellt. Die Haltung der Einrichtung war durchaus irritierend, denn seit dem Bundeskinderschutzgesetz (2012) war das Thema Beschwerden bereits im § 45 SGB VIII verankert. Außerdem lag zu diesem Zeitpunkt das Sorgerecht bei der Mutter, d. h. sie kann entscheiden, welche Kontakte sie für ihr Kind als geeignet empfindet.

Die Beschwerde

Kevin hatte sich die Mühe gemacht und seine Beschwerden zu Papier gebracht (siehe Abbildung 1). Für Kevins Anliegen wurden von der Einrichtungsleitung nur etwa 30 Minuten vorgesehen. Kevin kam mit seiner Liste pünktlich zu einer vereinbarten Vorbesprechung mit der Ombudsperson. Diese erläuterte ihm nochmals das Vorgehen und wie sie ihn unterstützen werde. Da er sehr

Abbildung 1: Beschwerdeliste von Kevin

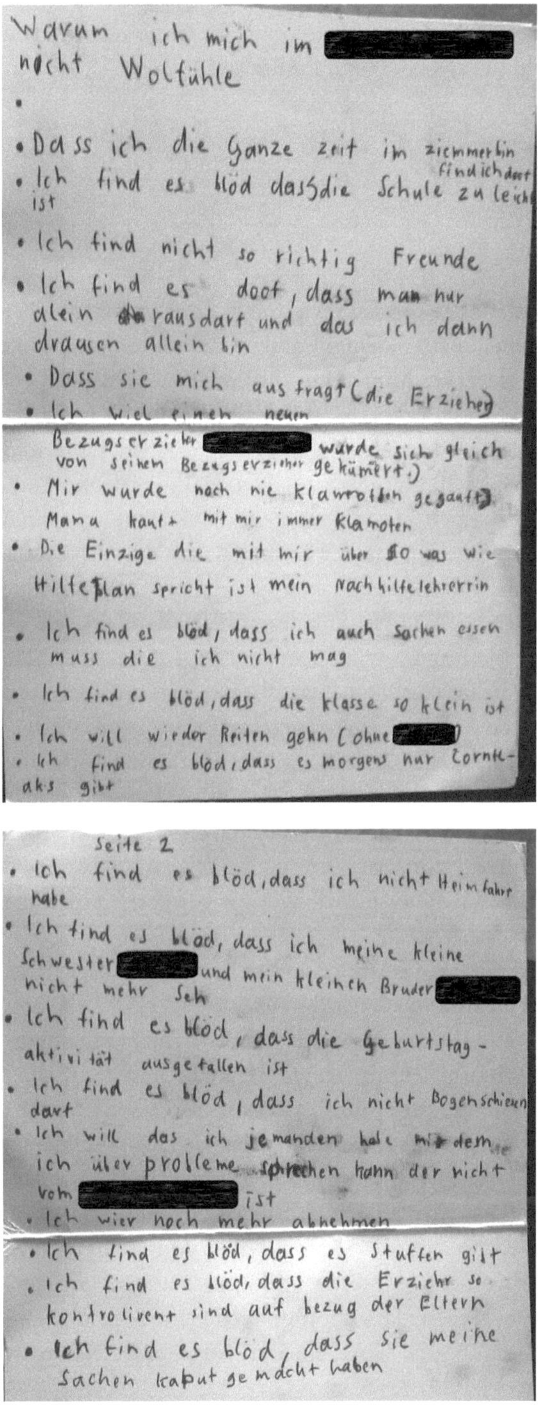

Warum ich mich im [redacted] nicht Wolfühle

•

• Dass ich die Ganze zeit im ziemmer bin
• Ich find es blöd dass die Schule zu leicht ist find ich dort
• Ich find nicht so richtig Freunde
• Ich find es doof, dass man nur alein rausdarf und das ich dann drausen allein bin
• Dass sie mich aus fragt (die Erzieher)
• Ich wiel einen neuen Bezugserzieher [redacted] würde sich gleich von seinen Bezugserzieher gekümert.)
• Mir wurde noch nie klamotten gekauft. Mama kauft mit mir immer Klamoten
• Die Einzige die mit mir über so was wie Hilfeplan spricht ist mein Nachhilfelehrerin
• Ich find es blöd, dass ich auch Sachen essen muss die ich nicht mag
• Ich find es blöd, dass die klasse so klein ist
• Ich will wieder Reiten gehn (ohne [redacted])
• Ich find es blöd, dass es morgens nur Cornflakes gibt

Seite 2

• Ich find es blöd, dass ich nicht Heimfahrt habe
• Ich find es blöd, dass ich meine kleine Schwester [redacted] und mein kleinen Bruder [redacted] nicht mehr seh
• Ich find es blöd, dass die Geburtstag-aktivität ausgefallen ist
• Ich find es blöd, dass ich nicht Bogenschießen darf
• Ich will das ich jemanden habe mit dem ich über probleme sprechen kann der nicht vom [redacted] ist
• Ich wier noch mehr abnehmen
• Ich find es blöd, dass es Stuffen gibt
• Ich find es blöd, dass die Erziehr so kontrolivent sind auf bezug der Eltern
• Ich find es blöd, dass sie meine Sachen kaput gemacht haben

viele Punkte aufgelistet hatte, musste mit Kevin besprochen werden, welche Dinge ihm wichtiger und welche weniger wichtig für ihn waren. Dabei war auffällig, wie reflektiert er seine Überlegungen anstellte. Im Gespräch mit dem Erziehungsleiter stellte Kevin die ausgewählten Punkte vor:

- Bezugserzieher*in
- Kleidereinkauf
- Reiten
- Schule

Im Gespräch mit dem Erziehungsleiter sprach Kevin sehr sachlich, eher schüchtern und zurückhaltend in der Formulierung seiner Beschwerde und konnte auf Nachfragen auch gut seine Motivation zur Beschwerde begründen. Auffällig war beim Thema Bezugserzieher*in, wie genau Kevin die Kontakte zwischen Bezugsmitarbeiter*in und anderen Kindern beobachtet hatte und wie unterschiedlich er sie verglichen mit den Kontakten zu ihm erlebte. Auch beim Thema Reiten wusste er noch genau, was beim Vorstellungsgespräch besprochen worden war. Der Erziehungsleiter reagierte sachlich auf Kevins Beschwerden. Er fragte nach, gab teilweise auch z. B. beim Thema Schule Antworten und Begründungen, weshalb die Situation für Kevin so sei, wie sie sei. Auf die Argumente von Kevin ging er jedoch wenig ein. Andere Punkte konnte oder wollte er nicht beantworten, sicherte Kevin aber zu, diese mit den Gruppenmitarbeiter*innen zu besprechen. Insgesamt war die Gesprächsatmosphäre gut, bis auf die knappe Zeit die Kevin zur Verfügung hatte, um seine Beschwerden zur Sprache zu bringen. Die Ombudsperson unterstütze Kevin, wenn er einmal etwas ins Stocken geriet, aber hielt sich mit eigenen Beiträgen zurück, damit Kevin die zur Verfügung stehende Zeit selbst nutzen konnte. Insgesamt hatten wir den Eindruck, dass etwas bei der Einrichtung „angekommen" war.

Umso überraschter waren wir, als die Mutter uns im Nachhinein berichtete, dass Kevin wegen seiner Beschwerde von den Mitarbeiter*innen bestraft wurde. Anscheinend gab es keine unmittelbare Kommunikation zwischen Erziehungsleiter und Gruppe, denn die Mitarbeiter*innen entdeckten die Beschwerdeliste und reagierten unangemessen. Wie die Mitarbeiter*innen der Wohngruppe seine Beschwerdeliste in die Hand bekommen haben, ließ sich nicht aufklären. Angeblich wurde diese im Papierkorb gefunden. Kevin ist sich jedoch sicher, die Liste nicht weggeworfen, sondern bei seinen Sachen verwahrt zu haben. Die Mutter berichtete, dass Kevin sich zur Strafe bei allen Mitarbeiter*innen einzeln schriftlich entschuldigen musste, da er „gelogen" hätte. Kevin hatte auf seiner Liste unter anderem stehen, dass mit ihm noch keine Kleidung eingekauft wurden. Es wurde jedoch eine Hose mit ihm eingekauft! Dies hatte

Kevin vergessen. Somit war er der „Lüge“ überführt! Die Mitarbeiter*innen der Gruppe nutzten leider nicht die pädagogische Chance, auf die von Kevin angesprochen Punkte einzugehen, um diese mit ihm zu bearbeiten. Es war im Prinzip ein Hilferuf von Kevin, um mehr Beachtung. Wir konnten hier auch nicht mehr tätig werden, da die Entscheidung seitens der Einrichtung gefallen war, die Hilfe kurzfristig zu beenden.

Ende der Unterbringung & Neuanfang für Kevin

Die Einrichtung und die Mutter konnten sich nicht auf Bedingungen einigen, unter denen die Hilfe fortgeführt werden konnte. Die Beziehung zwischen Mutter und Fachkräften war nachhaltig gestört. So war u. a. das Thema Gewichtsreduktion ein nicht zu klärendes Streitthema. Kevin hatte nach der Kur gleich wieder erheblich zugenommen.

Somit fiel nur ca. ein Jahr nach Beginn der Unterbringung seitens der Einrichtung die Entscheidung, die Hilfe zu beenden. Es war auch nicht verhandelbar, dass Kevin dort verbleiben konnte, bis eine neue Einrichtung gefunden war. Es wurde ein Termin im Jugendamt zur „Übergabe“ vereinbart. Kevin wurde mit seinen Sachen von einer Mitarbeiter*in dorthin gebracht. Vergessen wurde jedoch der Roller von Kevin, den die Mutter ihm erst kurz zuvor geschenkt hatte. Trotz mehrerer Bitten der Mutter war die Einrichtung nicht bereit, ihm den Roller in die neue Einrichtung zu schicken, da Kevin ja selbst schuld sei, diesen beim Packen vergessen zu haben.

Zwei Monate später wurde mit Unterstützung der Ombudsstelle eine Einrichtung gefunden, in der Kevin heute lebt und sich wohlfühlt.

Die Beschreibung des Umgangs mit der Beschwerde eines Kindes ist nur ein kleiner Ausschnitt dieses komplexen Falls. Es ist ein Beispiel einer ombudschaftlichen Begleitung, die über einen längeren Zeitraum erforderlich war. Besonders gravierend ist die Erfahrung, die Kevin für seinen weiteren Lebensweg gemacht hat. Er hat gelernt, dass es „gefährlich“ ist, seine Meinung und seine Interessen einzubringen. In der neuen Einrichtung wollte er sich nicht mehr beschweren, „sonst muss ich mich ja wieder entschuldigen, darauf habe ich keinen Bock mehr“. Ebenso bedauerlich ist, dass die pädagogischen Chancen der Beschwerden nicht erkannt und genutzt wurden. Deutlich wird in diesem Beispiel, dass ein formal vorhandenes Beschwerdesystem keine ausreichende Wirksamkeit entfalten kann, wenn die Mitarbeiter*innen keine beschwerdeoffene Haltung und einen konstruktivem Umgang mit Beschwerden verinnerlicht bzw. erlernt haben.

Außergerichtliche Vermittlung gescheitert, Klage eingereicht

Ulli Schiller

Der Berliner Rechtshilfefonds Jugendhilfe e. V. (BRJ) berät seit seiner Gründung 2002 junge Menschen und deren Familien bei der Durchsetzung ihrer im SGB VIII verankerten Rechte. Der Verein finanziert sich nach drei Jahren rein ehrenamtlicher Tätigkeit durch Projektförderungen der Aktion Mensch, Mitgliedsbeiträgen und Spenden. Seit 2014 wird außerdem das Projekt „Berliner Beratungs- und Ombudsstelle Jugendhilfe (BBO) über Mittel des Landes Berlin finanziert.

Von Beginn an bezieht sich der größte Teil der Anfragen auf stationäre Hilfen (58 % in 2020)[3], davon kamen knapp 36 % von jungen Volljährigen, die eine Neubeantragung oder Fortsetzung ihrer stationären Hilfe wünschten. Die Anspruchsberechtigten haben oftmals das Gefühl, nicht mitspracheberechtigt und nur unzureichend informiert zu sein. Insbesondere junge Geflüchtete berichten häufig, dass sie nicht in der Lage waren, sprachlich zu folgen, auch wenn sie über ausreichende Deutschkenntnisse verfügen.

Nadir ist ein junger Geflüchteter mit guten Deutschkennnissen, der unbegleitet und minderjährig nach Deutschland kam. Er wurde während des Vorclearings 18 Jahre alt und sein Antrag auf Hilfe nach § 41 SGB VIII wurde trotz Empfehlung der zuständigen Stelle der Senatsverwaltung sowie der betreuenden Clearingstelle zunächst abgelehnt. Es wurde von Seiten des öffentlichen Trägers auch nichts unternommen, um den jungen Menschen in andere Hilfesysteme weiterzuleiten.

Wir lernen Nadir kurz vor seinem 18. Geburtstag über eine Beratungsstelle der Geflüchtetenhilfe kennen. Er war zu diesem Zeitpunkt seit ca. 3 Monaten in Deutschland und lebte in einer Vorclearing-Einrichtung (§ 42 SGB VIII). Sein Antrag auf Betreuung nach § 41 in Verbindung mit (i. V. m.) § 34 SGB VIII war vom Jugendamt abgelehnt worden, mit der nicht zutreffenden Begründung fehlender sachlicher und örtlicher Zuständigkeit (fehlende Rechtsgrundlage). Nadir wurde empfohlen, in eine Gemeinschafts- oder Obdachlosenunterkunft zu gehen. Auf den von ihm dargestellten Bedarf für eine stationäre Hilfe wurde in dem Ablehnungsschreiben nicht eingegangen, eine weitere Kontaktaufnahme mit Nadir gab es nicht.

Wir vereinbaren ein persönliches Gespräch mit Nadir. Er beschreibt, dass er nicht wisse, „was aus ihm werden soll“, wenn er jetzt ohne Unterstützung in Deutschland leben solle. Derzeit besuche er eine Willkommensklasse, aber es

3 Interne statistische Auswertung des BRJ für das Jahr 2020

falle ihm schwer, morgens aufzustehen, da er sich sehr viele Sorgen mache und nachts nicht schlafen könne. Mit Hilfe der Betreuer*innen schaffe er es dann doch in die Schule, wenn auch verspätet. Er berichtet, dass er sich oft verlaufe, häufig seine Sachen verliere und sein Geld schlecht einteilen könne. Er lebe dann wochenlang mehr schlecht als recht ohne Geld.

Vorgeschichte

In seiner Heimat gehört seine Familie zu einer verfolgten Minderheit, das dortige Leben mit seinen Eltern sei geprägt gewesen von Ausgrenzung, häuslicher Gewalt und finanzieller Not. Seit seinem 10. Lebensjahr habe er gearbeitet, um zum Unterhalt der Familie beizutragen. Das Geld verwendete die Mutter zum Einkaufen, der Vater meist, um seine Sucht zu finanzieren. Vormittags habe er eine Schule besucht, aber aufgrund der Doppelbelastung sei der Abschluss fraglich gewesen. Er beendete den Job, was zu massiven Konflikten mit dem Vater führte, der ihn daraufhin „auf die Straße setzte". Nadir wollte sich das Leben nehmen, wurde aber in letzter Sekunde von einem Freund gerettet, der ihn überredete, Geld zu sparen, um nach Deutschland zu fliehen. Er nahm jede sich ihm bietende Gelegenheitsarbeit an und übernachtete bei wechselnden Personen, da ihm der Vater den Zutritt zum Haus verwehrte. 6 Monate später reiste er nach Deutschland ein. In Berlin habe er keine Freunde, der einzige soziale Kontakt sei sein Onkel, der allerdings schwer krank sei und in einem Altenheim lebe. Er fühle sich für den Onkel verantwortlich, könne ihm aber nicht helfen.

Nadir weint immer wieder, während er seine Geschichte erzählt. All das hatte er bereits in seinem Antrag dargelegt. Das Ablehnungsschreiben ging auf diese Gründe jedoch nicht ein, und argumentiert mit Nadirs ungeklärtem Aufenthaltsstatus und daraus resultierender Nicht-Zuständigkeit der Jugendhilfe.

Auf Nadirs Wunsch hin teilen wir dem Jugendamt telefonisch und schriftlich mit, dass er nach Prüfung der Zuständigkeit und jugendhilferechtlicher Grundlagen zum anspruchsberechtigten Personenkreis gehört, ihm Jugendhilfeleistungen bei vorliegendem Bedarf nicht vorenthalten werden dürfen, und bitten um inhaltliche Prüfung des Antrags.

Jugendhilfeleistung wird wiederholt verweigert

Ohne Unterstützung wäre Nadirs Hilfebegehren bereits an der ersten Hürde (Antragstellung) gescheitert. Auch uns gegenüber bleibt der zuständige

Mitarbeiter dabei, dass er keine Zuständigkeit sehe; auf unsere schriftliche Darstellung erfolgt zunächst keine Reaktion. Zweieinhalb Monate nach Antragsstellung wird Nadir zu einem Gespräch ins Jugendamt eingeladen.

Zu diesem Gespräch geht Nadir mit der Leitung der Clearingstelle. Auch hier wird die von Nadir geschilderte Not nicht anerkannt, sondern vorgeschlagen, er solle sich einen Job oder einen Ausbildungsplatz suchen und sich selber finanzieren. Die Fachkraft verweist darauf, dass sie nicht berechtigt sei, über seinen Antrag zu entscheiden, und Rücksprache mit Vorgesetzen halten müsse. Nadirs Zusammenfassung des Gesprächs: „Die glauben mir nicht." Er hatte das Gefühl in diesem Gespräch nicht wichtig zu sein. Der Leiter der Clearingstelle schildert den Umgang als entwürdigend.

Der Antrag wird erneut mit der Begründung der fehlenden Zuständigkeit abgelehnt, ohne auf die inhaltlichen Gründe und den Bedarf einzugehen. Nadir muss infolgedessen aus der Vorclearingstelle ausziehen und kommt in einem Obdachlosenheim unter. Hier teilt er sich ein Zweibettzimmer mit einem älteren, alkoholkranken Mann.

Widerspruch eingereicht

Die aus unserer Sicht unzulässige Beratungs- und Gewährungspraxis im Jugendamt hat für Nadir außerordentlich belastende Lebensumstände in einer Einrichtung der Sozialen Wohnhilfe herbeigeführt, die sich vor dem gesetzlichen Auftrag des SGB VIII (§§ 1 und 41) in keiner Weise rechtfertigen lassen. Wir unterstützen Nadir bei der Formulierung des Widerspruchs. Parallel nehmen wir telefonisch und schriftlich zum Jugendamt Kontakt auf, doch weder die Jugendamtsmitarbeiterin noch die Leitung möchten mit uns ins Gespräch gehen. Mails bleiben unbeantwortet.

Im Widerspruch begründen wir erneut ausführlich die Zuständigkeit und legen die Gründe für den Bedarf einer stationären Hilfeleistung dar. Nadir versucht mittlerweile, die Berufsbildungsreife zu erwerben. Er berichtet, dass er nachts vor Sorgen um seine Zukunft nicht schlafen könne. Er leidet vermehrt unter Herz- und Rückenbeschwerden sowie unter einer mittelgradigen depressiven Episode mit Schlafstörungen, Grübeln, Antriebslosigkeit, wiederkehrenden Suizidgedanken und sozialem Rückzug. Er berichtet, dass er bisher nie allein gewohnt habe und es sich auch nicht zutraue, einen eigenen Haushalt zu führen. Er hat in diesen Dingen keine Erfahrung und kein adäquates Vorbild; die derzeitige Wohnsituation im Obdachlosenheim ist nicht dazu geeignet, ihn hinsichtlich der Wohnfähigkeit zu unterstützen.

Dem Widerspruch wird nicht abgeholfen. Mit der Begründung, es sei nicht deutlich, warum eine Kontaktaufnahme zu den Eltern nicht möglich sei. Nadir habe Selbständigkeit bewiesen, da er es allein bis nach Deutschland geschafft habe. Der kranke Onkel, der für Nadir eher eine Belastung ist, wird als familiäre Ressource dargestellt.

Wir besprechen mit Nadir die Möglichkeit des Klagewegs. Der BRJ stellt in solchen Fällen eine*n Jurist*in und übernimmt auch die Anwaltskosten. Wir begleiten die Kläger*innen bei allen notwendigen Schritten und machen Vorschläge, wie weiter verfahren werden kann. Die Betroffenen entscheiden selbst, wie weit sie gehen möchten und haben jederzeit die Möglichkeit, die Klage zurückzuziehen.

Wir informieren das Jugendamt darüber, dass wir Nadir bei weiteren gerichtlichen Schritten unterstützen werden und bitten erneut um ein Gespräch, um diese Eskalation abzuwenden. Es erfolgt keine Rückmeldung durch das Jugendamt. Wir treffen uns mehrfach mit Nadir und einem Juristen der Ombudsstelle.

Einreichen der Klage

Nadir reicht Klage ein. Das Jugendamt beantragt, die Klage zurückzuweisen, dem wird nicht stattgegeben. Trotzdem fühlt Nadir sich dadurch enorm unter Druck gesetzt, versteht das gesamte Verfahren nicht und glaubt, dass alles verloren sei. Er ruft fast täglich an, um zu erfahren, ob es Neuigkeiten gibt.

Die zuständige Fachkraft des Jugendamts besucht erstmalig die Obdachloseneinrichtung, in der Nadir untergebracht ist. Sie trifft ihn dort nicht an und hinterlässt eine Visitenkarte mit dem Angebot, am nächsten Tag zu einem Gespräch ins Jugendamt zu kommen. Nadir erreicht diese Benachrichtigung nicht. Die Rechtsabteilung des Jugendamts teilt dem Gericht daraufhin mit, dass er eine Einladung des Jugendamts zu einem Gesprächstermin nicht wahrgenommen habe. Wir schreiben eine Stellungnahme, denn nach Post muss im Heim explizit gefragt werden, was Nadir nicht wusste. Des Weiteren erklärt die Rechtsabteilung des Jugendamts, dass Nadir in dem Heim Betreuung habe, er dort sein Geld bekomme und nie nach Veränderungen gefragt habe. Auch hier können wir klarstellen, dass diese Behauptungen nachweislich falsch sind.

Aufgrund unserer Stellungnahme wendet die Richterin sich an das Jugendamt und weist darauf hin, dass es sinnvoll wäre, die Prüfung des Bedarfs wieder aufzunehmen. Daraufhin teilt uns das Jugendamt einen Gesprächstermin mit, der am nächsten Tag mit der Begründung, Nadir habe ja bereits einen Termin nicht wahrgenommen, wieder abgesagt wird; d.h. die Verantwortung für die mangelhafte Kontaktaufnahme durch das Jugendamt wird dem jungen Mann zugeschoben. Erst nach weiterer Intervention durch das Gericht wird ein Gespräch angeboten. Die strukturelle Machtasymmetrie wird an dieser Stelle besonders deutlich. Nadir allein wäre ohne die Unterstützung der Ombudsstelle und der Interventionen des Gerichts an dieser Stelle höchstwahrscheinlich bei der Durchsetzung seiner Rechte gescheitert.

Endlich im Gespräch

Wir begleiten Nadir mit zwei Ombudspersonen als Beistand zu dem Termin im Jugendamt, was wir dem Jugendamt wie stets vorab mitgeteilt haben. Das Gespräch verläuft freundlich und zugewandt. Während des gesamten Gesprächsverlaufs haben wir den Eindruck, dass alle Beteiligten positiv über die Ausgestaltung und den Bedarf einer stationären Jugendhilfe nach § 41 i. V. m. § 34 SGB VIII für Nadir sprechen, es werden sogar konkrete Träger der Jugendhilfe genannt und über die Höhe der Fachleistungsstunden gesprochen.

Nadir stellt ausführlich und detailliert dar, dass die gegenwärtige Wohnsituation seinem tatsächlichen Bedarf drastisch widerspreche und ihn krank mache. Er befinde sich täglich in einer Art Fluchtzustand und meide den Aufenthalt dort soweit wie möglich. Wenn er sich dort aufhalte, habe er Angst, stehe unter großem psychischem Stress und leide unter Schlafstörungen. Dies wirke sich aktuell nachteilig auf seine schulischen Leistungen und seine Arbeitsmöglichkeiten aus, die für ihn aber eine existenzsichernde Bedeutung haben.

Nadir berichtet, wie sehr er unter den Wohnumständen in dem Obdachlosenheim leide. Dort würden in erheblichem Maße Alkohol und Drogen konsumiert und gedealt, viele Bewohner verfügen über längere Gefängniserfahrungen und jede Nacht komme die Polizei. Er möchte keinen Kontakt zu den Bewohner*innen, da er Angst habe, dadurch seinen Aufenthaltsstatus zu gefährden. Altersgerecht ist die Unterbringung dort nicht. Ebenso hat er dort keine Ansprechpartner*innen, die ihn beratend unterstützen und zu denen er für mögliche Probleme und Ansprüche im Verlauf des täglichen Lebens ein dringend benötigtes Vertrauensverhältnis aufbauen könnte.

Wir weisen wiederholt auf den umfassenden Bedarf hin und darauf, dass der Hilfeanspruch nach § 41 i. V. m. § 34 SGB VIII insbesondere in einer angstfreien, förderlichen Wohnsituation als Ausgangspunkt und Rückhalt für die notwendige und wünschenswerte Persönlichkeitsentwicklung, Fortschritte in der Bildung, gesundheitliche Regenerierung und soziale Integration zu sehen ist. Wir erhalten in dem Gespräch keinerlei Hinweis von Seiten der Fachkraft, dass dieser Zusammenhang anders gesehen werde.

Alle Beteiligten sprechen daraufhin über eine stationäre Hilfe nach § 41 i. V. m. § 34 SGB VIII für junge Volljährige. Wir verlassen das Jugendamt in dem Gefühl, dass Nadir nun endlich die ihm zustehende Hilfe bekommen werde.

Erneute Verweigerung

Am nächsten Tag erhalten wir eine E-Mail vom Jugendamt, in der auf eine Einrichtung nach SGB XII verwiesen wird, unterstützt durch eine ambulante Hilfe (§ 30 SGB VIII) mit acht Fachleistungsstunden pro Woche. Wir rufen im Jugendamt an und erfahren, dass dies die Leitung entschieden habe und eine Rückkehr in die stationäre Jugendhilfe nach dem Aufenthalt im Obdachlosenheim als Rückschritt zu bewerten sei. Außerdem hätten wir alle von einem Betreuten Einzelwohnen (BEW) gesprochen und es wird mehrfach betont, dass der Unterschied zwischen einem BEW nach SGB XII oder SGB VIII nicht ersichtlich sei. Wir verweisen auf ein Rundschreiben der Berliner Senatsverwaltung, welches Hinweise zur Abgrenzung der Hilfen nach § 41 SGB VIII und §§ 67, 68 SGB XII enthält. Wir legen dar, dass wir selbstverständlich über eine Hilfe nach dem SGB VIII gesprochen hätten, denn nur dafür sei das Jugendamt zuständig. Die Mitarbeiter*in erklärt sich bereit, erneut mit der Leitung zu reden, ob eine Unterbringung nach SGB VIII hier nicht geeigneter sei.

Das Jugendamt lenkt endlich ein

Letztendlich wird die Hilfe bewilligt, das Klageverfahren wird eingestellt. Mittlerweile lebt Nadir in einer Einrichtung der Jugendhilfe. Der Kontakt zum Jugendamtsmitarbeiter ist gut, die Hilfeplangespräche verlaufen in einer unterstützenden und gewinnbringenden Atmosphäre.

An diesem Beispiel wird deutlich, wie sehr und auf wie vielfältige Art und Weise junge Menschen der machtvollen Institution Jugendamt ausgeliefert sein können. Das Verfahren war geprägt von hochschwelligem Verwaltungshandeln und mangelhafter Beteiligung. Ohne ombudschaftliche Unterstützung wäre bereits der Zugang zur Jugendhilfe gescheitert: Gesprächstermine wurden abgesagt, der Hilfebedarf wurde nicht (umfassend) geprüft, bzw. wiederholt ohne Begründung abgelehnt, die Unterbringung in der Obdachlosenunterkunft als alternativlos dargestellt. Nadir stieß auf eine von vorneherein ablehnende Haltung seitens des Jugendamts und er war sowohl sprachlich als auch aufgrund mangelnder Rechtskenntnisse nicht in der Lage dem etwas entgegenzusetzen.

Sowohl Nadir als auch uns ist völlig unverständlich, warum dem jungen Mann so viele Steine in den Weg gelegt wurden, dass er ohne die beharrliche Unterstützung der Ombudsstelle und die Möglichkeit zu einer durch uns begleiteten Klage keine Chance gehabt hätte, den für ihn so notwendigen Zugang zur Jugendhilfe zu erhalten.

Literatur

IPP (Institut für Praxisforschung und Projektberatung) (2020). Evaluation der Berliner Beratungs- und Ombudsstelle Jugendhilfe – Endbericht. BRJ e. V. (Hrsg.). www.bbo-jugendhilfe.de/wp-content/uploads/2020/01/IPP-Bericht-Web_200115.pdf [31.03.2022]

Beschwerde- und Mitwirkungsrechte im Rahmen der Leistungserbringung: Erfahrungen einer externen Beschwerdestelle

Henriette Grapentin

*Anhand der Erfahrungen einer externen Beschwerdestelle wird im folgenden Beitrag, ausgehend von den subjektiven Rechtsansprüchen der Adressat*innen, ein Blick in die praktische Ausgestaltung derer geworfen. Hierzu werden u. a. Fallskizzen aus der Arbeit der externen Beschwerdestelle verwendet. Ferner wird verdeutlicht, wie strukturelle Machtasymmetrien die Jugendhilfe prägen und Fehlverhalten von Fachkräften bedingen. Hieran anknüpfend werden die Notwendigkeit gelingender Beschwerde- und Beteiligungsstrukturen verdeutlicht, deren gesetzliche Verankerung im Rahmen des Kinder- und Jugendstärkungsgesetzes betrachtet und Fragen der praktischen Umsetzung hierzu beleuchtet. Näher geht es abschließend um die Frage von Ombudsstellen als externe Beschwerdestellen i. S. des § 45 Abs. 2 Nr. 4 SGB VIII.*

Mitwirkung & Beschwerde als subjektive Rechtsansprüche

Wird eine Hilfe zur Erziehung in einer Familie installiert, wird den Anspruchsberechtigten über die gesetzlichen Bestimmungen zugesichert, dass sich im Hilfeprozess an ihren Wünschen und Interessen orientiert und eng mit ihnen zusammengearbeitet wird. Im Rahmen der in § 36 SGB VIII geregelten Hilfeplanung wird insbesondere den Hilfeempfänger*innen eine umfangreiche Information und Aufklärung über ihre Rechte zugesichert, um bzgl. der Hilfe notwendige Entscheidungen treffen zu können. So ist darin bspw. geregelt, dass sie sowohl über Art und Umfang der Hilfe als auch über mögliche Folgen für die Entwicklung der jungen Menschen hingewiesen, aufgeklärt und beraten werden (vgl. § 36 Abs. 1 SGB VIII). Dabei sollen die etwaigen unterschiedlichen Sichtweisen der Adressat*innen und leistungserbringenden sowie leistungsgewährenden Fachkräfte in einem dialogischen Prozess zu einem Konsent geführt werden. Ziel ist ein gelingender und vertrauensvoller Hilfeprozess, bei dem die Hilfeplanziele direkt an den Adressat*innen ausgerichtet werden. In diesem Sinne sollte davon ausgegangen werden, dass die Stimmen und Standpunkte derjenigen, welche die Unterstützung erhalten, genauso gehört und in den Hilfeprozess eingebunden werden, wie die Meinung und Sichtweise der Fachkräfte von öffentlichen und freien Trägern.

Diesem rechtlichen Anspruch folgend dürfen sich Adressat*innen der Kinder- und Jugendhilfe im Hilfeprozess nicht ausgeschlossen und fremdbestimmt fühlen: Sie sollten die Abläufe eines Hilfeprozesses grundsätzlich verstehen. Wenn Adressat*innen umfangreiche Kenntnis über ihre Rechte besitzen, dann könnten sie auch – sobald sie das Gefühl haben, dass sich die Hilfe in eine für sie falsche Richtung entwickelt – entsprechend reagieren. In der Folge wären junge Menschen und ihre Personensorgeberechtigten auch befähigt, in Konflikten entsprechend zu handeln und ihnen wäre klar, wer mögliche Unterstützer*innen und Ansprechpersonen sein könnten. Sie könnten dann selbst den Anstoß geben, Hilfen neu zu justieren und wieder in bessere ‚Fahrwasser' zu bringen. Dies kann bspw. notwendig werden, wenn Probleme mit leistungserbringenden Fachkräften auftreten oder Konflikte mit der*dem zuständigen Fallmanager*in im Jugendamt existieren.

Unabhängiges Beratungs- und Beschwerdeangebot zur Sicherung der Rechte

Dass es dialogische Prozesse innerhalb der Hilfen zur Erziehung gibt und diese, wie beschrieben, gelingen können und sich die Anspruchsberechtigten einer Hilfe somit auch als wirkmächtig erleben, soll an dieser Stelle keineswegs negiert werden. In der täglichen Arbeit der externen Beschwerdestelle für Mitwirkungs- und Beteiligungsrechte (BeMiBe) zeigt sich jedoch ein anderes Bild: Die Fälle, die beraten werden, spiegeln wider, dass die rechtlich zugesicherten Versprechen gegenüber den Adressat*innen der Kinder- und Jugendhilfe in der Praxis nicht immer bzw. vollends eingehalten werden.

BeMiBe existiert seit Anfang 2018. Neben der Fachstelle für Ombudschaftliche Arbeit in Sachsen und dem Careleaver Zentrum ‚House of Dreams' ist es eines von drei Projekten des Kinder- und Jugendhilferechtsvereins e. V. (KJRV) in Sachsen. BeMiBe wird aus Mitteln der Stadt Leipzig finanziert und richtet sich an junge Menschen, Eltern bzw. Sorgeberechtigte, die sich bei Problemen mit leistungserbringenden Trägern und Fachkräften aus der Stadt Leipzig an die externe Beschwerdestelle wenden können. Konzeptionell beinhaltet die Arbeit der Beschwerdestelle primär zwei Aufgabenfelder:

- *Beschwerdeprozessbegleitung:* Aufnahme, Bearbeitung und Beratung konkreter Beschwerdeanliegen junger Menschen und ihrer Familien im Rahmen der Hilfeerbringung sowie
- *Multiplikator*innenrolle:* Externe Beratung, Begleitung und fachliche Unterstützung von Trägern der Kinder- und Jugendhilfe bei der Entwicklung,

Überarbeitung und Verstetigung einrichtungsinterner Beteiligungs- und Beschwerdekonzepte.

Entsprechend der Konzeption dieses Projekts werden der BeMiBe eher Negativschilderungen der Adressat*innen über Hilfeverläufe zugetragen, wodurch insbesondere Missstände deutlich werden. Jedoch können durch die inhaltliche Fokussierung der Arbeit und die regelmäßige statistische Aufbereitung der Beratungsanfragen auch Rückschlüsse auf typische Konflikt- und Problemkonstellationen in der Kinder- und Jugendhilfe gezogen werden. Diese bilden den Schwerpunkt dieses Beitrags. Die nachfolgenden drei Fallskizzen sollen in Ansätzen zunächst die Bandbreite der unterschiedlichen Anliegen aufzeigen, mit denen sich Ratsuchende an die externe Beschwerdestelle wenden. Stellvertretend stehen sie in diesem Rahmen für die Themen, Anliegen und Konfliktfelder der täglichen Beratungspraxis.

Fallskizze ‚Michael' – Rechtsverletzungen in der stationären Jugendhilfe

Michael ist 15 Jahre alt und lebte seit dem Kleinkindalter in unterschiedlichen stationären Einrichtungen der Kinder- und Jugendhilfe im gesamten Bundesgebiet. Immer wieder kam es für ihn zu Einrichtungswechseln und damit zu Beziehungsabbrüchen. Michael kennt viele Formen von Heimeinrichtungen. Er kontaktiert die externe Beschwerdestelle und berichtet, dass er bis vor kurzem in einer Einrichtung lebte, in der es ihm nicht gut erging. Er schildert unterschiedliche Grenzverletzungen pädagogischer Fachkräfte gegenüber den dort lebenden Jugendlichen. So wurden nicht nur er, sondern auch andere Jugendliche bzw. Mitbewohner*innen in der Einrichtung körperlich bedrängt, bedroht, massiv beschimpft und psychisch unter Druck gesetzt. Michael benennt viele unterschiedliche Beispiele. Ihn beschäftigen diese Situationen noch immer. Inzwischen weiß er durch Gespräche mit seinen Betreuer*innen in der neuen WG, dass das Verhalten der Pädagog*innen in der vorherigen Einrichtung nicht richtig war. Nun möchte er etwas dagegen unternehmen, damit andere Jugendliche nicht wie er diese Situationen erleben und erleiden müssen. Er weiß heute, dass er schon während seiner Zeit in der Einrichtung ein Recht auf externe Hilfe hatte. Zu jener Zeit war ihm das jedoch nicht bewusst und er hatte erst nach dem Auszug von der externen Beschwerdestelle erfahren.

Fallskizze ‚Frau Müller' – in einer ambulanten Hilfe in Bedrängnis

Frau Müller, 39 Jahre alt, ist alleinerziehende Mutter eines autistischen neunjährigen Sohnes (Max). Seitdem Max die erste Klasse besucht, unterstützt ihn im Schulalltag eine Schulbegleitung. Frau Müller schildert, dass zu Beginn der Schulzeit das Verhältnis zu der Schulbegleitung sehr gut gewesen sei. Allerdings änderte sich dies im Laufe des Schuljahres. Frau Müller spürte immer deutlicher, dass die Fachkraft starken Einfluss auf die sonstige Gestaltung des Alltags der Familie außerhalb der Schule nehmen möchte. Auch Max schildere zuhause, dass er sich von der Schulbegleitung ausgefragt und in ihrem Beisein zunehmend unwohl fühle. So berichtet Frau Müller, dass, wenn sie etwas entgegen den Wünschen und Erwartungen der Schulbegleitung mache, die Schulbegleitung immer gleich einen Anruf im Jugendamt tätige und der dortigen Fachkraft Bericht erstatte. Anschließend werde Frau Müller vom Jugendamt kontaktiert und ihr eine fehlende Mitwirkung unterstellt, ohne nach ihrer Perspektive zu fragen. Beim letzten Telefonat habe die Fachkraft des Jugendamtes dann auf einmal auch von Kindeswohlgefährdung gesprochen. Dies versetzte Frau Müller in Panik, da sie die Anschuldigung nicht einordnen konnte. Sei es der neue Schreiblock, die Trinkflasche, Ausflugsziele der Familie oder die Freunde des Jungen – über alles äußere sich die Schulbegleitung negativ. Frau Müller schildert, dass sie zunehmend ängstlich sei, sich fremdbestimmt, bedroht und nicht ernst genommen fühle. Sie habe den Eindruck, dass sowohl das Jugendamt als auch die Schulbegleitung gemeinsam darauf hinarbeiten, ihr Max wegzunehmen. Frau Müller ist verzweifelt und weiß nicht, was sie tun kann. Sie versucht die Erwartungen der Schulbegleitung an sie zu erfüllen und umzusetzen sowie Probleme offen anzusprechen, aber dabei stoße sie auf taube Ohren.

Fallskizze ‚Herr Schmidt' – Unsicherheiten, Fragen und Ängste ausgelöst durch unklare Zuständigkeiten und fehlende Rückmeldungen

Herr Schmidt, 45 Jahre alt, ist Vater eines elfjährigen Mädchens (Sofia). Die Mutter von Sofia und er haben sich bereits in der Schwangerschaft getrennt. Sofia lebte bei ihrer Mutter und war im Rahmen einer Umgangsvereinbarung in regelmäßigen Abständen am Wochenende bei Herrn Schmidt. Das Verhältnis zu Sofia sei für ihn schwierig. Herr Schmidt habe schon lange Sorge, ob es Sofia bei ihrer Mutter wirklich gut gehe. Er habe auch schon ein paar Mal versucht, mit der Schule oder auch dem Jugendamt darüber zu sprechen. Alle wiegelten ab. Nach einer anonymen Meldung beim Jugendamt wurde Sofia letztlich in Obhut genommen und in einer WG untergebracht. Herr Schmidt traute sich aufgrund der belasteten Beziehung zunächst nicht zu, Sofia bei sich aufzunehmen. Verschiedene Untersuchungen bestätigten, dass Sofia starke Verhaltensauffälligkeiten habe. Bis zur Klärung sorgerechtlicher Fragen wurde ein Vormund bestellt. Herr Schmidt habe den Eindruck, dass die WG Sofia gut tue, aber er fühle sich auch zunehmend aus Sofias Leben gedrängt. So werden die Umgänge stark eingeschränkt und mit den Fachkräften der WG und dem Jugendamt läuft die Kommunikation sehr schleppend, eine*r verweist auf den Nächsten und niemand fühle sich für seine Fragen zuständig. Herr Schmidt macht sich große Sorgen, wie er unter diesen Umständen für Sofia da sein und eine Beziehung und Bindung zu ihr halten könne, um sie eventuell doch bei sich aufzunehmen. Herr Schmidt schildert, dass er allein nicht weiterkomme und nicht weiß, was er machen solle. Er habe bereits versucht mit unterschiedlichen Beteiligten ins Gespräch zu gehen, aber der Vormund verweist auf das Jugendamt und umgekehrt. Er ist inzwischen völlig verzweifelt und ratlos, weil er seine Tochter immer seltener sehen darf und ihm keine Erklärungen hierfür genannt werden.

Beratungspraxis zwischen erlebter Machtlosigkeit und Empowerment

In der Beratungspraxis wird deutlich, dass sich junge Menschen oder Eltern an die BeMiBe wenden, da sie sich nicht verstanden fühlen, die Hilfeprozesse nicht nachvollziehen können oder sich ausgeschlossen und hilflos gegenüber den oft als mächtiger wahrgenommenen Fachkräften und ihrer Deutungshoheit erleben (s. Fallskizzen[1] in Kästen). Die Adressat*innen berichten mehrheitlich, dass ihnen nicht zugehört werde. Zudem würden sie ihre Themen oder Anliegen, welche sie beschäftigen, nicht mehr ansprechen, da sie sich in den Gesprächen als unterlegen und wenig wirkmächtig erleben. Sie erzählen darüber hinaus, dass sie nicht einbezogen werden, weil ihnen bspw. das Lesen von Berichten verwehrt werde und sie auf Fragen keine Antworten und Erklärungen erhalten. Allzu oft schildern sie, dass ihnen bei Äußerung von Kritik fehlende Mitwirkung seitens leistungserbringender oder -gewährender Fachkräfte vorgeworfen würde und sie somit zusätzlich unter Druck geraten. Weiterhin melden sich junge Menschen und berichten über grenzverletzendes Verhalten ausgehend von den Fachkräften innerhalb der Einrichtungen (s. Fallskizze „Michael"). Oft fühlen sie sich ausgeschlossen, wenn es um Entscheidungen bzgl. der Hilfe geht, die ganz unmittelbar ihre Lebensgestaltung betrifft. Teils erzählen sie davon, dass ihnen ihr zustehendes Taschengeld nicht ausgezahlt werde, weil dies aus Sicht der Fachkräfte eine vermeintlich richtige Sanktionierung darstelle. Des Weiteren wird in den Beratungsgesprächen deutlich, dass Regeln bspw. in Wohngruppen nicht mitgestaltet werden können, obwohl Beteiligung rechtlich versprochen wird. Bei Konflikten fühlen sich die Jugendlichen chancenlos, da ihre Meinung keine Anerkennung finde. Nicht zuletzt berichten junge Volljährige davon, dass sie beim Übergang in die Selbstständigkeit viel zu schnell von den Fachkräften allein gelassen werden und keine Unterstützung mehr erfahren.

Häufig sind bei einer Kontaktaufnahme mit der BeMiBe die Lagerung der einzelnen Fälle und auch die nächsten Handlungsschritte noch nicht klar. Intensive Eingangsgespräche zum Fallverstehen sind deshalb von besonderer Bedeutung. In der Beratung geht es nicht darum, den Willen der ratsuchenden Menschen auf Biegen und Brechen bei leistungserbringenden oder -gewährenden Fachkräften durchzusetzen, sondern darum, die Ratsuchenden bzw. Beschwerdeführenden aufzuklären, zu informieren, fachliche Einschätzungen zu den jeweiligen Fallkonstellationen zu geben und mögliche Handlungsoptionen aufzuzeigen, um so die ratsuchenden Menschen zu

1 Die jeweiligen Falldarstellungen sind namentlich anonymisiert und bzgl. äußerer Gegebenheiten verändert.

befähigen, ihre berechtigten Anliegen wieder eigenständig zu vertreten (vgl. Kapitel V, Len, Manzel & Tomaschowski, i. d. B.).

Die Beratung und Begleitung der ratsuchenden Personen ist zudem sehr eng an deren Selbstbestimmung orientiert: So werden die nächsten Handlungsschritte immer gemeinsam ausgelotet. Dies hat oft zur Folge, dass die Ratsuchenden die Unterstützung vor allem im Kontakt mit dem Jugendamt wünschen und weniger in Gesprächen mit den Leistungserbringenden, obwohl dies vom Konzept der Beschwerdeprozessbegleitung zunächst vorgesehen wäre. Häufig beschreiben die Ratsuchenden, dass ihre Sichtweise in Bezug auf die Hilfegestaltung noch kein Gehör gefunden habe und vor allem das Jugendamt diese doch ernst- und wahrnehmen müsse. Letzteres wird – wie oben dargestellt – im Hilfeprozess und im Vergleich zu leistungserbringenden Fachkräften als wirkmächtiger erlebt.

In der Beratungsarbeit zeigt sich somit deutlich, was für eine zentrale Bedeutung der Kontakt zum Jugendamt für die Ratsuchenden hat. Dies ist meist auch darin begründet, dass die Konflikte mit den leistungserbringenden Fachkräften bereits länger und vor der Kontaktaufnahme zu BeMiBe existieren: Mit der Zeit haben sie sich massiv zugespitzt, ein gravierender Vertrauensverlust zu den hilfeerbringenden Fachkräften hat bereits stattgefunden und seitens der Ratsuchenden wird keine gemeinsame „Hilfezukunft" mehr gesehen. Gleichzeitig wird deutlich, dass Konflikte in der Hilfeerbringung bzw. -gestaltung nicht vom Jugendamt abgekoppelt und deshalb häufig nicht ohne die zuständigen Mitarbeitenden geklärt werden können. Denn sobald es im Rahmen der Leistungserbringung Konflikte gibt, sollten diese grundsätzlich ein Thema im Hilfeplanverfahren (gem. § 36 SGB VIII) sein. Dieses wird wiederum von den Fallzuständigen im Allgemeinen Sozialen Dienst verantwortet.

Es zeichnet sich also ein Bild in den unterschiedlichen Beratungsprozessen, das verdeutlicht, wie viele schwerwiegende Konflikte und Problemkonstellationen innerhalb der Hilfeprozesse existieren und entstehen können. Bei den Hilfeempfänger*innen wird das Bedürfnis nach Unterstützung von außen groß, weil sie das Gefühl haben, allein zu scheitern und gegen die Übermacht der Fachkräfte nicht anzukommen bzw. nichts ausrichten zu können. Dies kann als Ausdruck von Machtasymmetrie im Kontext der Leistungserbringung gewertet werden.

Zuhören und Verstehen als zentrale Elemente im Hilfeprozess

Häufig äußern sowohl heranwachsende als auch erwachsene Ratsuchende in Beratungsgesprächen Verwunderung darüber, dass ihnen im Beratungsprozess ihrer Ansicht nach zum ersten Mal intensiv zugehört würde. Die Menschen mit teils langjähriger Jugendhilfeerfahrung schildern, dass erstmalig versucht würde, ihre Position – ohne Wertung – nachzuvollziehen und zu verstehen. Im Umkehrschluss bedeutet dies jedoch, dass dem Aspekt des *Zuhörens und Verstehens* in den Hilfeprozessen scheinbar zu wenig Bedeutung beigemessen wird. Und dies, obwohl den Adressat*innen ein dialogischer Prozess und ein Zusammenwirken aller Beteiligten rechtlich zugesichert sind. Dennoch wird aus der Beratungspraxis und Begleitung deutlich, dass das Dialogische im Hilfeprozess wiederkehrend nicht in alle Richtungen umgesetzt wird. So wird am Ende mehr *über* die Adressat*innen als *mit* ihnen gesprochen.

Wiederkehrend begegnet dem Team des KJRV in Fachgesprächen bzw. im fachlichen Austausch mit Pädagog*innen (z. B. im Rahmen von Fortbildungsveranstaltungen) die Aussage, dass die Menschen, die uns kontaktieren, sicherlich auch Fehler gemacht hätten. Dieser Aussage wird oft angefügt, dass Fachkräfte öffentlicher und freier Träger wohl gute Gründe für ihr Handeln hätten. So zum Beispiel, wenn sie für die Inobhutnahme von Kindern plädieren oder eine bestimmte Hilfe gegen den Willen der Personensorgeberechtigten durchsetzen. Es mag sein, dass die Menschen, die sich an die Beschwerdestelle wenden, Fehler in der Betreuung und Erziehung ihrer Kinder gemacht haben. Diese machen eine Person bzw. eine Adressat*in der Hilfe zur Erziehung aber nicht rechtlos. Auch einer Person, welche einen vermeintlichen Fehler gemacht hat, steht zu, und dieses Recht ist gesetzlich festgeschrieben, dass ihrer Sichtweise im Hilfeprozess Beachtung und Aufmerksamkeit geschenkt und das Bemühen, die Situation zu ändern, anerkannt wird.

Es versteht sich von selbst, dass sich über das reine Zuhören und die Versuche die Positionen zu verstehen, Probleme oder Konflikte in den Erziehungshilfen nicht auflösen. Gleichwohl macht es, den Berichten der Ratsuchenden zufolge, bereits im Umgang miteinander einen zentralen Unterschied: Es verändert das machtvolle Rollengefüge im jugendhilferechtlichen Dreiecksverhältnis und eröffnet Möglichkeitsräume und Handlungsoptionen. So könnten durch eine verbesserte Kommunikation Entscheidungen involvierter Fachkräfte besser nachvollzogen oder eine zunächst von Adressat*innen abgelehnte Hilfe könnte doch angenommen oder akzeptiert werden, da sie besser eingeordnet und verstanden werden kann. Auch der mögliche Wunsch von Adressat*innen nach einem Helfer*innenwechsel oder Hilfewechsel könnte seitens der Fachkräfte besser eingeordnet werden, wenn deutlich wird, dass Konflikte zu festgefahren sind bzw. das Vertrauen allzu sehr erschüttert scheint.

Es ist dem Jugendhilfesystem weiterhin durch strukturelle Machtasymmetrien immanent, dass es zu Problemen und Konflikten kommen kann. Jedoch ist der Umgang damit für Adressat*innen entscheidend. Hinzu kommen eine notwendige Auseinandersetzung, der reflexive Umgang sowie eine professionelle Haltung der Fachkräfte mit und gegenüber der eigenen Macht: „Wir wissen, dass es um Machtfragen geht. Wir müssen uns der

Machtasymmetrie bewusst sein und wissen dadurch, dass wir als Professionelle unsere eigenen betriebsblinden Flecken haben." (Hemker 2013, S. 77)

Rückmeldungen über fachliches Handeln wertschätzen und als Chance für Veränderungen begreifen

In der Vergangenheit musste innerhalb von Disziplin und Profession der Sozialen Arbeit und Sozialpädagogik vielfach festgestellt werden, dass durch Machtverhältnisse bedingtes Fehlverhalten von Fachkräften weitaus häufiger vorkommt, als wir es uns als Fachkräfte wünschen würden und vorstellen können. Zunächst thematisiert durch die umfangreichen Aufarbeitungsprozesse und Ergebnisse der Runden Tische zur Aufarbeitung der ‚Heimerziehung in den 1950er und 60er Jahren' (s. Kapitel IV, Schruth, i. d. B.) sowie des ‚sexuellem Kindesmissbrauch in Abhängigkeits- und Machtverhältnissen in privaten und öffentlichen Einrichtungen und im familiären Bereich' (vgl. AGJ 2010; BMFSFJ 2011), später durch die sogenannten Heimskandale um Einrichtungen wie Haasenburg und Friesenhof (vgl. MBJS 2013) oder auch die erst kürzlich erschienenen Ergebnisse der Aufarbeitung zu Grenzverletzungen durch ehemalige Mitarbeiter*innen in einem bayerischen SOS-Kinderdorf (vgl. Keupp 2021), wird dies mehr als deutlich.

„(…) [I]n Zeiten, da Gewalt gesetzlich zwar geächtet ist, Fachkräfte der Jugendhilfe in pädagogisch schwierigen Situationen aber immer häufiger an ihre Grenzen stoßen (…)" (Wiesner 2012, S. 1) braucht es unabhängige Anlaufstellen, an die sich Adressat*innen der Kinder- und Jugendhilfe wenden können. Ganz grundsätzlich geht es hier um einen veränderten Umgang mit kritischen Anmerkungen und Beschwerden seitens der Adressat*innen. Sie müssen als Rückmeldungen über fachliches Handeln wertgeschätzt werden, um die Qualität der Arbeit zu verbessern, aber auch um Rechtsverletzungen frühzeitig zu erkennen (vgl. Wiesner 2014, S. 9). Eine Beschwerde kann in diesem Sinne eine kritische Sichtweise über fachliches Handeln derjenigen Menschen eröffnen, welche unsere Arbeit als Fachkräfte unmittelbar in ihrem Leben betrifft (vgl. Urban-Stahl 2011, S. 9). Bereits 2008 geht Kappeler hier noch weiter und stellt Beschwerdemöglichkeiten als eine logische Konsequenz aus zahlreichen Diskursen der Sozialen Arbeit dar:

> „Der Diskurs über unabhängige Beschwerdemöglichkeiten für die Betroffenen, die Adressaten, die NutzerInnen Sozialer Arbeit […] ist eingebettet in beziehungsweise theoretisch und praktisch vernetzt mit anderen Diskursen über Ökonomisierung, Standardisierung, Dienstleistungstheorien, den vorsorgenden Sozialstaat, neue Armut, Bildungsnotstand, Dequalifizierung, über Wirkungsforschung, Adressatenforschung, Nutzerforschung, Partizipation, Qualitätsentwicklung und -sicherung

und schließlich Soziale Arbeit und Menschenrechte. Meines Erachtens ist die kräftiger werdende Forderung nach unabhängigen Beschwerdeinstanzen auch eine praktische Konsequenz aus den aufgezählten Diskursen." (Kappeler 2008, S. 50)

Gesetzliche Verankerung von Beschwerdemöglichkeiten

Vor allem durch die Aufarbeitungsprozesse im Zuge der Runden Tische und das Bekanntwerden der massiven Grenz- und Rechtsverletzungen wurde von unterschiedlichen Seiten schon vor Jahren gefordert, aus der Vergangenheit zu lernen und die Rechte der Kinder und Jugendlichen besser zu schützen (vgl. DV 2012; Mund 2014, S. 57; Walter 2014, S. 78; Schruth 2015). Im Zuge der umfangreichen SGB VIII-Reform wurden im Juni 2021 die Bestimmungen und die Möglichkeiten sowohl unabhängiger ombudschaftlicher Beratung als auch der Beschwerdemöglichkeiten in Einrichtungen der Kinder- und Jugendhilfe deutlich erweitert. Einerseits wurden in § 9a Ombudsstellen als unabhängige Beratungs- und Beschwerdestellen gesetzlich verankert. Andererseits wurden die gesetzlichen Bestimmungen für die Betriebserlaubnis im § 45 Abs. 2 Nr. 4 deutlich erweitert: Interne Beschwerdeverfahren allein – wie noch im BKiSchG – reichen nun nicht mehr aus. Zusätzlich braucht es gemäß der gesetzlichen Neuregelung nun auch externe Beschwerdemöglichkeiten sowie Schutzkonzepte und Selbstvertretungsstrukturen in den Einrichtungen.

Zu beobachten bleiben nun jedoch die konkrete Ausgestaltung dieser neuen Gesetzgebung in der Praxis und die konkreten Regelungen auf Landesebene. Damit jedoch die Neuerungen wirklich etwas für die jungen Menschen in den Einrichtungen hinsichtlich der Themen Beteiligung und Beschwerde verändern, reicht es nicht aus, wenn Einrichtungen sich – überspitzt formuliert – des Themas entledigen, indem sie einfach die existierenden Ombudsstellen in ihren Konzepten als externe Beschwerdemöglichkeit ausweisen. Dies wäre wohl nicht dem Gesetzeswillen entsprechend. Insbesondere den Betriebserlaubnisbehörden kommt hier eine besondere Verantwortung und letztlich auch Kontrollfunktion zu.

Ombudsstellen besitzen zwar grundsätzlich die fachliche Qualifikation, eine externe Beschwerdefunktion i. S. des § 45 Abs. 2 Nr. 4 zu übernehmen, und wären somit eine geeignete Möglichkeit zur Umsetzung der neuen Bestimmungen. Damit externe Beschwerdestellen ihren Sinn und Zweck erfüllen können, mit Leben gefüllt werden und nicht nur formale Abhandlungen bleiben, sind aber bestimmte Voraussetzungen vonnöten – unabhängig davon, ob es sich um eine Ombudsstelle oder eine andere externe Beschwerdemöglichkeit handelt.:

So müssen externe Beschwerdestellen regelmäßig in den Einrichtungen präsent und allen jungen Menschen und Mitarbeitenden bekannt sein. Dies braucht entsprechende personelle und finanzielle Ressourcen. Andersrum müssen Einrichtungen den jungen Menschen einen uneingeschränkten Zugang zu der externen Beschwerdestelle sicherstellen. Auch Vertraulichkeit muss den Beschwerdeführenden zugesichert sein. (Nicht nur) wenn die externe Beschwerdemöglichkeit eine Ombudsstelle ist, ist es zentral, dass deren Unabhängigkeit gesichert ist, da sie streng genommen einen Teil der Leistungserbringung der Einrichtung übernimmt. Wenngleich dieser entsprechend der gesetzlichen Regelung zwangsläufig außerhalb der Einrichtung erbracht wird. Sofern Ombudsstellen als externe Beschwerdeinstanzen fungieren, braucht es laut den im Bundesnetzwerk zusammengeschlossenen Ombudsstellen mit jeder Einrichtung ausführliche Gespräche und eine gesonderte Kooperationsvereinbarung zur der Erfüllung der externen Beschwerdefunktion (vgl. BNO 2022).

Schaffung von diskursiven Räumen zur Auseinandersetzung mit Beteiligung und Beschwerde unabdingbar

Auch wenn bereits seit vielen Jahren über Beschwerdemöglichkeiten innerhalb und außerhalb von Einrichtungen diskutiert wird, stehen viele Einrichtungen aktuell vor der Herausforderung, *gelingende* Beteiligungs- und Beschwerdeverfahren zu konzipieren und angepasst an die jeweiligen Einrichtungen umzusetzen. In vielen Fachgesprächen im Rahmen der Arbeit als externe Beschwerdestelle wurde deutlich, dass Ängste und Unsicherheiten bestehen, wenn das Thema und die Möglichkeit der Beschwerde und Beteiligung offensiv befördert werden. Mitarbeitende in Einrichtungen äußerten in Fortbildungsveranstaltungen des KJRV wiederkehrend Sorge vor bspw. personalrechtlichen Konsequenzen, sollte sich über sie beschwert werden. „Mitarbeiterinnen und Mitarbeiter fürchten vielfach Autoritätsverlust, Verunsicherungen in ihrem pädagogischen Handeln und die Ermächtigung der Kinder- und Jugendlichen. Die damit einhergehenden Diskussionsprozesse lassen sich als Auseinandersetzung um die Machtverhältnisse in Einrichtungen verstehen." (Urban-Stahl, Jann, Bochert & Grapentin 2013, S. 16). Diese Vorbehalte auf unterschiedlichen Wirkungsebenen der Fachkräfte wahrzunehmen und Räume innerhalb und außerhalb von Einrichtungen zur diskursiven Auseinandersetzung zu schaffen, sind zentrale Voraussetzungen, um beschwerdefreundliche Einrichtungs-kulturen aufzubauen (vgl. Urban-Stahl & Jann 2014, S. 70-82). Wenngleich die Themen Beteiligung und Beschwerde seit Jahren im fachlichen Diskurs stehen, braucht es von Fachkräften ein aktives Engagement, um gelingende Strukturen diesbezüglich umzusetzen und diese Themen mit Leben zu füllen – auch wenn dies neben der Fülle des Alltagsgeschehens keine leichte Aufgabe darstellt. „Die Haltung von Fachkräften, die Einrichtungskultur und der bestehende Umgang mit den Machtstrukturen sind letztlich entscheidend dafür, ob Beschwerdemöglichkeiten genutzt werden und wirksam sein können – oder nicht." (ebd., S. 62). Wir als Fachkräfte können nicht davon ausgehen, dass Beteiligungs- und Beschwerdekompetenzen im Hilfeprozess bei Adressat*innen von selbst und von vornherein vorhanden sind. Es ist Aufgabe der Fachkräfte, diese über Beziehungsarbeit und den Aufbau verlässlicher Hilfestrukturen in einem partizipativen Prozess herzustellen.

Literatur

AGJ (Arbeitsgemeinschaft für Kinder- und Jugendhilfe) (2010). Abschlussbericht des Runden Tisches „Heimerziehung in den 50er und 60er Jahren". Berlin: AGJ-Eigenverlag.

BMFSFJ (2011). Abschlussbericht Runder Tisch Sexueller Kindesmissbrauch in Abhängigkeits- und Machtverhältnissen in privaten und öffentlichen Einrichtungen und im familiären Bereich. Berlin.

BNO (Bundesnetzwerk Ombudschaft in der Jugendhilfe e.V.) (2022). Einrichtungsexterne Beschwerdestellen im Sinne des § 45 Abs. 2, Nr. 4 SGB VIII: Voraussetzungen, Bedingungen, Chancen. https://ombudschaft-jugendhilfe.de/wp-content/uploads/BNO_Positionspapier_Externe_Beschwerdestellen_2022.pdf [01.07.22]

DV (Deutscher Verein für öffentliche und private Fürsorge e.V.) (Hrsg.) (2012). Empfehlungen des Deutschen Vereins zur Sicherung der Rechte von Kindern und Jugendlichen in Einrichtungen. www.deutscher-verein.de/de/uploads/empfehlungen-stellungnahmen/2011/dv-39-11.pdf. [26.01.22]

Hemker, B. (2013). Initiativen und Erfahrungen mit Ombudschaft in der Kinder- und Jugendhilfe. Ombudschaft Jugendhilfe NRW. Ombudschaften – ein Beitrag zur Bedarfsbefriedigung und Nutzerorientierung. In: Arbeitsgruppe Fachtagungen Jugendhilfe im Deutschen Institut für Urbanistik (Hrsg.): Beschwerdemanagement und Ombudschaft – eine Qualitätsstrategie für die Jugendämter? Dokumentation der Fachtagung am 25. und 26. April 2013 in Berlin. S. 75-81.

Kappeler, M. (2008). Unabhängige Beschwerdestellen für AdressatInnen der Jugendhilfe. In: Dialog Erziehungshilfe, Heft 2/3, S. 49-51.

Keupp, Heiner (2021). Aufklärung und Aufarbeitung der Grenzverletzungen in einem SOS-Kinderdorf in Bayern. Zusammenfassung und Empfehlungen. www.sos-kinderdorf.de/resource/blob/115632/4b604aef9c73f3fbe116ac2a81bd2724/download-bericht-keupp-data.pdf?userVariant=. [07.01.22]

MBJS (Ministerium für Bildung, Jugend und Sport des Landes Brandenburg) (2013): Bericht und Empfehlungen der unabhängigen Kommission zur Untersuchung der Einrichtungen der Haasenburg GmbH. https://geschlossene-unterbringung.de/wp-content/uploads/2013/10/2013-11-06_Endbericht-der-Kommission-zur-Haasenburg.pdf. [20.01.22]

Mund, P. (2014). Partizipation in der stationären Kinder- und Jugendhilfe: Beschwerdemanagement und Ombudschaft. In: DV (Deutscher Verein für öffentliche und private Fürsorge e.V.) (Hrsg.): Partizipation in der sozialen Arbeit. Alibi oder Empowerment. Freiburg: Lambertus-Verlag. S. 56-63.

Schruth, P. (2015). Was fordert uns auf, was fordert uns heraus? Das Berliner Modellprojekt einer unabhängigen Beratungs- und Ombudsstelle. ZKJ Kindschaftsrecht und Jugendhilfe, Heft 3, S. 109-110.

Urban-Stahl, U. (2011). Ombuds- und Beschwerdestellen in der Kinder- und Jugendhilfe in Deutschland. Eine Bestandsaufnahme unter besonderer Berücksichtigung des möglichen Beitrags zum „Lernen aus Fehlern im Kinderschutz". Beiträge zur Qualitätsentwicklung im Kinderschutz. Band 1. Köln: Nationales Zentrum Frühe Hilfen.

Urban-Stahl, U., Jann, N., Bochert, S., Grapentin, H. (2013). Beschweren erlaubt! 10 Empfehlungen zur Implementierung von beschwerdeverfahren in Einrichtungen der Kinder- und Jugendhilfe. www.ewi-psy.fu-berlin.de/einrichtungen/arbeitsbereiche/sozialpaedagogik/dokumente/BIBEK-Handreichung.pdf. [20.01.22]

Urban-Stahl, U., Jann, N. (2014). Beschwerdeverfahren in Einrichtungen der Kinder- und Jugendhilfe. München: Reinhardt Verlag.

Walter, T. (2014). Ombudschaft in der Kinder- und Jugendhilfe. Ein gangbarer Weg zur Förderung der Kinder- und Jugendrechte? In: Zeitschrift für das Fürsorgewesen, Heft 4, S. 73-82.

Wiesner, R. (2012). Implementierung von ombudschaftlichen Ansätzen in der Jugendhilfe im SGB VIII. Rechtsgutachten für die „Netzwerkstelle Ombudschaft in der Jugendhilfe" des Berliner Rechtshilfefonds Jugendhilfe e. V. http://brj-berlin.de/wp-content/uploads/2014/03/Rechtsgutachten_2012_02.pdf. [26.01.22]

Wiesner, R. (2014): Orientieren und Erfahrungen sammeln. Ombudschaft und Beschwerdemanagement als Thema der Qualitätsentwicklung im Jugendamt. In: Jugendhilfe aktuell (LWL), Heft 3, S. 8-11.

„Mind the gap" – die Bedeutung von Niedrigschwelligkeit für eine gelingende Ombudschaft in der Jugendhilfe

Andrea Len

Durch den neu eingeführten § 9a SGB VIII sind die Länder verpflichtet sicherzustellen, „dass sich junge Menschen und ihre Familien zur Beratung in sowie Vermittlung und Klärung von Konflikten im Zusammenhang mit Aufgaben der Kinder- und Jugendhilfe [...] an eine Ombudsstelle wenden können." Auch wenn dies keinen individuellen Rechtsanspruch auf ombudschaftliche Beratung darstellt, so bietet die Norm im Wortlaut ein weitreichendes Zugeständnis an Ratsuchende: einen gesicherten Zugang zu einer Ombudsstelle. Damit dieser Zugang aber nicht nur theoretisch, sondern auch praktisch gesichert ist, muss er niedrigschwellig sein. Ausgehend von einer uneinheitlichen Begriffsdefinition erörtert dieser Beitrag anhand von Praxiserfahrungen von Ombudsstellen wichtige Voraussetzungen für Niedrigschwelligkeit und deren Umsetzungsmöglichkeiten.

Niedrigschwelligkeit und ihre Bedeutung für die Ombudschaft

Wenn im Kontext der Sozialen Arbeit von Zugangsproblemen zu Einrichtungen und Leistungen die Rede ist, fällt häufig der Begriff der „Niedrigschwelligkeit[1]" bzw. „Niederschwelligkeit". Im Fokus stehen Adressat*innen, die aufgrund bestehender Hürden oder „Schwellen" Angebote nicht oder nur erschwert in Anspruch nehmen können, obwohl diese benötigt werden und auch prinzipiell zur Verfügung stehen. Diese Schwellen können dabei räumliche (z. B. Entfernung), zeitliche (z. B. Öffnungszeiten), aber auch lebenslagenorientierte (z. B. psychische Erkrankung) oder psychologische (z. B. Scham) Aspekte betreffen, und subjektiv variieren (Konter 2019). Niedrigschwelligkeit als Gestaltungsprinzip von sozialen Dienstleistungen (Muche, Oehme & Schröer 2010, S. 8) stellt ein wesentliches Qualitätsmerkmal dar. Sie ermöglicht den Zugang zu bzw. die Inanspruchnahme von Hilfsangeboten für Adressat*innen, indem bestehende Schwellen beseitigt oder minimiert werden. Trotz seiner bildhaften

1 Die Begriffe gelten in der Sozialen Arbeit als synonym. Im Folgenden wird ausschließlich die Bezeichnung Niedrigschwelligkeit verwendet.

Anschaulichkeit ist der Begriff in der Fachliteratur nicht einheitlich definiert und umschreibt einen breiten Themenkomplex an Methoden, Strukturmerkmalen, Konzepten und Strategien. Charakteristische Hilfsangebote wie z. B. Streetwork, Kältebusse oder Notübernachtungen, die sich um Personen in prekären Verhältnissen bemühen, werden ebenso als „niedrigschwellig“ bezeichnet wie die Nutzung modernster Informations- und Kommunikationstechnologien (Mayrhofer 2012, S. 9). Spätestens seit der lang geforderten und ab 2028 in Aussicht stehenden inklusiven Kinder- und Jugendhilfe wird der Begriff (neben der „Barrierefreiheit“) auch vielfach verwendet, um den Abbau sichtbarer und unsichtbarer Schwellen für junge Menschen mit Behinderung zu beschreiben.

Obwohl die Notwendigkeit von niedrigschwelligen Ansätzen und Zugängen auf die allermeisten Hilfsangebote der Jugendhilfe zutreffen dürfte, ist Niedrigschwelligkeit mit Blick auf den ombudschaftlichen Auftrag in spezifischer Weise bedeutsam: Konflikterfahrungen, mit denen sich Ratsuchende an Ombudsstellen wenden, entstehen nicht selten aus der „Hochschwelligkeit“ von Verwaltungshandeln (BRJ e. V. 2018, S. 13 ff.) und bilden somit einen direkten Kontrast zu den Grundanliegen der Jugendhilfe. Hochschwelliges behördliches Handeln bezeichnet beispielsweise die mangelhafte Erreichbarkeit von Fachkräften, eine unzureichende Vermittlung von (rechtlichen) Informationen, eine (zu) voraussetzungsvolle Kommunikation, langwierige Entscheidungsprozesse und Anforderungen an Leistungsempfänger*innen im Sinne von fragwürdigen „Mitwirkungspflichten“ (Schruth 2020). Im Kontext der strukturellen Machtasymmetrie (Urban-Stahl 2012, vgl. auch Urban-Stahl, Kapitel IV, i. d. B.) können sich derartige Erfahrungen von Gefühlen der Ohnmacht bis hin zu verhärteten Konflikten zwischen Jugendhilfeträgern und Adressat*innen entwickeln, bei denen sich letztere stets in der unterlegenen Position wiederfinden. Um die ratsuchenden jungen Menschen und ihre Familien in solchen Konfliktsituationen zu unterstützen, muss Ombudschaft in der Jugendhilfe selbst niedrigschwellige Zugänge und Angebote gewährleisten. Denn eine Beschwerde über die beispielsweise schlechte telefonische Erreichbarkeit der zuständigen Fachkraft im Jugendamt kann nicht glaubwürdig bearbeitet werden, wenn die aufgesuchte Ombudsstelle ebenso unzuverlässig erreichbar ist. Derartige Geschehnisse im Kontakt mit einer Ombudsstelle können den Verdruss der Adressat*innen steigern, deren Erleben von Selbstwirksamkeit mindern und im ungünstigsten Fall ihr Vertrauen in die gesamte Jugendhilfe nachhaltig beschädigen.

Wenn Ombudschaft den Anspruch erhebt, sich für eine bedarfsgerechte und adressat*innenorientierte Jugendhilfe einzusetzen, indem sie durch die Stärkung von Adressat*innen versucht, strukturelle Machtasymmetrien auszugleichen (BNO 2021b, S. 4), darf ihr eigenes Handeln keine bestehenden Barrieren im Jugendhilfesystem reproduzieren oder gar neue Hindernisse für

Ratsuchende schaffen. Ombudschaft muss dafür Sorge tragen, ihr Angebot so auszurichten, dass junge Menschen und ihre Familien eine ombudschaftliche Beratung selbstbestimmt und ohne großen Aufwand oder Anforderungen wahrnehmen können. Sie sollte sich ihrer eigenen Schwellen bewusst sein und sich bemühen, diese zu beseitigen. Niedrigschwelligkeit ist somit nicht nur eine wünschenswerte Eigenschaft, sondern eine notwendige Voraussetzung für eine gelingende Ombudschaft.

Während die Gesetzesbegründung zum § 9a SGB VIII „Ombudsstellen" zur Sicherstellung eines niedrigschwelligen Zugangs lediglich das Erfordernis von Unabhängigkeit und fachlicher Weisungsungebundenheit hervorhebt (BT-Drs. 19/26107, S. 76), wird beim näheren Betrachten deutlich, dass die Voraussetzungen für eine niedrigschwellige Ombudschaft in der Kinder- und Jugendhilfe so vielschichtig wie der Begriff selbst sind.

Bedarfsgerechte ombudschaftliche Infrastruktur als Ausgangspunkt für Niedrigschwelligkeit

Die Erfahrungen aus der ombudschaftlichen Praxis deuten auf einen ausgeprägten Beratungsbedarf der Adressat*innen hin, der teilweise die vorhandenen Kapazitäten sprengt und bisweilen zu zeitweiligen Beratungsstopps in den Ombudsstellen führte (Len & Tomaschowski 2020, S. 13). Eine wichtige Voraussetzung, die somit zugleich den Ausgangspunkt für einen niedrigschwelligen Zugang bildet, ist eine bedarfsgerechte ombudschaftliche Infrastruktur; ohne ausreichende personelle und finanzielle Ressourcen kann der uneingeschränkte Zugang zu einer Ombudsstelle nicht gewährleistet werden.

Die Implementierung von Ombudsstellen in den Bundesländern muss sich dabei gemäß § 9a SGB VIII an den Bedarfen der jungen Menschen und ihrer Familien orientieren. Die Fachdiskurse um niedrigschwellige ombudschaftliche Infrastrukturen sind jedoch höchst widersprüchlich und der Gesetzgeber hat die konkrete Ausgestaltung offengelassen. Während es Stimmen in der Fachwelt gibt, die „ein Büro der Ombudschaft mindestens in jedem Landkreis/ jeder kreisfreien Stadt" (Hansbauer & Stork 2017, S. 49) und somit ca. 400 Ombudsstellen[2] bundesweit fordern, empfehlen wiederum andere ein Modell, in dem es „pro Bundesland eine Ombudsstelle gibt, die aus einem Verbund mehrerer Regionalstellen sowie einer Zentralstelle besteht. Die Regionalstellen könnten sich an (ehemaligen) Regierungsbezirken orientieren." (BNO 2019, S. 12-13). Eine weitgehende Einigkeit besteht darüber, dass die infrastrukturelle Ausgestaltung insbesondere Flächenländer mit eingeschränkter Mobilität in

2 https://www.bundeswahlleiter.de/europawahlen/2019/kreise.html

ländlichen Räumen vor konzeptionelle Herausforderungen stellt. Betrachtet man die Argumente für und wider eines kommunalen vs. landesweiten Modells, wird deutlich, dass sich das „Spannungsfeld zwischen niedrigschwelliger Erreichbarkeit für Adressat*innen einerseits und Praktikabilität sowie Qualitätssicherung bzw. -entwicklung der ombudschaftlichen Tätigkeiten andererseits" (BNO 2021c, S. 3) bewegt: Kommunale Modelle mit kleinen Einzugsgebieten bieten zweifelsfrei den Vorteil, dass sie die physische Erreichbarkeit der Ombudsstelle sowie die Bekanntmachung und Vernetzung vor Ort erleichtern, da die dort beschäftigten Fachkräfte besser in die jeweiligen Strukturen eingebunden sind. Um die personellen Ressourcen in den Ombudsstellen sicherzustellen, bedarf es jedoch ausreichend qualifizierter Mitarbeiter*innen. Mit Blick auf den Fachkräftemangel in der Sozialen Arbeit könnte das kommunale Modell somit ausgerechnet in den kritischen ländlichen Räumen an seine Grenzen stoßen. Auch die Gewährleistung der Unabhängigkeit, die zum einen fachlich notwendig sowie gesetzlich vorgeschrieben ist und zum anderen für Ratsuchende eine nicht unerhebliche Rolle in Bezug auf die Glaubwürdigkeit und Akzeptanz der Ombudsstellen spielt (vgl. Manzel, Kapitel V, i. d. B.) und somit eine weitere Schwelle in der Wahrnehmung des ombudschaftlichen Angebots darstellt, könnte durch zu kleine Einzugsgebiete mit eng vernetzter Jugendhilfelandschaft torpediert werden. Ombudspersonen können keine oder nur erschwert unabhängige Beratung gewährleisten, wenn sie mit den in Konflikt stehenden Trägern und/oder einzelnen Fachkräften jener Träger verbunden sind bzw. in der jüngeren Vergangenheit verbunden waren. Nicht zuletzt ist eine gewisse Anzahl von ombudschaftlichen Berater*innen pro Ombudsstelle erforderlich, um ombudschaftliche Qualitätsstandards wie das 4-Augen-Prinzip einhalten zu können. Größere Einzugsgebiete mit in der Regel personell stärker besetzten Ombudsstellen könnten folglich im Vorteil sein, auch was die Vernetzung untereinander betrifft. (BNO 2021c)

Die Vernetzung und Zusammenarbeit der Ombudsstellen auf Landes- sowie auf Bundesebene haben ebenfalls Auswirkungen auf niedrigschwellige Zugänge. Wohnortwechsel der Ratsuchenden, grenznahe Fälle oder Konstellationen, in denen das zuständige Jugendamt in einem anderen Bundesland als die belegte Jugendhilfeeinrichtung liegt, sind keine Seltenheit in der ombudschaftlichen Praxis. Verlässliche Kooperationen und Absprachen untereinander können einen niedrigschwelligen Zugang sicherstellen, indem sie die passende Ansprechperson ohne Zuständigkeitsgerangel zulasten der Ratsuchenden zur Verfügung stellen. Konzeptionell ist dies jedoch nur zu bewältigen, wenn alle Landesregierungen den § 9a SGB VIII bedarfsgerecht umsetzen sowie aktuell bestehende „weiße Flecken" (ohne ombudschaftliche Strukturen) auf der Landkarte zügig beseitigt werden. Unzureichend ausgestattete Ombudsstellen auf Landesebene zehren an den Kapazitäten der bundesweiten ombudschaftlichen Infrastruktur und verhindern dadurch niedrigschwellige Zugänge.

Ohne Wissen keine Beratung

> *„So ein beknackter Ausdruck für junge Menschen, weil kein Mensch weiß, was eine Ombudsstelle ist."*
> (FORUM für Kinder- und Jugendarbeit 2020, S. 24)

Während die noch vielerorts bestehende Unwissenheit über das Thema Ombudschaft einer lange Zeit fehlender gesetzlichen Verankerung und dadurch unzureichend ausgestatteter bzw. in einigen Ländern gänzlich fehlender ombudschaftlicher Strukturen (BNO 2021a) zugeschrieben werden kann, bedarf es mit zunehmender Professionalisierung des Feldes eines verstärkten Fokus auf öffentlichkeitswirksame Kampagnen und Vernetzungsaktivitäten. Denn damit Ratsuchende die vorhandenen Zugangsschwellen überhaupt bewältigen können, muss vorerst das Wissen um ein ombudschaftliches Angebot als solches vorhanden sein. Dies gilt insbesondere für kleinere Kinder oder Kinder und Jugendliche mit Beeinträchtigungen, die darauf angewiesen sind, dass Erwachsene ihnen den Zugang zu einer Ombudsstelle verschaffen. Vertrauenspersonen wie z. B. Eltern, ältere Geschwister, Lehrer*innen und Sport-Trainer*innen spielen eine zentrale Rolle. „Je bekannter Ombudsstellen insgesamt sind und je klarer sich erwachsene Bezugspersonen verantwortlich dafür fühlen, Kinder und Jugendliche auf solche Stellen hinzuweisen und gegebenenfalls zu begleiten, umso größer also die Chance, dass junge Menschen Zugang erhalten." (Manzel, Tomaschowski & Urban-Stahl 2022, S. 67)

Neben bislang häufig genutzter klassischer Mundpropaganda (Taphorn 2021, S. 57), bietet das Internet ein breites Feld an Möglichkeiten: von der eigenen Webseite über digitale Veranstaltungen bis hin zum professionellen und interaktiven Social Media Auftritt. Die Information über das ombudschaftliche Angebot sollte möglichst zielgruppenspezifisch sein und über verschiedene Kommunikationskanäle gestreut werden. Mit Blick auf die fortschreitende Digitalisierung sollte das Internet einen festen Bestandteil der Öffentlichkeitsarbeit von Ombudsstellen ausmachen und dabei die vielfältigen und wachsenden Möglichkeiten nutzen. Durch öffentlichkeitswirksame fachpolitische Lobbyarbeit (vgl. Len, Manzel & Tomaschowski, Kapitel V, i. d. B.) können Ombudsstellen zudem gezielt auf aktuelle Themen und Adressat*innen-Rechte aufmerksam machen und auch dadurch den Weg zur Ombudschaft ebnen. Zielgruppenspezifische Materialien in leichter oder einfacher Sprache bieten Ratsuchenden (und Fachkräften) niedrigschwellige Informationen und Antworten auf häufig gestellte Fragen. Um komplexe rechtliche Informationen dabei möglichst anschaulich und in jugendgerechter Sprache zu vermitteln, ist dabei die Beteiligung von und Zusammenarbeit mit jugendhilfeerfahrenen jungen Menschen empfehlenswert (DKSB LV Schleswig-Holstein e. V. 2021, S. 6).

Neben den vielfältigen digitalen Möglichkeiten der Öffentlichkeitsarbeit spielt auch die Vernetzung von Ombudsstellen mit Akteur*innen der Jugendhilfe eine tragende Rolle bei der Bekanntmachung des Angebots. Kooperationen mit öffentlichen und freien Trägern sorgen dafür, dass das Angebot an die Adressat*innen in mündlicher oder schriftlicher Form (z. B. Flyer, Broschüren) weitergeleitet werden, dies ist insbesondere in Kinderschutzfällen relevant (vgl. Schone, Kapitel II, i. d. B.). Auch Kooperationsvereinbarungen mit einzelnen Jugendämtern sind denkbar und werden in einigen Bundesländern bereits umgesetzt. Verbindliche Verweise auf ombudschaftliche Beratung im Hilfeplanverfahren (z. B. im Rahmen von Ausführungsvorschriften zur Hilfeplanung) tragen in einem hohen Maß zur Niedrigschwelligkeit des Angebots bei. Ebenso tun dies engagierte Fachkräfte, die Adressat*innen bei der Kontaktaufnahme zur Ombudsstelle unterstützen. Es kann demnach angenommen werden, dass sich die Akzeptanz der Jugendhilfe für das Thema Ombudschaft positiv auf deren Bekanntheitsgrad auswirkt. Um ggf. bestehende Vorurteile bezüglich des ombudschaftlichen Auftrags abzubauen, sind Fortbildungen, Informationsveranstaltungen und -materialien für Fachkräfte sowie persönlicher Fachaustausch erforderlich. Die Mitwirkung in Gremien und Arbeitsgruppen (z. B. AG 78) schaffen außerdem Brücken zu weiteren Akteur*innen der Jugendhilfe. Careleaver*innen aus Hessen empfehlen darüber hinaus die Einrichtung eines Jugend- und Fachbeirats, mit Vertreter*innen aus dem Bereich Wissenschaft, Praxis und Selbstvertretungsorganisationen (Careleaver e. V. & Arbeitskreis für Care Leaver Hessen 2021).

Weitere Vernetzungsaktivitäten mit Fachverbänden auf Landes- und Bundesebene, Selbstvertretungsorganisationen (z. B. Careleaver-Initiativen, Landesheimräten) sowie weiteren Multiplikator*innen, die im professionellen Kontext mit Kindern und Jugendlichen zusammenarbeiten (z. B. im Bereich Schule, KiTa, offener Jugendarbeit), können sich ebenfalls vorteilhaft auf niedrigschwellige Zugänge auswirken. Selbst die Vernetzung mit engagierten Personen aus regionalen Vereinen (z. B. Sportvereine, Vereine und Initiativen für psychisch kranke Eltern) kann einen Beitrag zur Bekanntmachung der Ombudschaft leisten (Taphorn 2021, S. 61).

Verlässliche Wege zur (niedrigschwelligen) Ombudschaft

Neben einer gesicherten ombudschaftlichen Infrastruktur und dem Wissen um ombudschaftliche Beratung ist eine gute und verlässliche Erreichbarkeit der Ombudsstellen eine weitere Voraussetzung für Niedrigschwelligkeit. Die Erreichbarkeit der Ombudsstellen kann für Adressat*innen jedoch zeitliche als auch räumliche Schwellen aufweisen, die es zu verringern gilt.

Neben verlässlichen und ausgedehnten Sprech- und Öffnungszeiten, die es den Ratsuchenden ermöglichen eine Ombudsstelle ohne terminliche Hürden telefonisch oder persönlich zu erreichen, ist die Erreichbarkeit auch außerhalb dieser Zeiten (z. B. durch einen Anrufbeantworter) zu gewährleisten. Um diverse Zugänge zu schaffen, empfiehlt es sich darüber hinaus unter Beachtung datenschutzrechtlicher Aspekte verschiedene Möglichkeiten der Kontaktaufnahme zu implementieren u. a. per E-Mail, per Post, per Kontaktformular, über Messenger-Dienste und soziale Medien. Digitale Zugänge bieten gerade für junge Menschen einen unverbindlichen und anonymen Weg zur ombudschaftlichen Beratung. Insbesondere nutzen ratsuchende Kinder und Jugendliche Messenger-Dienste beim Erstkontakt. (DKSB LV Schleswig-Holstein e. V. 2021, S. 17). Das Schaffen von Zugängen, die bewirken, dass junge Menschen sich selbstständig an Ombudsstellen wenden, stellte bislang eine besondere Herausforderung dar, insbesondere bei jüngeren Kindern bzw. Jugendlichen. Die Anzahl der ratsuchenden jungen Menschen variiert je nach Ombudsstelle stark; am häufigsten wenden sich jedoch Erwachsene an die Ombudsstellen (Len & Tomaschowski 2020, S. 11). Dies ist ein Hinweis darauf, dass die „Komm-Struktur" der Ombudsstellen gerade für Kinder und Jugendliche zu hochschwellig sein dürfte und Zugänge somit einer Erweiterung durch aufsuchende Arbeit bedürfen (Taphorn 2021, S. 48). Dies trifft insbesondere auf junge Menschen in stationären Einrichtungen der Jugendhilfe zu. Der reformierte § 45 Abs. 2 SGB VIII bietet neuerdings mit seiner für den Erhalt einer Betriebserlaubnis verpflichtenden Vorhaltung von externen Beschwerdemöglichkeiten, zusätzliche Chancen für einen erleichterten Zugang zu Ombudsstellen (Len & Tomaschowski 2021; Grapentin, Kapitel V, i. d. B.).

Digitale Beratungskonzepte wie Live-Chats oder Video-Beratungen bieten zudem eine sinnvolle Ergänzung zu einer analogen ombudschaftlichen Beratung, können diese jedoch nicht vollständig ersetzen. Der persönliche Kontakt zu den ratsuchenden Personen spielt eine wesentliche Rolle in der Beratung. Darüber hinaus ist beispielsweise eine Begleitung zum Jugendamt nur persönlich möglich. (Taphorn 2021, S. 39)

Bei der Wahl der Räumlichkeiten weisen u. a. Careleaver*innen darauf hin, dass Ombudsstellen keinesfalls in behördliche Infrastrukturen eingebunden werden dürfen (Careleaver e. V. & Arbeitskreis für Care Leaver Hessen 2021). Um als unabhängige und externe Beschwerdestellen wahrgenommen zu werden, müssen sich Ombudsstellen finanziell, strukturell, aber auch physisch, von den potenziellen Konfliktparteien abgrenzen. Auch die Gestaltung der Beratungsräume hat einen Einfluss: ein freundlich eingerichtetes Ladenlokal ist für Ratsuchende niedrigschwelliger zugänglich als ein steriler Beratungsraum, der sich in einem großen Bürogebäude mit Rezeption befindet. Der im § 9a SGB VIII aufgenommene Verweis auf § 17 Abs. 1 bis 2a SGB I macht eine barrierefreie Zugänglichkeit und Nutzbarkeit des ombudschaftlichen Angebots für Adressat*innen mit Behinderungen zudem gesetzlich verpflichtend (vgl. Rosenow, Kapitel VI, i. d. B.).

Individuelle Schwellen und die Rolle der Haltung

Neben den bereits genannten Schwellen, die das Wissen um das Angebot und die Erreichbarkeit der Ombudsstellen betreffen, müssen Ratsuchende auf ihrem Weg zur ombudschaftlichen Beratung weitere und meist höchst individuelle Schwellen überwinden. Jene Schwellen lassen sich nicht rein konzeptionell oder infrastrukturell lösen, da sie soziale und emotionale Aspekte berühren. Es geht hierbei beispielsweise um Gefühle wie Scham, Angst und Ohnmacht, aber auch um Vorurteile und Bedürfnisse, die sich aus den individuellen Lebenslagen, Entwicklungsständen und Biografien der Ratsuchenden ableiten lassen. Diese Schwellen be- und entstehen auf der interpersonellen Ebene zwischen den Ratsuchenden und Ombudspersonen, und können folglich nur auf ebendieser gelöst werden. „Persönliche Einstellungen und Haltungen, die regelmäßig zur Voraussetzung professionellen Handelns gehören wie Akzeptanz oder Wertschätzung, werden im niedrigschwelligen Bereich sehr explizit erforderlich und müssen kontinuierlich reflektiert werden." (Konter 2019)

Zwei Qualitätsstandards[3] ombudschaftlicher Arbeit sind an dieser Stelle hervorzuheben: „Freiwilligkeit der Inanspruchnahme des Beratungsangebotes" und „Beratung und Begleitung nur durch Beauftragung der Anfragenden" – Ratsuchende erhalten nur dann eine ombudschaftliche Beratung, wenn sie sich dazu entscheiden und die Ombudsstellen unterstützen nur so weit, wie es der*die Ratsuchende wünscht. Des Weiteren sollten sich Ratsuchende im Konfliktfall jederzeit an eine Ombudsstelle wenden können, selbst wenn sie eine ombudschaftliche Beratung zuvor abgebrochen, abgelehnt oder die von den Ombudsstellen empfohlenen Schritte zur Rechtsdurchsetzung nicht umgesetzt haben. Man könnte hieraus ableiten, dass ombudschaftliche Beratung idealerweise dann niedrigschwellig ist, wenn sie keinerlei Erwartungen an ihre Ratsuchenden stellt. Eine niedrigschwellige ombudschaftliche Praxis ist zudem dadurch gekennzeichnet, dass jede eingehende Beschwerde ernst genommen wird und keine Unterscheidung zwischen vermeintlich „gerechtfertigten" und „ungerechtfertigten" Beschwerden erfolgt. Einige Ombudsstellen berichten in diesem Zusammenhang, dass sich gelegentlich junge Menschen mit zunächst vermeintlich banalen Anfragen an sie wenden und ihr eigentliches Anliegen erst im späteren Beratungsverlauf offenlegen. Dieses (bewusste oder unbewusste) Vorgehen der Ratsuchenden könnte eine Art „Test", bezogen auf die Vertrauenswürdigkeit der Ombudsstelle, darstellen und verdeutlicht die Relevanz der emotionalen Ebene für die Wahrnehmbarkeit des Angebots.

Im Rahmen der ombudschaftlichen Beratung müssen sich die Ombudspersonen regelhaft bemühen, das konkrete Beratungsanliegen der Ratsuchenden herauszuarbeiten. Eine zu voraussetzungsvolle Haltung, die den

3 https://ombudschaft-jugendhilfe.de/verein-bundesnetzwerk/

Ratsuchenden eine vollumfängliche und sachlich korrekte Darstellung ihres Konfliktfalls abverlangt, wäre, angesichts der teils hoch emotional belastenden Situationen, in denen sich die Ratsuchenden befinden, nicht angemessen und zu hochschwellig. Erfahrungen aus der ombudschaftlichen Praxis legen zudem nahe, dass insbesondere der Aspekt des Zuhörens und Verstehens für die Ratsuchenden zentral ist (vgl. Grapentin, Kapitel V, i. d. B.). Eine niedrigschwellige Beratung erfordert seitens der Ombudspersonen somit u. a. eine wertschätzende Haltung, eine hohe soziale Kompetenz, ausreichend Zeit sowie passende Gesprächsführungstechniken. Für Personen mit geringen Deutschkenntnissen ist darüber hinaus die Möglichkeit des kostenfreien Einsatzes professioneller Dolmetscher*innen bedeutsam. Kinder und Jugendliche, die sich an Ombudsstellen wenden, erfordern wiederum eine altersangemessene und jugendgerechte Ansprache.

Ombudschaft in der Jugendhilfe und ihre (versteckten) Schwellen

Es gibt folglich kein allgemeingültiges Rezept für Niedrigschwelligkeit im Kontext Ombudschaft in der Jugendhilfe. Vielmehr muss diese auf verschiedenen Ebenen implementiert und kontinuierlich reflektiert werden. Unterschiedliche infrastrukturelle und konzeptionelle Ausgestaltungsmöglichkeiten sind denkbar und abhängig von den Gegebenheiten und Bedarfen der ratsuchenden Adressat*innen vor Ort. Die Digitalisierung wird eine zunehmend wichtige Rolle für den Zugang zur Ombudschaft spielen, aber die persönliche Beratung und Begleitung nicht ersetzen können. Letztlich darf die Bedeutung der sozialen und emotionalen Ebene nicht unbeachtet bleiben, denn auch hier können unsichtbare Schwellen Zugänge versperren und die Inanspruchnahme des Angebots verhindern, insofern es Ombudsstellen nicht gelingt, Vertrauenswürdigkeit zu vermitteln. Die folgende Tabelle ist eng angelehnt an Astrid Konters Übersicht zu „Hürden der Inanspruchnahme eines Unterstützungsangebots" (Konter 2019) und gibt einen Überblick zu verschiedenen Arten von Schwellen und deren möglichen Überwindung im Sinne einer niedrigschwelligen Ombudschaft.

Empirische Untersuchungen verschiedener ombudschaftlicher Modelle mit Fokus auf den Aspekt der Niedrigschwelligkeit sind in der Zukunft notwendig. Insbesondere Evaluationsergebnisse, statistische Daten sowie die Perspektive der Adressat*innen, z. B. im Rahmen von Rückmeldungen über interne und externe Beschwerdeverfahren der Ombudsstellen, können hilfreiche Informationen über weitere (noch versteckte) Schwellen liefern. Der Einfluss der Interkulturalität im Rahmen der Beschwerdebearbeitung wurde beispielsweise im ombudschaftlichen Kontext noch kaum betrachtet.

Tabelle 1: Beispiele für Schwellen und deren Überwindung bei ombudschaftlicher Beratung

Art der Schwelle	Beispiele	Niedrigschwellige Ombudschaft
Räumlich	Erreichbarkeit	Bedarfsgerechte Infrastruktur, barrierefreie Räumlichkeiten mit angenehmer Atmosphäre
Zeitlich	Öffnungszeiten, telefonische Sprechzeiten	ausgedehnte und verlässliche Sprech- und Öffnungszeiten
Administrativ	Formulare	Kontaktaufnahme über verschiedene Kommunikationskanäle; Unverbindlichkeit der Inanspruchnahme
Monetär	Kosten	Unentgeltliche ombudschaftliche Beratung und Begleitung, finanzielle Unterstützung bei Klagen, Übernahme von Fahrtkosten, Übernahme von Dolmetscherkosten
Lebenslagenorientiert	Entwicklungsstand, emotional belastende Situationen (z. B. Inobhutnahme), psychische Erkrankungen	Adressat*innenorientierte Haltung, hohe und zielgruppenspezifische Kommunikationsfähigkeit, Zeit, Verständnis, Möglichkeit der Anonymität bei der ersten Kontaktaufnahme
Psychologisch	Ohnmacht, Angst, Scham	
Strukturell und rechtlich	Aufenthaltsstatus, Sorgerecht	Zugang zu ombudschaftlicher Beratung und Begleitung für alle jungen (geflüchteten) Menschen und ihre Familien

Um das ombudschaftliche Angebot allen jungen Menschen und ihren Familien zugänglich machen zu können, ist somit eine verstärkte Auseinandersetzung mit der Suche nach und der Beseitigung von Schwellen im ombudschaftlichen System erforderlich.

Literatur

BNO (2019). Gesetzliche Verankerung von Ombudschaft in der Kinder- und Jugendhilfe: Positionen des Bundesnetzwerks Ombudschaft. https://ombudschaft-jugendhilfe.de/wp-content/uploads/Positionspapier-BNW-Ombudschaft.pdf [21.03.2021].

BNO (2021a). Ombudschaft in der Kinder- und Jugendhilfe. https://ombudschaft-jugendhilfe.de/wp-content/uploads/2022_06_Informationen_zu_ombudschaftlichen_Strukturen_Anmerkungen_OS.pdf [14.07.2022].

BNO (2021b). Selbstverständnis. https://ombudschaft-jugendhilfe.de/wp-content/uploads/BNO_Selbstverstaendnis_2021_09_23.pdf [11.01.2022].

BNO (2021c). Stellungnahme zum Entwurf eines Gesetzes zur Änderung des Niedersächsischen Gesetzes zur Ausführung des Achten Buchs des Sozialgesetzbuchs und zur Niedersächsischen Kinder- und Jugendkommission (Drs. 18/10078). https://ombudschaft-jugendhilfe.de/

wp-content/uploads/BNO_Stellungnahme_Niedersachsen_Ref.Entwurf_2021_08_27.pdf [07.01.2022].

BRJ e. V. (2018). „Zuständig sein und zuständig bleiben!" Stolpersteine und Hürden auf dem Weg junger Menschen hin zu einer bedarfsgerechten Unterstützung durch die Jugendhilfe. Eine Fallanalyse aus ombudschaftlicher Sicht. www.brj-berlin.de/wp-content/uploads/2021/03/BRJ_Fallanalyse_Broschuere.pdf [06.04.2022]

Careleaver e. V. & Arbeitskreis für Care Leaver Hessen (2021). Dokumentation des Careleaver Treffens vom 15.08.2021 zum Thema Ombudschaft in Hessen. www.careleaver.de/wp-content/uploads/2021/10/Zusammenfassung_Ombudschaft-in-Hessen_Sicht-der-Careleaver.pdf [23.01.2022].

DKSB LV Schleswig-Holstein e. V. (Hrsg.) (2021). Mehr als ein Recht auf Beschwerde – Der ombudschaftliche Gedanke in der Kinder- und Jugendhilfe. 4 Jahre „Vertrauenshilfe" – Unsere Erfahrungen und Empfehlungen. Abschlussbroschüre. https://vertrauenshilfe.de/wp-content/uploads/2021/03/Vertrauenshilfe_Bericht_2021_web.pdf [06.04.2022]

FORUM für Kinder- und Jugendarbeit (2020). Ombudsstellen aus Sicht der MOMOs. „Name ändern, gute Werbung machen und anonyme Beratung garantieren." Ein Gespräch mit Laura, Oskar und Verena vom MOMO-Büro Hamburg. FORUM für Kinder- und Jugendarbeit, 2020 (H. 1) S. 24-28.

Hansbauer, P. & Stork, R. (2017). Ombudschaften für Kinder und Jugendliche – Entwicklungen, Herausforderungen, Perspektiven. In: Sachverständigenkommission 15. Kinder- und Jugendbericht (Hrsg.): Materialien zum 15. Kinder und Jugendbericht. Zwischen Freiräumen, Familie, Ganztagsschule und virtuellen Welten – Persönlichkeitsentwicklung und Bildungsanspruch im Jugendalter. München: Deutsches Jugendinstitut.

Konter, A. (2019). Niedrigschwelligkeit [online]. www.socialnet.de/lexikon/Niedrigschwelligkeit [24.01.2022].

Len, A. & Tomaschowski, L. (2020). Wie funktioniert Ombudschaft? Einblicke in ein heterogenes Feld. Forum Erziehungshilfen, 2020 (H. 1) S. 10-15.

Len, A. & Tomaschowski, L. (2021). Unabhängige externe Beschwerdestellen als fachlicher Standard und die Rolle der „Heimaufsicht". Forum Erziehungshilfen, 2021 (H. 1) S. 19-24.

Manzel, M., Tomaschowski, L., Urban-Stahl, U. (2021). Beschwerde und Ombudschaft in der Kinder- und Jugendhilfe: Herausforderungen bei der Umsetzung von Kinderrechten. Sozialmagazin 3-4.2022, S. 62-68.

Mayrhofer, H. (2012). Niederschwelligkeit in der Sozialen Arbeit: Funktionen und Formen aus Soziologischer Perspektive (1. Auflage). Wiesbaden: Springer Fachmedien Wiesbaden GmbH.

Muche, C., Oehme, A. & Schröer, W. (2010). Niedrigschwellige Integrationsförderung. Eine explorative Studie zur Fachlichkeit niedrigschwelliger Angebote in der Jugendsozialarbeit. http://www.jugendsozialarbeit.de/media/raw/Expertise_Niedrigschw_Instrumente_Mai_2010.pdf [24.01.2022].

Schruth, P. (2020). Über die Instrumentalisierung angeblicher Mitwirkungspflichten. Forum Erziehungshilfen, 2020 (H. 5) S. 311-314.

Taphorn, M. L. (2021). Die Implementierung von niedrigschwelliger Ombudschaft nach § 9a E KJSG (vom 05.10.2020). Unveröffentlichte Bachelorarbeit, Hildesheim. Kontakt: taphornm@uni-hildesheim.de

Urban-Stahl, U. (2012). Beschwerde- und Ombudsstellen in der Kinder- und Jugendhilfe. Forum Jugendhilfe, 2012 (H. 1) S. 5-11.

Notwendigkeit und Sicherung der Unabhängigkeit von Ombudsstellen

Melissa Manzel

„Damit Ombudschaftliche Arbeit gelingen kann, ist eine ausreichende Unabhängigkeit der Ombudsstellen eine elementare Voraussetzung." (BNO 2020, S. 1). Im folgenden Beitrag soll dieser elementaren Voraussetzung, also der Unabhängigkeit von Ombudschaft in der Kinder- und Jugendhilfe, auf den Grund gegangen werden. Nicht nur Fachkräfte, sondern auch junge Menschen und ihre Familien, die sich an eine Ombudsstelle wenden, fordern die Unabhängigkeit von Ombudsstellen. Sie ist notwendig, um das Konzept Ombudschaft, auch über die Einzelfallberatung hinaus, umsetzen zu können. Die Unabhängigkeit von Ombudsstellen herzustellen, ist sehr voraussetzungsvoll und bedarf einer entsprechenden strukturellen Ausgestaltung, aber auch der konzeptionellen Umsetzung wesentlicher Standards. Aus dieser Komplexität heraus ergeben sich Herausforderungen bei der Einrichtung unabhängiger Ombudsstellen nach § 9a SGB VIII.

Unabhängigkeit als elementares Qualitätskriterium ist ein wesentlicher Bestandteil der fachlichen und politischen Diskurse zu Ombudschaft in der Kinder- und Jugendhilfe. So findet sich eine Betonung dieses Qualitätskriteriums nicht nur in der Definition von Ombudschaft des Bundesnetzwerks Ombudschaft in der Jugendhilfe e. V. (BNO)[1] (s. BNO 2021, S. 4); seitdem 2021 das Kinder- und Jugendstärkungsgesetz in Kraft getreten ist, ist die Unabhängigkeit von Ombudsstellen außerdem gesetzlich verpflichtend. Der § 9a SGB VIII Satz 2 fordert: „Die hierzu dem Bedarf von jungen Menschen und ihren Familien entsprechend errichteten Ombudsstellen arbeiten unabhängig und sind fachlich nicht weisungsgebunden.".

Was im Gesetz wie selbstverständlich klingt und in der Gesetzesbegründung als grundlegend für die „notwendige Vertrauensbasis und Akzeptanz" (BT-Drs. 19/26107, S. 76) eingeordnet wird, bringt in der Praxis einige Fragen mit sich und wird seit der Einrichtung der ersten Ombudsstelle in der Kinder- und Jugendhilfe im Jahr 2002 diskutiert (s. Schruth 2020). Daher beschäftigen sich viele der Fachtexte zu Ombudschaft – auch in diesem Band – mit der

1 „Das Bundesnetzwerk Ombudschaft in der Jugendhilfe e. V. ist ein Zusammenschluss unabhängiger Ombudsstellen im Bundesgebiet. Es dient dem Fachaustausch, der Qualifizierung und Weiterentwicklung von Ombudschaft in der Kinder- und Jugendhilfe." (https://ombudschaft-jugendhilfe.de/verein-bundesnetzwerk/, Stand 04.11.2021)

Unabhängigkeit von Ombudsstellen und auch bei der Umsetzung des § 9a SGB VIII ist diese immer wieder Thema. Dass Ombudsstellen unabhängig sein sollten, stellt kaum jemand in Frage. Es herrscht insgesamt ein breiter fachlicher Konsens darüber, dass Ombudsstellen Adressat*innen in Konflikten mit Trägern der freien oder öffentlichen Jugendhilfe nur dann gut beraten können, wenn sie in der Lage sind, unabhängig von den Konfliktparteien zu agieren (s. BMFSFJ 2020, S. 101 f.).

Kontrovers diskutiert wird allerdings, *wie* diese Unabhängigkeit hergestellt werden kann und *was* genau die Fachkräfte, Institutionen und politische Entscheidungsträger*innen darunter verstehen: Welche Organisationsform sichert die größtmögliche Unabhängigkeit? Welche Art der Finanzierung? Wie können Ombudspersonen, die in der Kinder- und Jugendhilfe in ihrem Ort gut vernetzt sind, trotz ihrer Beziehungen zu Fachkräften in Konfliktfällen unabhängig beraten? Woran erkennen junge Menschen und ihre Familien, dass eine Ombudsstelle unabhängig ist und wie wichtig sind ihnen Informationen dazu?

Wozu brauchen Ratsuchende unabhängige Beratungs- und Beschwerdestellen?

In Einrichtungen freier Träger der Kinder- und Jugendhilfe gehören interne Beschwerdesysteme (s. Pluto 2017), wenn auch unterschiedlich ausgestaltet, mittlerweile zu den gesetzlichen Anforderungen zur Erlangung einer Betriebserlaubnis (§ 45 SGB VIII). Teilweise gibt es auch in Jugendämtern, neben der klassischen Möglichkeit der Dienstaufsichtsbeschwerde, weitergehende, interne Beschwerdeverfahren (s. Pamme 2016, S. 32).

Diese internen Beschwerdemöglichkeiten kommen nicht für alle Ratsuchenden in Frage, wie die hohe Auslastung der im Bundesnetzwerk Ombudschaft organisierten unabhängigen Ombudsstellen (s. Len & Tomaschowski 2020, S. 13) zeigt. Dabei können unterschiedliche Gründe eine Rolle spielen. Möglicherweise ist den Ratsuchenden das interne Beschwerdeverfahren der jeweiligen Einrichtung gar nicht bekannt. In manchen Fällen haben Ratsuchende sich bereits an eine interne Stelle gewandt und wünschen sich nun eine zweite Meinung oder eine weiterführende Unterstützung. Viele Ratsuchende wenden sich aber auch direkt an die Ombudsstelle. Neben dem jeweils sehr individuellen Fall eint die Ratsuchenden häufig, dass sie sich von den Fachkräften nicht ernst genommen oder nicht gehört fühlen oder sie schlechte Erfahrungen mit Fachkräften bzw. Behörden und Einrichtungen gemacht haben (s. Len & Tomaschowski 2020, S. 11).

Aufgrund dieser Wahrnehmungen und Erfahrungen ist es den Ratsuchenden wichtig, einen Zugang zu einer unabhängigen und externen Beschwerde- bzw. Ombudsstelle zu haben. So berichtet beispielsweise eine

Ombudsstelle im BNO, dass sie versucht habe, eine ratsuchende Person an eine Beratungs- und Beschwerdestelle bei einem öffentlichen Träger weiterzuleiten. Diese Stelle nennt sich selbst Ombudsstelle und gibt für sich an, unabhängig und weisungsfrei zu arbeiten; dies sei auch konzeptionell verankert, jedoch ist sie in einem Jugendamt angesiedelt. Die ratsuchende Person hat daraufhin unmittelbar erwidert, sie werde zu keiner Stelle in einem Jugendamt gehen. Für die ratsuchende Person ist die konzeptionelle Verankerung von Unabhängigkeit und Weisungsfreiheit offenbar nicht ausreichend. Sie nimmt in erster Linie wahr, dass sich die Beratungsstelle in den Räumlichkeiten eines öffentlichen Trägers befindet. Dass dies kein Einzelfall ist, legen sowohl die Einschätzungen weiterer Adressat*innen (s. FORUM für Kinder- und Jugendarbeit 2020, S. 24) als auch die Evaluation der Berliner Beratungs- und Ombudsstelle nahe. Letztere hat gezeigt, dass die Externalität der Ombudsstelle von freien und öffentlichen Jugendhilfeträgern ein wichtiger Faktor für die Ratsuchenden ist (s. Heinetsberger, Helberg & Schiller 2020, S. 22 f.). Wie sehr die Wahrnehmungen und Erfahrungen mit der Kinder- und Jugendhilfe eine Rolle dabei spielen können, wie Ratsuchende die Unabhängigkeit von Ombudsstellen bewerten, wird auch im dritten Teil des Films „Hört doch mal zu“[2] deutlich. Dort schildert eine Mutter, dass sie sich mehrere Jahre lang nicht an eine Ombudsstelle gewandt habe, weil in deren Namen „Kinder- und Jugendhilfe“ vorkomme und sie sich nicht vorstellen konnte, dass sich hinter diesem Etikett etwas Gutes für sie verbergen könne – obwohl die Ombudsstelle in ihrem Bundesland ein eigenständiger Verein ist und außerhalb von Räumlichkeiten leistungsgewährender oder leistungserbringender Träger liegt.

Für Ratsuchende, die im Konflikt mit einem freien oder öffentlichen Träger der Jugendhilfe stehen, ist es also, damit sie sich tatsächlich an eine Ombudsstelle wenden, häufig zentral, dass diese Stelle für sie gut erkennbar unabhängig agiert. Denn das Misstrauen gegenüber Institutionen ist groß (s. BMFSFJ 2020, S. 95 ff.). Für eine gelingende Zusammenarbeit mit Fachkräften der Kinder- und Jugendhilfe brauchen Adressat*innen aber ein ausreichendes Vertrauen, um diesen Fachkräften von Schwierigkeiten zu erzählen, sie in ihre Wohnung zu lassen oder sogar ihre Kinder in eine stationäre Einrichtung zu geben (s. Urban-Stahl 2016, S. 4). Die Möglichkeit, sich bei unabhängigen Ombudsstellen beraten zu lassen, kann das Vertrauen von Adressat*innen stärken: „Sich in solchen Konstellationen unabhängig informieren zu können, sich bei Unsicherheiten eine Zweitmeinung einholen und sich über die Rechtmäßigkeit und Legitimität von Entscheidungen und Prozessen vergewissern zu können, trägt zur Entstehung des notwendigen individuellen Vertrauens von

2 https://ombudschaft-jugendhilfe.de/hoert-doch-mal-zu/

Adressat*innen bei." (Rosenbauer 2020, S. 6f.). Unabhängige Ombudschaft kann also dazu beitragen, das Vertrauen in Institutionen wieder zu stärken, indem sie auf Grundlage von „fachlich fundierter Parteilichkeit" (BNO 2021, S. 5) dazu beiträgt, dass Adressat*innen der Kinder- und Jugendhilfe ihre Rechte kennen und durchsetzen können.

Dies ist nicht nur für die Einzelfallberatung von zentraler Bedeutung. Im Gesetz steht eindeutig: „[...] Ombudsstellen *arbeiten* unabhängig und sind fachlich nicht weisungsgebunden." (§ 9a SGB VIII). Da Ombudsstellen in der Beratung Einblicke in strukturelle Defizite der Kinder- und Jugendhilfe erhalten, gehört laut Definition des BNO fachpolitische Lobbyarbeit zur ombudschaftlichen Tätigkeit dazu (s. BNO 2021, S. 4). Von Wölfel und Redmann ergänzen hier auch noch die Förderung von Selbstvertretungsorganisationen (s. Wölfel & Redmann 2020; Wölfel & Redmann, Kapitel IV, i. d. B.). Da die fachpolitische Lobbyarbeit in der Regel mit einer Kritik an bestehenden Strukturen in Zusammenhang steht (s. Len, Manzel & Tomaschowski, Kapitel V, i. d. B.) und somit eine Kritik an der Praxis freier und öffentlicher Träger der Kinder- und Jugendhilfe beinhaltet, ist auch für diese Arbeit die Unabhängigkeit der Ombudsstelle eine wichtige Voraussetzung. Ist diese gewährleistet, können fachpolitische Aktivitäten eine wichtige Rolle für die Qualitätsentwicklung der gesamten Kinder- und Jugendhilfe spielen, da sie strukturelle Defizite der Kinder- und Jugendhilfe sichtbar und somit bearbeitbar machen: „Ombudsstellen können in spezifischer Weise Erfahrungen und Wissen aus den Beratungen zu strukturellen Barrieren der Inanspruchnahme, über Ausgestaltungshürden bedarfsgerechter Hilfen und zu Qualifizierungsbedarfen aus Sicht von jungen Menschen und Eltern bündeln, systematisieren und ins System der Jugendhilfe zurückspiegeln. Wird auch der strukturelle Impuls der Ombudschaft wahrgenommen und akzeptiert, dann kann sie produktiv als Reflexionsinstanz und als Teil der eigenen Qualitätsentwicklung genutzt werden" (Rosenbauer 2020, S. 7).

Unabhängige Ombudsstellen sind demnach für die gesamte Kinder- und Jugendhilfe von hoher Bedeutung. Ihre Unabhängigkeit schafft Beschwerdemöglichkeiten bzw. Zugänge für Ratsuchende, für die interne Beschwerdeverfahren aus verschiedenen Gründen nicht ausreichend sind. Auch kann durch die unabhängige Beratung und Aufklärung über die eigenen Rechte das für eine gelingende Zusammenarbeit notwendige Vertrauen in die Fachkräfte der Kinder- und Jugendhilfe gestärkt werden. Aus diesen Einzelfallberatungen können unabhängige Ombudsstellen Erkenntnisse über strukturelle Defizite in der Kinder- und Jugendhilfe ableiten und diese Erkenntnisse im Rahmen fachpolitischer Lobbyarbeit und in Zusammenarbeit mit Selbstvertretungsorganisationen wieder in die Institutionen der Kinder- und Jugendhilfe zurückspielen.

Wie kann die Unabhängigkeit von Ombudsstellen hergestellt werden?

Unabhängigkeit ist also für Ombudsstellen von zentraler Bedeutung.

Wie aber kann diese hergestellt werden?

Rosenbauer und Schruth gehen davon aus, dass die Unabhängigkeit von Ombudsstellen auf a) einer organisatorischen und b) einer funktional-zweckgebundene Ebene hergestellt werden muss (s. Rosenbauer & Schruth 2019).

a) *Organisatorische Unabhängigkeit*
Die organisatorische Unabhängigkeit ist auf struktureller Ebene herzustellen. Generell gilt: Je weiter die strukturelle Anbindung und Finanzierung von möglichen Konfliktparteien entfernt ist, desto höher ist die organisatorische Unabhängigkeit der Ombudsstellen (s. BNO 2020, S. 2).

Betreiben leistungserbringende oder leistungsgewährende Träger selbst Beschwerdestellen, die sie „Ombudsstellen" nennen, stellt sich die Frage, ob diese überhaupt als unabhängige Ombudsstellen im Sinne des § 9a SGB VIII bezeichnet werden können, oder ob es sich hier nicht vielmehr um interne Beschwerdeverfahren der jeweiligen Stellen handelt, die – auch sprachlich – von unabhängigen Ombudsstellen abzugrenzen sind. Der Frankfurter Kommentar kommt hinsichtlich des § 9a zu dem eindeutigen Schluss, dass es sich „bei Ombudsstellen […] folglich um externe Beschwerdestellen [handelt], neben denen selbstverständlich auch interne Beschwerdemöglichkeiten sowohl in den leistungsgewährenden Behörden wie auch bei den leistungserbringenden Trägern der freien Jugendhilfe eingerichtet werden können." (Meysen et al. 2022, S. 61). Im Vergleich zu solchen internen Beschwerdemöglichkeiten hat beispielsweise ein eigenständiger Verein, der durch Landesmittel und Mitgliederbeiträge finanziert wird, eine sehr hohe organisatorische Unabhängigkeit, da die Finanzierung nicht von möglichen Konfliktparteien in Beratungsfällen abhängt, und kann somit eine unabhängige Ombudsstelle nach § 9a SGB VIII betreiben.

Damit Ombudspersonen also unabhängig arbeiten können, wie es § 9a SGB VIII vorsieht, fordert das BNO, dass die strukturelle Anbindung von Ombudsstellen extern von leistungserbringenden oder leistungsgewährenden Trägern der Jugendhilfe erfolgt. Die Evaluation der Ombudschaft Jugendhilfe NRW e. V. zeigt, dass auch die Fachkräfte freier Träger diese Einschätzung teilen und die Unabhängigkeit der Ombudsstelle als großen Vorteil sehen, wohingegen sie sich selbst, insbesondere finanziell, als abhängig vom leistungsgewährenden Jugendamt empfinden (s. Projektgruppe „Evaluation Ombudschaft Jugendhilfe NRW" der Fachhochschule Münster 2015, S. 71). Ombudsstellen sollten demnach außerhalb des jugendhilferechtlichen Leistungsdreiecks stehen.

Besonders mit Blick auf die Ombudschaftliche Arbeit (s. Wölfel & Redmann, Kapitel IV, i. d. B.) über den Einzelfall hinaus ist es für die Unabhängigkeit zentral, dass die Ombudsstelle über ausreichende und nachhaltig gesicherte finanzielle Mittel verfügt, die sie dem fachlichen Bedarf entsprechend einsetzen kann (s. BNO 2020, S. 3). Zeigt sich in der Beratung beispielsweise eine Tendenz im Hinblick auf bestimmte Rechtsverletzungen, könnte die Ombudsstelle einen fachlichen Bedarf feststellen, hierzu ein Rechtsgutachten in Auftrag zu geben, eine Fachveranstaltung zu organisieren oder eine Kooperation mit Selbstvertretungsorganisationen einzugehen. Muss die Ombudsstelle für solche Ausgaben zuerst bei dem*der Geldgeber*in um Erlaubnis bitten, wird die Unabhängigkeit entsprechend beeinträchtigt, da solche Anträge stets abgelehnt werden könnten. Eine Ablehnung ist insbesondere dann zu befürchten, wenn die geldgebende Stelle selbst von dem entsprechenden Thema betroffen ist und möglicherweise Einwände gegen die Pläne der Ombudsstelle hat.

Zur organisatorischen Unabhängigkeit gehört auch, in der Konzeption darzulegen, wie die unabhängige Ombudschaftliche Arbeit vor dem Hintergrund der jeweiligen spezifischen Struktur gewährleistet und regelmäßig überprüft und reflektiert wird; beispielsweise in Mitgliederversammlungen des Vereins, durch Gruppensupervisionen der Mitarbeitenden, durch Evaluationen, durch die Errichtung von Fachbeiräten und einem eigenen Beschwerdeverfahren. Außerdem kann es hilfreich sein, Zusatzvereinbarungen abzuschließen, die die Unabhängigkeit der Ombudsstelle stärken. Beispielsweise muss ein Aufsichts- und/oder Weisungsrecht von Behördenleitungen, Leitungskräften Allgemeiner Sozialer Dienste oder von Leitungskräften leistungserbringender Träger vertraglich ausgeschlossen werden, insbesondere wenn diese Institutionen die Ombudsstelle mitfinanzieren. Auch in Arbeitsverträgen oder zusätzlichen schriftlichen Vereinbarungen mit ehrenamtlichen Ombudspersonen empfiehlt es sich, Regelungen bezüglich ihres unabhängigen Arbeitens zu treffen. So kann hier zum Beispiel geregelt werden, dass sie keine Fälle beraten, bei denen ihre vorangegangenen Arbeitgeber*innen zu den Konfliktparteien gehören, sondern sie solche Fälle an Kolleg*innen abgeben müssen (s. BNO 2020, S. 2).

Unabhängigkeit wird auch dadurch gesichert, dass nicht nur die Ombudsstelle an sich, sondern auch die Ombudspersonen selbst in ihrer Arbeit möglichst unabhängig sind: „Will sozialarbeiterische Praxis widerständig sein und sozialpolitische Aufträge bearbeiten, muss sie außerdem auch organisatorisch so ausgerichtet sein. Konkret heißt das für […] ombudschaftliche Beratung, dass sie selbst partizipativ und diskursiv organisiert sein muss: Partizipative und ermächtigende Arbeit kann nur gelingen, wenn Fachkräfte selbst in partizipativ gestalteten Organisationsformen und unter dialogischen Bedingungen, die Kritik, Widerspruch und Weiterentwicklung zulassen, arbeiten." (Löffler & Redmann 2014, S. 31). Demzufolge sollte eine Ombudsstelle nicht so stark hierarchisch organisiert sein, dass letztlich alle wichtigen Entscheidungen im Flaschenhals-Prinzip von der Leitung gefällt werden. Um möglichst unabhängig zu sein, sollten die Ombudspersonen mit einer hohen Autonomie in der Beurteilung von Sachverhalten sowie einer hohen Entscheidungskompetenz ausgestattet sein.

Dazu gehört auch, dass die Ombudspersonen die Ratsuchenden im Hinblick auf alle in Frage kommenden Rechtsmittel beraten und begleiten können und dürfen. Hierzu gehören auch das Einlegen eines Widerspruchs und als letzte Option auch das Einreichen einer Klage (s. Len & Tomaschowski 2020, S. 12). Im Hinblick auf Klagen wird noch einmal besonders deutlich, dass unabhängige Ombudsstellen einrichtungsextern sein müssen; denn welche Institution unterstützt eine Klage gegen sich selbst? Diese notwendige hohe Autonomie bedeutet nicht, dass Ombudspersonen alle Entscheidungen ohne Rücksprache treffen, im Gegenteil: Beratung und Begleitung im 4-Augen-Prinzip (s. Len, Manzel & Tomaschowski, Kapitel V, i. d. B.) ist ein wichtiges Qualitätsmerkmal in der Ombudschaft (s. BNO 2022). Um hier im Sinne der Unabhängigkeit eine professionelle Beratung unter Einhaltung der Qualitätsstandards leisten zu können, muss die Ombudsstelle also mit ausreichenden personellen Ressourcen ausgestattet sein.

Ebenfalls zur organisatorischen Unabhängigkeit gehört die strukturelle Frage, ob ehrenamtliche Ombudspersonen involviert werden. Zur Wahrung der Unabhängigkeit spielt die Außenperspektive von Ehrenamtlichen, die frei von Arbeitnehmer*inneninteressen ist, eine zentrale Rolle (s. Rosenbauer & Schruth 2019, S. 152). Rosenbauer und Schiller kommen in ihrem Abschlussbericht zu einem Projekt mit Ehrenamtlichen in einer Ombudsstelle zu folgendem Schluss: „Die Ehrenamtlichen […] sind einzig den (selbst erstellten) Beratungsgrundsätzen und gesetzlichen Grundlagen verpflichtet und können in der ombudschaftlichen Funktion gleichberechtigt mit den beteiligten Institutionen und Fachkräften agieren. Die unterschiedlichen beruflichen Erfahrungen ermöglichen zudem Perspektivenvielfalt und einen möglichst weiten Blick auf den jeweiligen ‚Fall'." (Rosenbauer & Schiller 2015, S. 56). Auch Urban-Stahl hält Ehrenamtliche für ein wesentliches Element zur Sicherung von Unabhängigkeit und konstatiert: „Gleichzeitig muss man (…) bedenken, dass jede Verberuflichung die Akteure in die gleichen Interessenskonflikte führt, wie es in anderen Arbeitsbereichen auch der Fall ist: Wie können sich hauptamtliche Mitarbeiterinnen und Mitarbeiter vom Interesse der Stellenerhaltung distanzieren, Konflikte mit Geldgebern austragen und Einflussnahmeversuche – von allen Seiten – abwehren? Ehrenamtlichkeit und die Widerständigkeit bürgerschaftlichen Engagements sind daher […] eine wichtige Säule von Unabhängigkeit" (Urban-Stahl 2018, S. 258). Diese beiden Ausführungen zeigen deutlich, dass ehrenamtliche Ombudspersonen eine wichtige Rolle im Hinblick auf die Unabhängigkeit von Ombudsstellen haben. Sie haben im Vergleich zu Hauptamtlichen eine stärkere Unabhängigkeit; nicht nur in der Arbeit mit Einzelfällen, sondern auch in organisatorischen oder strategischen Fragen, zum Beispiel im Hinblick auf die Finanzierung der Ombudsstelle und die Ausgestaltung der Lobbyarbeit für die Rechte von Adressat*innen.

Allerdings ist der Einsatz Ehrenamtlicher keine simple Zauberlösung zur Herstellung von Unabhängigkeit. Funktionieren kann die Arbeit mit Ehrenamtlichen nur dann, wenn sie intensiv eingearbeitet und begleitet werden – denn das Anforderungsprofil aus juristischen und sozialpädagogischen Kenntnissen und Fähigkeiten ist komplex (s. Rosenbauer & Schiller 2015, 53 f.). Hierzu bedarf es einer Ausstattung mit Hauptamtlichen, die mit zeitlichen Kapazitäten für die Begleitung von Ehrenamtlichen und dem hierfür notwendigen Fachwissen ausgestattet sind (s. Rosenbauer 2020, S. 6). Hinzu kommt, dass sichergestellt sein muss, dass Interessen aus der (ehemaligen) hauptberuflichen Tätigkeit der Ehrenamtlichen keinen Einfluss auf die Arbeit in der Ombudsstelle haben, also dass auch Ehrenamtliche keine Fälle beraten, die mit ihren (ehemaligen) Arbeitgeber*innen in Zusammenhang stehen.

Insgesamt wird die organisatorische Unabhängigkeit von Ombudsstellen also durch die Organisationsform und Finanzierung, den Grad der internen Hierarchie und Autonomie der Ombudspersonen, Zusatzvereinbarungen und Verträgen, sowie die Einbindung von Ehrenamtlichen beeinflusst. Je höher der Grad der organisatorischen Unabhängigkeit ist, desto weniger hängt die Arbeit von einzelnen Personen und ihren Haltungen oder mündlichen Absprachen ab.

b) *Funktional-zweckgebundene Unabhängigkeit*

Die organisatorisch hergestellte Unabhängigkeit muss in der Praxis durch die Ombudspersonen mit Leben gefüllt und weiterentwickelt werden. Hier kommt die funktional-zweckgebundene Unabhängigkeit ins Spiel. Diese kann nur durch die tatsächliche Umsetzung der konzeptionellen Standards erreicht werden, also dadurch, dass „alle Interventionen bedingungs- und kompromisslos auf den eigentlichen Zweck der Organisation, die Unterstützung von Menschen in der Verwirklichung der ihnen zustehenden Rechte“ (Arnegger 2016, S. 180) ausgerichtet werden können. Damit Ombudspersonen dies umsetzen können, braucht es nicht nur die unter die organisatorische Unabhängigkeit fallenden ausformulierten Standards.

Funktional-zweckgebundene Unabhängigkeit kann nur erreicht werden, wenn die Ombudspersonen ausreichendes Fachwissen (s. BNO 2020, S. 3) haben, um tatsächlich ombudschaftlich arbeiten zu können. Mangelt es an Fachwissen, können wesentliche Merkmale von Unabhängigkeit, beispielsweise eine kritische fachpolitische Lobbyarbeit oder die Reflexion der Arbeit im Hinblick auf Unabhängigkeit nicht umgesetzt werden und beeinträchtigen somit selbige. Ombudspersonen benötigen sowohl sozialpädagogisches als auch juristisches Fachwissen; die Anforderungen sind also alles andere als gering und erfordern regelmäßige Fortbildungen. Es ist daher von Vorteil, wenn das Team in der Ombudsstelle multiprofessionell aufgestellt ist.

Über diesen Punkt hinaus formuliert Schruth zwei weitere wesentliche Dimensionen zu Stärkung der Unabhängigkeit auf funktional-zweckgebundener Ebene:

- „die Beteiligung von Fachkräften mit der Courage zur zivilgesellschaftlichen Gegenwehr, unabhängig vom jeweiligen Arbeitsplatz, der Bezahlung, dem Druck zu Anpassung und Loyalitäten von und gegenüber Vorgesetzten sowie
- die Herstellung von Prozessen des Empowerments sowohl mittels Selbstorganisation von Fachkräften (z. B. Bundesnetzwerk Ombudschaft) als auch mittels verstärkter Versuche, auch die Betroffenen mit ihrem Alltags- und Erfahrungswissen aus Konflikten um bedarfsgerechte Jugendhilfeleistungen in Formen der Selbstorganisation zu verhelfen und in ihrer durchaus denkbaren Selbsthilfekompetenz zu unterstützen […].“ (Schruth 2015, S. 271)

Neben einem hohen Fachwissen ist für die funktional-zweckgebundene Unabhängigkeit also insbesondere eine Haltung, sozusagen die „ombudschaftliche Grundhaltung“ erforderlich, die die Durchsetzung von Rechten junger Menschen und ihren Familien und das Empowern dieser Adressat*innen zum Ausgangspunkt allen ombudschaftlichen Handelns macht.

c) *Zusammenwirken von organisatorischer und funktional-zweckgebundener Unabhängigkeit*

Zentral ist, dass funktional-zweckgebundene und organisatorische Unabhängigkeit zusammenhängen. Eine Ombudsstelle kann auf struktureller Ebene ein hohes Maß an Unabhängigkeit haben. Ist aber die funktional-zweckgebundene Unabhängigkeit nicht oder nicht ausreichend vorhanden, weil die Ombudspersonen beispielsweise nicht über hinreichende rechtliche Kenntnisse verfügen, sie privat mit einem freien Träger verwoben sind und dies nicht in ihrer Arbeit reflektieren oder es zu wenig Mitarbeitende gibt, um Fälle im 4-Augen-Prinzip zu begleiten, ist die organisatorische Unabhängigkeit kaum noch etwas wert. Umgekehrt kann eine Ombudsstelle Mitarbeitende haben, die auf funktional-zweckgebundener Ebene so unabhängig sind, dass sie trotz abhängiger Strukturen in der Lage sind, sehr unabhängig zu agieren. Damit aber die Unabhängigkeit nicht von den Haltungen und Arbeitsweisen einzelner Ombudspersonen abhängig ist, bedarf es eben auch einer hohen organisatorischen Unabhängigkeit.

Diese starke Verwobenheit beider Ebenen führt dazu, dass Ombudsstellen niemals abschließend als gänzlich abhängig oder gänzlich unabhängig beurteilt werden können. Vielmehr wird die Unabhängigkeit von so vielen Faktoren beeinflusst, dass die erreichte Unabhängigkeit schnell wieder eingeschränkt werden kann, wenn beispielsweise neue Ombudspersonen ihre Arbeit aufnehmen. Schließlich muss bei ihnen stets die funktional-zweckgebundene Unabhängigkeit erst hergestellt bzw. überprüft werden. Um Unabhängigkeit herzustellen, ist es also unerlässlich, die sie beeinflussenden Faktoren regelmäßig in einem diskursiven Prozess zu reflektieren und gegebenenfalls anzupassen.

Ausblick: Berücksichtigung von Unabhängigkeit bei der Umsetzung des § 9a SGB VIII

Die Kinder- und Jugendhilfe und ihre Adressat*innen brauchen also ein unabhängiges ombudschaftliches Beratungsangebot. Wenn dieses Angebot tatsächlich unabhängig ist und über ausreichende Ressourcen verfügt, kann nicht nur im Einzelfall Machtasymmetrie (s. Urban-Stahl, Kapitel V, i. d. B.) ausgeglichen werden, sondern unabhängige Ombudschaft kann überdies dazu beitragen, strukturelle Defizite in der Kinder- und Jugendhilfe sichtbar zu machen und Veränderungen anzustoßen.

Mit der Festschreibung der Kriterien „unabhängig und weisungsfrei" erkennt der Gesetzgeber die bereits seit 20 Jahren bestehende ombudschaftliche Praxis und den dazugehörigen Fachdiskurs an. Die im Anschluss an die Reformierung des SGB VIII zu entwickelnden Landesausführungsgesetze und die auf dieser Grundlage einzurichtenden Ombudsstellen werden zeigen, wie die einzelnen Länder den Begriff der Unabhängigkeit interpretieren und in der Praxis umsetzen.

Wünschenswert wäre, dass in den jeweiligen Ländern sowohl tragfähige interne Beschwerdeverfahren bei freien Trägern und Jugendämtern und unabhängige externe Ombudsstellen nach § 9a SGB VIII eingerichtet und klar voneinander abgegrenzt werden. So kann eine Beratungs- und Beschwerdestruktur geschaffen werden, die sich gegenseitig ergänzt und passende Angebote für alle Ratsuchenden vorhält, ohne dass es zu Begriffsverwässerungen kommt.

Die größten Herausforderungen bei der Umsetzung des § 9a SGB VIII dürften eigentlich nicht darin liegen, die Ombudsstellen organisatorisch unabhängig einzurichten. Hierzu gibt es klare Empfehlungen und Erfahrungswerte (s. o.), an denen sich zukünftige Konzeptionen orientieren können. Jedoch ist zu beachten, dass § 9a SGB VIII die Länder auffordert, Ombudsstellen „dem Bedarf entsprechend" einzurichten. In zwei Bundesländern gibt es (Stand Februar 2022) noch keine Ombudsstellen; in allen anderen Bundesländern gibt es zwar bereits welche; diese sind aber meist nicht ausreichend mit Personal ausgestattet (s. Len & Tomaschowski 2020, S. 13). Eine bessere finanzielle Ausstattung wird also notwendig sein. Eine tragfähige, angemessen finanzierte

Struktur mit regelmäßigen Ausgaben erhöht allerdings auch die Abhängigkeit von den jeweiligen Geldgeber*innen; insbesondere im Vergleich zu einer rein ehrenamtlichen Struktur: Eine Ombudsstelle, die regelmäßige hohe Ausgaben für Personal und Räumlichkeiten hat, muss eben auch sicherstellen, dass sie diese Ausgaben bewältigen kann und den dort arbeitenden Hauptamtlichen ist ein Eigeninteresse im Hinblick auf den Erhalt ihrer Stellen immanent. Diese Ambivalenz sollte bei der Einrichtung von Ombudsstellen gleich in die Konzeption und etwaige Zusatzvereinbarungen mit Geldgeber*innen einfließen. Die oben genannten Mittel (Supervision, Fortbildungen, 4-Augen-Prinzip, Fachbeiräte, Einbindung Ehrenamtlicher, ...) können dabei helfen, die Notwendigkeit einer gesicherten und ausreichenden Finanzierung und die damit einhergehende Abhängigkeit immer wieder kritisch zu reflektieren.

Noch herausfordernder als konzeptionelle Überlegungen zur organisatorischen Unabhängigkeit wird die Einrichtung von Ombudsstellen, die auch funktional-zweckgebunden unabhängig arbeiten können, sein. Die komplexe Anforderung, sozialpädagogische und juristische Kenntnisse, Erfahrungen in der Kinder- und Jugendhilfe und insbesondere eine ombudschaftliche Grundhaltung mitzubringen, spielt hierbei, gerade in Zeiten des Fachkräftemangels, eine zentrale Rolle. Zudem vergrößert sich das Feld der Ombudschaft derzeit rasant. Es gibt kaum ausreichend Fachkräfte, die bereits ombudschaftlich tätig waren, um neue Fachkräfte einarbeiten können. Hinzu kommt, dass die Etablierung einer partizipativ-diskursiven Praxis als Teil funktional-zweckgebundener Unabhängigkeit bei einer Einrichtung von Ombudsstellen im top-down-Prinzip wahrscheinlich weniger leicht zu erreichen ist als bei Initiativen, die sich aus einer kritischen Haltung heraus mit dem Ziel einer solchen Praxis gegründet haben. Die Einrichtung neuer oder die Neuausrichtung bereits bestehender Ombudsstellen im Zuge der Umsetzung des § 9a SGB VIII sollte daher möglichst in breit angelegten Beteiligungsprozessen umgesetzt werden und idealerweise auch die Perspektiven von jungen Menschen und ihren Familien miteinbeziehen (s. Loh & Uffelmann, Kapitel III, i. d. B.). Zudem sollte eine bundesweite Vernetzung mit schon länger bestehenden Ombudsstellen angestrebt werden, um einen fachlichen Austausch, insbesondere im Hinblick auf Haltungsfragen, sicherzustellen.

Die Ausweitung und zunehmende Professionalisierung der Ombudschaft in der Kinder- und Jugendhilfe sollte, nicht nur aber auch, mit Blick auf die Unabhängigkeit der Ombudsstellen evaluiert werden. Bereits jetzt stellt sich die Frage, wie Ombudsstellen in Zukunft mit Beschwerden über sie selbst umgehen. Hierzu braucht es geeignete Verfahren, die auch eine Reflexion der Beschwerden im Hinblick auf die unabhängige Arbeit der Ombudsstellen beinhalten müssen.

Literatur

Arnegger, M. (2016). Ombuds- und Beschwerdestellen in der Kinder- und Jugendhilfe im Lichte des systemtheoretischen Paradigmas der Sozialen Arbeit. In: Leideritz, M. & Vlecken, S. (Hrsg.): Professionelles Handeln in der Sozialen Arbeit – Schwerpunkt Menschenrechte. Ein Lese- und Lehrbuch (S. 146-197). Leverkusen-Opladen: Verlag Barbara Budrich.

BMFSFJ (2020). Abschlussbericht Mitreden – Mitgestalten: Die Zukunft der Kinder- und Jugendhilfe. www.bmfsfj.de/resource/blob/158504/c1a544b357ca570e0aa9688cdafd0b18/abschlussbericht-mitreden-mitgestalten-die-zukunft-der-kinder-und-jugendhilfe-data.pdf [03.04.2022].

BNO (2020). Fact Sheet: Unabhängigkeit als zentrales Qualitätsmerkmal für die Ombudschaft in der Kinder- und Jugendhilfe. https://ombudschaft-jugendhilfe.de/wp-content/uploads/FactSheet-Unabhaengigkeit_2020_11_18_.pdf [03.04.2022].

BNO (2021). Selbstverständnis. https://ombudschaft-jugendhilfe.de/wp-content/uploads/BNO_Selbstverstaendnis_2021_09_23.pdf [11.01.2022].

BNO (2022). Qualitätsstandards ombudschaftlicher Beratung. https://ombudschaft-jugendhilfe.de/verein-bundesnetzwerk/ [03.01.2022].

Heinetsberger, R., Helberg, T. & Schiller, U. (2020). „Wären unsere Räume im Jugendamt, würden viele Ratsuchende erst gar nicht kommen." Ein Gespräch mit den Projektkoordinatorinnen der Berliner Beratungs- und Ombudsstelle Jugendhilfe. FORUM für Kinder- und Jugendarbeit, 2020 (H. 1) S. 18-23.

Len, A. & Tomaschowski, L. (2020). Wie funktioniert Ombudschaft? Einblicke in ein heterogenes Feld. Forum Erziehungshilfen, 2020 (H. 1) S. 10-15.

Löffler, C. & Redmann, B. (2014). Ombudschaftliche Praxis als widerständige Praxis. Was ist der sozialpolitische Auftrag von Ombudschaft in der Jugendhilfe? Corax, 2014 (H. 6) S. 29-32.

Meysen, T., Lohse, K., Schönecker, L., Smessaert, A. & Achterfeld, S. (Hrsg.) (2022). Das neue Kinder- und Jugendstärkungsgesetz – KJSG (1. Auflage). Baden-Baden: Nomos.

Pamme, H. (2016). Umgang mit Beschwerden beim öffentlichen Träger der Kinder- und Jugendhilfe. www.lwl.org/lja-download/pdf/Umgang_mit_Beschwerden_WEB.pdf [03.01.2022].

Pluto, L. (2017). Beteiligung und Beschwerden als Teil der Organisationsentwicklung. In: Equit, C., Flößer, G. & Witzel, M. (Hrsg.): Beteiligung und Beschwerde in der Heimerziehung. Grundlagen, Anforderungen und Perspektiven (S. 126-146).

Projektgruppe „Evaluation Ombudschaft Jugendhilfe NRW" der Fachhochschule Münster (2015). Evaluation Ombudschaft Jugendhilfe NRW e.V. https://ombudschaft-nrw.de/pdf/Evaluationsbericht%20Ombudschaft.pdf [03.01.2022].

Rosenbauer, N. (2020). Ombudschaft braucht Unabhängigkeit. Wegmarker und Begründungslinien ombudschaftlicher Initiativen in der Jugendhilfe. FORUM für Kinder- und Jugendarbeit, 2020 (H. 1) S. 4-9.

Rosenbauer, N. & Schiller, U. (2015). „Wenn man Veränderung in der Sozialen Arbeit will, reicht es im Moment nicht aus, nur seinen Job zu machen". Ehrenamtliches Engagement in der Ombudschaft – Ergebnisse eines Projekts des Berliner Rechtshilfefonds Jugendhilfe e.V. (BRJ). Forum Jugendhilfe, 2015 (H. 3) S. 52-57.

Rosenbauer, N. & Schruth, P. (2019). Ombudschaft als Mittel der Durchsetzung von Rechten junger Menschen und ihrer Familien in der Kinder- und Jugendhilfe. Auf den Spuren notwendiger Unabhängigkeit einer Praxis des Widerspruchs. In: zur Gathen, M. von, Meysen, T. & Koch, J. (Hrsg.): Vorwärts, aber nicht vergessen! Entwicklungslinien und Perspektiven in der Kinder- und Jugendhilfe; Zukunftsimpulse für Praxis und

Fachpolitik aus Anlass des 65. Geburtstages von Norbert Struck (S. 146-156). Weinheim: Beltz Juventa.

Schruth, P. (2015). Sich bewegen im Machtkorsett: Unabhängige ombudschaftliche Beratung in der Jugendhilfe. Forum Erziehungshilfen, 2015 (H. 5) S. 265-271.

Schruth, P. (2020). Ombudschaft in der Jugendhilfe: Streitpunkte in der Fachdebatte. Forum Erziehungshilfen, 2020 (H. 1) S. 16-21.

Urban-Stahl, U. (2016). Stellungnahme zur öffentlichen Anhörung des BT-Ausschusses Familie, Senioren, Frauen und Jugend am 25.1.2016 zum Thema „Stärkung der Kinderrechte", Berlin. www.bundestag.de/resource/blob/402948/c1f59f28637612825a4b553d56e92519/18-13-68e_urban-stahl-data.pdf [09.12.2021].

Urban-Stahl, U. (2018). Ombudschaft und Beschwerdeverfahren. In: Rätz, R., Peters, F., Rosenbauer, N. & Vollhase, M. (Hrsg.): Kritisches Glossar – Hilfen zur Erziehung (S. 253-261). Regensburg: Walhalla Fachverlag.

Wölfel, U. von & Redmann, B. (2020). Ombudschaftliche Arbeit und Empowerment. Von der individuellen Information zur gemeinsamen politischen Aktion. In: Wölfel, U. von & Redmann, B. (Hrsg.): Bildung am Rande. Warum nur gemeinsam mit Adressat_innen in der Jugendhilfe Bemächtigungsprozesse initiiert werden können (S. 107-127). Weinheim, Basel: Beltz Juventa.

Strukturelle Anbindung und organisationale Fragen unabhängiger Ombudsstellen

Ulrike Urban-Stahl & Thomas Meysen

Die gesetzliche Verankerung von Ombudsstellen in der Kinder- und Jugendhilfe geht weit über Fragen der organisatorischen Verortung einer neuen Aufgabe der Kinder- und Jugendhilfe hinaus: Sie stellt eine Erweiterung des bestehenden Systems der Kinder- und Jugendhilfe um eine neue Rolle dar und ändert damit das System an sich. Um ihre Funktion erfüllen zu können, muss Ombudschaft einerseits in das System integriert und andererseits von diesem unabhängig sein. Nachdem die Entstehung der ersten Ombudsstellen notwendigerweise einen hohen Grad der Kontingenz aufwies, stellt sich mit der in § 9a SGB VIII erfolgten Verankerung und Erweiterung von Ombudschaft in der Kinder- und Jugendhilfe die Aufgabe einer stärkeren Systematisierung. Diesen Prozess der Integration in das System klug zu gestalten und dabei das Kritik- und Anregungspotenzial dieser Organisationen zu erhalten, stellt eine der zentralen Herausforderungen der nächsten Jahre dar. Dafür gibt der europäische Diskurs um Qualitätskriterien für Ombudspersonen, wie er beispielsweise im European Network of Ombudspersons for Children (ENOC) geführt wird, hilfreiche Hinweise.

Ombudsstellen – eine neue Rolle in der Kinder- und Jugendhilfe

Das System der Kinder- und Jugendhilfe kannte bis zur Jahrtausendwende drei Akteursgruppen: Öffentliche Träger, freie Träger und Adressat*innen, d.h. junge Menschen und ihre Familien. Diese Einteilung ist bezogen auf alle Aufgaben und Leistungsbereiche des SGB VIII zu finden und wird in Bereichen mit individuellem Rechtsanspruch im sogenannten Leistungsdreieck anschaulich verdeutlicht (vgl. Hansbauer, Merchel & Schone 2020, S. 77-92).

Mit den Ombudsstellen entstand, zunächst bezogen auf Leistungsbereiche mit individuellem Rechtsanspruch, ein neuer Akteur mit einer Rolle, die im SGB VIII bis dato nicht vorgesehen war: Eine explizit advokatorische Rolle mit fachlicher und rechtlicher Expertise, die jedoch weder Leistungsgewährer noch Leistungserbringer war und sich der Perspektive und den Rechten der Adressat*innen widmete. Dies war für viele Akteur*innen der Kinder- und Jugendhilfe zunächst irritierend und führte zu kritischen Anfragen. Handelte es sich bei Ombudschaft wirklich um etwas Neues? Junge Menschen und ihre

Familien hatten ja bereits Beschwerdemöglichkeiten, wie etwa beim Jugendamt, bei Dienstvorgesetzten oder beim Petitionsausschuss. Gegen Verwaltungsentscheidungen steht zudem der Rechtsweg offen. Wurde mit Ombudsstellen nicht eine überflüssige Parallelstruktur geschaffen? Zum anderen – und in gewisser Weise im Widerspruch zu dem vorherigen – wurde in Frage gestellt, ob es sich bei Ombudschaft überhaupt um eine Tätigkeit auf dem Gebiet der Kinder- und Jugendhilfe handele, oder eher um Rechtshilfe. Während diese zweite Frage im Jahr 2008 durch ein unveröffentlichtes Gutachten[1] von Reinhard Wiesner zur Anerkennung des BRJ e. V. als freier Träger der Jugendhilfe nach § 75 SGB VIII abschließend geklärt und Ombudschaft seitdem eindeutig als Tätigkeit auf dem Gebiet der Kinder- und Jugendhilfe anerkannt wurde, war die erste Frage Gegenstand einer langjährigen inhaltlichen Debatte.

Für diese inhaltliche Debatte war es wichtig, dass Ombudsstellen ihre Arbeit begründeten, dokumentierten, auswerteten, veröffentlichten und damit ihre neue Rolle, auch in Abgrenzung zu bestehenden Akteur*innen, verdeutlichten. Ein zentrales Element dieser Rolle ist die von Ombudsstellen beanspruchte Unabhängigkeit, die sie von bestehenden Akteur*innen und Beschwerdemöglichkeiten unterscheidet (vgl. Manzel, Kapitel V, i. d. B.). Neben der fachlich-konzeptionellen und methodischen Ausrichtung gelten die strukturelle Anbindung, die Organisationsform und die Finanzierung von Ombudsstellen als entscheidende Grundlagen zur Sicherstellung ihrer Unabhängigkeit.

Formen der strukturellen Anbindung und Trägerschaft von Ombudsstellen

Der Begriff ‚Ombudsstelle' suggeriert eine klar strukturierte Einrichtung oder gar Institution. Betrachtet man die empirische Praxis, so handelt es sich jedoch eher um einen konzeptionellen Begriff, der aktuell in unterschiedlichen Organisationsformen umgesetzt wird. Angesichts der Entstehungsgeschichte von Ombudsstellen in den vergangenen 20 Jahren ist dies nachvollziehbar: Ombudsstellen in der Kinder- und Jugendhilfe entstanden dort, wo Menschen und Zusammenschlüsse aktiv wurden und diese ins Leben riefen (vgl. Tomaschowski, Kapitel III, i. d. B.). Die Organisationsformen, in denen dies geschah, weisen daher eine hohe Kontingenz auf. Sie richteten sich nach inhaltlichen Überlegungen, aber auch nach den konkreten lokalen Möglichkeiten, personellen Konstellationen und situativen Notwendigkeiten.

So gründeten beispielsweise in Berlin viele Einzelpersonen und Träger aus unterschiedlichen organisationalen Bezügen einen neuen Verein. Sie betrachteten den neuen Zusammenschluss als notwendig, um unabhängig von den

1 https://www.brj-berlin.de/fachinformationen/gutachten/

differenten hauptamtlichen Bezügen der Mitglieder agieren zu können und ihre Heterogenität damit in eine Stärke der zunächst rein ehrenamtlichen Initiative zu verwandeln. Initiator*innen in Baden-Württemberg hingegen nutzten die bestehenden Strukturen starker Wohlfahrtsverbände, um Ombudsstellen mit Haupt- und Ehrenamtlichen aufbauen, in einem Flächenland in die Breite tragen und politisch Akzeptanz finden zu können. In Schleswig-Holstein konnte Ombudschaft in der Kinder- und Jugendhilfe innerhalb der bestehenden Institution einer Bürgerbeauftragten für soziale Angelegenheiten hauptamtlich verankert werden. Sie kooperiert mit den drei Regionalstellen der „Vertrauenshilfe" in Trägerschaft des Landesverbands eines Trägers der freien Jugendhilfe.

Mit diesen Beispielen sind zugleich die derzeit häufigsten *strukturellen Anbindungen und Trägerformen* von Ombudsstellen in der Kinder- und Jugendhilfe in Deutschland benannt:

- In der Mehrheit handelt es sich um eigenständige Vereine, die sich zum Zweck der Einrichtung von Ombudsstellen gegründet haben.
- Einige Ombudsstellen befinden sich in der Trägerschaft von (Wohlfahrts-) Verbänden bzw. Zusammenschlüssen von Verbänden.
- Ombudsstellen in der Kinder- und Jugendhilfe können in eine Institution der Bürgerbeauftragten integriert werden.
- In einzelnen Fällen werden weitere Formen erprobt, z. B. die Anbindung an den Jugendhilfeausschuss, die Einbindung in die Kommunalverwaltung oder in einen Kommunalverband.

Die Vielfalt der Trägerformen wird im Fachdiskurs bisher als in den konkreten lokalen Gegebenheiten begründete Notwendigkeit betrachtet. Jede einzelne Form ist jedoch in ihren strukturellen Vor- und Nachteilen zu reflektieren. Das Bundesnetzwerk Ombudschaft in der Kinder- und Jugendhilfe hat daher Kriterien für die Gewährleistung von Unabhängigkeit formuliert, die dabei Berücksichtigung finden sollen (vgl. BNO 2020). Daran gemessen sind einzelne der genannten Formen eher kritisch zu betrachten, insbesondere die Anbindung an die Kommunalverwaltung. Akteur*innen der Ombudsstelle haben dann zwar einen direkteren Zugang zu interner Kommunikation der Verwaltung, unterliegen jedoch auch stärker internen Kommunikationsregeln, was zu Einschränkungen der Handlungsmöglichkeiten führen kann. Unabhängig sind Ombudsstellen nur, wenn sie auch zu unangenehmen Themen nach außen auftreten, kommunizieren und Konflikte riskieren können.

Auch die Auseinandersetzung um mögliche Finanzierungsformen begleitet die Debatte um die Entwicklung vom Ombudsstellen. In den Entstehungsjahren arbeiteten die Initiativen ehrenamtlich, unterstützt durch Mitgliedsbeiträge, Spenden sowie Stiftungsfinanzierungen. Maßgeblich trug die Aktion Mensch e. V. durch die Förderung einer Vielzahl von Projekten unterschiedlicher Initiativen dazu bei, Strukturen aufzubauen und zu erweitern, die Methodik und Fachlichkeit (weiter) zu entwickeln sowie spezifische Fragestellungen von Ombudschaft zu bearbeiten und auszuwerten. Seit 2014 erfolgten erste Finanzierungen durch Landesmittel oder landeseigene Stiftungen, in Ausnahmefällen waren auch Kommunen und Einrichtungen freier Träger an der Finanzierung beteiligt. Seitdem wächst der Anteil von Ombudsstellen, die Zuschüsse aus öffentlichen Mitteln erhalten (vgl. Tomaschowski, Kapitel III, i. d. B.).

Die ersten Ombudsstellen als ‚Graswurzel-Initiativen' (vgl. Redmann & Schruth, Kapitel III, i. d. B.) hatten jenseits der selbst gesetzten inhaltlichen Aufgabenstellung keine Verpflichtungen. Es galt weder eine Organisation aufrecht zu erhalten, noch Mitarbeitende zu sichern. Die Ehrenamtlichkeit der Beteiligten sicherte in dieser Weise ein hohes Maß an Unabhängigkeit. Im Prozess der Institutionalisierung entwickeln sich ebenso wie in anderen Organisationen jedoch auch in Ombudsstellen und ihren Trägern organisationale Eigendynamiken. Sie müssen zur Erfüllung ihrer inhaltlichen Aufgabenstellung zunehmend auch die Aufrechterhaltung ihrer Organisation verfolgen. Während in der Gründungsphase die Sicherung von Unabhängigkeit mit der Notwendigkeit der Anwerbung von Ehrenamtlichen und solidarischer Unterstützung durch Spenden einherging, ist heute die verlässliche Finanzierung professioneller, hauptamtlicher Organisationen erforderlich. In Verträgen zu öffentlichen Förderungen wird daher Unabhängigkeit von den Interessen freier und öffentlicher Träger sowie Weisungsungebundenheit vereinbart. Gleichwohl stehen die Ombudsstellen damit in einem vertraglichen Verhältnis, das regelmäßig neu verhandelt werden muss. Kommt es zu Kritik an der Ombudsstelle, besteht die Möglichkeit für den Geldgeber, über diese Verhandlungen Einfluss auszuüben. Stellt die öffentliche Finanzierung die einzige Finanzierung der Ombudsstelle dar, liegt hierin eine deutliche potenzielle Einschränkung der Unabhängigkeit.

Radikal formuliert: Ombudsstellen können in einen Zielkonflikt bis hin zu einem Zwiespalt zwischen Aufrechterhaltung ihrer Organisation einerseits und Erfüllung ihres Selbstverständnisses und ihrer Qualitätskriterien andererseits geraten. Sicherung von Unabhängigkeit muss daher auch in Hinsicht auf dieses Spannungsfeld reflektiert und ausbalanciert werden. Seit der Verbreitung von Ombudsstellen stellt sich damit die Frage, welche Organisationsformen im Rahmen einer Institutionalisierung dieser Arbeit – im Unterschied zur Gründungsphase – diese Qualitätskriterien möglichst weitgehend sichern können, machbar und nachhaltig sind.

Der Weg ins System: Die Rolle des ‚Wiesner-Gutachtens'

Im Zuge der Verbreitung von Ombudschafts-Initiativen in unterschiedlichen Bundesländern wurde mehrfach die Frage diskutiert, ob eine einheitliche

Organisationsform sinnvoll sei und wie diese im System der Kinder- und Jugendhilfe verankert bzw. daran angebunden sein könnte. 2012 befasste sich Reinhard Wiesner im Auftrag des BRJ e. V. mit dieser Frage. In der als ‚Wiesner-Gutachten' in die Diskussion eingegangenen Expertise beschreibt der Autor die Bedeutung von Ombudsstellen im Bereich der individuellen Leistungsgewährung und zeigt auf, dass im System der Kinder- und Jugendhilfe eine solche Rolle nicht vorgesehen ist (Wiesner 2012). Sein Vorschlag zur Anbindung von Ombudsstellen an Jugendhilfeausschüsse ist schließlich der Versuch, der notwendigen Unabhängigkeit dieser Rolle im bestehenden System möglichst nahe zu kommen.

Das Gutachten wurde bundesweit rezipiert und diskutiert. Zwar wurde die Anbindung an Jugendhilfeausschüsse nach Kenntnis der Autor*innen bisher nur in Hamburg-Mitte erprobt und mittlerweile weitgehend verworfen, die damalige Diskussion hatte jedoch wichtige Effekte: Das Gutachten zeigte die Notwendigkeit der Rolle von Ombudsstellen auf und verdeutlichte, dass diese im System der Kinder- und Jugendhilfe nicht vorgesehen war. Im System der Kinder- und Jugendhilfe existierte keine von den Interessen des Leistungsgewährers und der Leistungserbringer unabhängige professionelle Anlaufstelle für junge Menschen und ihre Familien. Damit trug das Gutachten dazu bei, dass die Bedeutung der Unabhängigkeit von Ombudschaft anerkannt wurde und die Akzeptanz für die Forderung nach einer institutionellen Verankerung von Ombudsstellen im System der Kinder- und Jugendhilfe – und damit im SGB VIII – zunahm.

§ 9a SGB VIII: Notwendige Weiterentwicklungen

Fragen nach der Anbindung, Organisation und Gestaltung von Ombudsstellen sind mit der Einführung des § 9a SGB VIII im Rahmen des KJSG zur Mitte des Jahres 2021 noch komplexer geworden. Zukünftig wird es nicht nur darum gehen, wie in den Bundesländern Ombudsstellen mit dem bisherigen Konzept von Ombudschaft in ausgewählten Leistungsbereichen flächendeckend eingeführt werden können, in welcher strukturellen Anbindung und organisationalen Form dies erfolgen oder wie Erreichbarkeit und Ausstattung gesichert werden können. Die Ausweitung der Zuständigkeit von Ombudsstellen auf alle Aufgaben und Leistungen der Kinder- und Jugendhilfe macht darüber hinaus eine inhaltliche Weiterentwicklung auf fachlicher, organisationaler und methodischer Ebene notwendig. Und jede dieser Ebenen muss vor dem Hintergrund reflektiert und gestaltet werden, dass darin – möglichst weitestgehende – Unabhängigkeit gewahrt bleibt.

Ombudsstellen müssen sich also in der Zuständigkeit für alle Aufgabenbereiche der Kinder- und Jugendhilfe in gewisser Weise neu erfinden. Welche organisationalen und inhaltlichen Konzepte sind hierfür sinnvoll und wer entwickelt sie? Bundesländer können konkretisierende Regelungen zu § 9a SGB VIII erlassen. Welche Rolle nehmen die bisherigen Ombudsstellen in diesem Prozess ein? Auf welche Erfahrungen kann man aufbauen, was muss sich verändern? Wie wird in öffentlich beauftragten und finanzierten Ombudsstellen mit Konflikthaftigkeit umgegangen? Bisher verfügten die meisten Ombudsstellen über die Möglichkeit, die Anspruchsberechtigten bei Bedarf und nach fachlicher Prüfung in Rechtsstreitigkeiten auch finanziell zu unterstützen, um eine*n Anwalt*Anwältin beauftragen und ggf. Klage einreichen zu können. Wie wird dies zukünftig gehandhabt? Welche Kapazitäten sind erforderlich?

Diese Aufzählung von offenen Fragen ist keineswegs abschließend. Sie lässt jedoch eine zentrale Herausforderung des aktuellen Prozesses erkennen: Ombudsstellen sind außerhalb der Strukturen der Kinder- und Jugendhilfe entstanden. Dies trug maßgeblich dazu bei, offen und mit einer hohen Konfliktbereitschaft auf Probleme und Missstände in diesen Strukturen hinweisen zu können. Mit dem KJSG wurden Ombudsstellen in die Strukturen der Kinder- und Jugendhilfe integriert und sind nun Teil dessen. Diesen Prozess der Integration in das System klug zu gestalten und dabei das Kritik- und Anregungspotenzial dieser Organisationen zu erhalten, stellt eine der zentralen Herausforderungen der nächsten Jahre dar.

Die Frage, wie Ombudsstellen im Sinne ihrer Aufgabenstellung unabhängig und wirksam sein können, wird auch in anderen Feldern der Ombudschaft diskutiert, und zwar insbesondere im internationalen Kontext. Im Folgenden betrachten wir daher exemplarisch Qualitätskriterien für Ombudspersonen für Kinderrechte in Europa (vgl. Kittel, Kapitel IV, i. d. B.). Dabei geht es nicht um eine inhaltlich-thematische Gleichsetzung mit Ombudschaft in der Kinder- und Jugendhilfe, sondern um die strukturelle Frage, wie Unabhängigkeit von öffentlich benannten und finanzierten Ombudspersonen hergestellt und gesichert werden kann.

Unabhängigkeit von Ombudspersonen im europäischen Diskurs[2]

Exemplarisch für den Diskurs über Unabhängigkeit von Ombudspersonen beziehen wir uns im Folgenden auf das European Network of Ombudspersons for Children (ENOC). Dabei handelt es sich um eine gemeinnützige Vereinigung unabhängiger Kinderrechtsinstitutionen aus Mitgliedstaaten des Europarats.

2 Die folgenden Überlegungen basieren auf einer Expertise über Ombudspersonen und vergleichbare Stellen im Europäischen Vergleich im Auftrag des Deutschen Kinderhilfswerks (Urban-Stahl & Meysen 2021).

Voraussetzung für die Aufnahme und das Fortbestehen der Mitgliedschaft sind die Erfüllung von gemeinsam definierten Kriterien der Unabhängigkeit und Aktivitäten in unterschiedlichen Tätigkeitsfeldern. In Deutschland erfüllt bisher keine Institution die Anforderungen. Derzeit sind 43 Institutionen aus 34 Ländern in diesem Netzwerk zusammengeschlossen: Kinderombudspersonen, Kinderbeauftragte und Anlaufstellen für Kinderrechte in nationalen Menschenrechtsinstitutionen oder allgemeinen Ombudsmanbüros. Ihr Auftrag ist es, die Förderung und den Schutz der Rechte von Kindern, wie sie in der UN-Kinderrechtskonvention formuliert sind, zu unterstützen.

In Artikel 4 der ENOC-Satzung (2020, S. 3) werden Mindestanforderungen an die *Unabhängigkeit* formuliert. Ombudsinstitutionen können demnach als eigenständige Organisationen konstituiert oder Teil einer unabhängigen nationalen oder regionalen Menschenrechtsinstitution sein. Sie müssen jedoch auf einer gesetzlichen Grundlage beruhen, in der ihre Unabhängigkeit und ihre Funktion (im Falle von ENOC: Kinderrechte schützen und fördern) festgeschrieben ist. Die Institution muss frei darin sein, sich ihre eigenen Themen zu setzen, die sich aus ihrer Funktion ergeben, und ihre Funktion entsprechend der supranationalen Standards (im Fall von ENOC: Pariser Grundprinzipien und ENOC-Standards) zu erfüllen. Die gesetzliche Grundlage darf keine Regelungen enthalten, die dem entgegenstehen. Ombudsinstitutionen dürfen weiter keine abstrakten Organisationen sein, sondern es muss eine oder mehrere identifizierbare Personen geben, die sich ausschließlich der Funktion der Ombudsstelle widmen. Die Vorgaben zur Berufung von Ombudspersonen, Beauftragten und Mitgliedern von Gremien, die Dauer des Mandats und die Verfahren für Nachbesetzungen müssen in der gesetzlichen Grundlage geregelt sein.

Entscheidend für die Unabhängigkeit sind damit ein klarer gesetzlicher Auftrag, die Freiheit der Ombudspersonen zur Erfüllung ihrer Aufgaben und zur Definition der dafür erforderlichen Themen und Maßnahmen, identifizierbare beauftragte und verantwortliche Personen und die gesetzliche Regelung zur Benennung und Beauftragung der Ombudspersonen. Betrachtet man vor diesem Hintergrund die Regelung des § 9a SGB VIII, so ist es Aufgabe der Länder, Auftrag und Aufgaben von Ombudsstellen zu konkretisieren und Regelungen sowie Rahmenbedingungen zu schaffen, die ihre Unabhängigkeit gewährleisten. § 9a SGB VIII stellt daher nur einen Rahmen dar für das, was Länder zur Erfüllung der genannten Kriterien sicherstellen sollen.

Neben diesen Aspekten der strukturellen Unabhängigkeit formulieren die ENOC-Standards vier Kernfunktionen, die zur Unabhängigkeit von Ombudsinstitutionen und deren Aufgabenerfüllung erforderlich sind (vgl. ENOC, o. J.). Sie werden in den ENOC-Standards im Kontext des Einsatzes für Kinderrechte formuliert, können jedoch ebenso auf Ombudsstellen in der Kinder- und Jugendhilfe bezogen werden. Die vier Kernfunktionen von Ombudsinstitutionen sind:

1. *die Förderung der Rechte, für die die Ombudsinstitution zuständig ist.* In Mitgliedsorganisationen von ENOC ist die Grundlage hierfür die UN-Kinderrechtskonvention. Zur Förderung der Rechte gehören die Förderung einer höheren Priorität für die Zielgruppe und deren Rechte in Politik und Zivilgesellschaft, die Erstellung und Verbreitung von Informationen über diese Rechte, die Sammlung und Veröffentlichung von Daten zur Situation der Zielgruppe bzw. die Anregung der Regierung oder anderer Stellen, diese zu erheben und zu veröffentlichen.
2. *Monitoring und Advocacy.* Zu diesen Aufgaben gehören die Beobachtung von Maßnahmen der Regierung und anderer Akteure sowie die Einflussnahme auf Recht, Politik und Praxis, sowohl durch Reaktion auf Regierungs- und andere Vorschläge als auch durch aktives Vorschlagen von Änderungen. Advocacy beinhaltet auch die Überprüfung des Zugangs der Zielgruppen zu und die Wirksamkeit von allen Formen von Interessenvertretungs- und Beschwerdesystemen.
3. *Bearbeitung von Beschwerden.* Ombudsstellen sind im Rahmen ihrer Funktion für die Bearbeitung individueller Beschwerden zuständig sowohl der Zielgruppe als auch von Personen, die diese unterstützen oder vertreten. Sie unterstützen gegebenenfalls rechtliche Schritte bzw. leiten diese ein. Es können zudem Untersuchungen und Forschungen zu Problemlagen und Missständen durchgeführt bzw. gefördert werden.
4. *Förderung der Beteiligung/Partizipation der Menschen, für deren Rechte die Ombudsinstitution zuständig ist.* Ombudsinstitutionen sollen nicht nur für, sondern vor allem mit den Menschen ihre Rechte umsetzen. Hierzu gehört es, die Perspektiven und Ansichten der Zielgruppe sichtbar zu machen und Politik und Öffentlichkeit zu ermutigen, diese angemessen zu respektieren. Zur Aufgabe von Ombudsinstitutionen gehört es Strukturen zu schaffen, durch die die Perspektiven der Menschen, für deren Rechte sie eintritt, gegenüber anderen Gremien vertreten werden können, und das Bewusstsein für ihre Rechte auf breiter Ebene zu fördern.

Die Tätigkeit von Ombudspersonen oder -stellen darf sich in diesem Verständnis also nicht einseitig in der Bearbeitung individueller Beschwerden oder politischen Aktivitäten erschöpfen. Vielmehr stehen vier Tätigkeitsbereiche miteinander in Beziehung. Neben (1) der Beratung und Bearbeitung von Beschwerden sind dies (2) die Bekanntmachung der Rechte, für die die Ombudspersonen eintreten, die gesamtgesellschaftliche Verbreitung finden sollen, und die Einbindung unterschiedlicher politischer und zivilgesellschaftlicher Akteure in die Verwirklichung dieser Rechte; (3) die Erhebung und die Bekanntmachung des Stands der Verwirklichung der Rechte und (4) die Förderung der Beteiligung und Partizipation derjenigen, für deren Rechte die Ombudsperson zuständig ist, sowohl innerhalb der ombudschaftlichen

Arbeit als auch im Kontext ihrer Lebenswelt und in politischen Entscheidungsstrukturen.

In einer so weitreichenden Forderung nach Unabhängigkeit einer Institution kann die Frage aufkommen, wie in diesem Modell die Kontrolle und Begrenzung dieser Stelle gesichert werden kann. Unabhängigkeit darf gerade nicht bedeuten, sich als Einzelperson oder Team als Expert*in für die Sicherung von Rechten zu betrachten, der*die den Anspruch erhebt, für die Allgemeinheit bzw. für die Gruppe aller jungen Menschen und Familien zu sprechen, oder fachliche Deutungshoheit reklamiert. Ombudspersonen und Ombudsstellen müssen daher selbst eingebunden sein in eine Struktur, in der sowohl die Zielgruppen – im Falle von Ombudschaft junge Menschen und ihre Familien in der Kinder- und Jugendhilfe – als auch Expert*innen einen Diskurs führen, der die Kommunikation der unabhängigen Ombudsperson aus dem Charakter der persönlichen Meinungsäußerung einer Einzelperson heraushebt. Gerade unabhängige Beauftragte oder Ombudspersonen brauchen strukturell gesichert Beratung, Impulse und Kontrolle durch die Beteiligung von Betroffenen und von fachlichen Expert*innen (vgl. Loh & Uffelmann, Kapitel III; Schröer & Thomas, Kapitel VI, i. d. B.). Diese kann beispielsweise durch feste Gremien innerhalb der Struktur oder qualifizierte Formen von Ehrenamtlichkeit, durch Projektbeiräte, Workshops oder Befragungen erfolgen. Ein gutes Beispiel für die Einbindung von Betroffenen und Fachkräften bildet die Struktur des Unabhängigen Beauftragten für Fragen des sexuellen Kindesmissbrauchs: Neben dem Beauftragten wurden ein Betroffenenrat und die – ihrerseits ebenfalls unabhängige – Aufarbeitungskommission als Gremium von Fachexpert*innen gegründet, die wichtige Gegengewichte bilden und nicht der Einzelperson in der Repräsentanz, sondern den Betroffenen, deren Interessen vertreten werden, maßgeblichen Einfluss auf die Kommunikation geben.

Ausblick

Die bisherigen Ausführungen führen nicht zu einer einfachen Anleitung für eine einheitlich unabhängige Struktur für Ombudsstellen. Sie geben aber Hinweise auf drei Aspekte, die im gerade begonnenen Prozess der Institutionalisierung von Ombudsstellen in der Kinder- und Jugendhilfe Berücksichtigung finden sollten, um die Unabhängigkeit und Funktion der Ombudsstellen auch bei erweiterter Zuständigkeit aufrecht zu erhalten. Entscheidend für die Gewährleistung von Unabhängigkeit in den Ländern werden 1. die landesgesetzliche Absicherung der Ombudsstellen, ihrer Aufgaben und der Verfahren zur Berufung der jeweiligen Repräsentant*innen sowie die organisatorisch und finanziell gesicherte Freiheit zur Bestimmung der Themen, zur Positionierung und zur Kommunikation sein. Die Unabhängigkeit erfordert 2. eine finanzielle

Ausstattung, mit welcher die vier notwendigen Säulen der Ombudschaft (Bearbeitung von Beschwerden, Bekanntmachung der Rechte, politischer Einsatz für die Verwirklichung der Rechte, Beteiligung) angemessen erfüllt werden können. Und: Ombudsstellen brauchen 3. ihrerseits Beteiligungsstrukturen. Sie können ihre Autorität nicht darauf gründen, aus sich heraus eine bessere Einschätzung zu haben, sondern nur aus dem Korrektiv der strukturell abgesicherten Beteiligung von Betroffenen und fachlichen Expert*innen.

Literatur

BNO (2020). Fact Sheet: Unabhängigkeit als zentrales Qualitätsmerkmal für die Ombudschaft in der Kinder- und Jugendhilfe [online]. https://ombudschaft-jugendhilfe.de/wp-content/uploads/FactSheet-Unabhaengigkeit_2020_11_18_.pdf [23.03.2022].

ENOC (2020). The European Network of Ombudspersons for Children. Statutes as amended November 2020[online]. http://enoc.eu/wp-content/uploads/2021/04/ENOC-Statutes-amended-Nov2020-FV.pdf [23.03.2022].

ENOC (o.J.). „What is an independent Children's Rights Institution?“ [online]. http://enoc.eu/?page_id=2345 [23.03.2022].

Hansbauer, P., Merchel, J. & Schone, R. (2020). Kinder- und Jugendhilfe. Grundlagen, Handlungsfelder, professionelle Anforderungen. Stuttgart: Kohlhammer.

Urban-Stahl, U. & Meysen, T. (2021). Ombudspersonen und vergleichbare Stellen im Europäischen Vergleich – ein Ausblick für Deutschland. Expertise. Berlin: Deutsches Kinderhilfswerk e.V.

Wiesner, Reinhard (2012). Implementierung von ombudschaftlichen Ansätzen der Jugendhilfe im SGB VIII [online]. https://brj-berlin.de/wp-content/uploads/2014/03/Rechtsgutachten_2012_02.pdf [23.03.2022]

Kapitel VI:
Recht und Ombudschaft

Zur Durchsetzung von Rechtsansprüchen durch Ombudschaft in der Jugendhilfe

Peter Schruth

Die Verrechtlichung einzelfallbezogener Jugendhilfe hat dafür gesorgt, dass Kinder, Jugendliche und ihre Familien Rechte auf Jugendhilfeleistungen in unterschiedlicher Rechtsqualität gesetzlich zugesprochen bekommen haben. In den Anfängen ombudschaftlicher Beratung in der Jugendhilfe war strittig, ob rechtliche Beratung als Teil jugendhilfebezogener Beratung im Sinne des §75 SGB VIII anerkannt werden kann. „Rechte haben" ist das eine, mehr noch kommt es darauf an, solche „Rechte zu erhalten", also Rechte durchzusetzen. Dies ist Regelungsgegenstand des formellen Rechts oder Verfahrensrechts. Die unabhängige beschwerdebezogene Ombudschaft in der Jugendhilfe ergänzt den bis dahin traditionell dominierenden verwaltungsbezogenen Rechtsschutz durch ein den Ratsuchenden beistehendes kommunikatives Verfahren in ihrer Unterlegenheit gegenüber einer Praxis der strukturellen Machtasymmetrie. Ombudschaftliche Rechtsdurchsetzung erreicht damit im Idealfall eine bessere Partizipation im Hilfeplan- und Hilfeumsetzungsprozess und somit eher jugendhilfebezogene Einzelfallgerechtigkeit. Dabei wird bei allein ombudschaftlich nicht aufzulösenden jugendhilfebezogenen Rechtswidrigkeiten im Einzelfall gleichwohl – gewissermaßen als ultima ratio – auf das gerichtliche Überprüfungsverfahren im Sinne einer gesicherten Rechtsstaatlichkeit nicht verzichtet.

Hintergrund: Die Verrechtlichung der Jugendhilfe

Die Vorenthaltung gesetzlicher Leistungsansprüche als Ratsuchende*r in der ombudschaftlichen Beratung geltend zu machen, setzt voraus, im Einzelfall überhaupt materielle wie prozessuale Rechte zu haben. Rechtsverwirklichung durch Ombudschaft in der Jugendhilfe ist damit zunächst wesentlich abhängig von der Entwicklung der Verrechtlichung der Jugendhilfe, von deren Rechtsqualität, von deren jeweiligen tatbestandlichen und rechtsfolgenbezogenen Inhalten. In der Geschichte der Jugendhilfe wurde schon in den 80er Jahren die Debatte um die Bedeutung der Verrechtlichung der Sozialen Arbeit und damit auch der Jugendhilfe geführt (vgl. ausführlich Voigt 1980), denn mit der sozialstaatlichen Entwicklung nahmen auch Regulierungen sozialrechtlicher Tatbestände und Leistungsansprüche zu. Kritisiert wurde, dass durch die Verrechtlichung keine den menschlichen Bedürfnissen entsprechende

Auseinandersetzung mit Konflikten stattfinde, sondern die Konfliktbearbeitung in den wesentlichen Problemen einem „bürokratisch-rechtlichen Zugriff" und damit regelmäßig umfänglich einer formalen Verfahrenslogik unterliege (Narr 1979, S. 493).

„Verrechtlichung" wurde in dieser Debatte begrifflich unter drei Aspekten diskutiert:

- als *Vergesetzlichung*, die wesentlich durch die Rechtsprechung des Bundesverfassungsgerichts (BVerfGE 33, S. 1 ff.) befördert wurde, insbesondere durch die Rechtsprechung zum sog. besonderen Gewaltverhältnis (z. B. in der Strafhaft, in der Schule) und dem Gebot, die Beachtung der Grundrechte nur per Gesetz und nicht länger durch Verwaltungsvorschriften einschränken zu dürfen;
- als *Vergerichtlichung*, die durch eine Zunahme an gerichtlich ausgetragenen sozialen Konflikten bestärkt wurde (z. B. zur Schwangerschaftsunterbrechung, BVerfGE 39, S. 1 ff.);
- als *Regelung bisher nicht gesetzlich geregelter sozialer Sachverhalte* (z. B. Einführung des Unterhaltsvorschussgesetzes, des Erziehungsgeldes) mit der möglichen Folge, dass „soziale Konflikte allein auf rechtliche Fragen reduziert werden" (Kreft & Münder,1994, S. 24).

Im Kontext dieser Verrechtlichungsprozesse beklagten die konservativen Parteien in der politischen Auseinandersetzung den Verlust an staatlicher Autorität und befürchtete demgegenüber die parteipolitische Opposition, dass durch Verrechtlichung eine Entpolitisierung befördert werde bzw. offene Klassenkonflikte in Rechtsauseinandersetzungen transformiert würden. Schon Anfang der 90er Jahre musste rechtspolitisch festgestellt werden, dass die sozialen Probleme dadurch nicht weniger oder gar beseitigt wurden. „Ja, es trat die fast paradoxe Situation ein, dass das, was gewollt wurde durch rechtliche Regelungen, und das, was bewirkt wurde, tendenziell immer weiter auseinanderfiel" (Blanke 1988, S. 191). Es folgte die Debatte um Entregelung verbunden mit der Hoffnung von den konservativen Parteien, dass die Deregulierung zu einer „Privatisierung sozialer Risiken" führen würde und die sog. „Anspruchsinflation" durch die Bürger*innen an den Staat zurückginge; von oppositioneller Seite wurde damit auf Effekte der Dezentralisierung von Entscheidungsprozessen, auf ein Mehr an Demokratie anstelle einseitiger rechtlicher Regelungen und auf ein Mehr an demokratischen Aushandlungsprozessen gehofft (Kreft & Münder 1994, S. 26).

Mit der Zunahme der Verrechtlichung der Jugendhilfe, insbesondere mit der Einführung des SGB VIII 1990/91 verbanden sich dann auch Folgen für die Rechtsdurchsetzung im Einzelfall, dass die Wahrnehmung der neuen gesetzlichen Leistungsansprüche durch die Ratsuchenden wegen fehlender Kenntnis und Ressourcen zunehmend weniger realisierbar wurde. Insbesondere konnten Ratsuchende nicht beurteilen, ob und wie im Einzelfall verwaltungsrechtliche Verfahrensregeln relevant sind.

Für die Soziale Arbeit forderten deshalb Kreft/Münder die Ausbildung in rechtlichen Fragen

- auf grundlegende rechtliche Prinzipien, Mechanismen, Verfahren zu konzentrieren (*Rechtsstrukturkompetenz*)
- und wegen der Zunahme von Generalklauseln auf detaillierte Rechtskenntnisse, insbesondere von der Rechtsprechung entwickelten Fallgruppen (*Rechtsdetailkompetenz*)
- sowie auf bisher nicht behandelte Rechtsgebiete (*Rechtserfassungskompetenz*)

Wert zu legen (Kreft & Münder 1994, S. 31).

Aus Sicht der Fachkräfte der Sozialen Arbeit beinhalte – so Kreft/Münder schon 1994 – eine effektive Mitwirkung an der Rechtsverwirklichung insbesondere:

- eine Analyse sozialer Probleme auch unter rechtlichen Aspekten, um den Einfluss des Rechts auf soziale Probleme zu erkennen,
- ein Ankoppeln der Betroffenen an das vorhandene Beratungshilfesystem,
- ein Verhindern bzw. Mindern der Reduktion sozialer Probleme auf Rechtsprobleme,
- ein Mitwirken an der Entwicklung problembezogener statt auf einzelne Rechtsansprüch bezogener Hilfen,
- eine Unterstützung der Betroffenen im Kampf gegen „materielle Rechtlosigkeit",
- eine Mitwirkung an der Entwicklung solidarischer Hilfe bei der Rechtsverwirklichung und
- der Durchsetzung sozialer Interessen (Kreft & Münder 1994, S. 157).

So richtig diese Forderungen für eine effektive Rechtsverwirklichung durch eine intensivere rechtliche Ausbildung und Unterstützungen der Fachkräfte der Sozialen Arbeit sind, eine deutliche Reduzierung der Probleme, die sich aus der zugenommenen Verrechtlichung der Jugendhilfe herleiteten, war gleichwohl nicht eingetreten: Es blieb strukturell wesentlich bei der „Entmachtung" in den Handlungsoptionen der auf Jugendhilfeleistungen Angewiesenen durch die enorme Zunahme der Verrechtlichung in den sozialrechtlichen Gebieten und der damit geforderten hohen Anforderung an Rechtskompetenzen. Auch aus diesen Gründen hat sich in diesem entstandenen Kompetenz-Vakuum der „Entmachtung" im Kontext der Jugendhilfe eine dritte außerbehördliche Instanz, die soziale ombudschaftliche

Bewegung entwickelt, die die Ratsuchenden begleitet, aufklärt und für Rechtsklarheit und Durchsetzbarkeit im Rahmen der ombudschaftlichen Beratungsrolle unterstützend sorgt.

Die Erfahrungen des 2002 als erstes ombudschaftliches Beratungsprojekt gegründeten Berliner Rechtshilfefonds Jugendhilfe e. V. (BRJ) haben gezeigt, dass Ratsuchende in diesem Prozess der ombudschaftlichen Begleitung vor allem daran interessiert sind, für sich eine gute Lösung des Hilfebedarfs zu erreichen, nicht aber unbedingt Konflikte mit dem Jugendamt gerichtlich im Sinne einer weitergehenden allgemeinen Rechtsklärung auszutragen und notfalls durchzustehen (Urban 2006, S. 126): Insoweit hat die Verrechtlichung der Jugendhilfe den Ratsuchenden Rechte gegeben, mittels derer sie in der ombudschaftlichen Beratung gestärkt eigene Handlungsspielräume der Aushandlung in der Leistungsgewährung und Leistungserbringung wahrnehmen können. Fraglich ist, was über das „Rechte haben" hinaus dazu kommen sollte, um in dem machtasymmetrischen Kontext der Aushandlung von Leistungsgewährung und Infragestellungen der Leistungserbringung in der Jugendhilfepraxis als Leistungsberechtigte*r auch zu „seinem Recht" zu kommen?

„Rechtsberatung" als Teil ombudschaftlicher Beratung

Über Ansprüche auf Jugendhilfeleistungen und deren Durchsetzung und Umsetzung im Einzelfall befinden regelmäßig Sozialarbeiter*innen/Sozialpädagog*innen, nicht Jurist*innen. Die Fachkräfte der Sozialen Arbeit sind auf die Verknüpfung von Sozial- und Rechtsberatung in vielen Arbeitsbereichen angewiesen, auch wenn von ihnen die juristischen Kommentare zu Problemen der Jugendhilfepraxis oftmals als zu formal und abseits der Lebenswirklichkeiten und deren Anforderungen an Angeboten der Problembewältigung beurteilt und die angeblich binäre Codierung des Rechts zwischen Recht und Unrecht als zu undifferenziert für die zu beurteilenden komplexen Lebenssachverhalte in der Jugendhilfe gesehen werden (Kreft & Münder 1994, S. 15,16).

Der Anschein, es sei das Beste, wenn zwischen beiden Seiten – der Jugendhilfepraxis und den Vertreter*innen der Rechtsberatung – Distanz, wenigstens Indifferenz gewahrt werden sollte, trägt dann nicht länger, wenn mutmaßliche Fehler in der Leistungsgewährung und Leistungserbringung der Jugendhilfe vom Rechtssystem wegen der unbedingten Beachtung von Recht und Gesetz im Verwaltungshandeln als juristisch relevant gesehen werden. Bezugspunkte des auf Jugendhilfeleistungen bezogenen Rechtssystems sind das materielle und prozessuale Recht (SGB VIII, SGB I, SGB X), sind eine Reihe individueller Rechtsansprüche z. B. auf Hilfen zur Erziehung, der Kindertagesbetreuung oder Eingliederungshilfe. Solche Rechtsetzungen sollen an die normative Grundlage der Fachlichkeit Sozialer Arbeit erinnern sowie an die Notwendigkeit, diese operabel zu machen (Rixen 2017, S. 37). Die ombudschaftliche Beratungspraxis zeigt hierzu auf, dass bei der Anwendung des Jugendhilferechts Fehler geschehen durch dessen unzureichende Beachtung bis Ignoranz im Einzelfall, durch Missachtungen von Aufklärungspflichten und elementaren Verfahrensrechten, durch Fehler in Beratungsprozessen aus Mängeln an Wissen, an Reflexion, an Subjektorientierung und Partizipation der Kinder, Jugendlichen und ihrer Familien, durch erhebliche Defizite in der Implementierung bedarfsgerechter Angebote und Dienste. Die wesentliche Funktion des Jugendhilferechts mit seinen zahlreichen normativen Begrifflichkeiten liegt darin, dass „Prozesse der fachlichen Selbstvergewisserung" (Rixen 2017) als Daueraufgabe angestoßen werden, sich also mit den handlungsleitenden Vorverständnissen der beteiligten Fachkräfte zu befassen – das Recht unterstützt diese Selbstvergewisserungsprozesse mit seinen Steuerungsmöglichkeiten.

Die Kontrolle des Verwaltungshandelns sowie der Leistungserbringung von Jugendhilfeträgern (auch) durch Rechtsberatung hat in den Anfängen der ombudschaftlichen Beratung zu Zurückweisungen durch Jugendamtsbehörden geführt – als wäre nur eine Jugendhilfebehörde intern nach unserer Rechtsordnung allein kompetent zu beurteilen, was im Einzelfall nach dem Jugendhilfe- und ergänzenden Verfahrensrecht rechtmäßig sei. Die Zurückweisung der jugendhilferechtlichen Kompetenz wurde – gewissermaßen stellvertretend – ausgetragen an der Frage, ob die Berliner Ombudsstelle (BRJ), die in ihrem Namen den Begriff „Rechtshilfefonds" trägt, nach § 75 SGB VIII als Träger der Jugendhilfe anerkannt werden könne. Die zuständige Behörde begründete die Verweigerung der Anerkennung des BRJ mit fehlender gesetzlicher Voraussetzung, denn der Rechtshilfefonds sei nach § 75 Abs.1 Nr.1 SGB VIII nicht „auf dem Gebiet der Jugendhilfe im Sinne des § 1 tätig". Strittig waren der Begriff „Jugendhilfe" und der Maßstab der Beurteilung des § 1 Abs.3 SGB VIII, der in vier Nummern einen weiten Tätigkeitsrahmen absteckt. Nach drei Jahren vergeblicher Einigungsversuche wurde in der Mediation vor dem Verwaltungsgericht Berlin beschlossen, Prof. Wiesner mit einem ausschlaggebenden Gutachten zu betrauen. Darin bestätigte er die weite Auslegung von § 1 SGB VIII auch mit Hinweis auf die „Grundsätze für die Anerkennung von Trägern der freien Jugendhilfe vom 12.4.1994" der Arbeitsgemeinschaft der Obersten Landesjugendbehörden. Er führte weiter aus, dass der Zugang zu individuellen Leistungen der Jugendhilfe immer über die Klärung des sozialpädagogischen Hilfebedarfs und die Feststellung der Eignung und Notwendigkeit personenbezogener sozialer Dienstleistungen nicht durch einen einseitigen hoheitlichen Akt der Behörde erfolge, sondern im Rahmen eines interaktiven Verstehens- und Deutungsprozesses, und dies setze stets die aktive Teilnahme der Hilfeadressat*innen voraus. Und an den Schwierigkeiten der aktiven Teilnahme der Hilfeadressat*innen setze die Tätigkeit des Rechtshilfefonds mit der Aufgabe an, diese bei der Feststellung und Klärung ihres Bedarfs zu unterstützen. Auch seien die weiteren Schwerpunkte des Rechtshilfefonds die Unterstützung, Vermittlung und Verfahrensbegleitung, nicht hingegen die Rechtsbesorgung, die rechtsberatenden Berufen vorbehalten sei. Damit reagiere der BRJ mit seinen Aktivitäten auf strukturelle Defizite in der Kinder- und Jugendhilfe und dies sei eine effektive und effiziente Umsetzung des Kinder- und Jugendhilferechts im Sinne des § 1 Abs.3 SGB VIII.

Auch Kepert kommt zu einem entsprechenden Ergebnis, dass insbesondere die für die ombudschaftliche Beratung maßgebliche Begründung, für die auf Jugendhilfeleistungen Angewiesenen die Hemmnisse und Restriktionsgefahren der strukturellen Machtasymmetrie zu kompensieren, „die Notwendigkeit einer Information über bestehende Rechte nach dem SGB VIII und einer Beratung bei der Wahrnehmung dieser Rechte durch eine Ombudsstelle" rechtfertige (Kepert 2016, S. 396).

Die Grenzen der rechtsstaatlichen Schutzinstrumente

Grundsätzlich gilt ordnungsrechtlich für den „Rechtsschutz" (im Kontext der Leistungsgewährung bzw. -erbringung der Jugendhilfe) allein die Rechtsstaatsmaxime: Wird jemand „durch die öffentliche Gewalt" in seinen Rechten verletzt, „so steht ihm der Rechtsweg offen" (Art. 19 Abs.4 S. 1 GG). Damit ist gemeint, dass die Rechtsordnung den Bürger*innen eine Kontrollgarantie staatlichen Handelns im Rahmen der Verfahrensordnungen gibt: Das sind insbesondere

- die *Dienstaufsichtsaufsichtsbeschwerde* (sie richtet sich gegen einen Verwaltungsmitarbeiter*in persönlich, damit diese*r angewiesen wird, sich ordnungsgemäß zu verhalten),
- die *Rechtsaufsichtsbeschwerde* (sie richtet sich an die Behörde, der die Aufsicht über die Behörde zusteht, die für eine Einrichtung zuständig ist bzw. eine Maßnahme getroffen hat),
- das *Widerspruchsverfahren* (es verpflichtet die Verwaltung zu einer sachlichen Entscheidung über Rechtmäßigkeit und Zweckmäßigkeit des angefochtenen Verwaltungsaktes),
- die *Klageverfahren* vor den zuständigen Gerichten.

Allerdings zeigen die Rechtssprechungsübersichten zum Jugendhilferecht (z. B. im ZKJ), dass eher selten Gerichtsverfahren genutzt werden, um Leistungsansprüche klagweise durchzusetzen. Und anzunehmen ist, dass in den Einzelfällen die hier Klagenden – etwa um Finanzierungen von Lerntherapien und Internatsunterbringungen – einen „hohen Bildungsstand" haben und „hervorragend informiert" sind (Urban 2006, S. 126). Auch aus den Fallstatistiken des BRJ geht hervor, dass im Bereich der Hilfen zur Erziehung (§§ 27 ff. SGB VIII) nur wenig geklagt wird. Dabei spiele einerseits das fehlende Wissen um eigene Rechte eine entscheidende Rolle, gleichzeitig empfänden die Betroffenen die Offenlegung ihrer intimen Informationen und Krisensituationen vor Gericht als unangenehm und bedrohlich, da sie beispielsweise Eingriffe in ihr Elternrecht befürchten.

Übersicht über die verwaltungsgerichtlichen Klageverfahren (38 Klagen bei ca. 3000 Beschwerdeberatungen) des Berliner Rechtshilfefonds Jugendhilfe e. V. (BRJ) in den Jahren 2002-2021:

Jahre	Anzahl	Hilfeform	Alter	Grundkonflikt	Wie verlaufen?
2002-2007	*13*	*§ 34 § 13 Abs.2 § 33*	*Keine Angabe (k. A.)*	*Nichtgewährung oder Streichung von Leistungen*	*11 x erfolgreich 2 x erfolglos*
2009	*2*	*§§ 41, 34 § 13 Abs.2*	*21 19*	*Fortführung der Hilfe Leistungsbewilligung abgelehnt*	*Erfolgreich Von Jugendhilfe Abstand genommen*
2012	*6*	*§§ 33, 31*	*2*	*Erweiterter Förderbedarf und mehr Fachleistungsstunden*	*Nach Klageeinreichung Hilfe bewilligt*
		§ 30	*15*	*Mehr Fachleistungsstunden*	*Nach Klageeinreichung Hilfe bewilligt*
		§§ 41, 34	*20*	*Neue Hilfe beantragt*	*Nach Klageeinreichung Hilfe bewilligt*
		§§ 41, 34	*19*	*Neue Hilfe beantragt*	*Nach Klageeinreichung Hilfe bewilligt*
		§ 13 Abs.2	*19*	*Leistungsbewilligung abgelehnt*	*Von Jugendhilfe Abstand genommen*
		§§ 41, 34	*18*	*Leistungsbewilligung abgelehnt*	*Von Jugendhilfe Abstand genommen*
2014	*2*	*§§ 27, 34*	*16*	*Neue Hilfe beantragt*	*Mit Ankündigung der Klage Hilfe bewilligt*
		§§ 27, 33	*11*	*Neue Hilfe beantragt*	*Mit Ankündigung der Klage Hilfe bewilligt*
2015	*3*	*Geschlossene Unterbringung*	*17*	*Rücknahme des zweijährigen GU-Beschlusses*	*Klage erfolgreich*
		§ 13 Abs.2	*k. A.*	*Hilfegewährung*	*Klage erfolgreich*
		§ 13 Abs.2	*k. A.*	*Hilfegewährung*	*Einstweiliger Rechtsschutz erfolgreich, weil Hilfe gewährt wurde*
2016	*1*	*§§ 41, 34*	*k. A.*	*Hilfegewährung*	*Nach Einreichung der Klage Hilfe bewilligt*

Jahre	Anzahl	Hilfeform	Alter	Grundkonflikt	Wie verlaufen?
2017	*2*	*§§ 27 ff.*	*k. A.*	*Selbstbeschaffung*	*Nach Einreichung der Klage Hilfe bewilligt*
		§ 34	*k. A.*	*Betreute Unterbringung*	*Einstweiliger Rechtsschutz: Eilbedürftigkeit abgelehnt, weil junge Frau Hilfe nach SGB XII angenommen hatte*
2018	*2*	*§§ 27 ff.*	*k. A.*	*Hilfeablehnungen*	*Mit Ankündigung der Klagen wurden Hilfen bewilligt*
2019	*5*	*§§ 27, 35*	*14*	*Neue Hilfe beantragt: Unterbringung in einer intensivpädagogischen Maßnahme im Ausland*	*Klage erfolgreich*
		§§ 41, 34	*19*	*Junger Geflüchteter, Fortschreibung Jugendhilfe, sollte § 13 Abs. 3 erhalten trotz höherem Hilfebedarf*	*Klage eingereicht; Hilfe bewilligt, nachdem das Gericht dem JA riet, die Hilfe erneut zu prüfen; kein Beschluss*
		§§ 41, 34	*18*	*Aus Inobhutnahme in Obdachlosenheim entlassen, Zuständigkeitsgerangel*	*Klage eingereicht; Hilfe bewilligt; kein Beschluss*
		§§ 41, 34	*18*	*Kostenheranziehung; BaföG und kostenidentische Leistungen*	*Klage wurde nach Ablehnung der Pkh zurückgezogen*
		§ 19	*20*	*Prozesskostenhilfe*	*Verfassungsbeschwerde nicht zugelassen zur Kostenübernahme der mittellosen KM; Hilfe selbst wurde bewilligt*
2020	*1*	*§§ 41, 34*	*19*	*Kostenheranziehung*	*Erwartungsgemäß Pkh abgelehnt, Klage zurückgewiesen*
2021	*1*	*§§ 27, 33*	*k. A.*	*Verwandtenpflege – Anerkennung als Pflegefamilie; Übertragung Vormundschaft auf Großmutter*	*Läuft noch*

(Quelle: U. Schiller, Auswertungen der Falldokumentationen; Veröffentlichungen des BRJ, www@brj-berlin.de)

Die Herstellung eines dem Einzelfall gerecht werdenden Rechtsschutzes in der Jugendhilfe vollzieht sich offenkundig entsprechend der Übersicht zu den verwaltungsgerichtlichen Klagen des BRJ in den wenigsten Beratungsfällen vor Gericht, hat daher weniger formale, verfahrensrechtlich-instrumentelle Voraussetzungen, sondern ist kommunikativ-kooperativ ausgerichtet.

Auf dieser kommunikativ-kooperativen Ebene vollziehen sich die allermeisten Verfahren zwischen den Nachfragenden und den zuständigen Institutionen und ihrer Vertreter*innen in Bezug auf Leistungsbeantragung, -bewilligung und -gewährung ohne Beschwerde und Streit. Das hierbei angewendete Recht folgt den zentralen Prinzipien wie Gesetzmäßigkeit, Verhältnismäßigkeit sowie Angemessenheit und setzt hierin dem Verwaltungshandeln weitgehende Grenzen (Papenheim 2015, S. 112-116). Jedoch verlangt die Anwendung jugendhilferechtlicher Leistungsansprüche im Einzelfall (z. B. auf Erziehungshilfen nach § 27 Abs.1 SGB VIII) die Beurteilung unbestimmter Rechtsbegriffe (z. B. „Wohl des Kindes") anhand pädagogischer und sozialarbeiterischer Beurteilungen mit wiederum hoher Komplexität und Dynamik, die die Überprüfbarkeit des Verwaltungshandelns einschränkt. Man kann auch sagen, die Struktur der sozialpädagogischen Entscheidungsfindung steht zur Logik des individuellen Rechtsanspruchs (auf Jugendhilfeleistungen) in einem Spannungsverhältnis. „So kann bspw. die Entscheidung über die Notwendigkeit und Geeignetheit einer Hilfe nicht den Anspruch objektiver Richtigkeit erheben, sondern sie ist vielmehr das Ergebnis eines kooperativen Entscheidungsprozesses unter Mitwirkung des Kindes oder Jugendlichen im Zusammenwirken mehrerer Fachkräfte. Den beteiligten jungen Menschen und ihren Familien ist es jedoch meist nicht möglich, Entscheidungen der Fachbehörden und der Fachkräfte zu überprüfen, sie fachlich und juristisch zu beurteilen und im Zweifelsfall ggf. notwendige Schritte des Widerspruchs zur Durchsetzung ihrer Rechte einzuleiten." (BRJ 2018, S. 6) Aus den genannten Begrenzungen der Beteiligung der Beschwerdeführer*innen an einem gesetzlichen Rechtsschutz und den Besonderheiten der Auslegung unbestimmter Rechtsbegriffe in der Jugendhilfe hat die ombudschaftliche Beschwerdeberatung ein kommunikativ-kooperatives, ein anderes „Rechtsschutzkonzept" entwickelt.

Der andere „Rechtsschutz" in der Ombudschaft

Zentrales Element des ombudschaftlichen kommunikativ-kooperativen Verfahrens der Beratung von Beschwerden ist „das Beistehen" bei jugendhilfebezogenen Streitfragen, in denen die Interessen der strukturell unterlegenen Partei (der Ratsuchenden) besondere Beachtung findet. Ziel sei es, strukturelle Machthierarchien auszugleichen und eine gerechte Einigung zu erzielen (Sandermann, Schruth &Urban-Stahl 2014, S. 5). Dabei steht die außergerichtliche Vermittlung im Interesse der Betroffenen stets vor der gerichtlichen Auseinandersetzung, es sei denn, im Einzelfall ist eine hohe Eilbedürftigkeit zu beachten. In der ombudschaftlichen Beratung geht es um Aufklärung, um die Beratung der Betroffenen über ihre Rechte, Handlungsoptionen und mögliche Strategien sowie über die damit verbundenen (möglichen) Folgen. Die Entscheidung über den zu gehenden Weg ihrer Beschwerdebearbeitung treffen die Betroffenen stets selbst. Ombudschaftliche Beratung erfordert immer wieder neben der Beratung der Ratsuchenden auch deren Begleitung und gegebenenfalls deren Vertretung im Rahmen von jugendhilferechtlichen Verwaltungsverfahren. § 13 SGB X räumt den Beteiligten eines Verwaltungsverfahrens das Recht ein, sich bei Verhandlungen und Besprechungen durch eine*n Bevollmächtigte*n vertreten oder von einem Beistand unterstützen zu lassen, um in der Dynamik der angesprochenen strukturellen Machtasymmetrie besser Gehör mit den eigenen Anliegen zu finden. Damit einher gehen dann eher bessere Chancen für Beschwerdeführer*innen auf Durchsetzung bestehender berechtigter Ansprüche auf Jugendhilfeleistungen (Schindler 2019).

Literatur

Blanke, T. (1988). Verrechtlichung von Wirtschaft, Arbeit und sozialer Solidarität. In: Kritische Justiz, Heft 2, S. 190.

Kepert, J. (2016). Ombudstätigkeit im Bereich des SGB VIII. In: ZKJ 11/2016, S. 396.

Kreft, D. & Münder, J. u. a. (1994). Soziale Arbeit und Recht, Eine Einführung in das Recht für Sozialarbeiter/Sozialpädagogen, 4. Auflage, Weinheim und Basel 1994.

Narr, W.-D. (1979). Hin zu einer Gesellschaft bedingter Reflexe. In: J. Habermas (Hrsg.), Stichworte zur „geistigen Situation der Zeit", Bd. 2. Frankfurt a. M.: Suhrkamp, S. 489-528.

Papenheim, H.-G. u. a. (2015). Verwaltungsrecht für die soziale Praxis. Ein Handbuch für Sozialberufe, 25. Auflage, Frankfurt a. M.

Sandermann, P., Schruth, P. & Urban-Stahl, U. (2014). Ombuds- und Beschwerdestellen in der Kinder- und Jugendhilfe. In: Zeitschrift für Sozialpädagogik, Heft 1.

Schindler, G. (2019). Rechtsgrundlagen der ombudschaftlichen Tätigkeit – Handlungs- und Vertretungsbefugnisse und ihre Grenzen, Rechtsgutachten im Auftrag des Bundesnetzwerk Ombudschaft in der Kinder- und Jugendhilfe (www.ombudschaft-jugendhilfe.de).

Rixen, S. (2017). Soziale Arbeit – ein rechtliches Risiko? Fehler in der Sozialen Arbeit als juristisches Problem. In: Sozialextra, 9/10.

Urban, U. (2006). Wo kein Kläger, da kein Rechtsschutz? In: ZKJ, Heft 3, S. 126-135.

Voigt R., (1980). Verrechtlichung, Königstein/Ts.

Recht auf Ombudschaft im Sozialrecht

Roland Rosenow

Dieser Beitrag geht von der Entstehungsgeschichte von § 9a SGB VIII aus und untersucht dann die Aufgaben der Ombudsstellen, die sich stets auf Konflikte beziehen. Der Autor vertritt die Auffassung, dass das auch präventive Tätigkeiten einschließt, was die Abgrenzung der Aufgaben der Ombudsstellen erschwert. Das hat zur Folge, dass ihnen insoweit eine weite Einschätzungsprärogative zuzuerkennen ist. Der zweite Schwerpunkt des Beitrags gilt dem Sicherstellungsauftrag, den § 9a SGB VIII formuliert, und der Frage, ob ein Anspruch auf ombudschaftliche Unterstützung besteht, die bejaht wird. Ein dritter Teil stellt das Verhältnis zu wichtigen verfahrensrechtlichen Vorschriften, vor allem im SGB X, aber auch in der VwGO, dar.

Mit dem Kinder- und Jugendstärkungsgesetz (KJSG) vom 3.6.2021 (BGBl. I, S. 1444) wurde § 9a SGB VIII in das SGB VIII eingefügt. Mit dieser Vorschrift werden die Länder verpflichtet, sicherzustellen, dass „junge Menschen und ihre Familien [sich] zur Beratung in sowie Vermittlung und Klärung von Konflikten im Zusammenhang mit Aufgaben der Kinder- und Jugendhilfe nach § 2 und deren Wahrnehmung durch die öffentliche und freie Jugendhilfe an eine Ombudsstelle wenden können". Der Begriff der Ombudsstelle ist im deutschen Sozialrecht neu. Dem Inkrafttreten des KJSG ging nicht nur ein Gesetzgebungsverfahren in der 19. Legislaturperiode, sondern ein weiteres in der 18. voraus, das zu einem ersten KJSG führte, dem der Bundesrat nicht mehr zustimmte, nachdem der Bundestag es am 29.6.2017 und damit kurz vor Ende der 18. Legislaturperiode beschlossen hatte. Kurz bevor das KJSG vom 3.6.2021 verabschiedet wurde, fand der Begriff der Ombudsstelle mit § 342 Abs. 3 SGB V Eingang in das Krankenversicherungsrecht, dort im Kontext der Vorschriften über die elektronische Patientenakte (Patienten-Daten-Schutz-Gesetz v. 14.10.2020, BGBl. I., S. 2115 m.W. z. 20.10.2020). Das ist wohl die erste Verwendung im Sozialrecht überhaupt. Die Bedeutung des Begriffs im SGB V unterschiedet sich von derjenigen in § 9a SGB VIII. Die Ombudsstellen nach § 342 Abs. 3 SGB V beraten die Versicherten gem. § 342 Abs. 3 S. 3 SGB V und informieren sie gem. § 342 Abs. 3 S. 4 SGB V. Die Aufgaben dieser Ombudsstellen überschneiden sich weitgehend mit den Beratungs- und Informationspflichten der Krankenkassen aus §§ 14, 15 SGB I und den besonderen Informationspflichten aus § 343 SGB V (KassKomm/Herbst, § 342 Rn. 59). Das Gesetz schreibt weder Unabhängigkeit vor, noch steht die Bearbeitung von Konflikten im Fokus. Beide Begriffe finden in § 9a SGB VIII Verwendung und haben dort zentrale Bedeutung.

Dieser Beitrag zeichnet zunächst in gebotener Kürze die Entstehungsgeschichte von § 9a SGB VIII nach. Gegenstand des folgenden Abschnitts sind Aufgaben der Ombudsstellen, die hier vor dem Hintergrund der Entstehungsgeschichte der Norm interpretiert werden. Der vierte Abschnitt geht der Frage nach, inwieweit aus der als Sicherstellungsauftrag formulierten Norm ein klagbarer Anspruch auf ombudschaftliche Unterstützung folgt. Anschließend wird auf das Verhältnis zu ausgewählten Vorschriften über das Verwaltungsverfahren und gerichtliche Verfahren eingegangen.

Entstehungsgeschichte von § 9a SGB VIII

Seit fast 20 Jahren gibt es spezifische Ombuds- und Beschwerdestellen für Adressat*innen der Kinder- und Jugendhilfe (s. Tomaschowski, Kap. III, i. d. B.; Arnegger 2018, S. 12). Im Laufe dieser Zeit hat sich eine in der Wissenschaft der Sozialen Arbeit verankerte Fachlichkeit der ombudschaftlichen Unterstützung im Bereich der Kinder- und Jugendhilfe entwickelt. Zugleich wurde die strukturelle Machtasymmetrie zwischen Kindern, Jugendlichen und Personensorgeberechtigten auf der einen und Jugendämtern und Leistungserbringern der Kinder- und Jugendhilfe auf der anderen Seite mehr und mehr als ein Problem wahrgenommen – nicht nur in der Praxis der Kinder- und Jugendhilfe, sondern zunehmend auch im politischen Raum. Akteur*innen der ombudschaftlichen Praxis, der Wissenschaft und der Wohlfahrtsverbände begannen, sich für Ombudsstellen in der Kinder- und Jugendhilfe zu engagieren (s. Schruth & Redmann, Kap. III, i. d. B.), und eine gesetzliche Verankerung sowie, damit eingehergehend, eine gesicherte staatliche Finanzierung zu fordern (Sandermann, Schruth & Urban-Stahl 2014, S. 4-9). Dies führte dazu, dass eine gesetzliche Regelung von Ombudsstellen im politischen Prozess, an dessen Ende die Verabschiedung des KJSG vom 3.6.2021 lag, von Beginn an eines der wichtigen Themen war. Bereits der erste Entwurf für ein KJSG vom 7.6.2016 sah eine programmatische Aufnahme von Ombudsstellen in das SGB VIII vor. Zur Begründung formulierte das BMFSFJ: „Die programmatische Verankerung ombudschaftlicher Beratung an zentraler Stelle im SGB VIII soll so dazu beitragen, dass Beteiligungs- und Beschwerdeverfahren zu einem integralen Qualitätsbestandteil im System der Kinder- und Jugendhilfe insgesamt weiterentwickelt werden.“ (BMFSFJ 2016, S. 21)

Das Ministerium nahm Bezug auf den Bericht über die Evaluation des Bundeskinderschutzgesetzes (BKiSchG) vom 17.12.2015, der die gesetzliche Verankerung von Ombudsstellen empfahl:

„Die wichtigen Impulse, die im Hinblick auf die Stärkung von Kindern und Jugendlichen in Einrichtungen mit der mit dem BKiSchG eingeführten Implementierung von Beteiligungs- und Beschwerdeverfahren erreicht werden konnten, sollten über den Adressatenkreis der jungen Menschen in Einrichtungen hinaus weitergeführt werden. Die Bundesregierung hält hierfür die programmatische Verankerung der Ombudsstelle im SGB VIII als externe und unabhängige Anlaufstelle für Kinder und Jugendliche in der Kinder- und Jugendhilfe vor Ort für einen geeigneten Weg, den es mittels der Auswertung von Erfahrungen bereits eingerichteter Ombudsstellen sowie der modellhaften Erprobung weiterer Ombudsstellen zu flankieren gilt." (BT-Drs. 18/7100, S. 105)

Diese Überlegungen führten zu einem ersten § 9a SGB VIII, der in der Fassung, in der der Bundestag ihn mit dem ersten KJSG, das mangels Zustimmung des Bundesrates nicht Gesetz wurde, am 29.6.2017 beschloss, lautete:

„§ 9a Ombudsstellen
Der Träger der öffentlichen Jugendhilfe kann eine ombudschaftliche Beratungs- und Schlichtungsstelle errichten, an die sich junge Menschen und ihre Familien zur allgemeinen Beratung sowie Vermittlung und Klärung von Konflikten im Zusammenhang mit Aufgaben der Kinder- und Jugendhilfe nach § 2 und deren Wahrnehmung durch die öffentliche und freie Jugendhilfe wenden können."

Der Begriff der Ombudsstelle wurde hier noch durch das Adjektiv „ombudschaftlich" umgangen. Die Aufgaben der „Beratungs- und Schlichtungsstellen" umfassten auch die „allgemeine Beratung" – während sich die Praxis der Ombudsstellen auf Konfliktberatung bezog. Besonders umstritten war die Formulierung „errichten", da sie offenließ, inwieweit die „Beratungs- und Schlichtungsstellen" unabhängig sein sollten. Im Koalitionsvertrag für die 19. Legislaturperiode vereinbarten die Regierungsfraktionen, das Recht der Kinder- und Jugendhilfe „auf Basis" des KJSG aus der 18. Legislaturperiode weiterzuentwickeln (vgl. CDU, CSU & SPD 2018). Nachdem das BMFSFJ für das Gesetzgebungsverfahren der 18. Legislaturperiode heftig kritisiert worden war,[1] weil Wissenschaft und Praxis der Kinder- und Jugendhilfe nicht ausreichend beteiligt worden seien, legte das Ministerium unter dem Titel „Mitreden – Mitgestalten"

1 Der Autor begleitete den politischen Prozess von Anfang 2016 bis zum Inkrafttreten den KSJG als Referent für Sozialrecht zunächst beim Deutschen Caritasverband und dann bei der Diakonie Deutschland und war Mitglied der AG „Mitreden-Mitgestalten". Das BMFSFJ wurde z. B. im Rahmen des 16. DJHT in Düsseldorf im März 2017, aber auch zu Beginn des Dialogprozesses des Jahres 2019 und im Rahmen unterschiedlicher Gremien u. a. bei der AGJ und beim DV von vielen Seiten mit ungewöhnlicher Schärfe angegriffen, weil es die Fachöffentlichkeit im politischen Prozess der 18. Legislaturperiode unzureichend beteiligt habe.

einen breit angelegten Diskussionsprozess auf, in dessen Zentrum die Arbeitsgruppe „Mitreden – Mitgestalten“ stand, die im Jahr 2019 insgesamt fünf Mal tagte. Im Abschlussbericht, der in einer vorläufigen Fassung am 10.12.2019 vorgestellt wurde, wird zum Thema Ombudsstellen ausgeführt:

> „Die Einführung von Ombudsstellen wird von den Mitgliedern der AG befürwortet. Überwiegend wird dafür votiert, die Einführung von Ombudsstellen als Rechtspflicht zu regeln und eine Beratung durch unabhängige Dritte zu gewährleisten. Die Belange von Menschen mit Behinderung müssten ausreichend Berücksichtigung finden. Insbesondere müsse Barrierefreiheit und Niedrigschwelligkeit sichergestellt werden.“ (BMFSFJ 2020, S. 29)

Das BMFSFJ folgte diesem Votum. § 9a SGB VIII in der Fassung des Referentenentwurfs vom 5.10.2020 lautete:

> „Durch Errichtung *einer zentralen* Ombudsstelle *oder einer damit vergleichbaren Stelle* wird in den Ländern sichergestellt, dass sich junge Menschen und ihre Familien *zur allgemeinen Beratung* sowie Vermittlung und Klärung von Konflikten im Zusammenhang mit Aufgaben der Kinder- und Jugendhilfe nach § 2 und deren Wahrnehmung durch die öffentliche und freie Jugendhilfe an ihrem Bedarf entsprechend vorgehaltene regionale Ombudsstellen *oder vergleichbare Strukturen* wenden können. Zentrale und regionale Ombudsstellen oder vergleichbare Strukturen arbeiten unabhängig und sind fachlich nicht weisungsgebunden. § 17 Absatz 1 bis Absatz 2a des Ersten Buches gilt entsprechend.“ (Hervorhebungen d. Verf.; RefE KJSG v. 5.10.2020)

Mit dem Gesetzentwurf, den die Bundesregierung dann vorlegte, reagierte sie auf die Kritik an diesem Entwurf, die sich vor allem an der Ausweitung der Aufgaben auf allgemeine Beratung und die Möglichkeit der Substitution durch nicht näher bestimmte „vergleichbare Stellen“ entzündete. § 9a SGB VIII lautete in der Fassung des Regierungsentwurfs:

> „In den Ländern wird sichergestellt, dass sich junge Menschen und ihre Familien zur Beratung sowie Vermittlung und Klärung von Konflikten im Zusammenhang mit Aufgaben der Kinder- und Jugendhilfe nach § 2 und deren Wahrnehmung durch die öffentliche und freie Jugendhilfe an eine Ombudsstelle wenden können. Die hierzu dem Bedarf von jungen Menschen und ihren Familien entsprechend errichteten Ombudsstellen arbeiten unabhängig und sind fachlich nicht weisungsgebunden. § 17 Absatz 1 bis 2a des Ersten Buches gilt für die Beratung sowie die Vermittlung und Klärung von Konflikten durch die Ombudsstellen entsprechend. Das Nähere regelt das Landesrecht.“ (BT-Drs. 19/26107, S. 16).

Der Bundesrat forderte in seiner Stellungnahme zu diesem Entwurf, dass nach dem Wort „Beratung“ das Wort „in“ eingefügt werde, und führte zur Begründung aus:

> „Ombu[d]sstellen sollen […] nicht die Funktion haben, allgemeine Beratung zu Angeboten und Leistungen der Kinder- und Jugendhilfe vorzuhalten. Hierzu sieht das Gesetz eigenständige Beratungsansprüche in Verantwortung der Jugendämter vor. Die Einfügung stellt diese Unterscheidung der Aufgaben klar.“ (BT-Drs. 19/27481, S. 5).

Dem stimmte die Bundesregierung zu (BT-Drs. 19/26107, S. 46).

Der Ausschuss für Familie, Senioren, Frauen und Jugend schloss sich dem in seiner Beschlussempfehlung an (BT-Drs. 19/28870, S. 20) und begründete das ausdrücklich damit, dass „die Beratung junger Menschen und ihrer Familien im Kontext der Vermittlung und Klärung von Konflikten zwischen Leistungsträgern und Leistungsempfängern, nicht jedoch die allgemeine Beratung“ zu den Aufgaben der Ombudsstellen gehören (BT-Drs. 19/28870, S. 90).

Aufgaben der Ombudsstellen

Konflikte

Die Aufgaben der Ombudsstellen normiert § 9a Satz 1 SGB VIII. Sie beziehen sich auf „Konflikte“, die „im Zusammenhang mit Aufgaben der Kinder- und Jugendhilfe nach § 2 und deren Wahrnehmung durch die öffentliche und freie Jugendhilfe“ entstehen können. Oben wurde gezeigt, dass die Beschränkung des Aufgabenfeldes auf Konflikte im Laufe der Entstehungsgeschichte der Vorschrift umstritten war, sich schließlich aber durchsetzte. Ombudsstellen sind danach keine Beratungsstellen, die für Beratung im Vorfeld der Inanspruchnahme einer Leistung der Kinder- und Jugendhilfe, für Erziehungsberatung oder gar allgemeine Sozialberatung zur Verfügung stünden. Sie haben spezifische Aufgaben, die einen Konflikt „im Zusammenhang mit Aufgaben der Kinder- und Jugendhilfe“ voraussetzen.

Diese gesetzliche Vorgabe bildet die sozialwissenschaftliche Beschreibung von Ombudsstellen zutreffend ab. Die Definition von Ombudschaft des Bundesnetzwerks Ombudschaft Jugendhilfe war vor dem KJSG etwas enger als die des § 9a SGB VIII, stellte aber Konflikte in gleicher Weise als Formulierung ins Zentrum der ombudschaftlichen Tätigkeit. Die vormalige Definition beginnt mit dem Satz:

> „Ombudschaft in der Kinder- und Jugendhilfe bedeutet die unabhängige Information, Beratung und Vermittlung in Konflikten mit dem öffentlichen oder freien Träger der

Jugendhilfe im Kontext der individuellen Hilfen zur Erziehung […].“ (Fassung vom 7.10.2016)

Das Netzwerk reagierte auf § 9a SGB VIII durch die Streichung der Worte „im Kontext der individuellen Hilfen zur Erziehung“ und erweitere die Definition auf diese Weise (Fassung vom 23.9.2021).[2] Arnegger (s. auch Kapitel IV i. d. B.) greift auf eine Definition von Glasl zurück, um den Begriff des Konflikts in diesem Kontext zu fassen. Danach bedeutet Konflikt: „Interaktion zwischen Aktoren (Individuen, Gruppen, Organisationen usw.), wobei wenigstens ein Aktor eine Differenz bzw. Unvereinbarkeit im Wahrnehmen und im Denken bzw. Vorstellen und im Fühlen und Wollen mit dem anderen Aktor (den anderen Aktoren) in der Art erlebt, dass beim Verwirklichen dessen, was der Aktor denkt, fühlt oder will eine Beeinträchtigung durch einen anderen Aktor (die anderen Aktoren) erfolge.“ (Glasl 2011 in: Arnegger 2016, S. 153)

Arnegger betont zwei Aspekte dieser Definition, die für die Abgrenzung von Konflikten iSv. § 9a S. 1 SGB VIII von anderen Situationen besonders relevant sind. Zum ersten fokussiert diese Definition tatsächliche Interaktionen. „Unvereinbarkeiten nur im Wollen“ konstituieren noch keinen Konflikt. Es geht „immer um Verwirkungsbestreben durch aktives Handeln“, wozu natürlich auch – wahrscheinlich in erster Linie – kommunikatives Handeln wie z. B. verbale Kommunikation gehört. Zum zweiten liegt ein Konflikt bereits dann vor, wenn „nur eine Seite eine Unvereinbarkeit erlebt, die durch das Handeln der anderen Seite hervorgerufen wird“ (Glasl 2011 in: Arnegger 2016, ebenda).

§ 9a fasst die Konflikte, auf die Aufgaben der Ombudsstellen sich beziehen, weiter als die vormalige Definition des Bundesnetzwerks Ombudschaft. Erfasst werden alle „Konflikte im Zusammenhang mit Aufgaben der Kinder- und Jugendhilfe nach § 2“. § 2 SGB VIII ist überschrieben mit „Aufgaben der Jugendhilfe“ und unterscheidet zwischen „Leistungen der Jugendhilfe“ (Abs. 2) und „Anderen Aufgaben der Jugendhilfe“ (Abs. 3). Damit sind z. B. auch die Jugendarbeit (§ 2 Abs. 2 Nr. 1 SGB VIII), Angebote zur Förderung von Kindern in Tageseinrichtungen (§ 2 Abs. 2 Nr. 3 SGB VIII), die Eingliederungshilfe für junge Menschen mit Behinderungen (§ 2 Abs. 2 Nr. 5 SGB VIII) und die Inobhutnahme (§ 2 Abs. 3 Nr. 1 SGB VIII) erfasst.

Parteien dieser Konflikte können neben den jungen Menschen und ihren Familien alle Akteur*innen sein, die in diesen Feldern tätig sind. Dazu gehören natürlich die Jugendämter, aber genauso alle Träger der freien Jugendhilfe, alle Anbieter von Hilfen zur Erziehung, von Leistungen der Eingliederungshilfe nach § 35a SGB VIII, Anbieter von Jugendarbeit und von Jugendsozialarbeit, Träger von Kindertageseinrichtungen, Anbieter von Kindertagespflege,

2 Beide Fassungen online unter: https://ombudschaft-jugendhilfe.de/selbstverstaendnis/ (Abfrage 30.3.2022).

Inobhutnahmestellen, Pflegefamilien, Erziehungsberatungsstellen usw. Besteht ein Konflikt, der in eines dieser Felder fällt, so umfassen die Aufgaben der Ombudsstellen

- die Beratung in diesem Konflikt,
- die Vermittlung in diesem Konflikt und
- die Klärung des Konfliktes.

Die erste Aufgabe, Beratung, adressiert nicht alle Beteiligten eines Konflikts gleichermaßen, sondern prioritär diejenigen, die sich „an eine Ombudsstelle wenden können". Das sind „junge Menschen" (Menschen, die noch nicht 27 Jahre alt sind, § 7 Abs. 1 Nr. 4 SGB VIII) und „ihre Familien". Dabei ist ein weiter Familienbegriff zugrunde zu legen, der nicht nur informelle Partnerschaften umfasst, sondern auch andere informelle Beziehungen unter Personen, die nicht miteinander verwandt sind, die von den Beteiligten als familiäre Beziehung erlebt und definiert werden. Beratung anderer Beteiligter ist nicht ausgeschlossen, soweit sie sich unter die Tätigkeiten „Vermittlung" und „Klärung" subsummieren lässt. Beratung ist in der Regel eine Tätigkeit, die bilateral erfolgt. Sie unterstützt die ratsuchende Person in der konflikthaften Situation mit dem Ziel, den Konflikt zu lösen.

Die im Gesetz an zweiter Stelle genannten Aufgabe – Vermittlung – beschreibt unterschiedlichste kommunikative Handlungen, die alle Beteiligten eines Konfliktes einbeziehen können. Die letztgenannte Aufgabe – Klärung – beschreibt keine Tätigkeit der Ombudsstelle, sondern deren Zweck, der danach in der Lösung des Konflikts liegt. Nach der o. g. Definition ist der Konflikt dann gelöst, wenn die Beeinträchtigung beim Verwirklichen dessen, was ein Aktor denkt, fühlt oder will, überwunden wird. Das kann auf sehr unterschiedliche Weise erfolgen. Eine Möglichkeit liegt darin, dass der Aktor, der die Beeinträchtigung erlebt, sein Denken, Fühlen oder Wollen ändert, eine andere darin, dass ein anderer Aktor sein Handeln ändert.

Aus der finalen Tätigkeitsbeschreibung des § 9a SGB VIII folgt, dass der Begriff des Konflikts, dessen Vorhandensein Voraussetzung der Tätigkeit der Ombudsstelle ist, sehr weit zu fassen ist. Es muss danach ausreichen, dass ein Konflikt droht, damit die Ombudsstelle tätig werden kann. Das kann z. B. bereits dann der Fall sein, wenn ein junger Mensch oder ein Familienangehöriger Hilfe benötigt, aber das Jugendamt nicht aufsuchen will, weil er bzw. sie etwas über das Jugendamt gehört hat, das Misstrauen auslöst. Da der Zweck der ombudschaftlichen Tätigkeit in der Klärung von Konflikten liegt, muss auch Prävention dazugehören, wenn erwartet werden kann, dass ein Konflikt vermieden oder seine Klärung vereinfacht wird, wenn Beratung beginnt, noch bevor ein Konflikt etabliert ist. Die Abgrenzung der Aufgaben der Ombudsstelle von anderweitiger Beratung im Vorfeld der Inanspruchnahme von Hilfen, wozu auch der Verfahrenslotse nach § 10b SGB VIII (Inkrafttreten zum 1.1.2024) gehört, hängt von der fachlichen Einschätzung der Ombudsstelle ab, der hier eine eigene Einschätzungsprärogative zugestanden werden muss.

Kompensation einer strukturellen Machtasymmetrie

Ombudsstellen sind keine neutralen Mediatoren für Konflikte im Bereich der Kinder- und Jugendhilfe, sondern sind als parteiliche Einrichtung konzipiert. Im Gesetz kommt das dadurch zum Ausdruck, dass exklusiv „junge Menschen und ihren Familien" sich an eine Ombudsstelle wenden können. In ihrer Begründung zum Gesetzentwurf für das KJSG führt die Bundesregierung aus:

> „Die Erfahrungen im Alltag der Kinder- und Jugendhilfe zeigen, dass im Kontext der Leistungsgewährung, des fachlichen Handelns und der Kommunikationsprozesse Konflikte zwischen den Trägern der Jugendhilfe und ihren Adressatinnen und Adressaten entstehen. In solchen Situationen können junge Menschen und ihre Familien ihre Rechte aufgrund der bestehenden strukturellen Machtasymmetrie häufig nicht oder nicht umfassend verwirklichen – entweder weil sie diese Rechte nicht kennen oder sich aus unterschiedlichen Gründen nicht in der Lage sehen, diese im Rahmen der vorhandenen Strukturen des Rechtsstaates einzufordern." (BT-Drs. 19/26107, S. 48)

Die Ombudsstellen dienen der Kompensation dieser Machtasymmetrie:

> „Die Vorschrift verpflichtet *daher* […] zur Sicherstellung einer bedarfsgerechten Infrastruktur durch Einrichtung vom Ombudsstellen." (BT-Drs. 19/26107, S. 76, Hervorhebung d. d. Verf.)

Die Machtasymmetrie zwischen jungen Menschen und ihren Familien auf der einen und Jugendämtern und Leistungserbringern der Kinder- und Jugendhilfe auf der anderen Seite hat unterschiedliche Ebenen und lässt sich aus unterschiedlichen wissenschaftlichen Perspektiven beschreiben (s. Arnegger 2011, S. 146-197, s. Urban-Stahl Kap. IV i. d. B.). Aus einer rechtswissenschaftlichen Perspektive liegt es nahe, auf die klassische rechtssoziologische Analyse von Galanter zurückzugreifen, die die juristische Auseinandersetzung um das Recht zum Gegenstand hat und daher durch sozialwissenschaftliche Perspektiven erweitert werden muss. Danach erscheinen junge Menschen und ihre Familien als „One-Shotter", während die übrigen Akteur*innen „Repeat-Player" sind (Galanter 1974, S. 165-230). One-Shotter sind Personen oder Institutionen, die nur gelegentlich mit Gerichten zu tun haben; Repeat-Player dagegen sind in viele ähnliche Fälle und daraus folgenden Verfahren involviert. Galanter zeigt, dass diese beiden „Partei-Typen“ sehr unterschiedliche Chancen in gerichtlichen Auseinandersetzungen haben und fragt: „What happens when we indroduce lawyers?“ (Galanter, a. a. O.,S. 21) Rechtsanwälte sind selbst Repeat-Player. Zwar führt die Beauftragung von Rechtsanwälten noch lange nicht zu einem ausgeglichenen Machtgefüge, doch trotz aller Unzulänglichkeiten verbessert die Hinzuziehung von Rechtsanwälten die Lage von One-Shottern erheblich: „Parties who have lawyers do better.“ (Galanter, a. a. O., S. 21)

Auch wenn es in der Praxis der Kinder- und Jugendhilfe nur selten zu gerichtlichen Verfahren kommt, liegt die Parallele schon deshalb nahe, weil die Bundesregierung die Realisierung der Rechte junger Menschen und ihrer Familien in den unmittelbaren Kontext der Aufgabe der Ombudsstellen – Klärung von Konflikten – stellt. Rechte werden aus abstrakten Normquellen, in erster Linie aus Gesetzestexten, abgeleitet und für den Einzelfall konkretisiert. Die abstrakte Normquelle ist dabei von verhaltenem normativem Wert, da sie die konkrete Rechtsfrage meist nicht unmittelbar entscheiden kann (Müller & Christensen, S. 232). Sie muss erst „auf einen Fall angewendet“ werden, was oft als „Konkretisierung“ bezeichnet wird. Erst diese Konkretisierung stellt die Normquelle „normativ scharf“. Der Konkretisierungsprozess ist grundsätzlich – jedenfalls im demokratischen Rechtsstaat – ein diskursiver Prozess, der konflikthaft sein kann. In solchen Konflikten sind die Chancen zwischen One-Shottern und Repeat-Playern ungleich verteilt. Nicht in allen, aber in vielen Feldern der Kinder- und Jugendhilfe kommen weitere Faktoren hinzu, die die Ungleichheit erhöhen. Der Unterschied zwischen der Situation vor Gericht und einer außergerichtlichen Auseinandersetzung mit einem Jugendamt oder einem Leistungserbringer liegt darin, dass vor Gericht ein Dritter verbindlich entscheidet. Außergerichtlich gilt im zivilrechtlichen Verhältnis zum Leistungserbringer, dass Konsens erzielt werden muss (Grundlegend zum Rechtsverhältnis Junger Mensch – Leistungserbringer: BGH, 18.2.2021, III ZR 175/19; vgl. a. VGH München 19.6.2018, 12 C 18.313), während im subordinationsrechtlichen Verhältnis zum Jugendamt dieses „Herr des Verfahrens“ ist (§ 20 Abs. 1 SGB X) und durch einseitige Willenserklärung (Verwaltungsakt, § 31 SGB X) entscheidet. Diese Stellung des Jugendamts wird durch starke Verfahrensrechte der Adressat*innen des Verwaltungsaktes kompensiert. Die Asymmetrie im Verhältnis zum Leistungserbringer unterscheidet sich zwar deutlich von der formalen im Verhältnis zur Behörde, wiegt aber nicht weniger schwer. Wiesner weist in diesem Zusammenhang darauf hin, dass „den meisten leistungsberechtigten Personen ihre Rechte und Pflichten gegenüber dem Leistungserbringer gar nicht bekannt“ sind, und betont „die strukturelle Machtasymmetrie zwischen Fachkräften und Leistungsadressaten vor allem bei den Einzelfallhilfen“ (Wiesner 2022, § 9a Rn. 13). Sie wird vor allem durch Vorschriften des Zivilrechts (BGB AT, AGB-Recht, Verbraucherschutzrecht) kompensiert.

In beide Richtungen – Jugendamt und Leistungserbringer – können die kompensatorischen Vorschriften ihr Versprechen nur einlösen, wenn junge Menschen oder ihre Familienangehörigen über die Ressourcen verfügen, derer es bedarf, um sich der kompensatorischen Rechte zu bedienen.

Verhältnis zum Rechtsdienstleistungsgesetz

Die Unterstützung bei der Realisierung von Rechten steht damit im Zentrum der Aufgaben der Ombudsstellen. Deshalb unterfällt die Tätigkeit der Ombudsstellen der Legaldefinition der Rechtsdienstleistung aus § 2 Abs. 1 RDG (Rechtsdienstleistung ist jede Tätigkeit in konkreten fremden Angelegenheiten, sobald sie eine rechtliche Prüfung des Einzelfalls erfordert). Sie wird jedoch zunächst durch den Ausnahmenkatalog aus § 2 Abs. 3 RDG von den erlaubnispflichtigen Rechtsdienstleistungen ausgenommen, da sie zu den der Mediation vergleichbaren Formen „der gesprächsleitenden Streitbeilegung" gehört. Die Entstehungsgeschichte von § 9a SGB VIII lässt keinen Zweifel daran, dass Ombudsstellen ihre Adressat*innen dabei unterstützen sollen, ihre Rechte zu realisieren. Das erfordert stets eine rechtliche Prüfung im Einzelfall. Daher ist § 9a SGB VIII eine Regelung in einem anderen Gesetz iSv § 1 Abs. 3 RDG, die das Erfordernis einer Erlaubnis zur Rechtsdienstleistung nach dem RDG entfallen lässt. Die Ombudsstellen müssen deshalb nicht die Anforderungen für unentgeltliche Rechtdienstleistungen erfüllen, die sich aus § 6 Abs. 2 RDG ergeben. Auf die Frage, ob man ihre Tätigkeit als Annexleistung im Sinne von § 5 RDG interpretieren kann, kommt es nicht an.

Anspruch und Sicherstellungsauftrag

§ 9a Satz 1 und 2 SGB VIII weist Trägern der öffentlichen Jugendhilfe (§ 79 SGB VIII) einen Sicherstellungsauftrag (§ 17 SGB I) zu. Sie sind verpflichtet sicherzustellen, dass junge Menschen und ihre Familien sich an eine Ombudsstelle wenden können. Ombudsstellen sind „dem Bedarf [...] entsprechend" zu errichten. Dieser Sicherstellungsauftrag ist zunächst eine (nur) objektive Gewährleistungspflicht.

Der Gesetzgeber hat hier eine Regelungstechnik gewählt, die von der üblichen Struktur des Sozialgesetzbuchs abweicht. Im Regelfall normiert das Gesetz einen Anspruch, sei es als gebundenen Anspruch oder als Anspruch auf pflichtgemäße Ermessensausübung der in der (vollständigen) Norm definierten leistungsberechtigten Personen gegen den Sozialleistungsträger. Daraus resultiert stets, dass der Sozialleistungsträger einem Sicherstellungsauftrag unterliegt. Das ergibt sich aus § 17 SGB I, wovon in den einzelnen Teilen des Sozialgesetzbuchs wegen § 37 Satz 2 SGB I nicht abgewichen werden kann. § 17 SGB I gilt selbstverständlich auch für die Kinder- und Jugendhilfe uneingeschränkt. Dass § 9a Satz 3 SGB VIII gleichwohl auf § 17 SGB I verweist, ist ungewöhnlich und wohl nur mit der Wahrnehmung zu erklären, dass die Bedeutung der Vorschriften des SGB I in der Kinder- und Jugendhilfe nicht immer ausreichend beachtet wird (Vgl. Protokoll der fünften Sitzung der Arbeitsgemeinschaft Mitreden-Mitgestalten vom 17. und 18.9.2019, S. 42). § 9a SGB VIII geht sozusagen „falsch herum" vor. Die Vorschrift normiert anstelle eines Anspruchs einen Sicherstellungsauftrag. Sie ist insofern auslegungsbedürftig.

Dabei ist zunächst ein wichtiger Unterschied zwischen einer Ombudsstelle und einer Leistung der Kinder- und Jugendhilfe iSv § 2 SGB VIII zu beachten. Leistungen können grundsätzlich selbst beschafft werden. Die Selbstbeschaffung mag zwar im Einzelfall erhebliche Schwierigkeiten bereiten, vor allem weil nicht immer geeignete Leistungsanbieter zu Verfügung stehen. Dennoch kann die Selbstbeschaffung eine Option sein, wenn das Jugendamt seinem Sicherstellungsauftrag nicht (rechtzeitig) nachkommt. Ggf. sind die Aufwendungen für selbstbeschaffte Hilfen nach Maßgabe von § 36a Abs. 3 SGB VIII zu erstatten. Der Erstattungsanspruch ist ein Anspruch auf eine Geldleistung, der den ursprünglichen Anspruch auf eine Sachleistung substituiert.

Anders als viele Leistungen der Kinder- und Jugendhilfe kann die Unterstützung durch eine Ombudsstelle in aller Regel nicht selbst beschafft werden, wenn der Träger der öffentlichen Jugendhilfe es verabsäumt hat, seinen diesbezüglichen Sicherstellungsauftrag zu erfüllen. Eine sozialpädagogische Familienhilfe kann man zur Not auch selbst beauftragen. Aber an eine Ombudsstelle kann man sich nur wenden, wenn es eine Ombudsstelle gibt. Mit anderen Worten: Die Erfüllung des Sicherstellungsauftrags ist konstitutiv für die Möglichkeit, sich an eine Ombudsstelle zu wenden. Ombudsstellen sind weder ein marktgängiges Angebot, noch kann eine Einzelperson eine Ombudsstelle für sich allein errichten.

Der Begriff der Ombudsstelle ist unter Heranziehung der State-of-the-Art-Klausel aus § 17 Abs. 1 Nr. 1 SGB I zu konkretisieren. Diese Vorschrift verleiht dem zeitgemäßen fachlichen Standard insofern normative Wirkung, als er Sozialleistungsträger verpflichtet, Leistungen nach diesem Standard „umfassend und zügig" zur Verfügung zu stellen. So wie die gesetzliche Krankenversicherung verpflichtet ist, ärztliche Leistungen nach dem aktuellen State of the Art der Medizin zur Verfügung zu stellen, sind die Träger der öffentlichen Jugendhilfe verpflichtet, Ombudsstellen nach dem aktuellen Standard der Wissenschaft der Sozialen Arbeit zur Verfügung zu stellen. Vor diesem Hintergrund erscheint es folgerichtig, dass der Gesetzgeber in diesem Fall anstelle eines Rechtsanspruchs einen Sicherstellungsauftrag formuliert hat, der dadurch besonders betont wird. Doch ein Sicherstellungsauftrag räumt dem Einzelnen im Regelfall kein subjektives Recht darauf ein, dass der Sozialleistungsträger seiner Verpflichtung nachkommt (Mrozynski 2019, SGB I § 17 Rn. 5).

Auf der anderen Seite zeigen Wortlaut und Entstehungsgeschichte von § 9a SGB VIII, dass der Gesetzgeber verbindlich vorschreiben wollte, dass alle jungen Menschen und deren Familien, die die Unterstützung einer Ombudsstelle in Anspruch nehmen wollen, die Möglichkeit dazu haben sollen („dem Bedarf […] entsprechend"). Das spricht dafür, dass der Gesetzgeber auch ein subjektives Recht auf ombudschaftliche Unterstützung schaffen wollte. Ein solches unterschiede sich von einer bloßen Gewährleistungsverantwortung des Trägers der öffentlichen Jugendhilfe im Wesentlichen dadurch, dass es einen klagbaren Anspruch nach sich zöge.

Für Fälle, in denen ein Leistungsanspruch nicht anders denn als Anspruch der leistungsberechtigten Person gegen der Sozialleistungsträger auf Erfüllung des Sicherstellungsauftrags durchgesetzt werden kann, wird im Interesse des effektiven Rechtsschutzes angenommen, dass die Klage eines leistungsberechtigten Dritten gegen den Sozialleistungsträger z. B. auf Abschluss einer „ad-hoc-Vereinbarung mit dem Ziel der Realisierung eines konkreten Sozialleistungsanspruchs" zulässig ist (Mrozynski, SGB I, 6. Aufl. 2019, SGB I § 17 Rn. 5). Da einerseits Anspruch auf Erstattung von Auslagen nach Selbstbeschaffung i. d. R. ausscheiden dürfte, § 9a SGB VIII andererseits wohl so auszulegen ist, dass ein subjektiver Rechtsanspruch auf ombudschaftliche Unterstützung geschaffen werden sollte, liegt nach Auffassung des Autors hier ein Fall vor, in dem der leistungsberechtigten Person ein subjektives Recht gegen den Träger der öffentlichen Jugendhilfe auf Errichtung einer Ombudsstelle zuzugestehen ist. Daneben können bei Nichterfüllung des Sicherstellungsauftrages Ansprüche auf Staatshaftung in Betracht kommen (BVerfG, 21.11.2012, 1 BvR 1711/09; BGH, 2.8.2018, III ZR 466/16).

Verhältnis zu verfahrensrechtlichen Vorschriften

Für das Verwaltungsverfahren der Kinder- und Jugendhilfe gilt das SGB X. Die Tätigkeit der Ombudsstelle ist kein Verwaltungsverfahren und hat für sich genommen auch keinen Einfluss auf ein laufendes Verwaltungsverfahren. Insbesondere ergibt sich aus der Tätigkeit der Ombudsstelle kein Grund, das Verwaltungsverfahren ruhen zu lassen (vgl. § 9 SGB X), was gelegentlich diskutiert wird. Die Ombudsstelle ist nicht „Beteiligte" des Verwaltungsverfahrens, in dem ein Klient Beteiligter ist, § 12 Abs. 1 SGB X. Sie hat keine eigenen rechtlichen Interessen am Ausgang des Verwaltungsverfahrens und darf daher auch nicht nach § 12 Abs. 2 SGB X hinzugezogen werden. Sie hat kein eigenständiges Recht, gehört zu werden, § 24 SGB X (so auch Wiesner 2022 § 9a Rn. 16).

Das Hilfeplanverfahren nach § 36 SGB VIII ist Teil des Verwaltungsverfahrens nach dem SGB X. § 36 SGB VIII ersetzt die Vorschriften des SGB X nicht, sondern ergänzt diese. Die Ombudsstelle ist nicht an der Durchführung der Hilfe beteiligt und ist daher nicht nach § 36 Abs. 3 S. 1 SGB VIII am Hilfeplanverfahren zu beteiligen. Sie ist auch keine öffentliche Stelle i. S. v. § 36 Abs. 3 S. 2 SGB VIII. Für das Hilfeplanverfahren nach § 36 SGB VIII gilt aber § 13 SGB VIII. Daher gelten die folgenden Ausführungen auch für das Hilfeplanverfahren.

Bevollmächtigung, § 13 Abs. 1 SGB X

Junge Menschen und ihre Familien können sich sowohl durch die Ombudsstelle als juristische Person, als auch durch einzelne Beschäftigte der Ombudsstelle als natürliche Person im Verfahren vertreten lassen, § 13 Abs. 1 S. 1 SGB X (s. Roller, in: Schütze 2020, SGB X, § 13 Rn. 5; Wiesner 2022 § 9a Rn. 17). Die Vertretungsmacht erlangt der*die Bevollmächtigte durch die Vollmacht, die eine rechtsgeschäftliche Erklärung des*der Vollmachtgeber*in ist. Sie kann gegenüber dem*der Bevollmächtigten oder gegenüber dem*der Dritten, im Verhältnis zu dem sie wirken soll, ausgesprochen werden, § 167 BGB. Ein Formerfordernis besteht nicht. Die Bevollmächtigung kann auch mündlich oder sogar konkludent erfolgen. Sie ist aber auf Verlangen der Behörde schriftlich nachzuweisen, § 13 Abs. 1 S. 3 SGB X (zur Schriftform siehe § 126 BGB).

Ist ein Bevollmächtigter bestellt, *muss* die Behörde sich an diesen wenden, § 13 Abs. 3 S. 1 SGB X. Sie kann sich an den Beteiligten selbst wenden, wenn dieser zur Mitwirkung verpflichtet ist, muss die bevollmächtigte Person dann aber informieren, § 13 Abs. 3 S. 2, S. 3 SGB X. Für die Bekanntgabe von Verwaltungsakten wird § 13 Abs. 3 SGB X durch § 37 Abs. 1 S. 2 SGB X verdrängt, welches die speziellere Vorschrift ist. Danach steht es im Ermessen der Behörde, ob sie die Bekanntgabe gegenüber dem Beteiligten oder gegenüber dem Bevollmächtigten vornimmt. Das Ermessen ist pflichtgemäß auszuüben. Im Zweifelsfall sollte die Behörde die Bekanntgabe gegenüber dem Beteiligten durch eine zeitgleiche Information (Übersendung einer Zweitschrift des Verwaltungsaktes) des Bevollmächtigten begleiten. Eine exklusive Bekanntgabe gegenüber dem Beteiligten ohne wenigstens eine Information des Bevollmächtigten kann ermessensfehlerhaft sein, wenn das z. B. zu einem Fristversäumnis führt, weil der Beteiligte die Bedeutung des Verwaltungsaktes nicht vollständig erfasst hat und deshalb zu spät handelt oder weil er sich darauf verlässt, dass die Behörde den Bevollmächtigten informiert hat.

Der Beteiligte kann den Umfang der Bevollmächtigung bestimmen. Er kann sie z. B. auf das Recht, die Verwaltungsakte einzusehen, beschränken oder gerade dieses Recht ausnehmen. Er kann die Vollmacht jederzeit mit Wirkung für die Zukunft widerrufen.

Die Bevollmächtigung ist eine Verfahrenshandlung (Roller, in: Schütze: SGB X 2020, § 13 Rn. 6) und erfordert daher Handlungsfähigkeit, § 11 SGB X. Geschäftsunfähige können daher nur durch ihren gesetzlichen Vertreter Vollmacht erteilen. Kinder sind bis zur Vollendung des siebten Lebensjahres geschäftsunfähig, § 104 Nr. 1 BGB. Vom siebten Lebensjahr an sind sie bis zur Volljährigkeit beschränkt geschäftsfähig, § 106 BGB. Beschränkt Geschäftsfähige sind im Sozialrecht handlungsfähig, „soweit sie für den Gegenstand des Verfahrens durch Vorschriften des bürgerlichen Rechts als geschäftsfähig oder durch Vorschriften des öffentlichen Rechts als handlungsfähig anerkannt sind", § 11 Abs. 1 Nr. 2 SGB X.

Minderjährige, die mindestens 15 Jahre alt sind, können „Anträge auf Sozialleistungen stellen und verfolgen sowie Sozialleistungen entgegennehmen", § 36 Abs. 1 S. 1 SGB I. Diese begrenzte Handlungsfähigkeit kann von den gesetzlichen Vertretern – den Personensorgeberechtigten – durch schriftliche Erklärung gegenüber dem Sozialleistungsträger eingeschränkt werden, § 36 Abs. 2 S. 1 SGB I. Damit können Minderjährige, die mindestens 15 Jahre alt sind, in diesem Umfang auch Vollmacht erteilen. Die gesetzliche Vertretungsmacht der Personensorgeberechtigten wird dadurch nicht eingeschränkt. Wenn sich die Willenserklärungen des (mindestens 15 Jahre alten) Minderjährigen bzw. seines Bevollmächtigten und seiner Personensorgeberechtigten widersprechen, muss die Behörde durch Auslegung ermitteln, was gemeint ist. Machen die Personensorgeberechtigten von der o. g. Möglichkeit des § 36 Abs. 2 S. 1 SGB I Gebrauch, wird eine zuvor von dem Minderjährigen erteilte Vollmacht dadurch unwirksam. Das gilt natürlich auch für die Erklärungen, die der Bevollmächtigte für den Vollmachtgeber abgegeben hat. Der Personensorgeberechtigte kann die Vollmacht nur mit Wirkung für die Zukunft widerrufen.

Beistand, § 13 Abs. 4 SGB X

Die Beschäftigten der Ombudsstelle können als Beistand auftreten, § 13 Abs. 4 SGB X (s. Schindler 2019, S. 33 ff.; Wiesner 2022 § 9a Rn. 17). Der Beistand begleitet den Beteiligten zu „Verhandlungen und Besprechungen". Beistand kann nur eine handlungsfähige (§ 11 SGB X) natürliche Person sein. Anders als der Bevollmächtigte kann der Beistand nicht anstelle des Beteiligten, sondern nur neben diesem und nur in Verhandlungen und Besprechungen auftreten. Das gilt auch, wenn diese telefonisch oder als Videokonferenz durchgeführt werden, denn dem Gesetz kann eine Beschränkung auf Besprechungen in leibhaftiger Präsenz nicht entnommen werden. Unterstützung im schriftlichen Verfahren ist dem Beistand nicht möglich. Was der Beistand vorträgt, gilt als vom Beteiligten vorgebracht, soweit dieser nicht unverzüglich widerspricht, § 13 Abs. 4 S. 2 SGB X.

Zurückweisung von Beiständen und Bevollmächtigten

Die Behörde kann bzw. muss Bevollmächtigte und Beistände zurückweisen, wenn die Voraussetzungen aus § 13 Abs. 5 oder Abs. 6 SGB X vorliegen. Eine Zurückweisung nach § 13 Abs. 5 SGB X sollte ausgeschlossen sein, weil die Ombudsstelle vom Verbot der Rechtsdienstleistung ausgenommen ist, s. o. Vor einer Zurückweisung muss die Behörde sowohl den Beteiligten, als auch den Bevollmächtigten oder den Beistand anhören, § 24 SGB X. Die Zurückweisung ist ein Verwaltungsakt, der sich an den Zurückgewiesenen – nicht an den Beteiligten – richtet. Die Zurückweisung ist dem Beteiligten schriftlich mitzuteilen, § 13 Abs. 7 S. 1 SGB X. Doch dieser kann die Zurückweisung nicht selbstständig anfechten. Der Bevollmächtigte bzw. der Beistand kann Widerspruch einlegen, der aufschiebende Wirkung entfaltet, § 80 Abs. 1 S. 1 VwGO. Das führt dazu, dass die Wirkung von § 13 Abs. 7 S. 2 SGB X – Verfahrenshandlungen des Bevollmächtigten bzw. des Beistandes, die nach der Zurückweisung vorgenommen werden, sind unwirksam – nicht eintritt. Die Behörde kann aber Sofortvollzug anordnen, § 80 Abs. 2 Nr. 4 VwGO. Dann entfällt die aufschiebende Wirkung. Die Sofortvollzugsanordnung ist i. d. R. zu begründen, § 80 Abs. 3 S. 1 VwGO. Auf Antrag nach § 80 Abs. 5 VwGO kann das Verwaltungsgericht die aufschiebende Wirkung ganz oder teilweise wiederherstellen. Ein Gerichtsverfahren, in dem über die Zurückweisung eines Bevollmächtigten oder Beistandes durch die Behörde gestritten wird, ist kostenfrei, wenn das Verwaltungsverfahren, in dem es zur Zurückweisung kam, Leistungen nach dem SGB VIII zum Gegenstand hatte (VG Karlsruhe, 1.2.2022, A 8 K 4171/20).

Verfahren vor den Verwaltungs- und Sozialgerichten

Vor den Verwaltungsgerichten können Ombudsstellen und ihre Beschäftigten nicht als Bevollmächtigte auftreten, § 67 VwGO. Für die Sozialgerichte gilt dasselbe, § 73 SGG. Sie können jedoch unter den Voraussetzungen des § 67 Abs. 7 VwGO als Beistand zugelassen werden. Das gilt auch vor den Sozialgerichten, § 73 Abs. 7 SGG.

Ausblick

Soziale Rechte realisieren sich nicht von alleine. Benachteiligungen, denen das Sozialrecht entgegenwirkt, können im Vollzug desselben reproduziert werden und das Recht konterkarieren, wenn strukturelle Machtasymmetrien bestehen. Die gesetzliche Normierung der Ombudsstellen reagiert darauf, indem ein Institut ausgebaut bzw. neu geschaffen wird, das Machtasymmetrien entgegenwirkt, indem es die unterlegene Seite unterstützt. Darin liegen große Chancen, die weit über die Kinder- und Jugendhilfe hinausweisen.

Literatur

Arnegger, M. (2016). Ombuds- und Beschwerdestellen in der Kinder- und Jugendhilfe im Lichte des systemtheoretischen Paradigmas der Sozialen Arbeit. In: Leideritz, M. & Vlecken, S. (Hrsg.). Professionelles Handeln in der Sozialen Arbeit – Schwerpunkt Menschenrechte: ein Lese- und Lehrbuch, Leverkusen, S. 146-197.

Arnegger, M. (2018). Wozu braucht es Ombudschaft in der Kinder- und Jugendhilfe?, JAmt, S. 12-17.

BMFSFJ – Bundesministerium für Familie, Senioren, Frauen und Jugend: Entwurf für ein Kinder- und Jugendstärkungsgesetz (2016). https://kijup-sgbviii-reform.de/wp-content/uploads/2016/07/160607-1-Entw-AKTUELL-Begr%C3%BCndung-Reform-SGB-VIII-MASTER-2.pdf [07.04.2022]

BMFSFJ – Bundesministerium für Familie, Senioren, Frauen und Jugend (2019). Protokoll der fünften Sitzung der Arbeitsgemeinschaft Mitreden-Mitgestalten vom 17. & 18.9.2019, S. 42 unten. www.mitredenmitgestalten.de/sites/default/files/downloads/protokoll_5._ag_mehr_inklusion_-_wirksames_hilfesystem_-_weniger_schnittstellen.pdf [07.04.2022]

BMFSFJ – Bundesministerium für Familie, Senioren, Frauen und Jugend (2020). Abschlussbericht Mitreden – Mitgestalten: Die Zukunft der Kinder- und Jugendhilfe, Berlin.

BMFSFJ – Bundesministerium für Familie, Senioren, Frauen und Jugend (2020). Referentenentwurf für ein Kinder- und Jugendstärkungsgesetz vom 5.10.2020, online unter: www.bmfsfj.de/resource/blob/163648/b5a5c7f8747c5e669e0f243c1a218858/kinder-und-jugendstaerkungsgesetz-data.pdf [07.04.2022]

Bundesregierung: Bericht über die Evaluation des Bundeskinderschutzgesetzes, Bundestagsdrucksache 18/7100

Bundesregierung: Regierungsentwurf für ein Kinder- und Jugendstärkungsgesetz, Bundestagsdrucksache 19/26107

CDU, CSU & SPD, Koalitionsvertrag 19. Legislaturperiode vom 12.3.2018, www.bundesregierung.de/resource/blob/974430/847984/5b8bc23590d4cb2892b31c987ad672b7/2018-03-14-koalitionsvertrag-data.pdf?download=1 [07.04.2022]

Deutscher Bundestag: Ausschuss für Familie, Senioren, Frauen und Jugend, Beschlussempfehlung, Bundestagsdrucksache 19/28870

Fuchs, H., Ritz, H.-G. & Rosenow, R. (Hrsg.) (2021). SGB IX – Kommentar zum Recht behinderter Menschen mit Erläuterungen zum AGG und BGG Kommentar, 7. Auflage

Galanter, M. (1974). Why the „Haves“ Come Out Ahead: Speculations on the Limits of Legal Change, Law and Society Review, S. 165-230

Glasl, F. (2011). Konfliktmanagement: ein Handbuch für Führungskräfte, Beraterinnen und Berater, Bern.

Kelsen, H. (2017). Reine Rechtslehre. Studienausgabe der 2. Auflage 1960, Tübingen.
Kleine-Cosack, M. (2008). Kommentar RDG, 2. Auflage.
Körner, A. u. a. (Hrsg.). Kasseler Kommentar zum Sozialversicherungsrecht, Loseblatt.
Leideritz, M. & Vlecken, S. (Hrsg.) (2016). Professionelles Handeln in der Sozialen Arbeit – Schwerpunkt Menschenrechte: ein Lese- und Lehrbuch, Leverkusen.
Mrozynski, P. (2019). Kommentar SGB I, 6. Auflage.
Müller, F. & Christensen, R. (2004). Juristische Methodik, Bd. 1, 9. Auflage Berlin.
Rosenow R. (2021). Kooperation von Quartiersarbeit und Einzelfallhilfen. Möglichkeiten und Verpflichtungen von Eingliederungshilfe und Kinder- und Jugendhilfe, Freiburg.
Sandermann P., Schruth P. & Urban-Stahl U. (2014). Ombuds- und Beschwerdestellen in der Kinder- und Jugendhilfe. Einleitende Hinweise zum Themenschwerpunkt des Heftes. In: Zeitschrift für Sozialpädagogik (ZfSP 12, 1), S. 4-9.
Schindler, G.: Rechtsgrundlagen der ombudschaftlichen Tätigkeit – Handlungs- bzw. Vertretungsbefugnisse und ihre Grenzen, Bundesnetzwerk Ombudschaft in der Jugendhilfe e. V. (www.ombudschaft-jugendhilfe.de).
Schütze, B. (Hrsg.) (2020). Kommentar SGB X, 9. Aufl. 2020.
Wiesner R. & Wapler U. (Hrsg.) (2022). SGB VIII Kommentar, 6. Auflage.

Ombudschaft für junge Menschen mit einer Behinderung

Roland Rosenow

Der Autor vertritt die These, dass § 9a SGB VIII im Kontext des Rechts der Koordinierung der Leistungen aus §§ 14ff. SGB IX und von § 9 Nr. 4 SGB VIII auszulegen ist, was dazu führt, dass die Ombudsstellen unabhängig von der Frage, ob es in einigen Jahren zu einer „inklusiven Lösung" im SGB VIII kommt, bereits nach heutigem Recht auch im Fall von Konflikten um Teilhabeleistungen, für die nicht das Jugendamt, sondern ein anderer Rehabilitationsträger materiell zuständig ist, tätig werden müssen. Ob das dazu führt, dass unterschiedliche Ombudsstellen mit spezifischen Tätigkeitsfeldern geschaffen werden müssen, ist danach eine Frage, die auf der Grundlage fachlicher Expertise entschieden werden muss.

Ausgangspunkt der Entwicklung der Ombudsstellen in der Kinder- und Jugendhilfe waren Konflikte, zu denen es im Kontext der Hilfen zur Erziehung kommen kann. Doch auch Behinderungen spielen im SGB VIII eine große Rolle. Die Abgrenzung von behinderungsbedingten von erzieherischen Bedarfen ist nicht immer einfach, was an der Tätigkeit der Ombudsstellen nicht vorbeigehen kann. Dieser Beitrag blickt zunächst auf die Entstehungsgeschichte von § 35a SGB VIII zurück, um dann auf die Debatte um die „inklusive Lösung" einzugehen, die bei der Entstehung des KJSG eine große Rolle spielte. Im nächsten Schritt werden grundlegende Unterschiede zwischen den Ombudsstellen und der Ergänzenden Unabhängigen Teilhabeberatung nach § 32 SGB IX in den Blick genommen. Auf diesen Grundlagen vertritt der Autor die These, dass die Ombudsstellen bereits nach heutiger Rechtslage ihre Tätigkeit auf alle Konflikte im Kontext von Teilhabeleistungen (§ 4 SGB IX) erstrecken müssen. Es folgen die Abgrenzung von den Verfahrenslotsen nach § 10b SGB VIII und eine abschließende Betrachtung.

Hilfen zur Erziehung und Leistungen zur Teilhabe

Das Verhältnis von Behinderung zu Erziehung und, damit verbunden, das Verhältnis von Teilhabeleistungen zu Hilfen zur Erziehung war schon im Gesetzgebungsverfahren, das zum Gesetz zur Neuordnung des Kinder- und Jugendhilferechts vom 26.6.1990, mit dem das SGB VIII geschaffen wurde (BGBl. I, S. 1163), umstritten. Der Gesetzentwurf der Bundesregierung sah vor, dass die

Leistungen der Eingliederungshilfe für seelisch behinderte Kinder und Jugendliche als Annexleistungen der Hilfen zur Erziehung durch das Jugendamt erbracht werden (BT-Drs. 11/5984, S. 13). Die Bundesregierung war zwar der Auffassung, dass „der Hilfebedarf für diesen Personenkreis in weiten Teilen bereits über das differenzierte Instrumentarium der Hilfen zur Erziehung abgedeckt“ werde, wollte aber sicherstellen, dass der „Maßnahmenkatalog“ der Eingliederungshilfe erhalten bleibe, um „mögliche Versorgungslücken auszuschließen“ (a.a.O., S. 69). Auf die Beschlussempfehlung des Ausschusses für Jugend, Familie, Frauen und Gesundheit vom 21.3.1990 (BT-Drs. 11/6748) wurde die Beschränkung auf seelische Behinderungen gestrichen. § 27 Abs. 4 SGB VIII i.d.F. vom 26.6.1990 sah vor, dass Leistungen der Eingliederungshilfe unabhängig von der Art der Behinderung als Annexleistung zu Hilfen zur Erziehung zu erbringen sind. Voraussetzung war, dass ein erzieherischer Bedarf i.S.v. § 27 Abs. 1 SGB VIII i.d.F. vom 26.6.1990 besteht.

§ 27 Abs. 4 SGB VIII führte, wenig überraschend, zu Streitigkeiten um die Zuständigkeit, auf die der Gesetzgeber des Ersten Gesetzes zur Änderung des SGB VIII vom 16.3.1993 reagierte. Der Entwurf der Bundesregierung sah vor, § 27 Abs. 4 SGB VIII dahingehend zu ändern, dass klargestellt werde, dass Eingliederungshilfe „nur als Annex zur Hilfe zur Erziehung geleistet“ werde und „keine eigenständige Form der Hilfe zur Erziehung“ darstelle. Außerdem werde „klargestellt, dass die Annexleistung ‚Eingliederungshilfe‘ nur dann in der Zuständigkeit der Jugendhilfe geleistet“ werde, wenn „diese Hilfe wegen einer vorliegenden oder drohenden seelischen Behinderung erforderlich“ sei (BT-Drs. 12/2866). Die vorgesehene Änderung wurde jedoch nicht als Klarstellung, sondern als „teilweise Rücknahme der Zuordnung seelisch Behinderter“ (BT-Drs. 12/3771, S. 39) verstanden, was Bundesrat und Fachverbände „entschieden“ ablehnten (ebd.).

> „Diese Haltung wurde auch von den angehörten Sachverständigen bestätigt, die in den Regelungen des Kinder- und Jugendhilferechts einen behutsamen Schritt auf das Ziel hin sehen, die Trennung zwischen behinderten und nichtbehinderten Kindern und Jugendlichen zu überwinden. Dieser Schritt sollte nicht wieder zu einem guten Teil rückgängig gemacht werden. Um in der Zwischenzeit aufgetretene Meinungsverschiedenheiten über das Verhältnis der Hilfe zur Erziehung zur Eingliederungshilfe seelisch Behinderter auszuräumen, haben die Experten vorgeschlagen, die Regelung der Eingliederungshilfe für seelisch behinderte Kinder und Jugendliche, die im geltenden Recht in einer Vorschrift zusammen mit der Hilfe zur Erziehung erfolgt (§ 27 Abs. 4), von der Hilfe zur Erziehung abzukoppeln und einem eigenen Tatbestand zuzuweisen. Damit würde insbesondere der vielfach vertretenen Ansicht entsprochen, einer seelischen Behinderung liege nicht in jedem Fall ein erzieherisches Defizit zugrunde.“ (ebd.)

So kam es zur Einfügung von § 35a SGB VIII zum 1.4.1993. Der Anspruch auf Leistungen zur Teilhabe – die damals noch nicht so hießen – für junge Menschen mit einer (drohenden) seelischen Behinderung war nun nicht mehr auf eine Annexleistung der Hilfen zur Erziehung beschränkt. Der Begriff der „Eingliederung Behinderter" im Titel von § 10 SGB I wurde erst durch das SGB IX vom 19.6.2001 (BGBl. I, S. 1046) durch „Teilhabe behinderter Menschen" ersetzt.

Von § 35a SGB VIII zum Kinder- und Jugendstärkungsgesetz

Die Verlagerung des Anspruchs auf Eingliederungshilfe von jungen Menschen mit einer seelischen Behinderung aus dem Bundessozialhilfegesetz in das SGB VIII hatte zwar Vorteile für die Leistungsberechtigten und ihre Familien, vor allem in Bezug auf die Kostenheranziehung. Doch die Jugendämter erwiesen sich als zurückhaltend. Praktiker*innen berichten, dass die Jugendämter lange versuchten, die Leistungen nach § 35a SGB VIII im Großen und Ganzen als einen Sonderfall der Hilfen zur Erziehung zu behandeln; ein Eindruck, der demjenigen entspricht, den der Autor aus Fortbildungsveranstaltungen mit Beschäftigten von Jugendämtern zum Bundesteilhabegesetz gewonnen hat. Es kam noch vor drei Jahren vor, dass die Mitarbeitenden eines Sozialdienstes eines Jugendamtes im Rahmen eines Seminars freimütig erzählten, dass man sich bislang nicht mit § 35a SGB VIII beschäftigt habe. Das SGB IX, das zum 1.7.2001 in Kraft trat, wurde entweder gar nicht wahrgenommen, oder als nicht sachgerecht kritisiert.

> „Mit seiner behinderungsspezifischen Sichtweise vertieft das SGB IX den Graben zwischen behinderten und nichtbehinderten Kindern und Jugendlichen und widerspricht damit dem Grundsatz der Inklusion." (Wiesner 2015, Vor § 35a Rn. 26)

Ein selbstkritischer Mitarbeiter eines Jugendamtes formulierte es im Gespräch mit dem Autor so: Die Leistungen nach § 35a SGB VIII, die sich nach und nach etablierten, seien den Jugendämtern in einer großen Zahl von Verfahren vor den Verwaltungsgerichten abgerungen worden. Für die hohe Bedeutung gerichtlicher Verfahren im Kontext der Leistungen nach § 35a SGB VIII spricht auch ein Blick in die Entscheidungsdatenbank Juris, die zu § 35a SGB VIII 1.180 gerichtliche Entscheidungen ausweist (zum Vergleich § 27 SGB VIII: 601, zu § 42 SGB VIII: 356; Abfrage 31.3.2022). Eine systematische Untersuchung der Relevanz gerichtlicher Entscheidungen für die Leistungen nach § 35a SGB VIII wäre ein lohnendes Unterfangen. Die Jugendämter sahen sich mit Eltern konfrontiert, die über die erforderlichen Ressourcen verfügen, um Ansprüche durchzusetzen, was Irritation, zum Teil auch Ablehnung auslöste. Eltern, die das Recht ihrer Kinder auf Teilhabeleistungen geltend machen, treten einem Jugendamt oft in anderer Weise gegenüber als Eltern, deren Kontakt zum Jugendamt von einem erzieherischen Bedarf ausgelöst wird.

Mit § 35a SGB VIII entstanden neue Probleme: Die Unterscheidung von seelischen Behinderungen auf der einen und körperlichen und geistigen Behinderungen auf der anderen Seite war und ist problematisch und oft Auslöser von Streitigkeiten um die Zuständigkeit (Wiesner 2022, § 10b Rn. 4). Die erheblichen Unterschiede in Bezug auf die Kostenheranziehung zwischen dem Recht der Eingliederungshilfe – vor und nach der Reform durch das Bundesteilhabegesetz – und dem Recht der Kinder- und Jugendhilfe sind gleichheitsrechtlich nicht zu rechtfertigen. Diese Probleme trugen dazu bei, dass seit mehr als 25 Jahren diskutiert wird, ob die Leistungen der Eingliederungshilfe für junge Menschen aus § 35a SGB VIII und (nunmehr) §§ 90 bis 150 SGB IX im SGB VIII zusammengeführt werden sollten (Leonhard 2012). Eine solche Zusammenführung wurde lange als „große Lösung" bezeichnet, seit einigen Jahren hat sich der Begriff „inklusive Lösung" etabliert.

Das Bundesteilhabegesetz vom 23.12.2016 brachte neuen Schub in die Debatte. Manche Jugendamtsleiter nahmen erstmals wahr, dass das Jugendamt Rehabilitationsträger ist (§ 6 SGB IX) und nahmen an, das sei eine Neuerung, die das BTHG mit sich gebracht habe – und nicht etwa das SGB IX vom 19.6.2001. 15 Jahre nach dem Inkrafttreten des SGB IX trug das BTHG erheblich dazu bei, dass Jugendämter begannen, das SGB IX als ein Regelwerk wahrzunehmen, das für einen Teil ihrer Praxis normative Vorgaben enthält. Das prägte auch die politischen Diskussionen im Vorfeld des Kinder- und Jugendstärkungsgesetzes – KJSG vom 3.6.2021 (BGBl. I, S. 1444).

Eine Behinderung ist etwas kategorial anderes als ein erzieherischer Bedarf. Der Begriff der Behinderung wird durch § 2 Abs. 1 SGB IX legaldefiniert. Die Behinderung ist danach ein soziales Phänomen, das eine individuelle Beeinträchtigung, die eine medizinische Tatsache ist, voraussetzt. Die medizinische Tatsache ist dabei notwendiges Tatbestandsmerkmal. Die Behinderung liegt in der Beeinträchtigung der Teilhabemöglichkeiten, die in Wechselwirkung zwischen individueller Beeinträchtigung und sozialen und anderen Umweltbedingungen entsteht. Ein erzieherischer Bedarf dagegen besteht, wenn eine dem Wohl des Kindes bzw. des Jugendlichen entsprechende Erziehung nicht gewährleistet ist. Da die Erziehung Aufgabe der Eltern (oder der Personensorgeberechtigten) ist, haben sie, nicht die minderjährige Person, Anspruch auf Hilfe. Der Anspruch auf Hilfen zur Erziehung setzt darüber hinaus voraus, dass die Hilfe geeignet und notwendig ist. Ein erzieherischer Bedarf setzt ein Teilhabedefizit nicht voraus (auch wenn er ein solches nach sich ziehen kann). Ein erzieherischer Bedarf ist zwar wie eine Behinderung ein soziales Phänomen, aber ein ganz anderes. Der Anspruch auf Teilhabeleistungen ist mit gutem Grund ein Anspruch der minderjährigen Person, deren Bedarfe wegen ihrer Behinderung über den erzieherischen Bedarf, für den die Personensorgeberechtigten verantwortlich sind, hinausgehen. Daher ist Welti grundsätzlich zuzustimmen, wenn er Schönecker widerspricht und darauf hinweist, dass „ein Kind, das Leistungen wegen seiner Behinderung erhält, dadurch nicht ‚auf seine Behinderung reduziert'" werde (Welti 2022, S. 10, Schönecker 2021, S. 166). Ebenso wenig wird ein Kind auf seine Krankheit reduziert, wenn für die Heilbehandlung die gesetzliche Krankenversicherung und nicht das Jugendamt zuständig ist.

Schöneckers Perspektive reflektiert die Erfahrung, dass Jugendämter und Träger der Eingliederungshilfe dazu tendieren, keinerlei Leistungen zu erbringen, wenn der jeweils andere Träger seine Zuständigkeit einmal anerkannt hat. Das führt, so die durchgängige Beschreibung aus der Praxis, dazu, dass Kinder und Jugendliche, die wegen einer geistigen oder körperlichen Behinderung Leistungen der Eingliederungshilfe erhalten, faktisch von Leistungen der Kinder- und Jugendhilfe ausgeschlossen werden, was zwar rechtswidrig, aber allem Anschein nach gleichwohl dominierende Praxis ist. In der „Sachstandsanalyse für eine Weiterentwicklung und Verbesserung der Leistungen für Kinder und Jugendliche mit Behinderungen", die im Rahmen des Prozesses „Mitreden-Mitgestalten" im Auftrag des BMFSFJ erstellt wurde, wird das so formuliert:

> „Die Hilfelandschaft für Kinder und Jugendliche mit körperlichen, geistigen und seelischen Behinderungen ist aktuell zweigeteilt. Für Kinder und Jugendliche ohne Behinderungen oder mit (drohender) seelischer Behinderung ist die Kinder- und Jugendhilfe nach dem Achten Sozialgesetzbuch (SGB VIII) zuständig. Demgegenüber ist die Sozialhilfe nach dem Zwölften Sozialgesetzbuch (SGB XII) (bzw. dem Neunten Sozialgesetzbuch (SGB IX) ab dem 1. Januar 2020) vorrangig zuständiger Leistungsträger (§ 10 Abs. 4 SGB VIII), wenn eine (drohende) geistige oder körperliche Behinderung diagnostiziert wird." (BMFSFJ 2020, S. 416)

Schönecker ist insoweit zuzustimmen, als die Vorenthaltung von Leistungen der Kinder- und Jugendhilfe, weil die leistungsberechtigte Person Teilhabeleistungen nach dem Recht der Eingliederungshilfe erhält, die Bedarfe dieser Person in der Tat auf ihre behinderungsbedingten Bedarfe reduziert.

Will man den dissonanten Klang der Stimmen im Streit um die „inklusive Lösung" (BMFSFJ 2020) auf eine kurze Formel einschmelzen, dann erscheint die Alternative Jugendamt versus Träger der Eingliederungshilfe für Kinder und Jugendliche mit einer Behinderung und ihre Familien wie die Wahl zwischen Pest und Cholera: Die Jugendämter scheinen dazu zu tendieren, alle Bedarfe auf erzieherische Defizite zurückzuführen und Probleme auf erzieherische Bedarfe zu reduzieren, und tun sich schwer mit gebundenen Ansprüchen auf Teilhabeleistungen, ganz besonders mit dem persönlichen Budget

(Rosenow 2021). Die Träger der Eingliederungshilfe sind für alle Bedarfe, die nicht aus der Behinderung resultieren, nicht zuständig, während die Jugendämter sich für insgesamt unzuständig erachten, sobald sie den Träger der Eingliederungshilfe für zuständig halten. Dazu kommen die hochgradig ungerechten Regelungen über den Einsatz von Vermögen und den Beitrag zu den Aufwendungen im Recht der Eingliederungshilfe (FRR, § 137 Rn. 22 ff.; zum Vermögen s. § 137 Rn. 140). Auch wenn eine bessere Datenlage zur Rechtswirklichkeit des Teilhabeleistungsrechts für Minderjährige wünschenswert wäre, wurde im Beteiligungsprozess „Mitreden-Mitgestalten“ deutlicher als zuvor erkennbar, dass die für die Betroffenen relevante Frage nicht ist, welche Behörde zuständig ist, sondern welche Leistungen ihnen tatsächlich „in zeitgemäßer Weise, umfassend und zügig“ (§ 17 Abs. 1 Nr. 1 SGB I) zur Verfügung gestellt werden. Daran gebricht es offenbar ganz erheblich, was seine Ursache – und diese Einschätzung scheint sehr verbreitet zu sein (BMFSFJ 2020) – in erster Linie in Umsetzungsdefiziten und weniger in der Rechtslage hat.

Das KJSG enthält keine Lösung für diese Probleme. Der Gesetzgeber des KJSG entschied sich dafür, die Frage nach der „inklusiven Lösung“ zu vertagen: Art. 1 Nr. 12 KJSG sieht vor, dass § 10 Abs. 4 SGB VIII dahingehend geändert wird, dass die Jugendämter für Teilhabeleistungen für junge Menschen ungeachtet der Art der Behinderung vorrangig zuständig werden. Doch diese Vorschrift tritt nach Art. 10 Abs. 3 KJSG zum 1.1.2028 und nur dann in Kraft, wenn bis zum 1.1.2027 ein Bundesgesetz verkündet worden sein wird, das „auf Grundlage einer prospektiven Gesetzesevaluation“ das Nähere über den leistungsberechtigten Personenkreis, Art und Umfang der Leistungen, die Kostenbeteiligung und das Verfahren bestimmt (§ 10 Abs. 3 S. 3 SGB VIII idF Art. 1 KJSG). Die Untersuchung zur Abschätzung der Gesetzesfolgen, hier als „prospektive Evaluation“ bezeichnet, wird nach § 107 Abs. 2 S. 1 SGB VIII in den Jahren 2022 bis 2024 durchgeführt und unterliegt der folgenden Zielbestimmung:

> „Dabei sollen insbesondere die gesetzlichen Festlegungen des Achten und Neunten Buches
> 1. zur Bestimmung des leistungsberechtigten Personenkreises,
> 2. zur Bestimmung von Art und Umfang der Leistungen,
> 3. zur Ausgestaltung der Kostenbeteiligung bei diesen Leistungen und
> 4. zur Ausgestaltung des Verfahrens
>
> untersucht werden *mit dem Ziel*, den *leistungsberechtigten Personenkreis, Art und Umfang der Leistungen* sowie den *Umfang der Kostenbeteiligung* für die hierzu Verpflichteten nach dem am 1. Januar 2023 für die Eingliederungshilfe geltenden Recht *beizubehalten*, insbesondere einerseits keine Verschlechterungen für leistungsberechtigte oder kostenbeitragspflichtige Personen und andererseits *keine Ausweitung des Kreises der Leistungsberechtigten sowie des Leistungsumfangs* im

> Vergleich zur Rechtslage am 1. Januar 2023 herbeizuführen, sowie Hinweise auf die zu bestimmenden Inhalte des Bundesgesetzes nach § 10 Absatz 4 Satz 3 zu geben.“ (§ 107 Abs. 2 S. 2 SGB VIII, Hervorhebung d. d. Verf.)

In Klartext übersetzt heißt das: Bund und Länder haben sich mit § 107 Abs. 2 SGB VIII darauf verständigt, dass alles beim Alten bleiben soll. Offen gelassen wurde lediglich die Frage, ob die Zuständigkeit sich ändert, wozu es nur kommen soll, wenn sich ansonsten nichts ändert. Eine Verlagerung der Zuständigkeit bei unverändertem Umfang und unveränderter Art der Leistungen, unveränderter Kostenheranziehung und unverändertem leistungsberechtigten Personenkreis wäre lediglich die Prätention einer Reform.

An anderen Stellen geht das KJSG dagegen über bloße Symbolpolitik hinaus. § 9 SGB VIII wurde um Nr. 4 erweitert. Danach sind bei der Ausgestaltung der Leistungen und der Erfüllung der Aufgaben „die gleichberechtigte Teilhabe von jungen Menschen mit und ohne Behinderungen umzusetzen und vorhandene Barrieren abzubauen.“ Weitere Änderungen zugunsten junger Menschen mit Behinderungen betreffen den Kinderschutz und die Beratung (§§ 8 Abs. 4, 8b Abs. 3 SGB VIII), die Jugendarbeit (§ 11 Abs. 1 S. 3 SGB VIII) und die Förderung in Tageseinrichtungen (§ 22a Abs. 4 SGB VIII). Schließlich ist auf die vorübergehende Einführung des Verfahrenslotsen vom 1.1.2024 bis zum 31.12.2027 hinzuweisen, auf die unten noch eingegangen wird.

Ergänzende Unabhängige Teilhabeberatung (EUTB) nach § 32 SGB IX

Beratung und Unterstützung Leistungsberechtigter waren nicht nur im Rahmen des politischen Prozesses, der zum KJSG führte, ein wichtiges Thema. Sie spielen auch im Bundesteilhabegesetz eine große Rolle. Zur Vorgeschichte der EUTB gehören die Servicestellen nach § 22 SGB IX i. d. F. v. 19.6.2001. Die durch § 6 SGB IX bestimmten Rehabilitationsträger richteten danach „gemeinsame örtliche Servicestellen“ ein, die Menschen mit (drohenden) Behinderungen umfangreiche Beratung und Unterstützung anbieten sollten. Doch in der Praxis existierten gemeinsame Servicestellen, die die Aufgaben aus §§ 22 bis 25 SGB IX aF hätten wahrnehmen können, nicht (Bundesarbeitsgemeinschaft für Rehabilitation; Institut für Sozialforschung; Shafaei). „Kommunen und Sozialhilfeträger haben die Servicestellen nicht als Aufgabe angenommen, obwohl gerade sie eine flächendeckende örtliche Struktur hätten vorhalten können.“ (Welti 2016, S. 8). Der Gesetzgeber des BTHG zog aus diesem Befund die Konsequenz und strich die Vorschriften über die gemeinsamen Servicestellen. In ihrem Entwurf zum BTHG verbindet die Bundesregierung die Begründung dieses Schritts mit einem eher hilflos anmutenden Exkulpationsversuch.

> „Fehlende Verbindlichkeit und Finanzierungsstrukturen haben dazu geführt, dass die Gemeinsamen Servicestellen nicht die gewünschten Ziele erreicht und Aufgaben erfüllt haben." (BT-Drs. 18/9522, S. 196)

§§ 22 bis 25 SGB IX aF waren keineswegs unverbindlich. Es war auch klar, wer die Servicestellen zu finanzieren hatte, nämlich die Rehabilitationsträger. Statt der Servicestellen wurde mit dem BTHG die Ergänzende Unabhängige Teilhabeberatung (EUTB) geschaffen. Die Bundesregierung führt dazu aus:

> „Die Position der Leistungsberechtigten/Ratsuchenden gegenüber den Leistungsträgern und Leistungserbringern im sozialrechtlichen Dreieck ist durch ein ergänzendes, allein dem Leistungsberechtigten gegenüber verpflichtetes Unterstützungsangebot zu stärken. Die Beratung soll unabhängig von Leistungsträgern und Leistungserbringern erfolgen." (BT-Drs. 18/9522, S. 246)

Im Zusammenhang mit der gesetzlichen Konzeption der Ombudsstellen, § 9a SGB VIII, ist das Verhältnis der EUTB zur Rechtsberatung besonders interessant. Der Arbeitsentwurf für das BTHG vom 18.12.2015, der im Januar 2016 bekannt wurde, enthält einen Artikel 18, durch den das Rechtsdienstleistungsgesetz (RDG) um eine Vorschrift (§ 8 Abs. 1 Nr. 6 RDG-E) ergänzt werden sollte, die es den EUTBs erlaubt hätte, im Rahmen ihres Aufgabenbereichs Rechtsdienstleistungen zu erbringen. Diese Vorschrift wurde im Referentenentwurf nicht mehr aufgegriffen. Die Beschreibung der Aufgaben der EUTBs durch die Bundesregierung griff mit der oben zitierten Formulierung zwar auf den Arbeitsentwurf zurück, relativierte diesen Fokus aber, indem sie die Beratung im Vorfeld der Beantragung von Leistungen in das Zentrums stellte:

> „Auch wenn die ergänzende unabhängige Teilhabeberatung überwiegend im Vorfeld der Beantragung konkreter Leistungen erfolgen soll, ist eine darüberhinausgehende Inanspruchnahme des Beratungsangebotes im gesamten Reha- bzw. Teilhabeprozess möglich, sofern im Einzelfall ein entsprechender Bedarf besteht." (BT-Drs. 18/9522, S. 246).

Der Gedanke der Aufnahme der Tätigkeit der EUTBs in den Katalog der erlaubten Rechtsdienstleistungen aus § 8 RDG wurde im politischen Prozess, der zum BTHG führte, von keiner Seite lobbyiert. Die Förderrichtlinie, die das BMAS nach § 32 Abs. 4 SGB IX i. d. F. v. 23.12.2016 erließ, enthält den Satz: „Eine rechtliche Beratung sowie eine Begleitung werden im Widerspruchs- und Klageverfahren nicht geleistet." (Förderrichtlinie zur Durchführung der „Ergänzenden unabhängigen Teilhabeberatung" für Menschen mit Behinderungen, Nr. 1 7. Absatz). § 32 SGB IX wurde durch das Angehörigenentlastungsgesetz vom 10.12.2019 (BGBl. I., S. 2153) geändert. Die Förderung der EUTBs erfolgt ab 2023 auf Grundlage einer Rechtsverordnung, zu deren Erlass das BMAS durch § 32 Abs. 7 S. 4 SGB IX ermächtigt ist. § 2 Abs. 4 der Teilhabeberatungsverordnung (EUTBV) vom 14.6.2021 (BGBl. I., S. 1796) lautet:

> „Die Beratungsstellen leisten keine rechtliche Prüfung von Einzelfällen sowie keine Begleitung in Widerspruchs- und Klageverfahren."

Das BMAS führte vor Erlass der Verordnung ein Anhörungsverfahren durch. Die Stellungnahmen sind auf der Website des BMAS dokumentiert. Keine einzige Stellungnahme sprach sich ausdrücklich gegen diese Vorschrift aus. Die Stellungnahmen gehen nicht über eine äußerst vorsichtige Kritik hinaus. Die Einschränkung decke sich „oftmals nicht mit den Erwartungen der Leistungsberechtigten. Langfristig wäre es sinnvoll und praxisnah, dass eine Beratung bei Widersprüchen möglich ist," führten die Fachverbände BeB und CBP aus (beide Stellungnahmen online unter BMAS 2021).

Anders als in der Kinder- und Jugendhilfe, in der mit § 9a SGB VIII nunmehr anerkannt ist, dass die Position der Leistungsberechtigten nicht nur durch Zuspruch und Beratung, sondern auch durch Unterstützung bei der Durchsetzung von Rechten zu stärken ist, hat sich im Teilhabeleistungsrecht eine Auffassung durchgesetzt, die den Leistungsberechtigten Unterstützung bei der Durchsetzung von Rechten vorenthalten will. Wenn man einen Blick darauf wirft, mit welcher Rücksichtslosigkeit Träger der Eingliederungshilfe und Leistungserbringer den Status quo ante BTHG gegen die neue Rechtslage verteidigen (Rosenow, ASR 2021, NDV 2021), ist es keine Überraschung, dass das Interesse, die neue Beratungsstruktur der EUTBs davon abzuhalten, Leistungsberechtigte dabei zu unterstützen, ihre Rechte auf dem Weg von Widerspruchs- und Klageverfahren durchzusetzen (vgl. Schruth, Kapitel VI, i. d. B.) die Oberhand gewonnen hat. Dass auch die Verbände, die der Selbstvertretung zuzuordnen sind, klaglos hingenommen haben, dass die EUTBs keine rechtliche Prüfung von Einzelfällen vornehmen sollen, mag damit zusammenhängen, dass sie nun selbst in die Rolle von Trägern der EUTBs geraten sind und die Frage der Finanzierung ihrer Beratungsstellen fokussierten.

Konflikte um Leistungen zur Teilhabe als Aufgabe der Ombudsstellen

In der ersten Phase der Entwicklung und des Ausbaus der Ombudsstellen stand die Unterstützung im Kontext von Hilfen zur Erziehung im Fokus. Dennoch waren und sind die Ombudsstellen auch in Fällen tätig, in denen Leistungen nach § 35a SGB VIII Gegenstand eines Konfliktes sind. Für Konflikte um

Teilhabeleistungen, die nicht als Leistung der Kinder- und Jugendhilfe zu erbringen sind, haben sie sich, soweit das ersichtlich ist, bislang eher nicht zuständig gefühlt. Nunmehr bestimmt § 9a SGB VIII, dass Konflikte im Zusammenhang mit *allen* Aufgaben der Kinder- und Jugendhilfe in ihr Feld fallen. § 9 Nr. 4 SGB VIII verlangt, dass bei der Erfüllung der Aufgaben der Kinder- und Jugendhilfe gleichberechtigte Teilhabe von jungen Menschen mit und ohne Behinderungen umzusetzen und vorhandene Barrieren abzubauen sind.

Auf eine Behinderung reagiert das Sozialrecht durch Teilhabeleistungen, die durch § 4 SGB IX für alle Rehabilitationsträger und damit auch für die Kinder- und Jugendhilfe legal definiert werden. Danach ist, verkürzt gesagt, jede Leistung eine Teilhabeleistung, auf die ein Anspruch bestehen kann, die dazu geeignet ist, eine Behinderung zu kompensieren. Das Recht der Teilhabeleistungen, das für alle sieben Rehabilitationsträger (§ 6 SGB IX) im 1. Teil des SGB IX (das sog. „Ausführungsgesetz“) zusammengefasst ist, ist von der Gliederung des Sozialleistungssystems mit seinen unterschiedlichen Sozialleistungsträgern und der Unterscheidung in fünf Leistungsgruppen (§ 5 SGB IX) geprägt. Weder die Zuständigkeiten der unterschiedlichen Träger, noch die Abgrenzung der Leistungsgruppen voneinander lassen sich aus fachlichen oder rechtssystematischen Erwägungen ableiten. Ebenso wenig ist begründbar, dass die Pflegeversicherung nicht zu den Rehabilitationsträgern zählt. Die Gliederung der Sozialleistungsträger ist ebenso wie die eng mit ihr im Zusammenhang stehende Unterscheidung nach Leistungsgruppen nur aus den historischen Prozessen ihrer Entstehung und, damit zusammenhängend, gesellschaftlich wirkmächtigen Einstellungen und Vorverständnissen zu erklären. Um den obligaten Streitigkeiten um Zuständigkeiten, die sich daraus ergeben, zu begegnen, verlangt das SGB IX 1. Teil, dass Leistungen zur Teilhabe grundsätzlich aus einer Hand erbracht werden (§ 14 SGB IX). Auf diese Regelungen kann hier nicht näher eingegangen werden (dazu s. Waßer 2021; Ulrich 2021). Hier kommt es nur darauf an, dass es den auch im SGB VIII vorrangig (§ 7 Abs. 2 SGB IX) zu beachtenden Regelungen über die Koordinierung der Leistungen (§§ 14 bis 24 SGB IX) widerspräche, wenn die Ombudsstellen ihre Tätigkeit in dem Moment einstellen würden, in dem sich herausstellt, dass für eine Teilhabeleistung, die Gegenstand eines Konfliktes ist, nicht das Jugendamt, sondern ein anderer Rehabilitationsträger materiell zuständig ist. Das soll zunächst anhand eines Beispiels verdeutlicht werden:

Wenn eine 17-Jährige mit einer körperlichen oder einer geistigen Behinderung ein Kind bekommt und Leistungen nach § 19 SGB VIII benötigt, ist diese Sozialleistung nach der Rechtsprechung des Bundesverwaltungsgerichtes eine Teilhabeleistung, für die der Träger der Eingliederungshilfe zuständig ist (BVerwG, 22.10.2009, 5 C 19.08). Das Jugendamt ist Kostenträger für den Teil der Maßnahmekosten, der aus der Versorgung des Kindes resultiert. Wenn die junge Frau bzw. die Personensorgeberechtigten sich an das Jugendamt wenden, sollte dieses darauf hinweisen, dass es nicht zuständig ist, was dazu führt, dass ein Antrag erforderlich wird (§ 108 Abs. 1 SGB IX). Es wirkt auf sachdienliche Antragstellung hin (§ 16 Abs. 1 SGB I; § 12 SGB IX). In der Regel dürfte die Anfrage beim SGB IX bereits als Antrag auszulegen sein (Rechtsnatur des Antrags s. Rosenow, Fachbeitrag A1-2021, Reha-Recht.de). Der Antrag ist dann unverzüglich (§ 14 Abs. 1 S. 2 SGB IX) an den Träger der Eingliederungshilfe weiterzuleiten.

Dieser sollte dann ein Gesamtplanverfahren durchführen (§§ 117 ff. SGB IX). Dabei kann er feststellen, dass neben dem Bedarf, der auf Leistungen zur sozialen Teilhabe geht (§§ 76 ff. SGB IX), weitere Bedarfe bestehen, z. B. in Bezug auf ein Hilfsmittel, für das die Krankenversicherung zuständig ist, oder in Bezug auf Leistungen zur Teilhabe am Arbeitsleben, für die die Bundesagentur zuständig ist. Das führt zur Geltung der Vorschriften über das Teilhabeplanverfahren nach §§ 19. ff. SGB IX und zur Einholung der Bedarfsfeststellungen durch die beteiligten Rehabilitationsträger nach § 15 Abs. 2 SGB IX.

Der Zielkonflikt zwischen den vorrangigen Regelungen der §§ 14 ff. SGB IX und der Beschränkung auf die Aufgaben der Kinder- und Jugendhilfe wird noch deutlicher, wenn man das Beispiel etwas modifiziert und sich vorstellt, dass das Jugendamt die rechtzeitige (§ 14 Abs. 1 S. 1 SGB IX) Weiterleitung des Antrags versäumt und dadurch selbst leistender Rehabilitationsträger und für alle Teilhabeleistungen entscheidungszuständig (BSG, 11.05.2011, B 5 KR 54/10 R) wird. § 14 SGB IX bewirkt, dass jede Teilhabeleistung i. S. v. § 4 SGB IX unter Umständen durch das Jugendamt zu erbringen ist. Man kann darüber streiten, ob sie dadurch auch zu einer Aufgabe der Kinder- und Jugendhilfe i. S. v. § 9a SGB VIII wird. Wenn man das verneint, erwächst daraus zumindest ein Zielkonflikt mit §§ 7 Abs. 2, 14 SGB IX.

Nach Auffassung des Autors sprechen die folgenden Überlegungen dafür, diesen Konflikt dahingehend zu lösen, dass die Aufgabe der Ombudsstellen sich auch auf Konflikte erstreckt, die im Verhältnis zu anderen Rehabilitationsträgern und zu Leistungserbringern, die keine Leistungen der Kinder- und Jugendhilfe erbringen, entstehen können. § 14 SGB IX dient dazu, dass Leistungen zur Teilhabe „wie aus einer Hand erbracht“ erbracht werden (BT-Drs. 18/9522, S. 2, S. 193 ff.). Diese Vorschrift kann nicht durch abweichende Regelungen in den Leistungsgesetzen der Rehabilitationsträger verdrängt werden, § 7 Abs. 2 SGB IX. Allerdings ist die Begrenzung der Aufgabe der Ombudsstellen auf Konflikte im Zusammenhang mit Aufgaben der Kinder- und Jugendhilfe wohl noch keine Abweichung i. S. v. § 7 Abs. 2 SGB IX. Diese Vorschrift unterstreicht aber das besondere Gewicht des Normtelos von §§ 14 ff. SGB IX, das darin liegt, dass Teilhabeleistungen wie aus einer Hand erbracht werden, was im Zuge teleologischer Auslegung von § 9a SGB VIII zu beachten ist. Diese Überlegung wird ergänzt durch § 9 Nr. 4 SGB VIII. Auch die Tätigkeit der Ombudsstellen soll dazu beitragen, die gleichberechtigte Teilhabe von jungen Menschen mit und ohne Behinderung umzusetzen und vorhandene Barrieren abzubauen. Mit dieser Zielbestimmung wäre es nicht zu vereinbaren, wenn die Ombudsstellen gleichsam den Bleistift fallen ließen, sobald eine Leistung, um die es zu einem Konflikt kommt, nicht mehr in die materielle Zuständigkeit der Kinder- und Jugendhilfe fällt. Die normative Bedeutung von § 9 SGB VIII wird durch die besondere Rolle gestärkt, die programmatischen Vorgaben im SGB VIII zukommt.

> „Besonders aber ist, dass sich solche Programmatiken im SGB VIII nicht (wie üblicherweise) auf die einleitenden Bestimmungen beschränken (z. B. § 1), sondern das gesetzliche Programmatik ein Modus der Gesetzestechnik im SGB VIII ist und neuen Gesetzesänderungen verstärkt zur Anwendung kommt." (Meysen et al. 2018, Einl. Rn. 42)

Das spricht nach Auffassung des Autors dafür, das Zusammenspiel von §§ 7 Abs. 2, 14 ff. SGB IX mit §§ 9 Nr. 4, 9a SGB VIII so zu verstehen, dass die Aufgaben der Kinder- und Jugendhilfe i. S. v. § 9a SGB VIII alle Aufgaben umfassen, für die der Träger der öffentlichen Jugendhilfe zuständig sein kann – sei es, weil sich dies aus dem SGB VIII ergibt, sei es, weil das Jugendamt als leistender Rehabilitationsträger (§ 14 SGB IX) für eine Teilhabeleistung entscheidungszuständig wird, für die ein anderer Rehabilitationsträger materiell zuständig ist.

Verhältnis zum Verfahrenslotsen nach § 10b SGB VIII

Zum 1.1.2024 tritt § 10b SGB VIII in Kraft. Die Vorschrift wurde mit dem KJSG geschaffen und schreibt vor, dass junge Menschen und ihre Erziehungsberechtigten, bei denen Leistungen der Eingliederungshilfe in Betracht kommen, Anspruch auf die Unterstützung und Begleitung durch einen Verfahrenslotsen haben. Der Begriff der Eingliederungshilfe erfasst die Teilhabeleistungen nach § 35a SGB VIII und nach §§ 90 bis 150 SGB IX. Er geht auf das Körperbehindertengesetz vom 27.2.1957 (BGBl. I, S. 147; Welti 2005, S. 231) zurück und wurde in § 10 SGB I i. d. F. vom 11.12.1975 aufgegriffen. Durch das SGB IX v. 19.6.2001 wurde er hier durch den Begriff der Teilhabe ersetzt, der auch im SGB IX selbst durchgängig Verwendung findet. Lediglich im Recht der Eingliederungshilfe nach dem BSHG und ab 1.1.2005 dem SGB XII sowie in § 35a SGB VIII wurde der irreführende (FRR, § 90 Rn. 6) Begriff der Eingliederung beibehalten. Mit dem BTHG wurde er auch für das neue Leistungsgesetz (§ 7 Abs. 1 S. 3 SGB IX) der §§ 90 bis 150 SGB IX übernommen.

§ 10b SGB VIII weist dem Verfahrenslotsen „eine Doppelfunktion“ zu:

> „Er soll einerseits junge Menschen und ihre Familien im Hinblick auf Leistungen der Eingliederungshilfe durch das Verfahren ‚lotsen‘ […] und andererseits das Jugendamt bei der Zusammenführung der Leistungen der Eingliederungshilfe für junge Menschen […] unterstützen […].“ (Wiesner 2022 § 9a Rn. 1)

§ 10b SGB VIII wird bereits zum 1.1.2028 wieder aufgehoben (Art. 10 Abs. 4 KJSG). Die Vorschrift dient damit wohl in erster Linie der „Vermittlung von Expertise und der strukturellen Vorbereitung des Jugendamtes auf die Umsetzung der Gesamtzuständigkeit für die Eingliederungshilfe für alle jungen Menschen mit Behinderung ab dem 1.1.2028“ (Wiesner 2022 § 9a Rn. 9). Der Verfahrensloste soll die Leistungsberechtigten zwar „unabhängig unterstützen sowie auf die Inanspruchnahme von Rechten hinwirken“ (§ 9a Abs. 1 S. 2 SGB VIII), ist aber als Fachkraft im Jugendamt gedacht (Wiesner 2022 § 9a Rn. 11). Eine Unabhängigkeit vom Jugendamt ist damit nicht vereinbar, denn dieses verfolgt auch eigene Interessen. Es kann „nicht in Abrede gestellt werden, dass sehr viele Entscheidungen des örtlichen Trägers der öffentlichen Jugendhilfe durch den Aspekt entstehender Kosten beeinflusst werden“ (Kepert, in: Kunkel et al. § 9a Rn. 4). Der Verfahrenslotse ist daher, anders als die Ombudsstellen, kein Institut unabhängiger Unterstützung Leistungsberechtigter. Dazu kommt, dass die Aufgabe der Ombudsstelle einen Konflikt voraussetzt oder der Prävention von Konflikten dient (Rosenow in diesem Band). Das gilt nicht für den Verfahrenslotsen nach § 10b SGB VIII. Dessen Aufgaben sind daher mit anderen Beratungsaufgaben der Sozialleistungsträger vergleichbar (vgl. Wiesner 2022 § 9a Rn. 7 ff.). Soweit sie die Eingliederungshilfe nach dem 2. Teil des SGB IX betreffen, überschneiden sich die Aufgaben des Verfahrenslosten, die den Interessen der Leistungsberechtigten dienen, weitgehend mit den Aufgaben der Träger der Eingliederungshilfe nach § 106 SGB IX. Es ist zu erwarten, dass die Tätigkeit der Verfahrenslotsen von den Aufgaben nach § 9a SGB VIII dominiert werden wird. Ein Ersatz für die Tätigkeit der Ombudsstellen im Zusammenhang mit Teilhabeleistungen, für die andere Rehabilitationsträger materiell zuständig sind, ist sie nicht.

Schluss

Den Ombudsstellen ist es gelungen, die Politik davon überzeugen, dass sie ein notwendiger Bestandteil der Infrastruktur der Kinder- und Jugendhilfe sind. Der Gesetzgeber hat es ihnen mit § 9a SGB VIII gelohnt. Zu diesem Erfolg hat beigetragen, dass die Ombudsstellen umfangreiche Expertise und fachliche Standards entwickelt haben. Eine Voraussetzung dafür war, dass sie sich von anderen Formen und Angeboten der Beratung und Unterstützung abgegrenzt haben. In Bezug auf das Thema Behinderung erwies sich die Grenzziehung als schwierig. Es scheint, dass dieselben Gründe, die die Einführung von § 35a SGB VIII auslösten, dazu führten, dass die Ombudsstellen ihre Tätigkeit auch auf Konflikte um diese Leistungen erstreckten. Alleine die Tatsache, dass die Eingliederungshilfe nach § 35a SGB VIII im Recht der Kinder- und Jugendhilfe geregelt ist, kann das nicht erklären, denn bis zum KJSG haben die Ombudsstellen sich keineswegs für alle Aufgaben des SGB VIII zuständig gefühlt.

Der Autor hat sich im politischen Prozess, der zum KJSG führte, dafür eingesetzt, die Aufgaben der Ombudsstellen möglichst eng zu fassen (zur Entstehungsgeschichte s. Rosenow in diesem Band), weil er überzeugt ist, dass eine Ausweitung der Aufgaben das Anliegen, für das die Ombudsstellen stehen, gefährden kann. Aus dieser Perspektive ist zu diskutieren, inwieweit es sinnvoll ist, von den Ombudsstellen wie oben formuliert zu fordern, dass sie die Aufgaben, die sie im Kontext der Hilfen zur Erziehung erfüllen, auch im Kontext von Leistungen zur Teilhabe (§ 4 SGB IX) übernehmen. Einige Gründe sprechen dafür:

- Im Bereich der Teilhabeleistungen besteht Not. Kinder und Jugendliche mit einer Behinderung und ihre Familien brauchen Ombudsstellen!
- Aus den oben skizzierten Gründen erscheint es problematisch, bestimmte Teilhabeleistungen auszugrenzen.
- Der Grundsatz der Nichtdiskriminierung (Art. 5 UN-BRK i. V. m. Art. 3 Abs. 3 S. 2 GG) legt es nahe, Unterscheidungen, die an eine Behinderung (oder gar an die Art einer Behinderung) anknüpfen, in Frage zu stellen.

Gegen eine Ausweitung spricht, dass Beratung und Unterstützung von Menschen mit Behinderungen fachliche Anforderungen nach sich ziehen, die über die bisherigen fachlichen Standards der Ombudsstellen hinausgehen. Dazu gehören die Anforderungen an barrierefreie Kommunikation, die durch den (an sich überflüssigen, § 37 S. 2 SGB I) Verweis in § 9a S. 3 SGB VIII betont werden.

Nach der oben vertretenen Auffassung verlangt die aktuelle Vorschrift im Zusammenhang mit den Vorschriften des SGB IX, dass die Ombudsstellen ihr Tätigkeitsfeld wie dargelegt erweitern (was selbstverständlich die Bereitstellung ausreichender finanzieller Mittel erfordert). Darum kann man streiten. Unabhängig von dieser Frage, die eine der Auslegung von Gesetzestexten ist, muss die fachliche Frage diskutiert werden, ob diese Ausweitung sinnvoll ist. Das kann zu der Erkenntnis führen, dass eine ombudschaftliche Unterstützung für junge Menschen mit Behinderungen und ihre Familien zwar notwendig ist, aber eigenständige Strukturen braucht. Sollte das so sein, ist die Schaffung solcher Strukturen nach geltendem Recht nicht nur möglich, sondern sie wird verlangt. Denn der Sicherstellungsauftrag aus § 17 Abs. 1 SGB I verpflichtet alle Sozialleistungsträger, Sozialleistungen „in zeitgemäßer Weise" – d. h. aktuellen wissenschaftlichen Erkenntnissen entsprechend – zur Verfügung zu stellen. Wenn der Sicherstellungsauftrag des § 9a SGB VIII (s. Rosenow, Kapitel VI, i. d. B.) aus fachlicher Sicht nur erfüllt werden kann, wenn spezialisierte Ombudsstellen geschaffen werden, verpflichtet er die Träger der öffentlichen Jugendhilfe dazu, das zu tun (so wohl auch Wiesner 2022 § 9a Rn. 12).

In jedem Fall liegen große Aufgaben vor den Ombudsstellen. Wenn sie sich diesen Herausforderungen stellen, können sie dazu beitragen, dass die Situation von jungen Menschen mit Behinderungen und ihren Familien substantiell verbessert wird.

Literatur

Bundesarbeitsgemeinschaft für Rehabilitation (BAR): Berichte über die Gemeinsamen Servicestellen für Rehabilitation nach § 24 Abs. 2 SGB IX.

Bundesministerium für Arbeit und Soziales (BMAS): Teilhabeberatungsverordung, Dokumentation, 2021, online unter: www.bmas.de/DE/Service/Gesetze-und-Gesetzesvorhaben/teilhabeberatungsverordnung.html [07.04.2022]

Bundesministerium für Familie, Senioren, Frauen und Jugend (BMFSFJ): Anlage 5 zum Abschlussbericht Mitreden-Mitgestalten, 2020, online unter: www.mitreden-mitgestalten.de/sites/default/files/downloads/abschlussbericht_-_anhang_5_0.pdf

Bundesregierung: Entwurf eines Gesetzes zur Neuordnung des Kinder- und Jugendhilferechts (Kinder- und Jugendhilfegesetz – KJHG) vom 1.12.1989, Bundestagsdrucksache 11/5948

Bundesregierung: Entwurf eines Ersten Gesetzes zur Änderung des Achten Buches Sozialgesetzbuch vom 21.4.1992, Bundestagsdrucksache 12/2866

Bundesregierung: Entwurf eines Gesetzes zur Stärkung der Teilhabe und Selbstbestimmung von Menschen mit Behinderungen (Bundesteilhabegesetz – BTHG) vom 5.9.2016, Bundestagsdrucksache 18/9522

Bundestagsausschuss für Jugend, Familie, Frauen und Gesundheit: Beschlussempfehlung vom 21.3.1990, Bundestagsdrucksache 11/6748

Fuchs, H., Ritz, H.-G. & Rosenow, R. (Hrsg.) (2021): SGB IX – Kommentar zum Recht behinderter Menschen mit Erläuterungen zum AGG und BGG Kommentar, 7. Auflage

Institut für Sozialforschung und Gesellschaftspolitik (Hrsg.) (2004) Einrichtung und Arbeitsweise gemeinsamer Servicestellen. www.bmas.de/SharedDocs/Downloads/DE/PDF-Publikationen/fb-f316-einrichtung-und-arbeitsweise-gemeinsamer-servicestellen-fuer-rehabilitation.pdf;jsessionid=DB2D93706E6AC175836A268C2C53E535

Kunkel, P.-C., Kepert, J. & Pattar, A. (2022): SGB VIII Kommentar, 8. Auflage

Leonhard, B. (2012). Die „große Lösung" – ein neuer Anlauf zur Zusammenfassung aller Eingliederungshilfeleistungen für Kinder und Jugendliche unter dem Dach des SGB VIII, RdLH 2012, 53-55

Münder, T., Meysen, J. & Trenczek, T. (Hrsg.) (2018). Frankfurter Kommentar SGB VIII Kommentar, 8. Auflage.

Rosenow, R. (2021). Kein Antragserfordernis für Leistungen der Eingliederungshilfe nach § 35a SGB VIII. www.reha-recht.de/fachbeitraege/beitrag/artikel/beitrag-a1-2021 [07.04.2022]

Rosenow, R. (2020). Die Erfindung der teleologischen Extinktion – Das Oberverwaltungsgericht Nordrhein-Westfalen zum Persönlichen Budget in der Kinder- und Jugendhilfe. www.reha-recht.de/fachbeitraege/beitrag/artikel/beitrag-a17-2020/ [07.04.2022]

Rosenow, R. (2021). Teilnichtige Wohn- und Betreuungsverträge als Folge der „budgetneutralen Umstellung" der Eingliederungshilfe, ASR 2021, S. 195-211

Rosenow, R. (2021). Eine Rechnung ohne das Verbraucherschutzrecht. Zur „budgetneutralen Umstellung" der Eingliederungshilfe in Baden-Württemberg, NDV, S. 602-608

Scheiwe, K., Schröer, W., Wapler, F. & Wrase, M. (Hrsg.) (2021). Der Rechtsstatus junger Menschen im Kinder- und Jugendhilferecht, Baden-Baden.

Schönecker, L. (2021). Exklusive Kinder- und Jugendhilfe als Verstoß gegen völkerrechtliche Diskriminierungsverbote, in: Scheiwe et al., S. 163 ff.

Shafaei, R. (2008). Die gemeinsamen Servicestellen für Rehabilitation. Beratung und Unterstützung behinderter Menschen nach dem SGB IX, Baden-Baden

Ulrich, P. (2021). Kooperation der Rehabilitationsleistungsträger; www.reha-recht.de/fachbeitraege/beitrag/artikel/beitrag-a43-2021/ [03.12.2021]

Waßer, U. (2021). Die Zuständigkeitsklärung in §§ 14, 15 SGB IX nach dem neuen Bundesteilhabegesetz (BTHG) – Teil I: Leistender Rehabilitationsträger; www.reha-recht.de/fachbeitraege/beitrag/artikel/beitrag-a2-2021/ [19.01.2021]

Waßer, U. (2021). Die Zuständigkeitsklärung in §§ 14, 15 SGB IX nach dem neuen Bundesteilhabegesetz (BTHG) – Teil II: Leistungsverantwortung bei einer Mehrheit von Reha-Trägern. www.reha-recht.de/fachbeitraege/beitrag/artikel/beitrag-a3-2021/ [22.01.202]

Welti, F. (2005). Behinderung und Rehabilitation im sozialen Rechtsstaat, Tübingen 2005.

Welti, F. (2016). Beratung im Recht – am Beispiel der Beratung für und durch behinderte Menschen. www.reha-recht.de/fachbeitraege/beitrag/artikel/beitrag-d41-2016/ [18.10.2016]

Welti, F. (2022). Inklusion im Spannungsfeld zwischen Jugendhilfe und Teilhaberecht, RP-Reha, S. 5-14.

Wiesner, R. (Hrsg.) (2015), SGB VIII Kommentar, 5. Auflage.

Wiesner R. & Wapler U. (Hrsg.) (2022): SGB VIII Kommentar, 6. Auflage.

Recht wird Wirklichkeit – von den Wechselwirkungen zwischen Sozialer Arbeit und Recht

Vorstand der Arbeitsgemeinschaft für Kinder- und Jugendhilfe – AGJ

Positionspapier der AGJ (Ansprechperson für dieses Positionspapier ist die stellvertretende AGJ-Geschäftsführerin Angela Smessaert)

*Recht ist eine wesentliche Determinante für Soziale Arbeit. Es regelt Ansprüche auf Leistungen für Bürger*innen, legt Rechte und Pflichten für Organisationen und Fachkräfte fest. Es bestimmt, was verboten oder erlaubt ist, beeinflusst Verhalten und dessen Folgen. Soziale Arbeit hat den Anspruch, die Adressat*innen nicht auf die Rolle der passiven Konsument*innen zu reduzieren, sondern sie in Respekt vor dem Recht auf Selbstbestimmung zu befähigen und ihnen unterstützend zur Seite zu stehen. Das Kinder- und Jugendhilferecht ist geprägt durch den Grundsatz der Beteiligung und erkennt Adressat*innen als Mitgestalter*innen ihrer Leistungen an.*

*Ombudsstellen sollen durch die Beratung in und Vermittlung und Klärung von Konflikten dazu beitragen, dass die Adressat*innen eben diese Rechte im dem diskursiven Prozess der Rechtskonkretisierung eigenmächtig wahrnehmen können. Das von der Arbeitsgemeinschaft für Kinder- und Jugendhilfe – AGJ im Jahr 2018 veröffentlichte nachfolgende Positionspapier ist von fortwährender Aktualität für die Reflexion der Wandlung „Recht wird Wirklichkeit – von den Wechselwirkungen zwischen Sozialer Arbeit". Es wird als Grundlagenpapier für die ombudschaftliche Arbeit hier abgedruckt, weil diese stets zwischen den im Papier benannten unterschiedlichen Erwartungen an das Recht agiert.*

Einführung und Grundannahmen

Recht ist eine wesentliche Determinante für Soziale Arbeit. Es regelt Ansprüche auf Leistungen für Bürgerinnen und Bürger, legt Rechte und Pflichten für Organisationen und Fachkräfte fest. Es bestimmt, was verboten oder erlaubt ist, beeinflusst Verhalten und dessen Folgen. In dieser Weise begleitet es die Praxis der Fachkräfte der Kinder- und Jugendhilfe in ihrer täglichen Arbeit. Rechtliche Bestimmungen sind alltäglich anzuwenden und von hoher

Bedeutung. Der Umgang mit dem Recht in der sozialpädagogischen Arbeit ist jedoch nicht selten durch Unsicherheit und Ambivalenz geprägt.

Die Arbeitsgemeinschaft für Kinder- und Jugendhilfe – AGJ setzt sich in diesem Positionspapier mit dem Verhältnis von Recht und Fachlichkeit der Sozialen Arbeit auseinander. Sie greift dieses Thema auf, da sie in der Praxis Spannungen im Verhältnis zum Recht und in fachpolitischen Diskursen widersprüchliche Erwartungen an das Recht, teils auch eine grundsätzlich ablehnende Haltung gegenüber Recht wahrnimmt.

Soziale Arbeit hat den Anspruch, die Adressatinnen und Adressaten nicht auf die Rolle der passiven Konsumentinnen und Konsumenten zu reduzieren, sondern sie in Respekt vor dem Recht auf Selbstbestimmung zu befähigen und ihnen unterstützend zur Seite zu stehen. Sie billigt und fördert individuelle Entwicklungsprozesse und zeigt eine grundsätzliche Offenheit für eigene, frei gewählte Handlungs- und Veränderungsoptionen. Bei der Begegnung mit dem Recht ist sozialpädagogisches Handeln mit Werte- und Handlungslogiken konfrontiert, denen das Recht Normativität verleiht (etwa allgemeine Bedarfsgerechtigkeitsvorstellungen jenseits der von Adressatinnen und Adressaten empfundenen Bedarfen, Verfahrensregelungen wie Zuständigkeiten, Kostenbeteiligung etc.). Diese können in einem Spannungsverhältnis zu den sozialpädagogischen Handlungsanforderungen stehen.

Recht wird daher in der sozialpädagogischen Praxis einerseits in seiner orientierungsstiftenden Funktion der Festlegung von klaren Trennlinien zwischen „richtig" und „falsch", kategorialer Zugehörigkeit und Nichtzugehörigkeit wahrgenommen und kritisiert. In Einzelfällen wird sogar beklagt, ein fachlich für angemessen gehaltenes Handeln werde durch Recht – scheinbar oder tatsächlich – behindert oder erschwert. Rechtliche Bewertungen werden als unwägbar, ggf. auch „fachlich falsch" eingeschätzt. Es kann Unsicherheit entstehen, etwa über die Anforderungen und Auslegung des Rechts, wie innerhalb des pädagogischen Repertoires agiert werden kann und soll. Andererseits sind klarere Antworten aus dem Recht erwünscht, werden vermisst und fachpolitisch gefordert. Recht bedient das Bedürfnis nach rahmensetzender Orientierung in der täglichen Beziehungsarbeit, im Rahmen der Aufsichtsführung, der Leistungsgewährung, Leistungserbringung und im Kinderschutz und erhöht somit Handlungssicherheit.

Das Positionspapier hat zum Ziel, auf den unterschiedlichen Ebenen fachlicher Praxis und Fachpolitik das Bewusstsein für die Funktion des Rechts zu schärfen, eine Reflexion der je eigenen Rolle in Bezug zum Recht anzuregen und den Diskurs zwischen Politik und Praxis über die Steuerungsfunktion des Rechts und deren Grenzen zu befördern.

Den Ausführungen liegen dabei folgende zwei Grundannahmen zugrunde:

1. Recht und die Fachlichkeit der Sozialen Arbeit stehen in wechselseitigem Bezug. Einerseits kann das für die Kinder- und Jugendhilfe relevante

Recht ohne die Perspektive der sozialpädagogischen Fachlichkeit nicht konkretisiert werden. Die Fachlichkeit hat damit Teil an der normativen Macht des Rechts. Andererseits determiniert das Recht Aufgaben und Rahmenbedingungen Sozialer Arbeit und wirkt so in das Selbstverständnis der Fachlichkeit hinein.

2. Recht bedarf der Umsetzung in der Praxis und kann das Handeln im konkreten Fall nicht ersetzen. Es wäre auch kontraindiziert, sozialpädagogisches Handeln in ein so enges Korsett zu zwängen, dass für die Diversität von Lebenssituationen, Bedarfen und persönlicher Vorstellungen keine im Einzelfall angemessenen Antworten mehr erarbeitet werden können. Rechtliche Vorgaben können Handlungsunsicherheiten begrenzen, aber nicht ausräumen.

Soziale Arbeit: zur reflexiven Grundhaltung im Rahmen des spezifischen Handlungsauftrags

Die Kinder- und Jugendhilfe als Handlungsfeld der Sozialen Arbeit fördert und schützt, vermittelt zwischen Individuen sowie zwischen Individuen und Gesellschaft. Sie setzt nicht nur bei den Adressatinnen und Adressaten mit ihren individuellen Besonderheiten, Eigensinnigkeiten oder den auf sie bezogenen sozialen Zuschreibungen an, sondern mitten in der Gesellschaft. Sie nimmt die subjektiv empfundene und konstruierte Lebenswelt, das Lebensumfeld und die dort vorhandenen oder entstehenden Barrieren, die beispielsweise zu Exklusion führen, ebenfalls in den Blick.

Reflexivität ist Wesensmerkmal sozialpädagogischer Professionalität. Fachlichkeit ist nicht nur dem Interesse der Adressatinnen und Adressaten verpflichtet, sondern auch den staatlich vorgegebenen und durch die Sozialpolitik konkretisierten Aufgaben. Dies fordert Fachkräfte auf, nicht nur die Wünsche und Ressourcen der Adressatinnen und Adressaten, sondern auch die Vorstellungen der Gesellschaft immer wieder hinsichtlich ihrer Berechtigung und ihrer Konsequenzen zu analysieren und zu beurteilen. Prüfen Fachkräfte etwa, ob im Sinne der Anspruchsgrundlage für Leistungen der Hilfe zur Erziehung in § 27 Abs. 1 SGB VIII eine dem Wohl des Kindes oder Jugendlichen entsprechende Erziehung nicht gewährleistet und ob eine in Betracht kommende Hilfe für seine Entwicklung geeignet und notwendig ist, fließen in die Beurteilung auch gesellschaftliche, kulturelle, organisationale und persönliche Wertungen mit ein. Es handelt sich zudem nicht um ein einmaliges Geschehen; die Fachkräfte sind vielmehr im Fallverlauf gefragt, die eigenen Wertmaßstäbe, gesetzten Ziele, gewählten Methoden und (Prognose-)Ergebnisse fortwährend zu reflektieren und zu hinterfragen. Recht kann Fachkräfte anregen und verpflichten, diese Überprüfungsanstrengungen vorzunehmen. Die gesetzliche

Pflicht, mit einer Hilfeplanfortschreibung regelmäßig zu überprüfen, ob die gewählte Hilfeart weiterhin geeignet und notwendig ist (§ 36 Abs. 3 Satz 3 Halbs. 2 SGB VIII), fordert dies beispielsweise ausdrücklich ein.

Die Kinder- und Jugendhilfe wird geprägt durch den sozialpädagogischen Anspruch, das fachliche Handeln an den Interessen und dem Wohl der Adressatinnen und Adressaten – also der jungen Menschen und ihrer Familien – auszurichten. Das Recht auf Selbstbestimmung, also die Möglichkeit der Adressatinnen und Adressaten, ihr Leben selbst zu steuern und ihre Autonomie zu wahren, ist zu achten. Verfassungsrechtlich liegt diesem Recht auf eine möglichst autonome Lebensführung und -gestaltung, nicht nur die allgemeine Handlungsfreiheit (Art. 2 Abs. 1 GG) zugrunde. Daneben ist das in Art. 6 Abs. 2 GG verankerte Freiheitsrecht – das Elternrecht – bestimmend, zwar fremdnützig zum Wohle des Kindes, aber grundsätzlich frei die Pflege und Erziehung des Kindes gestalten zu dürfen. Die Eltern haben ein Abwehrrecht gegen staatliche Intervention, solange die Grenze der Kindeswohlgefährdung nicht erreicht ist oder das Recht die Freiheit nicht ausdrücklich begrenzt (z. B. Recht auf gewaltfreie Erziehung in § 1631 Abs. 2 BGB, Schulpflicht). Entsprechend eines modernen Verfassungsverständnisses besteht zudem flankierend die Pflicht des Staates, die Eltern in der Ausübung ihres Rechts zu unterstützen. Im Sinne dieser Selbststeuerung/Autonomie ist – gerade im Bereich der Kinder- und Jugendhilfe – auch der Freiheitsdrang der jungen Menschen selbst zu akzeptieren, der Entwicklung und Erziehung wesentlich bestimmt und fördert. Fachlich von zentraler Bedeutung ist die Erkenntnis, nur gemeinsam – also über einen intensiven Verständigungsprozess mit den Adressatinnen und Adressaten – Perspektiven zu entwickeln und gesteckte Ziele erreichen zu können.

Recht: zur Funktion von Recht sowie Anforderungen an den Umgang mit und die Gestaltung von Recht und Regeln

Rechtliche Vorgaben sind in der Kinder- und Jugendhilfe omnipräsent. Die Fachkräfte und ggf. auch einbezogene Ehrenamtliche sind zur Einhaltung rechtlicher Vorgaben verpflichtet. Dabei sind sie der Herausforderung unterworfen, dass rechtliche Vorgaben zum einen unscharf sind; zum anderen können die Handelnden niemals über vollständige, sondern stets nur partielle Kenntnisse der geltenden rechtlichen Vorgaben verfügen.

Gesetze und untergesetzliche Regelungen

Als Recht werden zunächst die geltenden Gesetzestexte wahrgenommen. Gesetze werden auf internationaler, Bundes- und Landesebene beschlossen.

Im Bereich der Kinder- und Jugendhilfe sind als materielle Regeln zunächst zu nennen das Grundgesetz (GG), die Kinderrechtskonvention (UN-KRK), die Behindertenrechtskonvention (UN-BRK), das SGB VIII, das Familienrecht im BGB, das Strafgesetzbuch (StGB), das Jugendschutzgesetz (JSchG) und die Ausführungsgesetze der Länder zum SGB VIII. Dazu kommen das Recht zum Sozialverwaltungsverfahren in SGB I, SGB X und SGB IX sowie die Verfahrensordnungen für den Rechtsschutz in VwGO, des SGG und FamFG.

Auch untergesetzliche Regelungen können als Außenrechtssätze unmittelbare Rechtswirkung gegenüber Bürgerinnen und Bürgern entfalten. Das gilt z. B. für von Verwaltungsorganen erlassene Satzungen und Rechtsverordnungen.

Hiervon sind organisationale Innenrechtssätze der Verwaltung und anderer Organisationen zu unterscheiden (also Dienstanweisungen, interne Verwaltungsvorschriften/-verordnungen in Rundschreiben, Qualitätsstandards, Anordnungen etc.), die sich allein innerhalb einer hierarchischen Organisation an deren Mitarbeitenden richten. Auf diese können sich Bürgerinnen und Bürger in der Kinder- und Jugendhilfe regelmäßig nicht berufen. Sie werden daher nicht dem Bereich Recht, sondern Organisation zugeordnet. Dort wirken auch andere (Verhaltens-)Regeln, -maßstäbe und Routinen, die zwar ohne eigentlichen Rechtscharakter für das Zusammenleben und Zusammenwirken im öffentlichen und privaten Bereich wirksam werden, aus denen aber neben dem formellen Recht faktische Bindungswirkungen und Obliegenheiten entstehen.

Von Gesetzen zum konkreten Recht

a. Diskursive Konkretisierung in sozialer Wirklichkeit

Gesetzestexte sind zwar besonders prominente normative Vorgaben, für sich genommen aber in der Regel zu abstrakt, um konkrete normative Wirkung entfalten zu können. Dies gilt in der Kinder- und Jugendhilfe in besonderer Weise. Das SGB VIII ist durch unbestimmte Rechtsbegriffe geprägt, die im Zuge einer normativen Praxis konkretisiert werden müssen, um die Fachkräfte und Organisationen in die Lage zu versetzen, soziale Praxis zu gestalten. Für die in der Kinder- und Jugendhilfe sehr bedeutsamen zentralen familienrechtlichen Normen zur elterlichen Sorge gilt dasselbe. Normative Wirkung – konkretes Recht – erwächst aus Gesetzestexten aber erst dann, wenn gesetzliche Vorschriften in der Praxis auf konkrete Lebenssituationen bezogen und in Bezug auf diese ausgelegt und dabei individuell kontextualisiert werden.

Das Verhältnis der Adressatinnen und Adressaten zum Träger der öffentlichen Jugendhilfe ist strukturell ein Über-Unterordnungsverhältnis (subordinationsrechtliches Verhältnis). Der Rechtskonkretisierungsprozess, für den die Jugendämter verantwortlich sind, findet statt im Verwaltungsverfahren (§ 8 SGB X) und mündet in der Regel in den grundsätzlich einseitig durch die Behörde erlassenen Verwaltungsakt (§ 31 SGB X).

Das Rechtsverhältnis der Adressatinnen und Adressaten zu den Trägern der freien Jugendhilfe ist ein zivilrechtliches, das aus juristischer Sicht zwar als gleichrangiges verstanden wird. Praktisch gibt es jedoch Ähnlichkeiten zu dem subordinationsrechtlichen Verhältnis der Betroffenen zur Behörde: Die Träger der freien Jugendhilfe konkretisieren Recht, definieren den Rahmen und die Grenzen des fachlich Vertretbaren in ihrem praktischen pädagogischen Handeln. Sie setzen hierbei eine Vielzahl von Regeln, legen den Umgang mit diesen Regeln fest und entscheiden über Konsequenzen bei Regelverstößen.

Im Idealfall verständigen sich die Beteiligten – die betroffenen jungen Menschen, ihre Eltern, Fachkräfte des Trägers der öffentlichen und freien Jugendhilfe und andere einzubeziehende Personen – darüber, was die abstrakten Vorgaben des Gesetzes für ihren konkreten Fall im Lichte der individuellen Rechte und Interessen der Adressatinnen und Adressaten bedeuten. Beispielsweise kann sich in der Hilfeplanung erweisen, dass Hilfen zur Erziehung, die aus fachlicher Sicht zunächst nicht favorisiert wurden, geeignet und notwendig im Sinne des § 27 Abs. 1 SGB VIII sind, weil sie von der Familie angenommen und als sinnvoll akzeptiert werden. Auf der einen Seite können kollegiale Fachberatungen zwischen Fachkräften unterschiedlicher Organisationen und ggf. über Professionen hinweg sinnvoll sein, um frühzeitig ein möglichst umfassendes Bild über die Lebenswelt des jungen Menschen, Grenzen und Möglichkeiten von Hilfen auszuloten. Auf der anderen Seite ist es sozialpädagogische Aufgabe, eine Verständigung zwischen den Adressatinnen und Adressaten sowie den Fachkräften zu ermöglichen. Die Beteiligung der jungen Menschen, Eltern und anderer Erziehungspersonen darf dabei nicht konterkariert werden, etwa indem qua Fachlichkeit autoritativ vorgegeben wird, was gut für das Kind ist. Die Umsetzung des Rechts und die Prüfung der Tatbestandsvoraussetzungen für den Leistungsanspruch ist somit Gegenstand eines diskursiven sozialpädagogischen Gestaltungsprozesses.

Rechtskonkretisierung erfolgt aber nicht nur im direkten Verhältnis mit den Adressatinnen und Adressaten, sondern auch schon im Vorfeld im Verhältnis zwischen den Trägern der öffentlichen und freien Jugendhilfe. So sind die fallübergreifenden Leistungsvereinbarungen, die zwischen den Trägern der öffentlichen und freien Jugendhilfe geschlossen werden, von großer praktischer Bedeutung (§§ 77, 78a ff SGB VIII). Diese Leistungsvereinbarungen sind öffentlich-rechtliche Normsetzungsverträge und entfalten normative Wirkung, indem sie die gesetzlich beschriebenen Leistungen und deren Erbringung konkretisieren. Entscheidungen der Jugendhilfeplanung (§ 80 SGB VIII) wirken als Grundlage von Förderungsentscheidungen (§ 74 SGB VIII) und üben so bestimmenden Einfluss auf die Angebotspalette der zur Verfügung stehender Hilfen vor Ort aus.

b. Strukturelle Machtasymmetrie als Grenze der Verständigungsmöglichkeit

In der Praxis der Kinder- und Jugendhilfe ist eine solche Verständigung zur Konkretisierung der abstrakten Vorgaben des Gesetzes, die man als normativen Diskurs bezeichnen kann, nur ausnahmsweise gleichberechtigt. Das Verhältnis zwischen Fachkräften auf der einen und Adressatinnen, Adressaten und ihren Angehörigen auf der anderen Seite ist in der Regel von einer starken Asymmetrie geprägt.

Diese ergibt sich nicht nur daraus, dass die einen als professionelle Repräsentanten von Organisationen mit entsprechenden Ressourcen, die anderen auf Grund einer persönlichen Betroffenheit in intimen, häufig schambesetzten und prekären Lebenssituationen agieren. Träger der öffentlichen und freien Jugendhilfe üben zudem Aufgaben auch im Rahmen des staatlichen Wächteramts aus, die ihnen machtvolle Mittel in die Hand geben, von denen sie Gebrauch machen können und müssen, wenn sie der Auffassung sind, dass das Wohl eines Kindes oder Jugendlichen gefährdet ist oder sein könnte.

In der Hilfeplanung und bei der Hilfeerbringung sind die Fachkräfte gehalten, immer wieder um die Inanspruchnahme von Hilfen und ein Mitwirken der Familie zu werben. Hierbei werden die Adressatinnen und Adressaten mitunter fürsorglich belagert, ihnen werden Forderungen gestellt und auf sie wird ggf. Druck ausgeübt. Dadurch kann das eigene Gefühl der Marginalisierung und der Ohnmacht gegenüber der behördlichen bzw. professionellen (Über-) Macht die Spielräume reduzieren, sich zu äußern, die eigenen Vorstellungen und Wünsche ins Gespräch zu bringen und selbstbewusst zu agieren. Selbst ganz konkret normierte Rechte und Verfahren sind nicht geeignet, Macht- und Herrschaftsmechanismen zu durchbrechen, sie können diese nur begrenzen und in bestimmte Bahnen lenken. Zwingend braucht es eine kritische Auseinandersetzung mit den in der Kinder- und Jugendhilfe und Erziehung unweigerlich angelegten Machtgefällen. Recht kann diese kritische Auseinandersetzung einfordern – etwa indem es Wege für Anregungen, Beschwerden oder Widerspruch bereitet. Dennoch füllt erst die Umsetzung in der Praxis rechtliche Vorgaben mit Leben. Recht braucht insofern die Interaktion von Adressatinnen und Adressaten auf der einen und Fachkräften auf der anderen Seite, die durch zuverlässig fachlich begründetes und überprüfbares Handeln ermöglicht werden muss. Eine Achtung der Beteiligungs- und Selbstbestimmungsrechte der Adressatinnen und Adressaten (hierzu bereits S. 330 II.) benötigt hierbei eine strukturelle Unterstützung, die der strukturellen Machtasymmetrie durch professionelle Ermächtigungsstrukturen entgegenwirken, wie sie interne Beschwerdemöglichkeiten und externe Ombudsstellen bieten.

c. Rechtsprechung

Die Gestaltungskraft des Rechts für konkrete soziale Situationen erwächst nicht unmittelbar aus Gesetzestexten sowie aus Rechtsauslegung durch Gerichtsentscheidungen, welche die Fachkräfte für einschlägig halten, sondern erst aus der Konkretisierung der darin enthaltenen normativen Vorgaben für den jeweiligen Einzelfall.

Gerichtliche Entscheidungen sind in der Kinder- und Jugendhilfe in mehrfacher Hinsicht relevant:

Zum einen handelt es sich um Entscheidungen der Familiengerichte, die nicht selten durch Fachkräfte der Träger der öffentlichen oder freien Jugendhilfe angestoßen worden sind, und bei denen über Eingriffe in das elterliche Sorgerecht oder zur Genehmigung von freiheitsentziehenden Maßnahmen oder Unterbringung entschieden wird. Auch eine sozialpädagogische Entscheidung über die Frage, ob ein gerichtliches Verfahren angestoßen wird, fußt auf einem Rechtskonkretisierungsprozess im Einzelfall.

Zum anderen handelt es sich um Entscheidungen der Verwaltungsgerichte, in denen Entscheidungen der Träger der öffentlichen Jugendhilfe überprüft werden – etwa ein Ablehnungsbescheid bei einer beantragten Hilfe zur Erziehung oder ein eingreifender Verwaltungsakt über die Inobhutnahme eines Kindes. In der Praxis streiten Leistungsberechtigte allerdings eher selten um die Durchsetzung ihrer Leistungsansprüche.

Außerdem sind haftungs- oder strafrechtliche Verfahren zu nennen, zu denen es etwa wegen einer Verletzung von Aufsichtspflichten oder von Garantenpflichten in Kinderschutzfällen kommen kann. Letztere kommen in der Praxis zwar nur sehr selten vor. Die Befürchtung, strafrechtlich verfolgt zu werden oder später einer Haftung ausgesetzt zu sein, ist Fachkräften aber sehr präsent und prägt so die Umsetzung von Recht in sozialpädagogisches Handeln mit.

Im gerichtlichen Verfahren werden die Ergebnisse der oben beschriebenen Rechtskonkretisierungsprozesse überprüft und bestätigt, modifiziert oder verworfen. Das Verhältnis zwischen Rechtskonkretisierung durch das Gericht und Rechtskonkretisierung durch Fachkräfte der Träger der öffentlichen oder freien Jugendhilfe ist hierarchisch – die gerichtliche Entscheidung geht stets vor. Allerdings räumen die Verwaltungsgerichte den Jugendämtern nicht nur auf der Rechtsfolgenseite im Rahmen der gesetzlich vorgesehenen Ermessenspielräume, sondern auch auf der Tatbestandsseite bei der Konkretisierung unbestimmter Rechtsbegriffe Beurteilungsspielräume ein. Dies führt zu einer weitreichenden Einschätzungsprärogative der Behörde, die der Definitionsmacht der beteiligten Fachkräfte ungeachtet der gerichtlichen Untersuchungsmaxime de facto erhebliche normative Wirkung verleiht. Das begrenzt die gerichtliche Kontrolldichte und lässt den beteiligten Fachkräften aus unterschiedlichen Gründen erhebliche Spielräume. Insoweit

Gerichte Entscheidungen treffen, determinieren sie zunächst nur den Einzelfall, in dem sie ergehen. Die zugrundeliegenden Erwägungen sind jedoch als Konkretisierungen gesetzlicher Vorgaben auch über den Einzelfall hinaus zu beachten.

Legitimation und Absicherung von Fachlichkeit durch Recht

In fachpolitischen Diskussionen der Kinder- und Jugendhilfe wird grundsätzliche Kritik am Recht geäußert – teils sogar ein Widerspruch zwischen der Fachlichkeit Sozialer Arbeit und Recht(sprechung) konstatiert. Recht wird als Korsett interpretiert, das das Selbstverständnis der Fachlichkeit in letztlich illegitimer Weise konterkariere.

Diese Kritik greift zu kurz. Sie rekurriert darauf, dass gesetzliche Vorgaben, die im parlamentarischen Verfahren zustande kommen, auch Ausdruck von Machtverhältnissen sind. So werden z. B. einige Regelungen im Ausländerrecht bzw. deren Umsetzung durch die Behörden als menschenrechtswidrig eingeordnet und Widerstand gegen deren hoheitlichen Vollzug fachlich legitimiert. Das dabei teils geäußerte Bedürfnis, den normativen Rahmen eigenen Handelns indes insgesamt aus einem gewissermaßen unmittelbaren Zugriff auf menschenrechtliche Grundsätze zu gewinnen, übersieht innerhalb der juristischen Fachlichkeit vorhandene Meinungsverschiedenheiten, ist selbstbezogen bis hin zu antidemokratischer Selbstüberschätzung. Zum einen gilt es wahrzunehmen und anzuerkennen, dass – da Recht erst im Wechselspiel mit Fachlichkeit konkretisiert wird – die sozialpädagogische Perspektive bereits am Prozess der Erzeugung von konkretem Recht partizipiert. Rechtliche Vorgaben aus Gesetzestexten und Rechtsprechung können daher nicht per se als Hindernis der Fachlichkeit verstanden werden (dazu bereits im Abschnitt „Von Gesetzen zum konkreten Bedarf" ab S. 331). Zum anderen bilden rechtliche Vorgaben den Rahmen für die Soziale Arbeit. Sie sichern nicht zuletzt die für fachliches Arbeiten erforderliche finanzielle Ausstattung ab, etwa durch das Verankern von individuellen Rechtsansprüchen (z. B. § 24 Abs. 2 und 3, § 27 Abs. 1, § 35a SGB VIII), aber auch durch die Vorgabe objektiver Verpflichtungen des Staates bzw. der Kommunen (z. B. Förderung der Jugendverbände, § 12 Abs. 1 SGB VIII) oder durch die Konkretisierung von Verfahrensvorschriften und die Normierung fachlicher Grundsätze. Letztere finden sich z. B. in der Vorgabe zur Beteiligung der Kinder und Jugendlichen bei allen sie betreffenden Entscheidungen der öffentlichen Jugendhilfe (§ 8 Abs. 1 SGB VIII) sowie den nochmals für die Hilfeplanung verdeutlichenden Beratungs-, Mitwirkungs- und Beteiligungsvorgaben zu Gunsten der Adressatinnen und Adressaten (§ 36 SGB VIII).

Recht begrenzt die Macht von Fachkräften und unterstellt ihr Handeln der rechtstaatlichen Kontrolle, räumt die Möglichkeit von Widerspruch und Klage,

Disziplinarbeschwerden etc. ein. Auch das ist notwendig und behindert die Fachlichkeit Sozialer Arbeit nicht, sondern wirkt als rechtsstaatliche Kontrolle in erster Linie legitimierend und absichernd.

Eindeutigkeitserwartung und diskursiver Konkretisierungsprozess

Vom Gesetz wird Eindeutigkeit erwartet. Die Unbestimmtheit normativer Vorgaben aus Gesetzestexten kann daher Unzufriedenheit und das Gefühl von Überforderung erzeugen. Die Deutungsoffenheit gesetzlicher Vorgaben ist jedoch gerade für die Kinder- und Jugendhilfe unverzichtbar. Sie ist keine Schwäche des Gesetzes, sondern eine Notwendigkeit. Sie reflektiert die große Heterogenität und Interpretationsbedürftigkeit sozialer Sachverhalte, für die die gesetzlichen Bestimmungen des Kinder- und Jugendhilferechts und des Familienrechts wirken sollen. Gleichzeitig erwächst aus der Unbestimmtheit von Gesetzestexten erst der Raum, der es der Fachlichkeit ermöglicht, nicht nur ihre Kenntnis der sozialen Situation, sondern auch ihre normativen Erwägungen in den Rechtskonkretisierungsprozess einzubringen. Die Erwartung, gesetzliche Vorgaben seien eindeutig, beruht auf einem Missverständnis. Gesetzliche Vorgaben können keine eindeutigen Entscheidungen für konkrete Lebenssachverhalte vorhalten.

Behördliche und gerichtliche Entscheidungen hingegen können und müssen gerade das. Die Eindeutigkeit konkreter Entscheidungen, die erst Ergebnis der durch Fachkräfte bzw. Gerichte vollzogenen Rechtskonkretisierungsprozesse ist (vgl. S. 331-333) kann als inadäquate Zumutung erlebt werden. Die Eindeutigkeit einer Einzelfallentscheidung (z. B. über das Vorliegen einer Kindeswohlgefährdung oder eines Leistungsanspruchs) scheint mit der unermesslichen Komplexität sozialer Wirklichkeit nicht vereinbar zu sein. Soziale Tatsachen und Entwicklungen nehmen sich abhängig von der Perspektive des oder der Betrachtenden, vom Kontext und von der aktuellen Situation, sehr unterschiedlich aus. Akteure in der Kinder- und Jugendhilfe sind nicht nur mit der unausweichlichen Begrenztheit ihres Wissens um alle jene Umstände konfrontiert, die auf die Lebenswirklichkeit des betreffenden Kindes und seiner Bezugspersonen einwirken. Dazu kommt, dass ihre Entscheidungen häufig auf Hypothesen und Prognosen beruhen. Die Unsicherheit von Prognosen, die auf begrenzten und oft nicht gesicherten Wahrnehmungen gründen, vervielfältigt das Problem. Die Antizipation zukünftiger sozialer Situationen ist von Unwägbarkeiten geprägt. Fachkräften ist präsent, dass ihre Bilder von der Lebenswirklichkeit der Adressatinnen und Adressaten und ihre prognostischen Überlegungen fluide, prozesshaft sind und auf Interpretation und Verstehensleistung angewiesen bleiben (vgl. bereits unter II.). Dieses Bewusstsein prägt ihr Handeln entscheidend.

Das Wissen um die Deutungsoffenheit sozialer Situationen, die zentrale Bedeutung der Verständigungsprozesse mit den Adressatinnen und Adressaten und das Bemühen, ihre Weltsichten und Kompetenzen anzuerkennen und als Ressourcen zu verstehen, sind konstitutive Elemente des Selbstverständnisses von Fachkräften. Sie stehen in einem Spannungsverhältnis zur Eigenlogik des Rechts, die nach einem objektiven Tatbestand fragt, dem Rechtsfolgen zuzuordnen sind. Der Perspektive der Fachlichkeit ist eine immerwährende Vorläufigkeit ihrer Interpretation sozialer Situationen immanent. Das prägt nicht nur die Gestaltung und Erbringung individueller Hilfen zur Erziehung, sondern auch die Praxis niedrigschwelliger Bildungs-, Förder- und Unterstützungsprozesse in der Kinder- und Jugendhilfe bis hin zur offenen Jugendarbeit. Rechtliche Vorgaben zielen dagegen auf Rechtskonkretisierungsprozesse, die auf dem Wege gesetzlich vorgegebener Verfahren Sachverhalte konstruieren, denen durch behördliche oder gerichtliche Entscheidungen im Einzelfall eine Rechtsfolge eindeutig und bestimmt zugeordnet wird.

Dieses Spannungsverhältnis bedeutet eine Herausforderung, die bewältigt werden kann, wenn Soziale Arbeit und Recht einander als befruchtend und unterstützend interpretieren. Die Konkretisierung gesetzlicher Vorgaben für tatsächliche soziale Situationen und damit die Erzeugung konkreten Rechts ist eine Aufgabe, die Rechtswissenschaft und Sozialpädagogik nur gemeinsam bewältigen können. Mitunter benötigen sie auch die Unterstützung weiterer Disziplinen – etwa der Medizin für die Frage, wann eine Beeinträchtigung vorliegt, aus der gemeinsam mit Kontextfaktoren eine Behinderung resultieren.

Organisation: Einfluss durch Arbeitsorganisation und Organisationskultur

Eigenlogik durch Organisationskultur

Auch in der Kinder- und Jugendhilfe sind Sozialarbeiterinnen und Sozialpädagogen meist in Organisationen eingebunden. Als Arbeitgeber gestalten diese einen eigenen Rahmen und versuchen dabei, auch auf Handlungsunsicherheiten bei der Umsetzung von Recht zu reagieren bzw. solchen möglichst vorzubeugen; Träger der öffentlichen wie freien Jugendhilfe unterstützen die Fachkräfte durch das Vorhalten organisationaler Rahmenbedingungen und bei der Klärung, was die adäquaten und angemessenen Erwartungen und Anforderungen an ihr fachliches Handeln sind. Aus Sicht der AGJ ist daher bei der Betrachtung des Verhältnisses von Recht und Sozialer Arbeit wichtig, auch die Dynamik in den Blick zu nehmen, die daraus entsteht, dass sich Kinder- und Jugendhilfe in und durch Organisationen gestaltet und entfaltet. Die jeweiligen Akteure innerhalb der Organisationen handeln zum einen auf Grund der ihnen zukommenden Rolle/Funktion im Rahmen der rechtlichen Aufgaben und haben hierbei die vorgegebenen Rahmenbedingungen ihrer Organisationen zu beachten. Die bereits angesprochenen Innenrechtssätze (Verwaltungsvorschriften, Verwaltungsverordnungen, Rundschreiben, Dienstanweisungen, Qualitätsstandards, Anordnungen), aber auch (Verhaltens-)Regeln, -maßstäbe und Routinen ohne eigentlichen Rechtscharakter prägen das Handeln der Fachkräfte wesentlich mit (dazu bereits auf S. 330 f.). Zum anderen beeinflussen aber auch individuelle Dispositionen (Fähigkeiten, Kenntnisse, Fertigkeiten, Motivationen) das jeweilige Handeln der Akteure.

Fachkräfte, ggf. aber auch eingebundene und von den Fachkräften anzuleitende Ehrenamtliche, orientieren sich an der bestehenden Organisationskultur („so machen wir das hier"). Diese entsteht im Zusammenwirken der (professionellen) Akteure. Grundprämissen werden tradiert, an Neue weitergeben, aber auch durch Neue modifiziert. Sie speist sich nicht nur, aber auch durch deren persönliche wie berufliche Erfahrung und jeweilige professionelle Haltung. Daneben wird Organisationskultur auch wesentlich durch die Struktur und strategische Ausrichtung der Organisation sowie auf sie wirkenden Rahmenbedingungen beeinflusst. Deshalb ist sie durch nachhaltige Führungsmaßnahmen beeinflussbar. Eine hier ansetzende Organisationsentwicklung muss als kontinuierlicher Prozess begriffen werden, der begonnen und fortwährend zu betreiben ist.

Regelungen als Bewältigungsstrategie komplexer Anforderungen

Regelungen können dazu dienen, die fachliche Komplexität Sozialer Arbeit in den Blick zu nehmen, und versuchen, die unterschiedlichen Zielorientierungen (Ermöglichung von Selbstbestimmtheit und Schutz, vgl. S. 329 f.) in einen Ausgleich zu bringen. Sie können im Bewusstsein halten, dass Schutz nicht allein durch ein Vermeiden von Risiken erfolgen kann, sondern dass positive Verläufe der Unterstützung durch vertrauensvolle Begleitung in verbindlich geschütztem, verlässlichem und transparentem Rahmen und mitunter auch Mut sowie Zutrauen bedürfen.

Verdeutlichen lässt sich dies z. B. am Umgang mit dem innerhalb von stationären Erziehungshilfen notwendigerweise vorhandenen Spannungsverhältnis von Nähe und Distanz. Grenzwahrendes Verhalten gegenüber den betreuten Kindern und Jugendlichen ist von essenzieller Bedeutung. Durchgängige Berührungsverbote, die z. B Umarmungen oder vertrauensvolle Gespräche bei geschlossener Tür unterbinden, berücksichtigen dabei deren Bedeutung auf der Beziehungsebene nicht. Ein gemeinsames, die Beziehung fundierendes Verständnis von Nähe und Distanz gilt es zu erarbeiten. Das berücksichtigt, dass die Bewertung situativer Konstellationen stark durch subjektive Deutungen, aber auch Handlungsintentionen geprägt ist. Deshalb sollten Regelungen zum einen hervorheben, dass Übergriffe und Machtmissbrauch nicht toleriert werden, zum anderen jedoch Wege für Beschwerden bereiten. Indem eine Umgebung geschaffen wird und Umgangsformen gefunden werden, die auch kritische Rückmeldungen für Grenzverletzungen zulassen, etwa auch solche die unabsichtlich oder aus fachlichen oder persönlichen Unzulänglichkeiten verübt wurden, kann eine Kultur der Achtung, des Hinsehens und Austauschs etabliert werden. Allein das Vorhandensein eines Beteiligungs- und Beschwerdekonzepts, wie es im Betriebserlaubnisverfahren gefordert ist (§45 Abs. 2 S. 2 Nr. 3 SGB VIII), regt junge Menschen nicht an, auf die dort vorgesehenen Verfahren auch zurückzugreifen. Es braucht vielmehr eine für sie im Alltag spürbar und erlebbar werdende Haltung der Fachkräfte, dass die Wahrnehmung der dort geregelten Beschwerdemöglichkeiten nicht nur ernstgenommen, sondern auch wertgeschätzt wird.

Organisationsverantwortung: Räume für Reflexion statt Überregulierung

Innerhalb der Organisationen gibt es eine Verantwortung nicht nur gegenüber den Adressatinnen und Adressaten, sondern auch den Mitarbeitenden und ehrenamtlich Tätigen. Diese agieren innerhalb der vorgegebenen Arbeitsbedingungen und sind zudem weitestgehend einem Direktionsrecht unterworfen. Dies korreliert mit einer Fürsorgepflicht, die beinhaltet, dass der Arbeitgeber auf die Rechte, Rechtsgüter und Interessen der Arbeitnehmerinnen und Arbeitnehmer Rücksicht zu nehmen hat und dass das Arbeitsverhältnis und die Arbeitsbedingungen (inklusive der Abläufe) entsprechend sozial auszugestalten sind.

Das Organisationsrisiko ist vom Jugendamt bzw. dem Träger der freien Jugendhilfe zu tragen. Durch entsprechende Organisationsmaßnahmen ist bspw. dafür zu sorgen, dass – auch und gerade im Umgang mit den oben angesprochenen Unsicherheiten, die Fachkräfte und Ehrenamtlichen keinen erhöhten Risiken durch das straf- wie zivilrechtliche Haftungsrecht ausgesetzt sind. Hierfür können die angesprochenen Innenrechtssätze (z.B. Verfahrensvorgaben, Dienstanweisungen) ein bedeutsames Mittel sein. Für die Leitungsebene kann dabei ebenfalls eine Rolle spielen, dass organisationsbedingte Fehler über das Institut des Organisationsverschuldens den übergeordneten Ebenen auch unabhängig von einem Verschulden des/der unmittelbar handelnden Mitarbeitenden zugerechnet werden können.

In ihrer orientierungsstiftenden Funktion sind klare Dienstanweisungen wichtig, um Erwartungen sowie Verantwortlichkeiten zu klären, Missverständnisse zu vermeiden und Handlungssicherheiten zu geben. Im Lichte der Forderung nach Freiräumen für fachliche Einzelfallentscheidungen erkennt die AGJ daher ausdrücklich auch das Bedürfnis nach (Selbst-)Schutz und Sicherheit zugunsten der professionellen und ggf. auch ehrenamtlichen Mitarbeiterinnen und Mitarbeiter an. Allerdings warnt sie vor einer Überregulierung der Sozialen Arbeit, die gerade auf Spielräume angewiesen ist, um situationsspezifisch Verständigungsprozesse einzugehen, Mitgestaltung durch die Adressatinnen und Adressaten zu ermöglichen, Interessen abzuwägen sowie Folgen fachlichen Handelns abzuschätzen und auf sie reagieren zu können. Eine Stärkung von Fachlichkeit und Bereitschaft zur Verantwortungsübernahme ist durch eine Verlagerung der fachlichen Entscheidung auf standardisierte Vorgaben nicht zu erzielen. So können Checklisten eine sinnvolle Unterstützung sein, können aber persönliche Wahrnehmung auf der Beziehungsebene und Verständigungsprozesse nicht ersetzen. Bedarfe können nicht durch starre Instrumente technisch-objektiv festgestellt, sondern nur im Gespräch mit den Beteiligten und unter Berücksichtigung ihrer subjektiven Sicht eruiert werden.

Zielkonflikte sind somit nicht nur innerhalb der drei Bereiche Soziale Arbeit – Recht – Organisationen auszutarieren. Alle drei Bereiche können auch zueinander vermeintlich oder tatsächlich im Widerspruch und einem Spannungsverhältnis stehen. Fachkräfte in der Kinder- und Jugendhilfe brauchen Bedingungen, in denen sie diese Spannungsverhältnisse aushalten, mit diesen einen konstruktiven Umgang entwickeln und auf Grundlage ihrer Überlegungen dann klare Entscheidungen treffen können. Insbesondere bei jungen Fachkräften und nach erlebten Fehlschlägen stehen Organisationen vor der Herausforderung, ausreichend Handlungssicherheit zu vermitteln, ohne Handlungsspielräume und Fachlichkeit unangemessen einzuschränken. Zu enge Handlungsvorgaben können – insbesondere bei überbordender Auslegung und einer Anwendung ohne eigene fachliche Abwägung – schnell situationsangemessenes Handeln und Entscheiden erschweren und damit zu Nachteilen für die Kinder, Jugendlichen und Beteiligten aus der Familie führen. Die Folge ist eine Scheinabsicherung, aus der sich sogar häufig ein erhöhtes Risiko für die Verletzung fachlicher Standards ergibt. Beispielsweise erscheinen im Kinderschutz Dienstanweisungen innerhalb der Jugendämter als nicht sinnvoll, die nach einer Mitteilung von gewichtigen Anhaltspunkten in jedem Fall und damit ohne weitere fachliche Einschätzung einen Hausbesuch vorschreiben. Eine Auseinandersetzung damit, wann Verbindlichkeit durch Regelungen Fachlichkeit sichert und einfordert und wann diese unangemessen einschränkt, sollte auf allen Ebenen der Regulierung erfolgen (Bundes- und Landesgesetzgeber, Kommune, Leitung in Jugendämtern und bei Trägern der freien Jugendhilfe).

Die Leitungskräfte der Kinder- und Jugendhilfe sind gefordert, eine Organisationskultur zu befördern, in der einerseits Überforderung vermieden, andererseits fachliche Entscheidungen gestärkt und Räume für ein Ausbalancieren sowohl der Interessen und des Rechts der Adressatinnen und Adressaten auf Selbstbestimmung und Beteiligung als auch der eigenen Rolle geschaffen werden. Ein diskursiv-konstruktiver Umgang mit Risiken und Fehlern sollte als wichtiges Element von Organisationskultur anerkannt werden. Berufliche „Fehler" und Scheitern in Einzelfällen ist auch und gerade in der Kinder- und Jugendhilfe unvermeidlich, denn die hohe Eigensteuerung der Beteiligten in der Familie bedingt, wie dargelegt, multiple Prognoseunsicherheiten. Die Reflexion hierüber sollte in Organisationen – unter Verzicht auf Sanktionieren – als Ansporn für ein fortwährendes Lernen und Weiterentwickeln aufgegriffen werden. Deshalb erscheint auch wichtig, zwischen echten Fehlern und der Realisierung von Risiken zu differenzieren.

Essenziell sind Strukturen für fortwährende Lern- und Reflexionsprozesse in Supervision, Aus- Fort- und Weiterbildung. Es gilt daher, über verbindliche Vorgaben partizipative Verständigungsprozesse, differenzierte Abwägungsvorgänge, situationsangemessene Methodenwahl und reflektierte Entscheidungsfindung einzufordern, nicht aber diese durch dienstliche Vorgaben zu ersetzen und damit die gestalterischen Potenziale in der Entfaltung der sozialpädagogischen Fachlichkeit zu verkürzen.

Zusammenfassende Positionen unter besonderer Berücksichtigung der unterschiedlichen Akteure der Kinder- und Jugendhilfe

Recht als Instrument kann die Fachlichkeit der Sozialen Arbeit zwar anregen und dieser einen sinnvollen Rahmen setzen, fachliche Arbeit aber nicht umfassend absichern. Rechtliche Vorgaben sind vielmehr stets selbst durch fachliches Handeln zu füllen.

Zu viele Vorschriften und Handlungsanweisungen können Fachlichkeit schwächen. Zu enge Vorgaben schränken das fachlich notwendige situative Reagieren auf die Gegebenheiten des Einzelfalls sowie das partizipative Herstellen von Hilfe ein und führen zu einer Dequalifizierung. Schlimmstenfalls unterbinden sie ein Mitdenken und fachliches Abwägen, statt solches zu befördern. Das bloße Befolgen von Regeln wäre eine schein-professionelle (Zu-) Flucht in einem sozialpädagogischen Arbeitskontext mit seinen multiplen Unsicherheiten und Mehrdeutigkeiten. Eigenverantwortung der Fachkräfte und die Organisationshoheit des Trägers sind in ein angemessenes Verhältnis zu bringen, um fachlich-reflexives und abwägend-bewertendes Handeln und Entscheiden zu ermöglichen.

Damit dies gelingt, sind sowohl Politik bei der Setzung von Recht und der Gestaltung von politischen Programmen, Leitungspersonen in Organisationen bei der Gestaltung des konkreten Arbeitsumfelds und Fachkräfte im Umgang mit den Adressatinnen und Adressaten gefordert.

Um die Wechselwirkung von Recht und Sozialer Arbeit in eine Balance zu bringen, sieht die AGJ die unterschiedlichen Akteure in der Pflicht:

Rechtsetzung: Politik und Fachpraxis sind auf Bundes- und auf Landesebene gefordert, sich bei der Rechtsetzung in einen Kommunikationsprozess zu begeben, der die Grenzen rechtlicher Steuerung und die Anforderung an sozialpädagogisch-fachliche Freiräume reflektiert. Im Rahmen dieses dringend erforderlichen Diskurses über Recht ist darüber zu reden, welche Offenheit und welche Spielräume für situative Einzelfallentscheidungen in der sozialpädagogischen Beziehungsarbeit gebraucht werden, und auch – andersherum – darüber, welcher normativen Vorgaben fachlich gutes Arbeiten bedarf. *Gesetzgebung* ist gefragt, den fallverantwortlichen Fachkräften einen konstruktiven Umgang mit den systemimmanenten Handlungsunsicherheiten in der Kinder- und Jugendhilfe zu ermöglichen und sie damit in die Lage zu versetzen, klare Entscheidungen zu treffen. Rechtsetzung bedarf daher – ebenso wie die Umsetzung des Rechts – einer sorgfältigen und fortwährenden Reflexion der gesellschaftlichen Verhältnisse, der Veränderungen und Entwicklungen sowie tatsächlicher Prozessbedingungen, denn Recht ist reaktiv.

Rechtsumsetzung in der Einzelfallarbeit: Die *Fachkräfte* der Kinder- und Jugendhilfe sind als zentrale Akteure der Rechtumsetzung aufgerufen, ihre normative Gestaltungsaufgabe bei der ethisch fundierten und reflektierten Ausfüllung von Recht wahrzunehmen. Sie sind aufgefordert, auszuhalten, wenn Adressatinnen oder Adressaten abweichend von ihren Vorstellungen handeln, Unterstützungs- und Hilfeangebote nicht wie aus professioneller Expertensicht für sinnvoll gehalten annehmen oder sich junge Menschen selbst gegen Mitwirkung entscheiden, aus Hilfesettings ausbrechen oder es innerhalb dieser zur Eskalation kommt. Kinder- und Jugendhilfe zeichnet sich nicht durch ein patriarchales, sondern ein subjektorientiertes Verständnis aus, das den Beteiligten als Expertinnen und Experten für ihr eigenes Leben begegnet und dies mit der eigenen fachlichen Expertise in einen partizipativen Verständigungsprozess bringt.

Rechtsumsetzung durch kommunal(politisch)e Rahmung: Fachkräfte brauchen für die Herstellung dieser partizipativen Rechtskonkretisierung in der Arbeit mit den Adressatinnen und Adressaten fachliche und zeitliche Ressourcen sowie Räume für Reflexion und Qualifizierung mit kontinuierlicher Supervision und Fortbildung. Sie brauchen (lokal)politische Rückendeckung, welche die Bedeutung des Verständigungsprozesses in der Hilfeplanung und von sozialpädagogisch-fachlichen Freiräumen anerkennt. Politik ist daher zudem gehalten, die notwendig stetige, prozesshafte Überprüfung und die Weiterentwicklung fachlicher Methoden und Verfahren anzuregen, die fachliche Reflexion zu unterstützen und entsprechend mit Ressourcen zu hinterlegen. Die AGJ sieht insoweit auch insbesondere *kommunal(politisch)e Entscheidungsträger* in der Pflicht.

Rechtsumsetzung und Organisationsentwicklung: Die AGJ bestärkt weiter *Jugendämter* und Träger *der freien Jugendhilfe* in ihrer Absicht und ihrem Bemühen, sich in den schwierigen und zeitaufwändigen Organisationsentwicklungsprozess zu begeben, an dessen Ende an Stelle von Regeln mit überwiegend beschränkendem Charakter eine Anleitung und ein Zusammenwirken zur Entwicklung von Fachlichkeit („Empowerment" der Fachkräfte) und zum Einfordern fachlicher Entscheidungen vorgesehen ist. Hierzu gehört auch, dass Dienstvorschriften hinterfragt werden, Erfahrungen berücksichtigt, ein fachlich geleitetes „Bauchgefühl" zugelassen und in die Arbeit im Zusammenwirken mehrerer Fachkräfte und über die unterschiedlichen Hierarchieebenen integriert wird. Es handelt sich um eine Daueraufgabe.

Aus- und Weiterbildung zu Recht und Sozialpädagogik: Lehre ist gefordert, heranwachsenden Fachkräften eine Auseinandersetzung mit ihren Erwartungen an Recht und zum Verhältnis von Sozialer Arbeit und Recht zu ermöglichen.

Die Transformation von Recht in sozialpädagogisches Handeln bleibt ein diskursiver Prozess zwischen Politik und Praxis, zwischen den jungen Menschen und ihren Familien, den Fachkräften, ihren Organisationen und der Rechtsprechung. Die AGJ fordert zur fortlaufenden und partizipativen Reflexion auf allen Ebenen auf.

Vorstand der Arbeitsgemeinschaft für Kinder- und Jugendhilfe – AGJ München, 21./22. Februar 2018
abzurufen unter: https://www.agj.de/positionen/2018-2020.html

Die Stärkung der Rechtssubjektivität junger Menschen in der Kinder- und Jugendhilfe – historischer Grundkonflikt und sozialpolitische Notwendigkeit

Wolfgang Schröer & Severine Thomas

Junge Menschen sind lange Zeit nicht durchgängig als eigenständige Rechtssubjekte in der Kinder- und Jugendhilfe behandelt worden. Ihr Recht auf Förderung, auf eine altersgemäße diskriminierungsfreie Beteiligung an allen sie betreffenden Entscheidungen sowie soziale Teilhabe und Schutz i. S. der UN-Kinderrechtskonvention wurde – trotz deren Ratifizierung in Deutschland – bisher stets in Relation zu den Elternrechten gewürdigt. Die Stärkung des subjektiven Rechtsstatus von Kindern und Jugendlichen wird mit der Verabschiedung des Kinder- und Jugendstärkungsgesetztes etwas deutlicher akzentuiert und soll gerade auch durch geeignete Verfahren, z. B. durch Schutzkonzepte in Einrichtungen, verbindliche Formen der Beteiligung oder Beschwerdeverfahren und ombudschaftliche Beratung in der Kinder- und Jugendhilfe strukturell verbessert werden. Dafür ist die institutionelle Absicherung dieser Aufgaben essentiell. In dem Beitrag wird die ombudschaftliche Beratung i. S. des § 9a SGV III somit als ein Baustein zur Verwirklichung eigenständiger persönlicher, sozialer und kultureller Rechte junger Menschen im langen historischen Streit um eine eigenständige Rechtsposition von jungen Menschen in der Kinder- und Jugendhilfe gesehen, der gerade auch angesichts der sozialpolitischen Gegenwartspositionen zum Kindes- und Jugendalter notwendig erscheint.

Auf den Weg zu einer rechtbasierten Kinder- und Jugendhilfe

Mit dem Kinder- und Jugendstärkungsgesetz sollen die Rechte von Kindern und Jugendlichen verbessert werden. Schon seit einigen Jahren ist in der Fachdebatte grundsätzlich der sog. ‚rechtebasierte' Ansatz betont worden (u. a. Zukunftsforum Heimerziehung 2021). Die noch geringfügige Inanspruchnahme ombudschaftlicher Beratung durch junge Menschen selbst deutet aber darauf hin, dass die unmittelbare Vertretung eigener Interessen in dieser Infrastruktur der Kinder- und Jugendhilfe bisher noch nicht hinreichend gelingt (Hagemeier et al. 2022). Kinder und Jugendliche als Grundrechtsträger*innen zu sehen und ihre persönlichen, sozialen und kulturellen Rechte anzuerkennen, ist allerdings keine neue Perspektive, auch wenn die Diskussionen rund um die Auseinandersetzungen zur Stärkung der Rechte von Kindern im Grundgesetz dies mitunter so erscheinen lassen. Kinder und Jugendliche haben Rechte, nicht erst seitdem diese Perspektive in den letzten dreißig Jahren – vor allem im Anschluss an die UN-Kinderrechtekonvention – neues politisches Gewicht gewonnen hat. Gleichzeitig hat die aktuelle Diskussion um die Stärkung der Rechtsposition von Kindern und Jugendlichen, z. B. in der Kinder- und Jugendhilfe, im Vormundschaftsrecht und auch im Grundgesetz, aber eine neue kinder- und jugendpolitische Qualität. Sie rückt das grundlegende Spannungsverhältnis zwischen einer am Status der Kinder und Jugendlichen als individuelle Rechtsträger*innen orientierten Kinder- und Jugendpolitik und einer sozialpädagogisch sowie am institutionellen Gefüge des Aufwachsens orientierten korporatistischen Sozialpolitik in den Vordergrund. Anders ausgedrückt: Es wird die Verwirklichung der Rechte von Kindern und Jugendlichen in den Organisationsformen von Erziehung, Bildung und Sorge – auch der Kinder- und Jugendhilfe selbst – als alltägliche Herausforderung für die Organisationsentwicklung und lokale Infrastrukturen angesehen.

In diesem Beitrag soll darum systematisch – erstens – diese Spannung aufgezeigt werden. Zudem wird – zweitens – argumentiert, dass der investive Sozialstaat darüber hinaus diese Spannung verstärkt, da die Pädagogik(en) mit einer Selbstoptimierungslogik verflochten werden, die in der Kinder- und Jugendhilfe reflexiv ein Gegengewicht notwendig macht: die Stärkung der individuellen Rechtssubjektivität der Kinder und Jugendlichen. Schließlich wird – drittens – die Ombudschaft als eine sozialstaatliche Bearbeitungsform begriffen, die zusammen mit anderen Zugängen im Kontext des Kinder- und Jugendstärkungsgesetzes als eine intermediäre Struktur etabliert wurde, um die persönlichen, sozialen und kulturellen Rechte der Kinder und Jugendlichen im institutionellen Gefüge des Aufwachsens institutionell zu stärken.

Die Entwicklung der Kinder- und Jugendhilfe und die Rechtssubjektivität von Kindern und Jugendlichen

Anhand der massiven Verletzung der persönlichen, sozialen und kulturellen Rechte von jungen Menschen wie sie u. a. aktuelle Aufarbeitungsstudien z. B. zur Geschichte der Heimerziehung (vgl. z. B. zusammenfassend die Beiträge in Forum Erziehungshilfen 2/2021) zeigen, aber auch zur Geschichte und Gegenwart der Kinder- und Jugendhilfe und zum institutionellen Gefüge des Aufwachsens insgesamt (vgl. die Berichte der Unabhängigen Kommission zur Aufarbeitung sexuellen Kindermissbrauchs 2021), wird erkennbar, wie schwer es für Kinder und Jugendliche sein kann, im Fall einer Verletzung ihre Rechte diese gegenüber Institutionen und organisationale Verfahren auch innerhalb der Kinder und Jugendhilfe durchzusetzen. Offensichtlich wird, dass junge Menschen sich bisher nur schwer über etablierte Verfahren der Organisationen Gehör verschaffen konnten, wenn sie innerhalb dieser Organisationen in ihren Rechten verletzt wurden. Diese Konstellation macht deutlich, dass die Verwirklichung der persönlichen, sozialen und kulturellen Rechte der jungen Menschen nicht durchgängig durch organisationale Beteiligungs- und Beschwerdeverfahren in der Kinder- und Jugendhilfe abgesichert ist. Es bestehen zu wenig etablierte und niedrigschwellige Verfahren, damit junge Menschen im Fall einer Verletzung ihrer Rechte in ganz unterschiedlichen Lebenslagen und -konstellationen, in denen sie Organisationen und Angebote der Kinder- und Jugendhilfe nutzen, eine verlässliche Unterstützung in der Durchsetzung ihrer Rechte und Vertretung ihrer Interessen vor finden.[1]

Wird die Frage nach der Verwirklichung der Rechte junger Menschen – auch durch sie selbst – systematischer betrachtet, so fällt auf, dass die Kinder- und Jugendhilfe sich von Beginn an schwergetan hat, die Kinder und Jugendlichen als subjektive Rechtsträger*innen anzuerkennen sowie Verfahren zu etablieren, die es ihnen individuell und kollektiv als junge Menschen ermöglichen, selbstbestimmt ihre Rechte in Anspruch zu nehmen und einzufordern.

So ist bereits vielfach (insb. Hornstein 2004) darauf hingewiesen worden, dass kein allgemeines Kindheits- und Jugendrecht mit der Kinder- und Jugendhilfegesetzgebung in Deutschland im 20. Jahrhundert etabliert wurde. Es wurde in der Weimarer Republik kein „Rechtssystem für den gesellschaftlichen Teilbereich [Kindheit und Jugend verabschiedet, das] durchaus vergleichbar mit der Entwicklung des Arbeitsrechts zur Regelung der Rechtsposition des Arbeitnehmers gegenüber Betrieb und Staat [gewesen wäre. Wirklichkeit wurde ein] Jugend*hilfe*recht, das den Maßnahmen von Erziehungsinstitutionen eine gesetzliche Grundlage geben sollte“ (Hering & Münchmeier 2000, S. 132 f.).

Insgesamt wurde in der Struktur eines korporatistischen Wohlfahrtsstaates der Pfad für eine protektionistische Kindheits- und Jugendpolitik in Deutschland gelegt. In diesem Pfad steht die Sicherung der pädagogischen Erziehungs- und Bildungsaufgaben durch die Familien, sozialen Verbände und Institutionen im Mittelpunkt. Entsprechend wird – so in § 1 der Jugendhilfegesetzgebung – seither formuliert, dass die jungen Menschen ein *Recht auf Erziehung* durch das institutionelle Gefüge des Aufwachsens haben.

Gertrud Bäumer hat 1929 die Notwendigkeit der Kinder- und Jugendwohlfahrt in dieser Logik folgendermaßen begründet: Sie stellt heraus, dass

---

1 Im anglo-amerikanischen Raum wird dies auch mit dem Begriff der Advocacy als eine parteiliche Unterstützung kenntlich gemacht (z. B. EPIC Ireland – Empowering People in Care: https://www.epiconline.ie/what-we-do/advocacy/ (Zugriff: 01.04.2022).

sich „die Grundlage des öffentlichen Erziehungssystems“ durch die sozialen Entwicklungen derart verändert hätte, dass die tradierten Institutionen und Verbände der Erziehung und Bildung nur durch eine „gesellschaftliche Mehrleistung“ bewahrt werden könnten (Bäumer 1929, S. 34). Diese gesellschaftliche Mehrleistung sieht sie letztlich in der Kinder- und Jugendwohlfahrt, die die Erziehung durch die Familien, Schule und sozialen Verbände stärkt und in Krisensituationen ergänzt. Von den Rechten der jungen Menschen gegenüber diesen Institutionen ist dabei kaum eine Rede. Letztlich begriff Bäumer das Recht auf Erziehung als eine soziale Mehrleistung für diejenigen Kinder und Jugendlichen, die ihre Persönlichkeitsbildung angesichts des gesellschaftlichen Strukturwandels nicht in der „Mitte“ und damit im „Wesenszusammenhang“ der sozialen Kräfte, der Ordnungen von Familie, Schule und man muss für Bäumer hinzufügen, der Kirchengemeinde, finden (ebd. S. 34).

Walter Hornstein stellt heraus, dass die Jugendwohlfahrt sich seit dieser Zeit vor allem „auf diesen Aspekt der Hilfe, des Schutzes“ konzentriert: „Deutschland hat im Grunde eine protektionistische Jugendpolitik, andere Dinge haben in dieser Politik keinen Platz, sind da nicht gegenwärtig“ (Hornstein 2004, S. 47). Christoph Sachße (2018) arbeitet in seiner Studie zur „Verrechtlichung von Erziehung in Deutschland zwischen 1870 und 1990“ ebenfalls heraus, dass im Mittelpunkt dieses historischen Pfades der Jugendwohlfahrt die Vergesellschaftung von Erziehung im Kontext der Sicherung des Kindeswohls innerhalb einer korporatistischen Wohlfahrtspolitik stand. Entsprechend resümierte er bspw. die ‚Erfolge‘ der Sozialdemokratin Marie Juchacz in den Auseinandersetzungen z. B. mit den katholischen Positionen in der Zentrum-Partei um das Reichsjugendwohlfahrtsgesetz folgendermaßen: „Immerhin: Das Recht des Kindes auf Erziehung war im Gesetz verankert, die Amtsvormundschaft eingeführt, der Schutz der Pflegekinder rechtseinheitlich geregelt, die Jugendpflege als Aufgabe des JA (Jugendamt Anm. d. Verf.) anerkannt: allesamt Errungenschaften, die von katholischer Seite als ‚sozialistische Tendenz‘ gebrandmarkt wurden“ (S. 52).

In der Entwicklung des Kinder- und Jugendhilferechts stand demnach nicht die Formulierung eines Katalogs eigenständiger Kinder- und Jugendrechte im Vordergrund, sondern die Frage, wie Erziehung aus einem „rechtsfreien, von Ungleichheit und Abhängigkeit geprägten Raum“ in einen wohlfahrtstaatlichen, sowie verbandlichen Organisations- und Regulationskontext, überführt werden kann? Nur langsam, so Sachße in der Zusammenfassung seiner Analyse, sei die Geschichte der Verrechtlichung von Erziehung – wie insgesamt das Fürsorgerecht – im 20. Jahrhundert bestimmt von einer „sukzessiven Ankoppelung an die herrschenden gesellschaftlichen Prinzipien von individueller Rechtssubjektivität, Freiheit und Gleichheit“ (Sachße 2018, S. 313).

Die Rechte junger Menschen: Kindheit und Jugend im Sog investiver Sozialpolitik

Diese Ankoppelung der Kinder- und Jugendhilfe an die herrschenden gesellschaftlichen Prinzipien von individueller Rechtssubjektivität, Freiheit und Gleichheit wurde z. B. in den Reformen des Kinder- und Jugendhilferechts in den 1980er Jahren durch die umfassende Verankerung von Beteiligungsrechten junger Menschen zu gestalten versucht (Scheiwe 2009, S. 7). Doch in der Grundfigur stand weiterhin die grundgesetzlich verankerte Elternorientierung in der Erziehungsverantwortung im Mittelpunkt der rechtlichen Kodifizierung der Kinder- und Jugendhilfe. Die subjektive Rechtsposition der jungen Menschen blieb weitgehend unbestimmt (u. a. Niemeyer 2003). So blieb auch damals die Kinder- und Jugendhilfe an dem pädagogischen Leitprinzip und am institutionellen Gefüge des Aufwachsens ausgerichtet. Daraus ergeben sich bis heute Ambivalenzen, die der Beteiligung von Kindern und Jugendlichen in der Kinder- und Jugendhilfe in Deutschland zu Grunde liegen (Peters 2020, S. 73).

Zudem wird bis heute in pädagogischen Diskussionen argumentiert, dass das „Recht [...] ein Potenzial" habe, die sozialen und kommunikativen Voraussetzungen von Erziehung und Bildung zu destruieren, in denen erst „Kinder einen Eigenwillen entwickeln können, der dafür notwendig ist, um überhaupt als rechtlich relevanter Akteur mit einer bestimmten Position auftreten zu können. Wenn Kinder und ihre familialen Bezugspersonen vor dem Recht nur noch als Träger individueller Rechte gesehen werden, wird dies [...] gerade Kindern nicht gerecht. Das Recht hat demnach dann paradoxale Folgen, wenn es dazu animiert, die kindliche Abhängigkeit von anderen, zu denen starke affektive Bindungen bestehen, und die kommunikative Herausbildung ihres Eigenwillens nicht als konstitutive Merkmale ihrer Entwicklung zu autonomen Subjekten zu begreifen" (Sutterlüty 2017, S. 78 f.). Diese Hinweise werden mitunter vorschnell dahingehend gedeutet, dass pädagogische Zugänge nicht von einer subjektiven Rechtsposition junger Menschen ausgehen könnten, da der entsprechende Akteur-Status erst durch pädagogische Kommunikation mit hervorgebracht werde.

Doch die Zusammenhänge sind vielschichtiger und die genannten Spannungsfelder für pädagogisches Handeln in der Gegenwart geradezu charakteristisch. Sie erscheinen für pädagogisches und soziales Handeln mit jungen Menschen in unserem Rechtsstaat konstitutiv und durch die Machtverhältnisse und intergenerationalen Beziehungsordnungen in unserer Gesellschaft aufgegeben. So sind pädagogische Prozesse grundsätzlich zur Ermöglichung autonomer subjektiver Lebensführung in unserer Gesellschaft darauf angewiesen, dass sich junge Menschen in der Kindheit und Jugend eben auch als eigenständige selbstbestimmte rechtliche Akteur*innen erfahren können.

Zudem ist die Sicherung eines eigenständigen subjektiven Rechtsstatus junger Menschen eine wichtige Voraussetzung in rechtsstaatlichen und zivilgesellschaftlichen Ordnungen, um einen Machtausgleich rechtlich einfordern zu können, Machtmissbrauch entgegenzuwirken sowie einer umfänglichen Pädagogisierung von jungen Menschen in unserer Gesellschaft vorzubeugen, wenn z.B. Beteiligungs- oder soziale Teilhaberechte nur gewährt werden, sofern sie pädagogisch sinnvoll erscheinen.

Zudem ist die Kinder- und Jugendhilfe auch im Kontext weiterer sozialpolitischer und bildungspolitischer Entwicklungen zu betrachten, die das Kindes- und Jugendalter grundlegend mitprägen. Seit einigen Jahren ist die Kindheits- und Jugendpolitik vor allem durch die Perspektive einer investiven Sozialpolitik (Olk 2007) geprägt. Investiv meint in diesem Zusammenhang, dass der pädagogische und sozialisationstheoretische Fokus auf junge Menschen als „produktiv realitätsverarbeitende Subjekte“ (Hurrelmann & Ulrich 1991) mit einer politischen Logik verflochten wird, um junge Menschen in ihrer sozialen und ökonomischen Selbstverwertung zu aktivieren. Kinder und Jugendliche werden dabei individuell vor allem als Lernende in ihrem Optimierungspotenzial (Reinders 2016) betrachtet. Das Bildungsregime werde dadurch in seinem emanzipatorischen Auftrag neu programmiert, indem es vor allem durch die Chance und den Zwang zur Selbstoptimierung charakterisiert werde (Böhnisch, Lenz & Schröer 2007). Junge Menschen würden zudem zu wenig in ihren sozialisatorischen Bedarfen und im ‚Kind-sein‘ oder ‚Jugend-sein‘ (Böhnisch 1996) wahrgenommen, sondern Kindheit und Jugend über organisationsbezogene Kompetenz- und Leistungsvermessungen investiv geordnet.

Der 15. Kinder- und Jugendbericht der Bundesregierung fasst diese Entwicklung folgendermaßen zusammen: „Gleichzeitig thematisieren Debatten um den ‚flexiblen Menschen‘ (Sennett 1999), die ‚proteische Persönlichkeit‘ (Lifton 2003), die sogenannte Patchwork-Identität (Keupp u.a. 2002) oder um situative, fluide u.ä. Identitäten, dass unter den Bedingungen spätmoderner, hochgradig heterogener Gesellschaften die Entwicklung von so etwas wie einer eigenen Identität und einer Position in der Welt realiter nicht mehr recht vorstellbar sei, mindestens aber vielfältige neue Herausforderungen und Risiken in sich berge. Die dafür notwendig werdenden Aneignungsprozesse werden unvermeidlich aufwendiger, langwieriger und komplexer (weil reflexiver), aber auch anstrengender und sind immer nur vorbehaltlich gültig. Angesichts der Erwartungen an eine nicht nur selbstbestimmte und selbst verantwortete, sondern auch zu ständiger Selbstoptimierung bereiter Lebensführung (Bröckling 2007) werden die damit verbundenen Anforderungen für jede Einzelne und jeden Einzelnen – gerade auch im Jugend- und jungen Erwachsenenalter – noch einmal gesteigert“ (BMFSFJ 2017, S. 110f.).

Dieser Fokus auf die Selbstoptimierung als investiv Lernende fordert geradezu heraus, die individuellen Rechte der jungen Menschen auch gegenüber den Organisationen von Bildung und Erziehung stärker auszuloten. Er bringt so eine Kinder- und Jugendpolitik hervor, die neben der Schulpflicht durch individuelle Teilhaberechte und Erfolgsversprechen ergänzt wird. Es wirken damit in die Kinder- und Jugendhilfe sozial- und bildungspolitische Entwicklungen hinein, die u.a. im Rahmen der ‚Verrechtlichung von Erziehung' reflektiert werden können.

Nicht nur das Verhältnis von öffentlicher und privater Erziehung wird gegenwärtig neu reguliert, und damit die Frage, wie eine das Kindeswohl förderliche Erziehung im Einklang mit den Grundrechten der jungen Menschen abgesichert werden kann, sondern auch welche sozialen Rechte junge Menschen in der Bildungs- und Sozialinfrastruktur haben. Was Sachße für die Kindertagesbetreuung herausstellt, kann als eine weitere Entwicklungsperspektive für die Kinder- und Jugendhilfe angesehen werden: „Entgegen dem grundsätzlichen Trend des KJHG zur Familienorientierung wird hier also ein Element der Individualisierung eingeführt" (Sachße 2018, S. 302). Auch sozialpolitisch wird gegenwärtig hinterfragt, ob damit die verbundenen sozialen Versprechen in ihren Verwirklichungsdimensionen einer subjektbezogenen Überprüfung standhalten. Gerechtigkeitstheoretische Positionen – wie der capability approach (Otto & Ziegler 2007) – operieren darum mit subjektivierenden Zugängen, mit denen die individuelle Verwirklichung sozialer Leistungen reflektiert wird.

Es entsteht dadurch die Frage, inwieweit die sozialen Versprechen durch individuelle Teilhabe- und Bildungsrechte von Kindern und Jugendlichen abgesichert werden können? Dies lässt sich an der Kindertagesbetreuung und an dem Rechtsanspruch auf Ganztagsbetreuung (Wrase 2019) oder auch in den Diskussionen um einen Rechtsanspruch auf berufliche Ausbildung beobachten. Grundlegend ist, dass, anders als im Kontext der Verrechtlichung von Erziehung, sich diese Ansprüche der jungen Menschen direkt an die öffentliche Bildungs- und Erziehungsinfrastruktur richten.

Die investive Sozialpolitik geht in Deutschland mit einer Ausweitung der öffentlichen Institutionalisierung von Kindheit und Jugend einher, so dass die Frage nach den persönlichen, sozialen und kulturellen Rechten der jungen Menschen in der Bildungs- und Sozialinfrastruktur für die jungen Menschen in allen Lebensaltern und umfassender für ihren Alltag relevant wird. Im Kern hat es dazu geführt, dass Kindheit und Jugend im 20. Jahrhundert institutionalisiert und weitgehend ‚scholarisiert' wurde (Bock & Schröer 2020, S. 254). Karin Bock spricht in diesem Zusammenhang von einer ‚Verinstitutionalisierung' (Bock 2013, S. 172) von Kindheit und Jugend.

Anknüpfend an diese Entwicklung hat das Bundesjugendkuratorium (2019) bereits darauf hingewiesen, dass es von grundlegender Bedeutung ist, den Rechtsanspruch auf eine Ganztagsbetreuung nicht nur aus der Perspektive der Vereinbarkeit von Familie und Beruf zu bewerten und allein eine Betreuung sicherzustellen, sondern Kinder von Beginn an bei der Ausgestaltung zu beteiligen und Konzepte mit ihnen zu entwickeln, die *mit* ihnen ihre persönlichen, sozialen und kulturellen Rechten verwirklichen, ihre sozialen Teilhabemöglichkeiten erweitern, sowie den alltäglichen und pädagogischen Bedarfen der Kinder entsprechen.

Ombudschaft als Teil einer intermediären Infrastruktur zur Stärkung der Rechtssubjektivität junger Menschen

Das Recht auf „Selbstbestimmung" junger Menschen als normative Grundausrichtung der Kinder- und Jugendhilfe soll durch das im Sommer 2021 verabschiedete Kinder- und Jugendstärkungsgesetz (KJSG) im Achten Sozialgesetzbuch (SGB VIII) gestärkt werden. Ab jetzt heißt es in § 1 SGB VIII: „Jeder junge Mensch hat das Recht auf Förderung seiner Entwicklung und auf Erziehung zu einer selbstbestimmten, eigenverantwortlichen und gemeinschaftsfähigen Persönlichkeit" und in Absatz 3, Satz 2 ist ergänzt: Kinder- und Jugendhilfe soll „jungen Menschen ermöglichen oder erleichtern, entsprechend ihrem Alter und ihrer individuellen Fähigkeiten in allen sie betreffenden Lebensbereichen selbstbestimmt zu interagieren und damit gleichberechtigt am Leben in der Gesellschaft teilhaben zu können". Die Ermöglichung von „Selbstbestimmung" junger Menschen im Alltag muss darum als zentrale Orientierung in den konzeptionellen, verfahrens-, leistungs- und angebotsbezogenen Perspektiven der Kinder- und Jugendhilfe neu akzentuiert werden.

Seit Jahren weisen insbesondere die Selbstvertretungen der Menschen mit Behinderungen auf die Selbstbestimmungsrechte in allen Lebensbereichen der Teilhabe unserer Gesellschaft hin: Diese Rechte sind – und dies ist ja die eigentliche Sprengkraft der UN-Konvention für die Menschen mit Beeinträchtigungen – *diskriminierungsfrei* zu verwirklichen (Enggruber et al. 2021). Mit anderen Worten: Es sind nicht nur alle jungen Menschen in den kommenden Jahren in den Leistungskreis der Kinder- und Jugendhilfe einzubeziehen, sondern es ist ein selbstbestimmtes Interagieren mit der sozialen Umwelt – in Bildung, Erziehung und Alltag – diskriminierungsfrei zu verwirklichen. Und dies gilt – so die UN-Konvention – für alle jungen Menschen, ob mit oder ohne zugeschriebener oder diagnostizierter Behinderung.

Dennoch ist zu fragen, ob durch das KJSG der junge Mensch als Rechtssubjekt in seinen persönlichen, sozialen und kulturellen Rechten gestärkt wird? Zudem ist zu fragen, ob die neue Qualität der Diskussion um die Rechte junger Menschen so in Verfahren aufgenommen werden, dass gerade die persönlichen, sozialen und kulturellen Rechte der jungen Menschen im und mitunter auch gegen das institutionelle Gefüge des Aufwachsens – und damit gerade auch in der Kinder- und Jugendhilfe – verwirklicht werden?

Das KJSG hat den Anspruch, hier einen weiteren Schritt zu gehen: So werden mit dem § 4 selbstorganisierte Zusammenschlüsse und Selbstvertretungen aufgenommen und damit erstmals kollektive Beteiligungsformen (Scheiwe 2020) von jungen Menschen jenseits der Jugendverbände rechtlich reguliert. Zudem sind die persönlichen und sozialen Rechte der jungen Menschen gegenüber der Kinder- und Jugendhilfe durch die breitere Verankerung von Schutzkonzepten und externen Beschwerdeverfahren sowie von Beratungsrechten und die rechtlichen Ansprüche von Care Leaver*innen an unterschiedlichen Stellen in der Gesetzesreform intensiviert worden.

Damit erweitert sich der Aufgabenkanon für die Ombudsstellen, die dazu beitragen sollen, dass ebenjene gestärkten Rechtsansprüche junger Menschen verwirklicht werden. Das setzt aber schließlich voraus, dass Ombudsstellen noch konsequenter niedrigschwellig Zugang zu Beratungen – ob in Präsenz in Beratungsstellen oder aufsuchend in anderen Institutionen, in denen sich junge Menschen bewegen, ob digital oder aufsuchend in den Sozialräumen – schaffen. Dies gilt insbesondere auch vor dem Hintergrund, dass das eigene Antragsrecht für junge Menschen nicht durchgängig verankert worden ist und es somit Abstriche in der Stärkung der Rechtssubjektivität junger Menschen gibt. Die Grundlage bildet dafür nicht zuletzt die mit dem § 9a SGB VIII geschaffene rechtliche Sicherstellung von Ombudsstellen.

Die Stärkung von Ombudsstellen kann somit auch in einem umfassenden Kontext der Diskussion um die Verwirklichung der persönlichen, sozialen und kulturellen Rechte der jungen Menschen gesehen werden. Es wird letztlich eine neue intermediäre Struktur in der Kinder- und Jugendhilfe etabliert, in der die unabhängige ombudschaftliche Beratung ein entscheidendes Segment ist, um die Machtasymmetrie zwischen den Organisationen und Verfahren der Kinder- und Jugendhilfe und denjenigen, die deren Leistungen in Anspruch nehmen, zu regulieren. Dabei sind gerade die Zugänge für junge Menschen weiter auszubauen.

Mit dieser Aufgabe sind die Ombudsstellen nicht auf sich allein gestellt. Sie sind in einem Zusammenhang zu sehen mit der Verstärkung der Selbstvertretungen sowie der persönlichen Rechte durch Schutzkonzepte. All diese Maßnahmen sind erste Elemente im SGB VIII, die auf Dauer gemeinsam eine intermediäre Struktur für die jungen Menschen darstellen können, um sie in der Verwirklichung ihrer Rechte in der Kinder- und Jugendhilfe – und langfristig auch im institutionellen Gefüge des Aufwachsens – zu unterstützen. Kein Element ist dabei allein zu sehen, sondern es wird entscheidend darauf ankommen, wie sie zusammen eine intermediäre Struktur bilden, die für die jungen Menschen transparent zugänglich ist.

‚Intermediär' meint in diesem Kontext, dass reflexiv eine Verfahrens- und Beratungsstruktur etabliert wird, durch die die Verwirklichung der Rechte der jungen Menschen zwischen den Organisationen und Verfahren und den jungen Menschen reguliert wird. Diese intermediäre Struktur erscheint auch von daher von besonderer Bedeutung, da die Diskussion um die Selbstbestimmung junger Menschen wiederum in die Falle einer Überhöhung der Subjekte ‚tappen' (Bock & Schröer 2020) und selbst zu einer politischen Selbstoptimierungspädagogik werden kann, anstatt die Machtasymmetrien zwischen dem institutionellen Gefüge des Aufwachsens und den jungen Menschen zu regulieren. Letztlich hat sich diese intermediäre Struktur dahingehend zu beweisen, wie es ihr gelingt, die jungen Menschen in ihren Alltagswelten zu erreichen, um die Verwirklichung ihrer Rechte im Alltag gegenüber und in der Kinder- und Jugendhilfe zu verbessern.

Literatur

Bäumer, G. (1929). Die historischen und sozialen Voraussetzungen der Sozialpädagogik und ihre Theorie. In: Nohl, H. & Pallat, L. (Hrsg.), Handbuch der Pädagogik. Fünfter Band. Langensalza: Julius Beltz.

Bock, K. (2013). Biographisierung oder Institutionalisierung der Kindheit? Mögliche Forschungsperspektiven aus sozialpädagogischer Sicht, in: Wustmann, C., Karber, A. & Giener, A. (Hrsg.), Kindheit aus sozialwissenschaftlicher Perspektive. Graz: Grazer Universitätsverlag, S. 23-34.

Bock, K. & Schröer, W. (2020). Schwelende Themen zwischen erziehungswissenschaftlicher Jugendforschung und „gesellschaftlicher" Jugendpolitik – Generationalität, Institutionalisierung & Jugendrechte. In: Bock, K., Grunert, C., Pfaff, N. & Schröer, W. (Hrsg.), Erziehungswissenschaftliche Jugendforschung. Ein Aufbruch. Wiesbaden: Springer VS, S. 245-263.

Böhnisch, L. (1996). Pädagogische Soziologie. Eine Einführung. Weinheim, München: Juventa.

Böhnisch, L., Lenz, K. & Schröer, W. (2007). Sozialisation und Bewältigung. Eine Einführung. Weinheim, München: Juventa.

Bröckling, U. (2007). Das unternehmerische Selbst. Soziologie einer Subjektivierungsform. Frankfurt a. M.: Suhrkamp.

Bundesjugendkuratorium (2019). Zwischenruf: Rechtsanspruch auf Ganztagsbetreuung für Kinder im Grundschulalter. Berlin und München.

Bundesministerium für Familien, Senioren, Frauen und Jugend (BMFSFJ) (Hrsg.) (2017). 15. Kinder- und Jugendbericht. Bericht über die Lebenssituation junger Menschen und die Leistungen der Kinder- und Jugendhilfe in Deutschland. Berlin.

Enggruber, R., Neises, F., Oehme, A., Palleit, L., Schröer, W. & Tillmann, F. (2021). Übergang zwischen Schule und Beruf neu denken: Für ein inklusives Ausbildungssystem aus menschenrechtlicher Perspektive. Expertise im Auftrag des Paritätischen Gesamtverbandes. Berlin. www.derparitaetische.de/fileadmin/user_upload/Publikationen/expertise_uebergang-schule-beruf_2021.pdf (Letzter Zugriff: 22.11.2021).

Hagemeier, Y., Rusack, T., Schröer, W., Taphorn, M. & Thomas, S. (2022). Pilotprojekt Ombudschaft in Niedersachsen (PONS). Bericht für die Kinder- und Jugendkommission. Unveröffentlichtes Manuskript.

Hering, S. & Münchmeier, R. (2000). Geschichte der Sozialen Arbeit. Eine Einführung. Weinheim, München: Juventa.

Hornstein, W. (2004). Jugendpolitik – wider ihren Ruf verteidigt. Walter Hornstein im Gespräch mit Werner Schefold und Wolfgang Schröer. In: DISKURS 14(2), S. 45-55.

Hurrelmann, K. & Ulich, D. (1991). Neues Handbuch der Sozialisationsforschung. Weinheim: Beltz.

Keupp, H., Ahbe, T., Gmür, W., Höfer, R., Mitzscherlich, B., Kraus, W.& Strauss, F. (2002). Identitätskonstruktionen. Das Patchwork der Identitäten in der Spätmoderne. 2. Auflage. Reinbek: Rowohlt.

Lifton, R. (2003). Superpower Syndrome: America's Apocalyptic Confrontation With the World. New York: Nation Books.

Olk, T. (2007). Kinder im „Sozialinvestitionsstaat". In: Zeitschrift für Soziologie der Erziehung und Sozialisation 27(1), S. 43-57.

Otto H.-U. & Ziegler H. (Hrsg.) (2008). Capabilities – Handlungsbefähigung und Verwirklichungschancen in der Erziehungswissenschaft. Wiesbaden: VS Verlag.

Peters, F. (2020). Der ambivalente Ruf nach Beteiligung. In: v. Wölfel, U./Redmann, B. (Hrsg.), Bildung am Rande. Warum nur gemeinsam mit Adressat_innen in der Jugendhilfe Bemächtigungsprozesse initiiert werden können. Weinheim, Basel: Beltz Juventa, S. 73-93.

Reinders, H. (2016). Vom Bildungs- zum Optimierungsmoratorium. In: Diskurs Kindheits- und Jugendforschung 11(2), S. 147-160.

Sachße, C. (2018). Die Erziehung und ihr Recht. Vergesellschaftung und Verrechtlichung von Erziehung in Deutschland 1870-1990. Weinheim, Basel: Beltz Juventa.

Scheiwe, K. (2009). Vom Objekt zum Subjekt? Kinderrechte zwischen Rechtsrhetorik und Realisierbarkeit. Zeitschrift für Kindschafts- und Jugendrecht – ZKJ (1/2009), S. 7-13.

Sennett, R. (2000). Der flexible Mensch. München: btb Verlag.

Sutterlüty, F. (2017). Normative Paradoxien der rechtsstaatlichen Sorge um das Kindeswohl. In: Sutterlüty, F. & Flick, S. (Hrsg.), Der Streit um Kindeswohl. Weinheim, Basel: Beltz Juventa, S. 52-87.

Wrase, M. (2019). Einheitliche Qualitätskriterien für den Ganztag im Grundschulalter. Möglichkeiten der bundesrechtlichen Umsetzung. Stiftung Mercator. www.stiftung-mercator.de/media/downloads/3_Publikationen/2019/2019_06/Gutachten_Ganztag_CS6_V11_RZ_digital.pdf (letzter Zugriff: 31.03.2022)

Zukunftsforum Heimerziehung (2021). Zukunftsimpulse für die „Heimerziehung". Eine nachhaltige Infrastruktur mit jungen Menschen gestalten. Frankfurt a. M.: IGfH Eigenverlag.

Kapitel VII: Ausblick und Visionen

10 Schritte auf dem Weg zu einer Ombudschaft für alle – für eine menschenwürdige Jugendhilfe

Andrea Len, Melissa Manzel, Björn Redmann,
Peter Schruth, Lydia Tomaschowski

Ombudschaft in der Kinder- und Jugendhilfe ist 2022, dem Erscheinungsjahr dieses Buches, in einer besonderen Situation: In der Anfangsphase der Ombudschaft, die vor circa 20 Jahren begonnen hat, entstanden Ombudsstellen als kleine Graswurzelbewegungen. Seitdem haben Ombudsstellen sich in einem bundesweiten Netzwerk zusammengeschlossen, Qualitätsstandards entwickelt und ihre Arbeit zunehmend professionalisiert. Für die Zukunft braucht es mehr, größere, gut ausgestattete Ombudsstellen, die ihre Fachlichkeit und ihr spezifisches Profil beibehalten. Mit der gesetzlichen Verankerung von Ombudschaft kommt nun Fahrt auf: „Die Länder sind verpflichtet sicherzustellen, dass junge Menschen und ihre Familien sich […] dem Bedarf entsprechend an Ombudsstellen wenden können." (§ 9a SGB VIII). Auf Grundlage des § 9a ist eine rasante Ausweitung des Feldes zu erwarten.

Für diese anstehende Entwicklung möchten wir aus den Fachartikeln in diesem Buch 10 notwendige Entwicklungsschritte ableiten, die mit Blick auf die Ausweitung des Feldes von Bedeutung sind.

Legitimationsfallen sehen!

Ombudschaft trägt dazu bei, bestehende Rechte im Einzelfall einzufordern. Es ist notwendig, dass es hierfür Ombudsstellen gibt, die darauf spezialisiert sind, junge Menschen und Familienangehörige im Konfliktfall über fachliche und rechtliche Gegebenheiten aufzuklären und sie gegebenenfalls dabei zu unterstützen, ihre Perspektive in den Konflikt einzubringen und für ihre Rechte zu streiten. Hierfür ist es wichtig, dass Fachkräfte von Jugendämtern und Jugendhilfeeinrichtungen über das ombudschaftliche Angebot informieren und den Zugang zur Ombudsstelle ebnen. Das bedeutet aber nicht, dass Fachkräfte Konflikte, bedenkliche Praxen und strukturelle Schieflagen hinnehmen und quasi in die Ombudsstellen auslagern. Jeder Einrichtungsträger, der feststellt, dass jungen Menschen seiner Einrichtung keine Hilfen für junge Volljährige gewährt werden, obwohl ein Bedarf besteht, ist in der Verantwortung, die Auseinandersetzung hierzu mit den Jugendämtern zu suchen. Jedes Jugendamt, das feststellt, dass in Jugendhilfeeinrichtungen Praktiken angewendet werden, die die Rechte von jungen Menschen missachten, ist in der Verantwortung, die Auseinandersetzung hierzu mit den Trägern zu suchen. Ombudschaft darf nicht zu einer Entpolitisierung der Jugendhilfe führen – im Gegenteil, Fachkräfte von öffentlichen und freien Trägern sowie Fachkräfte von Ombudsstellen können gemeinsam dafür streiten, dass die Rechte junger Menschen und ihrer Familien in Zukunft besser gewahrt werden.

Unabhängigkeit leben!

Für die Umsetzung des Konzeptes Ombudschaft ist es elementar, dass Ombudsstellen unabhängig von den Interessen öffentlicher und freier Träger der Jugendhilfe arbeiten können. Eine Struktur oder Organisationsform, die so unabhängig wie möglich ist, kann dennoch nur *einen* Schritt zur Gewährleistung der Unabhängigkeit darstellen. Denn Unabhängigkeit ist nicht eindimensional auf die strukturelle Ebene beschränkt und sie ist nicht statisch. Bestehende Konzepte müssen fortlaufend hinsichtlich ihrer Unabhängigkeit reflektiert, evaluiert und angepasst werden. Dafür ist es zentral, dass die ehren- und hauptamtlichen Fachkräfte in den Ombudsstellen nicht nur ausreichend fachlich qualifiziert sind, sondern eine unabhängige Haltung kultivieren, die die Verwirklichung der Rechte von jungen Menschen und ihren Familien in den Mittelpunkt stellt. Hierzu benötigen sie regelmäßige Supervision, Fortbildungen und eine bundesweite Vernetzung.

Klagemöglichkeit nicht aus der Hand geben!

Dass Adressat*innen in der Jugendhilfe im Fall von Beschwerden den Weg der Klage vor den Verwaltungsgerichten suchen, ist allgemein nicht gern gesehen und wird regelmäßig von Vertreter*innen der betroffenen institutionellen/behördlichen Beklagten in der Jugendhilfe sogar als „unerhört" und „überflüssig" diskreditiert, obwohl es das verfassungsgemäß verbürgte Recht aller Bürger*innen ist (Art. 19 Abs.4 Satz 1 GG). Auch in der Kinder- und Jugendhilfe sollte es als Ausdruck der Achtung der Rechtsstaatlichkeit zum erlaubten Setting des Widersprechens gehören, die Prüfung des Gerichts zur Klärung von Rechtswidrigkeiten als ultima ratio zu bemühen, wenn außergerichtliche Verständigungsversuche keine Abhilfe der Beschwerde erbracht haben. Unabhängige Ombudsstellen müssen die Möglichkeit der Unterstützung von Klagen vorsehen und bei Bedarf auch umsetzen.

Demokratisierung entwickeln!

Ombudschaft entstand als zivilgesellschaftlicher Impuls, weil Fachkräfte sich dazu entschlossen, die teilweise skandalösen Praxen der Jugendhilfe und die damit verbundene prekäre Lage der Adressat*innen nicht länger hinzunehmen, sondern junge Menschen und ihre Familien dazu zu ermächtigen, ihre Rechte einzufordern. Junge Menschen und Familienangehörige, die sich an Ombudsstellen wenden, schildern in der Regel, sich gegenüber der Jugendhilfe ohnmächtig zu fühlen. Ombudschaft hat zum Ziel, zum Ausgleich der strukturell bedingten Machtungleichgewichte zwischen Adressat*innen und Fachkräften beizutragen.

Mit Blick auf ihre Entstehungsgeschichte und den Kern ihrer Aufgabe sollten Ombudsstellen selbst eine machtkritische Haltung innehaben und eine eigene Beschwerdekultur pflegen. Hierfür braucht es beteiligungsorientiert, hierarchiearm und demokratisch organisierte Ombudsstellen, die – mit Blick auf Beschwerden über die Ombudsstellen selbst – organisationsinterne und -externe Beschwerdeverfahren entwickeln. Auch Ombudsstellen brauchen eine gelebte Fehler- und Beschwerdekultur.

Opportunitätsgefahren erkennen und abwehren!

Ombudschaftliche Beratung und Beschwerdebearbeitung bei Konflikten ist Opportunitätsgefahren ausgesetzt. Gemeint sind eilfertige bzw. schleichende Anpassungen an Finanzierungs- und Konfliktbewältigungsvorgaben öffentlicher Geldgeber*innen, an fragwürdige Standards der Professionalisierung abseits berechtigter Interessen der Ratsuchenden, an die Preisgabe notwendiger Streitkultur unter Umständen bis zur gerichtlichen Klärung. Dies gilt es zu erkennen und abzuwehren. Denn das ombudschaftliche Beratungsangebot geht wesentlich über eine sachgerechte Aufklärung der Anspruchsgrundlagen des Jugendhilferechts im Einzelfall hinaus, braucht nicht nur Expertise im einschlägigen Fachwissen und in der beschwerdebezogenen Gesprächsmethodik: Das, was die Praxis einer solchen Konfliktberatung braucht und auszeichnet, ist eine Haltung zur Bereitschaft, unachtsame bis verachtende Umgangsformen und unwürdige Rechtswidrigkeiten in der Jugendhilfe zu kritisieren. Eine solche Haltung zukünftiger Fachkräfte in der Ombudschaft kann nicht einfach seminaristisch an Hochschulen gelernt werden, sondern ist regelmäßig das Ergebnis von persönlich reflektierten Konflikterfahrungen und Beteiligungen an politischen Auseinandersetzungen um eine menschenwürdige Sozialpolitik. Diese Fachkräfte für die ombudschaftliche Praxis zu gewinnen, ist besonders schwierig. Hier aber gleichwohl auf die spezifische Fachkräfteeignung in der

Ombudschaft zu achten, ist unerlässlich und hilft, den ansonsten bestehenden Opportunitätsgefahren zu begegnen.

Selbstvertretung(en) stärken!

Selbstvertretungen und selbstorganisierte Zusammenschlüsse sind seit Juni 2021 im Kinder- und Jugendhilfegesetz vorgesehen und sollen systematisch eingebunden werden und u.a. in Jugendhilfeausschüssen und Arbeitsgemeinschaften mitsprechen können. Und nicht nur das – die Jugendhilfe soll mit diesen Selbstvertretungen eine „partnerschaftliche Zusammenarbeit" (§4a SGB VIII) pflegen. Die Entdeckung der Selbstvertretung ist einer der positivsten Aspekte der SGB VIII-Reform. Allerdings bleibt fraglich, wie sich dieser neue Ansatz verwirklichen soll. Bisher gibt es nur eine Handvoll Selbstvertretungen von jungen Menschen (Careleaver e.V. und dessen Regionalgruppen, Landesheimräte in Hessen, Bayern, Brandenburg, Rheinland-Pfalz und Nordrhein-Westfalen) und keine von Eltern. Auch wenn der Auftrag zur Anregung und Förderung bei der öffentlichen Jugendhilfe liegt: Die ombudschaftliche Bewegung sollte ebenso die Rolle übernehmen, Selbstvertretungen einzubeziehen und zu stärken, wo immer es geht. Dabei sollte gelten: Wir müssen den „Betroffenen" keine Stimme geben, die haben sie selbst. Es geht um die Unterstützung der Artikulationsmöglichkeiten von „Betroffenen", um die Unterstützung durch Ressourcen und Zugänge. Denn bisher sprechen wir zu oft für und über sie. Wir sollten sie aber selbst sprechen lassen.

Auskömmliche Finanzierung einfordern!

Die Länder stehen bei der Einrichtung von Ombudsstellen vor einer umfangreichen Aufgabe: Sie sollen Ombudsstellen einrichten, die im Einzelfall bei Konflikten im Zusammenhang mit Leistungen nach §2 SGB VIII beraten, fachpolitische Lobbyarbeit umsetzen, dem Bedarf junger Menschen und Familien entsprechend ausreichend Kapazität haben und niedrigschwellig erreichbar sind. Insbesondere die Frage nach dem Bedarf lässt sich kaum beantworten, da noch längst nicht alle Adressat*innen das Angebot kennen. Obwohl das so ist, sind die bestehenden Ombudsstellen mindestens ausgelastet und tendenziell überlastet. Mit steigender Bekanntheit der Ombudsstellen in allen Bereichen der Kinder- und Jugendhilfe und allen Regionen Deutschlands wird der Personalbedarf steigen. Um diesen Bedarf zu erfassen und ihm gerecht zu werden, sind regelmäßige Überprüfungen im Rahmen eines mehrstufigen Prozesses erforderlich. Dazu gehört auch zu berücksichtigen, dass die hauptamtlichen Ombudspersonen nicht nur im Einzelfall beraten, sondern die Akquise und Begleitung Ehrenamtlicher, die Kooperation mit freien und öffentlichen Jugendhilfeträgern, regelmäßige Supervision, Öffentlichkeitsarbeit und fachpolitische Lobbyarbeit ebenfalls personelle Ressourcen binden.

Neben dem Personal benötigen die Ombudsstellen zur Erfüllung ihrer Arbeit gemessen an den Aufgaben und Qualitätskriterien von Ombudschaft finanzielle Mittel für die notwendige ‚Hardware' (ansprechende Büroräume, Dienstsmartphones, u. v. m.), die Teilnahme an Treffen zur bundesweiten Vernetzung und Fortbildung, die Ausrichtung eigener fachpolitischer Veranstaltungen, die Erstellung eigener Informationsmaterialien und Publikationen, Supervision (auch für Ehrenamtliche), die Evaluation ihrer Arbeit und einen Dienstwagen bzw. die Übernahme von Fahrtkosten (insbesondere in Flächenländern).

Evaluieren!

Die langjährige ombudschaftliche Praxis bietet, auch durch die Evaluierung dieser, Erkenntnisse für den Ausbau und die Weiterentwicklung ombudschaftlicher Strukturen. Gleichzeitig ergeben sich durch die gesetzliche Verankerung von Ombudschaft neue Herausforderungen: Das Aufgabenfeld wächst von Konflikten mit Bezug zu den Hilfen zur Erziehung und hilfeplananalog gesteuerten Verfahren zu allen Konflikten im Zusammenhang mit Leistungen der Kinder- und Jugendhilfe. Zudem soll Ombudschaft dem Bedarf entsprechend allen jungen Menschen und ihren Familien zur Verfügung stehen. Im Zuge dieser Entwicklungen wird es notwendig sein, auf bereits bestehende Erkenntnisse zurückzugreifen, aber auch neues auszuprobieren. Die Erprobung neuer Ideen erfordert eine wissenschaftliche Evaluation. Zusätzlich braucht es, auch wenn die zurzeit dynamische Phase einmal abgeschlossen ist, eine regelmäßige Überprüfung durch eine außenstehende unabhängige Stelle, um die Notwendigkeit von Anpassungen und Weiterentwicklungen bestehender Konzepte und ihrer Umsetzung in den Ombudsstellen zu identifizieren.

Schwellen abbauen!

Ombudsstellen müssen niedrigschwellig sein, um potenzielle Ratsuchende zu erreichen. Die Debatte um eine niedrigschwellige Ombudschaft darf sich dabei nicht auf die offensichtlichen räumlichen und zeitlichen Zugangshürden beschränken. Auch die weniger sichtbaren Schwellen, die sich aus den individuellen Lebenslagen, Entwicklungsständen und Biografien der Ratsuchenden ableiten, müssen reflektiert und abgebaut werden. Insbesondere kleinere Kinder sowie Ratsuchende mit Beeinträchtigungen benötigen einen gesicherten Zugang und ein für sie wahrnehmbares Angebot. Eine auskömmliche Finanzierung und Ausstattung der Ombudsstellen (s. o.), weitreichende Öffentlichkeitskampagnen, zielgruppenspezifische Kommunikation und eine wertschätzende adressat*innenorientierte Haltung der Ombudspersonen bilden Grundvoraussetzungen für eine niedrigschwellige Ombudschaft. Nicht zuletzt ist Ombudschaft auf eine beschwerdeoffene Jugendhilfe und streitbare Zivilgesellschaft angewiesen – Fachkräfte der öffentlichen und freien Träger, aber auch Vertrauenspersonen aus dem Umfeld der jungen Menschen und Familien, können im Fall eines Konflikts den Weg zur Ombudschaft ebnen, indem sie proaktiv über das Angebot informieren und die Ratsuchenden bei der Kontaktaufnahme unterstützen.

Einzelfälle skandalisieren!

Jeder Einzelfall in der ombudschaftlichen Beschwerdeberatung ist einmalig. Gleichzeitig repräsentiert der Einzelfall Situationen, die oftmals von unhaltbaren Umständen und diese deckenden Strukturen in der Jugendhilfepraxis geprägt sind und somit über den einzelnen Fall hinausweisen. Der Einzelfall ist damit Seismograph für ernst zu nehmende und einzufordernde Veränderungsbedarfe in der Jugendhilfe: Deshalb bedarf es für eine ausreichende fachliche Begründung der öffentlichen Skandalisierung die Erkenntnisse aus einem Einzelfall. Ist die Skandalisierung wegen strukturell verfestigt erscheinender Rechtswidrigkeiten erforderlich, sollte eine (unabhängige) Ombudsstelle den dafür notwendigen Mut zur öffentlichen Erklärung, zum Widersprechen und Streiten aufbringen, weil sich nur so der notwendige Druck aufbaut, der fragwürdige Jugendhilfepraxen zur öffentlich verhandelten Veränderung auffordert.

Über die Autor*innen

Manuel Arnegger, Diplom-Sozialarbeiter (FH) und Master of Social Work, verfügt über viele Jahre Erfahrung in der Kinder- und Jugendhilfe und in der ombudschaftlichen Beratungsarbeit in Berlin und Baden-Württemberg. Seit 2012 ist er in unterschiedlichen Funktionen beim SkF Freiburg tätig, aktuell in der Stabsstelle Projektentwicklung.

Jessica Böttger, 13 Jahre Jugendhilfe-Erfahrung, ist Sozialassistentin und in der Betreuung tätig.

Frank Dorsch-Irslinger, Dipl. Sozialarbeiter (FH), Systemischer Berater und Familientherapeut, seit 1994 in verschiedenen Feldern der Jugendhilfe tätig (offene Jugendarbeit, Tagesgruppe für Kinder- und Jugendliche, Schulsozialarbeit an einer integrierten Gesamtschule, Allgemeiner Sozialer Dienst eines Jugendamtes), seit 2017 Projektleitung der Ombudsstelle für Kinder- und Jugendrechte in Hessen e. V.

Kathleen Emmrich, neun Jahre Jugendhilfe-Erfahrung, ehrenamtlich in dem Projekt LauteWahrheit und in einem Mehrgenerationengarten für Groß und Klein tätig.

Hans-Peter Häußermann, Diplomsozialpädagoge (FH), Sozialwirt (FH), 1984-1999 Einrichtungsleiter einer Jugendhilfeeinrichtung, 1999-2017 Referent mit Schwerpunkt Jugendhilfe und Kinderrechte beim Caritasverband der Diözese Rottenburg-Stuttgart e. V., Mitinitiator der Ombudschaft Jugendhilfe Baden-Württemberg, Mitbegründer des Bundesnetzwerks Ombudschaft in der Jugendhilfe, aktuell ehrenamtlicher Vorsitzender des Vereins Kinder haben Rechte Reutlingen/Tübingen e. V.

Claudia Kittel, Dipl. Päd., arbeitet seit 2003 als wissenschaftliche Referentin bei Kinderrechtsorganisationen und der Arbeitsgemeinschaft für Kinder- und Jugendhilfe, war von 2012 an Sprecherin des Netzwerks Kinderrechte – National Coalition Deutschland e. V. und leitet seit 2015 die unabhängige Monitoring-Stelle UN-Kinderrechtskonvention des Deutschen Instituts für Menschenrechte.

Henriette Grapentin, Erziehungswissenschaftlerin (B. A.), Soziale Arbeit (M. A.), arbeitet seit 2012 im Kontext der Kinder- und Jugendhilfe in unterschiedlichen Handlungsfeldern. Seit 2020 ist sie beim Kinder- und Jugendhilferechtsverein e. V. als Projektkoordinatorin der externen Beschwerdestelle für Mitwirkungs- und Beteiligungsrechte tätig.

Andrea Len, Dipl.-Psychologin, arbeitete als Therapeutin im Bereich der Eingliederungshilfe nach § 35a SGB VIII und als Referentin im BMFSFJ für den Fonds Sexueller Missbrauch. Seit 2019 ist sie Fachreferentin im Bundesnetzwerk Ombudschaft in der Jugendhilfe e. V.

Robin Loh, Sozialarbeiter, war von 2010-2013 Mitglied im Landesheimrat Hessen. Seit 2015 Mitglied im Careleaver e. V., seit 2017 Mitglied im Vorstand des Careleaver e. V.

Melissa Manzel, Sozialarbeiterin (M. A.), arbeitet seit 2013 in der Jugendhilfe, u. a. in der Offenen Kinder- und Jugendarbeit und den Hilfen zur Erziehung. Seit 2020 ist sie als Fachreferentin im Bundesnetzwerk Ombudschaft in der Jugendhilfe e. V. tätig.

Thomas Meysen, Dr., Jurist, Leiter des SOCLES International Centre for Socio-Legal Studies, Heidelberg/Berlin. Forschungsschwerpunkte: Kinderrechte, Kinderschutz, geschlechtsbezogene Gewalt, Kinder- und Jugendhilfe, Inklusion, Familie und Familienrecht.

Björn Redmann, Dipl. Sozialarbeiter/-pädagoge (FH), Master of Arts, ist seit 2002 in der Jugendhilfe tätig, u. a. in den Hilfen zur Erziehung, in der Straffälligenhilfe und als Bildungsreferent. Seit 2014 arbeitet er als Gesamtprojektkoordinator im Kinder- und Jugendhilferechtsverein e. V. in Dresden.

Nicole Rosenbauer, Prof. Dr., ist Professorin für Wissenschaft der Sozialen Arbeit an der Evangelischen Hochschule Dresden; zuvor berufliche Tätigkeiten als Sozialpädagogin in einer Wohngruppe der Hilfen zur Erziehung, Referentin am Runden Tisch gegen sexualisierte Gewalt gegen Kinder und als ombudschaftliche Beraterin, Projektkoordinatorin und Projektleitung beim Berliner Rechtshilfefonds Jugendhilfe e. V.

Roland Rosenow studierte Kulturpädagogik in Hildesheim, war zunächst als freiberuflicher Betreuer und von 2005 bis 2015 als wissenschaftlicher Mitarbeiter in zwei Rechtsanwaltskanzleien tätig, wo er hauptsächlich sozialrechtliche Mandate bearbeitete. Seit 2016 Referent für Sozialrecht zunächst beim Deutschen Caritasverband, jetzt bei der Diakonie Deutschland. Von 2016 bis 2021 begleitete er die Reform des Rechts der Kinder- und Jugendhilfe.

Jasmin Sachse, in Ausbildung zur staatlich geprüften Erzieherin, seit 2018 Careleaverin und seit 2019 ehrenamtlich tätig im House of Dreams.

Philipp Sandermann, Dr. phil., Diplom-Pädagoge/Sozialpädagoge, ist Professor für Sozialpädagogik an der Leuphana Universität Lüneburg. Zu seinen Schwerpunkten in Forschung und Lehre gehören Wohlfahrtssystemforschung mit einem Fokus auf Kinder- und Jugendhilfe, Theorien der Sozialen Arbeit, Flucht- und Flüchtlingsforschung sowie Vertrauensforschung. Seit 2004 ist er Mitglied des Berliner Rechtshilfefonds Jugendhilfe e. V. und seit 2017 Mitglied der Ombudsstelle Kinder- und Jugendhilfe RLP e. V.

Ulli Schiller, Dipl. Sozialpädagogin, Supervisorin, Gestaltberatung und -therapie, seit 2008 als Projektleiterin und ombudschaftliche Beraterin beim Berliner Rechtshilfefonds Jugendhilfe e. V., Mitbegründerin des Bundesnetzwerks Ombudschaft in der Jugendhilfe, zuvor verschiedene Tätigkeiten bei Schulen, freien Trägern und beim Jugendamt.

Reinhold Schone, Prof. Dr. i. R., ehemals Lehrender an der FH Münster, Lehrgebiet: Organisation und Management in der Sozialen Arbeit.

Wolfgang Schröer, Prof. Dr., Dipl. Päd., Hochschullehrer für Sozialpädagogik, Universität Hildesheim, Institut für Sozial- und Organisationspädagogik. Forschungsschwerpunkte: Kinder- und Jugendhilfe, Transnationale Soziale Arbeit und Sozialpolitik.

Peter Schruth, Prof. Dr., Sozialarbeiter und Jurist, 1994-1997 Assistent am Lehrstuhl von Johannes Münder an der TU Berlin, 1998-2018 Professor für Recht in der Sozialen Arbeit an der Hochschule Magdeburg-Stendal, Vorstand des Berliner Rechtshilfefonds Jugendhilfe e. V. und des Bundesnetzwerks Ombudschaft in der Jugendhilfe e. V.

Severine Thomas, Dr., Dipl. Soz. arb./Soz. päd., Dipl. Sozialwirtin, Universität Hildesheim, Institut für Sozial- und Organisationspädagogik. Forschungsschwerpunkte: Jugend- und Übergangsforschung, Kinder- und Jugendhilfe, insb. Hilfen zur Erziehung & Leaving Care, rechtskreisübergreifende Organisation Sozialer Dienste für junge Erwachsene.

Elsa Thurm, B. A., M. A. i. A. für Sozialpädagogik, Soziale Arbeit und Wohlfahrtswissenschaften. Mitarbeiterin im Kinder- und Jugendhilferechtsverein e. V. im Projekt Careleaverzentrum.

Lydia Tomaschowski, Dipl.-Psychologin, ist seit 2009 in der Jugendhilfe tätig, u. a. in stationären Hilfen zur Erziehung und als wissenschaftliche Referentin bei der Internationalen Gesellschaft für erzieherische Hilfen (IGfH). Seit 2018 Fachreferentin im Bundesnetzwerk Ombudschaft in der Jugendhilfe e. V.

Jamie Uffelmann, Abiturientin, lebt seit 2017 in der Jugendhilfe. Seit 2021 Mitglied im Landesheimrat Hessen, seit Ende 2021 1. Vorsitzende.

Ulrike Urban-Stahl, Prof. Dr., Diplom-Päd./Sozialpädagogin; Professorin für Sozialpädagogik an der Freien Universität Berlin. Forschungsschwerpunkte: Kinder- und Jugendhilfe, strukturelle Spannungsfelder und Professionalität in der Sozialen Arbeit, Rechte junger Menschen und ihrer Familien in der Kinder- und Jugendhilfe, Hilfeplanung und Kinderschutz, Gewalt in pädagogischen Institutionen. Mitbegründerin und langjähriges Vorstandsmitglied des BRJ e. V. und des Bundesnetzwerks Ombudschaft in der Jugendhilfe e. V.

Vorstand der Arbeitsgemeinschaft für Kinder- und Jugendhilfe (AGJ), AGJ ist das Forum und Netzwerk bundeszentraler Zusammenschlüsse, Organisationen und Institutionen der freien und öffentlichen Kinder- und Jugendhilfe in Deutschland. Die AGJ versteht sich als Interessenvertretung der Kinder- und Jugendhilfe, als träger- und handlungsfeldübergreifender Zusammenschluss und als kooperatives Netzwerk im Interesse der Einheit der Jugendhilfe.

Reinhard Wiesner, Prof. Dr. Dr. h. c., Ministerialrat a. D., Honorarprofessor an der Freien Universität Berlin

Ulrike von Wölfel, Dipl. Sozialarbeiterin/-pädagogin (FH), ist seit 2006 als wissenschaftliche Mitarbeiterin an der Evangelischen Hochschule Dresden und in der Jugendhilfe tätig. Promoviert in Dresden und arbeitet im Kinder- und Jugendhilferechtsverein e. V.